RELIGION UND KULTUR AN ZEITENWENDEN

D1867629

Religion und Kultur an Zeitenwenden

Auf Gottes Spuren in Österreich

Herausgegeben von Norbert Leser

Herold Wien · München

Der Abdruck des Zitates aus dem Roman „Der Weg ins Freie" von Arthur *Schnitzler* (Frankfurt, 3. Auflage 1982, S. 68 f.) auf S. 75 f. sowie des Gedichts „Ich staune, daß die rote Farbe rot ist" von Franz *Werfel* (aus „Das Lyrische Werk") auf S. 371 erfolgt mit freundlicher Genehmigung des S. Fischer Verlags, Frankfurt am Main.

CIP-Kurztitelaufnahme der Deutschen Bibliothek

Religion und Kultur an Zeitenwenden:
Auf Gottes Spuren in Österreich / hrsg. von Norbert Leser
Wien · München · Herold, 1984
ISBN 3-7008-0257-9

NE: Leser, Norbert, Hrsg.

© 1984 by Herold Druck- und Verlagsgesellschaft m. b. H., Wien
Gesamtherstellung: Herold, Wien 8
ISBN 3-7008-0257-9

Inhalt

Vorwort

Der Erfolg der Ring-Vorlesung zum Thema „Das geistige Leben Wiens in der Zwischenkriegszeit", die während der Wiener Festwochen 1980 stattfand und auch als Protokoll dieser Veranstaltungsreihe bzw. als selbständiges Buch 1981 im Österreichischen Bundesverlag erschien, ließ bei den damals an diesem Erfolg Beteiligten und bei vielen Zuhörern den Wunsch entstehen, während der Wiener Festwochen 1983 wieder so eine Vortragsserie zu veranstalten. Was lag angesichts des Türkenbefreiungsgedenkjahres 1983 und im Hinblick auf den kommenden Papstbesuch und gesamtösterreichischen Katholikentag im September näher, als die Gelegenheit wahrzunehmen, um die religiösen Traditionen und Knotenpunkte der Entwicklung in den vergangenen dreihundert Jahren einer Darstellung und einer liebevollen, aber auch kritischen Musterung zu unterziehen und an Hand zahlreicher historischer Beispiele und Weichenstellungen zu demonstrieren, welche Bedeutung das religiöse und kirchliche Element in der österreichischen Geschichte gehabt hat und wie sehr es in die österreichische Gegenwart hineinwirkt und fortlebt? Der damalige Wiener Kulturstadtrat und jetzige Unterrichtsminister Dr. Helmut Zilk gab mir bei der Auswahl der Themen und Referenten freie Hand, durch seine Großzügigkeit und die des Hausherrn des Internationalen Kulturzentrums, Prälat Dr. Leopold Ungar, der die Räume für die sich über fünf Wochen erstreckenden Vorträge zur Verfügung stellte, war es mir als wissenschaftlichem Leiter dieser Ring-Vorlesung möglich, sie von der Idee zur Wirklichkeit werden zu lassen und auch räumlich zu beheimaten.

So kam es denn nach mühevollen, aber auch geistig und menschlich ergiebigen Umwegen und Kontaktaufnahmen dazu, ein möglichst umfassendes und repräsentatives Programm zu erstellen, mit erstklassigen Referenten zu besetzen und vom 9. Mai bis 10. Juni 1983 einem erstaunlich großen und stark motivierten Publikum zu präsentieren. Es war von allem Anfang an daran gedacht, auch diese Ring-Vorlesung zu dokumentieren und durch Publikation einem breiteren Publikum zugänglich zu machen. Herr Direktor Mag. Müller griff meinen Vorschlag, dieses Buch mit religiös-historischen Schwerpunkten im Herold Verlag erscheinen zu lassen, verständnisvoll auf und ermöglichte so das Zustandekommen des nunmehr vorliegenden Bandes, der insofern Protokollcharakter hat, als er die 1983 gehaltenen Vorträge in der Reihenfolge, in der sie gehalten wurden, vollinhaltlich wiedergibt, insofern aber über ein bloßes Protokoll hinausgeht, als er, zum Teil auf meine Anregung, schriftliche Zusätze und Ergänzungen zu den mündlichen Ausführungen von damals enthält, die sich aus dem Bemühen um Erstellung eines Gesamtbildes in manchen Fällen als notwendig oder doch nützlich erwiesen haben. Lediglich durch den aus Gründen des Umfanges notwendigen Verzicht auf Wiedergabe der den Vorträgen folgenden Diskussionen bleibt der vorliegende Band in gewissem Sinne hinter einem umfassenden Protokoll zurück. In einem Falle ergab sich auch die sachliche Notwendigkeit, einen Vortrag, der tatsächlich nicht gehalten wurde, obwohl er programmiert und angekündigt gewesen war, in die Dokumentation aufzunehmen, um den inhaltlichen Gesamtzusammenhang zu wahren. Und zwar handelt es sich um den Vortrag von Dr. Zygmunt Abrahamowicz aus Krakau, der „Das Türkenjahr 1683 in islamischer Sicht" beleuchten sollte, aus Gründen, die nicht in seiner Macht lagen, aber gehindert war, rechtzeitig nach Wien zu kommen und den Vortrag zum vorgesehenen Zeitpunkt zu halten. Er war aber so freundlich, sein Manuskript nachzureichen, so daß dieses ebenso wie das von Herrn Univ.-Prof. Dr. Walter Leitsch, der sich liebenswürdigerweise bereit erklärte, die durch die Abwesenheit von Dr. Abrahamowicz entstandene Lücke mit einem sachlich verwandten und ergänzenden Thema zu schließen, und einen Vortrag zum Thema „Die Motive der politisch Handelnden im Jahre 1683" gehalten hat, beigestellte Manuskript Aufnahme in den Sammelband finden konnte.

Obwohl ich als Leiter der Ring-Vorlesung bzw. Herausgeber des vorliegenden Bandes Richtlinien an die Autoren bzw. Vortragenden gab, kam es — wie nicht anders zu erwarten — doch zu unterschiedlichen Quantitäten und wohl auch Qualitäten der Beiträge. Ein gewisses Gefälle ist bei der Präsentation einer solchen Fülle von Themen und Persönlichkeiten wohl unvermeidlich, ist aber auch kein Unglück, sondern trägt zur Buntheit des Bildes bei, das durch diese Ring-Vorlesung vermittelt werden sollte. Das Gefälle im Umfang und in der Art der Präsentation soll der Geschlossenheit der Gesamtdarstellung ebensowenig Abbruch tun wie die Verschiedenheit der Zitierweisen und wissenschaftlichen Abstützungen, deren Vereinheitlichung nicht nur schwierig, sondern auch ein Eingriff in die Persönlichkeit und Eigenart der Vortragenden bzw. Autoren gewesen wäre. So bleibt denn nur zu hoffen, daß der vorliegende Band seinen Zweck erfüllt, das religiöse Leben Österreichs in den vergangenen dreihundert Jahren in historischer Abklärung und ökumenischer Sicht einem Publikum nahezubringen, das Religion nicht nur als Gegenstand wissenschaftlicher Darstellung und historischer Forschung, sondern auch als Beitrag zu den Problemen der Gegenwart ernst nimmt und annimmt.

Wien, im Februar 1984 Norbert Leser

Rudolf Kirchschläger

Was hat unsere Gesellschaft noch mit Religion zu tun?

Stets vertrete ich die Auffassung, daß es ein wertvoller Beitrag zu einem erfüllten Leben ist, wenn es gelingt, das Leben mit dem Beruf und den Beruf mit dem Leben zu erfüllen, also aus beiden eine integrale Einheit werden zu lassen. Es steht zu diesem Grundsatz etwas im Widerspruch, wenn ich ausnahmsweise heute bitte, die Aussagen dieses Abends nicht als Erklärung des Bundespräsidenten zu nehmen, sondern als Gedanken eines politisch und religiös interessierten Österreichers, der derzeit auch Bundespräsident ist.

Das Thema, das mir gestellt wurde, ist provokant. Was hat unsere Gesellschaft noch mit Religion zu tun? Die Versuchung einer allzu raschen Antwort ist groß, denn immerhin, die Pflege des Erfolgskultes mit der Unterbewertung des persönlichen Seins, die vielfach zu beobachtende, fast ausschließliche Konsumorientierung der Menschen und die sehr stark auch unter den Angehörigen der Religionsgemeinschaften sich ausbreitende Forderung nach sexueller Freiheit und schließlich ein Blick in die Tagesnachrichten, sie geben kein offenbares Zeugnis für einen bestimmenden Einfluß eines religiösen Bekenntnisses auf die Gesellschaft.

Dazu kommen die Ziffern der Statistik über den Wechsel der Religionszugehörigkeit in Österreich. Ich meine damit bewußt nicht allein den Austritt aus den Religionsgemeinschaften. Mir scheint die Abhängigkeit der Aus- und der Ein- oder Wiedereintritte von den politischen Entwicklungen in Österreich fast noch signifikanter als die sich in den letzten Jahrzehnten ständig erhöhenden Kirchenaustritte, die im Jahre 1981 für ganz Österreich bei der römisch-katholischen Kirche 26.033 gegenüber 3244 Eintritten und Wiedereintritten ausmachte, bei den evangelischen Kirchen AB und HB 2653 gegenüber 886, und bei der altkatholischen Kirche 152 Austritte gegenüber 87 Eintritten.

Ich muß mich bei der weiteren ziffernmäßigen Untersuchung der Aus-, Ein- und Übertrittsbewegung auf Wien beschränken, da gesamtösterreichische Zahlen erst ab 1959 vorliegen. Ich bin mir dabei bewußt, daß die Wiener Ziffern als Großstadtzahlen nur mit Vorbehalt auf ganz Österreich übertragen werden können und in beiden Richtungen gegenüber anderen Teilen Österreichs zum Teil bis zu 50% überhöht sind. Diese Ziffern ergeben folgendes Bild: Nach einem ständigen Überhang der Austritte aus der römisch-katholischen Kirche vom Jahr 1913 an mit vorerst 1016 Personen trat eine erste große Austrittswelle 1923 ein mit einem Austrittsüberschuß von 22.231. Sie fiel zusammen mit der ersten Regierung von Bundeskanzler Seipel. In den kommenden Jahren pendelte sich der Austrittsüberhang um die 10.000-Grenze ein und stieg 1927, dem Jahr des Justizpalastbrandes, auf 28.285. Im Jahr des „Allgemeinen deutschen Katholikentages" in Wien, 1933, das gleichzeitig das Jahr war, in dem Bundeskanzler Dr. Dollfuß für die Errichtung eines „sozialen, christlichen, deutschen Staates Österreich auf ständischer Grundlage und mit starker autoritärer Führung" eintrat, trat eine Trendumkehr mit einem Überschuß von 4402 Kircheneintritten ein. Sie erreichte 1934, im Jahr des Inkrafttretens der autoritären Verfassung, mit einem Überschuß von 30.510 Kircheneintritten ihren Höhepunkt.

Diese Entwicklung legt, wenn man vom Katholikentag als kirchlichem Ereignis absieht, auf Grund der Parallelität mit markanten politischen Ereignissen nicht nur die Befürchtung, sondern schon die Gewißheit nahe, daß der Religionswechsel nicht so sehr auf Glaubenszweifel oder Glaubensüberzeugung, sondern entweder auf den Schlachtrufen der politischen Parteien oder auf der Angst, vorerst als Katholik und später als konfessionslos gezeichnet zu sein, beruht. Dasselbe Beispiel vollzog sich in noch größerem Ausmaß in den Jahren nach der NS-Machtergreifung. Schon im Jahre 1938 änderte sich der Eintrittsüberschuß auf einen Austrittsüberschuß von rund 80.000 Austritten. Dieser Überschuß schnellte im Jahr 1939 noch auf rund 100.000 in die Höhe und klang erst bis 1942 ab, um sich schließlich ab 1943, dem Jahr von Stalingrad, wieder zu einem Eintrittsüberschuß von schließlich etwa 18.000 Eintritten im Jahr 1945 zu ändern. Dieser wechselte erneut ab 1948 wieder langsam zu einem nunmehr im wesentlichen beharrlichen, teilweise allerdings sprunghaft ansteigenden Austrittsüberschuß.

Die evangelischen Kirchen AB und HB ebenso wie die Altkatholiken standen mit sehr geringfügigen Ausnahmen gesamtösterreichisch bis 1965 auf der Habenseite im Wechsel der Religionszugehörigkeit und folgen seither promillemäßig zum Teil verstärkt der Negativbilanz der römisch-katholischen Kirche.

Statistiken geben Gesamtentwicklungen wieder, nehmen aber auf die inneren Beweggründe des einzelnen Menschen nicht Bedacht. Es scheint mir daher notwendig, hier festzustellen, daß es unzulässig und unrecht wäre, wollte man aus dem zeitlichen Zusammenfallen von Kirchenaus- und -eintrittsbewegungen mit markanten politischen Ereignissen unserer Geschichte sich zu dem Schluß verleiten lassen, daß *alle* Aus- oder Eintritte in den Schicksalsjahren österreichischer Geschichte politisch motiviert waren. Niemandem von uns kommt wohl das Recht zu einer solchen Aussage zu. Beim einzelnen Mitmenschen müssen wir die Vermutung glaubensmäßiger Rechtfertigung für die individuelle Entscheidung anerkennen. In der Gesamtbeurteilung kann allerdings bei der Erstellung einer Diagnose für das Verhältnis Religion und Gesellschaft der politische Zusammenhang nicht übersehen werden.

Schließlich darf bei einer Bewertung der oben gemachten zahlenmäßigen Feststellungen nicht übersehen werden, daß sich die Aus- und Wiedereintrittsbewegungen, die ich dargestellt habe, in Größenordnungen bis zu 86 von 10.000 Angehörigen des betreffenden religiösen Bekenntnisses bewegen, ein Anteil, der nur in den Jahren 1938 und 1939 und in anderen Jahren bei einzelnen Altersstufen erheblich überschritten wurde. Die dargestellte Aus-, Übertritts- und Eintrittsbewegung ist daher eine Bewegung, die sich am Rande der Religionsgemeinschaften und nicht in ihrem Zentrum vollzieht; es ist aber eine wohl allgemeine soziologische Erfahrung, daß Bewegungen am frühesten am Rande sichtbar werden, denn Zweige sterben dann ab, wenn sie vom Stamm nicht hinreichend mit Lebenskraft versorgt werden.

Neben der Kirchenaus-, -über- und -eintrittsbewegung bot sich mir noch eine zweite ziffernmäßig faßbare Sachverhaltsfeststellung an. Es sind dies die Reaktionen auf die sogenannte Fristenlösung des österreichischen Strafgesetzbuches: Sowohl die katholische als auch die evangelischen Kirchen haben durch ihre höchsten Autoritäten in Österreich — dies im Einklang mit sehr klaren Verkündigungen des Papstes — erklärt, daß der Schwangerschaftsabbruch, welcher durch die sogenannte

Fristenlösung für die ersten drei Monate der Schwangerschaft straffrei gestellt wurde, göttlichem Gebot widerspreche. Trotz einer bis dahin ungewohnten Aktivierung der Gläubigen in den Kirchen und insbesondere auch bei Gottesdiensten wurde die Fristenlösung vom Nationalrat am 29. November 1973 mit den Stimmen der SPÖ und gegen die Stimmen der beiden übrigen im Nationalrat vertretenen Parteien beschlossen. Bei der nächsten darauf folgenden Wahl zum Nationalrat blieb trotz der Tatsache, daß mehr als 90% der Bevölkerung den christlichen Kirchen angehören, das Mandatsverhältnis im Nationalrat mit 93 SPÖ-, 80 ÖVP- und 10 FPÖ-Sitzen gleich. Das Volksbegehren der „Aktion Leben“ erreichte Ende 1975 895.665 Unterschriften, das sind knapp 18% der Wahlbevölkerung. Die Behandlung dieses Volksbegehrens im Nationalrat durch die Sozialistische Partei wurde von den Kirchen sehr stark kritisiert. Trotzdem erreichte die Sozialistische Partei bei den darauffolgenden Nationalratswahlen am 6. Mai 1979 einen Stimmenzuwachs von zwei Mandaten. Schließlich sei dazu noch zum Vergleich angeführt, daß das Volksbegehren gegen den Bau des Konferenzzentrums in Wien 1,361.562 Unterschriften erhielt; das sind 25,5% der Wahlberechtigten, also um fast ein Drittel mehr als das Volksbegehren der „Aktion Leben“.

Das Recht der Kirchen, auch politische Entscheidungen „einer sittlichen Beurteilung zu unterstellen, wenn die Grundrechte der menschlichen Person oder das Heil der Seelen es verlangen“[1], war zwar gewahrt. Doch wenn der Staat als die Organisationsform der Gesellschaft sich nicht an diese sittliche Beurteilung hält, erfolgt die politische Reaktion der Menschen nicht in einem Maße, die sich aus dem Prozentsatz der Kirchenzugehörigkeit erwarten ließe.

Sind diese beiden Sachverhalte nicht Indikatoren dafür, daß die Antwort auf die Frage „Was hat unsere Gesellschaft noch mit Religion zu tun?“ lauten könnte: wenig, vielleicht sogar nichts? Es wäre eine oberflächliche und unrichtige Antwort. Und wenn sie in der Hoffnung gegeben wird, daß sie wahr wäre, ist die Hoffnung trügerisch.

Die dargestellten Ziffern und Beispiele scheinen mir lediglich Zeugnis dafür, daß eine unmittelbare Einflußmöglichkeit der Autoritäten der Kirchen auf die Mehrheit der Mitglieder der Gesellschaft in moralisch-politischen Grenzsituationen gegenwärtig nur beschränkt besteht. Dies mag damit zusammenhängen, daß das persönliche Leben des einzelnen sich im Zuge eines vieljährigen Säkularisierungsprozesses in verschiedenen Teilen Österreichs in einem verschiedenen Ausmaß von den strengen Lebens- und Sittenvorschriften der Religion entfernt hat. Ich habe in diesem Zusammenhang schon einmal nachzuweisen versucht, daß sich die Mehrzahl der Menschen offenbar vom sogenannten modernen Lebensstil auch im Wege über die Massenmedien mehr beeinflussen läßt als von den religiösen Geboten oder auch von den staatlichen Vorschriften. Eine Untersuchung der Situation in den Nachbarländern Österreichs verglichen mit jener in Österreich hat ergeben, daß die Länder mit den höchsten Prokopfeinkommen die geringste Anzahl der Eheschließungen haben und jene mit den niedrigsten Prokopfeinkommen die meisten Ehen aufweisen. In den Ländern mit sogenanntem niederen Lebensstandard herrschen Mut und Freude zum Kind, in den Ländern mit höherer Konsumkraft ist die Kinderzahl geringer. Die entgegengesetzt zum Einkommen laufende Entwicklung ist so stark, daß sie sich, was die Kinderanzahl und damit indirekt wohl auch die Zahl der Abtreibungen betrifft, auch nicht darum kümmert, ob in einem Land die

Schwangerschaftsunterbrechung mit oder ohne Befristung erlaubt oder verboten ist. Die Bundesrepublik Deutschland und die Schweiz kennen keinen freien Schwangerschaftsabbruch und auch keine sogenannte Fristenlösung und weisen dennoch eine geringere Geburtenrate als Österreich auf. Jugoslawien, Ungarn und die CSSR haben die Abtreibung freigegeben, dennoch kommen dort weit mehr Kinder als bei uns zur Welt.[2]

Diese Untersuchung auf der Basis der Zahlen von 1978 belegt zusätzlich, daß sowohl die Bereitschaft zur Eheschließung als auch der Wille zum Kind nicht im Zusammenhang mit der Stellung der Kirchen in den einzelnen Staaten stehen.

Mit dem Abnehmen einer Einflußkraft der Kirchen auf das Verhalten der Menschen insbesondere im Bereich moralisch-politischer Grenzbezirke — diese Entwicklung geht wohl bis in die Zeit Josephs II. zurück — hat gleichzeitig die Einflußnahme vorerst des Staates und seit der Ersten Republik die Einflußkraft der politischen Parteien zugenommen. Zugenommen hat aber im besonderen Maße auch der Einfluß der Printmedien, des Rundfunks und des Fernsehens. Aber auch diese Zunahme der Einflußkraft von Staat, Parteien und Massenmedien hat ihre Grenzen.

Ich glaube, es könnte heute, trotz einer vielfachen Distanz zur Glaubens- und Lebenslehre des Christentums, ganz unabhängig von der in Beziehung zur katholischen Kirche durch das Konkordat gegebenen Rechtssituation kein staatliches Organ in Österreich auch nur daran denken, ein Kloster aufzuheben oder die Anzahl und den Zeitpunkt der Heiligen Messen, die in einer Kirche gelesen werden dürfen, zu bestimmen oder andere Eingriffe in das innerkirchliche Leben zu wagen. Eine Partei, die hiefür die Verantwortung übernehmen müßte, hätte anders denn bei der Fristenlösung mit einem sehr schweren Stimmenverlust zu rechnen. Dasselbe hätte wohl seine Geltung für eine Einschränkung der Religions- und Verkündigungsfreiheit durch ein staatliches Dekret. Ich bin überzeugt, daß auch die Duldung eines Sturmes auf das Erzbischöfliche Palais, wie er am 8. Oktober 1938 stattgefunden hat, heute eine sehr eindrucksvolle Reaktion der großen Mehrheit auch jener Bevölkerung hervorrufen würde, für die der Erzbischof von Wien nicht geistiger Hirte und Glaubensautorität ist. In bezug auf die Freiheit der Kirchen und ihre Autonomie sowie auf die Bezeugung des entsprechenden Respektes vor den kirchlichen Autoritäten und schließlich auch auf die Wahrung des Anstandes gegenüber religiösen Zeremonien ist eine starke Sensibilisierung der Menschen eingetreten. Und es könnte auch heute wohl kaum ohne sehr breite Entrüstung aus dem Volk und ohne Konsequenzen bei kommenden Wahlen ein Regierungschef am Ballhausplatz es sich leisten, Papst Johannes Paul II. bei seinem Besuch in Österreich auch nur annähernd in ähnlicher Weise zu behandeln, wie dies Graf Kaunitz gegenüber Papst Pius VI. nach den Quellen des Jahres 1782 getan hat.

Die gegenwärtige religionsferne Lebensführung vieler Menschen auch religiösen Bekenntnisses, die Kirchenaus-, -ein- und -übertrittsbewegung, das Wählerverhalten bei Gesetzesbeschlüssen, die der bisher gewohnten Durchsetzung christlicher Wertbegriffe in einem bestimmten Ausmaß den strafrechtlichen Schutz entziehen, die angenommene Reaktion der Gesellschaft bei einer allfälligen Verletzung der Religions-, Glaubens- und Gewissensfreiheit oder bei einer allfälligen Verletzung des Respekts vor den Würdenträgern der Kirchen sind meines Erachtens zwar unmittelbar in Erscheinung tretende konkrete Verhaltensweisen der Gesellschaft, welche auf die Beantwortung der Frage, was unsere Gesellschaft noch mit Religion zu tun habe, einen Einfluß haben. Aber all diese Verhaltensweisen überschreiten doch nicht die Grenzen des Illustrativen. Denn abgesehen von dem, einen verhältnismäßig großen Teil der Gesellschaft ergreifenden, religionsfernen Lebensstil, welcher zusätzlich in den Massenmedien zwangsläufig einen größeren Niederschlag findet, da das religionsverbundene Leben nur selten Neuigkeitswert hat — eine Ausnahme ist nur dort gegeben, wo es sich um Extremsituationen wie beispielsweise bei exorzistischen Übungen handelt —, betreffen alle dargestellten Erscheinungen doch nur Randbezirke der Zahl nach oder staatliche Anordnungen, durch die ein Zuwiderhandeln gegen das aus der Religion erfließende moralische Gesetz nicht verbindlich angeordnet, sondern „lediglich" durch Entziehung der Strafsanktion möglich gemacht wird.

Eine Antwort auf die gestellte Frage kann daher von diesen illustrativen Erscheinungen her allein nicht gefunden werden. Sie liegt offenbar in größerer Tiefe.

Das Verhältnis Religion — Gesellschaft ist nicht ein Verhältnis, das sich in unserem Leben neu und erstmalig stellt. Das Spannungsfeld zwischen Religion und gesellschaftlichem Verhalten durchzieht die Geschichte durch all die Jahrtausende bewußten Geschichtserlebens und bestimmt den Zeitenlauf in einem nicht unbeträchtlichen Maße mit. Johann Wolfgang Goethe schreibt im „West-östlichen Divan": „Das eigentliche, einzige und tiefste Thema der Welt- und Menschengeschichte, dem alle übrigen untergeordnet sind, bleibt der Konflikt des Glaubens und Unglaubens." Unsere Generation steht in diesem Konflikt, so wie alle Generationen vor uns damit leben mußten. Das Ineinander und Miteinander der Einflüsse, welche auf der einen Seite von der Religion und auf der anderen Seite von der irdisch bestimmten Seite des Menschen ausgehen, hat es bisher unmöglich gemacht, ein Reich Gottes auf der Welt zu verwirklichen, aber es konnte selbst dort, wo die Areligiosität zu einem politischen oder staatlichen Prinzip erhoben wurde, das religiöse Moment nicht völlig ausgeschaltet werden.

Unsere Gesellschaft gründet sich auf Christentum und Antike. Ich folge gerne Karl Jaspers, wenn er 1947 in einer Durchleuchtung des Europas der Gegenwart schreibt: „Stellt man aber die Frage, ob und was Europa ohne Bibel aus seinem vorbiblischen und vorchristlichen Ursprung sein könnte, so zeigt sich immer wieder: Was wir sind, sind wir durch die biblische Religion und durch die Säkularisierungen, die aus dieser Religion hervorgegangen sind, von den Grundlagen der Humanität bis zu den Motiven moderner Wissenschaft und zu den Antrieben unserer großen Philosophien. Es ist in der Tat so: Ohne Bibel gleiten wir ins Nichts."

Gerade wenn wir feststellen, was im Laufe der Jahrhunderte von der Religion in die gesellschaftliche und staatliche Ordnung rezipiert wurde, erkennen wir, daß in Wirklichkeit unsere Gesellschaft, die manchmal im Gegensatz zur Religion zu sein scheint, doch in einem sehr starken Maß auf der Religion ruht. Es ist dies eine Erscheinung, die uns im Islam als im Blick auf eine andere Religion und auf eine andere Gesellschaft wesentlich stärker entgegentritt — offenbar, weil wir von außen darauf schauen —, als sie uns vom Christentum her kraft der Länge der Entwicklung bewußt wird. Aber nehmen wir doch einmal die irdisch orientierten Gebote des Dekalogs als Beispiel: Wir finden sie im Schutz der Integrität des Lebens und der körperlichen Sicherheit, im Schutz des Eigentums, im Wahrheitsgebot der Zeugenaussage, in der Institution der Ehe, oder auch in der Sorgepflicht nicht nur der

Kinder für die Eltern, sondern auch der Eltern für die Kinder in den staatlichen Gesetzen wieder.

Das Christentum hat im Laufe der Jahrhunderte aber nicht nur die staatliche und gesellschaftliche Ordnung geprägt, sondern auch das Lebenskonzept der einzelnen Menschen mitbestimmt, und auch hier wieder selbst dann, wenn sie sich persönlich nicht an eine Religion gebunden fühlen. Vielleicht wird dieser Einfluß der Religion auf die Gesellschaft und auch auf den einzelnen Menschen uns stärker bewußt, wenn wir offenen Auges in Regionen reisen, die von anderen Religionen als das Christentum, sei es nun vom Islam oder vom Hinduismus oder vom Buddhismus, bestimmt sind. Die Religion ist nicht, wie Otto Bauer in einem Aufsatz über Gesellschaftsordnung und Religion schrieb, „die Ideologie des Heimatdorfes, welche die Landarbeiter und den Bauernsohn, die in die Stadt kommen, noch weiter bindet und von der sich erst die in der Stadt geborenen Kinder losreißen". Die Spuren der Religion bleiben über die Generationen hinweg in den Menschen. Dies mag für den Nichtgläubigen historisch und erbanlagemäßig erklärbar sein, für den gläubigen Menschen ist es erklärbar aus der Schöpfung Gottes und aus der Heilsaufgabe der Religion. Otto Bauer hat daher die Situation für jene sehr richtig beschrieben, die im lärmenden Alltag des städtischen Lebens — es gilt wohl auch für das ländliche Leben — die Religion äußerlich vergessen haben, wenn er sagt: „Aber an allen Wendepunkten ihres Lebens, bei der Heirat, bei der Geburt ihres Kindes, am Grab eines ihrer Lieben, wollen sie doch religiöse Feierlichkeiten nicht entbehren und in Stunden der Not, der Verzweiflung erinnern sie sich doch wieder des Gottes ihrer Kindheit."[3] So scheint mir denn, daß die Religion, also in unserem Bereich das Christentum, ihre Wirkung auf die Gesellschaft nicht nur in der unmittelbaren Ausstrahlung und Einflußnahme besitzt, sondern vor allem — ich komme erneut auf den zitierten Gedanken Jaspers' zurück — durch die Säkularisierungen, die aus dieser Religion hervorgegangen sind und die das Menschenbild auch der Gegenwart sehr wesentlich bestimmt haben und bestimmen.

Die Tatsache, daß die Schlußakte der Konferenz über Sicherheit und Zusammenarbeit in Europa die Erklärung über die Prinzipien, die die Beziehungen der Teilnehmerstaaten leiten und die zur Sicherheit in Europa beitragen sollen, in Abschnitt 1, VII. auch das Versprechen enthalten, daß die Teilnehmerstaaten „die Menschenrechte und Grundfreiheiten einschließlich der Gedanken-, Gewissens- und Religions- oder Überzeugungsfreiheit für alle ohne Unterschied der Rasse, des Geschlechts, der Sprache und der Religion achten", bezeugt, daß nicht nur die Religion als ein auch heute bestehendes Phänomen menschlichen Lebens anerkannt wird, sondern darüber hinaus, daß die Sicherstellung der Religionsfreiheit auch ein Mittel ist, um die Sicherheit in Europa zu fördern und zu gewährleisten.

Ich habe bei diesen Überlegungen den Einfluß der Religion auf die Kultur und insbesondere auch auf die Kunst in unserem Land noch völlig außer acht gelassen. Gerade das Gedenken an die endgültige Befreiung von Türkennot vor 300 Jahren, das wir heuer begehen, erinnert uns daran, wie stark die Abwehr des Islams sich in der vom Christentum geprägten Kunst unseres europäischen Raumes, sei es nun in der Architektur, in der Musik und auch in der Sprache niedergeschlagen hat. Die Zeugnisse dieser Zeit sind uns vielfach heute noch lebendiger Besitz. Und wem es gegönnt war, gestern im Musikvereinssaal das Brahmssche „Deutsche Requiem" zu erleben, fühlte zutiefst, wie zeitnahe und hoffnungsgebend doch biblische Texte interpretiert werden können.

Lassen Sie mich also zusammenfassend sagen: Unsere Gesellschaft, so wie sie ist, hat noch sehr viel mit Religion zu tun; mehr noch: sie fußt auf der Religion und kann dieser Bindung auch durch Modetrends einzelner Generationen oder selbst durch staatliche Anordnungen nicht entrinnen. Gesellschaft und Christentum sind in Europa geschichtlich zu stark ineinander gewoben, als daß sie von einander separiert werden könnten.

In manchen Zeiten und an manchen Orten werden die religiösen Fasern des Gewebes stärker an Farbe gewinnen. Ich denke dabei rückblickend beispielsweise an den Steirischen Katholikentag oder an das intensive geistige und soziale Leben in einzelnen Stadt- und Landpfarren, das ich im Laufe der letzten Jahre erlebt habe, oder ich denke an die hohe Spiritualität, die ich in manchen Klöstern gefunden habe, oder an die oft sehr kraftvolle hilfsbereite Liebe für die Mitmenschen, die keine Spur einer unserer Zeit kraft äußeren Scheines oft nachgesagten Ichbezogenheit an sich trägt, und an anderes mehr. In manch anderer Zeit und an manchen anderen Orten mag sich im täglichen Leben das religionsferne, einer Bindung abholde Leben stärker manifestieren. Auch dies habe ich gesehen und mir dabei vorgenommen, mich davor zu hüten, Religionsbindung und Religionsungebundenheit allzu selbstgefällig und selbstsicher mit Gut und Böse gleichzusetzen. Denn Gottes Wirken, Gottes Allmacht und Gottes Barmherzigkeit steht hinter allem, was auf dieser Welt geschieht. Er wirkt auch durch Menschen, die in unseren Augen religionsferne sind. ER weiß es warum. Und das genügt.

Anmerkungen

[1] Pastoralkonstitution über die Kirche in der Welt von heute, S. 76.

[2] Vgl. Kirchschläger: „Der Friede beginnt im eigenen Haus“, Wien 1980, S. 24 f.

[3] Otto Bauer: Eine Auswahl aus seinem Lebenswerk, S. 174.

Franz König

Die Idee des Katholischen als universales religiöses Prinzip

In den folgenden Ausführungen soll in der Hauptsache von „katholisch" in der ursprünglichen Wortbedeutung von „umfassend-universal, allgemein", wie es der ursprünglich griechischen Wortbedeutung entspricht, die Rede sein ... Wir wollen vor dem Hintergrund der geschichtlichen Situation des Christentums erörtern, welche Tragweite der universale, katholische Anspruch des Christentums damals hatte und was das für heute bedeuten kann. Dabei wollen wir auch auf die Frage, wie sich der heutige Begriff „römisch-katholisch" zur geschichtlichen Wortbedeutung verhält, später kurz eingehen.

I.

Ein geschichtlicher Rückblick über fast 2000 Jahre hinweg bedarf der Rechtfertigung. Dabei kann man gleich sagen: Die Zeitdistanz täuscht. Die drei ersten christlichen Jahrhunderte — christlich waren sie ja gerade noch nicht —, also die ersten drei Jahrhunderte nach Christi Geburt, stehen in mehr als einer Hinsicht in besonderer Nähe zu uns; vielleicht in größerer Nähe in manchem als die lange Zwischenzeit — ich meine die Zeit, in der seit der Konstantinischen Wende das Christentum Staatsreligion zu werden begann. Am Beginn galt das Gegenteil: Es war religio illicita, eine staatlich-gesetzlich unzulässige Weise der Religionsausübung einer Minderheit.

Der Umstand, daß dies der Öffentlichkeit erst nach und nach bewußt wurde, hing mit der jüdischen Herkunft der werdenden christlichen Kirchen zusammen. Das ist besonders bezeichnend für die damalige Situation. Die Juden genossen im Römischen Reich eine Sonderstellung. Die Gruppe der zerstreut in der Diaspora lebenden Juden war klein. Deshalb schien ihre Absonderlichkeit, ihre entschiedene Abkapselung gegen alles, was in der Umwelt galt und geübt wurde, unschädlich und wurde geduldet. Das Judentum bildete eine Sekte im Abseits der überaus vielgestaltigen Religionswelt. Die ersten Christen erschienen als Sekte innerhalb dieser Sekte. Und diese bedeutete zunächst nichts für die hellenistisch-spätgriechische Kultur im römischen Kaiserreich.

Den Bann dieser Bedeutungslosigkeit hat seit der Mitte des ersten Jahrhunderts Paulus, der Heidenapostel genannt wurde, gebrochen. Gegen die judaisierende Forderung — das heißt, wer Christ werden wollte, müsse sich zuerst dem jüdischen Religionsritus unterwerfen — setzte Paulus die grundsätzliche „Freiheit des Christenmenschen" durch. Dadurch öffnet er den Weg zur Selbständigkeit der christlichen Kirche und zur Missionierung des Mittelmeerraumes. Man meinte, eine vergleichbare Parallele zu diesem Vorstoß, diesem Durchbruch, den Paulus bewerkstelligte, sei erst wieder in unserer Gegenwart zu finden.[1] Zum ersten Mal, so sagt man, habe das Christentum heutzutage eine gemeinschaftlich sichtbare Gestalt als Weltkirche angenommen. Dies gelte mit dem Blick auf das Zweite Vatikanische Konzil wie auch auf die Weltkonferenzen des Ökumenischen Rates der Kirchen.

Der Ausbruch aus der Enge einer jüdischen Sekte war die eine, die negativ befreiende Seite des, wie sich erweisen sollte, weltgeschichtlichen Vorganges.[2] Die beiden positiven Bedingungen für die beginnende Weltinkarnation des Christentums heißen: *griechische Geisteskultur und römische Reichsorganisation.* Nur in den erfolgreich geführten Auseinandersetzungen mit diesen beiden (auf ihre Weise) universalen Größen ihrer Umwelt konnte die auf Jesus von Nazareth zurückgehende jüdische Sekte zur christlichen Kirche werden. An griechischer Philosophie und römischem Recht hatte das junge Christentum sein eigenes katholisches, das heißt universales Prinzip zu bewähren. Entsprechend dem Missionsauftrag des Auferstandenen: Geht zu allen Völkern der Welt und macht die Menschen zu meinen Jüngern (vgl. Mt 28, 19).

Was Konfrontation mit griechischer Mentalität für das Christentum damals bedeutete, das mußte Paulus selber erfahren — in Athen, dem Zentrum der Philosophenweisheit. Dort hat er in seiner Missionsrede auf dem Areopag (Apg 17, 22-31) angeknüpft an den „dem unbekannten Gott" geweihten Altar, auf den er bei seiner Besichtigung Athens gestoßen war und den er nun bekannt zu machen im Begriffe war. Seinen gebildeten Zuhörern aus Athen war er großzügig entgegengekommen, indem er pantheisierende Dichterworte über Gott aufnahm: „In ihm bewegen wir uns, leben wir und sind wir" und „Wir sind von seinem Geschlecht".[3] Als Paulus aber auf die Auferstehung Jesu vom Tod zu sprechen kam, entgegnete man ihm höflich abweisend: „Darüber wollen wir dich ein andermal hören." Diese Begegnung mit den griechisch-heidnischen Zeitgenossen Athens mußte Paulus sehr beeindruckt haben: In seinem Brief an die andere Weltstadt Korinth sprach er von der „Torheit des Wortes vom Kreuz" (1 Kor 1, 17-25).[4]

Es gab eine ganze Skala von Verhaltensweisen der frühen Christen gegenüber der griechischen Philosophie: Neben einer rabiaten Abweisung, neben dem Hinweis auf das größere Alter der biblischen Weisheit gab es vor allem auch die redliche Mühe, der geistigen Gegenwartskultur bis an die Grenze des Möglichen Raum zu geben im christlichen Glaubensverständnis. So wollte man dieses der Mentalität der griechisch Denkenden zugänglich machen. Dieser Möglichkeit gehörte die Zukunft. Sie hat dem Christentum die Zukunft eröffnet. Aus einer kleinen Sekte wurde eine Weltreligion inmitten vieler Völker und Stammesreligionen.

1. Schritt

Durch die Übernahme griechisch-philosophischer Anschauungsweisen und Denkfiguren in die christliche Theologie wurde diese in der Tat katholisch, d. h. universal. Es sei hier durch ein Beispiel einer solchen Übernahme von Gedanken und Vorstellungen etwas näher beleuchtet. Es handelt sich um ein oder vielleicht sogar *das* Urwort des altgriechischen Denkens: das Wort „logos". Es bedeutet etwa: Wort, Vernunft, Grund. Die beiden christlichen Theologen Justinus und Irenäus, die im dritten Jahrhundert lebten, waren in ihrem Denken maßgeblich durch diese Leitidee bestimmt.

Das Wort und der Begriff „katholisch" waren erst kurz zuvor in Gebrauch gekommen. In den Schriften des Neuen Testaments sind sie noch nicht zu finden. Ignatius von Antiochien verwendete es um das Jahr 110 zum ersten Mal als eine

Aussage der Kirche im Brief an die Gemeinde von Smyrna 8, 2: „Wo der Bischof erscheint, dort soll die Gemeinde sein; so wie da, wo Jesus Christus ist, die katholische Kirche ist.“[5] Ignatius warnt vor separatistischen Zusammenkünften. Der Bischof ist für ihn das wahre Zentrum der Einheit, und „der Bischof steht in der lokalen Gemeinde an gleicher Stelle, die Christus in der Welt als ganzer einnimmt“[6]. Eben diese Gemeinde von Smyrna, an die Ignatius schrieb, hat eine Generation später (155 oder 156) einen Bericht über das Martyrium ihres Bischofs Polykarp (8, 1; 19, 2) verfaßt und versandt. Darin hat der greise Märtyrerbischof in einem Gebet vor der Hinrichtung „der ganzen katholischen Kirche in der bewohnten Welt“ gedacht und „unseren Herrn Jesus Christus ..., den Hirten der katholischen Kirche in der ganzen bewohnten Welt“ gepriesen. Diese ersten Fundstellen des Wortes „katholisch“ in Beziehung auf die Kirche haben ein nicht nur antiquarisches Interesse. Sie belegen die Grundbedeutung „universal“, und vor allem — sie benennen den Ursprung und bleibenden Grund der Universalität der Kirche, das ist ihr Stifter und Hirte Jesus Christus.

Somit werden wir durch das kirchliche Eigenschaftswort „katholisch“ selbst verwiesen auf jene, wie man sagen kann, philosophische Universalität des christlichen Glaubens, die sich im zweiten Jahrhundert herausbildete durch die Deutung der griechischen Logos-Spekulation, bezogen auf den Christuslogos aller Menschen.[7]

2. Schritt

Über die Geschichte und Wortbedeutung von „logos“ gibt es eine reiche Literatur. Bei Heraklit um 500 v. Chr. ist logos Vernunft, universale Kraft, verantwortliches menschliches Zusammenleben. In der Stoa ist logos das zentrale Prinzip von Welt und Menschen. Die logoi spermatikoi liegen als Keimkräfte der Vernunft allem zugrunde. Daher gibt es einen Stufenbau des Seins.[8] Durch den Anteil am pneuma ergeben sich die höheren Seinsstufen. Der logos, als Wirkgrund der Welt und Wesensbestimmung des Menschen, wird schließlich gleichgesetzt mit der Vernunft der höchsten Gottheit, mit Zeus selber, d. h. mit dem göttlichen Prinzip. Er teilt als Seele des Alls allen Bewegung, Leben und Vollendung mit.

3. Schritt

Die Logos-Spekulation eines Heraklit und der Stoa ins christliche Denken zu übersetzen, ist auf den ersten Blick ein kühnes Unterfangen. Der in Athen geborene Justinus (gestorben 169) hat als erster diesen Brückenschlag vorbereitet.[9] Enttäuscht von den Philosophien seiner Zeit war er um 150 Christ geworden.

Justinus geht vom Prolog des Johannesevangeliums aus, der mit den Sätzen beginnt:

„Im Anfang war der Logos und der Logos war bei Gott und Gott war der Logos“ (Joh 1, 1).

Das Evangelium sagt auch, der Gott-Logos sei „das wahre Licht, das jeden Menschen erleuchtet“ (Joh 1, 9). Auf diese Stelle der Heiligen Schrift konnte sich also Justin berufen, wenn er die Lehre von den „logoi spermatikoi“ übernahm und sie deutet als die vielen kleinen logoi-Samen, die von dem einen großen Logos, Christus, herstammen.

Der Sitz im Leben für diese theologische Theorie befindet sich in der schwierigen Frage: Wie steht es um das Heil der Menschen, die vor Christus lebten? Das

Christentum erhebt ja den Anspruch, es bringe das Heil für alle Menschen. Aber wie kann dieser universale Anspruch bestehen vor dem vereinzelten Faktum der Stiftung des Christentums durch Tod und Auferstehung Jesu in Palästina zur Zeit des römischen Kaisers Tiberius? Wie soll das zusammengehen? Justin findet den Weg zu dieser Vermittlung in der alten Logoslehre.

Justinus: Es gibt eine allgemeine Norm für das Handeln aller Menschen. Sie besteht in dem, was ihnen die Vernunft gebietet oder verbietet. Aus diesem Grundsatz zieht Justin die praktische Folgerung, daß die Christen einzig danach zu beurteilen seien, ob ihr Verhalten der wahren Vernunft entspreche oder nicht (1, Apol. 2 f.). Die Apologetik des Justinus war an den Kaiser und an den Senat gerichtet. Das gelte nicht nur für die verfolgten Christen, sondern auch für die übergroße Mehrheit der die Christen verfolgenden Heiden. Die Vernunft, d. h. etwas Göttliches, ist die tiefste Gemeinsamkeit aller Menschen und ist zu verdanken dem einen Gott und Vater aller Menschen. Justinus: Gott hat „von Anbeginn an das Menschengeschlecht mit Vernunft begabt und mit der Fähigkeit geschaffen, das Wahre zu erwählen und das Gute zu tun" (ebd. 28, 3). Dadurch — das ist der grundlegende Gedanke des Justinus — erlangten alle Menschen Gemeinschaft mit dem Logos Gottes: „Wir wurden gelehrt, daß Christus der Erstgeborene Gottes ist (vor aller Schöpfung, vgl. Kol 1, 17), und wir haben verkündet, *daß er der Logos ist,* an dem das ganze Menschengeschlecht Anteil erhielt" (ebd. 46, 2). Das umschreibt Justinus mit verschiedenen Formulierungen.[10]

Wenn mit der Vernunftnatur des Menschen dessen Logosnatur gegeben ist, so ist dann der innere Logoscharakter des Menschen gleichbedeutend mit seinem Christuscharakter. Denn das fundamentale Bekenntnis des christlichen Glaubens besagt ja: Der von Ewigkeit Logos, Wort und der Sohn Gottes ist, wurde in Jesus von Nazareth Mensch: „Das Wort ist Fleisch geworden" (Joh 1, 14). Anteil am Logos bedeutet also Gemeinschaft mit Jesus Christus.[11] Weil er Gott ist, der in der Zeit Mensch geworden ist, darum hat er Gemeinschaft gestiftet mit den Menschen aller Zeiten und Zonen, aller Geschichtsepochen und Kulturräume.

Daß das so sein muß, begründete Justinus folgendermaßen und, wie mir scheint, in einleuchtender Weise: „Gott hat zu jeder Zeit und von jedem Geschlecht der Menschen dieselbe Gerechtigkeit verlangt." Das Gegenteil anzunehmen, wäre „lächerlich und töricht" (Dial. 23, 21). Es wäre eine Verleumdung Gottes zu sagen, daß er „keine Vorsehung walten ließe und nicht alle Menschen dieselbe Gerechtigkeit zu erkennen und zu beachten lehren würde".

Die Gerechtigkeit Gottes erfordert es also, daß alle Menschen die reale Möglichkeit haben, das eine durch Jesus Christus vermittelte Heil zu erlangen. Auf die Frage des Wie antwortet Justin wie gezeigt: durch die Teilnahme aller an einem Christus-Logos.

Justin begegnet einem naheliegenden Einwand: „Weil... erst vor 150 Jahren Christus unter dem Statthalter Quirinus geboren wurde und da er ... noch später unter Pontius Pilatus gelehrt hat, seien alle Menschen, die vorher lebten, der Verantwortung enthoben." Seine Antwort: „Christus ist der Logos, an dem das ganze Menschengeschlecht Anteil erhalten hat." Daher sind alle, die mit Vernunft lebten, wie Heraklit, Sokrates und andere, nach Justinus im Grunde Christen. Er faßt zusammen: „Was immer also von ihnen allen (die vor Christus lebten) gut gesagt wurde, das gehört uns Christen an" (ebd. 13, 4).[12] Justinus bezeichnet darum die

Juden, die Heiden, die Römer, an die er seine Verteidigungsschriften richtet, als „unsere Brüder", „auch wenn ihr es nicht wißt" (2 Apol. 1, 1; vgl. Dial. 96, 2). Mit Entschiedenheit betont er, daß „unsere Religion erhabener ist als menschliche Lehre, weil der unseretwegen erschienene Christus der ganze Logos ist" (ebd. 10, 1). Die das tun, was immer und allgemein gut ist, werden von Justinus, so wie die früheren Gerechten der Bibel, in die Zahl jener eingereiht, die den Sohn Gottes in unserem Christus erkannten, der vor der Schöpfung war und der in Maria Fleisch annahm. Diesen ganzen Vorgang, der vom Beginn der Menschheitsgeschichte bis zu deren Vollendung in der Wiederkunft Christi reicht, bezeichnet Justinus als die oikonomia, d. h. die universale Heilsveranstaltung Gottes mit allen Menschen (Dial. 75, 4).

4. Schritt

Was Justinus mit dem Stichwort oikonomia grundgelegt hat, das hat Irenäus von Lyon (um 185) weiter ausgeführt.[13] Er ist überzeugt, daß Christus nicht nur für die Menschen zur Zeit des Kaisers Tiberius oder für seine Zeitgenossen gekommen sei, sondern um aller Menschen willen, die von Anfang an „Gott fürchteten, liebten und sich gerecht und fromm gegenüber ihrem Nächsten verhielten" (Adv. haer. 4, 22, 2). Nicht erst zu den Zeiten des Kaisers Tiberius dachte der Vater daran, sich um die Menschen zu kümmern, sondern sein Wort (verbum, logos) ist immer seinem Geschöpfe — „dem Menschengeschlecht beigestanden ... rettend vom Anfang an" (4, 6, 2; 4, 28, 2). Jesus Christus hat „alle seit Adam zerstreuten Völker ... das ganze Geschlecht der Menschen, Adam eingeschlossen, in sich rekapituliert" (3, 22, 3). Das heißt, Christus ist gleichsam das Haupt, die Menschheit von Anfang an sein großer Leib.[14]

Irenäus hat so die Logostheologie des Justinus weitergeführt und die Zeitdimension in der einen Heilsgeschichte verständlich gemacht. Der universale Einheitsgrund „Ökonomie" Gottes mit den Menschen ist Christus als der Logos des ewigen Vatergottes. Im Christus-Logos, der Mensch wurde als Bruder unter vielen Brüdern und Schwestern (Röm 8, 29), ist die Einheit des Menschengeschlechtes ganz tief und fest begründet und damit auch die Berufung des Menschen zur Freiheit.

Diese weltgeschichtliche und menschheitliche Interpretation, die *universale* Interpretation, wie sie Justinus und Irenäus dem christlichen Glauben gegeben haben, wird von zeitgenössischen Theologen ein „epochales Ereignis" genannt. Sie habe, so heißt es, „mit einer glücklichen ... theologischen Formel" in das Herz der Zeit von damals getroffen.[15] Die Logos-Theologie hat der damaligen christlichen Minderheit, die noch einen umfassend allgemeinen, eben katholischen Anspruch erhob, eine grundlegende Begründung gegeben. Tertullian, ein christlicher Schriftsteller um 200, hat im gleichen Problemzusammenhang das Wort von der „anima naturaliter christiana" geprägt. Und etwa zweihundert Jahre später hat man bereits ganz geläufig von der „ecclesia ab Abel" (27) gesprochen.

5. Schritt

Als das Christentum im 4. Jahrhundert mit Kaiser Konstantin Staatsreligion wurde, schwand das Bedürfnis für eine solchermaßen legitimierte Universalität, und es drängten sich andere Sorgen in den Vordergrund.

Das Römerreich, mit seinem Anspruch eines Weltimperiums, hatte nicht nur die Welt, in der die Christen lebten, geändert; es ergab sich eine neue Bewußtseinslage für diese. Die allenthalben entstehenden christlichen Gemeinden sahen bald die Botschaft Christi und seinen Missionsauftrag mit der römisch-griechischen Welt konfrontiert. Katholisch als Bezeichnung für das universal ausgerichtete Christentum tritt jetzt auch durch geschichtliche Tatsachen ins Bewußtsein.

II.

Blick auf die Missionsgeschichte des Christentums

Die ersten Verfolgungen der Jahre nach dem Pfingstereignis führten rasch zur Bildung neuer Gemeinden. Die Zentren für die Ausbreitung des Christentums sind gleich zu Beginn Jerusalem und Antiochien am Orontes. Von Jerusalem gelangt das Christentum in die aramäisch sprechende Welt, nach Persien und bald nach Indien; von Antiochien erreicht es Kleinasien und Europa. Das christliche Rom ist Zentrum für Nordafrika und das westeuropäische Römerreich. Die Gnosis verlangt bereits zu Beginn eine gewaltige geistige Auseinandersetzung. Die äußeren Verfolgungen der heidnischen Umwelt geben dem Christentum Märtyrer und Bekenner als leuchtende und stärkende Zeugen für die Ausbreitung. Das gilt auch für die Germanenmission und Völkerwanderung sowie für die spätere Slawenmission.

Mit dem epochalen Zeitalter der Entdeckungen dringt die christliche Religion leider meist unter der Flagge von Kolonisatoren aus Portugal und Spanien nach Indien, Japan und China vor. Ende des 16. Jahrhunderts gibt es bereits Bistümer in Japan, China, Mexiko, Südamerika. Damit ist das Christentum, ursprünglich um den Mittelmeerraum konzentriert — mit dem Stichwort griechisch und römisch —, über alle Barrieren der Sprachen, Kulturen und geographischen Grenzen hinausgewachsen. Es hat sich erwiesen als katholisch, allgemein, auf die ganze Menschheit ausgerichtet. Seit dem 6. Jahrhundert hat man die Zeitrechnung neu formuliert bis heute: vor Christus und nach Christus.

Neue Schwierigkeiten tauchen auf und widersprechen dem „Katholischen"

Der sogenannte Universal-Absolutheitsanspruch[16] des Christentums wurde seit der Zeit der Aufklärung mehrfach unter Beschuß genommen, die Universalität des Christentums wird in Zweifel gezogen. Wir beziehen uns auf fünf Einwände:

1. Durch das rationalistische Prinzip: alle Religionen sind im Grunde gleich, sie sind Äste einer gemeinsamen Wurzel, das heißt, des Glaubens an ein höheres Wesen. Und das ist ein allgemein menschliches Erbe. In diesem Sinn könne das Christentum allgemein oder katholisch genannt werden. Denn der Monotheismus sei eine späte Entwicklung. Offenbarung und Missionsauftrag haben politische und zeitbedingte Gründe des Entstehens (vgl. etwa die Enzyklopädisten Frankreichs).

2. Die vergleichende Religionsgeschichte der Neuzeit sieht im Christentum eine der Stifterreligionen, gestiftet von unten und nicht von oben.

3. Nach dem abendländischen Schisma (1378) war es die Reformation des 16. Jahrhunderts mit ihrer tiefgreifenden politischen, gesellschaftlichen und geistigen

Auswirkung: Das ursprüngliche Ziel der Reformation, die katholische Kirche an Haupt und Gliedern zu erneuern, führte zur Bildung der evangelischen Konfession und später vieler christlicher Konfessionen. Mit der Glaubensspaltung und der dadurch verlorengegangenen Einheit des Christentums schien offenbar auch der Universalitätsanspruch des Christentums unglaubwürdig geworden zu sein.

4. Mit dem Stichwort Feuerbach, Nietzsche — Umwertung aller Werte (Untergang des Abendlandes im Nihilismus) — wird jene geistige Strömung angedeutet, die heute als Atheismus, noch mehr als religiöse Indifferenz unserer Zeit, dem Absolutheitsanspruch den Rücken kehrt, ihn als unglaubwürdig abgelehnt hat. Die Universalität des Christentums findet ihre Barriere im menschlichen Herzen und schafft das moderne europäische Missionsgebiet.

5. Die neuen Wissenschaften der Ethnologie, der Urgeschichte, die Entdeckung der Religionen der Naturvölker, die moderne Geschichte mit dem Blick auf die Tiefe und Breite der Menschheitsgeschichte und seiner Kultur werfen eine alte Frage neu auf: Was ist es mit dem Universalitätsanspruch der Botschaft Christi gegenüber der vielen Jahrtausende vor Christus? Damit verschärfte sich die Frage nach dem Heil aller Menschen, in einer nach Raum- und Zeitdimension so sehr ausgeweiteten Welt. Sich dieser vielschichtigen Provokation zu stellen, gehört heute zu den Aufgaben der religiösen christlichen Erneuerung.

Einen vielbeachteten Versuch, diese Herausforderung theologisch aufzuarbeiten, hat Karl Rahner[17] unternommen. Er geht von der Annahme aus, daß der gerechte und gütige Gott, an den der Christ glaubt, für alle Menschen die Möglichkeit bereit hält, das ewige Heil zu erlangen. Im Innersten des Menschen werde der allgemeine Heilswille Gottes wirksam, der ja niemanden ausschließt. Rahner bezeichnet dieses reale, dem Menschen eingesenkte Angebot der Gnade Gottes „übernatürliches Existential". Damit meint er ein Zweifaches: 1. Es handelt sich um eine mit der Existenz des Menschen gegebene Bestimmung seines Wesens und Lebens. 2. Diese Bestimmung ziele, über die natürlichen Möglichkeiten des Menschen hinaus, auf die Anteilnahme am Leben Gottes selber. Dieses Angebot ist in uns am Werk; auf dem Grund unserer persönlichen Erfahrung auch in jenen Menschen, die nicht ausdrücklich darum wissen. Mit der ersten Lebensentscheidung des Menschen etwa am Kreuzungsweg von Gut und Böse — wird das Angebot Gottes angenommen oder abgewiesen. Und wer es, ohne um Jesus Christus zu wissen, annimmt, der ist ein *anonymer Christ,* denn er hat sich für das christliche Leben entschieden, insofern dessen Bestimmung Gemeinschaft mit Gott ist, der sich in Jesus Christus ein für allemal und unüberbietbar mit dem Menschen verbunden hat. Und darin besteht das Heil jetzt und für immer. Weil das Heilsangebot Gottes an jeden Menschen ohne Ausnahme ergeht, bezeichnet es Rahner als *allgemeine Offenbarung.* Das wäre die im ursprünglichen Wortsinn zu bezeichnende „katholische" Offenbarung. Und so gefaßt ist sie ohne Zweifel uneingeschränkt universal. Rahners Theorie ist nicht unumstritten, man hält ihm entgegen, daß er damit das geschichtliche Jesus-Ereignis bagatellisiere.

Rahner kann sich aber, ohne damit in die Diskussion eintreten zu wollen, mit seiner These auf das II. Vatikanische Konzil berufen. Eine Stelle aus der Kirchenkonstitution (Lumen gentium Nr. 16) führt uns in die Nähe einer solchen These: „Die göttliche Vorsehung verweigert das zum Heil Notwendige auch den

Menschen nicht, die ohne Schuld noch nicht zur ausdrücklichen Anerkennung Gottes gekommen sind, die jedoch, nicht ohne die göttliche Gnade, ein rechtes Leben zu führen sich bemühen. Was sich nämlich an Gutem bei ihnen findet, wird von der Kirche als Vorbereitung für das Evangelium und als Gabe dessen geschätzt, der jeden Menschen erleuchtet, damit er das Leben habe."

Schon etwas aufregender ist aber ein Passus in der Pastoralkonstitution „Die Kirche in der Welt von heute", Nr. 22: „Da Christus für *alle* gestorben ist, und da es in Wahrheit nur *eine* letzte Berufung des Menschen gibt, die göttliche, müssen wir festhalten, daß der Heilige Geist allen Menschen die Möglichkeit anbietet, diesem österlichen Geheimnis (von Tod und Auferstehung Jesu) in einer Gott bekannten Weise verbunden zu sein."

Auch vom Atheisten sagte das Konzil, daß er auf eine Gott (nicht unbedingt auch den Theologen) bekannte Weise, die über sein ewiges Schicksal entscheidet, in das fundamentale Mysterium des christlichen Glaubens und Lebens, in das Heilsereignis von Kreuz und Auferstehung einbezogen sei.

Es ist daher Lehre der Kirche selber, daß aus dem universalen Anspruch, aus der katholischen Wesensbestimmung des Christentums eine Grenzüberschreitung folgt, die sich auf die Dauer durch niemanden und nichts aufhalten läßt: die Überschreitung und Aufsprengung der Grenzen von Rassen und Klassen, von Geschlecht, Sprache, Nation, ja vielleicht sogar der Religionen und der Areligiosität, das heißt der vermeinten Gottlosigkeit.

Gott läßt den Menschen nicht los. Er ist zuerst da, und er ist von sich aus, soweit es auf ihn ankommt, nur das Ja zum Menschen, nicht das Nein. Das Christentum ist Offenbarungsreligion. Und Offenbarung des einen Gottes aller Menschen ist gleichbedeutend mit der angedeuteten Grenzüberschreitung. Durch Jesus von Nazareth und sein Evangelium ist es offenkundig geworden, was von Anfang an angelegt war in der Welt und in jedem Menschen. Der Apostel Paulus bezeichnet das folgendermaßen: „Es gilt nicht Jude oder Grieche, nicht Sklave oder Freier, nicht Mann oder Frau; denn alle seid ihr einer in Christus Jesus" (Gal 3, 28; cf. 1 Kor 12, 13). „Christus hat die Mauer der Feindschaft" zwischen den Völkern niedergerissen und im Blut seines für die anderen, für viele, für alle erlittenen Kreuzestodes Frieden gestiftet (vgl. Eph 2, 11—22).

Ende des vierten Jahrhunderts vor Christus hat der Philosoph Diogenes auf die Frage, welcher Nationalität er sei, geantwortet: „Ich bin Kosmopolit."[18] Aus dem zweiten nachchristlichen Jahrhundert ist uns der Satz des Epiktet, eines Sklaven, der Lehrer Kaiser Marc Aurels war, überliefert: „Alle Menschen sind Brüder, denn sie haben alle Gott zum Vater."[19] Der christliche Theologe Origines (um 200 n. Chr.) hält die Zielvorstellung einer religiösen Einheit für möglich, „da ja Christus eben durch seine Heilstat die gesamte Heilstat vereine".[20] Im Kommen Jesu in der „Fülle der Zeiten", in der Zeit des Kaisers Augustus mit der Pax Romana und der einen Reichssprache der Koine (Sprache des Neuen Testamentes), ist die Voraussetzung für die Universalität des Christentums zu sehen.

Ich fasse nochmals zusammen: Der ursprünglich katholische Charakter des christlichen Glaubens hat entscheidende Impulse, die oftmals unterschwellig und anonym wirksam wurden, dem europäisch-westlichen Kulturraum und damit der Weltgeschichte — der gegenwärtigen (und wir hoffen auch der künftigen) —

vermittelt, in Richtung von Freiheit, Gleichheit und Brüderlichkeit, auf Ausbildung moderner rechtsstaatlicher Demokratie zur Weckung des Bewußtseins der liberalen und sozialen Grundrechte des Menschen, das heißt aller Menschen. — Das haben uns Philosophen wie Hegel, Kritiker der Religion und des Christentums wie Nietzsche, Sigmund Freud und Ernst Bloch unumwunden zugestanden.[21]

Zum Schluß wenden wir uns noch der Frage zu: Wie verhält sich nun das Katholische in seinem ursprünglichen Sinn von umfassend und allgemein zu unserem Terminus „römisch-katholisch"? Zunächst sei festgehalten, daß die Logos-Spekulation und ihre christliche Deutung für die Christen im zweiten nachchristlichen Jahrhundert von großem Gewicht war.

Der Dogmenhistoriker Adolf Harnack[22] sprach von einer verhängnisvollen Hellenisierung des Christentums, die durch die Logosspekulation die Botschaft Christi verändert habe. „Die Apologeten (des zweiten Jahrhunderts) haben aus dem Christentum eine deistische Religion für alle Welt gemacht", meint Harnack. Das spezifisch Christliche sei dabei auf der Strecke geblieben. Das ist übrigens ein Vorwurf, den manche heute gegen die Theologie Rahners erheben.[23]

Aus der heutigen Sicht wird ein gewisses Defizit an paulinischer Theologie[24] und des Glaubens an den Gekreuzigten sichtbar. Der Glaube an den Gekreuzigten, der von Gott aus dem Tod auferweckt wurde, stand in der damaligen Zeit nicht im Rampenlicht des christlichen Bewußtseins. Man vermied vor dem Jahre 300 eigentliche Darstellungen des Kruzifixus (Tertullian begründet das auch[25]). Es war eben die Botschaft vom Kreuz „für die Juden ein Ärgernis, für die Griechen eine Torheit" (1 Kor 1, 23).

Im zweiten Jahrhundert war aber auch ein Einfluß des Judentums auf das junge Christentum festzustellen[26], das heißt eine zunehmende Wertschätzung der äußeren Religionsausübung, wie sie im Judentum üblich war. Sie entsprang der Mentalität der Gerechtigkeit des Menschen vor Gott durch Beobachtung von Gesetzesvorschriften. Diese Tendenz wurde besonders für die Zeit nach der Konstantinischen Wende charakteristisch. In diesem Sinne könnte man nach der philosophischen von einer politischen Universalierung sprechen, die ebenfalls teils positiv, teils negativ zur Auswirkung kam.[27] Für Bischof Eusebius z. B., den Hoftheologen Kaiser Konstantins, sollte die biblische Heilsgeschichte in der Geschichte des Römischen Reiches ihre Fortsetzung finden. So wie Christus im Namen Gottes handelte, so war nach ihm der Kaiser berufen, im Namen Christi hier auf Erden zu handeln ... Civitas Romana und Civitas Christiana waren auf diese Weise identisch. Das Römische Reich war die Existenzform des christlichen Gottesvolkes auf Erden. Diese Konzeption des Eusebius „ist verschmolzen mit der heidnischen sakralen Kaiserideologie und der alttestamentlichen Auffassung vom König als dem Führer des auserwählten Volkes".[28] Dieses zeitgeschichtlich bedingte Bild entsprach durchaus menschlichem, allzu menschlichem Empfinden. Der Religion des Kreuzes entsprach es allerdings nicht.

Die Kirche wollte damit Zugang zu allen Volksschichten finden und übernahm religiöse Bräuche und Feste aus der Umwelt. „So setzte sich z. B. der Heiligen- und Reliquienkult in der zweiten Hälfte des vierten Jahrhunderts mit voller Kraft durch ... Mit den vielen kirchlichen Festtagen, die in diesem Jahrhundert hinzukamen, und mit ihrem reichen gottesdienstlichen Leben konnte die Kirche die

Konkurrenz mit den heidnischen Festen und Kultzeremonien aufnehmen ... Durch die großen Scharen, die sich um die Kirche drängten, war sie im Begriff, eine Volkskirche zu werden, in der die Grenze zwischen Christentum und Heidentum oft fließend war."[29] Kaiser Konstantin bezeichnete das Christentum als lex catholica, das heißt als die allgemein gültige Kultordnung.[30] Ein Vorwurf der Paganisierung, der Verweltlichung in den folgenden Jahrhunderten war nicht ganz von der Hand zu weisen.

III.

Dagegen richtete sich der Einspruch der Reformatoren im 16. Jahrhundert. Das Wort Gottes darf nicht vermengt werden mit allerlei menschlichem „Gemächte". So wie einst der Apostel Paulus mit Nachdruck betonte: Das „Wort vom Kreuz" darf nicht „ausgehöhlt werden" (vgl. 1 Kor 1, 17f.). Die evangelischen Neuerer halten daher der großen universalen römisch-katholischen Kirche von damals das „reine Evangelium" entgegen. Evangelische Theologen von heute, z.B. Eberhard Jüngel und Jürgen Moltmann[31], stellen die These auf, wahre Gotteserkenntnis erschließe sich nur im Glauben an Jesus Christus. Oder, wer Gott wirklich ist, das erfahre allein der Glaubende in der Konfrontation mit jenem Ereignis, in dem Gottes eigentliche und einzige Offenbarung für uns beschlossen ist, im Kreuzestod Jesu. Die Theologia crucis war bereits Luthers Programm, und die Kreuzestheologie wird heute mit Entschiedenheit erneuert. Das ist ohne Zweifel große christliche Theologie. Sie geht ins Zentrum des christlichen Glaubens: in das Paradox und den Skandal der Botschaft vom Kreuz. Demnach ist durch das entehrende Scheitern eines zum Tod Verurteilten und Hingerichteten das Heil, das ewige Heil aller Menschen begründet und erwirkt worden. Der ewige Gott hat nicht durch Weisheit, wie sie die Griechen suchten, und nicht durch Machttaten, wie sie die Juden verlangten, die Welt und uns Menschen gerettet, sondern durch die törichte und widersinnige Ohnmacht eines Außenseiterschicksals. Gott hat sich mit dem Kreuzestod Jesu identifiziert. Wer sich darauf einläßt, der erfährt: wer Gott ist und wie Gott es mit der Welt meint, mit mir und meinem Leben. Das ist ohne Zweifel große christliche Theologie. In diesem Zusammenhang erhebt sich aber die Frage: Darf es aber damit christlicherseits sein Bewenden haben, die Botschaft vom Kreuz in einer kühnen Ausschließlichkeit zu Gehör zu bringen? Verlangt nicht auch gerade diese unerhörte Botschaft nach einer menschlichen Vermittlung? Kann ich dabei den Menschen mit all seinen Dimensionen zur Seite stellen? Wenn das Kreuz erfahren wird als grausamer Widerspruch zu menschlichem Leben und menschlicher Lebenserfüllung, so kann es doch auch erfahren werden als eine tiefere Entsprechung zum eigentlichen Menschsein und Menschengeschick. So hat das Kreuz eine universale Relevanz, als Offenbarung Gottes und als Offenbarung des Menschen, der sich darin wiedererkennt und zu sich selber findet. In diesem Zusammenhang kann man miteinander vergleichen die „logoi spermatikoi" des Justinus und etwa Karl Rahners „übernatürliches Existential". In diesem Zusammenhang darf nachdrücklich darauf hingewiesen werden, daß derselbe Justinus[32] um 150 n. Chr. feststellte, daß Menschen aller Völker unter dem Eindruck des Mysteriums des Kreuzes „die eitlen Götzen und Dämonen der Heiden verließen und sich der Gottesverehrung zuwandten". Der Bonner Fundamentaltheologe A. Waldenfels[33] hat übrigens kürzlich zu zeigen versucht, daß sich für das Wort Kreuz, das den innersten Kern des christlichen Glaubens ausmacht, in den anderen Religionen der Welt mannigfaltige Anklänge finden.

Mit diesen verschiedenen Hinweisen möchte ich betonen, daß evangelisches und (römisch-)katholisches Christentum nicht gegeneinander ausgespielt werden dürfen. Es ist einerseits die Größe der reformatorischen Theologie, daß sie sich auf das Wesentliche des Christentums, auf das Wort vom Kreuz konzentriert, es ist ihre Grenze und Gefahr, daß sie dies mit einer Exklusivität des Glaubenssprunges tut, welche die menschliche Vermittlung verweigert. Es ist anderseits die Größe katholischen Denkens und Lebens, daß es den ganzen Menschen mit kritischem Verstand und mit seinem nach Kultfeier begehrenden Gemüt in den lebenslangen Prozeß des Christwerdens einholen will. Es ist seine Grenze und Gefahr, daß sich darüber unversehens die Gewichte verschieben können. Die einen stehen ein für die Reinheit des Evangeliums, die strenge Identität des christlichen Glaubens, den anderen liegt die katholische Fülle, die möglichst weite und volle menschliche Bedeutung des Christentums am Herzen. Was bleibt, ist der Wunsch, daß wir einander ergänzen und vollenden, soweit das uns Menschen gegeben ist. Ich bin der Meinung, daß ein inklusiver christlicher Universalismus den christlichen Bekenntnissen gemeinsam aufgegeben ist.

Nathan Söderblom, Friedrich Heiler, Ernst Kinder, Theologen der christlichen Ökumene, sprachen von einer „evangelischen Katholizität".[34] Daraus ist der Wunsch zu erkennen, diese von der urchristlichen Zeit an geltende Bezeichnung der Kirche Christi als gemeinsame Bezeichnung nicht untergehen zu lassen.

Das von evangelischen Autoren in dritter Auflage veröffentlichte Lexikon „Religion in Geschichte und Gegenwart"[35] hält fest, daß von den altprotestantischen Theologen mit „katholisch" soviel wie „allgemein christlich" gemeint ist. Luther selbst, so heißt es dort (a. a. O), nennt seinen Glauben catholica fides und betont damit, daß er vom katholischen Glauben niemals abgefallen sei.[36] Der Autor W. V. Loevenich im zitierten „Religion in Geschichte und Gegenwart" (Sp. 1207) meint: „Indem man aber das Prädikat ‚katholisch' an die römische Kirche abtrat, hat man im Selbstverständnis einer modernen Relativierungstendenz nachgegeben und sich selbst nur noch als ‚Konfession' unter Konfessionen betrachtet. Demgegenüber hat sich das wiedererwachte Luthertum im 19. Jahrhundert auf die Katholizität als ein wesensnotwendiges Merkmal der Kirche besonnen... Dieses erneute universale Verständnis von ‚katholisch' hat sich aber im heutigen Sprachgebrauch bisher nicht durchgesetzt."

Wenn man also die nach der Stadt Rom genannte Glaubensgemeinschaft, die zurückreicht bis in die Zeit der Apostel, betrachtet in ihrem Verhältnis zu den 300 im Ökumenischen Rat der Kirchen zusammengeschlossenen Kirchengemeinschaften, und wenn die römisch-katholische Kirche mit ihrer Bezeichnung katholisch nicht *exklusiv* argumentieren will, dann darf sie sich mit Recht nach wie vor als katholisch bezeichnen. Dieser Name soll aber hier nicht nur als historischer Befund, sondern noch viel stärker als eine ökumenische Verpflichtung gesehen werden.[37]

[1] K. Rahner, Über eine theologische Grundinterpretation des II. Vatikanischen Konzils, in: Zeitschrift für katholische Theologie 101 (1979) 290-299.

[2] Das schließt nicht aus, daß die junge christliche Gemeinde auch positive Elemente aus dem Judentum übernahm, z. B. aus dem Synagogengottesdienst für die Gestaltung der eigenen Liturgie.

[3] Der erste Satz ist beeinflußt vom Dichter Epimenides aus Knossos (sechstes Jahrhundert v. Chr.); der zweite stammt aus der Schrift „Phainomena" des Aratos aus Cilicien (drittes Jahrhundert v. Chr.), und ähnlich drückt sich dessen stoischer Zeitgenosse Kleanthes aus.

[4] Vgl. 1 Kor 1, 17-25.

[5] Dafür steht übrigens auch der Ausdruck „christianismos", ein Neologismus des Ignatius von Antiochien (in den Briefen an die Philadelphier 6, 1 und an die Römer 3, 3).

[6] J. N. D. Kelly, Die Begriffe „Katholisch" und „Apostolisch" in den ersten Jahrhunderten, in: Katholizität und Apostolizität. Theologische Studien einer gemeinsamen Arbeitsgruppe zwischen der römisch-katholischen Kirche und dem Ökumenischen Rat der Kirchen. Hg. R. Groscurth, Göttingen 1971, 9-21; Zitat: 11, vgl. 10-15. Mehr als drei Jahrhunderte später erläutert Cyrill von Jerusalem (Katechesen 18, 23; PG 33, 1044) den katholischen Charakter der Kirche — in ihrer universalen Ausdehnung — auf eine auch intensiv-ganzheitliche Weise:

Die Kirche wird katholisch genannt, weil sie über den ganzen Erdkreis, von einem Ende bis zum anderen, besteht, weil sie umfassend (katholikos) und vollständig all das lehrt, was man wissen muß vom Sichtbaren und Unsichtbaren, vom Himmlischen und Irdischen, weil sie das ganze Menschengeschlecht, Regierende und Regierte, Gebildete und Ungebildete, zur Gottesverehrung führt, weil sie allgemein (katholikos) jede Art von Sünden, begangen mit Seele und Leib, behandelt und heilt, weil sie schließlich jede Art von dem besitzt, was man Tugend nennt in Werk und Wort und aller Gnadengabe.

[7] Vgl. hierzu: W. Kern — Y. Congar, Geist und Heiliger Geist, in: Christlicher Glaube in moderner Gesellschaft, Bd. 22, Freiburg 1982, 59-116, bes. 63-68. — Neben den markanten Logos-Philosophien des Heraklit und der Stoa seien wenigstens erwähnt: die Lehre von der Weltseele in Platons Dialog „Timaios", in Aristoteles' Frühschrift „Über die Philosophie" und in der pseudo-aristotelischen Schrift „Über die Welt", überhaupt die Nous-Lehre des Aristoteles, die weltgestaltende „dynamis" des mittleren Platonismus, die „koinai ennoiai" der Stoa und die emanatistische Auffassung des Neuplatonismus von „nous" und „psyche".

[8] M. Pohlenz, Die Stoa. 2 Bde, Göttingen [4]1972. [2]1959.

[9] Vgl. A. Bsteh, Zur Frage nach der Universalität der Erlösung. Unter besonderer Berücksichtigung ihres Verständnisses bei den Vätern des zweiten Jahrhunderts, Wien 1966, bes. 138-143. 159-166. Die Schriften Justins, auf die wir uns beziehen, sind die erste und zweite Apologie und der „Dialog mit dem Juden Tryphon".

[10] Jeder einzelne Mensch hat je seinen Teil am göttlichen Logos. Oder: der Logoskeim ist zu verstehen als ein Teilchen des Logos; in dem Menschen wohne die ihnen innerliche, angeborene Aussaat des Logos. Justinus gehört zur Schriftstellergruppe des zweiten Jahrhunderts, die man Apologeten nennt.

[11] Man kann das — mit A. Bsteh (vgl. Anm. 9) 140 — angedeutet sehen in Justinus' uneingeschränkter Gleichsetzung des „ganzen Logos" mit Christus. Zweite Apol. 8, 3; 10, 3.

[12] Unter diesem Blickwinkel kann Justinus sagen: „In der Tat ist die Philosophie ein sehr großes Gut, und sie gilt auch vor Gott sehr viel, zu dem sie allein uns hinführt (?) .... und wirklich heilig sind jene, die auf die Philosophie ihren Sinn richten" (Dial. 2, 1).

[13] Vgl. A. Bsteh (s. Anm. 9), 67-78. 87-92. 166-175. Die Schrift des Irenäus, aus der wir zitieren, bezeugt den katholischen Glauben „gegen die Irrlehren".

[14] Vgl. Augustinus: Alles ist auf eines, auf diesen einen hingewendet. Christus ist die Mitte der Menschheitsgeschichte dieses Universums. „Er hat die lange Entwicklungsgeschichte der Menschen in sich selbst rekapituliert, als Inbegriff des ihr angebotenen Heiles." Vgl. im Neuen

Testament: Joh 1, 1.3; Kol 1, 15-17 .... Einprägsam Irenäus (4, 34,4): In Christus „wird der Spruch wahr: ‚Wer den Pflug gemacht, hat auch die Sichel gebracht', das heißt: der Logos, der die erste Menschensaat machte — die Erschaffung Adams —, der sammelt auch in den letzten Zeiten die Frucht".

15 I. Escribano-Alberca, Glaube und Gotteserkenntnis in der Schrift und Patristik (Hb. Dogmengesch. I 2a), Freiburg 1974, 30. Wenn E.-A. hinzufügt, diese Formel sei „für andere Zeiten vielleicht unnachsprechbar", so scheint das für unsere Gegenwart gerade nicht zuzutreffen!

16 Vgl. F. König, Religionsgeschichtliches Wörterbuch, Freiburg 1956, „Absolutheitsanspruch des Christentums", 9 f.

17 Vgl. z. B. K. Rahner, Grundkurs des Glaubens, Freiburg 1976, 132-139. 153-165. Dazu neuerdings und am besten: N. Schwerdtfeger, Gnade und Welt. Zum Grundgefüge von Karl Rahners Theorie der „anonymen Christen", Freiburg 1982. Ähnliche Theorien bei P. Tillich („latente Kirche") und selbst bei K. Barth.

18 So berichtet der Philosophiehistoriker Diogenes Laertios 6, 63.

19 Nach G. Oestreich, Geschichte der Menschenrechte ..., Berlin 1968, 17.

20 T. Christensen, Christus oder Jupiter, Der Kampf um die geistigen Grundlagen des Römischen Reiches (dänisch 1970), Göttingen 1981, 87 f.; vgl. Origenes, Contra Celsum 8, 72.

21 Vgl. Hegel (Enzyklopädie [3]1830, § 842 Zusatz) über die Idee der Freiheit: Ganze Weltteile, Asien und der Orient, haben diese Idee nie gehabt und haben sie noch nicht; die Griechen und Römer, Plato und Aristoteles, auch die Stoiker haben sie nicht gehabt; sie wußten im Gegenteil nur, daß der Mensch durch (seine bestimmte) Geburt (als atheniensischer, spartanischer usw. Bürger) oder durch Charakterstärke, Bildung, Philosophie (der Weise ist auch als Sklave und in Ketten frei) wirklich frei sei. Diese Idee ist durch das Christentum in die Welt gekommen, nach welchem das (menschliche) Individuum als solches einen unendlichen Wert hat, indem es Gegenstand und Zweck der Liebe Gottes und somit dazu bestimmt ist, zu Gott als Geist ein absolutes Verhältnis, diesen Gott als Geist in sich wohnen zu haben.

Nach Freud (Ges. Werke XIII [[7]1972], 136.102) ist von der „Umwandlung der Vaterhorde in eine Brüdergemeinde", die Jesus durch seinen stellvertretenden Opfertod bewirkt habe und deren bleibendes Gedächtnis die christliche Eucharistie sei, „ein demokratischer Zug" in das allgemeine Bewußtsein übergegangen. Bloch (Das Prinzip Hoffnung, Frankfurt 1959, 627) war davon überzeugt: Das in der Französischen Revolution durchschlagende „Pathos der Person war weit älter, stammte aus dem Christentum, aus dessen metaphysischer Schätzung der Einzelseele".

22 Lehrbuch der Dogmengeschichte, Bd. 1, Tübingen [4]1909, 546.

23 Gegen Harnack wird aber von katholischen Theologen verschiedenes eingewendet.

In den letzten Jahren waren es besonders A. Grillmeier und F. Ricken sowie andere. Der in dieser Materie besonders kompetente Grillmeier hat gezeigt, daß bei der Übernahme griechischer Denkansätze durch die frühen christlichen Schriftsteller nicht so sehr das Christentum hellenisiert, als vielmehr das Hellenische christianisiert wurde. Mit anderen Worten: Die entscheidenden griechisch-philosophischen Begriffe wurden in diesem Prozeß „getauft" oder von Grund auf neu gedeutet. Anderseits ist es richtig, daß zentrale Themen neutestamentlicher Verkündigung etwas zurückgetreten sind.

24 P. Stockmeier, Glaube und Religion in der frühen Kirche, Freiburg 1973, 31 f.; unter Hinweis auf z. B. J. Baur, Salus Christiana. Die Rechtfertigungslehre in der Geschichte des christlichen Heilsverständnisses. Bd. 1, Gütersloh 1968. Vgl. Stockmeier 56 f. 62-64.

25 Adv. Marc. 3, 18; CChr 1, 531: „Das Mysterium des Kreuzes mußte in der alten Kirche in (symbolisierende) Bilder gehüllt werden, denn hätte man es bildlos-nackt verkündet, wäre es ein noch viel größeres Skandalon geworden."

26 Dagegen wandten sich die in die Häresie abgeglittenen Bewegungen des Montanus und besonders des Marcion, der vom NT neben den menschenfreundlichen Lukas-Schriften nur Paulusbriefe als kanonisch anerkannte; vgl. Stockmeier 51 f. A. Harnack hat ein Buch über

Marcion geschrieben: „Der Apostel Paulus hat keinen überzeugteren Schüler als ihn gehabt, und von keinem andern Gott sollte Marcion wissen als von dem, der in dem Gekreuzigten erschienen war“ (Marcion, Das Evangelium vom fremden Gott [1921], Darmstadt 1960, 1).

27 T. Christensen, a. a. O. 266. Vgl. 88-90; und 230: „Konstantin war, ganz wie seine heidnischen Vorgänger auf dem Kaiserthron, von der von Gott verliehenen Bestimmung des Römischen Imperiums überzeugt: es vertrat die von Kultur und Zivilisation geprägte Menschheit.“

28 T. Christensen, a. a. O. 267f. Kaiser Theodosius wird gegen Ende des vierten Jahrhunderts, am 27. 2. 380, verfügen, daß nur die, die seine Maßnahmen zur Wiederherstellung der kirchlichen Einheit nach den arianischen Wirren befolgen, „Anspruch auf den Namen ‚katholische Christen‘ haben, daß aber die übrigen, die wir als Wahnsinnige und Verrückte ansehen, die Schande der ketzerischen Lehre tragen, daß ihre Versammlungsstätten den Namen Kirche nicht führen dürfen und daß sie vor allem von der göttlichen Strafe heimgesucht werden, dann aber auch von der Strafe unseres Eingreifens, das uns durch himmlisches Urteil übertragen worden ist“.

29 T. Christensen, a. a. O. 243f. Vgl. 272 die Verteidigungsrede des Symmachus für die römische Religion vor Kaiser Valentinian II. 383, wonach die Götter erkannt werden durch Gelingen, Glück und Glanz, die sie in irdischen Angelegenheiten schenken! Und ebd. 12: „Da ... die Weltherrschaft auf den Wohltaten der Götter beruhte, war sie gleichbedeutend mit der göttlichen Sendung Roms.“ Genau so ist Kaiser Konstantin und sind später die germanischen Herzöge zum Christentum gelangt: Der Christengott erwies sich als stärker als die römischen (germanischen) Götter! Konstantin wollte konsequent dann auch „Kirchenbauten, die die heidnischen Tempel an Pracht und Herrlichkeit übertrafen“ (255); die altkirchliche Basilika hatte zum Vorbild die kaiserlichen Audienzräume (227) ...

30 T. Christensen, a. a. O. 203; vgl. 203-208. 223-230.

31 Siehe bes.: J. Moltmann, Der gekreuzigte Gott, München 1972, 184-268; E. Jüngel, Gott als Geheimnis der Welt, Tübingen 1977, 409-470, auch 248-306.

32 Dialog mit Tryphon 91, 3; vgl. 52, 4; 55, 6.

33 Der Gekreuzigte und die Weltreligionen, Zürich 1983. Vgl. auch H. Küng, Die Religionen als Frage an die Theologie des Kreuzes, in: Evang. Theol. 33 (1973) 401-423.

34 Vgl. z. B. E. Kinder, Evangelische Katholizität, in: Kerygma und Dogma 6 (1960) 69-85 (Lit.!). Vgl. auch P. Tillich, Die bleibende Bedeutung der katholischen Kirche für den Protestantismus (1941), in: Ges. Werke VII, Stuttgart 1962, 124-132.

35 RGG 3. Bd. 1959, 1206 f.

36 An anderer Stelle wird die Kirche von Luther genannt „eine heilige catholica oder christliche Kirche“. Kirchenpostille 1527, vgl. RGG a. a. O.

37 Da nach dem Vatikanum II die Kirche Christi nicht mehr einfachhin mit der (im abgeleiteten, „römischen“ Sinn) katholischen Kirche (total-)identisch gilt, sondern in ihr „subsistiert“ (Lumen gentium, Nr. 8), konnte das Konzil auch andere christliche Glaubensgemeinschaften als Kirchen bezeichnen (vgl. Ökumenismusdekret „Unitatis Redintegratio“, Nr. 13-23), in denen „vielfältige Elemente der Heiligung und der Wahrheit zu finden sind, die als der Kirche Christi eigene Gaben auf die katholische Einheit hindrängen“ (LG 8; vgl. UR 3). Die Zugehörigkeit zur „Una ... catholica“ ist demnach eine Grade zulassende, gestufte Wirklichkeit; und ebenso die Katholizität (im ursprünglichen Wortsinn; vgl. UR 42).

Alfred Raddatz

Verborgen — geduldet — gleichberechtigt: Evangelisch in Österreich

Die Formulierung des Themas, über das gesprochen werden soll, darf auf keinen Fall den Eindruck erwecken, als begänne die Geschichte der Evangelischen in Österreich mit dem Untergrund. Sie haben bis zu diesem Zeitpunkt, da sie in Österreich in den Untergrund abgedrängt werden, hier bereits eine lange, zum Teil glanzvolle, auf jeden Fall aber wechselhafte Geschichte hinter sich. Im dritten Viertel des 16. Jahrhunderts hatten sie sich in fast allen habsburgischen Ländern — Tirol ausgenommen — durchgesetzt. Wir müssen also den Blick weiter zurück richten. Wie kommt reformatorisches Gedankengut nach Österreich?

Kaum durch den Brief Luthers an den Wiener Humanisten Cuspinian — „am Mittwoch nach Quasimodogeneti 1521“ — also vom Wormser Reichstag, an dem Abend des Tages, an dem sich Luther Bedenkzeit erbeten hatte. Eher schon durch die Verbindungen der Humanisten untereinander, die sich von dieser Bewegung ein Abstellen der genug beklagten kirchlichen Mißstände erwarteten. Vor allem aber durch Bücher. 1519 bis 1522 druckte etwa der Wiener Buchdrucker Singriner ungefähr 15 Schriften Luthers nach. 1521 spricht die Schwaygersche Chronik von Hall in Tirol bereits vom Eindringen des „neuen Glaubens“, 1523 erläßt Erzherzog Ferdinand als österreichischer Landesherr im Vollzug des Wormser Ediktes das erste Mandat gegen „lutherisch und andere verworfene Lehren“, und in einem weiteren Mandat — deren Reihe nun nicht mehr abreißt — von 1527 wird bedingungslose Rückkehr zur Kirche gefordert. „Wer nach ketzerischer mainung des Herrn nachtmal (wie sy es nennen) also begern, das sy Brot und Wein ainander raichen vnd nemen“, soll als Ketzer an Leib, Leben und Gütern gestraft, die Häuser, in denen solches geschieht, niedergerissen werden. In einzelnen Fällen erfolgen solche Verurteilungen tatsächlich. Der Wiener Bürger Kaspar Tauber wird am 17. September 1524 vor dem Stubentor in Wien enthauptet — der erste evangelische Blutzeuge in Österreich.

Die Reformation stand in der gleichen Situation wie die frühe Kirche: sie mußte Toleranz fordern, mußte sich aber sehr bald auch fragen lassen, ob sie auch selbst bereit sei, Toleranz zu gewähren. „Man sollte die Ketzer mit Schriften überwinden, nicht mit Feuer“, so Luther an den christlichen Adel deutscher Nation 1520. „Es müssen Secten sein und das Wort Gottes muß zu Felde liegen und kämpfen ... Man lasse die Geister aufeinander platzen ...“, 1524. Dagegen bleibt Luther aber bei der Auffassung der politischen Gefährlichkeit der Ketzerei. Er hält es für unmöglich, ein konfessionell uneinheitliches Territorium zu regieren. Die politische Gefahr der Ketzerei reicht für ihn über die entstehenden Unruhen bis in den Bereich des Zornes Gottes über ein Land, in dem die Blasphemie der Messe, der Synagoge oder schwärmerische Predigt geduldet wird. Dadurch wird das zeitliche Wohl des Staates gefährdet, und darüber hat die Obrigkeit zu wachen. Wenn Andersgläubige auf öffentlichen Gottesdienst verzichten, will Luther sie dulden. Die Glaubensverschiedenheit innerhalb des Reiches bietet nach Luther jedem die Möglichkeit, dort zu leben, wo sein Kult der öffentliche ist. Luther war deshalb auch bereit, der reformatorischen Predigt in katholischen Territorien Beschränkungen aufzuerlegen, wie er aber auch Verzicht auf öffentliche Verkündigung anderen Glaubens in evangelischen Gebieten fordert. Gerade an den Täufern glaubte er zu erkennen, wie recht er mit seiner Haltung hatte, und so stimmt er 1531 sogar der Todesstrafe für ihre Führer zu. Und dabei findet sich gerade, soweit wir wissen, der Tugendbegriff „tolerantia", deutsch im Sinne von „Duldung", zum ersten Mal bei Luther 1541.

Täufer werden also von beiden Seiten verfolgt, von der katholischen sowohl als auch der lutherischen. In Österreich kommen etwa 600 ums Leben. Täufergemeinden entstehen durch reisende Prediger, Christusförmig-Werden durch Leiden ist ihre Haltung. So wird gerade von ihnen die Forderung nach Toleranz erhoben, etwa durch Balthasar Hubmaier in seiner Schrift „Von Ketzern und ihren Verbrennern" 1524.

Nicht nur die Täufer mit ihren sozialen Konsequenzen: gemeinsames Leben und gemeinsame Arbeit, gemeinsame Kasse, aus der die Zuteilung nach den Bedürfnissen des einzelnen erfolgt — auch die Bauernkriege zeigten beiden Seiten die politische Gefahr der Ketzerei und bestätigten sie in ihrer Haltung, Luther sowohl als auch die katholischen Fürsten.

Beide Phänomene haben zu einer gewissen Skepsis der reformatorischen Bewegung gegenüber beigetragen, sicherlich auch die Bemühungen des Landesfürsten durch Visitationen 1528 und 1544, den desolaten kirchlichen Verhältnissen aufzuhelfen. Wie wenig sie letztlich fruchteten, zeigt ein Mandat, das zum Gebet für den Türkenkrieg aufrief und das auch die „Prädikanten" nennen mußte.

Die Situation ändert sich nach dem Augsburger Religionsfrieden 1555. Keine Patente Ferdinands mehr gegen die Ketzer, trotz weitgehender „Protestantisierung" seiner Länder. Seit ungefähr 1550 kommen evangelische Prediger in verstärktem Maße nach Österreich. 1568 gewährt dann Maximilian II. die Zulassung der Confessio Augustana in den Ländern ob und unter der Enns — dem Adel, d. h. den Ständen in seinen Häusern und auf seinen Gebieten, die sogenannte Religionskonzession. Damit war die Frage der Religionsfreiheit ein Teil der ständischen Privilegien geworden. Ähnlich verlief die Entwicklung in den innerösterreichischen Ländern. 1578 genehmigte Erzherzog Karl die Kirchenordnung des Rostockers David Chytraeus, die im Auftrag der Stände ausgearbeitet worden war. Sie hatten auch für die Organisation des Kirchenwesens Sorge zu tragen. Dabei war an Konsistorien mit einem Superintendenten als geistlichem Leiter gedacht. Realisiert wurde wenigstens die Errichtung von Landhauspredigerstellen am Sitz der Ständischen Landesverwaltung und dazu die Errichtung von Landschaftsschulen, besonders in Graz und Linz. An beiden hat Johannes Kepler gewirkt.

Das entscheidende Organ für das Kirchenwesen bildeten die Landtage. In Niederösterreich war um 1580 der Adel etwa zu neun Zehnteln evangelisch, in Oberösterreich und Kärnten vielleicht eher noch mehr. Und er hatte seit alters die custodia ecclesiae. Was sich an katholischem Kirchenwesen erhielt, unterstand den zuständigen Bischöfen. Bei den nicht grundherrschaftlichen Städten allerdings hatten sich Maximilian II. und Erzherzog Karl geweigert, sie den herrschaftlichen Untertanen rechtlich gleichzustellen. Die Gesamtzahl der in der Reformationszeit in österreichischen Ländern tätigen Prediger wird man mit ungefähr 2000 angeben können. Von katholischer Seite bestand auf die evangelisch gewordenen Teile des Kirchenwesens kein Jurisdiktionsanspruch, wohl aber im Landtag eine Zusammenarbeit mit katholischen Prälaten und Adeligen, so daß sich hier ein konfessionsloser Raum ergab. Die Einheit von Land und Landständen blieb entscheidender als konfessionelle Unterschiede.

Eine neue Situation ergab sich mit dem Regierungsantritt des in Spanien erzogenen Kaisers Rudolf II. 1576. Da keinerlei Hoffnung mehr auf Einigung der Konfessionen bestand, blieb nur die Rückführung der Abgefallenen. Die Landhausprediger in Wien wurden ausgewiesen, der einzige evangelische Bürgermeister Wiens durch einen Katholiken ersetzt und eine katholische Mehrheit im Rat hergestellt. 5000 Wiener Bürger taten vor der Hofburg einen Fußfall, um die Zulassung der Confessio Augustana zu erreichen. Antwort: Entlassung aller evangelischen Hofbeamten. Melchior Khlesl, der spätere Bischof von Wien, setzte sich die Auflösung des evangelischen Kirchenwesens zum Ziel —, eine Konfessionsverschiedenheit zwischen Regierenden und Regierten wurde als unmöglich empfunden", sie sei Einschränkung der „Majestas Caesaris" — und dennoch die Privilegien von 1568! In kleinen Schritten werden sie jetzt eingeschränkt, ja als bloße clementia des Fürsten ausgegeben. 1581 entzog Rudolf den niederösterreichischen Ständen die Entscheidung in geistlichen Angelegenheiten und übertrug sie an die Hofkanzlei. Ein Katholik wurde von ihm zum Landmarschall ernannt — und damit die Stände gespalten. Die Bauernrebellion 1593/97 lieferte den Anlaß zu systematischer Rekatholisierung, Prädikanten sollten abgeschafft, alle katholischen Pfarren wiederhergestellt werden. Mit Freistadt wurde begonnen, Enns, Wels, Vöcklabruck, Steyr, endlich Linz folgten. Das letzte Viertel des 16. Jahrhunderts entsprach für die Evangelischen keineswegs mehr seinem dritten Viertel.

Ähnlich verlief die Gegenreformation in Innerösterreich. Das Programm dazu wurde 1579 mit den Wittelsbachern, der Vorhut der Gegenreformation im Reich, in München beschlossen, denn Erzherzog Karl war mit einer Wittelsbacherin vermählt. Der Tenor: vorsichtig, „non verbis, sed factis" und das Ziel: Wiederherstellung der Einheit im katholischen Bekenntnis. Dazu wurde 1587 die erste Reformationskommission eingesetzt. Ohne Schritte im einzelnen anzuführen, werden jetzt die Untertanen entsprechend ihrem Bekenntnis unterschiedlich behandelt.

Kärnten folgte. Den Städten wird unter Androhung von Geldstrafen befohlen, ihre Prädikanten auszuweisen. St. Veit a. d. Glan mußte 6000 Gulden zahlen. Hier wird auch der Friedhof für evangelische Begräbnisse gesperrt. Allerdings — die Stände konnten in Klagenfurt weiter an der 1582 begonnenen evangelischen Dreifaltigkeitskirche, dem heutigen Dom, bauen, die dann 1604 katholisiert wurde.

Noch schärfer trat seit 1596 sein Nachfolger Erzherzog Ferdinand den Evangelischen entgegen und schreckte dabei vor Gewalt, Rechtsbruch, Vertreibung der Untertanen und offener Unwahrheit nicht zurück, wenn es um die „heilige Religion" ging. 1598 begann die letzte Phase der Zerstörung des evangelischen Kirchenwesens — und „Zerstörung" ist dabei zum Teil wörtlich zu nehmen.

Die evangelischen Priester und Lehrer in Graz wurden ausgewiesen, nur Johannes Kepler durfte noch bis 1600 bleiben, dann mußte auch er weichen. Allein das persönliche Bekenntnis der Adeligen war noch unangefochten. Zur Bekehrung gehörte die communio sub una und — die Ablieferung evangelischer Bücher. In

Graz werden allein im August 1600 ungefähr 10.000 verbrannt. Selbst das private Lesen evangelischer Bücher wird 1601 verboten. Wer sein Bekenntnis bewahren wollte, dem blieb nur das beneficium emigrandi. In den Jahren 1599 und 1600 sind ungefähr 2500 Evangelische aus der Steiermark abgewandert. Und ähnlich belaufen sich die Zahlen für Kärnten.

Durch Bundesschluß der Stände in Horn 1608, geführt von Georg Erasmus von Tschernembl, und Truppenwerbungen wurde 1609 noch einmal der spätere Kaiser Matthias zu Zugeständnissen genötigt, was ein Aufblühen des Protestantismus in Oberösterreich zur Folge hatte. Hier begann an einigen Orten eine neue Entwicklung: das offizielle Nebeneinander zweier Konfessionen.

Der Tod des Kaisers Matthias 1619 bedeutet eine tiefgreifende Veränderung. Sein Nachfolger wird Erzherzog Ferdinand! Als Folge erneuert man evangelischerseits das Horner Bündnis und geht eine Konföderation mit den Böhmen ein, die Friedrich V. von der Pfalz statt Ferdinands zum König wählen. Doch der Ausgang der Schlacht am Weißen Berge 1620 bedeutet das Scheitern dieser ständischen Religionspolitik und eröffnet den Weg zum landesfürstlichen Absolutismus statt des Dualismus. Oberösterreich kam als Pfand in die Hand der Wittelsbacher, und Ferdinand konnte auf seinem Wege zur Auslöschung des evangelischen Bekenntnisses in Österreich weiterschreiten, letztlich auch auf dem Boden eines unverkennbaren Aufschwunges innerkirchlichen katholischen Lebens. Hier können ebenfalls die Schritte im einzelnen nicht nachgezeichnet werden, nur: 1626 erheben sich noch einmal die Bauern in Oberösterreich. Gefordert werden: Freigabe der Religion und Abzug der bayrischen Besatzung. Ungefähr 35.000 evangelische Bauern kommen bei diesem Aufstand ums Leben. Eine Auswanderungsbewegung ist die Folge. Jetzt wird auch vom Adel in Oberösterreich gefordert: entweder konvertieren oder das Land verlassen und — auf Oberösterreich folgt Niederösterreich.

Seit 1630 beginnt die systematische Rückführung aller Untertanen zum Katholizismus. Neue Auswanderungswellen, vor allem nach Franken, Württemberg und in die Markgrafschaft Ansbach sind die Folge, so daß gerade in den letzteren die bäuerliche Bevölkerung bis zu 50 Prozent aus Exulanten besteht, während sich Adel und Bürgertum eher nach Nürnberg wenden.

Dennoch konnten die Evangelischen nicht gänzlich ausgerottet werden. Konversionen geschahen oft nur äußerlich. Als Zeichen genügten die Ohrenbeichte und die communio sub una. Eine nicht unbeträchtliche Zahl bewahrte so ihr evangelisches Bekenntnis unter dem Schein der Zugehörigkeit zur katholischen Kirche. Ihnen will die nachfolgende „Vorschrift, nach welcher sich die im Land ob der Ennß heimlich verborgenen Evangelischen zu verhalten haben“ aus dem „ausländischen“ Ortenburg Hilfestellung geben:

1. Sollen sie ihren Pfarrern, Kapellanen, wie auch den Mönchen alle Ehrerbietigkeit erweisen, ihnen fein höflich und freundlich begegnen und auch den Bettelmönchen das verlangte Almosen willig reichen.

2. Fleißig in ihrem pfarrlichen Gottesdienst erscheinen, und was in den „papistischen Predigten“ mit dem reinen Wort Gottes übereinstimmt, sich fleißig und gut merken; der Messe können sie ohne Sünde beiwohnen, niederknien, bei der Elevation der Hostie sollen sie ihr Gemüt zu Gott erheben und ihn in dem Himmel anbeten.

3. Zur Beichte können sie mit den „Papisten“ auch gehen, weil ja auch die Papisten-Pfarrer zum Predigtamt gültig ordiniert, und die Vergebung der Sünden ankünden können, doch sind sie nicht verbunden, alle, sondern nur jene Sünden zu sagen, die sie wollen, um sich darüber aus Gottes Wort trösten zu lassen.

4. Mit dem Abendmahl ist es freilich hart, weil es die Papisten nicht nach der Einsetzung Christi halten, sondern verstümmelt haben. Daher, wo es immer möglich und tunlich ist, sollen sie sich heimlich aus dem Land hieher zu uns begeben, um zu Ostern sich mit dem Abendmahl zu stärken. Sollte es aber nicht sein können, so raten einige unserer Gelehrten, man solle den Wein, der in einigen papistischen Kirchen nach der Kommunion gereicht wird, empfangen, dabei einen lebendigen Glauben erwecken, daß er das Blut Christi werde: oder man könnte im geheimen die Worte der Einsegnung darüber sprechen: Nehmet hin ...

5. Sollen sie sich in acht nehmen, daß sie in Schenken und Gasthäusern sich in keine Glaubensgespräche einlassen, viel weniger disputieren, weil es leicht die Papisten-Pfarrer erfahren könnten.

6. Auch den Dienstboten nicht trauen, in ihrer Gegenwart nichts wider das Papsttum reden, oder ihnen evangelische Bücher vorlesen, weil sie alles leicht den Pfarrern und Mönchen verraten könnten; es sei denn, daß man auf ihre Treue Verschwiegenheit und wahre Neigung zur evangelischen Lehre einmal recht versichert ist.

7. Solange die Kinder in die Schule gehen, sollen sie ihnen nicht das mindeste von der evangelischen Lehre beibringen, weil sie durch ihren Unverstand und unbehutsame Reden sie leicht verraten könnten.

8. Ich rate einem jeden, daß er Bilder im Zimmer habe, denn werden keine in dem Haus gesehen, so schöpfen die Papisten alsogleich Argwohn. So darf man auch Rosenkränze und ihr sogenanntes „Weichwasser“ wohl haben: es ist aber nicht notwendig, sich desselben zu gebrauchen.

9. Da man zu österlicher Zeit eine Katechismuswoche eingeführt hat und auch um solche Sachen fragt, die mit unserer Lehre nicht übereins kommen: so antwortet entweder zweideutig oder stellt euch unwissend.

10. Werden euch von ungefähr Bücher weggenommen, so redet euch auf alle mögliche Weise aus, gebet vor, ihr habt nicht gewußt, daß sie im Haus wären, oder ihr hättet nicht gekannt, daß sie unrecht wären, oder ihr saget, ihr könnt nicht lesen.

11. Dringet man auf euch, das Glaubensbekenntnis abzulegen, so machet's folgendermaßen. Es ist zu wissen, daß bei den Papisten im Anfang das Glaubensbekenntnis gelesen wird, wie es zu Nicae von den Bischöfen wider die Arianer ist verfasset worden. Dieses ist recht und schriftmäßig, auf dieses müsset ihr schwören, daß ihr es glaubet, was aber die Papisten zu Trient in ihrer Versammlung von ihrer Menschenlehre hinzugesetzet, das müsset ihr nicht beschwören, sondern im Herzen verabscheuen.

12. Werdet ihr krank, so sollet ihr euch das Abendmahl reichen lassen. Bei Abwesenheit des Pfarrers nehmet alsdann den gesegneten Wein, wie Nr. 4 erkläret worden. Die letzte Ölung, wie es die Papisten nennen, verschiebt so lange ihr könnt, gebt vor, die Gefahr sei so groß nicht. Dringt man stärker in

euch, so empfangt sie, verdammen kann sie euch doch nicht.

Wer diese Punkte beobachtet, wird so leicht nicht entdeckt werden. Es soll euch der Josef Grödlinger diese Punkte im geheimen den anderen seinen Glaubensgenossen öfters vorhalten und sie darin unterrichten.

Datum Ortenburg den 25. März 1756 M. F. B. Pastor

Heimliche Versammlungen zu Andachten und Predigten finden statt. Allerdings: das Abendmahl kann nur empfangen werden, wenn insgeheim ein ordinierter Prediger durchreist, sonst nur außerhalb des Landes: in Ungarn (Ödenburg, Preßburg) oder etwa in Niederbayern bei den Grafen Ortenburg. Solche heimlichen Versammlungen stehen selbstverständlich unter Strafandrohung. Werden sie entdeckt, erfolgt Transmigrierung in die neuen Länder der Monarchie. 1734 geht der erste Transport von Linz nach Siebenbürgen, 1776 der letzte.

Im Fürsterzbistum Salzburg werden 1731/32 durch Erzbischof Firmian ungefähr 15 Prozent der Bevölkerung ausgewiesen und die Evangelischen hier ausgelöscht. Die Reformationskommission hatte 20.678 Personen als evangelisch ermittelt, und der Erzbischof war entschlossen — trotz Widerratens —, sie auszuweisen. Am 31. Oktober 1731 wurde das Emigrationspatent erlassen: Unbehauste hatten binnen acht Tagen, Bauern innerhalb von drei Monaten das Land zu verlassen. Friedrich Wilhelm I. von Preußen, dessen Großvater Kurfürst Friedrich Wilhelm 1671 schon die vertriebenen Wiener Juden aufgenommen hatte, bot allein in dem von Pest und Kriegsfolgen stark entvölkerten Ostpreußen 15.508 von ihnen eine neue Heimat.

Erzbischof Rohracher von Salzburg hat für diesen Schritt seines Vorgängers die evangelische Seite 1966 bei der Amtseinführung des Evangelischen Superintendenten Sturm in Salzburg um Verzeihung gebeten.

War die politische Sorge vor Andersgläubigen die Wurzel der Intoleranz, so wird sie es jetzt wieder, aber für die Duldung. „Alle Religionen sind gleich gut, sofern sie den Menschen zum Gehorsam erziehen“, so Friedrich der Große, schließlich der summus episcopus der lutherischen Kirche in Preußen. „Wenn Türken und Heiden kämen, um meinen Staat zu bevölkern, so würde ich ihnen Moscheen und Tempel bauen.“ Und Joseph II.? — Entvölkerte Landstriche hatte die Monarchie genug. Das Staatsinteresse erforderte, daß man die Ketzer schonte. „Uiberzeugt eines Theils von der Schädlichkeit alles Gewissenszwanges, und anderer Seits von dem großen Nutzen, der für die Religion und dem Staat, aus einer wahren christlichen Toleranz entspringt, haben wir Uns bewogen gefunden...“ usw. heißt es im Edikt vom 13. Oktober 1781 wörtlich.

Wo hundert Familien existieren, wird den akatholischen Untertanen jetzt ein privates Religionsexerzitium gestattet und die Erlaubnis zur Errichtung eines „Bethauses“ erteilt. Der dominanten Religion verbleibt jedoch das Recht der öffentlichen Religionsausübung, bleiben die Stolgebühren und der Vorzug der Religionsfolge bei Kindern aus Mischehen. Auch haben die neu entstandenen Kirchen nicht das Recht, ihre Angelegenheiten selbst zu regeln, auch nicht die rein religiösen. Das Patent war ein gnadenhalber gewährtes Privileg, ja die Evangelischen vermuteten zum Teil dahinter zunächst nur eine Falle. Ab Sommer 1782 finden die ersten evangelischen Gottesdienste statt. Tausende kamen zusammen und genossen die „unbeschreibliche Gnade der Toleranz“. Innerhalb eines Jahrzehnts entstehen in

Kärnten 16, in Oberösterreich neun, in der Steiermark zwei evangelische Gemeinden, eine in Niederösterreich, und in Wien je eine lutherische und eine reformierte. Entgegen den Erwartungen war die Zahl der Anmeldungen so groß, daß die Regierung glaubte, zu eindämmenden Maßnahmen genötigt zu sein. Zwei Konsistorien wurden eingerichtet, und beider Präsident war ein katholischer Beamter der niederösterreichischen Regierung. Die Superintendenten wurden vom Kaiser ernannt und hatten sich zu verpflichten, dem Staat getreue und gute Untertanen heranzubilden. Überhaupt erfolgte die gesamte kirchliche Organisation in staatlichem Auftrag. Die Geistlichen hatten sich Pastor zu nennen — der Titel Pfarrer blieb allein der dominanten Religion vorbehalten. Alle privaten Zusammenkünfte wurden jetzt verboten, denn solche Heimlichkeiten waren nun überflüssig, ja unter Umständen sogar staatsgefährliche Umtriebe, die die Geistlichen zu beobachten hatten. 1787 gaben die Konsistorialräte Fock und Knopf eine eigene Agende heraus, die 1829 erneut in einer Bearbeitung erschien. Auch evangelische Schulen konnten jetzt errichtet werden, allerdings nur dort, wo keine katholische bestand. 1819 wird dann auch die Protestantisch-theologische Lehranstalt in Wien gegründet, so daß evangelische Theologiestudenten nicht mehr genötigt waren, im Ausland zu studieren. 1821 beginnt sie ihre Lehrtätigkeit mit sieben Professoren. 1850 wird ihr der Status einer Fakultät zuerkannt und ihr statt des bisherigen Direktors auch ein gewählter Dekan zugebilligt. Drei Jahre danach erläßt das Konsistorium eine Prüfungsordnung, nach der die Prüfungen von den Superintendenten und zwei weiteren Theologen abgenommen werden. 1851 erhält sie das Promotionsrecht, und 1922 endlich wird sie nach mehreren vergeblichen Anläufen als Evangelisch-theologische Fakultät in die Universität Wien inkorporiert. Erstmals ist 1958 dann auch ein evangelischer Theologe Rektor der Universität, 1969 ein zweites Mal.

Unter der Regierung Franz' I. kommt es noch einmal zur Auswanderung von 400 Zillertalern, die sich nicht einer der tolerierten Religionen anschließen durften, denn in Tirol sollte es keine Akatholiken geben! Friedrich Wilhelm IV. von Preußen nahm sie in Schlesien auf.

Als Folge der Revolution von 1848 wurde am 30. Jänner 1849 seitens des Innenministeriums die Bezeichnung „Akatholiken" fallengelassen, der Religionswechsel freigegeben, eigene Matrikelbücher zugestanden und die Entrichtung der Stolgebühren an den zuständigen katholischen Pfarrer aufgehoben. Eine weitere Entwicklung allerdings blockierte zunächst das am 18. August 1855 abgeschlossene Konkordat. Vier Jahre später erhält das Konsistorium erstmals einen evangelischen Präsidenten. Nach dem am 8. April 1861 erlassenen Protestantenpatent sollte zwar die Kirche ihre Angelegenheiten selbst regeln, aber wesentliche Schritte, wie etwa die Bestätigung der Superintendenten, der Kirchengesetze usw., blieben an die Genehmigung des Kaisers gebunden. An die Stelle des Konsistoriums trat ein Oberkirchenrat, vom Kaiser ernannt und dem Staat unterstehend. Die provisorische Kirchenverfassung vom 9. April 1861 ermöglichte dann auch die Abhaltung von Generalsynoden, deren erste 1864 stattfand. Bis 1918 blieb der Oberkirchenrat eine „k. k."-Behörde.

Ende der neunziger Jahre des vorigen Jahrhunderts kam es durch die „Los von Rom"-Bewegung zu einem nicht unerheblichen Anwachsen der Evangelischen einerseits, anderseits aber auch durch die damit verbundenen Austritte aus der katholischen Kirche, der Ultramontanismus und mangelndes Eintreten für das Deutschtum vorgeworfen wurde, zu einer erheblichen Belastung des interkonfessionellen Klimas.

Der Übergang der summepiskopalen Rechte des Kaisers auf die Republik erregte emotionalen Widerstand gegen dieses Aufsichtsrecht. Ein kircheneigenes Leitungsorgan sollte statt dessen gebildet werden. Die Dezember 1931 nach Wien einberufene Synode legt zwar eine neue Verfassung der Evangelischen Kirche in Österreich vor, fand dafür aber nicht die Zustimmung der Regierung.

Nach 1933 sympathisierte ein nicht unerheblicher Teil der Evangelischen in Österreich mit der Anschlußbewegung an das Deutsche Reich, anderseits betrachtete der katholisch orientierte Ständestaat sie eher als Randgruppe, doch kam es gerade durch seine Politik zu einer größeren Eintrittsbewegung in die Evangelische Kirche, die in anderen Fällen auch gefördert wurde durch eine teilweise völkische Haltung. Stimmen dagegen blieben allerdings nicht aus — etwa der Neujahrshirtenbrief D. Heinzelmanns 1938 —, konnten sich aber nicht durchsetzen.

Alle Bestimmungen des Protestantenpatents von 1861, die eine Verbindung von Staat und Kirche enthielten, wurden am 8. Mai 1939 aufgehoben. Damit fiel auch die Staatspauschale an die Evangelische Kirche fort.

Insgesamt trat nach 1938 etwa ein Siebentel aller Evangelischen aus der Kirche aus, darunter auch drei Pfarrer, zehn Vikare und 33 Kandidaten oder Studenten der evangelischen Theologie. Dennoch hatte gerade diese Epoche besonderen Anteil an dem Wachsen eines evangelisch-kirchlichen Bewußtseins. Seit 1940 führte der ordentliche geistliche Rat im Evangelischen Oberkirchenrat, Dr. Eder, den Titel „Bischof".

Nach 1945 ließ, wegen der schwierigen Verhandlungen über die Gültigkeit des Konkordats von 1934, die Neuregelung des Verhältnisses zum Staat in einem eigenen Gesetz noch längere Zeit auf sich warten. Am 6. Juli 1961 wurde dann das Bundesgesetz über äußere Rechtsverhältnisse der Evangelischen Kirche im Nationalrat beschlossen. Unter Abs. II heißt es dort: „Die Evangelische Kirche ordnet und verwaltet ihre inneren Angelegenheiten selbständig", oder wie es der zuständige Minister in zwei Sätzen zusammenfaßte: freie Kirche im freien Staat und — mit den Worten des Chalcedonense — „nicht Vermischung und nicht Trennung".

Wir haben versucht, den Weg der staatlichen Seite in ihrer Stellung zu den Evangelischen zu skizzieren. Bleibt noch die Frage, ob auch die — um mit dem Toleranzpatent zu sprechen — dominante Religion in ihrem Verhältnis zu den Evangelischen von der ihr staatlicherseits aufgenötigten Toleranz ausgehend einen Weg zurückgelegt hat? Es soll darüber nicht geurteilt, sondern ein Faktum berichtet werden: Vom 29. April bis zum 1. Mai 1983 fand in Salzburg der Delegiertentag zum Österreichischen Katholikentag im Herbst 1983 statt. An diesem Delegiertentag und seinen Beratungen nahmen auf Einladung der katholischen Kirche zwei Professoren der Wiener Evangelisch-theologischen Fakultät gleichberechtigt und gleichstimmberechtigt teil. — In der Welt mag es um Toleranz gehen, in der Kirche geht es um Brüderlichkeit.

Literatur (Auswahl)

Bornkamm, H., Das Jahrhundert der Reformation, 2. Aufl. Göttingen 1961
Eder, K., Studien zur Reformationsgeschichte Oberösterreichs, Linz I, 1932; II, 1936
Loesche, G., Geschichte des Protestantismus im vormaligen und im neuen Österreich, 3. Aufl. Leipzig 1930
Lutz, H. (Hrsg.), Zur Geschichte der Toleranz und Religionsfreiheit, Darmstadt 1977
Magenschab, H., Josef II. — Revolutionär von Gottes Gnaden, 2. Aufl. Köln 1980
Mecenseffy, G., Geschichte des Protestantismus in Österreich, Graz—Köln 1956
Dies., Quellen zur Geschichte der Täufer in Österreich, I, II, III (Qu. u. Forsch. z. Ref.-Gesch. XXXI, XLI, L), Gütersloh 1964, 1972, 1983
Dies., Evangelische Lehrer an der Universität Wien, Graz—Köln—Wien 1967
Dies., Maximilian II. in neuer Sicht, JbGPrÖ 92/1976
Mikoletzky, L., Kaiser Josef II., Göttingen 1979
Niederwimmer, K., Glaube und Toleranz, in: Amt und Gemeinde 1982/1
Ortner, F., Reformation, Katholische Reform und Gegenreformation im Erzstift Salzburg, Salzburg 1981
Raddatz, A., Immigration — Toleranz — Ökumene, in: Ökumenische Informationen Salzburg 2, 1982
Reingrabner, G., Protestanten in Österreich, Wien 1981
Westin, G., u. Bergsten, T., Balthasar Hubmaier (Qu. u. Forsch. z. Ref.-Gesch. XXIX), Gütersloh 1962
Zimmermann, H. (Bearb.), Die Ev. Kirche A. u. H. B. in Österreich (Austria sacra, 1. R. II. Bd., 11., Lf., 1. Teil), Wien 1968

Ernst Christoph Suttner

Orthodoxie und Katholizismus in Österreich

Leidvolle Kämpfe und befruchtende Partnerschaft im Österreich von einst

Der Wandel der politischen Geographie nach dem Schicksalsjahr 1683 brachte für Österreich eine Reihe neuer Probleme, unter ihnen die Frage nach dem Miteinander von Christen östlicher und westlicher Kirchentradition. Denn unter den Volksgruppen, die an der Wende vom 17. zum 18. Jahrhundert bzw. bei der weiteren Expansion Österreichs während des 18. Jahrhunderts in den Habsburgerstaat einbezogen wurden, gab es solche, deren Volkskirche dem östlichen Erbe der Christenheit verpflichtet ist.

Heute sind wir der Auffassung, daß staatliche und kirchliche Angelegenheiten voneinander zu trennen seien und daß das religiöse Bekenntnis auf das Einbinden einer Volksgruppe in das Staatswesen keine Auswirkungen haben dürfe. Doch müssen wir bedenken, daß im Zeitalter des Staatskirchentums andere politische Normen galten. Ich muß also bitten, für die folgenden Überlegungen die uns geläufige Aufteilung der Probleme in kirchliche und politische Fragen sozusagen zu suspendieren und mit mir den Versuch zu machen, das, was früheren Generationen als ein ungeteilter Sachverhalt erschien, ebenfalls als eine Einheit zu betrachten. Nur wenn wir uns so verhalten, können wir in angemessener Weise über das Handeln der Menschen früherer Zeiten nachdenken und es vermeiden, daß wir beim Beurteilen ihrer Taten unkritisch von unseren eigenen politischen Auffassungen ausgehen, wie dies in katholischen und in orthodoxen polemischen Darstellungen aus den letzten Jahrzehnten leider nur allzuoft vorkam. Dann werden wir auch verstehen, warum jene leidvollen Kämpfe und jene befruchtende Partnerschaft, von denen die Überschrift spricht, zu ihrer Zeit im eigentlichen Sinn ein konfessionelles Gegeneinander bzw. Miteinander darstellten, obgleich neben dem Geistlichen im strengen Sinn viel Politisches und Kulturelles mit im Spiel war.

„Gottes Spuren in Österreich", auf die sich der Gesamttitel der Ringvorlesung bezieht, sind in die Kontingenz der Geschichte eingeschrieben. Nichts Irdisches außer der Sünde ist unserm Erlöser fremd geblieben. Er hat seine Kirche, die sein Werk in der Geschichte fortsetzt, ebenso allem Irdischen ausgesetzt und es ihr nicht erspart, auch in die Irrwege der Geschichte hineingezogen zu werden. In leidvollen Erfahrungen haben wir mit der Zeit manchen Irrtum als solchen erkannt, und niemand bestreitet, daß es Recht ist, die Irrtümer der Vergangenheit in der Tat auch Irrtümer zu nennen. Aber es wäre Unrecht, Menschen einer früheren Zeit, in der die Irrtümer noch nicht als solche erkannt waren, der Böswilligkeit zu zeihen, wenn sie etwas taten, was heutigentags nicht mehr entschuldbar wäre.

I.

Ehe wir uns dem katholisch-orthodoxen Verhältnis im Österreich von einst zuwenden, tun wir gut, uns auf einige wichtige Tatsachen zu besinnen. Dazu gehört, daß die östlichen Christen, die das von Österreich erworbene Territorium bewohnten, in kirchlicher, völkischer und sozialer Hinsicht unterschiedlich geprägt waren. Dies nötigt, daß wir uns mit einer jeden Gruppe einzeln befassen. Außerdem erlangten drei innerkirchliche Entwicklungen des 17. Jahrhunderts für die orthodox-katholischen Beziehungen in den ersten Jahrzehnten österreichischer Herrschaft besondere Bedeutung. Ihnen muß ein kurzer Überblick gewidmet werden. Sodann bedarf es einer Überlegung zur österreichischen Politik, ehe wir uns den orthodox-katholischen Geschehnissen im einzelnen zuwenden werden.

a) Schon fast ein Jahrhundert vor dem Vorstoß Österreichs nach Südosten hatte man in Polen unter Berufung auf das Konzil von Ferrara/Florenz gemeint, einen Weg gefunden zu haben, um dort die Christen mit östlicher Kirchentradition in die katholische Staatskirche einbeziehen zu können.[1] Unter der Bedingung, daß die östlichen Christen vier Punkte anerkennen, von denen man überzeugt war, daß sie dem östlichen Erbe nicht widersprächen, und ansonsten unter Wahrung ihrer gesamten Überlieferung sollte ihnen volle Kirchengemeinschaft mit den abendländischen Katholiken gewährt werden und sollten ihnen infolgedessen auch die bürgerlichen Rechte katholischer Untertanen der Krone zukommen. Daß dieser Vorgang, bei dem der Graben der Kirchenspaltung zwischen den orthodoxen und den katholischen Gläubigen innerhalb Polens beseitigt werden sollte, die Kirchenspaltung als solche nicht behob, sondern nur verschob — denn die östlichen Christen bezahlten ja die Möglichkeit, nunmehr mit den polnischen Katholiken Gemeinschaft zu haben, damit, daß sie von ihren ehemaligen Glaubensbrüdern jenseits der Grenzen getrennt wurden[2] —, sahen die staatskirchlich orientierten Hierarchen entweder gar nicht oder sie hielten es nicht für wichtig. Ihnen war das Auskommen im eigenen Staat entscheidend; was jenseits der Grenzen die Folge sein sollte, berührte sie weniger. Die erste Teilunion von Orthodoxen mit der katholischen Kirche war erfolgt. Die Vorgehensweise wurde — trotz der Tatsache, daß nicht nur die Orthodoxie im Ausland, sondern auch ein bedeutender Teil der Orthodoxen im polnischen Staat dagegen Widerstand leistete —, in der Folgezeit als modellhaft empfunden. Man folgte dem Beispiel im Lauf des 17. Jahrhunderts verschiedentlich,[3] und als es Österreich mit östlichen Christen zu tun bekam, galt die Kirchenunion in Polen nicht wenigen österreichischen Kirchenführern und Politikern ebenso als nachahmenswert.

b) Dies geschah um so leichter, als nach der Eroberung Konstantinopels durch die Türken sowohl die griechische Theologie als auch die Kenntnis der Katholiken von der orthodoxen Tradition rapide verfielen. Nur mehr der innerabendländische theologische Disput zwischen Katholiken und Protestanten beherrschte die Lehrbücher, aus denen die katholischen Ordensleute des ausgehenden 17. Jahrhunderts ihr apologetisches Wissen bezogen. Den grundsätzlichen Unterschied zwischen der Ablehnung der päpstlichen Autorität bei Protestanten und Orthodoxen bemerkten diese Ordensleute nicht einmal, und das Defizit in der Ekklesiologie, das die katholische Kontroverstheologie des 17. Jahrhunderts bei den Protestanten feststellte, wurde den Orthodoxen ohne nähere Prüfung unterstellt, weil auch diese sich gegen die Oberhoheit des Papstes verwahrten. Daß sie sich jedoch nicht wie die Protestanten aus einer früheren Zugehörigkeit zur römischen Jurisdiktion abgelöst hatten, übersah man. Wer immer Christ war, aber nicht zum Schafstall des römischen Papstes gehörte, den glaubte man um seines Seelenheils willen zurückholen zu sollen.[4] Bei aller Reserve, die aus tieferer ekklesiologischer Einsicht gegen diese Haltung angebracht ist, gebührt dem pastoralen Eifer, mit dem die Ordensleute dem Missionsauftrag nachgingen, den ihr Gewissen ihnen auferlegte, unser Respekt. Bitteres Unrecht geschähe den katholischen Ordensleuten des ausgehenden 17. Jahrhunderts, wenn man übersähe, daß sie trotz aller Kurzsichtigkeit zweifellos dennoch von der Liebe des guten Hirten gedrängt waren, als sie die orthodoxen Christen zum Anschluß an die katholische Kirche einluden.

c) Der kulturelle Niedergang nach der Einnahme Konstantinopels durch die Türken traf die orthodoxe Kirche schwer, aber er brachte den Willen zu Studium und Bildung in der orthodoxen Christenheit nicht zum Erlöschen. Bald fanden sich orthodoxe Studenten an den hohen Schulen des Abendlandes ein; besonders in Rom und im Herrschaftsbereich der Republik Venedig machte sich schon im 16. Jahrhundert ein neuer griechischer Aufbruch zur Bildung bemerkbar. In der ersten Hälfte des 17. Jahrhunderts kam es in der (damals zu Polen gehörigen) Kiever Metropolie zum Aufbau eines beachtlichen orthodoxen Schulwesens. Um die Jahrhundertmitte begann in den Donaufürstentümern Moldau und Walachei ein Neuanfang im orthodoxen Bildungswesen, der schließlich im letzten Drittel des Jahrhunderts in den Kerngebieten der Griechen große Anstrengungen um Schulen zur Folge hatte. Das neue Schulwesen verursachte eine Neuorientierung in der Orthodoxie. Zwar waren alle, die maßgeblich mitwirkten, zweifellos gewillt, die Identität des überlieferten orthodoxen Glaubens zu wahren. Aber die Themen, mit denen sich die gebildete Welt der Epoche befaßte, wurden nicht mehr wie vor Jahrhunderten in Konstantinopel oder in sonst einem beherrschenden orthodoxen Kulturzentrum aufgeworfen, sondern im katholisch-protestantischen Westen. Geschichtliche Umstände erzwangen somit, daß westliche Fragestellungen, westliche Terminologie und westliche Denkart das Interesse der Lehrenden und Lernenden wesentlich, wenn nicht gar hauptsächlich in Anspruch nahmen. Mag man sich nach bestem Wissen und Gewissen bemüht haben, auf die im Abendland aufgeworfenen Probleme eine Antwort zu erteilen, die mit dem orthodoxen Erbe vereinbar blieb, so war eben doch schon seit langem eine Öffnung der Orthodoxie für das Kulturgut und das Bildungswesen der Katholiken und Protestanten in Gang, als Österreich nach 1683 orthodoxe Untertanen erlangte. Die Meinungen der orthodoxen Kirchenhistoriker sind geteilt, wenn sie über Wert oder Unwert der Entwicklung urteilen. Vom Vorwurf, es habe eine Verfälschung der Orthodoxie stattgefunden, und von der Auffassung, es gelte auch heute noch, die bis in die Gegenwart spürbaren Folgen der damaligen Entwicklung zu bekämpfen, reichen die Urteile hin bis zu der These, die Anpassung an die historischen Gegebenheiten wäre ein Segen gewesen, denn nur durch sie habe die Orthodoxie weiter bestehen und zu einer Kirche der Neuzeit werden können.[5] Nicht unwichtig für unsere Überlegungen ist, daß am Ende des 17. Jahrhunderts, zu jener Zeit also, mit der unsere eigentlichen Überlegungen einzusetzen haben, der besagte Öffnungsvorgang einer Revision unterzogen wurde: In einzelnen Thesen rückte die Orthodoxie unter Führung durch Patriarch

Dositheos von Jerusalem von solchen Aussagen der vorausgegangenen Jahrzehnte ab, die man bei genauerem Zusehen als allzu „katholisch“ bzw. „protestantisch“ einstufte.[6] Die Grundhaltung allerdings, daß das westliche Problembewußtsein die Themenstellung bestimmte, blieb beibehalten. Die Öffnung als solche, die eine neue Epoche in der orthodoxen Kirchengeschichte heraufführte, wurde keineswegs zurückgenommen, als Patriarch Dositheos zu der Zeit, zu der Orthodoxie und Katholizismus in Österreich aufeinandertreffen sollten, einen konfessionalistischen Zug in die orthodoxe Theologie einbrachte, den man in den vorangehenden Jahrzehnten in Kiev und in den rumänischen Fürstentümern nicht (oder wenigstens lange nicht im selben Ausmaß) kannte, der aber in Österreich das „zwischenkirchliche Klima“ mitbestimmen sollte.

d) Neben der kirchlichen, völkischen und sozialen Vielgestaltigkeit der östlichen Christen im größer werdenden Österreich und neben den drei innerkirchlichen Entwicklungen, von denen eben die Rede war, darf beim Benennen der wichtigsten Faktoren nicht übersehen werden, daß die Politik der österreichischen Behörden gegenüber den Volksgruppen mit östlicher Kirchenzugehörigkeit in mehrfacher Hinsicht von Unbestimmtheit, ja Zwiespältigkeit, mitunter sogar von Widersprüchen gekennzeichnet war. Wegen des Verhältnisses zwischen Kirche und Staat in der damaligen Zeit dürfen wir dies nicht unbeachtet lassen. Und wie wir eben versuchten, dem theologisch unerleuchteten, aber aus ehrlichem Wollen erwachsenden Missionseifer der katholischen Ordensleute Gerechtigkeit widerfahren zu lassen, verpflichtet uns die Aufrichtigkeit auch, sehr gründlich nach uns vielleicht unbekannten Motiven der österreichischen Politiker zu fragen, ehe wir in den Chor derer einstimmen, die ihnen vorwerfen, daß sie um innerweltlicher Vorteile willen die orthodoxen Christen zum Glaubensabfall verleiteten oder gar nötigten, weil sie mit Versprechungen im sozialen Bereich zur Union mit Rom einluden und der Einladung zeitweise sogar mit Polizeimaßnahmen Nachdruck verliehen. Als sich in Europa das Staatskirchentum und mit ihm die Devise „cuius regio, eius et religio“ ausbreitete, sorgten sich Europas Christen, besonders Europas Fürsten, mehr um die konfessionelle Einheit im eigenen Staat als um die gesamtkirchliche Einheit aller Christen. Sicher hatte Martin Luther keine eigene Kirche gründen, sondern in der bestehenden *einen* abendländischen Kirche eine Reform veranlassen wollen. Man faßte anfangs trotz aller Gegnerschaft, die sich unter anderem schon sehr bald in unschönen Bezeichnungen wie „Papisten“ bzw. „Neuerer“ ausdrückte, das reformwillige und das traditionsverbundene Christentum in den deutschen Landen als gegensätzliche Ausprägungen einer und derselben Kirche auf, und es verstrich geraume Zeit, die eventuell in verschiedenen Landstrichen auch unterschiedlich lange gedauert haben mag, bis sich das Bewußtsein durchsetzte, daß eine Spaltung in zwei Kirchen erfolgt sei. Solange die ältere Auffassung anhielt, war ein Konfessionswechsel nur der Übergang von einer Ausprägung der Kirche in eine andere, vergleichbar etwa dem Übertritt eines Ordensgeistlichen in einen anderen Orden; es war kein Kirchenübertritt. In dieser Voraussetzung wird verständlich, daß christliche Fürsten, denen die diktatorische Tyrannei der modernen totalitären Staaten fern lag, von ihren Untertanen den Konfessionswechsel verlangten, ohne Bedenken zu haben, zum Abfall von der angestammten Kirche, und das heißt zur Sünde gegen Gott zu verführen. Die Kirchengeschichte sollte sehr gründlich prüfen, inwieweit diese Annahme stimmt. Wenn man nämlich an den europäischen Höfen so dachte, dürften Europas Fürsten von demselben Denken geleitet worden sein, als sie auf die Vereinigung ihrer orthodoxen Untertanen mit der Mehrheitskonfession ihres Landes drängten. Es spricht manches dafür, daß Europas Fürsten und zumindest ein Teil der staatskirchlich orientierten Hierarchen auch dann noch bei der älteren Sicht von den Dingen verblieben, als in Rom bereits die Kongregation für die Glaubensverbreitung tätig war und sowohl diese als auch die Mehrheit der katholischen Ordensleute längst zur neueren Auffassung gekommen waren und daher meinten, man müsse alle Nichtkatholiken um der Sicherung ihres Seelenheils willen im vollen Sinn zu einem Kirchenübertritt bewegen. Bringen wir dies in Anschlag, wird manches an den Unionen des 17. und beginnenden 18. Jahrhunderts in einem anderen Licht erscheinen als in dem, das die landläufigen Lehrbücher der Kirchengeschichte darauf fallen lassen und uns um der Union willen viel konfessionelle Polemik bescheren.

Damit stehen wir unmittelbar vor einem Hauptkapitel aus dem Bereich jener leidvollen Kämpfe, denen der nachfolgende Teil unserer Überlegungen gewidmet werden soll.

2.

a) Der Vorstoß der österreichischen Heere nach Südosten nach der Befreiung Wiens aus der Türkennot[7] hatte bei vielen Christen der Balkanhalbinsel große Erwartungen wachgerufen. Kaiser Leopold I. hatte Aufrufe erlassen, welche die Hoffnungen steigerten und Aufstandsbewegungen auslösten. Aber die Kraft Österreichs reichte nicht aus, um die Türken aus allen Gebieten mit christlicher Mehrheit zu vertreiben. So gewährte Leopold I. den auf die kaiserliche Seite übergeschwenkten südslawischen Christen, die die Rache der Türken zu fürchten hatten, Asyl in den von seinen Heeren eroberten Gebieten. In der Hauptsache waren es serbische Orthodoxe[8] und bulgarische Katholiken[9]. Ihnen wurde die Autonomie als Volksgruppe zugesichert. Das bedeutete, daß sie das Anrecht auf ihre eigenen Gottesdienststätten, auf Gründungen von Schulen und auf eigene Vorsteher erlangten. Damit war lange vor dem Toleranzpatent Josefs II. eine Rechtsgrundlage für öffentliches orthodoxes Kirchenwesen im österreichischen Staatsgebiet gegeben.

Eine weitere Rechtsgrundlage erwuchs aus den Friedensverträgen, die in den folgenden Jahrzehnten zwischen der Hohen Pforte und dem Habsburgerreich geschlossen wurden. Die in ihnen getroffenen Abmachungen über den Handel zwischen beiden Reichen garantierten den Handelsleuten, die sich im anderen Staat aufhielten, eine gewisse Autonomie.[10] Der Handel des osmanischen Reiches war aber um diese Zeit weithin in Händen orthodoxer Christen, die zu Hause der Oberhoheit des Konstantinopeler Patriarchen unterstanden und deshalb in Wien — ohne Rücksicht auf die Muttersprache, die sie hatten — Griechen hießen. Zu ihren Freiheiten gehörte, daß sie religiös nicht belästigt wurden. Die Wiener Kolonie der Kaufleute erstarkte, und schon im ersten Drittel des 18. Jahrhunderts — Jahrzehnte vor dem Toleranzpatent! —, gründete man eine Bruderschaft, die für orthodoxes Gottesdienstleben in Wien Sorge trug.

b) An der Spitze der serbischen Einwanderer war 1691 Patriarch Arsenije III. von Peć mit nach Österreich gekommen. Dies war ein Glücksfall sowohl für die Serben als auch für Österreich. Die Serben hatten in ihm einen geistlichen und politischen Führer, und das kirchliche Nationalkonzil, das mit dem Patriarchat verknüpft war, gab ihnen die Möglichkeit, sich als Volksgruppe zu Wort zu melden und ihre Anliegen vorzubringen. Für Österreich sollte von Bedeutung werden, daß die im türkischen Reich verbliebene Orthodoxie, die zwar für den verlassenen Sitz von Peć einen anderen Patriarchen installierte, trotzdem dem kirchlichen Nationalkonzil des ausgewanderten Patriarchen Arsenije die kirchliche Autokephalie nicht abstritt. Als Arsenije starb, war man nämlich in Peć damit einverstanden, daß das Nationalkonzil der Serben Österreichs selbständig ein neues Oberhaupt wählte. Nach orthodoxem Herkommen kann eine Kirche, die ihr Oberhaupt selbst wählen und weihen darf, auch in allen anderen Fragen selbständig handeln.

Der österreichischen Regierung bot sich damit die günstige Möglichkeit, Einflußnahme von außen auf das orthodoxe Kirchenwesen im Reich unterbinden zu können, weil sozusagen eine autokephale orthodoxe Kirche eingewandert war. Es dauerte geraume Zeit, bis man in Wien die sich daraus herleitenden Vorteile erkannte. Erst nach längerem Tasten und Suchen war für eine eigene orthodoxe Kirche Österreichs der Platz gefunden. Diese Entwicklung, die wir im folgenden knapp skizzieren wollen, war abgeschlossen, noch ehe das Toleranzpatent erging. Überall im Habsburgerreich, wo es orthodoxe Gläubige gab, bestand für sie bereits vor seinem Erlaß ein öffentlich-rechtliches Kirchenwesen unter der Obhut des autokephalen Nachfolgers von Patriarch Arsenije III.

Nur in der Stadt Wien gab es infolge der anderen Rechtsgrundlage für die Kirchenfreiheit eine Ausnahme: Die dortige orthodoxe Bruderschaft wollte „griechisch“ bleiben und nicht „serbisch“ werden. Sie widersetzte sich lange der Jurisdiktion von Arsenijes Nachfolgern.

c) Das Einvernehmen mit den eingewanderten serbischen Orthodoxen kam nicht reibungslos zustande. Die Zusicherungen Kaiser Leopolds an Patriarch Arsenije waren sehr unbestimmt formuliert. Er sollte geistliches und weltliches Oberhaupt seiner Gläubigen sein. Das verstanden die Serben zunächst wohl so, daß ihnen in Österreich jene Autonomie verbleiben sollte, die ein christliches Patriarchat im Osmanenreich hatte. Daß dies nicht gut möglich war, versteht sich, weil das Verfassungsrecht in Österreich von ganz anderer Art war als jenes des osmanischen Staates. Es darf mit Fug und Recht bezweifelt werden, daß Kaiser Leopold und Patriarch Arsenije ahnten, für welch unterschiedliche Interpretationen die Formulierungen offen waren, die sie wählten, als sie in den Kriegswirren eilig ein Abkommen schlossen. Unbestimmt wie das Ausmaß der zugebilligten Autonomie war auch die Formulierung des Kaisers bezüglich des Territoriums, auf das sich die Autonomie des Patriarchen erstrecken sollte. Wo die Flüchtlinge tatsächlich siedeln werden, konnte man noch nicht absehen und diese Gebiete also nicht genau benennen, und hinsichtlich weiter Gebiete hoffte man noch sehr fest, daß Österreichs Heere sie den Türken entreißen werden. So führte Leopold als Amtsbereich des Patriarchen ausdrücklich eine Reihe gar nicht eroberter Provinzen an, hinsichtlich des tatsächlichen österreichischen Herrschaftsgebiets formulierte er hingegen nur unbestimmt.

Schon zu Lebzeiten Arsenijes kam es wegen der Unbestimmtheit der kaiserlichen Verfügung zum Konflikt, denn der Primas von Ungarn, Graf Kollonitsch, opponierte entschieden, als Arsenije den ihm zugesicherten Privilegien eine maximalistische Deutung gab. In der Zeit der Türkenherrschaft über Ungarn hatten sich nämlich orthodoxe südslawische Christen ins österreichische Gebiet geflüchtet und in Kroatien angesiedelt. Sie hatten sich dort mit den Katholiken uniert, und Seelsorgestellen und auch eine Diözese waren für sie eingerichtet worden. Arsenije betrachtete sie als zu dem Volk gehörig, als dessen geistliches und weltliches Oberhaupt ihn Kaiser Leopold bestätigt hatte. Da aber die Unierten dieser Auffassung nicht ohne weiteres beipflichteten, begann er, die Öffnung ihrer Kirchen für sich und den von ihm bestimmten Klerus mit Hilfe seiner Reiterei zu erzwingen. Graf Kollonitsch, der als ungarischer Primas der Metropolit des unierten Bischofs war, sah sich zur Verteidigung der Freiheit der Unierten veranlaßt und setzte gegen die Interpretation, die der Patriarch den Kaiserurkunden gab, eine weniger extensive: Nur für Neueinwanderer, die mit dem Patriarchen kamen, nicht aber für alle, die er als sein Volk erachtete, komme ihm Zuständigkeit zu. Das Problem, das Anlaß für diesen Kompetenzstreit bot, sollte nach Arsenijes Tod noch größere Reibungen verursachen.

Während Belgrad ab 1718 vorübergehend bei Österreich war, gab es neuen Konflikt, denn die Belgrader orthodoxe Metropolie sollte nach serbischer Auffassung im Geist der Privilegien Leopolds ihrem autokephalen Kirchenverband eingegliedert werden. Die Staatsmacht, der eine weitere Stärkung der Serben bedenklich erschien, bestand aber darauf, daß eine eigene Belgrader Metropolie erhalten bleibe. Die Serben fanden eine Zwischenlösung und übertrugen zunächst die beiden Metropolien in Personalunion einem einzigen Hierarchen; ehe eine endgültige Lösung erforderlich wurde, schaffte 1739 die Rückgabe Belgrads an die Osmanen den Konfliktstoff aus der Welt.

Dafür begann in den nächsten Jahrzehnten das Verlangen nach einem „Illyrischen Regulament" die Gemüter zu erhitzen. In einem mühsamen Prozeß mußten die Vorstellungen vom religiös-völkischen Selbstbestimmungsrecht einer Nation, die die Serben aus dem Osmanenreich mitgebracht hatten und mit der Zeit auf Grund mitteleuropäischer Verhältnisse neu bedachten, den notwendigen Modifikationen unterzogen werden, damit sie endgültig in die österreichische Wirklichkeit einfügbar wurden. Schwere Gegensätze traten zutage. Doch gegen Ende des 18. Jahrhunderts war ein Zustand erreicht, der uns zu sagen erlaubt, daß seither die serbische Metropolie von Karlowitz im vollen Sinn eine in den österreichischen Staat integrierte autokephale orthodoxe Kirche darstellte.

d) Nicht alle östlichen Christen wanderten nach Österreich ein; die österreichischen Heere fanden in Oberungarn und in Siebenbürgen ansässige östliche Volkskirchen vor.[11] Dort hatten die östlichen Christen in der vorangehenden Zeit, in der ungarische Fürsten kalvinischen Glaubens an der Herrschaft waren, in einem rechtlosen Zustand der Leibeigenschaft gelebt. Entsprechend der sozialen Rechtlosigkeit war ihr kirchliches Leben wenig entfaltet, und ihr Klerus, der in der Regel selbst dem Joch der Leibeigenschaft unterlag, war kaum gebildet. Die bestehenden Schulen wurden nur solchen östlichen Christen zugänglich gemacht, die bereit waren, Kalviner zu werden oder zumindest das Frömmigkeitsleben ihrer orthodoxen Kirche in kalvinischem Geist umzugestalten. Die kalvinischen Fürsten, die im 17. Jahrhundert auf das Entstehen eines starken Siebenbürgener Staatswesens mit reformierter Staatsreligion hinzielten, hatten es darauf angelegt, die orthodoxen Christen ihres Landes zur Konversion zum Kalvinismus und zum Erlernen der ungarischen Sprache zu bewegen, damit sie in die den Staat dominierende magyarisch-kalvinische Nation hineinwüchsen und in Siebenbürgen das Übergewicht der Nation und der Religion des Fürsten weiter verstärkten. Eine Vielzahl von „Aufsteigern“ hatte dies akzeptiert. Lange Zeit verloren die orthodoxen Christen auf diese Weise ihre potentiellen Führer, da diese zu kalvinischen Ungarn wurden; das Gros des orthodoxen Volkes blieb in sozialer Rechtlosigkeit verhaftet. Um die Mitte des 17. Jahrhunderts versuchten jedoch die orthodoxen Ruthenen Oberungarns, dem Druck zur Kalvinisierung durch eine Union mit den Katholiken zu entgehen. Anders als die Kalviner verlangten nämlich die Katholiken nicht den Verzicht auf das angestammte Frömmigkeitserbe und auf die herkömmliche Sprache; die östlichen Christen durften ihre geistliche und volksmäßige Identität beibehalten, wenn sie sich unter den Schutz der Katholiken begaben, und hofften, beim Aufstieg zu einer besseren sozialen Lage von katholischer Seite unterstützt zu werden.

Kaiser Leopold, der nach dem Sieg der österreichischen Heere über Ländereien gebot, in denen es nur sehr wenige Katholiken westlicher Kirchentradition gab, erließ auf Anraten des ungarischen Primas Graf Kollonitsch ein Diplom, das in seinem Reich den unierten Gläubigen und ihrem Klerus die gleichen Rechte zusicherte, die den lateinischen Katholiken zukamen. Dies führte zur Neubelebung der Union der ungarischen Ruthenen mit den Katholiken. Die geographische Situation, daß jenseits der Grenzen nur solche Ruthenen wohnten, die ebenfalls in Union mit der katholischen Kirche standen, ließ keinen Widerstand aufkommen; zu orthodox-katholischen Gegensätzen kam es wegen dieser Union zunächst nicht.

Anders sollte es sein in Siebenbürgen. Dorthin waren mit den kaiserlichen Heeren Jesuiten als Militärseelsorger gekommen. Ihnen war eine kirchliche Instruktion mitgegeben worden, die von den oben erwähnten vier Punkten als hinreichender Basis für den Anschluß der Orthodoxen an die allein für wahr gehaltene katholische Kirche sprach. Dazu hatten sie eine Abschrift des kaiserlichen Diploms über die sozialen Rechte der Unierten erhalten. Sie waren beauftragt, Verbindung zu den Siebenbürgener orthodoxen Rumänen zu suchen und diese sowohl um seelsorglicher als auch um sozialpolitischer Motive willen zur Union mit der katholischen Staatskirche einzuladen. Den Auftrag konnten sie gut und gründlich erfüllen. Bald war die Synode der Siebenbürgener rumänischen Diözese vom Nutzen überzeugt, den eine Union in geistlicher und in weltlicher Hinsicht mit sich bringt, sofern sie korporativ geschlossen würde. Der geistliche Nutzen wäre, daß die Ingerenzen der Kalviner, die das rumänische Frömmigkeitserbe zu beschneiden trachteten, ein Ende bekämen. In weltlicher Hinsicht erwarteten sie, daß die Union ihre kirchliche und volksmäßige Identität belassen, sie so, wie sie waren, zu Katholiken machen und ihnen endlich die lange vermißten Rechte einer vierten (und zwar der volkreichsten) Nation und einer rezipierten Glaubensgemeinschaft Siebenbürgens einbringen würde.

Die korporative Union wurde von der Synode unter Mithilfe der Jesuiten unverzüglich und zielstrebig gesucht, doch sie kam nicht in der gewünschten Schnelligkeit zustande. Die Wiener Regierung zögerte, das Unionsansuchen, das eigentlich ihren Wünschen nach Stärkung des katholischen Elements in den neuen Provinzen entgegenkam, sofort zu behandeln, denn sie sah sich zur Rücksichtnahme auf die Siebenbürgener Stände genötigt. Diese aber opponierten, denn der Aufstieg der Rumänen als geschlossener Volksgruppe hätte nicht nur die bisherige Alleinherrschaft der etablierten Stände gebrochen, sondern auch auf die Dauer das Ende des

Rechts mit sich gebracht, die Arbeitskraft der in Leibeigenschaft gehaltenen Rumänen auszunützen. Nur wenn sich Rumänen individuell zu einer der rezipierten Religionen bekehrten, sollten ihnen nach Meinung der Stände jene Rechte zuerkannt werden, die den Bekennern der betreffenden Religion zustünden; sofern sie aber bei einer Befragung durch eine Kommission der Siebenbürgener Stände sich dafür aussprachen, daß sie im ererbten Glauben zu verbleiben wünschen, hätten sie auch in ihrem bisherigen sozialen Status zu verbleiben. Der alte Zustand, bei dem die zum Aufstieg Fähigen infolge des Religionswechsels in die privilegierten Nationen integriert und den Rumänen somit die potentiellen Führungspersönlichkeiten entfremdet wurden, damit ihre große Mehrheit weiter in Dumpfheit und Knechtschaft gehalten werden könnte, sollte perpetuiert werden.

Die rumänische Synode kämpfte dagegen, so gut sie konnte. Doch die Wiener Behörden zögerten weiter; der Widerstand der Siebenbürgener Stände war übermächtig; dazu kam Mißtrauen gegenüber dem östlichen Erbe bei führenden Kreisen in der katholischen Staatskirche. Man verlangte Absicherungen von den Rumänen, die deutlich machten, daß man ihnen trotz ihrer Zustimmung zu den vier Punkten nicht recht vertraute; z. B. ließ man den rumänischen Bischof Atanasie in Wien auch tridentinische Lehren beeiden und erteilte ihm sogar sub conditione erneut die Priester- und Bischofsweihe. Die Folge war, daß sich unter Siebenbürgens Rumänen eine Opposition gegen die Union formierte. Nach Atanasies Tod erstarkte die Opposition wegen weiterer leidiger Vorkommnisse, die wir heute aus Zeitmangel nicht besprechen können. In der Amtszeit des Nachfolgers von Bischof Atanasie konstituierte sich die Opposition schließlich auch kirchlich. Spätestens von diesem Zeitpunkt an muß die rumänische Christenheit Siebenbürgens als gespalten gelten in eine unierte und in eine orthodoxe Kirche, und eine leidige Geschichte hob an.

Die orthodoxe Opposition hatte ihren Rückhalt in der Orthodoxie jenseits der Karpaten. Daß dort osmanisches Gebiet war, ließ die österreichischen Behörden zunächst mit scheelen Augen auf die sich anbahnenden Kirchenbeziehungen blicken. Als aber 1718 die kleine Walachei österreichisch besetzt wurde, war man der politischen Sorgen enthoben. Der Bischof von Rîmnicul Vilcea in der kleinen Walachei, der von den Österreichern dem Metropoliten von Belgrad zugeordnet wurde, durfte sich mit österreichischer Billigung jener Rumänen Siebenbürgens annehmen, die den Beitritt zur Union und damit die Jurisdiktion des Siebenbürgener rumänischen Bischofs zurückwiesen. Zwei Tatsachen wurden damit geschaffen: Zum einen war von den Behörden im österreichischen Siebenbürgen eine zweite rumänische Kirche zumindest zur Kenntnis genommen, und zweitens begann der Metropolit von Karlowitz, der in Personalunion auch Metropolit von Belgrad war, eine Verantwortlichkeit für die Rumänen Siebenbürgens zu verspüren.

Nach den militärischen Rückschlägen, die Österreich 1739 zum Verzicht auf Belgrad und die kleine Walachei nötigten, widmeten die österreichischen Militärs der Karpatengrenze vermehrte Aufmerksamkeit. Um das „Grenzgängertum" zu unterbinden, verbot man die bislang gebilligte Verbindung von Siebenbürgens Orthodoxen mit Rîmnicul Vilcea. Da diese sich dem Verbot aber nicht fügten und sich — wie die Generalität meinte — ihrem „legitimen rumänischen Bischof" in Siebenbürgen, dem unierten nämlich, nicht beugten, begann eine Zeit, in der man mit militärischem Zwang das schaffen wollte, was die Generalität unter „kirchlicher Ordnung" verstand. Die Maßnahmen, durch die man die „Widerspenstigen" zum Gehorsam gegen den unierten Bischof führen wollte, waren gewalttätig, die Erfolge mager. So stimmte denn Maria Theresia 1761 zu, daß unter der Obhut des Metropoliten von Karlowitz für die nicht-unionswilligen Rumänen Siebenbürgens ein eigener orthodoxer Bischof amtierte. Den Toleranzideen ihres Sohnes Josef, der den Nichtkatholiken private Religionsausübung gewähren wollte, war Maria Theresia bekanntlich abhold. Doch sie dehnte auf die Orthodoxen Siebenbürgens jene öffentliche Religionsfreiheit aus, der sich von jeher die Serben erfreuten. Wie die Integration der serbischen autokephalen orthodoxen Kirche in den österreichischen Staat, so war auch ihre Ausweitung zu einer für ganz Österreich zuständigen orthodoxen Autokephalie von Wirren begleitet, während derer es zu schweren Unrechtshandlungen kam.

e) Alle östlichen Christen Österreichs — ob mit der katholischen Staatskirche uniert oder nicht — hatten 1761 öffentliche Religionsfreiheit erlangt.[12] Dies legte für ihre Volksgruppen den Grundstein zu einer reichen Entfaltung in der kommenden Zeit. Es mäßigte auch die Konflikte zwischen Katholiken und Orthodoxen, denn beide Seiten mußten in Zukunft den Versuch unterlassen, die anderen sich einzugliedern, wie dies die Serben unter Patriarch Arsenije mit den Unierten und später die unierte rumänische Diözese Siebenbürgens eine Zeitlang mit den Siebenbürgener Orthodoxen versucht hatten. Aber dies soll keineswegs besagen, daß beide Kirchen in der Folgezeit nur mehr im guten Sinn miteinander gewetteifert hätten; sie haben trotz des passablen „modus vivendi“, den sie fanden, auch später noch manche Fragen in einer Art ausgetragen, die den Geist christlicher Brüderlichkeit vermissen ließ. Das Positive und Negative im einzelnen zu zeichnen, sprengt den uns zur Verfügung stehenden Raum.

Deshalb sei nur kurz angeführt, daß es zu keinem Zurückgehen hinter den im Jahr 1761 erlangten Zustand kam, als Österreich in den letzten Jahrzehnten des 18. Jahrhunderts die Herrschaft über die Heimat weiterer Volksgruppen östlicher Kirchenzugehörigkeit antrat. In der Bukowina, die 1775 vom Fürstentum Moldau abgetrennt wurde und an Österreich fiel, war die Orthodoxie die Religion des regierenden Fürsten gewesen und mit allen Öffentlichkeitsrechten ausgestattet. Österreich änderte nichts an diesen Rechten. Beim Erwerb Galiziens im Zug der polnischen Teilung von 1772 kam ein Gebiet zu Österreich, dessen Bevölkerung mit östlicher Kirchentradition schon lange zur Gänze mit den Katholiken uniert war. Mit Dankbarkeit vermerken die ukrainischen Geschichtsschreiber, daß unter österreichischer Herrschaft die in Galizien seit dem Unionsabschluß stets mächtig gewesenen Lateiner nicht weiter versuchen durften, die Unierten kirchlich und der Volksgruppe nach aufzusaugen.

f) In Galizien und in der Bukowina siedelten von alters her Armenier. In Lemberg waren sie seit langem mit den Katholiken uniert[13], in der Bukowina nicht[14]. Den einen wie den andern wurde auf dem von ihnen gewählten Weg Eigenständigkeit belassen. Den Lemberger Armeniern wurden alle Rechte eines katholischen Bistums des Habsburgerreichs eingeräumt; was die Armenier der Bukowina anbelangt, hatte Josef II. bei seinem Besuch in Suczawa im Juni 1783 in einem Handschreiben angeordnet: „Die armenische Gemeinde allhier, deren Gottesdienst Ich selbst beigewohnt habe, ist wenig ausgenommen, allen übrigen Katholischen Armeniern gleich, es sind also alle weiteren Nachforschungen über ihre Religion einzustellen und sie bei ihrem Handel und Wandel ungestört zu belassen, auch ist zu trachten, noch mehrere derlei Leute herüber zu bringen." Im Nachtrag sei noch vermerkt, daß Armenier, die zur Zeit der österreichischen Eroberung nach Siebenbürgen eingewandert und dort unter der Obhut des Lemberger unierten armenischen Erzbischofs ihr Kirchenleben aufgebaut hatten, in ihrer Eigenständigkeit von Anfang an unbelästigt blieben.[15] 1775 gewährte Maria Theresia feierlich auch den Mönchen des Mechitharistenordens in Österreich Schutz und Heimatrecht.[16]

Russische Altgläubige bildeten eine weitere Gruppe östlicher Christen, denen in der Bukowina die Möglichkeit zu einer eigenständigen Kirchenorganisation geboten wurde. In Rußland mehr und mehr verfolgt, hatte sich ein Teil von ihnen in das Fürstentum Moldau abgesetzt, und manche siedelten in jenem Teil der Moldau, der 1775 als Bukowina österreichisch wurde. Sie waren wenig auffällig, und es dauerte eine geraume Zeit, bis die österreichischen Behörden auf sie aufmerksam wurden. Es wird erzählt, einige von ihnen hätten einen hochgestellten Österreicher vor den Türken gerettet und dadurch dessen Dankbarkeit und durch seine Vermittlung kaiserlichen Schutz für ihr Kirchenwesen erlangt. So kam es in Österreich zur Religionsfreiheit für eine Gruppe östlicher Christen, die außerhalb Österreichs insgesamt illegal waren. Daß Österreichs Behörden es ihnen im 19. Jahrhundert sogar ermöglichten, in einem Kloster der Bukowina Bischofsweihen durchzuführen und eine eigene altgläubige Hierarchie zu errichten, gehört allerdings nicht nur in das Kapitel von der Glaubensfreiheit für östliche Christen in Österreich, sondern war zugleich ein Hieb der österreichischen Politik gegen Rußland, das die Altgläubigen weiterhin verfolgte.[17]

g) Im 19. Jahrhundert nahmen die Kirchen- und Volksgemeinschaften der östlichen Christen die Möglichkeit wahr, die ihnen Österreich zur Entfaltung gewährte. Da der nationale Gedanke in dieser Zeit bei ihnen zündete, kam es zu einer Neugliederung der orthodoxen Kirche Österreichs, die — man beachte den Unterschied zu den Vorgängen beim Einrichten anderer moderner Autokephalien! — in einvernehmlicher Weise und friedlich vor sich ging. Nach dem Ausgleich mit Ungarn wurden aus der bisher einzigen autokephalen orthodoxen Kirche des Habsburgerreichs, die in Karlowitz ihren Sitz hatte, drei autokephale Kirchen gebildet. Im einzelnen bedeutete dies, daß in den Ländern der Stefanskrone für das rumänisch besiedelte Gebiet eine selbständige orthodoxe Metropolie mit nationalem Charakter eingerichtet und daß die Karlowitzer Metropolie, der von nun an nur mehr serbische Gläubige verblieben, wieder zur nationalen Größe wurde, wie sie es war, als sie auf Grund der Verfügungen Kaiser Leopolds entstand. Eine eigene orthodoxe Metropolie mit Sitz in Czernowitz entstand auch in Cisleithanien, und ihr unterstanden ohne Unterschied hinsichtlich der Muttersprache die orthodoxen Gläubigen der Bukowina und Dalmatiens sowie die orthodoxen Gemeinden in Wien und in anderen größeren Städten Cisleithaniens, in denen sich inzwischen orthodoxe Kolonien gebildet hatten.[18] Auch dort war für das nationale Selbstbestimmungsrecht gesorgt, denn dem Metropoliten und seinen beiden serbischen Suffraganbischöfen in Dalmatien oblag die Pflicht, dafür Sorge zu tragen, daß die Gemeinden Seelsorger der richtigen Sprache und des richtigen Herkommens erhielten. Diese waren gegebenenfalls aus dem Ausland, aus der Heimat der betreffenden Gläubigen zu berufen, doch sie amtierten unter der Jurisdiktion des Metropoliten von Czernowitz, der für die gesamte Orthodoxie Cisleithaniens das gemeinsame Oberhaupt war.

Um die Jahrhundertmitte, als manche Kreise in Österreich noch meinten, dem nationalen Aufbruch gegensteuern zu können, gab es Bestrebungen, den Unierten des ganzen Reichs ein gemeinsames Patriarchat einzurichten.[19] Die Pläne waren unrealistisch, denn auch die Unierten verlangten ihre nationale Struktur. 1853 trat eine eigene Metropolie der unierten Rumänen neben die seit 1808 in Lemberg bestehende ukrainische Metropolie. 1912 wurde mit der Diözese Hajdudorog schließlich auch den ungarischen Unierten ein nationales Kirchenzentrum gewährt; die Geschichte der Diözese zeigt, daß die Behörden der Monarchie den Willen zur Eigenständigkeit der ungarischen Unierten auch gegen römische Widerstände stützten.[20]

Alles in allem gewährte Österreich an der Wende vom 19. zum 20. Jahrhundert allein unter den drei großen multinationalen Reichen Osteuropas seinen östlichen Christen die volle Freiheit, ihren Kirchen in friedlicher Weise jene nationale Struktur zu geben, die sie selbst für angemessen hielten. Auch stand es ihnen uneingeschränkt frei, wenn ihr Gewissen es ihnen gebot, sich für uniert mit dem Römischen Stuhl zu erklären oder dies nicht zu tun.

Gerade letzteres muß noch unsere Aufmerksamkeit in Anspruch nehmen, denn es war dies eine Vorkehrung, die den ernstesten Konflikt vermied, der zwischen Katholiken und Orthodoxen hätte ausbrechen können, die Gefahr nämlich, daß es zur Knechtung der Gewissen gekommen wäre. Wir haben oben erwogen, daß es im 17. und Anfang des 18. Jahrhunderts von vielen nicht als Gewissensfrage gewertet wurde, von der Orthodoxie zur Union bzw. von der Union zur Orthodoxie überzutreten. Nach der Entfaltung der dogmatischen Lehre vom päpstlichen Amt, die auf dem Ersten Vatikanischen Konzil ihren Höhepunkt hatte, erscheint aber der Übertritt in einem anderen Licht. Daß es in Österreich seit dem neuen dogmatischen Denken keine Pressionen zum Übertritt mehr geben konnte, war ein Erfordernis, um die Gewissensfreiheit zu wahren.

3.

Nicht nur die Kämpfe, auch die Partnerschaft zwischen Katholiken und Orthodoxen im einstigen Österreich soll unser Thema sein. Es mag so scheinen, als hätten wir uns bislang nur den Spannungen zugewandt und von der Partnerschaft sei nicht die Rede gewesen. Doch in den Auseinandersetzungen um den rechten Platz und die Entfaltungsmöglichkeiten für Katholiken und Orthodoxe im Staatswesen standen nicht nur widersprüchliche Interessen einander gegenüber. Zweifellos haben bis weit ins 19. Jahrhundert hinein, ehe der unglückselige Magyarisierungsdruck der Spätzeit verschiedene Volksgruppen zu Gegnern der Donaumonarchie werden ließ, abendländische Katholiken, Unierte und Orthodoxe von unterschiedlicher Volkszugehörigkeit das Habsburgerreich voll als ihr gemeinsames Staatswesen angesehen. Trotz aller Spannungen lernten sie einander in einem solchen Ausmaß kennen und anerkennen, daß sich zwischen ihnen nicht nur ein Nebeneinander, sondern in vielen Bereichen ein klares Miteinander herausbilden konnte.

Eine von den Früchten des Zusammenwirkens haben wir schon erwähnt, nämlich das Ausbilden jenes „modus vivendi" der Glaubensgemeinschaften und Volksgruppen im gemeinsamen Staat, der allen Beteiligten Gewissensfreiheit und in der Regel auch die Chance zum sozialen Aufstieg bot. Des weiteren kam es zu beachtenswerten

Ergebnissen auf dem Gebiet des Bildungswesens und überhaupt der Kultur. In unserem Zusammenhang haben wir dem ausdrücklich Beachtung zu schenken, weil es in der Zeit und in den Gegenden, mit denen wir uns befassen, in die hauptsächliche, wenn nicht gar ausschließliche Verantwortung der Kirchengemeinden gelegt war, für das Funktionieren eines Schulwesens Sorge zu tragen. Es geschah zum ersten Mal in der Donaumonarchie, daß in orthodoxen Siedlungsgebieten der Ausbau eines Pflichtschulwesens für alle Kinder zielstrebig begonnen und vorangetragen wurde. Österreichs kirchliche und staatliche Instanzen dürfen aufs ganze gesehen viel Lob ernten, wenn die Geschichte des Bildungswesens der Donaumonarchie und der Nachbarstaaten miteinander verglichen und wenn aufgezeigt wird, was Österreichs Katholiken den Südslawen, Ostslawen und Rumänen im Reich und über diese an deren orthodoxe Glaubensbrüder jenseits der alten Grenzen weitergaben.

Auch in den kirchlichen Wissenschaften brachte die Partnerschaft zwischen den Völkern der Donaumonarchie den Orthodoxen Gewinn. Es war unerläßlich, den Bildungsstand des orthodoxen Klerus in Österreich zu heben, damit dieser dem katholischen bzw. evangelischen Klerus gleichstehen konnte. Beim Ausbau der entsprechenden Bildungsstätten geschah überall viel und mancherorts sogar mehr, als notwendig gewesen wäre, wenn die Orthodoxie Österreich-Ungarns nur hätte gleichziehen wollen. In der autokephalen Kirche Cisleithaniens, in Czernowitz, erlangte nämlich die Klerikerschule im Lauf eines Jahrhunderts ihres Bestehens echten akademischen Rang. Sie wurde zu einer theologischen Fakultät mit einem Professorenkollegium von internationaler Geltung und im letzten Drittel des 19. Jahrhunderts zur Keimzelle einer Universität in der Hauptstadt der Bukowina.[21] Als einzige orthodoxe Diözese der Welt hatte das Bistum Czernowitz am Vorabend des Ersten Weltkriegs einen Klerus, der fast zur Gänze Universitätsbildung besaß. In keiner katholischen Diözese der Donaumonarchie war dies damals der Fall, und bis heute kann keine andere orthodoxe Diözese Vergleichbares aufweisen.

Mehr als im intellektuellen Bereich der Studien wuchsen der Orthodoxie in den ungarischen Kronländern Anregungen zu auf dem Feld der kirchlichen Kunst. Kirchenbau, Ikonenmalerei und Kirchenmusik erlebten dort im 18. und in der ersten Hälfte des 19. Jahrhunderts eine faszinierende Entfaltung. Ohne daß die beteiligten orthodoxen Kirchen auch nur den Schatten eines Zweifels hätten fallen lassen wollen auf ihre Treue zur orthodoxen Authentizität, wuchsen sie hinein in jenes Lebensgefühl, das sich in Österreichs Barock und Klassik zum Ausdruck brachte, und sie schufen eine Kirchenkunst, die orthodox ist im Aussageinhalt, aber österreichisch in der Aussageform. Diese kirchliche Kultur, eine Frucht echten partnerschaftlichen Austausches, baut weiter auf jener Zuwendung der Orthodoxie zum westeuropäischen kulturellen Erbe, von deren Anfang im 17. Jahrhundert wir oben sprachen. Wie wir schon sagten, erscheint sie orthodoxen Historikern, die das orthodoxe Kirchenleben allein von Byzanz geprägt wissen wollen, als ein Unglück. Wir können ihnen nicht beipflichten, sondern halten dafür, daß Österreichs Orthodoxie bei dieser kulturellen Entwicklung die Kraft des orthodoxen Glaubens zur Inkulturation in die Lebensumstände neuer Völker unter Beweis stellte. Auch wurde deutlich, daß die orthodoxe Kirche nicht nur dort zur Weltgestaltung befähigt ist, wo sie die Kultur wie im byzantinischen Reich zu dominieren vermag, sondern ebenso in einem Land, in dem sie auf Partner stößt, von denen sie zu lernen hat.

Vom Lebensgefühl, dem die Gläubigen zuneigen, werden zwangsläufig auch

Pastoral, Predigt, Katechese und Frömmigkeitsbräuche mitgeprägt. Es verwundert also nicht weiter, daß die orthodoxen Kirchen der Donaumonarchie manches von dem, was sich bei den Katholiken ihrer Heimat bewährte, für nützlich befanden und ebenfalls pflegten. Zwischen den Kirchen begann ein osmoseähnlicher Vorgang, und seine Intensität mag auch daran ermessen werden, daß nach dem Ende der Donaumonarchie in den Nachfolgestaaten an der ehemaligen Grenze noch auf Jahrzehnte hinaus eine Scheidelinie feststellbar blieb, an der sich gewisse Nuancen im orthodoxen Kirchenleben voneinander abhoben. Aber auch umgekehrt spürten und spüren vielleicht noch heute Katholiken aus Gegenden, in denen es kein orthodoxes Kirchenleben gibt, manche Besonderheit, wenn sie am kirchlichen Leben ihrer Glaubensbrüder in solchen Landstrichen der früheren Donaumonarchie teilnehmen, in denen die Orthodoxie präsent ist.

Lange nach dem Untergang der Donaumonarchie, nämlich erst beim Zweiten Vatikanischen Konzil, trat deutlich zutage, wie fruchtbar die altösterreichische Partnerschaft beider Kirchentraditionen für die katholische Kirche geworden ist. Die starke Präsenz der Orthodoxie in Österreich-Ungarn war sicher eine der Mitursachen für die Ungebrochenheit im Widerstand der Unierten gegen alle Versuche, sie in die lateinischen Katholiken aufgehen zu lassen. Was immer an Latinisierung auch geschah und wie stark der Druck zum Angleichen wurde, die Unierten, die ihre eigentliche Stärke nicht im Vorderen Orient, sondern in Österreich-Ungarn hatten, verteidigten das Recht auf ein beachtliches Minimum an eigenständigen Lebensformen in den Gliedkirchen, als der Zentralismus in der katholischen Kirche nach dem Ersten Vatikanischen Konzil seinem Höhepunkt zusteuerte.[21a] In der Zeit, in der die katholische Kirche dem Ökumenismus noch verschlossen war und Katholiken nicht bei Orthodoxen geistlich mitleben konnten, war es auch nur dank der Unierten möglich, daß einzelne weitblickende katholische Theologen, die dem Erbe des christlichen Ostens wieder zum gebührenden Platz verhelfen wollten, dieses Erbe nicht aus toten Büchern studieren mußten, sondern es in einer lebendigen Begegnung mit dem kirchlichen Leben erfahren konnten. Daß durch ihr Zutun vom Zweiten Vatikanischen Konzil das volle Recht der Gliedkirchen auf Eigenleben ausgesprochen und in den Artikeln 14 bis 18 des Ökumenismusdekrets der Eigenwert der östlichen Kirchentraditionen überzeugend dargelegt werden konnte, ist unseres Erachtens die segensreichste Frucht, welche der katholischen Kirche aus der Partnerschaft zwischen östlichem und westlichem Christentum im Österreich von einst erwuchs.

Vielgestaltiges Nebeneinander in der Republik Österreich

Keins von den ursprünglichen Siedlungsgebieten östlicher Christen blieb nach 1918 bei Österreich, und sämtliche orientalischen Bischofssitze, die orthodoxen wie die unierten, wurden von Österreich abgetrennt. Nur mehr solche östliche Christen, deren Vorfahren in die deutschsprachigen Landesteile übergesiedelt waren, blieben nach dem Ersten Weltkrieg Österreicher. Die Mehrzahl von ihnen waren Wiener.

Die politischen Umwälzungen nach dem Ersten und nach dem Zweiten Weltkrieg brachten einen Wandel, denn eine größere Zahl östlicher Christen kam als

Flüchtlinge nach Österreich. Ein Teil von ihnen blieb und vergrößerte Österreichs östliche Kirchengemeinden; der Großteil wanderte weiter, teils aus wirtschaftlichen Gründen, teils damit eine größere geographische Ferne von der alten Heimat ihre persönliche Sicherheit besser garantiere. Mit der Gastarbeiterwelle kamen neuerdings östliche Christen in größerer Zahl zu uns. Schließlich wurde Wien wegen der Neutralität des heutigen Österreich zu einer Drehscheibe des Ost-West-Verkehrs und zum Sitz von UNO-Behörden. Darum bekamen die Stadt Wien und in geringerem Ausmaß auch andere österreichische Städte abermals von weither Zuzug. Christen aus mehreren östlichen Kirchen kamen dabei ins Österreich von heute, und es gibt nur wenige Städte in Europa, in denen die Ostkirchen derzeit in gleicher Buntheit vertreten sind wie in Wien.

I.

a) Unter den heutigen orthodoxen Kirchengemeinden Österreichs gehört ohne Zweifel den Wiener griechischen Gemeinden zur hl. Dreifaltigkeit und zum hl. Georg mit den beiden Gotteshäusern im ersten Wiener Gemeindebezirk der erste Platz, da sie auf die längste Geschichte zurückblicken können.[22] Sie unterstehen der „griechisch-orientalischen Metropolis von Austria", einer Diözese mit Sitz in Wien, die das Patriarchat von Konstantinopel nach dem Zweiten Weltkrieg einrichtete und dem es die Verantwortung für Österreich und Italien übertrug. Die Gläubigen der beiden Kirchengemeinden gehören mit ihrem Metropoliten dem Patriarchat von Konstantinopel an. Sie sind zum Teil seit Generationen in Wien ansässig; unter ihnen sind Familien zu finden, die sich große Verdienste um das Aufblühen von Wirtschaft und Handel im alten Österreich erwarben. Ein Teil der Gläubigen lebt hingegen nur vorübergehend zu wirtschaftlichen oder diplomatischen Diensten oder zum Studium bei uns. In der Mehrzahl sind es Griechen, doch stammt ein Teil von ihnen von jenen griechischsprachigen Kirchen her, die es außerhalb des Staates Griechenland im Vorderen Orient gibt. Da in einigen dieser Kirchen das Arabische vordringt und das Griechische verdrängt, kann man heutzutage in den griechischen Kirchengemeinden Wiens auch auf Jugendliche treffen, die kaum Griechisch verstehen. Das Leben der beiden Kirchengemeinden ist auf Wien zentriert, doch hat ihr Seelsorger auch in den anderen Bundesländern zu tun, wo ein Teil der Gemeindemitglieder ansässig ist.

b) Gegen Ende des 19. Jahrhunderts bildete sich in Wien eine serbische orthodoxe Kirchengemeinde zum hl. Sava und erbaute sich im dritten Gemeindebezirk eine Kirche.[23] Wegen der zahlreichen Gastarbeiter aus Jugoslawien, die in jüngster Zeit nach Österreich kamen, ist die serbische Gemeinde derzeit bei weitem die größte orthodoxe Kirchengemeinde Österreichs. Sie untersteht der westeuropäischen Diözese ihres heimatlichen Patriarchats von Belgrad. Ihr Wiener Gotteshaus kann die Gemeinde aber leider nicht benützen, da dieses von einer Gruppe alteingesessener Wiener Serben, die sich gegen ihren Bischof und ihren Patriarchen sperren, unter Mißachtung der österreichischen Gesetze besetzt gehalten wird. So ist der Seelsorger der größten orthodoxen Kirchengemeinde Österreichs seit Jahren gezwungen, mit seinen Gläubigen in einem Notquartier Gottesdienst zu feiern. Filialen der serbischen Gemeinde zum hl. Sava bestehen in Linz und in Salzburg, wo ebenfalls je ein Priester die Seelsorge ausübt.

c) Zur Bildung einer eigenen rumänischen orthodoxen Kirchengemeinde zur hl. Auferstehung kam es nach dem Ersten Weltkrieg. Der Plan, in Wien ein rumänisches Gotteshaus zu erbauen, wurde schon vor dem Ersten Weltkrieg gefaßt, aber die vielfachen Initiativen gelangten an kein Ziel.[24] So dient der Gemeinde weiterhin eine Hauskapelle im ersten Gemeindebezirk als Gottesdienstort. In Salzburg amtiert an einer Filialgemeinde ein weiterer rumänischer orthodoxer Priester. Die Gläubigen setzen sich zusammen aus alteingesessenen Familien rumänischer Herkunft, aus Emigranten, die Rumänien während oder nach dem Zweiten Weltkrieg verließen, und aus rumänischen Staatsbürgern, die dienstlich in Österreich weilen. Die Gemeinde gehört zum rumänischen Patriarchat; ihr Bischof amtiert in Paris.

d) Auf exterritorialem Gelände der Botschaft in Wien erbaute das russische Zarenreich zur Jahrhundertwende eine große St.-Nikolaus-Kirche. Sie war als Botschaftskirche gedacht und nur kurze Zeit in Verwendung, denn nach der Oktoberrevolution wurde sie von den sowjetischen Behörden geschlossen. Nach dem Zweiten Weltkrieg übergab die sowjetische Besatzungsmacht das Gotteshaus einem Vertreter des Moskauer Patriarchats; seither dürfen in ihm wieder Gottesdienste gefeiert werden. Die russische orthodoxe Kirchengemeinde zum hl. Nikolaus, die sich alsbald dort bildete, wurde 1969 öffentlich-rechtlich anerkannt.[25] Sie untersteht dem Moskauer Patriarchat. Doch nur ein Teil der russischstämmigen orthodoxen Christen in Österreich war bereit, sich dieser Gemeinde und durch sie der Moskauer Kirchenleitung anzuschließen. Es bestehen daher in Österreich noch andere orthodoxe Seelsorgsgemeinden russischer Herkunft, die jedoch keine Anerkennung durch die österreichischen Behörden erbaten. Auf Grund der Religionsfreiheit ist es ihnen möglich, wo immer sie leben, auch Gottesdienste zu feiern, doch führt die private Form, in der sie ihr Gottesdienst- und Gemeindewesen organisieren, zu größerer Fluktuation. Laut Satzung der St.-Nikolaus-Gemeinde steht die Mitgliedschaft in ihr allen orthodoxen Christen offen, wenn sie die Jurisdiktion des Moskauer Patriarchen anerkennen; auf russische Herkunft als Bedingung der Mitgliedschaft ist verzichtet. Die Kirchengemeinde umfaßt darum neben orthodoxen Christen russischer Herkunft Gläubige, die aus anderen orthodoxen Nationen abstammen, und eine Anzahl Konvertiten. An der St.-Nikolaus-Kirche amtiert ein russischer Bischof.

e) Zugleich mit der St.-Nikolaus-Gemeinde wurde 1969 auch eine bulgarische orthodoxe Kirchengemeinde zum hl. Johann von Rila von den österreichischen Behörden öffentlich anerkannt. Die Gemeinde umfaßt laut Satzung nur orthodoxe Christen, die bulgarischer Abstammung sind bzw. in bulgarische Familien einheirateten. Schon vor dem Ersten Weltkrieg hatten enge Beziehungen zwischen Österreich und Bulgarien bestanden. In der Zeit der Ersten Republik siedelten sich erneut Bulgaren in Österreich an und erwarben die österreichische Staatsbürgerschaft. Infolge der Ereignisse nach dem Zweiten Weltkrieg kamen weitere Bulgaren nach Österreich. So waren hinreichend viele bulgarische orthodoxe Gläubige versammelt, daß sie die Gründung einer Kirchengemeinde betreiben konnten. Die bulgarische Gemeinde, die dem Patriarchat von Sofia untersteht, verfügt über kein eigenes Gotteshaus. Sie feiert ihre Gottesdienste in der russischen St.-Nikolaus-Kirche.

2.

Die Orthodoxie in Österreich existiert also in einer Mehrzahl von Körperschaften des öffentlichen Rechts, die sich territorial überschneiden, und daneben noch in einigen kleineren Gruppierungen ohne öffentliche Anerkennung. Zwischen ihnen besteht kein organisatorisches Band; es gibt keinen Hierarchen und keine Synode, die namens der Orthodoxie Österreichs insgesamt sprechen könnte. Jede Kirchengemeinde ist von den anderen unabhängig und jeweils nur der Patriarchatsleitung ihres Heimatlandes verantwortlich. Und dies, obwohl die Gläubigen der einen Kirchengemeinde in den anderen zu den hl. Sakramenten zugelassen werden und die Orthodoxie sich ekklesiologisch als eine einzige Kirche versteht.

Zu mehreren orthodoxen Kirchengemeinden auf demselben Territorium ohne organisatorisches Band zwischen ihnen kam es in Österreich erst in der Zeit der Republik. Bis zum Ende des Ersten Weltkrieges war die Orthodoxie in den österreichischen Kronländern, wie wir oben sahen, als eine einzige autokephale Kirche mit Sitz in Czernowitz geeint. Wie kam es zu dieser Zerstückelung?

Die noch in der Monarchie erfolgte Gründung einer gesonderten serbischen Kirchengemeinde in Wien neben der griechischen war davon keineswegs der Beginn. Denn diese Gemeinde stand unter der Aufsicht eines der dalmatinischen Suffraganbischöfe des Czernowitzer Metropoliten. Die Einheit der cisleithanischen autokephalen orthodoxen Kirche blieb gewahrt, denn zusammen mit dem sie führenden Suffraganbischof verblieb die neue Gemeinde unter der Jurisdiktion des Metropoliten von Czernowitz.

Aber alle drei cisleithanischen orthodoxen Bischofssitze wurden nach dem Ersten Weltkrieg von Österreich abgetrennt, und sie wurden auch voneinander geschieden. Die Bukowina mit Czernowitz fiel an Rumänien, und die Diözese des Metropoliten wurde der Kirche Rumäniens eingegliedert. Die beiden dalmatinischen Suffraganbistümer aber kamen zu Jugoslawien und wurden zur serbischen Kirche geschlagen. Für die in der Republik Österreich verbliebenen orthodoxen Gläubigen gab es somit im Land keinen Bischof mehr. Die Rumänen Wiens beschlossen in dieser Lage, sich mit ihrem bisherigen Metropoliten der rumänischen Kirche anzuschließen. Die serbische Kirchengemeinde der Stadt folgte jenem dalmatinischen Bischof, der bisher für sie verantwortlich war, und schloß sich der serbischen Kirche an. Schließlich beschlossen die Griechen Wiens, die es weder nach Rumänien noch nach Jugoslawien zog, sich dem Ökumenischen Patriarchen in Konstantinopel unterzuordnen. Die zahlenmäßig kleine Orthodoxie der Republik war damit organisatorisch auseinandergefallen.

Als 1967 das österreichische Parlament ein Orthodoxengesetz verabschiedete,[26] stand es dem Staat nicht zu, sich in die inneren Angelegenheiten der Orthodoxie einzumischen. Man mußte zur Kenntnis nehmen, daß eine organisatorische Aufgliederung der Orthodoxen Österreichs in einander überschneidende Kirchengemeinden ohne gemeinsamen Bischof erfolgt war, obwohl sie gemeinsam bekennen, daß sie alle zu einer einzigen orthodoxen Kirche gehören. Um den orthodoxen Gläubigen also die Freiheit zu gewährleisten, ihr Kirchenwesen so zu ordnen, wie sie selber es wollen, ließ das österreichische Orthodoxiegesetz eine Mehrzahl von sich überschneidenden orthodoxen Kirchengemeinden zu, anerkannte vom Tag des Inkrafttretens an die schon lange bodenständigen Gemeinden der Griechen, Serben und Rumänen und die Metropolie von Austria als Körperschaften des öffentlichen Rechts und eröffnete die Möglichkeit, noch weitere Gemeinden bei Erfüllung gewisser Mindestbedingungen als ebensolche Körperschaften anzuerkennen, was 1969 bezüglich der Russen und Bulgaren erstmals geschah. Es dürfte gegenwärtig in der Welt kaum ein nichtorthodoxes Land geben, in dem die Rechtsstellung der Orthodoxie liberaler geregelt und besser abgesichert wäre als in Österreich.

3.

Zwischen den bisher benannten Kirchengemeinden gibt es trotz der organisatorischen Aufgliederung keine Kirchenspaltung. Sie stimmen in der Glaubenslehre voll überein, haben gemeinsam dasselbe gottesdienstliche Erbe des sogenannten byzantinischen Ritus und bekennen sich zu denselben altkirchlichen Kanones, die die Grundstruktur des Kirchenrechts abgeben. Die Unterschiede zwischen ihnen betreffen die Sprache, die kirchenmusikalische Tradition und vor allem das Volkstum, welches das Frömmigkeitsleben der einzelnen Gemeinden stark und in sehr spezifischer Weise prägt. Es sind Unterschiede, die zwar ein gemeinsames Gemeindeleben unmöglich machen, aber keine kirchentrennende Bedeutung haben.

In der Republik Österreich gibt es aber noch andere östliche Kirchengemeinden, die von den bisher aufgezählten orthodoxen Gemeinden nicht nur organisatorisch, sondern grundsätzlich gespalten sind, so daß zwischen ihnen und der von uns bisher besprochenen Orthodoxie auch die gegenseitige Zulassung der Gläubigen zu den Sakramenten untersagt ist. In jüngster Zeit hat man für diese die Bezeichnung „Altorientalen" eingeführt, um sie mit einem besonderen Namen von den Orthodoxen abheben zu können. Sie selber nennen sich allerdings auch orthodox, denn dieses griechische Wort heißt auf deutsch „rechtgläubig" und als rechtgläubig versteht sich jede Kirche. Die Selbstbezeichnung „orthodox", die sich die altorientalischen Kirchen geben, darf also nicht mißverstanden werden; sie bedeutet nicht, daß sie zu den von uns bisher bezeichneten Kirchen gehören, für die das Wort „orthodox" auch Konfessionsbezeichnung ist. Auch wir Katholiken sind überzeugt, daß wir rechtgläubig sind und daß unsere Glaubenslehre dem Evangelium getreu ist; dennoch gehören wir weder zu jener Kirche, für die das Eigenschaftswort „orthodox" zum Eigennamen wurde, noch zu jener, die die evangelische heißt. Man achte also, wenn man die Selbstbezeichnung der einzelnen Kirchen hört, sehr gut auf die jeweilige genaue Bedeutung der einzelnen Worte, damit man keinen Mißverständnissen erliegt!

Als bestes Kriterium, um Katholiken, Orthodoxe und Altorientale voneinander zu unterscheiden, bietet sich an, daß wir nach der Anzahl von Kirchenversammlungen fragen, die als ökumenische Konzilien anerkannt werden und deren dogmatische Lehren als verbindliche Glaubensentscheidungen gelten. Wir Katholiken anerkennen 21 solcher Versammlungen; das Zweite Vatikanische Konzil ist davon die jüngste. Die Orthodoxen halten mit uns gemeinsam an den ersten sieben Konzilien aus dieser Reihe fest und betrachten die folgenden 14 nicht mehr als ökumenisch. Die Altorientalen lassen auch von den sieben nur die ersten zwei bzw. drei Konzilien als ökumenisch gelten.

Jene altorientalischen Kirchen, die drei ökumenische Konzilien anerkennen, werden in Lehrbüchern öfters als „monophysitisch“ bezeichnet, weil man ihnen nachsagte, sie würden die christologischen Irrtümer vertreten, die im Jahr 451 vom Konzil von Chalkedon verurteilt wurden. Die Kirchenspaltung zwischen ihnen und uns geht in der Tat auf jenes Konzil zurück, denn die Altorientalen versagen ihm die Anerkennung. Aber die kirchengeschichtliche Forschung hat erwiesen, daß diese Kirchen der in Chalkedon verurteilten Häresie nicht anhangen. Man sollte auf sie die Bezeichnung „monophysitisch“ besser nicht anwenden. Drei von jenen altorientalischen Kirchen, welche drei Konzilien als ökumenisch anerkennen, haben gegenwärtig Seelsorgsgemeinden in Österreich. Zu ihnen gehören die Armenier, von denen oben bereits die Rede war. Die beiden anderen altorientalischen Kirchen sind erst nach dem Zweiten Weltkrieg zu uns gekommen.

Diese altorientalischen Kirchen stimmen untereinander in der Glaubenslehre überein und lassen die Gläubigen gegenseitig zu den hl. Sakramenten zu. Aber jede von ihnen besitzt einen eigenen gottesdienstlichen Ritus, so daß sich bei ihnen die Gottesdienste nicht nur wegen der Sprache, sondern im ganzen Aufbau stark unterscheiden. Obwohl die Gläubigen in den anderen Gemeinden voll zugelassen würden, fällt es ihnen daher nicht leicht, dort mitzubeten. Große Unterschiede bestehen auch in sozialer und kultureller Hinsicht, nicht nur zwischen den betreffenden Gemeinden in Österreich, sondern mehr noch in ihrer Heimat. Die politischen und geographischen Gegebenheiten, unter denen diese Kirchen lebten, waren nämlich von der Spätantike bis zum Anbruch des 20. Jahrhunderts so, daß sie untereinander nur selten und jeweils nur für kurze Zeit in Kontakt kamen. Eine organisatorische Einheit zwischen ihnen gab es daher nie; so gibt es begreiflicherweise auch keine organisatorische Gemeinsamkeit zwischen ihren Gemeinden in Österreich.

a) Die armenisch-apostolische Kirchengemeinde Wiens besitzt seit 1968 im dritten Gemeindebezirk ein repräsentatives Gotteshaus und wurde 1972 von der Republik Österreich als eigene Religionsgemeinschaft anerkannt bzw. wiederbestätigt.[27] Sie untersteht dem Obersten Katholikos und Patriarchen aller Armenier mit Sitz in Etschmiadzin, das in der Armenischen Sowjetrepublik liegt. Der derzeitige Inhaber des hohen Amts, Katholikos Vasken I., hat 1968 persönlich die Weihe der Wiener armenischen Kirche vorgenommen und die Gemeinde mehrfach, zum letzten Mal im April 1981, besucht.[28]

Älteste Nachrichten, daß Armenier in Wien Wohnsitz nahmen, weisen uns zurück in die letzten drei Jahrzehnte des 17. Jahrhunderts. Es waren Kaufleute, die mit zum wirtschaftlichen Aufstieg des Habsburgerreichs beitrugen. Die armenische Gemeinde in Wien war anfänglich sehr klein und bestand im 17. und 18. Jahrhundert hauptsächlich aus Katholiken. Zuzug bekam sie in erster Linie aus dem türkischen Herrschaftsbereich. Aber auch in den Gebieten, die Österreich bei seiner Ausdehnung nach Südosten und Osten dazugewann, gab es — wie oben ausgeführt — armenische Gemeinden: in Galizien, wo ein katholisches armenisches Erzbistum bestand, in Siebenbürgen, wo es so viele Armenier gab, daß zeitweise für sie auch dort ein katholischer armenischer Bischof amtierte, und vor allem in der Bukowina, wo in Suczawa eine uralte und blühende Armenierkolonie unter der Jurisdiktion des armenisch-apostolischen Patriarchen von Konstantinopel existierte. Der Wunsch Kaiser Josefs II., „mehrere derlei Leute herüber zu bringen“, von dem wir oben schon sagten, daß er ihn 1783 bei seinem Besuch in Suczawa schriftlich äußerte, wurde wahr. Auch in der Hauptstadt Wien wuchs die armenische Gemeinde im Lauf des 19. Jahrhunderts, und die Wiener Armenier gehören ab diesem Jahrhundert mehrheitlich zur armenisch-apostolischen Kirche. Anfangs durchwegs Kaufleute, sind Wiens Armenier heutzutage auch in vielen anderen Berufen tätig: als Fabriksarbeiter, UNO-Angestellte, Ärzte, Ingenieure, Architekten, Künstler...[29]

b) Durch Zuzug von Gastarbeitern entstand nach dem Zweiten Weltkrieg eine syrisch-orthodoxe Gemeinde, die zum syrischen Patriarchat mit Sitz in Damaskus gehört. Sie wuchs binnen weniger Jahre sehr an und gehört augenblicklich zu den volksreichsten unter den östlichen Kirchengemeinden Österreichs. Das Wort „syrisch" im Namen deutet nicht auf den heutigen Staat Syrien hin, der erst im 20. Jahrhundert gebildet wurde, sondern auf die antike Provinz Syrien und auf deren Sprache, das Aramäische, das in der Form, wie es in christlicher Zeit als Schriftsprache verwendet wurde, das Syrische genannt wird.[30] Ein beträchtlicher Teil der Gläubigen dieser Kirche hat die aramäische Muttersprache bis heute bewahrt; diese Christen sprechen somit einen Dialekt der „Muttersprache der Kirche", nämlich jener Sprache, in der einst der Herr in Nazareth mit seiner Mutter sprach und in der er auch predigte.

Die in Österreich, hauptsächlich in Wien und Niederösterreich ansässigen syrischen Christen stammen mehrheitlich aus einem Gebiet, das bei der Aufteilung des osmanischen Reiches der Türkei verblieb, besitzen daher türkische Pässe und erscheinen in der österreichischen Gastarbeiterstatistik als Türken. Aber auch aus arabischen Ländern hat die Gemeinde Zuzug. Für die Gottesdienste in Wien wurde ihr ein katholisches Gotteshaus im 13. Gemeindebezirk zur Verfügung gestellt. Der Seelsorger hat aber auch auswärts Verpflichtungen auf Gottesdienst und sonstige Betreuung.

c) Jünger ist die koptische Gemeinde in Wien, die erst ihren Anfang nahm, als vom koptischen Patriarchat mit Sitz in Kairo in den späten siebziger Jahren ein Priestermönch aus einem ägyptischen Wüstenkloster nach Wien gesandt wurde, der seither für die koptischen Gewerbetreibenden, Studenten, Diplomaten und UNO-Beamten in Wien und in den Hauptstädten anderer österreichischer Bundesländer regelmäßig Gottesdienst feiert. Ein katholisches Gotteshaus in der Nähe der UNO-City steht dieser kleinsten unter den Wiener östlichen Gemeinden zur Verfügung.

4.

Auch die mit dem römischen Stuhl unierten Orientalen haben in Wien weiterhin Heimatrecht.

a) An der St.-Barbara-Kirche im ersten Wiener Gemeindebezirk besteht seit Josef II. eine griechisch-katholische Zentralpfarrei.[31] Sie ist für alle mit Rom unierten Gläubigen des byzantinischen Ritus, gleich welcher nationaler Herkunft, bestimmt. Das Wort „griechisch" im Namen der Pfarrei meint keine Volkszugehörigkeit, sondern das Festhalten an den gottesdienstlichen Formen des byzantinischen Ritus, den man im alten Österreich den „griechischen Ritus" nannte. Heute handelt es sich bei den Gläubigen der Pfarrei fast durchwegs um Ukrainer aus dem ehemals österreichischen Galizien. Aber auch Studenten aus dem Vorderen Orient mit arabischer Muttersprache gehören dazu.

Es ist nicht einfach, die Entwicklung der kirchenrechtlichen Situation dieser Pfarrei zu skizzieren. Josef II. gründete sie in der Diözese Wien, auf dem Gebiet schon vorhandener anderer katholischer Pfarreien, ohne mit dem Wiener Bischof und mit den betroffenen Pfarrern darüber eine Absprache herbeigeführt zu haben, und sie paßte, wiewohl sie eine katholische Pfarrei ist, nicht in den Rahmen des herkömmlichen Wiener katholischen Kirchenlebens. Nach ihr war aber aus einer unbestreitbaren Notwendigkeit heraus verlangt worden, denn von den mit den Katholiken unierten Volksgruppen Ostungarns, der Karpato-Ukraine, Galiziens und Siebenbürgens, von denen oben die Rede war, kamen viele Soldaten und Dienstboten und mit der Zeit auch Angehörige des Mittelstandes nach Wien. Für diese bedurfte es der seelsorgerlichen Betreuung durch Priester ihres Herkommens. Die Macht der Notwendigkeiten zwang, nach einer Lösung zu suchen, die den Zugezogenen gerecht wurde und doch die Einheit der Wiener Ortskirche nicht sprengte. Man fand sie, indem man schließlich beim Ernennen von Seelsorgern für diese Pfarrei ein Zusammenwirken des Wiener Erzbischofs mit dem Erzbischof von Lemberg, dem Oberhaupt der größten Gruppe unierter Katholiken in der Donaumonarchie, vorsah. Als Lemberg 1918 zu Polen kam, war eine Neuordnung nötig. Als die Sowetunion Galizien im Laufe des Zweiten Weltkriegs annektierte und die dortige unierte Kirche zerstörte, war abermals eine Neuordnung erforderlich. Es würde den Rahmen unseres Aufsatzes sprengen, die einzelnen Schritte darzulegen. So sei nur kurzum festgehalten, daß die Zentralpfarre St. Barbara heute innerhalb der katholischen Kirche als ein eigenes Ordinariat besteht, das durch besonderen Auftrag des Hl. Stuhls dem Wiener Erzbischof anvertraut ist.

b) Seit 1810 sind in Wien auch die armenischen Mechitharisten ansässig.[32] Ihr Orden war 1711 von dem Armenier Mechithar von Sebaste in Venedig gegründet worden. 1773 kamen Mechitharistenpatres nach Triest, wo sie von Maria Theresia wohlwollend aufgenommen wurden und die österreichische Staatsbürgerschaft erhielten. Während der Napoleonischen Kriege mußten sie als Österreicher Triest verlassen und nach Wien flüchten. 1810 wurde ihnen in der damaligen Vorstadt St. Ulrich, im heutigen siebenten Gemeindebezirk, ein durch die Klosteraufhebungen unter Josef II. leer gewordenes Kapuzinerkloster übergeben. Ihr Haus wurde zu einem wichtigen religiösen und kulturellen Zentrum des Weltarmeniertums. Durch reichhaltige Sammlungen, durch wissenschaftliche Forschungen und durch Buchdruck in zahlreichen Sprachen wurden die Mechitharisten zudem zu einem wichtigen Faktor im Wiener Geistesleben. Die Mechitharisten Österreichs bilden einen eigenen Zweig ihres Ordens mit einem Generalabt an der Spitze, der in Wien residiert, und haben Niederlassungen in verschiedenen Ländern, in denen Armenier leben. Sie widmen sich der Seelsorge an ihren Landsleuten und unterhalten Schulen für sie. Der Ordensnachwuchs erhält seine Ausbildung in Wien. Österreichs Schulen und Hochschulen wirkten somit indirekt über die Mechitharisten und tun es noch heute auf viele Armenier in aller Welt.

5.

Die Aufzählung der vielen verschiedenen und voneinander abgesonderten Kirchengemeinden für die Stadt Wien stimmt traurig. Denn unser Herr will Einheit. Anderseits gibt es aber diesbezüglich auch recht Hoffnungsvolles zu berichten. Denn in Wien, wo man jahrhundertealte Erfahrung im Zusammenleben mit Orientalen besitzt und wo die Anwesenheit von Gemeinden verschiedener Patriarchate Veranlassung gibt, daß Hierarchen aus vielen Ostkirchen zur Visitation anreisen, gründete Kardinal König 1964 den Stiftungsfonds Pro Oriente. Dieser sollte den Geist der Brüderlichkeit zwischen den Christen östlicher und westlicher Tradition wecken und fördern. Mit Dankbarkeit gegen Gott, von dem alles Gute seinen Ausgang nimmt, darf festgestellt werden, daß es im Rahmen von Veranstaltungen der Stiftung gelang, nicht nur Vertreter der östlichen Kirchengemeinden Österreichs, sondern auch hochgestellte Hierarchen und einflußreiche Theologen ihrer Heimatkirchen untereinander und mit Repräsentanten der westlichen Christenheit brüderlich an einen Tisch zu führen und miteinander nach der Eintracht, die zwischen uns Christen herrschen sollte, suchen zu lassen. Kirchen und Kirchengemeinden, die keine gemeinsamen Organe für ein offizielles Zusammenwirken besitzen, finden sich so auf inoffizieller Ebene zusammen und üben jene Verhaltensweisen ein, die notwendig sind, damit die vielgestaltige Christenheit in Brüderlichkeit, gegenseitiger Rücksichtnahme und gottgewolltem Füreinander zusammenzustehen vermag, ohne dabei die Mannigfaltigkeit im Herkommen und in den Lebensstilen einzubüßen.

Von den einschlägigen Initiativen der Stiftung verdienen zwei besonders hervorgehoben zu werden. 1974, zu einem Zeitpunkt, als die orthodoxen Kirchen die Zeit noch nicht für reif hielten, mit der katholischen Kirche in einen offiziellen theologischen Dialog einzutreten, veranlaßte Pro Oriente in Wien ein ekklesiologisches Kolloquium zwischen Theologen, die in inoffizieller Form, aber mit Einverständnis ihrer Kirchenleitungen zusammentraten.[33] Die positiven Erfahrungen mit dem inoffiziellen Treffen unter der Schirmherrschaft von Pro Oriente auf Wiener Boden, wo alle Teilnehmer auf Grund der vielen Kirchengemeinden irgendwie „zu Hause“ waren, trugen dazu bei, daß bereits im Sommer 1980 auf der Insel Patmos der offizielle, in direktem Auftrag der Kirchenleitungen geführte theologische Dialog zwischen der katholischen und der orthodoxen Kirche eröffnet werden konnte.

Zwischen den altorientalischen Kirchen, die drei ökumenische Konzilien anerkennen, und der römisch-katholischen Kirche konnte Pro Oriente in den Jahren 1971 bis 1978 eine Reihe von vier inoffiziellen Theologenkonferenzen veranstalten,[34] bei denen die Fachleute beider Seiten zu dem Ergebnis fanden, daß die bisher für das Haupthindernis gegen die Einheit betrachteten theologischen Differenzen von einer Art sind, welche der Kircheneinheit nicht im Wege steht. Zwar steht die Eröffnung eines offiziellen theologischen Dialogs zwischen diesen Kirchen und der katholischen Kirche noch aus. Aber bei Besuchen altorientalischer Patriarchen in Rom — bei Besuchen übrigens, die vor einem Menschenalter kaum jemand für möglich gehalten hätte — wurde in den amtlichen Erklärungen, die der Papst gemeinsam mit den altorientalischen Kirchenoberhäuptern unterzeichnete, auf die in Wien erzielten

Ergebnisse zurückgegriffen. So haben auch diese inoffiziellen Wiener Begegnungen eine Fortsetzung auf offizieller Ebene gefunden.

Das Miteinander östlicher und westlicher Christen in Österreich hat also die getrennten Kirchen einander sachlich nähergebracht. Außerdem darf man wohl dankbar sagen, daß die Brüderlichkeit zwischen allen, die selber an den von Pro Oriente veranlaßten Treffen teilnahmen, in so erfreulichem Ausmaß heranwuchs, daß die Stiftung sie einander kaum noch näher wird bringen können.

Aber der Personenkreis, der bisher von Pro Oriente unmittelbar angesprochen wurde, ist noch recht klein. Es ist ein Personenkreis, der aus einflußreichen Vertretern der verschiedenen Kirchen besteht. Diese könnten also sehr wohl viel Gutes erreichen. Es wäre aber an der Zeit, sich dafür einzusetzen, daß in allen Kirchen die Anzahl derer recht bald wächst, die andere christliche Traditionen kennen- und schätzenlernen und sich um Brüderlichkeit bei vollem Respekt vor der Andersartigkeit mühen, damit positive Schritte der Kirchenführer auf die Einheit hin, die man so sehr erhofft, beim Kirchenvolk auf allen Seiten Zustimmung finden. Denn ein breites zustimmendes Echo ist unabdingbar für eine echte Aussöhnung zwischen den Kirchen.

Anmerkungen

[1] Zu den Vorgängen in Polen vgl. J. Pelesz, Geschichte der Union der ruthenischen Kirche mit Rom, Würzburg/Wien 1881; A. M. Ammann, Abriß der ostslawischen Kirchengeschichte, Wien 1950, S. 193-215; O. Halecki, From Florence to Brest, Rom 1958; A. V. Kartašev, Očerki po istorii Russkoj Cerkvi, Paris 1959; die ab 1953 von A. Welyky in den Analecta Ordinis S. Basilii Magni, Rom, in zahlreichen Bänden und mit verschiedener Serienzählung veröffentlichte Sammlung: Documenta Romana historiam Ecclesiae catholicae in terris Ucrainae et Bielarusiae spectantia.

[2] Hierzu und zu anderen das Zustandekommen, die Ausbreitung und die Fortexistenz der die mit Rom unierten östlichen Kirchen belastenden Tatsachen vgl. unseren Beitrag „Warum bilden die mit Rom unierten orientalischen Kirchen ein ökumenisches Problem?", in: Theol.-prakt. Quartalschrift 132 (1984) 195—201.

[3] Vgl. die Beiträge von M. Lacko über die Unionen in Kroatien und Užhorod, in: W. de Vries, Rom und die Patriarchate des Ostens, Freiburg 1963, S. 108—131.

[4] Diese theologiegeschichtliche Wurzel für Spannungen zwischen der orthodoxen und der katholischen Kirche in nachreformatorischer Zeit wäre gründlicher zu erforschen. Als ein Beispiel für entsprechende Auffassungen aus jener Zeit seien die Worte angeführt, die Papst Sixtus V. 1589 an orthodoxe Bischöfe aus dem Fürstentum Moldau richtete, die sich in einer politischen Angelegenheit an ihn gewandt hatten: „... Euch, unsere Brüder, ermahnen und beschwören wir, die heilige Römische, katholische und apostolische Kirche, von der getrennt und im Glauben abweichend niemand gerettet werden kann, anzuerkennen, zu ihr, die aller Kirchen Mutter und Lehrmeisterin ist, nicht nur in irdischen, sondern auch in geistlichen Dingen Zuflucht zu nehmen, den Katholischen Glauben ganz und beständig zu bewahren und durch die Amtsführung Sorge zu tragen, daß er von den Untergebenen, für die von Gott euch die Obsorge übertragen wurde, angenommen und verkündet wird. Wer nämlich den Schafstall durch eine andere Türe als durch jene betreten will, die von Christus dem Petrus und von Petrus den römischen Bischöfen, seinen Nachfolgern, geöffnet wurde, oder wer die Schafe auf eine andere Weide zu führen versucht, als auf jene, die ihm in der Autorität dieses heiligen Apostolischen Stuhls begrenzt wurde, oder wer es in einer anderen Weise tut als in der, die von dieser Römischen Kirche festgelegt ist, der irrt im Glauben und fehlt hinsichtlich der

Institutionen und Sitten, wie allen einleuchtet." (Der Text des päpstlichen Schreibens bei: E. Hurmuzaki, Documente privitoare la istoria Românilor, Bd. III/1, S. 136 f.) Die missionarische Orientierung der bei Orthodoxen tätigen katholischen Ordensleute, die aus solchen Auffassungen erwuchs, wurde verfestigt, als nach der Gründung der „Sacra Congregatio de Propaganda Fide" diese unter anderem auch die volle Aufsicht und Verantwortung über das Wirken katholischer Priester in orthodoxen Gebieten übernahm. Viele für unseren Zusammenhang aufschlußreiche Einzelheiten aus dem Archiv der Propaganda-Kongregation sind zugänglich gemacht durch die Festschrift: J. Metzler (Hg.), Sacrae Congregationis de Propaganda Fide memoria rerum 1622-1972, 3 Bde. in 5 vol., Rom/Freiburg/Wien 1971 ff.

5 Zu dieser Entwicklung und zur gegensätzlichen Beurteilung, die sie erfuhr, vgl. unsere Beiträge: Die Bedeutung der Donaufürstentümer für die Entfaltung der orthodoxen Theologie im 17. Jahrhundert, in: Suttner, Beiträge zur Kirchengeschichte der Rumänen, Wien 1978, S. 240-250; Die rumänische Orthodoxie des 16. und 17. Jahrhunderts in Auseinandersetzung mit der Reformation, in: Kirche im Osten 25 (1982) 64-120; Anfänge einer zum Calvinismus tendierenden Theologie in der Orthodoxie Siebenbürgens in der zweiten Hälfte des 17. Jahrhunderts, in: Jahrbuch der österreichischen Byzantinistik 32, 6 (1982) 153-161; Panteleimon (Paisios) Ligarides und Nicolae Milescu, in: Kirche im Osten 26 (1983) 73-94.

6 Vgl. H. M. Biedermann, Die Confessio des Dositheos von Jerusalem (mit Lit.), in: Würzburger Diözesangeschichtsblätter 35/36 (1974) 403-415 (=Festschrift Th. Freudenberger).

7 Es gab bereits vor 1683 östliche Christen in Österreich. Aber wir befassen uns damit nicht näher, weil das östliche Christentum erst nach dieser Wende in Österreich Bedeutung erlangte.

8 Zur Einwanderung und zur nachfolgenden Geschichte der Serben in Österreich vgl. bes. A. Hudal, Die serbisch-orthodoxe Nationalkirche, Graz 1922, S. 38—54 und 61—82; R. D. Veselinović, Arsenije III Crnojević u istorii i književnosti, Beograd 1949; ders., Istorija srpske pravoslavne crkve sa narodnom istorijom, Beograd 1966, Bd. I, S. 76—83; Bd. II, S. 22—46, 85—95; ders., Pregled istorije Karlovacke mitropolije od 1695 do 1919 godine, in: Srpska Pravoslavna Crkva 1219-1969, Beograd 1969, S. 221-240; B. Slijepćević Istorija srpske pravoslavne crkve, Bd. II, München 1966, S. 20-244, 562-609.

9 Zur Bedrängnis der katholischen Bulgaren in ihrer Heimat ab 1688 und zu ihrer Flucht vgl. I. Dujcev, Il cattolicesimo in Bulgaria nel sec. XVII, Rom 1937; R. Janin, Bulgarie, in: DHEG X, 1188; P. Tocanel, Laboriosa organizzazione delle Missioni in Bulgaria, Moldavia, Vlachia e Transilvania, in: J. Metzler (Hg.), Sacrae Congregationis de Propaganda Fide memoria rerum, Bd. I/2, Rom 1972, S. 246 f.

10 Zu den Rechten, die den Orthodoxen aus den Verträgen erwuchsen, vgl. W. M. Plöchl, Die Wiener orthodoxen Griechen, Wien 1983, S. 21 f.; M. G. Koimzoglu, Geschichte der griechisch-orientalischen Kirchengemeinde „Zum hl. Georg" in Wien, Wien 1912, S. 14 f.

11 Zur Kirchen- und Sozialgeschichte der östlichen Christen Oberungarns und Siebenbürgens vgl. E. Radics, Die orthodox-orientalischen Partikularkirchen in den Ländern der ungarischen Krone, Budapest 1844; N. Nilles, Symbolae ad illustrandam historiam ecclesiae orientalis in terris coronae s. Stephani, Innsbruck 1885; S. Dragomir, Istoria desrobirei religioase a Românilor din Ardeal, Sibiu 1920; Biserica Română Unită. 250 de ani de istorie, Madrid 1952; M. Lacko, Unio Užhorodensis Ruthenorum cum Ecclesia Catholica (OCA 143) Rom 1955; O. Bârlea, Die Union der Rumänen, in: W. de Vries, Rom und die Patriarchate des Ostens, Freiburg 1963, S. 132-180, 394-423; ders., Ostkirchliche Tradition und westlicher Katholizismus, München 1966; M. Bernath, Habsburg und die Anfänge der rumänischen Nationsbildung, Leiden 1972; Z. Păclişeanu, Istoria Bisericii Unite, in mehreren Folgen der Zeitschrift Bună Vestire ab 1975; K. Zach, Orthodoxe Kirche und rumänisches Volksbewußtsein, Wiesbaden 1977; M. Păcurariu, Istoria Bisericii Orthodoxe Române, Bd. II, Bukarest 1981; W. Daugsch, Toleranz im Fürstentum Siebenbürgen. Politische und gesellschaftliche Voraussetzungen der Religionsgesetzgebung im 16. und 17. Jahrhundert, in: Kirche im Osten 26 (1983) 35-72.

[12] Vgl. unseren Beitrag: Die Toleranzgesetzgebung Josephs II. und die Orthodoxie im Habsburgerreich, in: P. Barton (Hg.) Im Zeichen der Toleranz, Wien 1981, S. 93-100.

[13] Vgl. G. Petrowicz, L'unione degli Armeni di Polonia con la Santa Sede (=OCA 135) Roma 1950; ders., La Chiesa Armena in Polonia, Roma 1971.

[14] Vgl. D. Dan, Die orientalischen Armenier in der Bukowina (= Die Völkerschaften der Bukowina, Heft 2), Czernowitz 1890; W. M. Plöchl, Die Anerkennung der armenisch-apostolischen Kirche in Österreich, in: Anzeiger der phil.-hist. Klasse der Österr. Akad. der Wiss. 112 (1975) 27-44.

[15] Vgl. Ch. Lukacsi, Historia Armenorum Transilvaniae, Wien 1859.

[16] Vgl. V. Inglisian, 150 Jahre Mechitharisten in Wien, Wien 1961, S. 3 f.; M. K. Arat, Die Wiener Mechitharisten-Congregation von ihrer Gründung bis zur Gegenwart (1773-1981), Diss. an der Geisteswissenschaftl. Fakultät der Universität Wien, 1983.

[17] Vgl. D. Dan, Die Lippowaner in der Bukowina (= Die Völkerschaften der Bukowina, Heft 1), Czernowitz 1890; Joh. Chrysostomus OSB, Die Lage der Altgläubigen in Rußland vor dem Ersten Weltkrieg, in: Ostk. Stud. 18 (1969) 3-15; ders., Die Bemühungen der russischen Altgläubigen um die Errichtung einer eigenen Hierarchie im 18. Jahrhundert, in: Ostk. Stud. 18 (1969) 97-121; ders., Die Errichtung der Hierarchie der Altgläubigen im Jahr 1846, in: Ostk. Stud. 18 (1969) 281-307; ders., Der Streit um das Rundschreiben vom 24. 2. 1862, in: Ostk. Stud. 19 (1970) 135-166.

[18] Für die beiden nationalen Metropolien in den Ländern der Stefanskrone vgl. die in den Anm. 8 und 11 zitierten Arbeiten. Dort finden sich auch viele Ausführungen über die rumänischen bzw. dalmatinischen Gebiete der Metropolie von Czernowitz. Für letztere siehe auch: N. Milasch, Das Synodalstatut der gr.-orth. Metropolie der Bukowina und Dalmatiens (Text und Erläuterungen), in: Archiv für kath. Kirchenrecht 53 (1885) 251-263.

[19] Vgl. A. Baran, Progetto del Patriarcato Ucraino di Gregorio XVI, in: Analecta Ordinis S. Basilii Magni, ser. II, sect. II, vol. III (1960) 454-475.

[20] Vgl. das Kapitel „Réaction radicale de Rome à propos du hongrois" bei C. Korolevskij, Liturgie en langue vivante, Paris 1955, S. 42-71. Betreffs der Unterstützung der ungarischen Unierten muß allerdings eingeräumt werden, daß sich die betreffenden Behörden wohl hauptsächlich wegen ihres hinlänglich bekannten Magyarisierungswillens in dieser Angelegenheit einsetzten.

[21] Vgl. die einschlägigen Beiträge und Lit.-Verweise in: R. Wagner (Hg.), Alma Mater Francisco-Josephina. Die deutschsprachige Nationalitäten-Universität in Czernowitz, München 1975.

[21a] Vgl. unseren Beitrag „Die Partnerkirchen im offiziellen orthodox-katholischen Dialog", in: Una Sancta 36 (1981) 333-345; 37 (1982) 13-14 zusammen mit W. Aymans, Gliederungs- und Organisationsprinzipien, in: Listl—Müller—Schmitz, Handbuch des katholischen Kirchenrechts, Regensburg 1983, S. 239-247.

[22] Zur Entwicklung der beiden Gemeinden vgl. die in Anm. 10 benannten Arbeiten von Koimzoglu und Plöchl.

[23] Die Entwicklung dieser Gemeinde hat noch keine Darstellung gefunden. Einzelne Daten können entnommen werden aus: S. Cakić, Spomenica o stodeseto-godišnjici života i rada srpske pravoslavne crkvene opštine sv. Save u Beču, Wien 1971.

[24] Vgl. V. Ciobanu, Infiintarea Capelei ortodoxe române din Viena, in: Almanahul Parohiei Ortodoxe Romîne din Viena pe anul 1962, S. 67-73.

[25] Vgl. W. M. Plöchl, Errichtung und Satzungen der bulgarisch-orthodoxen Kirchengemeinde zum hl. Iwan Rilski und der russisch-orthodoxen Kirchengemeinde zum hl. Nikolaus in Wien, in: Österreichisches Archiv für Kirchenrecht 23 (1972) 195-211.

[26] Vgl. W. M. Plöchl, Das neue österr. Orthodoxengesetz, in: Österreichisches Archiv für Kirchenrecht 20 (1969) 108-150.

[27] Vgl. Vortrag des Bundesministeriums für Unterricht und Kunst im Ministerrat, betreffend die Anerkennung der Anhänger der armenisch-apostolischen Kirche als Religions-

gemeinschaft, in: Österreichisches Archiv für Kirchenrecht 24 (1973) 50-62, und die in Anm. 14 zitierte Arbeit von Plöchl.

[28] Eine Dokumentation über die letzten beiden Begegnungen des Katholikos mit der Kirche von Wien (über den Besuch von Kard. König an seinem Amtssitz im September 1980 und über den Aufenthalt des Katholikos in Wien vom April 1981), in: Pro Oriente, Veritati in caritate (Festschrift Kard. König), Wien 1981, S. 185-210.

[29] Vgl. M. K. Krikorian, Die Armenier in Österreich, in: Pro Oriente, Veritati in caritate S. 188-197.

[30] Über diese Namensfrage, die jüngst von einer politischen Gruppierung, welche sich „assyrische Bewegung" nennt, sehr herausgekehrt wurde, vgl. unseren Beitrag: „Die syrischen Kirchen des Vorderen Orients", in: Der Christliche Osten 32 (1977) 93-98. Eine klare Scheidelinie zu dieser Bewegung wurde von der Synode des syrischen Patriarchats gezogen in ihrer wichtigen Sitzung im Jahre 1978; vgl. die Synodalbeschlüsse: Nouveaux canons approuvés par le synode des évêques assyriens, in: Proche-Orient Chretien XXVIII (1978) 149-154.

[31] Vgl. W. M. Plöchl, St. Barbara zu Wien, 2 Bde., Wien 1975; M. St. Marusyn, Die Pfarrei der heiligen Barbara in Wien in ihrem 200jährigen Bestehen, in: Ostkirchliche Studien 33 (1984).

[32] Vgl. die in Anm. 16 zitierten Arbeiten von Inglisian und Arat.

[33] Die Arbeiten sind veröffentlicht in: Pro Oriente, Auf dem Weg zur Einheit des Glaubens, Wien 1976.

[34] Veröffentlicht in vier Sonderheften der Zeitschrift „Wort und Wahrheit".

Jacob Allerhand

Tausend Jahre christlich-jüdisches Mit-, Neben- und Gegeneinander

1. Das mißglückte Miteinander

Unweit der weststeirischen Bezirksstadt Voitsberg befindet sich eine Burgruine, von der man annimmt, daß sie das Relikt eines Schlosses der häßlichen Herzogin Margarete Maultasch sei. Margarete regierte aber als Tochter Heinrichs von Kärnten, nach dem 1335 erfolgten Tode ihres Vaters, als dessen Erbin nur mehr in dem von inneren und äußeren Ereignissen recht bewegten Tirol.[1] Vor dieser — wie der Name bereits sagt — mit weiblichem Charme wenig bedachten Herrscherin, stand eines Tages, ohne daß sie auf diesen Besuch vorbereitet worden wäre, ein kleiner aufgeregter Mann. Er war sehr unterwürfig, nannte sich Mendel Hirsch und erwies sich als Jude. Obwohl die Herzogin noch nie einen Juden zu Gesicht bekommen hatte, war sie, die im Geiste eines „nulla salus extra ecclesia" erzogen worden war, eingehend über Juden informiert.[2] Es sollten diejenigen sein, die sich der Botschaft Christi entzogen und daher den Zorn Gottes auf sich geladen hatten, und deshalb zu ewiger Wanderschaft verurteilt worden waren.

Die wirtschaftliche und soziale Situation der Juden in den österreichischen Ländern war während des 13. und zu Beginn des 14. Jahrhunderts noch als durchaus günstig anzusehen.[3] Doch war das Ansehen ihrer Synagoge als religiöse Institution seit längerem lädiert. So trägt sie nun eine Augenbinde, denn seit der zweiten Hälfte des 12. Jahrhunderts wird sie immer öfter mit einem Augenschleier in der christlichen Kunst dargestellt. Die Tendenz des religiösen Antagonismus in der Kunst wird immer problematischer: Die Lanze der Synagoge bricht, die Gesetzestafeln entgleiten ihrer Linken. Die Ecclesia erscheint mit der Würde und der Feierlichkeit einer thronenden Göttin.[4] Dennoch waren die jüdischen Rechtsverhältnisse durch das Privilegium Kaiser Friedrichs II. (1237) und dasjenige Přemysl Ottokars (1254), die zu den humansten Judengesetzen des Mittelalters zählten,[5] maßgeblich für die Regelung der Lage der Juden in Mitteleuropa und Polen; dies in einer Zeit, als eine antijüdische Stimmung aus Spanien die Geisteshaltung des Klerus korrumpierte.[6] In der darauffolgenden Zeit erreichte das Wiener Ghetto den Höhepunkt seiner Blüte und man zählte 70 Häuser in ihm.[7] Ob Margarete von diesen Details bezüglich der Juden unterrichtet war oder nicht, ist irrelevant, in ihrer Denkart und Handlungsweise stand sie jedenfalls anderen Herrscherinnen der damaligen ebenso wie der nachfolgenden Zeit keinesfalls nach.[8]

Aufmerksam, leicht angewidert, beschaute sie den dicken Mann, der in braunem Rock und spitzem Hut vor ihr herumhantierte, rasch sprudelnd, gurgelnd, possierlich zappelnd. So also schauen die aus — dachte die Herzogin —, welche Hostien schändeten, unschuldige Kinder gräßlich marterten, das von Gott verfluchte Geschlecht, das den Gottessohn ermordet hat. Kurz vor dem Erscheinen des Juden im Schloß führte sie ein längeres Gespräch mit dem Abt Johannes von

Viktring über die Judenverfolgungen und -vertreibungen. Er, über die Entscheidung der Konzile und die Haltung des Klerus informiert, hat die Verfolgungen weder gutgeheißen[9] noch mißbilligt. Gegen den Geist der Zeit, der sich in der Kunst manifestierte, konnte und wollte kaum jemand einschreiten. Und die Rechtsverhältnisse, die im allgemeinen eine günstige Grundlage für die jüdische Existenz verbürgten,[10] schienen bald durch die Zeitströmung gefährdet zu sein.

Die Herzogin schaute auf den kleinen Mann, der sich vor ihr abmühte. Er erzählte von den Jämmerlichkeiten, die er durchmachen mußte. Wie man seine Leute in ihre Bethäuser zusammengetrieben und verbrannt habe, andere in Säcke gesteckt, mit Steinen darin, und sie elendiglich im Rhein ersaufen ließ. Mendel Hirsch bat darum, sich in Bozen niederlassen zu dürfen. Er war auf dem Weg nach Livorno zu Glaubensgenossen. Aber jetzt, beim Anblick der aufblühenden Städte und Märkte Tirols, war ihm eingefallen, hier sei besserer und neuerer Boden. Transithandel, gnädige Frau Herzogin, sagte er, Transithandel, Messen, Märkte. Hier führen die großen Straßen von der Lombardei nach Deutschland, von den slavischen Ländern in die romanischen. Warum sollten Trient, Bozen, Innsbruck, Meran schlechter sein als Augsburg und Straßburg.

Margarete, deren Herzogtum im Rahmen der Ausdehnung[11] und Festigung der habsburgischen Herrschaft in den Ostalpenländern agierte, sagte, daß sie seine Bitte in Erwägung ziehen werde. Ihrem Berater gefielen die Projekte des Juden sehr. Beim Turnier werde freilich Herr Mendel keine gute Figur machen, die Barone, wohl auch die Bürger, würden die Stirn runzeln. Aber gerade wegen der faulen Überheblichkeit und Arroganz solle man dem trägen Volk und dem saturierten Adel diesen raschen, beweglichen Mann in den Pelz setzen.

So kam also der Jude Mendel Hirsch nach Bozen. Er kam mit einem Gewimmel von Söhnen, Töchtern, Schwiegersöhnen, Schwiegertöchtern und Enkeln. Die Erwachsenen mitsamt der mandeläugigen und flinkfüßigen Kinderschar bewunderten die Häuser und Tore, Plätze und Menschen, schätzten ab, urteilten mit raschen, lauten Worten und Gesten.[12] Diese Szene reflektiert die jüdische Tragik des Mittelalters. Sie könnte sich überall im deutschsprachigen Raum, aber auch in Polen oder mit wohl weniger Erfolg in Rußland abgespielt haben. Sie ist typisch für das zum Klischee erstarrte Bild des im besten Fall nur geduldeten Fremdlings, der, mit dem Stigma des ewigen Ahasver behaftet, überall heimatlos war.[13]

Diese dem Juden zugedachte gesellschaftliche Rolle war dem mittelalterlichen christlichen, religiösen Denken inhärent. Vom christlichen Aspekt her gesehen und metaphysisch formuliert, war die kümmerliche Existenz der Juden analog zum Leidensweg Jesu Christi. Diese Tatsache darf darüber nicht hinwegtäuschen, daß hier gleichzeitig ein Phänomen von ungeheurer historischer Relevanz entstand: nämlich die Konfrontation von Christen und Juden auf dem Terrain der heutigen Republik. Obwohl die Einwanderung der Juden urkundlich seit 1195 belegt ist,[14] also zu diesem Zeitpunkt schon ungefähr 150 Jahre lang vor sich ging, war die Konfrontation eine zweier durchaus unkongenialer Partner. Hatte der Wiener oder Tiroler Bürger die Alternative, die durch ihre religiöse Eigenständigkeit introvertierten Juden zu akzeptieren oder auch nicht, so blieb dem Juden nichts anderes übrig, als den Weg des „Sich-Anpassens" zu gehen. Das Problem des jeweiligen „Sich-Anpassens" war keineswegs ein gesellschaftliches, denn von einem gesellschaftlichen Miteinander konnte noch lange keine Rede sein. Solches wurde weder von der einen Seite intendiert, noch von der anderen postuliert. Eine Anwesenheit von Juden wurde im Mittelalter bzw. am Ausgang desselben vom Landesherrn,[15] so wie überall in Europa, einzig und allein vom utilitaristischen Aspekt her gesehen.[16] Hier war noch eine Chance, die durch religiöse Intransigenz errichtete Barriere zu überwinden. Weshalb auch unser Thema „Tausend Jahre christlich-jüdisches Mit-, Neben- und Gegeneinander“ zwar auf einem historischen Szenarium abrollt, sein dominierender Faktor aber die Geistesgeschichte und deren religiöse Ausformung bleibt.

Humanität und Utilitarismus, von manchen Herrschern postuliert, sind den Emotionen des Klerus und der Hysterie der Massen nicht gewachsen. Jüdische Konvertiten hetzen im 13. Jahrhundert in Frankreich (im 16. Jahrhundert in Deutschland) zur Verbrennung des Talmuds auf. Diese Bücherverbrennungsbewegung, die Heinrich Heine zufolge fatale Konsequenzen in sich trägt — wo man Bücher verbrennt, verbrennt man bald auch Menschen —, wird durch den Dominikaner Nikolaus Donin[17] 1239 heraufbeschworen, da er den Talmud als ein für die Christen besonders gefährliches Werk bei Papst Gregor IX. denunzierte. Die Rollen, welche der französische Klerus zur Zeit der Kreuzzüge und der deutsche Klerus in Pestzeiten gespielt haben, sind bekannt. Gelang es noch Albrecht II., die unheilvollen Folgen von 1348 bis 1350, unter denen die Juden Mittel- und Westeuropas leiden mußten, von seinen Juden in Wien fernzuhalten, so änderte sich diese Lage 1371 radikal. Die in den österreichischen Ländern regierenden habsburgischen Brüder Albrecht III. und Leopold III. entschlossen sich in einer besonders geldarmen Lage zu einem Schritt, für den es in England, Frankreich und im Reich bereits zahlreiche Präzedenzfälle gab: Sie ließen die Juden in den landesfürstlichen Städten gefangennehmen und zogen ihr gesamtes Vermögen ein.[18]

Danach war den Juden Nieder- und Oberösterreichs eine Friedenszeit von mehreren Jahren gegönnt. Dagegen suchten 1397 ihre Glaubensgenossen aus Steiermark und Kärnten, als dort die „Judenhauer“ von Ort zu Ort zogen, sogar Zuflucht in Wien; 1420/21 kam es jedoch auch hier zur Katastrophe. Eine zeitgenössische jüdische Quellenschrift, die „Wiener Geserah“, unterrichtet uns eingehend über die damaligen Ereignisse. Bevor die Juden vor den Toren der Stadt auf der Erdberger Lände den Flammen übereignet wurden, verlas man eine Proklamation, die verkündete, daß mit dieser Hinrichtung ein Fall von Hostienschändung gerächt werden sollte, der sich angeblich bereits vor einigen Jahren in Linz ereignet hatte.[19] Ein spätgotischer Gedenkstein mit der Taufe Christi am Haus „zum großen Jordan“ auf dem Judenplatz erinnerte noch lange an das Drama, das sich 1421 abspielte.[20]

2. *Das christlich-jüdische Nebeneinander*

Die Vertreibung der Juden aus Wien im Jahre 1421 als Abschluß der ersten Periode der Geschichte der Juden in Österreich implizierte bereits, von der historischen Struktur her gesehen, die zweite Vertreibung und die Liquidierung des Ghettos (1625 bis 1670) in der Leopoldstadt als das Ende der zweiten Periode. Zu einem Miteinander von Christen und Juden wurde diese kurze Epoche bestimmt nicht; zu einem „normalisierten“ Nebeneinander vielleicht, und das nur vorübergehend. Dem Kreis der hofbefreiten Juden, der seit dem geldbedürftigen Kaiser Rudolf II. (1576 bis 1612) Ansätze zu einer Gemeindebildung unter Wahrung der religiösen Autonomie zeigte, sollte zur Regierungszeit Ferdinands II. (1595 bis 1637) ein geschlossener Wohnort angewiesen werden. Im Jahre 1624 beauftragte Ferdinand den Kriegsrat zwecks Separierung der Juden von den Christen und zu deren Schutz vor Ausschreitungen, ihnen eine besondere Wohnstätte in einer Wiener Vorstadt zuzuweisen. In einem menschenarmen, jenseits der Donau, in der Gegend des Unteren Werds gelegenen und aus 14 Häusern bestehenden Vorort (jetzt ein Teil der Leopoldstadt im Stadtinneren), der mit Wien nur durch eine Zugbrücke verbunden war, fand sich ein geeigneter Platz für das Ghetto.[21]

Mit dem umfangreichen Freiheitsbrief, der die Anlage unter den direkten Schutz des Kaisers stellte, wuchs das Wohnviertel bis 1627 von 14 auf 31, bis 1652 auf 96, bis 1660 auf 111 und bis 1669 auf 132 Häuser an, wobei an die Grundherrschaft jährlich 400 und an das Stadtsteueramt 600 Gulden entrichtet werden mußten. Mit der abweichenden Form vom mittelalterlichen Ghetto wurde ein Nebeneinander geradezu präjudiziert. Woher auch immer die unmittelbare Anregung stammte, die Idee des peripheren Ghettos zum Unterschied vom zentral gelegenen der mittelalterlichen Altstädte, lag zu Anfang des 17. Jahrhunderts, als wirtschaftliche Bedeutung der Juden und soziale Abneigung gegen sie wieder einmal Hand in Hand zunahmen, in der Luft.[22]

In der jüdischen Geschichtsschreibung, in der das Martyrium eine dominante Rolle spielt, wird den Ereignissen von Begründung und Liquidierung des Ghettos 1670/71 die gleiche Aufmerksamkeit beigemessen wie dem Frankfurter Ghetto oder der Giudecca in Venedig.[23] Simon Dubnow verweist allerdings auf die Verhältnisse im Wiener Ghetto, die er „ideal" zu denen in Frankfurt empfindet.[24] Und dennoch ist Ghetto nur eine bestimmte Form von Freiheit in der Knechtschaft, wobei Freiheit die beschränkte Autonomie der Juden in der christlichen Welt bedeutet und Knechtschaft mit Restriktionen zu umschreiben ist. Wenn die zweite Vertreibung der Juden aus Wien keine jüdisch-kosmische Bedeutung gewinnt, so liegt dies daran, daß sie ein der Geschichte inhärenter Bestandteil blieb, ohne geistesgeschichtliche Bedeutung erlangt zu haben.

Der Übergang von Mittelalter zu Neuzeit wird für Westeuropa mit der Vertreibung der Juden aus Spanien und Portugal markiert, sowie dem Chmelnicki- und den nachfolgenden Pogromen für Osteuropa. Mit diesen Ereignissen wurde die Geschichte spiritualisiert, bzw. sie transzendierte in die Geistesgeschichte. Die erste Katastrophe ist eng mit der Kabbala verquickt, die andere mit dem sabbatianischen Messianismus und dem Chassidismus.[25]

Sind die Tragödie der Sephardim von 1492 und die der Aschkenasim von 1648 Phänomene von kongenialer Größe, die in ihrer geschichtlichen Entwicklung jedoch ohne jeglichen kausalen Zusammenhang zueinander stehen, so fand die Umwertung der Katastrophen in der Geistesgeschichte von Kabbala, Sabbatianismus bis zum Chassidismus je nach Gegend und Lebensform einmal rudimentär und einmal in religiöser Verklärung gemeinsamen Ausdruck.

Mit den beiden Katastrophen, einer Vertreibung und einem Pogrom, ging aber das von mittelalterlichem Zwielicht getrübte christlich-jüdische Verhältnis noch nicht zu Ende: Denn in der Markgrafschaft Brandenburg stirbt ein Kurfürst und in Österreich ist eine Kaiserin unfruchtbar. Mit dem Ausgang des 15. Jahrhunderts glaubt man, die Tore der mittelalterlichen religiösen Intransigenz hinter sich geschlossen zu haben. Ereignisse des Mittelalters wirken aber im 16. Jahrhundert als Reminiszenzen des religiösen Obskurantismus nach, und in der zweiten Hälfte des 17. Jahrhunderts, in der sich bereits das Erwachen der Philosophie ankündet, werden sie zwar als anachronistisch empfunden, dennoch geschahen die Greuel aus den gleichen altbekannten Gründen. Als Kurfürst Joachim II. an einem Schlaganfall starb, wurde der angesehene Hofjude Lippold beschuldigt, den Herrscher vergiftet zu haben.[26] Man fand bei ihm Folianten, die man für Zauberbücher hielt. Er wurde zur Vierteilung verurteilt und die übrigen Juden aus Brandenburg und Berlin verbannt.[27]

Es bedurfte eines neuen, ebenso mittelalterlichem und ebenso unlogischem Denken entstammenden Schuldspruchs gegen die Juden, der sie des Zaubers mächtig zieh, die Kaiserin um das Glück der Mutterschaft zu betrügen, daß sich den Juden etwa 100 Jahre danach die Tore der Stadt Berlin nach ihrer aus Wien erfolgten Vertreibung wieder öffneten. Die Gemahlin Kaiser Leopolds I., die Infantin Margaretha Theresia, hatte noch immer keinem Kind das Leben geschenkt. Da bedienten sich die jesuitischen Einflüsterer des immer noch nicht verstummten Aberglaubens und „bewiesen“, daß die Unfruchtbarkeit so lange währen würde, als die Juden in Wien geduldet würden. Führt man noch aus geschichtlicher Fairneß als weiteren Grund für die Ausweisung der Juden die Hysterie vor der Türkengefahr an,[28] so kommt man zu einer ost-westlichen Verschwörung gegen die Juden. Die angeblich türkisch-jüdische Liaison ist ein aus dem Osten importiertes Märchen, und die antijüdische Intrige Margaretha Theresias sollte von jener Unzufriedenheit ablenken, die ihre Vermählung mit Leopold I. am Wiener Hof auslöste.[29]

Darüber hinaus wirkten eine ganze Reihe von Gründen zusammen, um beim Kaiser jene Gemütsstimmung zu erzeugen, die zu einer gewaltsamen Lösung von den von der Bürgerschaft angefeindeten Juden drängte. Und wie so häufig bei unentschlossenen Charakteren, wurde die 45jährige jüdische Gemeindeexistenz in einer bis dahin nie gekannten Eile hinweggefegt. So mußte auf Geheiß des Kaisers die dreitausend Seelen zählende Gemeinde, diesmal allerdings mit Pässen versehen, Wien verlassen. An Stelle ihrer Synagoge wurde der Schutzpatronin der Kaiserin eine Kirche gewidmet. Eine größere Gruppe der aus Wien vertriebenen Juden ließ sich in der Mark Brandenburg nieder, und aus den frustrierten Wienern entwickelten sich die Pioniere der jüdischen Gemeinde zu Berlin.[30]

3. Von der gesellschaftlichen Toleranz bis zum Gegeneinander

a) Das Toleranzpatent Josefs II.

Es gibt kein Maß, mit dem man Elend messen kann, dennoch darf mit Fug und Recht gesagt werden, daß die Vertreibung der Juden aus Wien ein Akt „sui generis“ war, den die Verantwortlichen für den Staatshaushalt bald bereuten. Auch die haßerfüllten Predigten des einflußreichen Abraham a Sancta Clara konnten nicht verhindern, daß schon bald nach 1670 die wirtschaftliche Stellung einer kleinen Zahl von Hofjuden manifest wurde. Diese gewährleistete wiederum den Zuzug anderer, in ihrem Dienst stehender Juden. Samuel Oppenheimer (1630 bis 1703) und Samson

Wertheimer (1658 bis 1724) konnten nicht mehr in den mittelalterlichen klischeehaften Rahmen eines Mendel Hirsch gepreßt werden. Wenn dieser auch seinerzeit große Pläne hatte, so hatte der Merkantilismus des 17. und beginnenden 18. Jahrhunderts doch einen ganz anderen Stellenwert. Mit ihm wuchs auch das Ansehen ihrer Träger. Ist der tüchtige Samuel Oppenheimer „eine Stütze der Herrschaft", so besitzt der Kaufmann und Hoflieferant Wertheimer Rabbiner- und Gelehrtentitel.[31] Als Apologet ist sein Einfluß so groß, daß er die Konfiskation von Eisenmengers „Entdecktem Judentum"[32] erzwingen kann.

Der Antisemitismus gebärdete sich in Österreich niemals so militant wie im übrigen Ost- und Westeuropa, blieb aber zu allen Zeiten latent. Man schätzte die Tüchtigkeit und Gelehrsamkeit der Hoflieferanten; ihre Anzahl konnte jedoch leicht unter Kontrolle gehalten werden. Diese Monopolstellung gewisser Juden mißfiel der tonangebenden Gesellschaft, und der religiöse Antisemitismus bekam so wie überall ein zusätzliches Kolorit. Dramatisch wurde die Judenfrage erst nach den drei Teilungen Polens als Fragenkomplex hochgespielt.[33] Durch die Intransigenz Maria Theresias und den Liberalismus Josefs wurde die Judenproblematik nicht zuletzt auch durch die Toleranzpolitik politisiert.[34] Welch interessantes Geschichtsphänomen: Katholische Christen und orthodoxe Juden wußten mit der Aufklärung gleicherweise nichts anzufangen. Auch hier ist die Motivation divergierend und sind die Positionen ungleich: Wollten die ersteren nichts verschenken, so wollten die letzteren nichts empfangen.

Dieses Gesellschaftsspiel wurde durch das Eingreifen der Politik verschärft und bekam neue Dimensionen. Mit den Teilprivilegien, die Josef II. den Juden gewährte, brach, trotz aller Kritik und der zum Teil berechtigten Ängste, eine neue Ära für die Juden der Monarchie an.[35] Ohne Aufklärungsphilosophen und ohne christliche Befürworter im Sinne der „Bürgerlichen Verbesserung der Juden" kam die Privilegierung unerwartet. Anders als in Preußen nötigte sie dem religiös vielschichtigen Judentum keinen derart hohen Blutzoll ab.

Zeichen des Gegeneinander wurden erst dann manifest, als man glaubte, durch Aufklärung und Emanzipation sowie durch den Eintritt der Juden in die Welt der säkularisierten Bildung das Miteinander forcieren zu müssen. Den Weg eines Joseph von Sonnenfels, der sich ebenso wie sein Vater taufen ließ, während die unversöhnte Mutter Jüdin blieb, gingen nur wenige. Trotz seiner Bildung, seinem Interesse für alles Edle und Schöne sowie seiner humanen Gesinnung, verdeckt seine verbindlich lächelnde Rokokomaske nur unvollkommen das leidvolle ahasverische Antlitz, das damit eine Haltung vorwegnahm, die erst in der Folgezeit voll ausreifen sollte.[36] Erst eine Generation später hat das Toleranzpatent Josefs II. den Juden der Monarchie die Enttäuschung erspart, die den Juden Deutschlands, vor allem denjenigen der Hansestädte, am Wiener Kongreß nicht erspart blieb, da die Erfüllung von Hoffnungen vorweggenommen wurde.[37]

Mit dem Namen Dr. Adolf Fischhofs und dem 13. März 1848 wird die Möglichkeit eines christlich-jüdischen Miteinanders noch einmal aufgeworfen. Subjektiv steht und fällt das Urteil über den jüdischen Anteil am 13. März mit der grundsätzlichen Stellungnahme zur Revolution. Wer sie verwirft, wird die Rolle der Juden als anmaßend und schädlich brandmarken. Wer sie, wie es zwei volle Generationen getan haben, als unvermeidliche Geburtswehen einer neuen Zeit ansieht und preist, wird im Mitwirken der Juden den Ausdruck ihres Wunsches erkennen, in dieser entscheidenden Stunde beim Volk zu sein und sich durch diese Mitwirkung vielleicht auch die lang ersehnte völlige Gleichstellung zu erringen.[38] Gleichzeitig gab es aber auch dem Antisemitismus neuen Antrieb und hat ihn à la longue erneut mobilisiert. In der Politik, als Diener des Vaterlandes, wollte man die Juden schon gar nicht. Und im letzten Viertel des Jahrhunderts entstand eine gesellschaftlich feindselige Konstellation, verbunden mit einem lawinenartig anschwellenden, virulenten Antisemitismus. 1885 hatte der erste antisemitische Kandidat in Mariahilf 41 Stimmen bekommen. Zehn Jahre später standen im Gemeinderat 74 Liberalen schon 64 Antisemiten gegenüber, und am Ende des gleichen Jahres 1895 zogen 91 Antisemiten gegen 46 Liberale ins Wiener Rathaus ein.[39]

b) Karl Lueger und die Juden

Brachte die eine Seite einen A. Rohling, einen Georg Schönerer und einen Karl Lueger[40] hervor, so stellte dem die andere Seite eine bunte Palette von Männern entgegen, die von A. Fischhof bis Th. Herzl reichte. Auf jeden dieser Männer einzugehen, sei er Jude oder Christ, würde den Rahmen dieser Studie sprengen. Ein konstitutives Element ihrer raison d'être, der Antisemitismus, der sie alle, wenn auch auf verschiedene Weise, betraf, da er von den einen postuliert und von den anderen nolens volens geduldet wurde, kann und darf nicht außer acht gelassen werden. Denn dieses Phänomen trat mit seiner ganzen Vehemenz und mit seiner politischen und ökonomischen Artikulation gerade dann auf, als die Juden mehr als je zuvor für ein Miteinander reif waren, doch nur um dieses zu vereiteln und zu einem Nebeneinander umzufunktionieren. Eine Auswahl von Quellen in bezug auf Herkunft und Tendenz dieser Zeit befragt, ergibt folgendes Bild: Karl Lueger (1844 bis 1910) verstand es, nicht ohne demagogische Rhetorik, vor allem das Kleinbürgertum und den gewerblichen Mittelstand Wiens für sich zu gewinnen. In seiner Agitation spielte der konfessionell-ökonomisch gefärbte Antisemitismus eine recht erhebliche Rolle.[41] Als seine Bewegung schließlich den Wiener Gemeinderat eroberte und er nach zweimaliger verweigerter Sanktionierung durch Kaiser Franz Josef, der antisemitische Tendenzen verabscheute, zum Bürgermeister ernannt wurde, blieb seine Stadtverwaltung tadellos gerecht und vorbildlich demokratisch. Die Juden, die diesem Triumph der antisemitischen Partei mit banger Skepsis zuschauten, konnten in den von ihnen ererbten, erarbeiteten und ihrer gesellschaftlichen Stellung zukommenden Positionen ungestört weiterleben.[42] Denn nicht zu Unrecht hielten Lueger seine Freunde vor, die Juden persönlich nicht zu hassen. Und in der Tat frequentierte er nach wie vor die Zirkel der Bourgeoisie und Aristokratie, wo er gelegentlich den ihm bekannten und einflußreichen Juden begegnete. Er soll auch des öfteren die Juden vor der Arroganz antisemitischer Politiker in Schutz genommen haben[43] und in einem Interview den Juden das Wohlwollen seiner Partei versprochen haben.[44] Allerdings hinderte ihn das nicht vor politischen Attacken gegen die österreichischen Juden. Der Grund für diese Haltung lag zum Teil an der Scheu des Mittelstandes und seiner Vertreter vor dem akademischen Prätentionalismus, da die Zahl der erfolgreichen Juden in den akademischen Berufen stetig zunahm und der Geist des ästhetischen Säkularismus immer stärker dominant wurde, so daß sich Lueger in seinem kulturellen Traditionalismus eingeengt sah. War in diesem Anti-Intellektualismus der heimliche Wunsch enthalten, dieser Elite anzugehören, so war er gleichzeitig mit Neid gepaart, da er ihr ja fernestand. Aus dieser ambivalenten Haltung Luegers und seiner christlich-sozialen Freunde entstand die Zielscheibe seines politischen Antagonismus.[45]

Will man aber Luegers politische Aktivität auf die österreichischen Juden allein relativiert und vom zeitlichen und räumlichen Aspekt her sehen, in dem er agierte, so muß er mit einem anderen Zeitgenossen, nämlich G. Schönerer, verglichen werden. Schönerer (1842 bis 1921) organisierte in dem für die Juden Osteuropas verhängnisvollen Jahr 1882 die radikalen Deutsch-Nationalen und führte sie zu einer extrem antisemitischen Politik.[46] Lueger war aber sowohl weniger entfremdet als auch traditionell gebundener als der enttäuschte Bürger Ritter von Rosenau. Selbst in seinem Antisemitismus fehlte ihm die Erbitterung, Überzeugungskraft und Konsequenz Schönerers. Während Schönerer den übernationalen Charakter der jüdischen Gemeinschaft ausnützte, um jedes vereinigende Prinzip des gesellschaftlichen und politischen Lebens Österreichs anzugreifen, relativierte Lueger den Antisemitismus zum Angriffswerkzeug auf den Liberalismus und den Kapitalismus. Sein berühmter Satz, „Wer Jude ist, bestimme ich“, erlaubte ihm, das explosive und umstürzlerische Potential der Antisemiten im Interesse der Monarchie, der katholischen Kirche und selbst des Kapitalismus, den er zu bekämpfen behauptete, abzumildern. Wer Koalitionen bildet, kann nicht strikt nach Prinzipien handeln. Lueger duldete deshalb den übelsten Antisemitismus bei seinem Gefolge, hat ihn aber selbst, da er eher Taktiker und Konstrukteur als Ideologe war, mehr benützt als sich zu eigen gemacht.[47]

Der politische Antisemitismus war für den Wiener Juden eine inkommensurable Größe, an die man sich nur schwer herantasten konnte, da man mit den Politikern nur selten eine gemeinsame Sprache fand. Sobald diese aber religiöses Kolorit annahm und den engen Rahmen der politischen Parteien der Metropole sprengte, mobilisierte sie auch innerhalb der Judenschaft neue unverbrauchte Kräfte, die mit zelotischem Eifer für die Ehre des genuinen Judentums eintraten. Das angefeindete Judentum hatte seit der Einweihung des Stadttempels und seit der Legalisierung der Kultusgemeinde Rabbinerpersönlichkeiten, die sie einigten und ihr Halt gaben. Diese Männer waren theologisch ebenso wie säkularistisch geschult, den Anforderungen der Zeit durchaus gewachsen und immer zu einem Dialog mit den Christen bereit.[48]

Als Professor August Rohling aus Prag die polemische Schmähschrift „Der Talmudjude“ publizierte, erhoben die Wiener Rabbiner Güdemann und Jellinek scharfen Protest gegen das Buch. Rohling bezeichnete aber die Erklärung der Rabbiner als „arge Schelmerei“, wodurch er die im eigenen Lager keineswegs als scheue Herren bekannten Rabbiner zum Schweigen brachte. Es bedurfte eines frischen, von schlagfertigem Witz und von ungebrochenem Selbstvertrauen beseelten Mannes aus dem Osten und keines mit Titel und Tempelwürden sich schmückenden Mannes aus dem sogenannten Westen, um den Kampf gegen Rohling aufzunehmen. Dr. Josef Bloch, der in der neu gegründeten Gemeinde Floridsdorf als Rabbiner tätig war, nahm den Kampf gegen Rohling mit einer am 22. Dezember 1882 in der „Wiener Allgemeinen Zeitung“ erschienenen und überaus scharfen Polemik auf. Bloch gelang es nicht nur, Rohling die fundamentalsten Unkenntnisse nachzuweisen, sondern auch der bewußten Heranziehung gefälschter Schriftquellen zu überführen. Diese Polemik hatte noch ein trauriges Nachspiel, in dessen Folge

Rohling vom Lehramt entfernt wurde und gänzlich von der Bildfläche verschwand.[49]

c) Arthur Schnitzler

Die Literatur von Christen und Juden in einer gemeinsamen Muttersprache sollte das geeignete Podium darstellen, um Differenzen zu beseitigen. Und in der Tat gab es einen Literatenkreis, der sich inoffiziell „Jung Wien“[50] nannte und der sich um Hermann Bahr gruppierte. Zu diesem gehörten Felix Salten und Karl Kraus ebenso wie R. Beer-Hofmann und A. Schnitzler. Die Lage der Juden, vor allem die der bürgerlichen Kreise mit all ihren Problemen, die das Verhältnis zur christlichen Umwelt einschloß, schildert A. Schnitzler in seinem Roman „Der Weg ins Freie“.[51] Der Literatenkreis förderte jedoch keineswegs die Entspannung zwischen Christen und Juden, er war vielmehr für einen kleinen Intellektuellenkreis der Versuch einer wienerischen Lösung ihres Heimatproblems. Viele der Juden konnten nicht überhören, daß die Assimilation, die deutschnationale ebenso wie die sozialistische Lösung nicht vollzogen wurden und daß der Traum vom Miteinander ausgeträumt war. Der Antagonismus war durch den Sieg der Antisemiten entspannt worden, da diese ihre Gegner nicht nur überrannten, sondern auch ihren Geist in die Reihen der benachbarten Parteien verpflanzten. Ihr antisemitisches Element kam in einer doppelten Dimension zutage: Einerseits war es stark genug, Juden als Gruppen und Individuen Schaden zuzufügen, anderseits büßte es aber endlich seine Virulenz ein. Trotz bemerkenswerter Anläufe in kommunalsozialistischer und kulturpolitischer Ausrichtung wurde die wirtschaftliche und soziale Stellung der Juden nicht erheblich erschüttert. Politisch hat freilich die Entthronung des Liberalismus, der sowohl wirtschaftlich als auch weltanschaulich ihr gegebener Platz gewesen war, die Juden weitestgehend desorientiert. Nur ein Teil von ihnen hat auf die nationale und religiöse Anfeindung mit nationalem und religiösem Zusammenschluß reagiert.[52]

Diese Stimmung schildert nun Schnitzler, indem er den wohlhabenden Ehrenberg zum Protagonisten dieser jüdischen Denkweise macht, dessen Haus Salon und Treffpunkt für k. u. k. Offiziere, Adelige und jüdische Intellektuelle ist:

> „Wie geht es deinem Bruder?“ fragte Else (die Tochter des Hauses). „Er dient heuer“, antwortete Therese. „Du kannst Dir ja ungefähr denken, wie's ihm da geht . . .“, und sie warf einen ironischen Blick auf die Husarenuniform Demeters.
>
> „Da kommt er wohl nicht viel zum Klavierspielen“, sagte Frau Ehrenberg.
>
> „Ach er denkt gar nicht mehr daran, Pianist zu werden“, erwiderte Therese. „Er steckt ganz in der Politik.“ Und sich lächelnd zu Demeter wendend, fügte sie hinzu: „Sie werden ihn doch nicht verraten, Herr Oberleutnant?“ Stanzides lachte etwas verlegen.
>
> „Was heißt das: Politik?“, fragte Herr Ehrenberg. „Will er Minister werden?“
>
> „In Österreich keineswegs“, erwiderte Therese. „Er ist nämlich Zionist.“
>
> „Was!?“ rief Ehrenberg aus, und sein Gesicht strahlte.

„Das ist allerdings ein Gebiet, auf dem wir uns nicht ganz verstehen", setzte Therese hinzu.

„Liebe Therese", begann Ehrenberg.

„Du wirst den Zug versäumen" unterbrach ihn seine Frau.

„Ich werde den Zug nicht versäumen, und morgen geht auch noch einer. Liebe Therese, ich sage nur: Es soll jeder nach seiner Fasson selig werden. Aber in dem Fall ist Ihr Bruder der Gescheitere und nicht Sie. Entschuldigen Sie, ich bin vielleicht ein Laie in politischen Dingen, aber ich versichere Sie, Therese, es wird euch jüdischen Sozialdemokraten geradeso ergehen, wie es den jüdischen Liberalen und Deutschnationalen ergangen ist."

„Inwiefern?" fragte Therese hochmütig. „Inwiefern wird es uns geradeso ergehen?"

„Inwiefern ...?, das werde ich Ihnen gleich sagen. Wer hat die liberale Bewegung in Österreich geschaffen? ... Die Juden! ... Von wem sind die Juden verraten und verlassen worden? Von den Liberalen. Wer hat die deutsch-nationale Bewegung in Österreich geschaffen? Die Juden. Von wem sind die Juden im Stich gelassen ... was sag' ich im Stich gelassen ... bespuckt worden wie die Hunde? ... von den Deutschen! Und geradeso wird's ihnen jetzt ergehen mit dem Sozialismus und dem Kommunismus. Wenn die Suppe erst aufgetragen ist, so jagen sie euch vom Tisch. Das war immer so und wird immer so sein."[53]

Die Verunsicherung, die manche nicht wahrhaben wollten, drückte sich in verzweifelten Versuchen der gebildeten jüngeren Wiener Generation aus, ihren Weg aus dem Sumpf einer kranken Gesellschaft zu einem befriedigenden persönlichen Dasein zu finden. Jede der jungen jüdischen Nebenfiguren des Romans stellte einen wirklichen Weg dar, der für die Juden noch offen war, als der Liberalismus hinweggefegt wurde. Jeder wird von seinem Weg abgedrängt, den ihm eine gerechte Gesellschaft offen gelassen hätte. Der Mann des politischen Willens wird ein enttäuschter Schriftsteller, der seinen Willen nach innen kehrt, auf sich selbst zu seiner eigenen Zerstörung. Eine reizende junge Jüdin, die für ein Leben der Liebe geschaffen ist, wird zur militanten sozialistischen Parteigängerin. Der junge Jude, den sein Temperament zum Armeeoffizier feinsten aristokratischen Zuschnitts bestimmt, wird Zionist.[54]

Die Problematik auf das Jüdische reduzierend, kann gesagt werden, daß, nachdem die Grundlagen des Liberalismus zu wanken begannen, diejenigen, die der liberalen Kultur verpflichtet waren, nach neuen Grundlagen zu suchen anfingen. Unter ihnen war auch Theodor Herzl (1860 bis 1904). Er strebte danach, für sein Volk eine liberale Utopie zu verwirklichen — ein Gegenstück zu dem schrecklichen Zerstörungswerk, das Schönerer und Lueger begonnen hatten. Er gelangte aber zu seiner phantasievollen Politik jenseits des Liberalismus nicht, so wie Schönerer und Lueger, aus sozialer Feindschaft und politischem Opportunismus, sondern aus persönlicher Enttäuschung und ästhetischer Verzweiflung. Selbst Herzls Entwurf von Zion läßt sich, neben der ihm zugrunde liegenden jüdischen Implikation, am besten dann verstehen, wenn man ihn als einen Versuch ansieht, der ebensowohl das Problem des Liberalismus durch einen neuen jüdischen Staat als auch das Problem der Juden durch einen neuen liberalen Staat zu lösen versucht.[55] Lange Debatten über die anthropologisch und geschichtlich feststehende Tatsache eines Heimatinstinktes, wie sie von Leo Golovski vorgetragen wurde, sowie die Bejahung eines rein moralischen Prinzips des Zionismus, welches wiederum eine Auflehnung gegen den Geist der geschichtlichen Entwicklung darstellt, wie von Heinrich Bergmann argumentiert wurde, dürften die Ansichten von Herzl und Schnitzler[56] beeinflußt haben, die einander gut kannten.

Heinrich Bergmanns Konflikt ist analog zum Konflikt der Juden, der die Mentalität der großen Wiener Feuilletonisten des Fin de siècle beeinflußte, und Namen von Peter Altenberg über Egon Friedell und Alfred Polgar bis zu Richard Beer-Hofmann und Joseph Roth umfaßte, welch letzterer aus Verzweiflung zur Flasche griff,[57] weshalb er auch als der heilige Trinker bekannt[58] wurde.

Wohin der Antisemitismus in seiner Perversion geführt hat, ist hinreichend bekannt, welche Folgen er hatte, ist aus den dezimierten Judengemeinden Europas ersichtlich. In Österreich gab es seit 1945 verschiedene Bemühungen um eine Zusammenarbeit zwischen Christen und Juden. Daß ein Wiederaufleben des Antisemitismus 1955 zur Konstituierung der „Aktion gegen den Antisemitismus in Österreich"[59] führen mußte, ist keineswegs rühmlich. Es ist eine Mahnung, um alle positiven Kräfte zu mobilisieren, um das Unmenschliche zu verhindern.

Angesichts einer Ausstellung zur „Bücherverbrennung" machte ein prominenter Wiener Professor folgende Äußerungen: „Ich möchte Ihre Aufmerksamkeit darauf lenken, wie immer man jetzt zu Bruno Kreisky als Person und historische Erscheinung steht, es ist gar keine Frage, daß er eine Persönlichkeit ist, die in die österreichische Geschichte mit ganz großen Lettern eingeht, ob man jetzt seinen Weg bejaht oder nicht, man muß weit zurückgehen, bis zu Seipel und vielleicht bis zu Metternich, um eine Persönlichkeit dieser Größenordnung zu finden, die also das politische Leben so wesentlich geprägt hat. Ich möchte aber diesen Unterschied festhalten, daß in der Ersten Republik ein Bundeskanzler jüdischer Herkunft ein haßauslösendes Moment gewesen wäre, das in einer Orgie von Zeitungskampagnen usw. untergegangen oder jedenfalls in einer ständigen Aufrechterhaltung dieser Art gestanden wäre, während das heute nicht mehr der Fall ist. Und das ist doch ein erfreulicher Fortschritt, aus dem ich keine übertriebenen Schlüsse ziehen will, aber doch einen Schluß, daß die Menschen aus der Geschichte jedenfalls so weit lernen, daß sie sich vor Qualitäten verneigen, auch dort, wo Vorurteile dem entgegenstehen."[60]

Da ich in Österreich gerne lebe und arbeite und mich um das Zustandekommen eines christlich-jüdischen Dialoges sehr bemühe, ich aber auf Grund meiner Lebenserfahrung sehr pessimistisch bin, wünsche ich, daß der Professor recht behalten möge.

[1] Vgl. E. Zöllner, Geschichte Österreichs, Wien 1970, 133 f.
[2] Vgl. L. Feuchtwanger, Die häßliche Herzogin Margarete Maultasch, Berlin 1965, 113.
[3] Vgl. A. M. Drabek, Judentum und christliche Gesellschaft im hohen Mittelalter, in: Das österreichische Judentum, Wien 1974, 45.
[4] Vgl. F. Heer, Gottes erste Liebe, München 1967, 120-125.
[5] Vgl. H. Tietze, Die Juden Wiens, Leipzig-Wien 1933, 17, 23-24.
[6] Vgl. Heer (Anm. 4), 95.
[7] Vgl. Tietze (Anm. 5), 23-24.
[8] Vgl. R. Pipes, Rußland vor der Revolution, München 1974, 86, 140, 200.
[9] Vgl. Feuchtwanger (Anm. 2), 114.
[10] Vgl. L. Bato, Die Juden im alten Wien, Wien 1928, 8-9.
[11] Vgl. Zöllner (Anm. 1), 128.
[12] Vgl. Feuchtwanger (Anm. 2), 115.
[13] Vgl. R. Hamerling, Ahasver in Rom, Hamburg o. J.
[14] Vgl. Bato (Anm. 9), 7.
[15] Vgl. J. Allerhand, Das Judentum in der Aufklärung, Stuttgart 1980.
[16] Vgl. J. Allerhand, Toleranzpolitik und Kulturkampf, Eisenstadt 1983.
[17] Vgl. K. Schubert, Der christlich-jüdische und der jüdisch-christliche Antagonismus im Mittelalter, in: Judentum im Mittelalter, Ausstellungskatalog zu Schloß Halbturn, Burgenland, 1978, 112-147.
[18] Vgl. Tietze (Anm. 5), 32.
[19] Vgl. Drabek (Anm. 3), 52.
[20] Vgl. Tietze (Anm. 5), 39.
[21] Vgl. S. Dubnow, Weltgeschichte des jüdischen Volkes, 10 Bde., Berlin 1927, VI, 252.
[22] Vgl. Tietze (Anm. 5), 52, 56.
[23] Vgl. N. Vielmetti, Vom Beginn der Neuzeit bis zur Toleranz, in: Das österreichische Judentum, Wien-München 1974, 64.
[24] Vgl. Dubnow (Anm. 21), VII, 264 f.
[25] Vgl. G. Scholem, Die jüdische Mystik in ihren Hauptströmungen, Zürich 1957, 25 f., 358-387.
[26] Vgl. Dubnow (Anm. 21), VII, 247.
[27] Vgl. O. Zarek, Moses Mendelssohn, Amsterdam 1936, 19.
[28] Vgl. Tietze (Anm. 5), 70.
[29] Vgl. Zöllner (Anm. 1), 250.
[30] Vgl. Tietze (Anm. 5), 74.
[31] Vgl. Vielmetti (Anm. 23), 78.
[32] Vgl. Tietze (Anm. 5), 82 f.
[33] Vgl. The Cambridge History of Poland, 2 Bde., London 1950, II, 105 f., 155.
[34] Vgl. Zöllner (Anm. 1).
[35] Vgl. Allerhand (Anm. 16), 18.
[36] Vgl. Tietze (Anm. 5), 110.
[37] Vgl. S. Baron, Die Judenfrage am Wiener Kongreß, Wien 1920, 101 f.
[38] Vgl. Zöllner (Anm. 1), 356; vgl. Tietze (Anm. 5), 185.
[39] Vgl. Tietze (Anm. 5), 252.
[40] Vgl. Zöllner (Anm. 1), 421-429.
[41] Vgl. Zöllner (Anm. 1), 428.
[42] Stefan Zweig, Die Welt von gestern, Frankfurt 1970, 50.
[43] Vgl. The Times 5. 11. 1895, 5.
[44] Vgl. John W. Boyer, Lueger and the Viennese Jews, in: Leo Baeck Institute Year Book 1981, 128.

[45] Vgl. Boyer (Anm. 44), 133.

[46] Vgl. C. E. Schorske, Wien, Geist und Gesellschaft im Fin de siècle, Frankfurt 1982, 115.

[47] Vgl. Schorske (Anm. 46), 137.

[48] Vgl. J. Allerhand, Die Rabbiner des Stadttempels von J. N. Mannheimer bis Z. P. Chajes, in: Studia Judaica Austriaca VI, Eisenstadt 1978, 5-28.

[49] Vgl. Tietze (Anm. 5), 243-244.

[50] Vgl. A. Kleinwefers, Das Problem der Erwählung bei R. Beer-Hofmann, Hildesheim-New York 1972.

[51] Vgl. A. Schnitzler, Der Weg ins Freie, Frankfurt [3]1982.

[52] Vgl. Tietze (Anm. 5), 254.

[53] Vgl. Schnitzler (Anm. 51), 68-69.

[54] Vgl. Schnitzler (Anm. 51), 95-96, 202-203.

[55] Vgl. Schorske (Anm. 46), 138.

[56] Vgl. Schnitzler (Anm. 51), 93.

[57] Vgl. M. Reich-Ranicki, Juden in der deutschen Literatur, Frankfurt-Berlin-Wien 1977, 21.

[58] Vgl. G. von Cziffra, Der heilige Trinker, Erinnerungen an Joseph Roth, Bergisch Gladbach 1982.

[59] Vgl. H. Wahle, Das gemeinsame Erbe, Innsbruck-Wien-München 1980.

[60] Vgl. N. Leser, Die Juden in der österreichischen Politik, in: Gemeinde, Juni 1982.

Heinrich Lutz

Das Türkenjahr 1683 in christlicher Sicht

Das Thema, das mir für den heutigen Abend gestellt wurde, sieht auf den ersten Blick klar und einfach aus. Doch es bedarf einleitend einer Erläuterung, und zwar einer Erläuterung in zweifacher Hinsicht. Selbstverständlich steht im Mittelpunkt meines Vortrages „das Türkenjahr 1683“. Aber wenn wir die Konflikte und Entscheidungen dieses Jahres wirklich verstehen und in den größeren historischen Zusammenhang einordnen wollen, müssen wir nach vorne und nach rückwärts über dies eine Jahr kräftig hinausgreifen: nach rückwärts, um die allgemeine politische Situation Europas in der zweiten Hälfte des 17. Jahrhunderts zu zeigen; nach vorne, um die auf 1683 folgende große Offensive der siegreichen habsburgischen Macht nach Südosten zu erwähnen. Denn erst von daher wird die epochale Bedeutung des Sieges von Wien deutlich.

Die zweite einleitende Erläuterung betrifft den anderen Teil des Themas „in christlicher Sicht“. Daß damit eine überkonfessionelle, also ökumenische Betrachtungsweise gemeint ist, versteht sich wohl von selbst. Das Problem liegt tiefer. Und hier ist sehr genau zu unterscheiden. Denn „1683 in christlicher Sicht“ kann ja zwei sehr verschiedene Dinge meinen. Erstens: das Türkenjahr in der christlichen Sicht von *damals,* d. h., in der Sicht, im Bewußtsein der damaligen Christen. Oder: das Türkenjahr in der christlichen Sicht von *heute,* also in der Sicht, im Urteil der heutigen Christen. In der Tat macht es einen großen Unterschied aus, ob wir uns im ersten Falle darauf einstellen, die Ereignisse aus der damaligen christlichen Sicht zu verstehen und zu erzählen, oder ob wir aus der Distanz von dreihundert Jahren diese Dinge betrachten und beurteilen. Der Unterschied liegt dabei aber nicht nur in dem zeitlichen Abstand — daß man aus der Distanz besser sehen kann —, sondern auch in dem tiefen Wandel, den das christliche Bewußtsein seither erfahren hat. Dazu ist etwas weiter auszuholen.

Wir gehen davon aus, daß es in der bisherigen Geschichte des Christentums drei große Epochen gegeben hat, die sich hinsichtlich des Verhältnisses der Christen zu Staat und Gesellschaft, zu Macht und Krieg und Kultur sehr unterschieden. Die ersten drei Jahrhunderte der frühen Kirche, vor der „Konstantinischen Wende“ und noch ohne das langfristige Bündnis von Thron und Altar, zeigen die Kirche als eine sehr weitgehend gewaltfreie „Kontrastgesellschaft“ gemäß dem Evangelium. Dann folgt von der Spätantike über das Mittelalter bis weit in die Neuzeit eine lange Epoche der engsten Verflechtung und Deckungsgleichheit von politischer Macht, Kultur und abendländischem Christentum. Die christliche Religion ist zur herrschenden Religion geworden, mit allen Problemen und Entstellungen, die eine so langfristige Herrschaft mit sich bringt. In diese Epoche gehört das Jahr 1683, wobei sich damals die Probleme der Verflechtung von Staat und Kirche noch durch die konfessionellen Kämpfe verschärft hatten: Seit der Reformation standen sich mehrere zwangskirchliche Systeme im Konflikt gegenüber. Eine dritte Epoche, in der wir heute leben, beginnt schrittweise mit der Aufklärung des 18. Jahrhunderts und der Säkularisierung des 19. Jahrhunderts. Wir sehen, wie sich seither diese

Verflechtung und Deckungsgleichheit Schritt um Schritt aufzulösen begann und einem offeneren Verhältnis von Kirche und Gesellschaft Platz machte. Und wir sollten das durchaus positiv sehen: Heute haben die Christen in einer weithin säkularisierten Welt in vielfacher Hinsicht neue Chancen, die urchristlichen Impulse, eine Kontrastgesellschaft der Versöhnung, Liebe und Gewaltlosigkeit zu bilden, in erneuerter und zeitgemäßer Form wiederaufzunehmen. Gewiß gibt es heute innerhalb der Kirchen unterschiedliche Bewertungen hinsichtlich der Wandlungen in einer pluralistisch gewordenen Gesellschaft und der ihnen jeweils entsprechenden neuen christlichen Verhaltensweisen. Diese Unterschiede können aber eine durchaus positive Bedeutung gewinnen im gemeinsamen Ringen der Christen von heute um die dem Evangelium gemäßen Antworten auf die Herausforderungen unserer Zeit. So steht die Erinnerung an 1683 für uns nicht mehr in einem statischen Zusammenhang etwa nach der Formel: „Was damals galt, gilt auch heute." Vielmehr haben wir selbstverständlich von der heutigen, gewandelten Lage des Christentums auszugehen, von einer Lage, die in mehrfacher Hinsicht der frühchristlichen Situation und ihren Chancen und Aufgaben wieder näher steht als dem noch ganz festzementierten Staats-Kirchen-Kultur-System von 1683.

Was folgt nun aus dieser einleitenden großräumigen Orientierung für unser heutiges Thema? Ich schlage folgenden Weg ein, um den Unterschied zwischen christlicher Sicht von 1683 und von heute fruchtbar werden zu lassen: In einem ersten Durchgang gebe ich einen historischen Überblick, so wie es damals gewesen ist; in einem zweiten Teil stelle ich Probleme und Fragen vor, die sich aus der heutigen christlichen Sicht zu 1683 ergeben. Zum Schluß formuliere ich einige zusammenfassende Thesen.

Nach dem Ende des 30jährigen Krieges 1648 trat in Europa kein dauerhafter Friedenszustand ein. Wohl waren die katholischen wie die protestantischen Staaten entschlossen, nicht neuerdings in einem Glaubenskrieg die Entscheidung über den Sieg des Katholizismus oder des Protestantismus zu suchen. Doch die Machtrivalitäten, insbesondere der Expansionsdrang König Ludwigs XIV. von Frankreich, ließen Europa nicht zur Ruhe kommen. Zuletzt hatte 1679 der Friede von Nimwegen den Krieg zwischen dem aggressiven Sonnenkönig einerseits, dem Kaiser und den Niederlanden anderseits beendet. Für diesen Frieden hatte sich Papst Innozenz XI. sehr eingesetzt, da er die Vereinigung der Kräfte des katholischen Frankreich mit Kaiser Leopold I. gegen die Türken wünschte. Aber der Sonnenkönig betrieb auch in den folgenden Friedensjahren die Ostexpansion weiter: 1681 überfiel er die Reichsstadt Straßburg und verleibte sie Frankreich ein usw. So mußten der Kaiser und die Fürsten des römisch-deutschen Reiches stets mit einer Zweifronten-Drohung rechnen: hier die Türken, dort Frankreich (und die fortgesetzte Zusammenarbeit beider Mächte gegen den Kaiser ist durchaus keine Übertreibung im Sinne früherer patriotisch-antifranzösischer Geschichtsbilder!).

Blicken wir nun nach dem Osten, nach Ungarn, Polen und dem Osmanenreich. Das Osmanenreich befand sich im 17. Jahrhundert bekanntlich in einem Zustand langfristigen Niedergangs: Es konnte weder in sozio-ökonomischer noch in politisch-militärischer noch in kultureller Hinsicht mit dem dynamischen Aufstieg Europas Schritt halten. Gegenläufig zu den allgemeinen Verfallstendenzen versuchte und verwirklichte die Großwesir-Dynastie der Köprülü einen Reformkurs. Er brachte vorübergehend nochmals einen Kräftegewinn des Osmanischen Reiches, der zu Erfolgen gegen Venedig und — mit späteren gegenteiligen Folgen — zu Eroberungen im südöstlichen Teile Polens führte. Der ehrgeizige, grausame Großwesir Kara Mustapha war gewissermaßen der letzte Exponent dieser neuen Offensivpolitik; er fühlte sich durch einen ungarischen Aufstand gegen den Kaiser ermutigt, doch noch den seit 1529 nicht mehr erneuerten Hauptschlag gegen Wien zu führen.

Differenzen zwischen dem Kaiser und dem Adel im habsburgischen Teil Ungarns (wegen absolutistischer und gegenreformatorischer Tendenzen der Wiener Zentralregierung) führten in den siebziger Jahren zu andauernden lokalen Erhebungen (Kuruzzenkrieg). Hieraus entwickelte sich 1678 ein gefährlicher Aufstand. Der Rebellenführer, Graf Emmerich Tököly, stand mit Ludwig XIV. in Kontakt und verbündete sich mit dem Sultan. Es war sein Ziel, das habsburgische Ungarn zu einem halbwegs unabhängigen türkischen Vasallenstaat zu machen. 1682 erkannte ihn die Hohe Pforte als Herrscher von Oberungarn an.

In Ungarn schuf das konfessionelle Problem womöglich noch größere Schwierigkeiten als der kaiserliche Absolutismus. Die gegenreformatorischen Tendenzen des Kaiserhofes und der mit ihm verbündeten Bischöfe trieben die Mehrheit des protestantischen ungarischen Adels zunächst in die Opposition, dann zum Teil in die offene Rebellion. Lieber hielt man sich an die Türken, als sich der Wiener Gegenreformation ausgeliefert zu sehen. Für diese Gegenreformation ein Beispiel aus vielen: die Preßburger Prozesse (wo zudem noch deutlich wird, daß man von Wien aus den Druck besonders gegen den sozial schwächeren, weil weniger adeligständisch verankerten Protestantismus in der Slowakei richtete).

1672 begannen die großen Preßburger Prozesse gegen die Protestanten, in denen zuerst die protestantischen Bürger von Preßburg, dann alle evangelischen Lehrer und Prädikanten der drei Komitate von der Waag bis nach Kaschau, schließlich die Masse der protestantischen Geistlichkeit vor das Statthaltergericht in Preßburg geladen und abgeurteilt wurden — zum letztgenannten Verfahren erschienen an die 300 Geistliche. Bei diesen Prozessen wurde jeweils in gleicher Weise vorgegangen. Auf Grund der spärlichsten und unsichersten Indizien wurden die Angeklagten als Aufwiegler und Verräter oder Majestätsbeleidiger zum Tode und Verlust ihrer Güter verurteilt und unmittelbar darauf begnadigt, falls sie einen Revers unterschrieben, daß sie der Ausübung ihrer Ämter entsagten. In diesem Falle blieb meist nur noch eine Geldbuße zu entrichten, ein eigentlicher Glaubenszwang wurde nicht ausgeübt. Wer die Unterschrift verweigerte, wurde statt der Todesstrafe des Landes verwiesen. Die Habe des Verbannten verfiel den Jesuiten, zwölf Bücher durfte er in das Exil mitnehmen. Im dritten Preßburger Prozeß war auch diese Menschlichkeit schon vergessen: 41 Verurteilte, die nicht unterschrieben, schickte Bischof Kollonitsch als Urteilsvollstrecker nach Neapel auf die Galeeren — nur 30 kamen dort an; ein weiterer Transport kam auf die kaiserlichen Galeeren nach Buccari. Vergebens setzten sich Schweden und Brandenburg für sie ein. Erst 1676 hat de Ruyter die Überlebenden im Hafen Neapels befreit.

Weiter: Die Pfarrer und Lehrer der dreizehn Städte der Zips, die Österreich als ein Pfand der Krone Polens besaß, wurden 1674 von Bischof Barsony enteignet und nach Polen vertrieben. Gleichzeitig wurden auch hier den Evangelischen Schulen und Kirchen weggenommen, so daß ihr Bekenntnis aus der Öffentlichkeit verbannt war. Im Jahre 1674 registrierten die Jesuiten den Höhepunkt der Bekehrungen in

Ungarn: 15.200 Seelen. So sah der konfessionspolitische Hintergrund des ungarischen Aufstandes (und damit auch des türkischen Angriffes) aus. Die päpstliche Politik, die auf eine Versöhnung der Ungarn mit dem Kaiser zwecks Abwehr der Türken hinarbeitete, geriet hier in ein kaum lösbares Dilemma. Einerseits mahnte der Wiener Nuntius Buonvisi den Kaiser zu einem Entgegenkommen an die Ungarn, anderseits konnte er religionspolitische Konzessionen an die Protestanten — die für die Regierung ja „billiger" waren als politisch-steuerliche Zugeständnisse — nicht offen befürworten. Immerhin kam es 1681 zu einem Ende der scharfen gegenreformatorischen Eingriffe und zu einer Wiederherstellung protestantischer Rechte in Ungarn. Im Hinblick auf Tökölys Aufstandsbewegung kam das aber zu spät.

1683 griffen, im Einvernehmen mit dem König von Frankreich, die Türken Österreich an. Sie gelangten bis Wien und belagerten die Stadt mit über 100.000 Mann. Der Weg der türkischen Armee war, als militärische Offensive in Feindesland, von Brand und Mord begleitet. Und während der Belagerung Wiens wurden weite Teile Niederösterreichs zum Opfer systematischer Plünderung und Zerstörung; größtenteils durch irreguläre tatarische Reiterverbände.

Ich bringe zur Illustration zwei zeitgenössische Texte, zunächst den Bericht über die Einnahme Hainburgs aus der Feder des Zeremonienmeisters des Sultans (also diesmal aus türkischer Sicht):

> „Heute berannten Kara Mehmed Pascha und Bekir Pascha, denen die Bezwingung der Festung Hainburg anbefohlen worden war, diesen Ort bis zur Zeit des Nachmittagsgebetes. Da er sich als stark befestigt erwies, sandten sie an den Großwesir Boten mit der Bitte um Geschütze; aber noch während diese unterwegs waren, kamen zur Zeit des Sonnenunterganges von der anderen Seite schon Boten mit lebenden Gefangenen und abgeschnittenen Köpfen und brachten die frohe Kunde, daß die Stadt im Sturm genommen worden sei. Ununterbrochen und sich gegenseitig anfeuernd, waren die Streiter des Islams von allen Seiten im Sturmangriff in die Feste eingedrungen, aus der die Kampftruppen und die Honoratioren bereits vorher geflohen waren. Das gemeine Volk, das an Ort und Stelle geblieben war und sich zum Kampf gestellt hatte, ließ man allesamt über die Klinge springen, und die Burg wurde besetzt. Vor dem Großwesir rollten die eingebrachten Köpfe in den Staub, und auch den lebend vorgeführten Gefangenen wurden die Köpfe abgeschlagen. Die Überbringer dieser Freudenbotschaft wurden mit Ehrengewändern und Geld beschenkt... Durch Allahs Gnade waren die Herzen der Giauren mit Schrecken und Entsetzen geschlagen und der Verstand und die Urteilskraft dieser Schurken angesichts des machtvollen Ansturms der islamischen Krieger so zerrüttet worden, daß sie auch nicht einen einzigen Tag Widerstand zu leisten wagten und nicht den Mut fanden, den Kampf gegen die Streitscharen des Islams zu führen. So wurden sie geschlagen und vernichtet, und unseren tapferen Truppen fiel der gottgewollte Sieg zu."

Der zweite Bericht stammt von dem Heiligenkreuzer Geistlichen Balthasar Kleinschroth. Er floh mit einer Gruppe von Sängerknaben und Patres aus dem Stift, das dann von den Tataren geplündert wurde. Kleinschroths Schilderung zeigt die Leiden der Zivilbevölkerung. Bei Kaumberg hatten die Bauern das Triestingtal durch eine Schanze gesperrt:

> „Bei dieser Schanzen hab ich länger als ein halbe Stund auf unsere Patres gewartet. Unterdessen hab ich nichts als Jammer und Elend gesehen, indem unterdessen ein sehr große Menge der Flüchtigen durchgereiset, welche nit genug erzählen kunnten, was für Elend und Not sie ausgestanden. Bei vielen konnte man die Wahrzeichen sehen, so mit gräulichen Wunden daher kommen und denen Tartaren noch entwischt, teils schier ohne Kleider, weilen sie alles dahinden gelassen und entloffen, viel schwangere Weibspersonen, in größtem Schrocken, deren viel hin und wieder vor und zu der Zeit gebährten, auch wohl ohne Hilf eines Menschen; viel verschmachteten, viele kommeten um die Kinder, viel hatten noch saugende Kinder an ihren Brüsten hangen, kunnten aber kaum selber mehr Atem fangen vor Schrocken der Gefahr und Schwachheit. Es war überall ein erbärmliches Elend, so nit zu beschreiben. Und wer nit dergleichen mit Augen gesehen, kann's nit begreifen, was nur ich mit den meinigen erfahren und gesehen."

Doch kehren wir zur großen Politik zurück, die den erfolgreichen Widerstand gegen die osmanische Offensive ermöglichte. Eine gemeinsame Interessenlage führte Polen und Venedig dazu, sich mit Österreich zu verbünden. Die Solidaritätswelle ergriff aber auch weiter abliegende Staaten: Kursachsen und Bayern, dazu zwei süddeutsche Reichskreise kamen dem Kaiser zu Hilfe, später auch Kurbrandenburg und selbst Schweden. Die Abwehr der Türken wurde auch als eine Sache betrachtet, die Europa und die Christenheit anging. Papst Innozenz XI. (1676—1689) unterstützte den Kaiser mit Subventionen und diplomatischer Hilfestellung. Verschiedene Souveräne nahmen als Heerführer am Kriege teil: König Johann Sobieski von Polen, Kurfürst Max Emanuel von Bayern, Herzog Karl von Lothringen, Markgraf Ludwig Wilhelm von Baden („Türkenlouis"). Johann Sobieski stammte aus dem niederen, katholischen Adel Polens, hatte sich als Volksheld in den Kämpfen gegen die Türken ausgezeichnet, war als Kandidat der französischen, antikaiserlichen Partei zum König gewählt worden. Frankreich versuchte, ihn auf die Seite der ungarischen Aufständischen, damit der Türken, zu ziehen. Erst im Frühjahr 1683 fiel die Gegenentscheidung Polens: Sobieski, der an einer Konsolidierung seiner Monarchie und an der katholischen Sache interessiert war, ließ sich durch Papst und Kaiser für die Liga gegen die Türken gewinnen.

Während die Verteidiger Wiens sich mit letzter Kraft gegen die Belagerungsarmee wehrten, versammelte sich Anfang September bei Tulln die christliche Entsatzarmee. Der heiligmäßige Kapuzinerprediger Marco d'Aviano trieb die Retter Wiens zur Eile an und sprach zu den Truppen. König Johann Sobieski schrieb am 9. September aus dem Feldlager von Tulln an seine Gemahlin Maria Kasimira:

> . . . „Wir haben den gestrigen Tag mit Gebet zugebracht. Der P. Marko von Aviano hat uns seinen Segen gegeben; er ist ausdrücklich vom Papste hierher geschickt worden. Wir haben die Kommunion aus seinen Händen empfangen, hierauf hat er die Messe gelesen und eine außerordentliche Ermahnungsrede an uns gehalten. Er fragte uns, ob wir Vertrauen auf Gott hätten, und auf unsere einstimmige Antwort, daß wir ein gänzliches und vollkommenes Vertrauen auf ihn hätten, ließ er uns mit sich mehrere Male nacheinander wiederholen: Jesus Maria! Jesus Maria! Er las die Messe mit

hohor Salbung. Er ist wahrhaft ein Mann Gottes; dabei ist er weder unwissend noch scheinheilig. Doch damit nicht zufrieden, durchschritt P. Markus noch das Heer, drängte sich durch die Reihen der Krieger, suchte mit seinem Kreuze in der Hand, alle zur tiefen Bereuung ihrer Sünden zu bewegen und gab noch den einzelnen Schwadronen und Bataillonen seinen priesterlichen Segen. Dabei mühte er sich weit über seine Kräfte, aber diese Bemühungen waren von großem Erfolge gekrönt. An jenem denkwürdigen Feste der Geburt der seligsten Jungfrau widerhallte vom weiten Heere immer wieder der Ruf: ‚Ich habe gesündigt, ich habe gesündigt, Barmherzigkeit, o Herr!' Ja selbst die Irrgläubigen, Protestanten und andere erweckten mit tiefer Inbrunst den Reueakt und wurden nicht müde, Gott um Verzeihung ihrer Sünden zu bitten."

Die Entsatzarmee des Kaisers und seiner Verbündeten schlug unter dem Oberbefehl des polnischen Königs die türkischen Belagerer bei Wien (12. 9. 1683) so vollständig, daß sie überstürzt das Feld räumten. Die Verheerungen waren insgesamt furchtbar. Die Greuel des Krieges mit Brand, Mord und Verschleppung in die Sklaverei prägten jetzt neuerdings das Feindbild des unmenschlichen Türken. Noch viele Jahre hindurch bemühte man sich um den Rückkauf überlebender Sklaven: 1692 wird in Adrianopel die Wirtin von Heiligenkreuz um 30 Taler freigekauft.

Im Gegenangriff eroberten die kaiserlichen Armeen in den nächsten Jahren Zug um Zug die ungarische Tiefebene und stießen dann weiter nach Bosnien und Serbien vor. Es kam zu einem Massenabfall von der osmanischen Herrschaft. Zahlreiche Adelsführer aus Kroatien, Bosnien, Serbien und der Walachei gingen zum Kaiser über und traten in seine Armee ein. Auch der Fürst von Siebenbürgen und der siebenbürgische Landtag unterstellten sich Leopold I. (1686, 1688). Mittlerweile zeigte sich aber, daß auch den österreichischen Eroberungen sozusagen natürliche Grenzen gezogen waren. Südlich der Donau-Drau-Linie setzten Nachschubschwierigkeiten ein. Auch schlugen die Türken seit 1690 kräftiger zurück. Außerdem zog der neue Zweifrontenkrieg, in den der Kaiser seit 1688 durch Frankreich verwickelt war, einen Teil seiner Truppen und Heerführer vom Balkan ab. Doch 1697 schlug Prinz Eugen ein massiertes Aufgebot der Türken bei Zenta, südlich Szegedin, und nahm ihnen damit jede Aussicht auf eine Rückeroberung von Ungarn. Im Frieden von Karlowitz (16. 1. 1699) trat das Osmanische Reich an Polen Podolien (nördliches Bessarabien und Westukraine), an Venedig den Peloponnes (Morea), an Österreich Slawonien, Siebenbürgen und den seit 1526/1541 türkischen (Haupt-)Teil von Ungarn ab, mit Ausnahme des Banats. Österreich stieg durch diesen Frieden zum Rang einer europäischen Großmacht auf und wurde die Vormacht im Südosten. In diesen neuerworbenen habsburgischen Gebieten stellte sich u. a. die Frage nach der Behandlung der vom Türkenjoch befreiten Bevölkerungsteile, die der griechisch-orthodoxen Kirche angehörten. Davon wird noch zu sprechen sein.

Nach diesem Ausblick bis 1700 werfen wir noch einen Blick auf die religiös-konfessionelle Zusammensetzung der Heere auf beiden Seiten. Tökölys Truppen, die 1683 nicht an der Belagerung teilnahmen, aber die türkische Armee in Oberungarn unterstützten, waren fast ganz protestantisch. Orthodoxe Christen bildeten die Kontingente aus der Moldau und Walachei, die im türkischen Verband von Wien standen und hier ihren eigenen Gottesdienst hielten. Von der osmanischen

Gardetruppe, den Janitscharen, stammte ein erheblicher Teil aus christlichen Familien des Balkans. Eine Prozentschätzung dieser im Knabenalter zum Islam übergetretenen Janitscharen ist für 1683 kaum möglich, auch deshalb, weil damals die früher übliche gewaltsame „Knabenlese" (unter den christlichen Untertanen des Sultans) schon außer Übung gekommen war.

Im christlichen Heer mischte sich eine Mehrzahl von Katholiken mit erheblichen protestantischen Kontingenten unter den aus dem Reich gekommenen Hilfsvölkern. Dies galt auch für die Armeen der folgenden Offensivkämpfe. So konnte dann der irenische und für die christliche Versöhnung eintretende evangelische Historiker Seckendorf 1692 schreiben: „Laßt uns nacheifern dem Feldlager Kaiser Leopolds, durch dessen Mannschaft neuerlich Buda erobert wurde. Dort gab es keinerlei Streit zwischen den Anhängern verschiedenen Glaubens. Gemeinsam strengten sich alle an, den gemeinsamen Feind anzugreifen. Warum sollte solche Einigkeit, wie sie dort die Not des Krieges zeitigte, bei uns nicht die christliche Liebe zuwege bringen?"

Solche frommen Wünsche, in der Begeisterung des gemeinsamen Sieges über den türkischen „Erbfeind" formuliert, stießen freilich in der kirchlichen, theologischen und politischen Realität der damaligen Christenheit auf tiefe Schwierigkeiten.

Wir sind am Ende des Überblickes über die Ereignisse und Entscheidungen rings um das Jahr 1683 angelangt, der unter dem Gesichtspunkt stand „Wie es damals gewesen war". Es folgt nun im zweiten Teil eine Erörterung von Problemen und Fragen zu 1683 aus der heutigen christlichen Sicht.

Der Sieg über die Türken und die Befreiung Wiens im September 1683 sind von österreichischer Seite meist recht massiv und naiv als Triumph der guten Sache über die böse, als Sieg der christlichen Kultur des Abendlandes über die barbarischen Horden des Ostens gefeiert worden. Wenn wir heute in diesem Fall christliche Gewissenserforschung mit einer Strukturanalyse verbinden, sieht das Bild wesentlich anders aus. Nicht als ob es jetzt darum ginge, die Leiden der österreichischen Bevölkerung unter der grausamen Kriegführung und die Tapferkeit der Verteidiger Wiens wie der Entsatzarmee aus kaiserlichen, polnischen und deutschen Truppen zu bagatellisieren oder die politische und kulturelle Bedeutung dieses Sieges zu verkleinern. Es wäre eine verfehlte Art der christlichen Selbstkritik, den damaligen Zugzwang: militärischer Widerstand gegen militärische Aggression nicht in aller Härte sehen zu wollen. Aber es ist stark zu betonen, wie gegenüber den herkömmlichen Triumphklischees und Feindbildprojektionen erst eine vertiefte und revidierte Analyse der damaligen Vorgänge eine wahrhaft christliche Rechenschaft über 1683 ermöglicht. Dazu gebe ich in der gebotenen Kürze einige besonders wichtige Stichworte.

Wir haben davon auszugehen, daß die politisch-militärischen wie die kirchlich-religiösen Verhältnisse, die dem osmanischen Angriff auf Wien und dem Sieg der kaiserlich-polnischen Truppen zugrunde lagen, von den heutigen Lebensbedingungen außerordentlich verschieden waren. Auf der einen wie auf der anderen Seite war damals die Deckungsgleichheit von Religion und Staatsmacht selbstverständlich. Unter diesen Bedingungen gab es die Chancen zu friedlichen, kulturellen Begegnungen zwischen Ost und West, zwischen europäischer und außereuropäischer Kultur, nur in sehr eingeschränkter Weise. Kompliziert wurde die Situation noch dadurch, daß die türkischen Angreifer sich einerseits als ein Heer islamischer „Glaubensstreiter“ bezeichneten, anderseits aber mit christlichen Truppen verbündet waren. Die Hilfstruppen aus der Walachei und Moldau, die an der Belagerung Wiens auf türkischer Seite teilnahmen, waren — wie schon erwähnt — orthodoxe Christen. Das Heer der ungarischen Aufständischen unter Emmerich Tököly, das mit dem Sultan kooperierte, war hauptsächlich aus ungarischen Protestanten zusammengesetzt. Das verweist auf einen ganz wichtigen Punkt: Das damalige österreichische Herrschaftssystem war streng gegenreformatorisch und versuchte stets von neuem, auch in Ungarn, mit den Mitteln obrigkeitlichen Zwanges gegen den Protestantismus vorzugehen. Der Widerstand gegen die von Wien ausgehende Zwangskatholisierung hatte große Teile der ungarischen Protestanten zur Rebellion gegen den Kaiser veranlaßt. Diese ungarische Aufstandsbewegung wiederum hatte anscheinend wesentlich zum Entschluß der Türken beigetragen, gestützt auf die Rebellion in Ungarn, den Angriff auf Österreich zu wagen. So führt *eine Linie* von der gegenreformatorischen Zwangspolitik Wiens zum türkischen Erfolgskalkül des Angriffs auf Wien.

Es liegen also die Dinge, wenn wir sie unter einem heutigen, christlich-ökumenischen Gesichtspunkt betrachten, recht differenziert: auf osmanischer Seite eine weitgehende religiöse Toleranz, die dem Sultan eine politisch-militärische Zusammenarbeit mit den rumänischen Orthodoxen und mit den Protestanten in Ungarn ermöglichte; auf kaiserlicher Seite ein von Rom abgesegnetes, streng katholisches System, das immer wieder nichtkatholische Christen aus Furcht vor der Zwangskatholisierung auf die Seite der Feinde des Kaisers trieb. Daß es auch im kaiserlichen Heer protestantische Christen gab, vor allem unter den Hilfstruppen aus dem Reich, wurde schon erwähnt. Die weiterreichenden Fragen lauten, wie es überhaupt soweit kommen konnte, daß damals Rom ein so intolerantes Rekatholisierungssystem guthieß und daß Wien seine Staatsräson, seinen politischen Absolutismus und Zentralismus so nahtlos mit katholischen Zwangsformen verband ... Diese Fragen kann ich hier nur erwähnen, nicht beantworten.

Zwei weitere Stichworte betreffen die Grausamkeit der Kriegführung und das Türkenbild in Österreich nach dem Sieg. Die Grausamkeit kennzeichnete die damalige Kriegführung auf beiden Seiten. Man muß sich also entschieden von jeder Schwarzweißmalerei freimachen, wie sie auf Grund der vielfach bezeugten Schrekkensszenen, die vor allem die Bevölkerung in Niederösterreich erlebte, bis heute die Schulbücher beherrscht.

Was in den Schulbüchern nicht zu lesen ist, ist z. B. die Tatsache, daß nach dem Sieg vom 12. September im eroberten Lager etwa 3000 kranke oder verwundete Türken „zur Reinigung der Luft“ bei lebendigem Leibe verbrannt wurden. Es gab danach Untersuchung und auch Bestrafung, aber davon wurde niemand wieder lebendig. Nach osmanischen Quellen sollen es übrigens nicht 3000, sondern 10.000 gewesen sein.

Wenn insgesamt die damals auf österreichischer Seite erlebten Greuel und Verwüstungen einseitig das Feindbild des unmenschlichen Türken bis in unsere Gegenwart bestimmten, so soll auch der vereinseitigende Beitrag der künstlerischen Triumphdarstellungen und des gesellschaftlichen Siegesdünkels nicht vergessen werden. Der türkische Gefangene spielt auf den zahlreichen barocken Sieges- und Triumphdarstellungen seit 1683 eine stereotype Rolle: nackt, gefesselt, gekrümmt unter den Hieben des Triumphators oder unter den Hufen der Siegespferde. Die höfische Gesellschaft des Habsburgerreiches vergnügte sich bis in den Anfang des 19. Jahrhunderts mit dem sogenannten Türkenkopfrennen. Das heißt, es wurden auf einem Reitplatz Türkenköpfe (aus Holz u. ä.) auf Postamenten oder hängend angebracht, und die Reiter, oder die in Wagen sitzenden Damen und Herren, mußten mit Lanzen, Degen oder Pistolen die Köpfe treffen bzw. die am Boden liegenden Köpfe aufspießen. Ähnliche Beiträge zur Inhumanität „alla Turca" scheint es in manchen anderen Bereichen gegeben zu haben. Eine englische Besucherin der Bibliothek des Prinzen Eugen berichtete im 18. Jahrhundert, man habe ihr dort Quartbände gezeigt, die von der Kriegskunst handelten und sinnigerweise in die Häute türkischer Janitscharen gebunden waren. Ich breche hier ab.

Das nächste Stichwort betrifft ein politisch-kirchliches Problem, das bis heute nachwirkt und für die Beziehungen Österreichs zum Südosten eminente Bedeutung hat: das Verhalten der siegreichen Habsburger Macht nach 1683 zu den Christen des östlichen Ritus. Daß die Wiener Regierung die Zurückdrängung der osmanischen Herrschaft und die Neugestaltung in den befreiten Gebieten im Geiste der Gegenreformation durchführte, ist in allen Lehrbüchern nachzulesen. Aber was bedeutete das wirklich?

Bekanntlich trafen sich seit dem frühen Mittelalter im Donauraum die kirchlichen und kulturellen Ausstrahlungen der westlichen und der östlichen Christenheit und traten in Wettbewerb. Als seit 1683 die Machtverhältnisse sich sehr rasch umgestalteten, war die im Verband der orthodoxen Kirche lebende, plötzlich unter habsburgische Herrschaft geratende Bevölkerung in einer recht unterschiedlichen Lage. Hinsichtlich der kirchlich-kulturellen Kräfte gegenüber dem Westen war ihre Lage überall schwierig. Denn das Patriarchat von Konstantinopel hatte ja längst seinen Frieden mit dem Sultan gemacht; die einzelnen ethnisch-kirchlichen Gruppen in der Karpatho-Ukraine, im rumänisch sprechenden Teil Siebenbürgens, in den serbisch sprechenden südlichen Gebieten waren aufgesplittert. Die soziale Stellung und der Bildungsstand der orthodoxen Geistlichkeit war im Durchschnitt wesentlich ungünstiger als auf der katholischen Seite. Zudem befanden sich die kirchenorganisatorischen wie kulturellen Zentren der Orthodoxie zum größten Teil außerhalb des österreichischen Herrschaftsbereiches.

Die überaus komplexen Bewegungen und Konflikte, die durch die Auseinandersetzung der katholischen Habsburgermonarchie mit der Orthodoxie in diese Räume kamen, bilden bis heute ein wichtiges Forschungsgebiet. Zwei Modelle standen der Wiener Regierung von Anfang an zur Verfügung: Eines war die Union, d. h. die östlichen Christen sollen unter Wahrung ihrer eigenen kirchlichen Traditionen nun der römisch-katholischen Jurisdiktion unterstellt und damit in die herrschende Kirche Österreichs integriert werden. Dieser Weg, mit starken politischen und kulturellen Motivationen, war schon vor 1600 in Polen und seit der Mitte des Jahrhunderts auch in der sogenannten Karpatho-Ukraine beschritten worden (Union von Užhorod). Es lag nahe, diesen Weg nun weiter zu verfolgen. Das wurde vor allem bei den siebenbürgischen Orthodoxen der „Natio Valachica" versucht und führte zu der Union von Alba Julia 1698/1700.

Das zweite Modell war neu; Leopold I. bot es 1690 den Serben, Bulgaren und allen sonstigen Gruppierungen an, die man damals noch in einer weitgetragenen Balkanoffensive von der türkischen Herrschaft zu befreien hoffte. Diesen Bevölkerungen wurde vom Kaiser in feierlichen Urkunden und Aufrufen Autonomie in kirchlicher und kultureller Hinsicht zugesagt. Dies Modell wurde bekanntlich nur in begrenztem Raume realisiert. Wichtig wurde vor allem die Gewinnung von einigen zehntausend serbischen Türkenflüchtlingen unter dem Patriarchen Arsenius III. Crnojević von Peč. Dieser serbische Patriarch hat damals tatsächlich seinen Sitz auf das österreichische Gebiet verlegt, und es hat sich in der Folge eine serbische orthodoxe Kirche in der Donaumonarchie entwickelt, seit 1716 mit dem Mittelpunkt in Karlowitz und mit der offiziellen Anerkennung seitens des Phanars (Patriarchat von Konstantinopel).

Doch sowohl das eine wie das andere Modell war in seiner Realisierung mit einer ununterbrochenen Kette von Schwierigkeiten verbunden. Es ist dabei schwer zu beurteilen, woher jeweils die größeren Schwierigkeiten kamen: aus dem Widerstand der Orthodoxie gegen jede Art von Union (auch Versuche von Karlowitz her, früher unierte Gruppen in Serbien und Syrmien wieder zu „reorthodoxieren"), aus dem Widerstand der katholischen Geistlichkeit in Ungarn und Kroatien gegen jede Art von Union überhaupt; oder auch aus den politischen und sozialen Machtinteressen der katholischen Behörden und Oberschichten, die alle Sonderstellungen und Privilegierungen der Untertanen bekämpften. Erst mit einer Verspätung von nahezu hundert Jahren wurden etwa die serbischen Sonderrechte in die ungarische Verfassung aufgenommen.

Die Folgen waren ebenso komplex wie langfristig. Schon 1721 reiste der Belgrader Metropolit Petrović nach Moskau, um den Schutz des Zaren gegen den von den Ungarn und den kaiserlichen Behörden ausgeübten katholischen Druck zu erbitten. Das reicht dann bis zu den vielen Nationalitätentheoretikern Ostmitteleuropas, die im 19. und 20. Jahrhundert die österreichische Politik seit 1621 pauschal als gegenreformatorische Unterdrückungsgeschichte interpretierten und daraus die Rechtfertigung für die Auflösung der Donaumonarchie ableiteten. Das reicht weiter bis zu den kommunistisch-nationalistischen Begründungen für die gewaltsame Vernichtung der Unionskirchen in Rumänien und der Ukraine 1945/48.

Ich komme nun zu einer letzten Frage. Man fragt sich, wie es innerhalb dieser hart zementierten Zwangssituationen von Staat, Krieg und Gegenreformation mit der unversiegbaren und regenerierenden Kraft christlicher Spiritualität stand. Der große Volksprediger Abraham a Sancta Clara will den Aufruf zum christlichen Waffengang gegen die Türken mit der Bußpredigt an die sündige Christenheit verbinden: Der Türke ist die Geißel Gottes für das sündhafte Leben der Christenmenschen. Der „Ottomanische Säbel" als Zuchtrute Gottes, das ist eine traditionelle bußtheologische Wendung aus der Türkenabwehr des 15. und 16. Jahrhunderts.

Was aber, wenn nun die Siege über die Türken folgen? Hat sich etwa die über das Osmanenreich siegende Kaisermacht nun sittlich so tief geläutert? Ähnlich, vielleicht noch tiefer als bei Abraham a Sancta Clara sehen wir im Auftreten, in Gebet und Predigt des heiligmäßigen Kapuziners Marco d'Aviano den existentiellen Anspruch, den Waffengang gegen die Türken mit Bußgesinnung und innerer Umkehr selbst beim einzelnen Soldaten zu verbinden. Die zeitgenössischen Berichte schildern, wie wir hörten, in bewegender Weise die Bußpredigten des Kapuziners im Heer, das dann die Türken schlägt. Wer die Grausamkeit damaliger Kriegführung auf beiden Seiten kennt, ist jedenfalls vor der Versuchung geschützt, den brisanten Problembereich von Krieg und christlicher Frömmigkeit in diesem wie in anderen Fällen mit erbaulichen Floskeln zuzudecken.

Zum Schluß folgen nun einige zusammenfassende Thesen:

1. Jede verantwortungsvolle Beschäftigung mit dem Türkenjahr 1683 wird einerseits den damaligen Zugzwang — militärischer Widerstand gegen militärische Aggression — betonen und den für Österreich und das christliche Europa so bedeutungsvollen Sieg würdigen. Andererseits ist aber der tiefe Wandel festzuhalten, der im Verhältnis von Religion, Staat und Krieg seither eingetreten ist. Gerade wer sich als Christ bekennt, kann heute im Vergleich mit 1683 hoffnungsvoll feststellen, daß nach dem Aufhören so vieler zeitbedingter Verstrickungen und historisch erklärbarer Unversöhnlichkeiten der Weg zunehmend frei wird für jene Formen christlichen Engagements, die dem ursprünglichen Auftrag des Evangeliums näher kommen: daß die Christen eine Kraft der Versöhnung und des Friedens seien — das Zeichen Gottes unter den Völkern.

2. Die eindrucksvolle Gestalt des Kapuzinerpaters Marco d'Aviano, der mit seinen Predigten und Gebeten die christlichen Truppen 1683 anfeuerte, stellt uns vor die nicht einfachen Fragen nach einer zutreffenden Einordnung der Spiritualität jener Zeit. Natürlich wurde damals weit und breit für den Sieg der christlichen Waffen gebetet. In diesem Zusammenhang ist nicht nur allgemein weiterzufragen nach Gebet und Frömmigkeit auch auf der anderen, islamischen Seite; es bedarf wohl recht gründlicher, bis heute noch kaum geleisteter Überlegungen, einerseits der tiefen Spiritualität damaliger Christen gerecht zu werden, anderseits die Probleme einer militanten Engführung des Frömmigkeitslebens (in einem Freund-Feind-Schema) zu erfassen und ihre Nachwirkungen aufzuarbeiten.

3. Die historischen Nachwirkungen der gegenreformatorischen Politik Österreichs im Südosten sind vielfältig und bis heute bemerkbar. Vor allem in Ungarn schuf diese Politik vor und nach 1683 womöglich noch größere Schwierigkeiten als der kaiserliche Absolutismus, der gegen die alten politischen Freiheitsrechte durchgesetzt wurde. Ähnlich kompliziert war die Lage, die sich aus der Begegnung der Gegenreformation mit dem orthodoxen Christentum schon vor 1683 und erst recht danach in den von den Türken befreiten Gebieten ergab.

Österreich und der römische Katholizismus gerieten damit — gewollt oder ungewollt — immer wieder in die Rolle „Fremdherrschaft ausübender Mächte" (Helmut Rumpler). Das Bewußtmachen dieser tiefen Probleme und Verstrickungen der politischen und religiösen Geschichte des ehemals österreichisch verwalteten Raumes ist geeignet, kulturelles und religiöses Konfliktpotential abzubauen, das gegenwärtig noch in der ČSSR, in Ungarn, Jugoslawien, Rußland und Rumänien und in ihrem Verhältnis zum Westen und speziell zum Katholizismus nachwirkt. Ein solches Bewußtsein kommt gewiß auch einer ökumenischen Neubesinnung im heutigen Österreich zugute.

4. Statt eines rückblickenden Triumphalismus stellt sich also mit dem Blick auf 1683 insgesamt eine umfassende Aufgabe der Neubesinnung und der Neuorientierung für heute und morgen: Wie sind noch bewußter und überlegter jene Wege zu beschreiten, die von den früheren Formen der *Konfrontation* innerhalb des Christentums und zwischen Christentum und nichtchristlichen Kulturen und Religionen zu angemesseneren Formen des Miteinanderlebens führen? Wie sind alle die Schlacken und Reste, die aus den früheren Zwangskonstellationen von Macht und Religion, von Herrschaft und Konfession uns noch anhaften, durch neue Formen christlicher und humaner Begegnung abzuarbeiten und zu überwinden?

Walter Leitsch

Die Motive der politisch Handelnden im Jahre 1683: Leopold I. — Kara Mustafa — Jan Sobieski

Belagerung und Entsatz Wiens im Jahre 1683 waren nicht Naturereignisse, they were man made. Die osmanische Armee zog vor Wien, belagerte die Stadt; das Entsatzheer, verstärkt durch die Truppen Sobieskis, gewann die Schlacht und verhinderte die Eroberung Wiens. Dem Entschluß der Osmanen, Wien zu belagern, lag also eine politische Fehlkalkulation zugrunde. Von einer Fehlkalkulation und nicht von Schuld soll hier die Rede sein. Schuld ist für Historiker nur dann eine sinnvolle Kategorie, wenn es sich darum handelt, die Verstrickung des einzelnen in die Geschichte zu erfassen. Angewandt auf Länder und Völker werden ethische Kategorien dieser Art sehr fraglich. Die Frage „Wer war schuld an der Belagerung Wiens?" macht sich gut im Rahmen politischer Propaganda, wissenschaftlich ist mit ihr wenig anzufangen. In unserem Fall wäre es so einfach, den Osmanen Schuld an all dem zu geben, was sich ereignete. Das wäre sowohl oberflächlich als auch ungerecht. Sehen wir uns die Motive des Sultans und seines Großvezīrs im Jahre 1683 näher an, dann wird uns sehr bald klar, daß Motive dieser Art weder habsburgischen Herrschern noch polnischen Königen fremd gewesen sind.

1. Welche Motive glaubten die Historiker in den politisch Handelnden des Jahres 1683 zu erkennen? Da der Kaiser eigentlich nichts weiter tat, als sein Land gegen einen Angriff von außen zu verteidigen, haben sie sich über die Motive seines Handelns nicht den Kopf zerbrochen. Er war das Opfer.

Er war das Opfer des Sultans und des Großvezīrs, die einen Angriffskrieg organisierten, um entweder zusätzliche Territorien zu erobern oder in den Nachbarländern Beute zu machen. Die meisten Historiker begnügten sich mit dieser einfachen und „einleuchtenden" Erklärung. Die Osmanen waren die Angreifer und daher schon allein deshalb bei den Historikern nicht beliebt. Sie haben sich die Sache leicht gemacht: Sie beschrieben die politisch Verantwortlichen der Osmanen als habgierige Räuber.

Vielfältig sind hingegen die Auffassungen der Historiker in bezug auf die Motive Sobieskis. Auf der einen Seite, und das geht vor allem auf die zeitgenössische Propaganda zurück, wird er als Retter der Christenheit gefeiert, auf der anderen Seite ging man sogar so weit, ihm zu unterstellen, er hätte seine Soldaten nur zum Durchfüttern und Plündern in die Länder des Kaisers geführt. Die Motive Sobieskis liegen auch nicht so klar auf der Hand. Kein vernünftiger Außenpolitiker wird je etwas tun, um einen Nachbarn zu stärken. Jeder Nachbar ist immer ein möglicher Feind. Dieses Grundprinzip der Außenpolitik kannte auch Sobieski, und dennoch half er dem Kaiser, sich von einer sehr schweren politischen Bürde zu befreien. Also stärkte er den Kaiser auch in bezug auf Polen. Polnische Historiker haben später auch gelegentlich an der Weisheit der Entschlüsse Sobieskis gezweifelt. Denn schließlich haben nicht die Osmanen, sondern die Österreicher an der Aufteilung des polnischen Staates in der zweiten Hälfte des 18. Jahrhunderts teilgenommen. Die Osmanen haben hingegen sogar einmal versucht, Polen zu retten. War es also klug, dem Kaiser gegen die Osmanen zu helfen?

Ich will meine Überlegungen mit Kaiser Leopold I. beginnen und will versuchen zu zeigen, daß seine Politik bzw. die Politik seiner Ratgeber sehr wohl mit dazu beigetragen hat, daß sein Land von den Osmanen angegriffen, verheert und verwüstet wurde.

2. Wenn ich zu dem Abschnitt über Kaiser Leopold ein Motto erfinden müßte, dann würde es wohl lauten: Der friedliebende Zauderer. Auf den ersten Blick erscheint dies als Widerspruch: Wie konnte es sein, daß Leopold gleichzeitig friedliebend war und doch den Feldzug der Osmanen gegen Wien gleichsam herausforderte? Als Ferdinand I. die Wahl zum König von Ungarn annahm, fiel ihm natürlich auch die Aufgabe zu, Ungarn gegen die Osmanen zu verteidigen bzw. — von der Mitte des 16. Jahrhunderts an — die an die Osmanen verlorenen Teile Ungarns wiederzugewinnen und mit dem restlichen Königreich zu vereinen. Bis in das dritte Jahrzehnt des 17. Jahrhunderts hinein war den habsburgischen Königen Ungarns diese Aufgabe auch durchaus bewußt. Gegen Ende des Dreißigjährigen Krieges wuchsen die Belastungen im Westen so sehr an, daß die kaiserliche Politik westlastig wurde und die mit der ungarischen Krone verbundenen Verpflichtungen am Kaiserhof gleichsam in Vergessenheit gerieten. Am deutlichsten läßt sich dies an dem kurzen Krieg der Jahre 1663 und 1664 und an den Bedingungen des Waffenstillstandes von Vasvár erkennen: Der Kaiser oder in diesem Zusammenhang vielmehr der König von Ungarn gewann zwar die entscheidende Schlacht, war aber dennoch bereit, ein kleines Stück ungarischen Territoriums an die Osmanen abzutreten, nur um den Krieg möglichst schnell zu beenden. Da die Lage im Westen sehr schwierig war, wollte man im Osten um jeden Preis Frieden haben. Das wurde zu einem Axiom der kaiserlichen Politik, mit dem sich aber die Ungarn absolut nicht abfinden konnten. Der ungarische Adel erhob sich schließlich im Jahre 1672 gegen den pflichtvergessenen König. Leopold war nicht imstande, dieser Rebellion ein schnelles Ende zu bereiten. Vom Jahre 1672 an bis 1683 wurde in der Regel im Sommer mit wechselndem Glück gekämpft und im Winter verhandelt. Jedes Mal hoffte man am Kaiserhof, mit den Verhandlungen könne man die Rebellion aus der Welt schaffen, nahm daher Abstand von militärischen Vorbereitungen, konnte im folgenden Sommer nur mit halben Mitteln halbe Ziele anstreben, erreichte nichts und begann im Herbst wieder zu verhandeln usw. Die Wiener Politiker wollten im Osten Ruhe haben, also redeten sie sich ein, in Ungarn wäre die Situation ohnedies nicht kritisch. Sie waren Illusionisten und perfekte Meister der Schlamperei: Ungarn war eine durch und durch verschlampte Angelegenheit. Von 1678 an hatten die ungarischen Malkontenten in Imre Thököly einen Führer, der mit großem militärischen und diplomatischem Geschick erreichte, daß die Malkontenten von Jahr zu Jahr stärker wurden.

Im Jahre 1684 lief der Waffenstillstand von Vasvár aus. Also sandte der Kaiser bereits im Jahre 1682 eine große Gesandtschaft nach Konstantinopel, um den Waffenstillstand zu erneuern. Alberto Caprara sollte die Osmanen mit guten Argumenten und kleinen Geschenken dafür gewinnen, daß sie einer Verlängerung des Waffenstillstandes zustimmten. Auch zu weiteren territorialen Konzessionen und gewissen finanziellen Opfern war der Kaiser bereit. Gar so sinnlos waren diese

Bemühungen nicht, denn seit 1606 hatte es mit den Osmanen Frieden gegeben, St. Gotthard und Vasvár waren eigentlich nur ein Malheur, das den beiden passiert war. Im Grunde hatte man sich auf beiden Seiten an den Status quo gewöhnt. Die Kaiserlichen konnten mit Recht darauf verweisen, daß die Osmanen seit Generationen an einer größeren kriegerischen Auseinandersetzung mit dem Kaiser kein Interesse mehr hatten. Hatten sie nicht während des Dreißigjährigen Krieges Konflikte vermieden, obwohl der Kaiser sehr geschwächt und die Aussicht auf einen erfolgreichen Feldzug sehr günstig war? Warum sollte es also nicht gelingen, die Friedenspolitik fortzusetzen? Der Kaiser riskierte nur, daß die osmanischen Verhandlungspartner angesichts seiner außergewöhnlichen Friedenssehnsucht den Preis für die Verlängerung des Waffenstillstandes hinaufschrauben könnten. Doch zu deutlich demonstrierte der Kaiser Schwäche und Friedenssehnsucht. Er brachte die Osmanen damit auf andere Gedanken.

3. Das für Kara Mustafa und Sultan Mehmed IV. geeignete Motto drängt sich gleichsam auf: Die verhinderten Eroberer. In der Auseinandersetzung mit den Malkontenten in Ungarn und in den Verhandlungen in Konstantinopel zeigte der Kaiser ein Verhaltensmuster, das die Osmanen zur Überzeugung bringen mußte, daß der Kaiser militärisch außergewöhnlich schwach war. Die osmanische Armee war zahlreich, aber nicht stark, das wußten gewiß auch die politisch Verantwortlichen in Konstantinopel. Doch die Armee des Kaisers war nicht nur schwach, sie war auch klein. Diplomaten, die in Konstantinopel das Verhalten der Osmanen aus der Nähe beobachten konnten, kamen zu dem Schluß, daß der Kaiser nur durch energische Aktionen gegen die ungarischen Malkontenten die Osmanen von einem Angriff in Ungarn abbringen könne. Die Entscheidung, den Kaiser anzugreifen, fiel in Konstantinopel am 6. August 1682. Gewiß haben Sultan und Großvezīr nicht erst im Sommer 1682 diese Pläne ausgeheckt, doch hat es die Entscheidung im Divan bestimmt erleichtert, daß im Juli 1682 die wichtige Stadt Kaschau in die Hände der Malkontenten fiel. Es war dies ein besonders deutlicher Beweis für die militärische Ohnmacht des Kaisers. Der Pfortendolmetsch Alexander Mavrokordatos, der dem Großvezīr Kara Mustafa nahestand und gewiß sehr gut über die Überlegungen in den höchsten Regierungskreisen in Konstantinopel Bescheid wußte, hat viele Jahre später dem französischen Botschafter Girardin erzählt, Kara Mustafa sei überzeugt gewesen, daß er mit Hilfe einer großen Armee imstande sein werde, Wien einzunehmen „jugeant de la foiblesse de l'Empereur par les propositions honteuses qu'il faisoit faire a la Porte pour la continuation de la trève". Mit den krampfhaften Bemühungen um die Erhaltung des Friedens erreichte Leopold das genaue Gegenteil seiner Absichten.

Ein Krieg ist aber immer ein riskantes Unternehmen, man konnte ja auch Pech haben und militärisch erfolglos bleiben. In Konstantinopel mußte man jedoch überzeugt sein, daß man sich auch nach einem militärischen Mißerfolg ohne Schaden aus der Affäre würde ziehen können. Hatte man nicht im Jahre 1664 die Schlacht verloren und unmittelbar danach einen günstigen Waffenstillstand, ja sogar noch zusätzliches Territorium erhalten? Auch mußte man nicht fürchten, länger als nutzbringend und erforderlich mit dem Krieg belastet zu werden: Der Kaiser, so schloß man aus den Erfahrungen früherer Jahre, sei doch jederzeit bereit, Frieden zu schließen. Also mußte man zur Überzeugung gelangen, daß auch bei militärischen

Mißerfolgen ein günstiger Friedensschluß zu erreichen sein werde. Das Risiko des Unternehmens war also minimal. Es wäre geradezu politisch unklug gewesen, die gute Gelegenheit zu einem Angriff ungenützt verstreichen zu lassen.

Wenn auch die Osmanen nach den Erfahrungen der Jahre vor 1683 zur Überzeugung gelangen mußten, daß ihnen der Sieg so gut wie sicher war, so daß eine Niederlage gleichsam jenseits des Vorstellbaren lag, so blieb doch immer noch die Möglichkeit, daß sich die politisch maßgeblichen Männer in Konstantinopel dazu entschlossen hätten, den Waffenstillstand zu einem sehr hohen Preis zu verlängern, letztlich also dem Frieden den Vorzug vor dem Krieg zu geben. Doch in bezug auf das Problem „Krieg oder Frieden" galten für das Osmanische Reich andere Regeln. Immer noch spielten religiöse Motive eine gewisse Rolle: Die Mohammedaner sollten die Welt der Ungläubigen bekämpfen. Ferner war das Osmanische Reich ein Militärstaat, der weitgehend auf die Kriegsführung hin aufgebaut war. Viele der europäischen Diplomaten, die in Konstantinopel die Politik der Osmanen verfolgten, waren überzeugt, daß die spezifische Struktur des Osmanischen Reiches längere Friedensperioden nicht zulasse. So haben auch etwa die westeuropäischen Diplomaten nach den Friedensschlüssen mit Venedig, Polen und dem Moskauer Staat in den sechziger, siebziger und achtziger Jahren in ihren Berichten nicht etwa das Problem „Krieg oder Frieden" analysiert, sie haben sich nur den Kopf zerbrochen, gegen wen sich die nächste militärische Unternehmung der Osmanen richten werde. Am klarsten hat diese Argumente der englische Historiker John Stoye zusammengefaßt: 1. Die hohen Kosten des Hofes waren durch eine Kriegssteuer leichter zu decken, daher das fiskalische Interesse des Sultans an Kriegen. 2. Die Soldaten in der Hauptstadt waren gefährlich unruhig, durch einen Krieg konnte man sie vom Hof und somit von einer Einmischung in die Politik fernhalten. 3. Um die Ruhe in den Provinzen zu bewahren, war es günstig, die unruhigen Elemente in der Armee und somit unter Kontrolle zu haben. Wenn das politische System des Osmanischen Reiches vielleicht auch eine längere Friedenszeit ermöglicht hätte, so war doch die Stellung von Sultan und Großvezīr nicht sehr stabil: Sie brauchten Erfolge, um im Sattel bleiben zu können.

Solche Erfolge waren aber nur sehr schwer zu erzielen, denn alle größeren Unternehmungen erforderten umfangreiche Mittel, die Finanzen des Reiches lagen jedoch im argen. In einem erst neulich erschienenen Aufsatz zeigte Zygmunt Abrahamowicz auf Grund von umfangreichem Material, daß Kara Mustafa so große Sorgen mit den Finanzen hatte, daß der Feldzug gegen Wien gleichsam eine Verzweiflungstat war; er hoffte in Wien in den Besitz von Schätzen zu gelangen, die zur Lösung der drückenden Not des Staatsschatzes beitragen konnten. Daß es ihm jedoch trotz arger Geldnot gelang, ein so großes Heer auszurüsten, ist eine eindrucksvolle Leistung.

Wäre ich Großvezīr gewesen, hätte ich auch zu dem Krieg geraten, denn die Aussichten standen bestens, daß es gelingen könnte, auch noch den Rest Ungarns unter einem Vasallenkönig Imre Thököly zu einem Teil des Reiches zu machen. Die Haltung des Kaisers in den vorangegangenen Jahren mußte zu der Überzeugung führen, daß er unter bestimmten Umständen auch bereit war, größere Teile Ungarns aufzugeben. Hätten die Osmanen ihre Operationen auf Ungarn beschränkt, hätte man in Wien wohl keinen Grund gesehen, die politischen Maximen zu ändern. Kara Mustafa beschränkte aber seine Operationen nicht auf Ungarn. Er belagerte Wien.

Das war die große Fehlkalkulation. Das Interesse Kaiser Leopolds I. an Ungarn war doch um vieles geringer als an seiner Haupt- und Residenzstadt Wien. Auch gehörte Ungarn nicht zum Reich. Ein Angriff auf Wien mußte die Reichsfürsten auf den Plan rufen. Der Kaiser war wesentlich stärker, wenn er sich vor Wien verteidigen konnte. In Ungarn wären ihm viel weniger Mittel zur Verfügung gestanden. Aber auch die kaiserlichen Truppen gemeinsam mit den Hilfstruppen aus dem Reich hätten wohl nicht Wien rechtzeitig entsetzen können. Erst das Zusammenwirken der kaiserlichen Truppen, der Reichstruppen und der polnischen Armee ermöglichte es, die Entsatzschlacht zu wagen. Kara Mustafa war jedoch überzeugt, daß Leopold und Sobieski nicht imstande sein würden, zu einer wirksamen Kooperation zu gelangen. Diese Überzeugung erwuchs aber nicht etwa aus politischer Dummheit, sondern aus ganz normaler Erfahrung: Vom späten 15. Jahrhundert bis zum Jahre 1683 haben die Polen immer wieder versucht, wenn sie von den Osmanen angegriffen wurden, Hilfe vom Kaiser zu erlangen. Ebenso hat der Kaiser in analogen Situationen versucht, die Polen für ein Bündnis gegen die Osmanen zu gewinnen. Alle diese Bemühungen waren ergebnislos geblieben.

Warum sollte Kara Mustafa einen Zusammenschluß seiner beiden Nachbarn fürchten, wenn im Laufe von 200 Jahren ein solcher Zusammenschluß niemals möglich gewesen war? Er hat allerdings nicht bedacht, daß sich die Lage Polens in bezug auf das Osmanische Reich in den vorangegangenen zehn Jahren geändert hatte. Das war der zweite Fehler Kara Mustafas.

4. Was hat Sobieski veranlaßt, mit den politischen Maximen seiner Vorgänger auf dem polnischen Thron zu brechen? Warum eilte er dem Kaiser zu Hilfe? Da man ohne seine Hilfe die Schlacht wohl nicht wagen konnte, verdient er wohl „Retter von Wien“ genannt zu werden. Auch als Motto für diesen Abschnitt paßt „Retter von Wien“ recht gut. Bevor ich mich jedoch mit der spezifischen Situation Sobieskis auseinandersetze, muß ich noch einiges Grundsätzliche zum Problem „Türkenliga“ sagen.

a) Bis zu dem gemeinsam von Venedig, Polen und dem Kaiser geführten Türkenkrieg in den Jahren 1684 bis 1699 klappte die Zusammenarbeit der Christen gegen das Osmanische Reich nie so richtig. Das war eine natürliche Folge der militärischen Überlegenheit der Osmanen: Am Ende eines Krieges gegen das Osmanische Reich konnte man bis zum Jahre 1683 bestenfalls einen Waffenstillstand ohne Verluste erreichen. Gewinnen konnte man nichts. Jeder der christlichen Nachbarn für sich selbst war den Osmanen eindeutig unterlegen. Daher versuchte man, Kriege mit dem Osmanischen Reich zu vermeiden. Wenn dies nicht möglich war, wollte man sie möglichst schnell beenden. Daher war bei Zusammenschlüssen mehrerer Staaten die Versuchung, einen Separatfrieden zu schließen, ganz besonders groß. Wenn immer Zusammenschlüsse von zwei oder mehreren Staaten zur Debatte standen, war das gegenseitige Mißtrauen sehr groß: Jeder wußte für sich selbst nur allzu gut, wie sehr ihm ein Separatfrieden am Herzen lag, also vermutete er — und das in den meisten Fällen gewiß nicht ohne Grund — auch beim Partner die gleichen Bestrebungen. Zwar hat es in der Schlacht bei Lepanto (im Jahre 1571) einen Erfolg des Zusammenwirkens mehrerer christlicher Flotten gegeben, doch der totale politische Mißerfolg dieser Liga war nur ein weiterer Beweis dafür, daß politische Zusammenschlüsse christlicher Potentaten gegen den Sultan kurzlebig und nicht zielführend waren. Die osmanischen Politiker haben dies sehr geschickt genützt.

Eine der politischen Besonderheiten Europas war der Pluralismus. Die Stabilität wurde immer wieder durch neue politische Faktoren, die in das jeweils bestehende System nicht paßten, gestört. Die Stärke des Systems war es, daß die Europäer es doch immer wieder fertigbrachten, solche neuen Elemente in der einen oder anderen Weise zu integrieren. Das Osmanische Reich machte dabei keine Ausnahme. Auch hier bestand natürlich die Frage, ob man diesen nichtchristlichen Staat, der eine Reihe christlicher Länder unter seine Herrschaft gebracht hatte, prinzipiell als etwas Feindliches betrachten oder ob man ihn mit in das System einbeziehen sollte. Noch bevor Ungarn geteilt wurde und ein Teil des Landes unter osmanische Herrschaft kam, schloß Frankreich mit den Osmanen ein Bündnis. Frankreich hat somit das Osmanische Reich in das europäische System hereingeholt. Die christlichen Nachbarn des Osmanischen Reiches sträubten sich natürlich dagegen. Sie wollten erreichen, daß sich die Christenheit in ihrer Gesamtheit zusammenschließe, um die christliche Welt vor dem Ansturm der Osmanen zu verteidigen. Die unmittelbar von den Osmanen Bedrohten wollten also aus ihrem Verteidigungskampf eine die gesamte Christenheit verpflichtende Aufgabe machen. Es sollte die sittliche Pflicht jedes Christen sein, den von den Nichtchristen Bedrohten beizustehen. Das gelang auch zum Teil, denn auch die Könige von Frankreich haben zwar immer wieder mit den Osmanen zusammengearbeitet, sie vermieden es jedoch peinlich, als reguläre Bündnisgenossen des Sultans zu erscheinen. Die Propaganda der unmittelbar durch die Osmanen Bedrängten und des Papsttums ist nicht wirkungslos geblieben.

Eine wirksame Beteiligung an Feldzügen gegen die Osmanen war für die christlichen Staaten, die nicht eine gemeinsame Grenze mit dem Osmanischen Reich hatten, fast unmöglich: Die militärisch-organisatorischen Schwierigkeiten waren ungeheuer. Bei der damals allgemein üblichen Praxis, nur im Sommer Krieg zu führen, konnte man weiter entfernten Bundesgenossen keine wirksame militärische Hilfe zukommen lassen. Anders verhielt es sich beim Seekrieg, deshalb hat ja auch die Zusammenarbeit mehrerer christlicher Flotten stets besser funktioniert als die Zusammenarbeit von Landmächten. Frankreich, England, Holland und die skandinavischen Länder hätten also nur durch finanzielle Hilfe die gefährdeten christlichen Länder unterstützen können. Wer hatte aber überflüssiges Geld? War es nicht eher riskant, etwa dem Kaiser oder den Polen viel Geld in die Hand zu geben? Die Schweden hätten etwa im Jahre 1674 bei einer größeren Geldhilfe an die Polen riskiert, daß die Polen diese Mittel nicht zur Abwehr gegen die Osmanen, sondern zur Rückeroberung Livlands verwendet hätten. Vor einer merkbaren Verschiebung des Kräfteverhältnisses gab es wenig Hoffnung für wirksame Zusammenschlüsse christlicher Länder gegen das Osmanische Reich. Erst nach dem großen Erfolg vor Wien war also eine Liga der Landmächte gegen das Osmanische Reich erfolgversprechend. Daß aber dieser große Erfolg errungen wurde, war wiederum dem Zusammenwirken des Kaisers mit dem König von Polen zu verdanken. Was veranlaßte den König von Polen zu dieser Aktion?

b) Polen war ein Wahlkönigreich; die politische Gewalt lag eigentlich in den Händen des Adels, der den König nicht wählte, damit er Wien oder die Christenheit rette. Wenn in den vorangegangenen 150 Jahren die Könige gelegentlich bereit waren, an einer gemeinsamen christlichen Aktion gegen die Osmanen teilzunehmen, wurden sie stets vom Adel abgehalten. Polen hatte zwar in den Grenzgebieten immer wieder Schwierigkeiten mit den Osmanen und vor allem mit den Tataren, die den Osmanen unterstanden, doch hatten die Polen an das Osmanische Reich kein Territorium verloren. Warum sollten sie sich dann an einer Aktion gegen das Osmanische Reich beteiligen? Überdies hatten sie letztlich ja kein Interesse an einer Stärkung ihrer habsburgischen Nachbarn. Die Situation hat sich jedoch in den elf Jahren vor der Belagerung Wiens grundlegend geändert.

Im Jahre 1672 fiel die Grenzfestung Kamieniec, nun stand die osmanische Armee auf polnischem Gebiet. In dem Waffenstillstand des Jahres 1676 mußte ein umfangreiches Territorium, vor allem Podolien, an das Osmanische Reich abgetreten werden. Nun gab es polnische Adelige, die ihren Besitz verloren hatten. Sie bildeten im polnischen Reichstag gleichsam eine antiosmanische Lobby.

Sobieski war als französischer Kandidat auf den Thron gekommen und hatte daher mit französischen Interessen zu rechnen. Die Franzosen waren prinzipiell gegen einen polnisch-osmanischen Konflikt, doch ihr Einfluß am Hof des Sultans reichte nicht aus, um für die Polen günstigere Bedingungen zu erreichen. Die Polen brauchten jedoch einen Bundesgenossen gegen das Osmanische Reich, denn sie betrachteten die durch den Waffenstillstand von 1676 geschaffenen Zustände als unhaltbar, konnten jedoch aus eigener Kraft keine Wende herbeiführen. Nun waren zum erstenmal König und Adel in Polen im Prinzip bereit, mit anderen christlichen Staaten gegen die Osmanen zusammenzugehen. Mehr als je zuvor hatten die Polen das Gefühl, von den Osmanen bedroht zu werden.

Als Bundesgenosse Frankreichs unterstützte Sobieski nach seiner Wahl zum König von Polen die Malkontenten in Ungarn gegen den Kaiser bzw. vermittelte er an sie die französische Hilfe. Als jedoch die Malkontenten immer enger mit den Osmanen zusammenarbeiteten, wurden sie zu einer Gefahr für Polen. Denn sollte es Thököly gelingen, ganz Ungarn in einen osmanischen Vasallenstaat zu verwandeln, stünden die Osmanen nicht weit von Krakau, und die polnisch-osmanische Grenze würde sich um ein nicht unwesentliches Stück verlängern.

Sobieski hatte also im Gegensatz zu seinen Vorgängern sehr wohl triftige politische Gründe, an einer Türkenliga teilzunehmen und eine weitere Schwächung des Kaisers in Ungarn zu verhindern. Darüber hinaus hatte er aber Motive, die über die polnisch-osmanischen Beziehungen hinausgingen. Nach den Niederlagen in den fünfziger, sechziger und siebziger Jahren des 17. Jahrhunderts war das Ansehen Polens in Europa tief gesunken. Allein und ohne Bundesgenossen konnte Sobieski keines der Probleme lösen und die Lage Polens verbessern. Das Interesse an einer Zusammenarbeit mit Polen war jedoch bei den möglichen Bundesgenossen sehr gering. Die Militärmacht Polens hielt man für eine Quantité négligeable. Es mußte also die Hauptaufgabe des Königs sein, das militärische Ansehen Polens wiederherzustellen. Die Lage des Jahres 1683 bot dem König eine hervorragende Gelegenheit. Kaum ein Zeitgenosse hatte so gute Erfahrungen mit den Osmanen, kannte so gut ihre Taktik und Kriegsführung wie König Jan Sobieski. Wenn er nun diese Fähigkeiten in einer Weise einsetzte, die über die rein polnischen Interessen hinausgingen, dann mußte sich das positiv auf das Ansehen Polens in Europa auswirken. Die Berechnung war gewiß politisch klug, der Erfolg entsprach durchaus den Erwartungen. Seine militärische Leistung wurde in ganz Europa gewürdigt. Allerdings blieb auch diesmal das Resultat letztlich sehr mager. Der polnische Adel machte dem König einen Strich durch die Rechnung. Ein allzu einflußreicher, angesehener und unternehmungslustiger König war den polnischen Adeligen suspekt. Nach dem international aufsehenerregenden Erfolg bei Wien haben die Adeligen den König noch viel mehr als vorher in seinen Aktionen behindert, so daß Polen als Land von dem Sieg nicht profitierte. Den Nutzen hatte vor allem der Kaiser: Durch Sobieskis Einsatz blieb es seiner Residenzstadt erspart, von den Osmanen ausgeplündert zu werden.

Aber all diese internationale Gloria — König Sobieski genoß ein Ansehen in Europa wie keiner der polnischen Könige seit den Jagellonen — half ihm nicht, sein vornehmstes Ziel zu erreichen: Er wollte zum Gründer einer Dynastie werden. Doch auch der spektakuläre Sieg vor Wien konnte die Polen nicht davon überzeugen, daß sie ihr Heil in der Schaffung einer Dynastie Sobieski finden würden.

Die Geschichtsschreiber fanden Schuldige nicht nur im Osmanischen Reich. In Zeiten, in denen auch bei den österreichischen Historikern alles Deutsche große Wertschätzung genoß und die Franzosen als Feinde par excellence galten, schob man gerne die Schuld dem König Frankreichs in die Schuhe. Zwar hat er die Malkontenten unterstützt und gewiß auch nichts unternommen, um einen Konflikt zwischen Sultan und Kaiser zu verhindern, doch gibt es keinen Beweis dafür, daß er die Osmanen dazu gedrängt hätte, den Kaiser anzugreifen. Diese Zurückhaltung mußte er sich auferlegen, damit sein Ruf als christlicher Herrscher nicht Schaden nehme.

Als es in Österreich Mode war, die Ungarn als die Verhinderer österreichischer Größe zu sehen, schob man auch gerne Thököly die Schuld in die Schuhe: Er habe den Großvezīr und den Sultan zu dem Feldzug überredet. Thökölys Einfluß in Konstantinopel war jedoch minimal. Seine Berichte über die Schwäche des Kaisers haben aber gewiß mit dazu beigetragen, den Politikern in Konstantinopel einen Feldzug gegen den Kaiser schmackhaft zu machen. Das dürfte aber auch alles sein, was sich auf Thökölys Bemühungen zurückführen ließe.

Das Resultat der politischen Ereignisse des Jahres 1683 ist ganz eigenartig: Sultan und Großvezīr zogen aus, um einen Sieg zu erringen. Das Resultat war die bis dahin spektakulärste Niederlage des Osmanischen Reiches als Landmacht. Dies brachte den Großvezīr und mit einiger zeitlicher Verzögerung auch den Sultan um die politische Macht. Sobieski wollte das Ansehen Polens stärken, Podolien zurückgewinnen und die Moldau in den polnischen Einflußbereich einbeziehen. Doch außer der persönlichen Gloria gewann Sobieski nichts. Nur Leopold I., der anfangs eigentlich nichts anderes wollte, als im Osten unbelästigt bleiben, ging am Ende als der große Sieger und Gewinner hervor. Eine Rolle, die ihm gewiß nicht auf den Leib geschrieben war und die ihm gleichsam von den Verhältnissen aufgedrängt wurde.

Bei keinem der politisch Handelnden entsprach das Endresultat den ursprünglichen Motiven; für alle kam es anders, als sie es sich erhofft hatten.

Zygmunt Abrahamowicz

Das Türkenjahr 1683 in islamischer Sicht

Die aufeinanderfolgenden Gedenkfeiern der großen Schlacht bei Wien am 12. September 1683, die einen Wendepunkt in der Geschichte der Beziehungen und Kräfteverhältnisse zwischen dem islamischen Morgenlande und dem christlichen Westen bildet, gaben immer einen Anlaß zur Forschung über die Motive und den Verlauf jenes selbstmörderischen Angriffs des Großwesirs Kara Mustafa Pascha gegen die Kaiserstadt. Bezeichnend ist dabei, daß die Wichtigkeit der orientalischen Quellen für die richtige Beantwortung der damit zusammenhängenden Fragen bereits den die Positionen der Belagerer von Wien erstürmenden verbündeten Streitkräften Europas einleuchtete. Was damals in der Feldkanzlei Kara Mustafas vor Wien oder während der weiteren Kämpfe mit den Türken in Ungarn erbeutet worden und, sei es im Urtext oder nur in Übersetzungen, bis auf unsere Tage erhalten geblieben ist, ist leider wenig und kann kaum als Material von ausschlaggebender Bedeutung bewertet werden. Besser ist es mit den erzählenden Quellen aus dem islamischen Bereich bestellt.

Bevor ich zu den morgenländischen Quellen zur Geschichte des Jahres 1683 übergehe, möchte ich mich der Beschreibung Wiens im „Fahrtenbuch“ (türkisch *Seyahatnâme*) des osmanischen Reisenden *Evliyâ Çelebi* annehmen. Er weilte in Wien 1665 als Mitglied der türkischen Gesandtschaft, die den Vertrag von Eisenburg/Vasvár (10. August 1664) ratifizieren sollte. *Evliyâs* Bericht über seinen Aufenthalt in Wien ist den Wienern in der ausgezeichneten Übersetzung aus der Feder des klassischen Philologen und Orientalisten Richard F. *Kreutel* zugänglich.[1] Mit zuviel Phantasie ausgemalt, weckte dieser Text den Verdacht jenes Wiener Forschers, daß er vielleicht nicht auf Autopsie beruhe. Die unklaren Aussagen *Evliyâs* über osmanische Pläne zur Eroberung Wiens und die bei ihm zu findenden „Weissagungen“ verschiedener alter „Propheten“ über deren Fehlschlag deutete *Kreutel* als die von *Evliyâ* selbst konstruierten „vaticinationes ex eventu“ zur Rechtfertigung der Niederlage Kara Mustafas von 1683 als einer schon vorherbestimmten.

*Kreutel*s Zweifel an der Glaubwürdigkeit des Aufenthaltes *Evliyâ Çelebis* in Wien wurden von Karl *Teply* verscheucht,[2] der auch zur Klärung mancher phantastischen Erzählung über Wien bei diesem Schriftsteller beigetragen hat.[3] Selbst in *Evliyâs* Lügengewebe darüber, wie er 1663, nach der osmanisch-tatarischen Eroberung von Neuhäusel (Újvár — Nové Zámky in der Slowakei), zusammen mit 40.000 kriegerischen Tataren bis nach Schweden, Dänemark und noch weiter eingedrungen war, das bisher für völlig aus der Luft gesaugt gehalten wurde,[4] konnte ich bei näherer Betrachtung nebst prahlerischer „Dichtung“ eine vom Verfasser entstellte historische „Wahrheit“ feststellen.[5] Deshalb darf ich hier auch für *Evliyâs* Aussagen über Wien eine neue Deutung vorschlagen.

Evliyâ spricht viel über Suleiman des Prächtigen mißratenen Angriff gegen Wien. In Ahmed Paschas Niederlage bei St. Gotthard sieht er eine Folge des Bannspruchs jenes Sultans gegen die Türken, die sich an eine neue Verletzung der osmanisch-habsburgischen Grenze wagen würden.[6] Als ein „islamisch-osmanischer Patriot" spricht er aber zugleich mehrmals den Wunsch aus, Wien möge bald in die Hände des von ihm verehrten Padischahs Mehmed IV. geraten. Er gibt die Daten des ersten Versuches der Osmanen um Wien und ihrer erhofften Eroberung der Stadt. Während er für das erste das arabische Wort *zulla* gebraucht, welches durch den Zahlenwert seiner Buchstaben dem Jahre 935 H. (1529 n. Chr.) entspricht, so bezeichnet er das letztere durch die arabischen Worte *ganim* und *gunam,* die die Jahre 1091 und 1090 H. (12. Februar 1679 bis 20. Jänner 1681) ergeben.[7] Wir lesen auch von einer Meinungsverschiedenheit zwischen dem auf die Eroberung Wiens erpichten *Evliyâ* und einem Bedienten des Gesandten. Dieser sah wie ein Derwisch aus. Nach *Evliyâs* Ausspruch hat er mit Blut in den Augen einen Wunsch geäußert, in welchem *Kreutel* so eine falsche „Prophezeiung" *Evliyâs* über Kara Mustafas Niederlage i. J. [10] 94 H., d. h. 1683 sehen wollte. *Kreutel* war auch durch den krassen Widerspruch zwischen dieser Zahl und jenen Jahreszahlen 1090—91 H. erstaunt, auf die doch kein osmanischer Angriff gegen Wien entfällt.[8]

In den Worten *ganim* und *gunam* kann man aber nicht eine bestimmte Jahreszahl, sondern das durch ihren semantischen Wert: „beutebeladen, beutereich" und „Beute" durchschimmernde Verlangen dieses Osmanen nach den Schätzen und anderen Wundern Wiens sehen, deren seine Glaubensgenossen nach der Eroberung der Stadt habhaft werden sollten. *Kreutel*s Übersetzung der Stelle über den Streit zweier Türken um Wien ist allzu poetisch, und ich finde im Urtext nicht immer das, was in dem deutschen Buche über die hellseherische Eingebung jenes „Derwisches" zu lesen ist. So gibt es hier anstatt „[10] 94" vielleicht einen Wunsch, die Osmanen mögen Wien auch in „90 Jahrhunderten" (*doksan devirde* und nicht *doksan dör[t]de*), d. h. überhaupt nie in ihre Hände bekommen. Die Bezeichnung eines Muslims, der sich dem frommen Wunsch *Evliyâs* widersetzt hatte, als *meczûb* (ar.) darf man einfach als „verrückt" übersetzen: Nur so konnte *Evliyâ* sich seine Einstellung zu dieser für die Osmanen so wichtigen Frage erklären. Wenn aber jener „Derwisch" seine Aussage durch die Befürchtung argumentierte, daß die Osmanen alle Herrlichkeiten Wiens vernichten würden, so sehe ich in ihm einen um die ökonomisch-kulturelle Rückständigkeit seines einheimischen Milieus im Vergleich mit dem Westen bekümmerten Mann. Solche gab es in der Türkei im 17. Jh. bekanntlich viele.

Evliyâ berichtet ebenfalls von einer „Weissagung" der „Astrologen der Giauren [...] und ihrer Priester und Geistlichen" davon, daß der künftige Angriff der Osmanen gegen Wien mit Hilfe der Tataren in eine Niederlage der Angreifer verwandelt werden würde.[9] *Kreutel* findet hier eine auf die Niederlage und den Tod Kara Mustafas zielende falsche „Prophezeiung" von *Evliyâ* selbst.[10] *Teply* will darin einen Widerhall von zwei zusammengeschmolzenen uralten Legenden über die Türken und Tataren gefunden haben.[11] Die erstere dieser Legenden, 1546 von Bartholomäus Georgijević überliefert, spricht von der erhofften osmanischen Eroberung des *Kızıl Elma,* d. h. des „Roten Apfels". Diese Bezeichnung (die von *Kreutel* als „der Goldene Apfel" übersetzt wurde) bezieht sich auf das päpstliche Rom,[12] später wurde sie aber auch auf Wien, „den Goldenen Apfel von Deutschland und Ungarn"[13] übertragen. Sie ist jedoch rein islamisch-osmanischen Ursprungs, wogegen *Evliyâ* doch von den christlichen „Astrologen" usw. redet. Anstatt mich ins Legendäre zu vertiefen, möchte ich hier nur etwas erblicken, was *Evliyâ* 1665 tatsächlich von der christlichen Bevölkerung Wiens gehört haben kann. Die Furcht vor einem neuen Überfall durch die Osmanen, zugleich aber eine feste Hoffnung auf die Errettung vor ihnen, den Tod ihres Oberbefehlshabers und die Rückeroberung vieler von ihnen früher besetzten christlichen Festungen dürfte für Wiens Atmosphäre auch nach dem Frieden von Vasvár und vor 1683, also auch 1665 bezeichnend gewesen sein. Der osmanische Würdenträger, „der wegen dieser Festung das Leben verlieren" sollte, muß keineswegs nur als Kara Mustafa gedeutet werden. In den hier erwähnten Tataren sehe ich kaum diejenigen des legendären Priesterkönigs Johannes, von denen bei *Teply* zu lesen ist, sondern die Krimtataren. J. v. *Hammer* spricht doch über 25 Gesandtschaften aus der Krim, die Wien von 1643 bis 1680 besucht haben. Die interessantesten sind jene, die 1646, 1650 (und vielleicht auch später) von dem nach seinen Siegen über Polen auf eine Loslösung der Krim von dem Osmanischen Reich sinnenden Chan Islâm Gerey III. (1644—1654) entsandt wurden.[14] In *Evliyâs* Worten über die tatarischen Verbündeten der Wiener in dem künftigen großen Türkenkriege kann man die kaiserlichen, auch der Geistlichkeit (und noch breiteren Schichten) in Wien bekannten Pläne erblicken, die Tataren in diesen Krieg als Gegner des Osmanen einzubeziehen — Pläne, die angesichts ähnlicher Hoffnungen Polens im 17. Jh. gar möglich erscheinen. Sollte diese Vermutung allzu gewagt sein, so könnten wir bei *Evliyâ* wenigstens eine Information über die laue Haltung der Tataren bei Wien im Jahre 1683 voraussetzen, denn gerade die Tataren haben auch zur Niederlage Kara Mustafas bei Wien und später zu seiner Verurteilung durch den Sultan beigetragen.

Evliyâ weiß auch von dem tiefen Zwiespalt zwischen den Ungarn und den Deutschen, und seine Sympathien sind ganz auf der Seite der Protestanten, weil sie in ihren Tempeln keine Figuren dulden, sowie der Magyaren, der liebsten unter allen „Giauren".[15] Interessantes teilt er auch über die Befestigungen Wiens mit.[16] Ich glaube bei ihm eine Menge von Material für die „Vorgeschichte" der Zweiten Türkenbelagerung Wiens zu finden, das realistisch gedeutet werden könnte.

Um mit dieser „Vorgeschichte" abzuschließen, will ich noch auf die ebenfalls von R. F. *Kreutel* übersetzten Angaben über die strategisch wichtigen Punkte der Kaiserstadt in dem offiziellen Gesandtschaftsbericht von Kara Mehmed Pascha von 1665 hinweisen.[17] Im ganzen sehen wir, daß der Osmanen Lust und Appetit auf den „Roten (Goldenen) Apfel von Deutschland und Ungarn" nie erlosch.

Wenn es sich um das Jahr 1683 handelt, so wäre es eigentlich richtiger, hier von den Quellen aus dem islamisch-osmanischen politischen und Kulturbereich zu sprechen. Die älteste von diesen zeitgenössischen Quellen ist nämlich ein Werk eines griechisch-orthodoxen Untertans der Pforte, und ein anderes wurde von einem osmanisch schreibenden Krimtataren verfaßt. Die fünf übrigen wurden von Osmanen geschrieben. Sie alle, zusammen mit dem Werke des Râşid Mehmed Efendi, eines osmanischen Kompilators aus der Wende des 17. und 18. Jh.s, sind eingehend von R. F. *Kreutel* behandelt worden.[18] Eine armenische Geschichte von Eremya Çelebi *Kömürciyan* wurde von Hrand *Andreasyan* schon vor Jahren ins Türkische übersetzt, die Übersetzung ist aber leider bis heute nicht veröffentlicht worden. Aus einer kurzen mündlichen Zusammenfassung, die ich von dem Übersetzer 1976 erhalten habe, geht hervor, daß dieses Werk durch eine feindliche Einstellung gegen Kara Mustafa charakterisiert ist, aber wenig Neues und Belangreiches beinhaltet.

Die griechische, seit 1971 in der kommentierten Übersetzung von R. F. *Kreutel* vorliegende „Geschichte" von Aleksander *Mavrokordátos* beginnt am 11. April 1682, als der kaiserliche Internuntius A. Caprara in Konstantinopel ankam, und reicht bis zum 25. November 1683. Der Verfasser, der dank seiner hohen Stellung als der erste Dolmetscher der Pforte über alle Verhandlungen Kara Mustafas mit den westlichen Diplomaten eingehend informiert war, hat alles Interessante darüber verschwiegen, und das übrige ist bei ihm selten von Belang.[19] Erst mit dem „Ausstecken der großherrlichen Roßschweife" gegen Ungarn in Adrianopel am 21. Jänner 1683 beginnt ein anonymes Tagebuch, das mit zwei Lücken (14. bis 18. August und 5. bis 7. September) alle Ereignisse bis zum Tode des Großwesirs am 25. Dezember 1683 beschreibt und dann weniger eingehend bis zur Belagerung Budas durch die Kaiserlichen i. J. 1684 fortgeführt wurde. Das Tagebuch, nur in zwei Kopien bekannt, wurde wohl, wie es *Kreutel* angenommen hat, von dem *Zeremonienmeister* der Pforte, Teilnehmer an Kara Mustafas Feldzug gegen Wien, verfaßt. Sehr genau in seinen Angaben über alles Äußerliche und genauso über den Fortgang der Belagerung Wiens, am Anfang durch seinen „giauren"-feindlichen Eifer und kritiklose Lobpreisung des Großwesirs, nach seiner Niederlage bei Wien durch seinen besorgten, reuevollen Anhang über die taktischen sowie religiös-ethischen Fehler dieses Feldzugs gekennzeichnet, ist dieses Tagebuch sehr wichtig für die Geschichte jenes Türkenjahres, obwohl es manchmal auch die allgemein bekannten Tatsachen aus der politischen Sphäre verheimlicht. Daß es einzigartig war, geht daraus hervor, daß seine erwähnten Lücken auch in der „Chronik" des Mehmed Ağa aus *Fındıklı* bei Istanbul nicht ergänzt werden konnten. Dieser, nach seinem späteren Amt als Schwertträger des Sultans Ahmed III. (ab 1703) *Silihdar* genannt, hat in seiner Geschichte der Osmanen von 1654 bis 1720 auch den Feldzug von 1683 peinlich genau beschrieben. Den Kern bilden hier die Tatsachen aus dem Tagebuch des *Zeremonienmeisters,* das er, ohne es zu nennen, gründlich ausgebeutet, aber auch mit vielen Bemerkungen und Informationen aus anderen, genauso nicht genannten Quellen bereichert hat. Nicht so naiv wie jenes Tagebuch, ist das Werk von *Silihdar* in der Bewertung des Großwesirs auch nicht immer konsequent und manchmal auch zu scharf, im ganzen ist es aber die beste und am besten informierte und informierende osmanische Quelle über den Verlauf sowie die Vor- und Nachgeschichte des Wiener Feldzugs Kara Mustafas. Die „Auswahl der Begebenheiten" vom *Defterdar* (Kammerpräsident der Pforte) Sarı Mehmed Pascha bietet nur interessante Ergänzungen zum *Silihdar.* Stark gegen den Großwesir gerichtet ist die kurze „Geschichte des Wiener Feldzugs" von Hüseyin Efendi genannt *Hezârfenn* („Polyhistor"), einem der klügsten Köpfe Stambuls zur Zeit Mehmeds IV. Ihr Inhalt war ab 1709 dank der italienischen Übersetzung, die von dem für die Osmanenkunde so verdienten Grafen L. *Marsigli* in Bologna veröffentlicht wurde, bekannt. Ihr Autor wurde erst im Zuge meiner Arbeit über den in Bologna von mir aufgefundenen Urtext, an Hand der Forschungen der Hamburger Osmanistin Heidrun *Wurm*[20], bekannt. Abweichend von dem Ton anderer osmanischer Historiker des 17. Jh.s sind die Erinnerungen an das Jahr 1683 in dem viele Jahre nachher geschriebenen Werke eines der Teilnehmer an jenem Feldzug, Hasan, Sohn des Hüseyin, eines Dschebedschi („Zeugschmieds"), der nach langer Kriegsgefangenschaft in den deutschen Landen eben als *ʿEsîrî* („Kriegsgefangener") bekannt ist. Es gibt hier manche lebhaft gezeichnete Szene aus dem zügellosen Leben der islamischen Belagerer Wiens und aus ihrer Schlacht mit den Armeen des Entsatzes sowie aus dem jämmerlichen Rückzug der Osmanen nach der Niederlage bei Wien. Diese Reihe schließt der Tatare *Mehmed Gerey*. Nebst der Belagerung Wiens berichtet er auch über den Einfall der Kosaken und Polen gegen die Tataren Bessarabiens Ende 1683. Ein Feind Kara Mustafas, der in seiner ungezügelt groben Hoffart den Chan und die Tataren dem Spott preisgab, endet er seine Informationen über das Jahr 1683 mit einer scharfsinnigen Bemerkung über das „Schwarzwerden", d. h. den Verfall des Osmanischen Reiches zur Zeit zweier „schwarzer" Großwesire: Kara (türk. „Schwarz") Mustafas und seines Nachfolgers Kara Ibrahims.

R. F. *Kreutel,* der verdiente Wiederbeleber osmanistischer Quellenstudien in Europa, hat auch einen Teil des Tagebuches des Zeremonienmeisters ins Deutsche übersetzt. Sein Buch *Kara Mustafa vor Wien* bringt den Text vom 14. Juli an bis zu der Schlacht vom 12. September sowie den erwähnten Anhang und nachher die Beschreibung des Todes Kara Mustafas, aber auch die Ergänzungen dazu aus dem Werke *Silihdars*.[20a]

In meiner Sammlung islamischer Quellen zur Geschichte des Jahres 1683, dessen Titel genau dem des deutschen Buches entspricht, habe ich auf den *Zeremonienmeister* im Grunde verzichtet. Der Hauptton wurde hier auf den *Silihdar* gelegt. Seine Aufzeichnungen vom Beginn des Jahres 1092 H. (21. Jänner 1681) bis zum Tage, an dem der Sultan den Rest der eingezogenen Reichtümer Kara Mustafas übernommen hatte (28. Februar 1684), bilden den wichtigsten Teil des Buches. An diese reihen sich Teile oder ganze Werke (so *Hezârfenn)* anderer Autoren — ohne *Mavrokordátos* und *Râşid,* sowie vier Briefe des Großwesirs aus der Zeit seines Marsches gegen Wien und seiner Belagerung der Stadt.[21]

Diese Sammlung der nunmehr rein islamischen, obwohl nicht einheitlich osmanischen Quellen habe ich auch als Unterlage bei diesem Bericht benutzt. Ich will ihn in chronologisch-thematischer Reihe der Ereignisse entwickeln. Ohne dabei auf die aus anderen Quellen bekannten Tatsachen einzugehen, will ich hier deren weniger bekannte Seiten betonen, um zu zeigen, was Kara Mustafa durch seinen Angriff gegen Wien erreichen wollte und was aus seinen Plänen wurde.

Interessant ist hier vor allem das Bild Kara Mustafas. *Silihdars* Vorhaben, dem Erwürgten einen Nachruf zu widmen (in dem, wie in anderen solchen Nachrufen bei ihm, eine Biographie und Charakteristik zu finden gewesen wären), wurde leider nicht ausgeführt.[22] Die Kritik des Großwesirs bei diesem, wie auch bei den übrigen Autoren, die hier in Betracht kommen, ist inkonsequent. Sie wechselt oft mit dem traditionellen Lob des Großwesirs und *serdars,* Oberbefehlhabers jenes Feldzugs, und ist vor allem durch das Mißlingen seines Vorhabens beeinflußt. Die Charakterschwächen und Fehler Kara Mustafas — kurzsichtiger Starrsinn und Jähzorn, Dünkel und Habgier — offenbarten sich bereits, bevor er das höchste Amt im Reiche übernommen hatte. Niemand scheint hier aber zu ahnen, daß diese eingeborenen Fehler infolge seiner Erfahrungen zur Zeit seiner Vorgänger im Amt entwickelt wurden. Um Kara Mustafa besser und richtiger zu verstehen und zu bewerten, ist noch ein gründlicheres Studium über die Persönlichkeit Mehmeds IV., des alten Köprülü Mehmeds und seines Sohnes Ahmed Paschas, sowie über die Beziehungen zwischen dem Großherrn und diesen Großwesiren nicht nur in Staats-, sondern auch in Privatsachen und im Alltagsleben nötig.[23] Hier müßten wir aber weit über die Grenzen der in mancher Hinsicht unzulänglichen türkischen Quellen hinausgehen.

Kara Mustafas Angriff gegen Wien wird von den islamischen Autoren sehr eng mit der Zufluchtnahme der ungarischen Aufständischen bei der Pforte und mit den Unruhen an der osmanisch-habsburgischen Grenze in Zusammenhang gebracht.

Über die krassen Methoden der politisch-religiösen Unterdrückung des Magyarentums seitens des Wiener Hofes spricht besonders breit *Silihdar*. Den Verlauf des religiösen Krieges in Ungarn berichtet er manchmal in sehr groben Worten.[24] Vom „Janos (Szapolyai — ZA), König von Siebenbürgen", dessen Verhältnisse zu seinem Beschützer Sultan Süleyman zum Vorbild für die Ungarn in der näheren Zeit geworden waren, weiß nur der gelehrte *Hezârfenn*.[25] Über den Frieden von Vasvár als Beginn des ungarisch-österreichischen Streites scheinen die türkischen Autoren nichts zu wissen.

Beim *Silihdar* ist „König Thököly Imre", Sohn des in den Kämpfen mit dem Kaiser umgekommenen Duduk, König von Mittelungarn, der Anführer der Aufständischen seit dem Beginn des Krieges, der dazu führte, daß der Kaiser auf die Zriny, Batthyány, Nádasdy (also die 1671 verurteilten Mitglieder der Magnatenverschwörung) und andere „seine Hand auflegte". Schon im Jahre 1083 H. (April 1672 bis April 1673) soll er bei dem vorsichtigen Cerrah Kasım Pascha, Beilerbei von Jenö, vergeblich um Hilfe geworben haben. 1086 H. (März 1675 bis März 1676) hat auch der Großwesir [Ahmed Pascha] seine Bitte abgelehnt.[26] Nur *Hezârfenn* weiß, daß als Vermittler zwischen den Ungarn und dem um Kandia kämpfenden Großwesir als *kaymakam* [Kara] Mustafa Pascha von Merzifon beteiligt war.[27] Die Absage Ahmed Paschas wird dadurch begründet, daß er während des deutschen Feldzugs (von 1663 bis 1664) zuviel Mühe gehabt hat — oder auch so, daß er durch den Vertrag mit dem Kaiser gebunden war und meinte, daß man ohne Kreta erobert zu haben „keine Unruhen anzetteln darf". Aber auch nach seiner siegreichen Rückkehr nach Adrianopel soll Ahmed Pascha die mehrmaligen Anliegen der ungarischen Herren um seine Hilfe abgelehnt haben.[28]

„Erst jetzt, nachdem an die Spitze der Wesire der Großwesir Kara Mustafa Pascha gerückt war, hat [E. Thököly], der darüber informiert war, daß dieser ein Mann sei, in welchem die Habgier über alles andere geht, ihm ein großes Vermögen geschickt — und seinen Willen durchgesetzt" — meint *Silihdar,* und *Hezârfenn* schreibt auch, daß „beim Großwesir sich die eingeborene Habgier und Sucht meldete".[29] Kara Mustafa achtete auf keine Klagen des Kaisers gegen Thököly. „Es war klar, daß dies [alles] zum Verderben führe", der Großwesir aber ließ sich durch nichts abschrecken, weil E. Thököly „dem Großwesir die Augen mit dem ungarischen Golde geblendet hatte". *Silihdar* betont die Rolle Ibrahim Paschas von Buda bei diesen Verhandlungen Thökölys mit der Pforte. Der Kuruzzenführer habe nur dazu um „eine Anzahl von Truppen" gebeten, um die Länder seines Vaters „aus der Hand der Deutschen zurückzugewinnen und zu befreien". Es blieben noch zwei Jahre bis zum Ablauf des Friedens von Vasvár, „der Großwesir hat aber durch seine verhängnisvolle Habgier den Vertragsbruch begangen". *Silihdar* beschreibt nachher die feierliche Aufnahme des ungarischen Gesandten am 21. (bzw. 22.) Juli 1681 durch den Sultan, der ihm Hilfe versprach und eine herrliche Keule für seinen Herrn schenkte.[30] Der *Defterdar,* der auch einiges zum Verlauf der ungarischen Angelegenheiten beisteuert, sieht hier keinen Verstoß gegen den Frieden mit dem Kaiser.[31] *Esîrî,* der sich vom Anfang an für den Sultan und den Großwesir einsetzt, bleibt dennoch nicht blind auf die Schuld der Osmanen an der Störung des Friedens mit der ganzen christlichen Umwelt.[32]

Es folgen Beschreibungen der Siege E. Thökölys in Oberungarn mit der Hilfe der osmanischen Truppen.[33] Dies genügte jedoch dem Großwesir nicht. Die türkischen Autoren, vor allem *Silihdar,* betonen seinen bösen Willen in den Verhandlungen mit A. Caprara. „Der Großwesir, ein streitlustiger, hochmütiger, gieriger *Türke* (d. h., ‚Tölpel, ungebildeter Mensch' — Z A), der durch seinen Starrsinn, Undankbarkeit und Anmaßung den Staat zum Verderb führte, meinte, die schwere Schmach, die an der Raab über uns kam, sei noch immer nicht getilgt worden, und wollte zu diesem (von A. Caprara vorgeschlagenen) Frieden nicht zulassen" — meint Silihdar. Um ihn zu brechen, organisierte er eine Lawine von Berichten über die „Gewalttaten der Deutschen", die dieser Autor als „voll Lug und Trug" bezeichnet. Der Großwesir, dem dabei der Janitscharenağa Mustafa Pascha von Tekirdağ (Rodosto), bezeichnenderweise *Bekri,* d. h., „Trunkenbold" genannt, sowie der Leibkapellan des Sultans Vani Mehmed Efendi eifrig sekundierten, „tat alles, und unterließ nichts, bis er endlich den Padischah wie ein Teufel verführt hat"[34]. Der Großwesir hatte auch Schwierigkeiten mit dem Müfti 'Alî Efendi, der zuerst der Meinung gewesen war, der Krieg gegen die „Giauren" — „zur Sicherung des [islamischen] Glaubens" sei unter Umständen gegen die Gesetze des Korans, und erst später, angeblich von Kara Mustafa mit Geschenken überhäuft, ihm seine Erlaubnis zum Kriege erteilte.[35] Auch ein Teil des stehenden Heeres der Pforte war gegen die Kriegspläne des Großwesirs, diesen Widerstand hat er aber leicht durch Entlassung des entsprechenden Offiziers gebrochen.[36] Fast alle islamischen Autoren sprechen davon, wie der Sultan endlich die Argumente Kara Mustafas anerkannte und in seinem Zorn als der zur Beschützung der Religion und der Gläubigen verpflichtete islamische Herrscher seine Bewilligung zum Kriege gegen die deutschen Gewalttäter erteilte. Erst später, durch Kara Mustafas Bericht über die Belagerung Wiens überrascht, soll der Großherr gesagt haben, er habe im Sinne nur einen Feldzug gegen Raab gehabt und hätte ihm nie erlaubt, Wien anzugreifen.[37]

Im Lichte der Verhältnisse zwischen dem Sultan und dem Großwesir betrachtet, erweckt diese Behauptung Mehmeds IV. keinen Einwand. Auf die Frage, warum der Sultan sich so gegen den Krieg mit Österreich geweigert hatte, finden wir in den islamischen Quellen keine Antwort. Nur aus anderen Quellen wissen wir, daß des Sultans Kriegspläne einem anderen Ziel (Sizilien, Malta) galten.

Kara Mustafas Pläne waren in Mitarbeit mit Laz Mustafa Efendi, *re'îsülküttâb* (Staatskanzler der Pforte), entstanden. Dieser Mann, den *Silihdar* zum „Vertrauten und vortrefflichen Führer in allen Vorhaben und Plänen" des Großwesirs stempelt,[38] infolge seiner Funktionen am besten unter den Türken mit der verwickelten Lage in Europa vertraut, soll dem Großwesir „ständig" folgendes eingeflüstert haben: „Höre nicht, mein Herr, was Dir die anderen reden. Du kannst nach Deinem eigenen Willen handeln: Ein vom Gott herabgesandtes, immer heller leuchtendes Licht bist Du, solches Heer hat noch kein König besessen und sogar Alexander [der Große] war nicht auf solche Höhen, zu solcher Herrlichkeit gelangt. Nicht nur bis zum *Roten Apfel* würdest Du vorstoßen, sondern ganz *Frengistan* durchziehen — wird sich aber jemand finden, der gegen Dich hervortreten möchte? Wer möchte sich aber an eine so mit Truppen, Schießpulver und Munition vollgestopfte Festung heranmachen, wie diese Festung Raab? Von den islamischen Streitern *(gazi)*, die dort kämpfen werden, will ich keine Worte verlieren — mit Allahs Hilfe wird dort ein jeder von ihnen selbst trachten, daß er nicht Hunger leidet. Diese Festung hat aber einmal uns angehört, und das Land rund um sie sind größere und kleinere Reiterlehen *(ze'amet, tımâr)* im Besitz der Streiter, die die Wacht über dieses [gott]gehütete Grenzland halten. So wenn wir sie erobert haben werden, gewinnen wir bloß eine Festung, alle unsere Anstrengungen und Mühen werden sich aber unnütz erweisen. Wenn Eure gesegneten Füße schon mit dem Staub der Wege bedeckt sind, so laßt uns weiterziehen und unsere Zügel direkt auf die Festung Wien richten, die Hauptstadt des Kaisers. Mit Allahs Hilfe werden wir dieses Land in einer Zeit erobern und erschließen, die weniger dauern wird, als es nötig ist, um einen Schluck Wasser zu trinken. Wenn sie [die Stadt Wien] sich uns ergibt, kommen wir in den Besitz jener unerschöpflichen Schätze, die [dort] seit der Zeit Anuschirewans angehäuft wurden, und so werdet Ihr nicht nur die Kosten des Krieges gedeckt haben, denn auch solche Summen werden Euch zufallen! Die Festung werdet Ihr dem Emmerich Thököly übergeben, und sobald Ihr das ganze Land und die Festung Preßburg erobert und auf sein Haupt die dort verwahrte *korona* (ung. „Krone“) des deutschen Kaisers gesetzt haben werdet, wird dieser die Oberhand über die sieben Könige (d. h. Kurfürsten) gewinnen, sowie zu Eurem hörigen Diener, Eurer [fest] zupackenden Hand, zu Euren hell sehenden Augen, Eurem siebenköpfigen Drachen werden, Ihr aber werdet in höchster Glückseligkeit des Friedens genießen. In jenem Lande wird man zahlreiche größere und kleinere Reiterlehen und Stiftungen [für wohltätige und fromme Zwecke] bilden und da werdet Ihr ebensolche Beiträge einnehmen, wie man aus Ägypten einzieht. Jedes Jahr werden die Leute sehen, wie schön Ihr den Schatz des Sultans mehrt, und dann wird es von Euch in dieser vergänglichen Welt mit Achtung und Lob geredet werden!“[39]

Der Plan ist klar. Der *re'îsefendi* zielte auf die Zertrümmerung nicht nur Österreichs, sondern des ganzen Reiches mit seinen sieben Kurfürsten und fühlte sich stark genug, um auch gegen *Frengistan* — vielmehr Italien als Frankreich (wie es von manchen europäischen Autoren des 17. Jh.s vermutet wurde[40]) — vorzurücken. Von E. Thököly werden wir weiter hören, Kara Mustafa habe ihm versprochen, ihn zum „König von Wien“ zu machen. Ob das inmitten eines nach osmanischer Art eingerichteten Landes möglich gewesen wäre, ist sehr fraglich. Jedenfalls sollte nicht er, sondern allein Mehmed IV. die Stelle Leopolds I. als Kaiser einnehmen. Von dem Sultan als Kaiser hören wir in den türkischen Quellen bis 1683. Im ganzen handelte es sich um die Wiederherstellung des einstigen Römischen Reiches unter der Alleinherrschaft der Osmanen. Die Krone, die E. Thököly nach der Eroberung Preßburgs bekommen sollte, war die heilige Krone der Könige von Ungarn, die Leopold I. als deren Nachfolger und nicht als Kaiser zustand. Wichtiger aber als alle politischen Ziele dieses Feldzugs sind jene ökonomischen, die auf das Wohl der Pforte und eines jeden Teilnehmers dieses Feldzugs berechnet waren.

Diese Fragen habe ich schon anderswo behandelt.[41] Es ist nun die Frage, wann dieser Plan formuliert und in die Tat umgesetzt wurde.

Seine Entscheidung über den Krieg mit dem Kaiser um die Festung Raab hat Mehmed IV. am 6. August 1682 getroffen, an welchem Tage seine Roßschweife in Konstantinopel ausgesteckt wurden. Bald darauf ist er schon auf dem Wege nach

Adrianopel. Kara Mustafa und die Reichskanzlei verlassen die Hauptstadt etwas später. Am 21. Jänner 1683 werden die Roßschweife in Adrianopel ausgesteckt.[42] Nur aus französischen Berichten aus Konstantinopel ist bekannt, daß den endgültigen Beschluß, Wien anzugreifen, der Großwesir dort am 3. März formuliert hatte.[43] Die verhängnisvollen Beratungen mit dem *re'îsülküttâb* müßten demnach entweder auf dem Wege aus Konstantinopel oder schon in Adrianopel stattgefunden haben.

Am 5. September 1682, einen Monat nach der entscheidenden Diwansitzung in Stambul, wurden die ersten Maßnahmen zur Werbung der Soldaten in Kleinasien getroffen.[44] Mobilisationsfermane an andere Wilajets sollten vom Sultan erst am 21. Jänner 1683 in Adrianopel erlassen worden sein. Als Sammelpunkt für die Truppen wurde Belgrad gewählt, wo alle am 3. Mai erwartet wurden.[45] Anderseits ist aber bekannt, daß bereits im Mai—Juli 1681 die Ansammlung von Kriegsmaterial in Rumelien sowie der Transport von Munition nach Belgrad befohlen wurde.[46] In Belgrad wurden später alle Musterungen der heranziehenden Truppen abgehalten.

Seit den ersten Tagen des Feldzugs gab es Schwierigkeiten verschiedener Art. Die Wege, besonders aber die Brücken ließen viel zu wünschen übrig. Schuld daran soll der Großwesir selbst gewesen sein, der zu ihrer Reparatur einen unverantwortlichen Verwandten bestimmt hatte, dem er später auch half, unbestraft zu entkommen.[47] „Darüber hinaus wurden in Rumelien und Anatolien unter dem Vorwand des Krieges Gewalttätigkeiten verübt, die noch nie dagewesen waren. Schier unbeschreiblich waren jene verschiedentliche Erpressungen und Mißtaten der Wesire, Beilerbeis und Beis."[48] Besonders grausam waren die Truppen aus dem fernen Diyarbekir — „unterwegs haben sie beinahe 200 Jungfrauen Gewalt angetan".[49] Die manchmal oberflächlichen Reaktionen des Padischahs wurden von Kara Mustafa gemildert.[50] Er wollte wohl seine Armee unvermindert erhalten. Die Armee hatte viel durch die Regengüsse zu leiden. Schon unweit von Istanbul wurden die muhammedanischen Reliquien — die Fahne und der Mantel des Propheten — nur mit Mühe vor den Wellen eines wütenden Baches errettet. Der Großwesir durfte sie doch nicht zurückschicken: dies wäre ein böses Omen.[51] In Adrianopel angekommen hatte er aber einen Traum von einem siebenköpfigen Drachen, der ihn gestochen hat. Ein Derwisch sah darin das Vorzeichen eines gefährlichen Ausgangs seines bevorstehenden Krieges mit dem Kaiser, Herrn über sieben „Könige" — Kurfürsten des Reiches. Daß der Großwesir diesen Mann nach Konstantinopel vertreiben ließ, ist ein Beweis, daß er diese Drohung ernst genommen haben muß.[52]

Am 1. April, zwei Tage nach den Janitscharen, verließen der Padischah und „alle siegreichen großherrlichen Truppen" Adrianopel: „Beschwingt eilten sie gegen Ungarn, um sich an dem deutschen Kaiser zu rächen."[53] Am 17. April ist Mehmed IV. in Sofia, und am 3. Mai zieht er feierlich in Belgrad ein. „Der in Haft gehaltene deutsche Gesandte [A. Caprara] wurde damals auf einem Hügel neben dem Wege placiert."[54] Am 7. d. M. „wurde den früher aus Philippopel angekommenen Gesandten vom Emmerich Thököly, König von Mittelungarn, sowie einem Gesandten Ragusas die Erlaubnis erteilt, der Ehre habhaft zu werden, ihre Antlitze [gegen den Steigbügel des] Schehrijars zu reiben". Die Magyaren „haben dort den mitgebrachten Brief von ihrem König abgegeben und mündlich erklärt, daß sie weiter in Gehorsam bleiben, sowie 5000 Goldmünzen zum Geschenk gemacht"[55]. Der Sultan hat beschlossen, in Belgrad zu bleiben. Am 13. Mai hat er Kara Mustafa zum *serdar,* d. h. Oberbefehlshaber ernannt und ihm die heilige Fahne des Propheten übergeben. Den Schlüssel zur Kaaba, den er an die Stange jener Fahne anbinden sollte, wie auch zusätzliche Verordnungen (und wohl auch Glückwünsche) des Padischahs wurden dem Großwesir von dem Oberstallmeister, dem Bosniaken Sarı Süleyman Ağa, seinem erbittertsten Feind, überbracht. Am 24. Mai verließ Kara Mustafa Zemun, um nordwärts zu ziehen.[56]

Am 5. Juni ist er in Esseg. Es dauerte fast zwei Wochen, bis die lange Brücke daselbst repariert wurde. Am 10. d. M. meldete sich bei ihm E. Thököly. Sehr feierlich aufgenommen, blieb er im Zeltlager des Großwesirs bis zum 14. d. M. Am 10. hatte er eine wichtige Konferenz. „Fast drei Stunden saß er im inneren Zelte"; es wurde über die „Kriegsangelegenheiten" gesprochen. Soviel der *Zeremonienmeister*. Daß „der *serdar* ihm versprochen hatte, ihn zum König von Wien zu machen *(Beç'e kral nasbedeceğine)*", und ihn mit der Eroberung von Preßburg beauftragt hatte, weiß nur der *Silihdar*. Thököly kam mit einigen ungarischen Herren. In Esseg erlangte den Großwesir die Nachricht von der „Niederlage der Giauren bei Neuhäusel". Auf seinem weiteren Weg nordwärts erließ der Großwesir Manifeste an die ungarische Bevölkerung — eine Aktion, die auch mit E. Thököly vereinbart wurde.[57]

Von dem in Esseg ausgestellten Briefe des Großwesirs an Hermann von Baden, in dem er dem Kaiser den Krieg erklärt hatte, scheinen die islamischen Autoren, vor allem aber der Zeremonienmeister, nichts zu wissen.[58]

Vom 25. bis zum 28. Juni weilte der Großwesir bei Stuhlweißenburg. Am 24. begrüßte er Serban Cantacuzin, den Woiwoden von Walachien. Die Ankunft des Chans Murad Gerey gab Anlaß zu einem üppigen Mahl und einer neuen Kriegsberatung. „Es wurde schließlich gebilligt, gegen Wien zu ziehen" — schreibt am 25. d. M. der *Zeremonienmeister*.[59] Der *Silihdar* berichtet hier über einen heftigen Streit zwischen dem Großwesir und dem Chan. Selbst die osmanischen Paschas, die über den Entschluß des Großwesirs, die Festungen Raab und Komorn, an deren Eroberung er kein Interesse sah, zu passieren und Wien anzugreifen, zum ersten Mal erst hier informiert wurden, zeigten wenig Enthusiasmus dafür. Wenn aber die Paschas es nicht wagten, ihrem Vorbehalt Ausdruck zu geben, so hat der Chan kein Blatt vor den Mund genommen und warnte vor einer Koalition des Kaisers mit anderen christlichen Herrschern. „[Der Großwesir] geriet in heftigen Zorn über den Chan." Auch der Beilerbei von Buda war der Meinung, der Angriff gegen Wien könne die „benachbarten Könige" zur Hilfe für den Kaiser heranziehen, und riet, das Land erst gründlich zu verwüsten und Wien erst im nächsten Jahr anzugreifen. Er warnte davor, die Sache zu bagatellisieren, und sprach über die Erfahrungen Süleymans von 1529, wofür der Großwesir ihn als „Dummkopf" schalt und ihn des Defätismus anschuldigte. Ibrahim Pascha war auch mit der Verwüstung der Güter von ungarischen Magnaten (Zriny, Batthyány, Nádasdy) durch die islamischen Truppen unzufrieden. Schuld an diesen Freveltaten waren besonders die Tataren, und man liest davon bei *Silihdar* mehrmals.[60]

Die Tage vom 1. bis 7. Juli verbrachte der Großwesir bei der Festung Raab. Auch hier mußten Brücken gebaut werden. Kämpfe gab es nur, um sich den Übergang über den Fluß zu ermöglichen. Die Tataren (z. T. aber wohl auch die Türken) haben hier eine Vorstadt in Brand gesteckt. Laut *Hezârfenn* und *Defterdar* soll der Großwesir erst hier sein Vorhaben bekanntgemacht haben, gegen Wien zu ziehen, und erst hier geriet er in den Streit mit dem Ibrahim Pascha. Über den Chan berichten diese Autoren gar nichts.[61] Die Angaben des *Zeremonienmeisters* als den Augenzeugen und des *Silihdars* scheinen glaubwürdiger zu sein. Kara Mustafa kann hier aber seinen Plan nochmals den Paschas vorgelegt haben — um sie nochmals zu besiegen. Laut *Defterdar* soll der Kommandant von Raab den Großwesir darüber versichert haben, daß im Falle der Eroberung Wiens auch seine Festung vor ihm kapitulieren würde.[62] Auch diese Nachricht, die vom *Zeremonienmeister* nicht beglaubigt wurde, scheint problematisch zu sein. Fest steht nur, daß der Pascha von Ofen bei Raab zurückgelassen wurde, um die Brücken zu überwachen.

Am 7. (oder 8.) Juli, schon auf dem anderen Ufer der Raab, schrieb Kara Mustafa die erste Meldung an den Sultan darüber, daß er Wien angreifen werde.[63] Nachher berichten die türkischen Autoren über die Eroberungen E. Thökölys in Ungarn. Am 8. Juli wird Abaza Kör Hüseyin Pascha, der neu ernannte Beilerbei von Neuhäusel, ihm zur Hilfe geschickt, um zusammen mit den Ungarn Levenc und Nyitra, danach aber auch Preßburg zu erobern.[64] Die Türken erobern Hainburg in einem Tag — dies war aber eine Festung, die sich 20 Tage halten konnte.[65] Tags darauf, am 13. Juli, ist Kara Mustafa schon in Schwechat; er reitet weiter, um sich Wien anzusehen und die Stellen für Schanzen auszusuchen. An diesem Tage verzeichnet der *Zeremonienmeister* (sowie der *Silihdar*) die ersten Kämpfe vor der Kaiserstadt, die ersten abgeschnittenen Köpfe der „Giauren" und die ersten *dil* — buchstäblich die „Zungen", d. h., Gefangenen, die Berichte über den Feind erstatten mußten und nachher, auf den Befehl des *serdars,* „gestraft", d. h. einfach getötet wurden. Am nächsten Tag, dem 14. Juli, bezieht der Wesir schon sein Gezelt vor der Stadt und hat eine Beratung über das Schanzengraben.[66]

Der Verlauf der Belagerung von Wien, wie ihn der *Zeremonienmeister* und der *Silihdar* vorstellen, ist schon aus dem Buche von *Kreutel* bekannt, und es wäre nicht nötig, ihn hier zu referieren. Wichtiger ist wohl die Atmosphäre der Belagerung, zu welcher Wichtiges auch die anderen Autoren des islamischen Kreises beitragen.

Die Nachricht von der verzweifelten Lage des Kaisers inmitten seiner zum Teil andersgläubigen (protestantischen) und daher meuternden Untertanen, die der Großwesir kurz vor seiner Ankunft vor Wien erhalten hatte, hat ihm wohl neuen Mut und Zuversicht eingeflößt.[67]

Dies war das beste Gegenargument gegen alle, die sich seinen Plänen widersetzt hatten.

Die Festung Wien schien den Türken eine harte Nuß zu sein.[68] Daß Kara Mustafas Vorschlag, den Islam anzunehmen, von den Wienern abgelehnt wurde,[69] war ihm wohl sehr gelegen: Sonst hätte er ihrer Schätze nicht habhaft werden können.

„Die Umgebung Wiens läßt den [arabischen] Sinnspruch: ‚Diese Welt ist das Paradies — der Giauren' als richtig erkennen, denn es ist ein blühendes Land, reich an Weideplätzen und Gewässern, an Weinbergen, Obst- und Gemüsegärten" — meint der *Hezârfenn.*[70] Aus anderen Autoren wissen wir, wie hoch die islamischen Krieger die Reize jenes „Giaurenparadieses" schätzten. „Selbst die Häuser der ärmsten Habenichtse waren dort besser als die Paläste Stambuls", schreibt *Silihdar.*[71] Der Raub, das Plündern begann gleich an der Grenze, und es waren keineswegs nur die Tataren, die sich an das Hab und Gut der „Giauren" heranmachten. Davon, wie grausam gegen die wehrlosen Bewohner jener Länder vorgegangen wurde, spricht mit Entrüstung und Mißbilligung sogar *Esîrî,* dessen feindliche Einstellung zu den Deutschen auch nach seiner Kriegsgefangenschaft unter ihnen gar nicht gemildert wurde. Was wir darüber bei ihm lesen, entspricht auffallend manchen Stichen über die Greuelszenen des Jahres 1529. Wollust und maßlose Sauferei sowie auch andere Verstöße gegen den Koran waren für die 60 Tage der Belagerung tonangebend.[72] In vielen Fällen war das vielleicht eine eigenartige Rückvergütung für all die Nöte des Alltags der Belagerer und die Mängel ihrer durch die Knappheit sowie Teuerung gekennzeichneten Verpflegung.[73]

Durch die Knappheit seiner Geldreserven zur äußersten Sparsamkeit gezwungen, ließ der Großwesir den Sold für seine stehenden Truppen peinlich genau berechnen. Und obwohl wir oft von dem von ihm verteilten Bakschisch lesen, war dieser „Geiz" Kara Mustafas wohl der erste Grund der tiefen Kluft zwischen ihm und seiner Armee. *Hezârfenn* berichtet Einzelheiten dazu. „Er ließ die Herzen zu Eis erstarren" — schreibt der *Defterdar*, und sogar der dem Großwesir bis zum Ende treu gebliebene *Zeremonienmeister* spricht mit Kritik über diesen Geiz.[74] Schon in den ersten Tagen der Belagerung ließ Kara Mustafa angeblich mehr als 20.000 „private" Kriegsgefangene in seinem Lager vor Wien ermorden.[75] Das war gegen die Interessen des gemeinen Mannes. Überall nach Gewinn spähend, wollten auch die sog. „Freiwilligen" für eine jede Extraleistung sofort oder sogar im voraus in bar oder durch Bodenverleihungen belohnt werden. Die Szene in der Nacht vor den Kämpfen um Gran, die die großwesirliche Kanzlei mit dem Ausschreiben solcher Patente verbracht hatte[76], läßt sich auch vor Wien vorstellen. Die Sorge um eigenen Raub und Beute ließ dann die Krieger massenhaft aus dem Lager entfliehen und in den Wäldern um Wien auf den Rückzug des Großwesirs lauern. Klagen darüber gibt es bei allen muslimischen Autoren, die in dieser Ansammlung der Beute den ersten Grund der Niederlage ihrer Armee sehen.

Auch die Vermutung mancher christlicher Autoren aus dem 17. Jh., der Großwesir habe mit dem Generalsturm gegen Wien gezögert und auf die Kapitulation der Stadt gewartet, damit die Soldaten die Schätze Wiens nicht ergreifen könnten, findet bei den islamischen Autoren Bestätigung. *Mehmed Gerey,* der Tatare, weiß nämlich viel darüber wie auch über den tiefen Mißklang und die Zerklüftung zwischen Kara Mustafa und den Janitscharen zu berichten.[77] Auch die Tataren waren gegen den Großwesir, der sie stets mit Spott behandelte und sie als Fresser des „stinkenden Pferdefleisches" anschimpfte. Eben hier liegt der Grund davon, daß Murad Gerey so wenig Eifer im Kriege gegen die Kräfte des Entsatzes zu Tage legte.[78]

Michael Apafi von Siebenbürgen, der sich beim Großwesir erst am 22. August vor Wien gemeldet hatte, war auch durch seine Taktik gar nicht entzückt, und obwohl er seine Armee lobte, warnte er ihn zugleich vor der Möglichkeit eines baldigen Entsatzes.[79] Erst am 4. September wird der Großwesir von der Furcht ergriffen und läßt den mit der Bewachung der Brücken bei Raab beauftragten Ibrahim Pascha von Buda vor Wien kommen. Er baut auf seine gut ausgeruhten Truppen und auf seinen klugen Rat.[80] Dieser will in der Schlacht mit den sich annähernden Christen alle in den Laufgräben sitzenden Truppen des Großwesirs verwenden. So hoffte er einen baldigen und sicheren Sieg zu erkämpfen. Der Janitscharen-Ağa und Kara Mehmed Pascha von Diyarbekir erwiderten darauf „dumm", daß die nach der langen Belagerung müde gewordenen Männer, einmal aus den Gräben herausgelassen, nicht mehr in sie zurückkehren würden. Auch nachdem Ibrahim Pascha geraten hatte, die Mannschaft durch reiche Besoldung zu gewinnen, ist der Großwesir eher der Stimme jener zwei gefolgt und hat recht viele Soldaten an ihren Stellen gelassen, wodurch er selbst zu seiner Niederlage beigetragen hat.[81] In diesem Mißtrauen zwischen dem *serdar* und den Janitscharen steckt wohl eine Antwort auf die Frage, warum der Großwesir am 12. September nicht seine ganze Kraft gegen die Entsatzarmeen eingesetzt hat. In seinem Streit mit Ibrahim Pascha können wir u. a. jenen seinen Starrsinn erblicken, der ihm im letzten Moment vor seiner Flucht vor Wien vorgeworfen wurde.[82]

Zu dem Bilde der Schlacht bei Wien am 12. September beim *Zeremonienmeister* und beim *Silihdar*, das schon aus dem Buche *Kreutels* bekannt ist,[83] trägt Interessantes hauptsächlich *Esîrî* bei. Er zeichnet besonders lebhaft die ersten Momente, wo die „Giauren" am Kahlenberg sichtbar wurden, und dann auch die Schlacht. Kläglich sieht hier der Großwesir als ein Stratege aus: Noch im letzten Moment „saß er auf einem Sessel, den Bogen in der Hand, und schoß vor sich hin". Zur Flucht wurde er von anderen gezwungen, die die Gefahr besser als er verstanden haben und wenigstens die Reste seiner Armee sowie die hl. Fahne des Propheten in Sicherheit bringen wollten. Er weiß, wie vorsichtig die „Giauren" sich in das türkische Zeltlager einließen und wie sie bis zum Ende zuerst ihrer Soldatenpflicht folgten, ohne die reiche Beute dabei anzutasten. Dann zeichnet er die Panik, die unterwegs sich der Fliehenden bemächtigte.[84] *Hezârfenn* weiß darüber hinaus, was die christlichen Befehlshaber im Lager Kara Mustafas vorgefunden und erbeutet haben.[85] *Defterdar*, der als der einzige unter den islamischen Historikern des 17. Jh.s den Anteil Johanns III. an dieser Schlacht und diesem Feldzug durch den türkischen Raub der Ukraine und Podoliens erklärt, weiß genau Bescheid über die Verluste des großwesirlichen Schatzes vor Wien. Einen Teil all dessen haben laut ihm die — wohl islamischen — „Soldaten ausgeplündert und unter sich ausgeteilt"[86]. Alle islamischen Autoren betonen dabei die Rolle der Polen in dieser Schlacht. *Silihdar* nennt den Polenkönig oft mit seinem Familiennamen, und *Esîrî* wird seinen Einsatz in diesem Feldzug in Worten ausdrücken, die jeden Zweifel mancher Historiker über den Wert der Polen bei Wien und in Ungarn umwerfen.[87]

Es folgen nachher Szenen aus der Flucht der Türken und ihrer Niederlagen in Ungarn sowie der Wutausbrüche Kara Mustafas, vor allem aber sein Todesurteil gegen Ibrahim Pascha, der schon bei Raab für seine Flucht erwürgt wurde, und der Absetzung Murad Gereys. Auch die ungarischen Angelegenheiten stehen hier im Mittelpunkt, besonders die Einstellung der ungarischen Magnaten zum Großwesir vor und nach seiner Niederlage. Dies alles sind aber bekannte Sachen.

Interessant dürfte dagegen sein, wie es zum Todesurteil gegen Kara Mustafa gekommen war. Seine erste Meldung über den Marsch nach Wien soll den Sultan, wie gesagt, mit Schmerz erfüllt haben, doch anstatt ihn zurückzurufen, hat ihm Mehmed IV. nur seinen Segen dazu erteilt. Der Gesandte des Sultans kehrte am 4. August zurück nach Belgrad mit „der freudigen Nachricht, die Eroberung Wiens sei schon nahe"[88]. Über die Niederlage seiner Truppen daselbst wurde der Sultan bereits am 21. September durch den Berichterstatter des Großwesirs, Ismail Ağa, benachrichtigt. Der Großwesir verheimlichte nicht seine und seiner Leute traurige Lage, äußerte aber zugleich den Willen, sich im Frühling an den Glaubensfeinden zu rächen.[89] Der erste, der „das Haus [des Großwesirs] zerstört und seinen Herd ausgelöscht" hatte, war der Schwertträger des Sultans, der nach seiner Rückkehr aus Buda am 6. Oktober Mehmeds IV. Augen auf den Haß der Truppen gegen Kara

Mustafa und dessen völlige Untauglichkeit, dem Staate nützlich zu sein, geöffnet hatte.[90] Der Großwesir und seine Komplizen müssen schon früher ihre Schuld erkannt haben, und daher wundert uns nicht, wenn wir beim *Defterdar* lesen, daß das Todesurteil gegen Ibrahim Pascha von Buda vom Großwesir nach einer Beratung mit anderen gefällt wurde — und daß dies ein Manöver gewesen sei, um auf ihn die Mitschuld dieser Gruppe abzuwälzen.[91] Die Feinde des Großwesirs: der Oberstallmeister, der Bosnier Sarı Süleyman Ağa, der *kaymakam* Kara Ibrahim Pascha und der schwarze Eunuch Yusuf Ağa aus dem Harem des Padischahs haben es verstanden, die Unentschlossenheit des Sultans auch mittels gefälschter Briefe des Großwesirs zu beseitigen und, bevor er noch die Geschenke Kara Mustafas erhalten konnte, ihm das Todesurteil gegen diesen abzuringen.[92] Kara Mustafas Haltung vor den Henkern ist schon aus dem Buche *Kreutels* bekannt.[93] Sein Tod war eine Erlösung auch für Leute niedrigeren Ranges, die nachher dem Erwürgten auch ihre eigenen Unterschlagungen in die Schuhe schieben konnten.[94]

Den türkischen Chronisten wird manchmal nachgesagt, sie seien darum besorgt gewesen, die Geschichte tendenziös darzustellen und nur die Siege der Osmanen ins helle Licht zu bringen. Im Falle Wiens 1683 ist dies nicht richtig. Alle reden hier von der Niederlage, bezeichnen sie als die größte in der Geschichte des Osmanischen Reiches. Die Ursachen dieser Katastrophe ersehen sie im Charakter und in den taktischen Fehlern Kara Mustafas, vor allem aber wird hier die Verletzung der religiösen und ethischen Gebote des Islams betont. Hier möchte ich eine Ehrenrettung für die osmanische Gesellschaft des 17. Jh.s erblicken, wenn auch diese Kritik nicht auf die Wurzeln des Bösen trifft. Was ihr mangelt, ist eine historische Perspektive oder eine kritische Bewertung der Kriegstraditionen im Osmanischen Reiche, die Erkenntnis der historischen Gebundenheit Kara Mustafas. Einer dieser Autoren, nämlich *Esîrî,* versteht auch die allgemeine, besonders die kriegstechnische Überlegenheit des Westens über die Osmanen.[95] Aber gerade er, der die niedrigen Motive und Methoden dieses Feldzugs und so vieler islamischer Teilnehmer an ihm aufs heftigste brandmarkt, dem es gegeben war, den Westen von innen kennenzulernen, hat aus allen jenen Erfahrungen einen Schluß gezogen, der uns verwundert: „Es ist wahr — lesen wir bei ihm —, daß während dieses Feldzugs das Heer des Islams geschlagen wurde, wodurch das Hohe [Osmanische] Reich sich in Schmerz und Schande gebracht hat. Jene Demütigung aber, die durch das Schwert des Islams der *Cermania,* d. h. Deutschland zuteil wurde, wird bis zum Jüngsten Gerichte nicht verwischt werden, und sie ist doch allen christlichen Nationen zu einer Mahnung geworden."[96] Es gab dennoch in dem Osmanischen Reich des 17. Jh.s Männer, die tiefer einblicken konnten. Ein islamischer Schriftgelehrter in Stambul hat schon 1683 die Schuld des Sultans an dem ganzen Unglück des Landes und des biederen islamischen Volkes verstanden, wenn er sich geweigert hatte, der Einladung in das Seraglio dieses „einmonatlichen Padischahs" *(bir aylık saltaneti kalmış padışâh* — eigentlich „ein Padischah, dem [nur] ein Monat Herrschaft geblieben ist) zu folgen.[97] Und es gab auch wenigstens einen Historiker unter den Muhammedanern, der die Geschichte weit besser verstanden hatte als der bewanderte *Esîrî. Kara,* der Beiname der unglücklichen Belagerer Wiens und seines Nachfolgers, jenes *kaymakam* Ibrahim Paschas, heißt türkisch „Schwarz". „Das Reich ist von einem Schwarzen auf den anderen Schwarzen übergegangen, wodurch es schwarz wurde, an Kraft aber gar nicht zunahm", konkludiert der Tatare *Mehmed Gerey.*[98] Die Geschichte lehrt, daß dieser recht hatte.

Für die abenteuerlich-streitsüchtige Politik der Osmanen mußten die Türken einen furchtbar hohen Preis bezahlen. Die türkischen Historiker von heute scheinen das gut zu verstehen. Wien als eine Kulturstätte, vor Osmanen gerettet, ist zu einem Born alles Guten und Schönen auch für die Türken geworden. Zu einem besseren, unparteilichen Verständnis des Jahres 1683 ist aber noch ein weiteres, tieferes Studium der islamischen Historiker und der osmanischen Gesellschaft jener Epoche nötig.

Anmerkungen

1 *Im Reiche des Goldenen Apfels.* Des türkischen Weltenbummlers Evliyâ Çelebi denkwürdige Reise in das Giaurenland und in die Stadt und Festung Wien anno 1665. Übersetzt, eingeleitet und erklärt von Richard F. KREUTEL, Graz—Wien—Köln [1]1957, [2]1963 (Osmanische Geschichtsschreiber 2). Vgl. dazu: Derselbe, *Evliyâ Çelebis Bericht über die türkische Großbotschaft des Jahres 1665 in Wien,* in: „Wiener Zeitschrift für die Kunde des Morgenlandes", 51 (1950), S. 188—242, sowie: Derselbe, *Evliyâ Çelebi,* in: *Biographisches Lexikon zur Geschichte Südosteuropas,* hrsg. von G. BARTL u. a., I, München 1974, S. 480—481.

2 Karl TEPLY, *Evliyâ Çelebi in Wien,* in: Der Islam, 52/1 (1975), S. 125—131.

3 Derselbe, *Türkische Sagen und Legenden um die Kaiserstadt Wien,* Wien—Köln—Graz 1980.

4 Herbert DUDA, *Evliyâ Çelebi,* in: *Encyclopedia of Islam — Encyclopédie de l'Islam,* [2]*II.*

5 *Księga podróży Ewliji Czelebiego (Wybór)* [= Evliyâ Çelebis Fahrtenbuch (Eine Auswahl)], eine Sammelarbeit von vier polnischen Osmanisten, Warschau 1969, S. 193—208, 424—428 (Übersetzung und Anmerkungen 78—106 von Zygmunt ABRAHAMOWICZ).

6 *Im Reiche des Goldenen Apfels* (vgl. Anm. 1), passim (vgl. Register, S. 289).

7 Das., S. 34, 190.

8 Das., S. 77, 81 und Anmerkungen, S. 227—228, 230.

9 Das., S. 62 und Anmerkungen, S. 219—220, 227—228.

10 Das., S. 81 und Anmerkung, S. 230.

11 TEPLY, *Türkische Sagen* (vgl. Anm. 3), S. 19—20, 24.

12 Noch von Joseph von HAMMER, *Geschichte des Osmanischen Reiches,* III, Pest 1828, S. 475, wurde der Ausdruck *Kızıl Elma* buchstäblich übersetzt („Wir sehen uns wieder beym R*othen Apfel*"). Zu der Literatur über *Kızıl Elma,* die KREUTEL, *Im Reiche des Goldenen Apfels* (vgl. Anm. 1), S. 10 anführt, kommen folgende Arbeiten hinzu: Jean DENY, *Les pseudoprophéties concernant les Turcs au XVIe siècle,* in: Revue des Etudes Islamiques, 10 (1936) H. 2, S. 217—219 — und R. M. DAWKINS, *The Red Apple,* in: *Epitymbion Chrēstou Tsounta,* Athen 1940, S. 401—406.

13 *Im Reiche des Goldenen Apfels* (vgl. Anm. 1), S. 123.

14 HAMMER, *a. W.,* V, Pest 1829, S. 228 (Anm. c—f), VI, Pest 1830, S. 31, 178, 179, 343.

15 *Im Reiche des Goldenen Apfels* (vgl. Anm. 1), S. 37—39.

16 Das., S. 81—89.

17 Das., S. 273—282.

[18] Richard F. KREUTEL, *Osmanische Berichte über Kara Mustafas Feldzug gegen Wien*, in: Die Welt des Islams, N. S., 12 (1969), S. 196—227. Neudruck in: *Kara Mustafa vor Wien*. 1683 aus der Sicht türkischer Quellen. Übersetzt und erläutert von Richard F. KREUTEL. Stark vermehrte Ausgabe besorgt von Karl TEPLY, Graz—Wien—Köln 1982, S. 13—54. Hier und weiter nur die Erstausgabe zitiert.

[19] Richard F. KREUTEL, *Kara Mustafas Feldzug gegen Wien nach dem Tagebuch des Pfortendolmetschers A. Mavrokordátos*, in: Mitteilungen des Vereins für Geschichte der Stadt Wien, 27 (1971), S. 47—82. Neudruck in: *Kara Mustafa vor Wien*. 1683 aus der Sicht türkischer Quellen. Übersetzt und erläutert von Richard F. KREUTEL. Stark vermehrte Ausgabe besorgt von Karl TEPLY, Graz—Wien—Köln 1982, S. 55—102. Hier und weiter nur die Erstausgabe zitiert.

[20] Heidrun WURM, *Der osmanische Historiker Hüseyn b. Ǧa'fer, genannt Hezârfenn, und die Istanbuler Gesellschaft in der zweiten Hälfte des 17. Jahrhunderts*, Freiburg im Br. 1971, S. 117.

[20a] *Kara Mustafa vor Wien*. Das türkische Tagebuch der Belagerung Wiens 1683, verfaßt vom Zeremonienmeister der Hohen Pforte. Übersetzt, eingeleitet und erklärt von Richard F. KREUTEL, Graz—Wien—Köln [1]1955 (Osmanische Geschichtsschreiber 1). Neudruck in: *Kara Mustafa vor Wien*. 1683 aus der Sicht türkischer Quellen. Übersetzt und erläutert von Richard F. KREUTEL. Stark vermehrte Ausgabe besorgt von Karl TEPLY, Graz—Wien—Köln 1982, S. 103—246. Hier und weiter nur die Erstausgabe zitiert.

[21] *Kara Mustafa pod Wiedniem*. Źródła muzułmańskie do dziejów wyprawy wiedeńskiej 1683 roku. Z tureckiego przełożył i opracował [= Kara Mustafa vor Wien. Islamische Quellen zur Geschichte des Wiener Feldzugs von 1683. Aus dem Türkischen übersetzt und bearbeitet von] Zygmunt ABRAHAMOWICZ, Krakau 1973.

[22] Silihdar Fındıklılı Mehmed Aga, *Silihdar ta'richi* [= Geschichte/Chronik des Silihdar], II, Istanbul 1928, S. 190 (nach dem Kapiteltitel: „Die Tode der erhabenen Wesire" folgt nur die Überschrift: „Kara Mustafa Pascha"; der Herausgeber bemerkt dazu, daß „In der Originalhandschrift diese Stelle leer gelassen wurde").

[23] Vgl. Zygmunt ABRAHAMOWICZ, *Kara Mustafa Pascha*, in: Robert WAISSENBERGER (Hrsg.), *Die Türken vor Wien. Europa und die Entscheidung an der Donau 1683*, Salzburg 1982, S. 241—250.

[24] *Kara Mustafa pod Wiedniem* (vgl. Anm. 21), S. 39—40.

[25] Das., S. 240.

[26] Das., S. 41.

[27] Das., S. 240.

[28] Das., S. 41 (Silihdar), 240 (Hezârfenn).

[29] Das., S. 42 (Silihdar), 240—241 (Hezârfenn).

[30] Das., S. 42 (Silihdar).

[31] Das., S. 268—269 (Defterdar).

[32] Das., S. 215—216 (Esîrî).

[33] Das., S. 53—58 (Silihdar), 241 (Hezârfenn), 268—272 (Defterdar).

[34] Das., S. 58.

[35] Das., S. 58—59 (Silihdar), 310 (Mehmed Gerey).

[36] Silihdar (vgl. Anm. 22), II, S. 223 (Nachruf über jenen 1685 zum Tode Verurteilten Burunsuz Ahmed Pascha, Beilerbei von Kandia, der 1683 als *segbanbasi* — „erster Generallieutenant der Janitscharen" — einen Aufruhr gegen Kara Mustafa plante). Ohne den Mann beim Namen zu nennen und die Gründe seiner Absetzung zu erläutern, gibt *Mavrokordátos* das Datum seiner Absetzung an: 30. März. Vgl. KREUTEL, *Kara Mustafas Feldzug* (vgl. Anm. 19), S. 53.

[37] *Kara Mustafa pod Wiedniem* (vgl. Anm. 21), S. 109, 198 (Silihdar).

[38] Das., S. 85.

[39] Das., S. 85—86 (Silihdar).

[40] Walter LEITSCH, *Warum wollte Kara Mustafa Wien erobern?*, in: „Jahrbücher für Geschichte Osteuropas", 29/4 (1981), S. 510.

41 Zygmunt ABRAHAMOWICZ, *Der politische und ökonomische Hintergrund des Wiener Feldzugs von Kara Mustafa,* in: „Studia Austro-Polonica", III (1983), S. 22—24.

42 *Kara Mustafa pod Wiedniem* (vgl. Anm. 21), S. 61, 66 (Silihdar), 272—273 (Defterdar). Den Verlauf der Sitzung, während welcher der Sultan sich für den Krieg eingesetzt hatte, schildert nach einem französischen Bericht von 1687 LEITSCH, *a. W.* (vgl. Anm. 40), S. 503.

43 LEITSCH, *a. W.* (vgl. Anm. 40), S. 509. ABRAHAMOWICZ, *Der [...] Hintergrund* (vgl. Anm. 41), S. 33, Anm. 116.

44 *Kara Mustafa pod Wiedniem* (vgl. Anm. 21), S. 62 (Silihdar).

45 Das., S. 66 (Silihdar).

46 *Z sydżillatów rumelijskich epoki wyprawy wiedeńskiej. Akta tureckie (tekst turecki i polski).* Zebrał i opracował [= Aus den rumelischen *Sidschill*-Büchern. Türkische Aktenstücke (türkischer und polnischer Text). Gesammelt und bearbeitet von] Jan GRZEGORZEWSKI, Lwów 1912 (türkischer Text: Konstantinopel 1327 H./1909), Nr. 2—5.

47 *Kara Mustafa pod Wiedniem* (vgl. Anm. 21), S. 71—73, 87 (Silihdar).

48 Das., S. 69—70, 72 (Silihdar).

49 Das., S. 63, 83 (Silihdar).

50 Das., S. 68—70, 83.

51 Das., S. 63 (Silihdar).

52 Das., S. 59 (Silihdar). *Silihdar ta'richi* (vgl. Anm. 22), II, S. 260.

53 *Kara Mustafa pod Wiedniem* (vgl. Anm. 21), S. 70—71 (Silihdar).

54 Das., S. 74—75 (Silihdar).

55 Das., S. 76—77 (Silihdar).

56 Das., S. 78—81 (Silihdar).

57 Tagebuch des Zeremonienmeisters (Istanbuler Handschrift), fol. 36. *Kara Mustafa pod Wiedniem* (vgl. Anm. 21), S. 88—94 (Silihdar). *Silihdar ta'richi* (vgl. Anm. 22), II, S. 23.

58 Vgl. Franz BABINGER, *Qara Mustafâ Paschas Esseger Sendschreiben an den Markgrafen Hermann von Baden,* in: „Archiv Orientalni", IV (1932), S. 23—33. Polnische Übersetzung dieses Sendschreibens in: *Kara Mustafa pod Wiedniem* (vgl. Anm. 21), S. 325—327.

59 Tagebuch des Zeremonienmeisters (vgl. Anm. 57), fol. 40r.

60 *Kara Mustafa pod Wiedniem* (vgl. Anm. 21), S. 95—100, 103 (Silihdar), 247 (Hezârfenn).

61 Das., S. 100—107 (Silihdar).

62 Das., S. 280—281 (Silihdar).

63 Das., S. 109 (Silihdar).

64 Das., S. 103 (Eroberung von Tata), 104—106 (Pápa u. d.), 108 (Kör Hüseyin Pascha, Eroberung von Óvar), — nach Silihdar, 247 (Hezârfenn), 277—278: 284—285 (Defterdar).

65 Das., S. 111—112 (Silihdar), 287 (Defterdar).

66 *Kara Mustafa vor Wien* (vgl. Anm. 20), S. 24—34 (Zeremonienmeister), 138—141 (Ergänzungen aus Silihdar). *Kara Mustafa pod Wiedniem* (vgl. Anm. 21), S. 112—115 (Silihdar).

67 *Kara Mustafa vor Wien* (vgl. Anm. 20), S. 140 (Silihdar). *Kara Mustafa pod Wiedniem* (vgl. Anm. 21), S. 114—115 (Silihdar).

68 *Kara Mustafa pod Wiedniem* (vgl. Anm. 21), S. 170 (Silihdar), 287—288 (Defterdar).

69 *Kara Mustafa vor Wien* (vgl. Anm. 20), S. 32—33 (Zeremonienmeister). *Kara Mustafa pod Wiedniem* (vgl. Anm. 21), S. 116—117 (Silihdar).

70 *Kara Mustafa pod Wiedniem* (vgl. Anm. 21), S. 253.

71 *Kara Mustafa vor Wien* (vgl. Anm. 20), S. 139. *Kara Mustafa pod Wiedniem* (vgl. Anm. 21), S. 114 (Silihdar).

72 *Kara Mustafa pod Wiedniem* (vgl. Anm. 21), passim, bes. S. 217—219 (Esîrî).

73 Das., S. 252—254 (Hezârfenn).

74 Das., S. 251—254 (Hezârfenn), 293 (Defterdar).

75 Das., S. 117 (Silihdar). Die Zahl scheint sehr übertrieben zu sein. *Mavrokordátos* weiß nur von „etwa 200" Gefangenen, die an einem Tage, nämlich am 15. Juli, gleich nach dem

diesbezüglichen Erlaß des Großwesirs getötet wurden. Vgl. KREUTEL, *Kara Mustafas Feldzug* (vgl. Anm. 19), S. 67.

76 Das., S. 187 (Silihdar; 14./15. Oktober)

77 Das., S. 311—312.

78 Das., S. 158 (Silahdar).

79 *Kara Mustafa vor Wien* (vgl. Anm. 20a), S. 114—146 (Ergänzungen aus dem Silihdar). Der Zeremonienmeister hat jenen Streit verschwiegen.

80 *Kara Mustafa pod Wiedniem* (vgl. Anm. 21), S. 155 (Silihdar), 292 (Defterdar).

81 Das., S. 255 (Hezârfenn).

82 Das., S. 229 (Esîrî).

83 *Kara Mustafa vor Wien* (vgl. Anm. 20a), S. 106—110 (Zeremonienmeister), 165—166 (Ergänzungen aus dem Silihdar). Vgl. auch *Kara Mustafa pod Wiedniem* (vgl. Anm. 21), S. 161—164 (Silihdar).

84 *Kara Mustafa pod Wiedniem* (vgl. Anm. 21), S. 225—230.

85 Das., S. 256—257.

86 Das., S. 293—295.

87 Das., S. 155, 156, 159, 162, 181, 183 (Silihdar); 256, 257, 260, 261 (Hezârfenn); 294, 297, 305, 313, 319 (Mehmed Gerey). Zu diesem Thema vgl. auch Zygmunt ABRAHAMOWICZ, *Jan III Sobieski i Bitwa Wiedeńska w świetle źródeł muzułmańskich* [= Jan III. Sobieski und die Schlacht bei Wien aus der Sicht islamischer Quellen] in: W. ŚLADKOWSKI und A. A. WITUSIK (Hrsg.), *Wiktoria wiedeńska i stosunki polsko-austriackie 1683—1983* [= Die Victoria bei Wien und polnisch-österreichische Beziehungen 1683—1983], Lublin 1983, S. 37—48.

88 Das., S. 198 (Silihdar).

89 Das., S. 199 (Silihdar).

90 Das., S. 199—200 (Silihdar).

91 Das., S. 295 (Defterdar).

92 Das., S. 202—203 (Silihdar).

93 *Kara Mustafa vor Wien* (vgl. Anm. 20a), S. 121—123 (Zeremonienmeister). Vgl. auch *Kara Mustafa pod Wiedniem* (vgl. Anm. 21), S. 207—209 (Silihdar).

94 *Kara Mustafa pod Wiedniem* (vgl. Anm. 21), S. 207 (Silihdar; der Fall des von Kara Mustafa bei Wien abgesetzten Arsenalobersten Fazli Aga, der am 4. Jänner 1684 behauptet hatte, Kara Mustafa habe die Gelder für die Munition zur Belagerung Wiens unterschlagen).

95 Das., S. 232.

96 Das., S. 215.

97 Das., S. 192—193 (Silihdar).

98 Das., S. 322.

Walter Obermaier

Abraham a Sancta Clara als christlicher Prediger

Abraham a Sancta Clara ist über jene drei Jahrhunderte hinweg, die uns heute von seinem Wirken trennen, vor allem in Österreich und im süddeutschen Raum ein Begriff geblieben. Dies ist merkwürdig, wenn man bedenkt, wie wenige seiner Zeitgenossen heute noch einem breiteren Bewußtsein gegenwärtig sind: zumeist doch nur Beteiligte der zweiten Belagerung Wiens durch die Türken, deren Namen — zu Recht oder Unrecht — bei den periodisch wiederkehrenden historischen Rückblicken in aller Munde sind und zudem einen ehernen Bestandteil unserer Schulbuchliteratur bilden. Umso merkwürdiger noch, da Abraham ein Mann der Kirche war — und solche pflegen sich der Erinnerung der Allgemeinheit meist nur dann einzugraben, wenn sie Heilige, Ketzer, Reformatoren oder Märtyrer waren. Abraham war nichts von alledem: Er war ein gewöhnlicher Ordensmann, dem allerdings in ganz außerordentlichem Maße das Charisma des Predigers gegeben war, eines Predigers, der alle Schichten der Bevölkerung anzusprechen vermochte und dessen Predigten nicht nur von einer großen Menge gehört wurden, sondern die auch in zahlreichen Drucken ihr Publikum fanden.

In diesen oft sehr umfangreichen Bänden ist sein Predigtwerk auf die Nachwelt gekommen.[1] Man kann es unter verschiedenen Gesichtspunkten betrachten. Zumeist wird es der Literatur zugeordnet und nach literarhistorischen Kriterien untersucht.[2] So legitim dieser Standpunkt auch ist und so unbestreitbar Abraham in gewissen Grenzen neben einer rhetorischen auch eine literarische Begabung zugesprochen werden muß, so geht eine ausschließliche Betrachtungsweise seines Werkes in Kategorien wie Ständesatire, Schelmenroman usw. doch am eigentlichen Wollen Abrahams vorbei. Auch das kulturhistorische und — mit Einschränkungen — sozialhistorisch relevante Moment in seinen Schriften ist bedeutsam. Mir geht es hier aber um jenen Ansatz, von dem ich glaube, daß er den Zugang zum eigentlichen Schaffensantrieb Abrahams ermöglicht: Abraham als christlicher Prediger, als Verkündiger des Wortes Gottes, als Verkündiger einer von ihm als evident hingenommenen christlichen Moral und als unermüdlicher Rufer zur Umkehr des Menschen aus Schuld und Sünde hin zur Erfüllung des Willens Gottes. Dies alles natürlich innerhalb der Beschränkungen seiner Zeit und Abrahams persönlicher Möglichkeiten. Ich muß mich hier freilich mit einem sehr allgemeinen Überblick begnügen, der einige Schwerpunkte herausgreift und sich zuletzt auf Abrahams Haltung den Nichtchristen und insbesondere den Wien bedrohenden Osmanen gegenüber konzentrieren wird.

Wer war nun dieser Abraham a Sancta Clara und in welchem Umfeld entfaltete er sein Wirken? Vermutlich am 2. Juli 1644 wurde Hans Ulrich Megerle, wie sein bürgerlicher Name lautete, in dem kleinen schwäbischen Dorf Kreenheimstetten geboren. Er war das achte Kind einer Gastwirtsfamilie.[3] Nach dem Besuch der Volksschule wechselte der Knabe an die Lateinschule ins nahe Meßkirch und schließlich 1656 an das berühmte Jesuitengymnasium in Ingolstadt. Der Besuch dieser Schule, die zu den bedeutendsten Bildungsanstalten der Gegenreformation im süddeutschen Raum gehörte, prägte sicherlich den jugendlichen Charakter; doch erzwang der Tod des Vaters 1659 den Abbruch der Studien, und der Knabe kehrte in seinen Heimatort zurück. Entscheidend für sein weiteres Leben wurde die Obsorge, die ihm sein Onkel, der Kanonikus Abraham Megerle, ein nicht unbedeutender Kirchenkomponist, zuteil werden ließ. Er schickte ihn auf das Benediktinergymnasium nach Salzburg, das gleich der Ingolstädter Schule den Rang einer Universität besaß. Nach dem erfolgreichen Abschluß 1662 trat Hans Ulrich Megerle noch im gleichen Jahr in das Noviziat der unbeschuhten Augustinereremiten in Mariabrunn bei Wien ein.

Dieser reformierte Zweig des Augustinerordens, der erst 1574 gegründet worden war, erfreute sich der besonderen Unterstützung seitens des österreichischen Herrscherhauses, und seiner Kirche in Wien kam als Hofpfarrkirche seit 1631 besondere Bedeutung zu. Die strenge Lebensweise des Ordens scheint den jungen Novizen besonders angezogen zu haben, und hier nahm er — aus Dankbarkeit gegenüber seinem Onkel — den Namen Abraham an, dem er nach Gewohnheit seines Ordens noch einen zweiten Patron, eben die heilige Klara hinzufügte. 1663 legte er seine ersten Gelübde ab und begann im Wiener Kloster mit den theologischen und philosophischen Studien. Der 1663 begonnene Türkenkrieg, der die Gefahr einer neuerlichen Belagerung Wiens in sich zu bergen schien, führte zu einer Panik in der Stadt[4], und Abraham begab sich mit seiner Klosterkommunität zuerst nach Prag und dann nach Ferrara. Erst 1665 kehrte er wieder nach Wien zurück, wo er 1668 zum Priester geweiht wurde.

Er hatte sich in seiner Studienzeit eine Bildung erworben, die theologisch auf der Höhe der Zeit war, wobei allerdings das konservative Moment — im Sinne eines Beharrens im gesicherten Glaubensgut, wie es das Tridentinische Konzil 1545 bis 1563 formuliert hatte — nicht übersehen werden kann. Jahrzehntelanger Glaubenskampf und der Sieg der Gegenreformation hatten zu einem Erstarken der katholischen Theologie in Österreich geführt, gleichzeitig aber jede Öffnung auf aktuelleres Gedankengut — das zudem in den habsburgischen Erblanden zum Unterschied etwa vom frühaufklärerischen Westen noch gar nicht aktuell war — verhindert. Es wurde einfach der wiedererstarkte katholische Glaube selbstbewußt und sichtbar demonstriert.

An Sprachen konnte Abraham neben Deutsch noch Italienisch, Latein, etwas Griechisch und Hebräisch, seine Bibelkenntnisse waren profund, die lateinischen und griechischen Kirchenväter waren ihm zumindest in Auszügen sicherlich vertraut, weiters Heiligenviten und ein ebenso reichhaltiges wie ungeordnetes historisches und legendäres Erzählgut. Wissenschaftliche Systematik im modernen Sinn war sichtlich nicht seine Stärke und stellte für sein homiletisch-pastorales Anliegen auch keine Notwendigkeit dar. Alles in allem war dies sicher eine wohlfundierte Basis für sein Predigeramt, auch wenn diese Ausbildung aus der intellektuellen Sicht späterer Tage nicht immer bestechend erschien.[5]

1670 wurde Abraham als Wallfahrtsprediger in das zwischen München und Augsburg liegende Kloster Taxa entsandt, kehrte aber 1672 wieder nach Wien zurück und hielt hier am 15. November 1673 vor dem kaiserlichen Hof in Klosterneuburg eine Predigt zu Ehren des heiligen Leopold „Astriacus Austriacus Himmelreichischer Oesterreicher", die noch im gleichen Jahr als erste einer rasch anwachsenden Zahl in Druck erschien.[6] Sie zeigt bereits sowohl in ihrem sprachlichen Gewand wie in den verwendeten Bildern und im moralischen Anspruch die Möglichkeiten, Stärken und Schwächen von Abrahams Predigerpersönlichkeit. Zu diesem Zeitpunkt nicht mehr unbekannt, wurde Abraham binnen kurzem zu einem der gefragtesten und populärsten Kanzelredner und erlangte schon 1677 das Amt eines kaiserlichen Hofpredigers. Als solcher hatte er nahezu unbeschränkten Zutritt zu Kaiser Leopold I. Die Religiosität dieses ursprünglich für den geistlichen Stand bestimmten Monarchen war groß und wohl auch Abrahams Einfluß auf ihn. „P. Abraham de S. Clara wuste ihm mit seinen aufgeweckten Einfällen dergestalt die Fehler des Hofs fürzurücken, daß es manchmals ziemlich beissend heraus kam, jedoch war er höchst zu frieden", vermerkt ein zeitgenössischer Biograph des Kaisers.[7]

Die Pestkatastrophe des Jahres 1679 sah ihn am Schauplatz des Geschehens, dem er in seiner Schrift „Mercks Wienn"[8] ein bis heute beeindruckendes Denkmal setzte, in dem das unmittelbare Erleben immer noch spürbar ist. 1680 wird Abraham Prior des Wiener Klosters, und ab 1683 wirkt er in Graz. Die Türkenbelagerung erlebte er so nur aus der Ferne, versuchte aber mit seiner im Kreuzzugsgeist geschriebenen Schrift „Auff Auff ihr Christen!"[9] vor allem auch die Reichsfürsten zum Türkenkampf zu bewegen. Im Jahre 1689 — er hatte mittlerweile auch zweimal Rom besucht — kehrte er als Provinzial der deutsch-böhmischen Provinz seines Ordens nach Wien zurück, wo er in der Folge immer wieder wichtige Ordensämter bekleidete. Weiterhin konzentrierte er sich ganz auf seine Predigttätigkeit. Am 16. März 1709 stand der Fünfundsechzigjährige zum letzten Mal auf der Kanzel. Abraham a Sancta Clara, der bereits seit langem an der Gicht gelitten hatte, verstarb am 1. Dezember 1709 und wurde unter großer Anteilnahme der Bevölkerung und auch des Hofes in der Gruft der Wiener Augustinerkirche beigesetzt.

Soweit in knappen Zügen der äußere Ablauf des Lebens von Abraham a Sancta Clara. Es ist nützlich — bevor ich mich der Charakterisierung seiner Predigertätigkeit zuwende —, noch einen Blick auf die historisch-topographische Situation zu werfen, in die Abraham am Höhepunkt seines Wirkens gestellt war.[10] Als er nach Wien kam, fand er zwar keine mittelalterliche Stadt mehr vor, aber auch noch nicht die strahlende barocke Kaiserresidenz, als die uns Wien im Rückblick immer scheinen will. Mannigfaltige Faktoren und ein seltsames Beharren im Althergebrachten hatten ein Eindringen der Renaissance im 16. Jahrhundert weitgehend verhindert, und erst mit der Gegenreformation und der katholischen „Klosteroffensive" in der ersten Hälfte des 17. Jahrhunderts hatte das Barock zeichenhaft auch in der Residenz Einzug gehalten. Freilich vorerst nur in vereinzelten Kirchenbauten, war doch das Jahrhundert einem kulturellen Aufschwung und — diesen bedingend oder doch zumindest materiell absichernd — wirtschaftlicher Blüte gleich abhold. Die schwere geistige Krise von Reformation und Gegenreformation, die Vertreibung der Protestanten in den zwanziger Jahren des 17. Jahrhunderts aus einer Stadt, deren Einwohner zu Ende des vorangegangenen Jahrhunderts doch zumindest zu drei Viertel dem neuen Glauben anhingen, die zwangsweise Bekehrung all jener, die sich nicht entschließen konnten, des Glaubens wegen ihre Heimat zu verlassen — all das absorbierte die Kräfte der Betroffenen vollkommen und ließ für nichts anderes mehr Platz. Und auch der wiedererstarkende Katholizismus, der später im Zusammenspiel mit „Österreichs Aufstieg zur Großmacht" die einzigartige Blüte des österreichischen Barocks hervorbringen sollte, war noch zu stark im Kampf um jenen Glauben verstrickt, der ihm der einzig wahrhafte erschien. Noch 1652 und 1656 erließ Kaiser Ferdinand II. „Beichtzwangmandate", um dem geheim ausgeübten Protestantismus einen Riegel vorzuschieben.

Zur inneren Krise kam zudem die äußere Bedrohung. Der Dreißigjährige Krieg, der von 1618 bis 1648 weite Teile Europas zum Schlachtfeld machte und unermeßliches Leid über die um ihre nackte Existenz bangenden Menschen brachte, bedrohte auch Wien. 1645 marschierten die Schweden durch das nördliche Niederösterreich bis Korneuburg, um auf Wien vorzustoßen, doch wurde das Unternehmen schließlich abgebrochen. Wenig später unternahmen die Osmanen 1663 einen neuen Vorstoß gegen Mitteleuropa, der auch auf Wien zu zielen schien, 1664 aber abgewehrt werden konnte.

Die kulturelle Selbstdarstellung der Zeit gipfelte in den Jesuitendramen, die auch Abraham beeindruckt hatten. Der Jesuitenorden hatte erkannt, daß sich im Theater, ausgehend vom belehrenden und Geist und Gemüt beeinflussenden Schuldrama, in packender und wirkungsvoller Form Prunk und barocke Herrlichkeit zu einem alle Künste integrierenden Schauspiel vereinigen ließen. Allegorische Darstellungen mit dem Einsatz einer für die Zeit fast unglaublichen Bühnentechnik — die Erde, Himmel und Hölle in Bewegung setzte — und ein zahlenmäßig anscheinend unbegrenztes Potential an Darstellern weiteten die traditionellen Fastnacht-, Passions- und Fronleichnamsspiele immer mehr aus. Es manifestierte sich hier sehr sinnenbezogen in „siegreicher Frömmigkeit"[11] für Aug und Ohr der Triumph der Gegenreformation.

Was es an kultureller Tätigkeit gab, wurde vor allem von Adel, Kaiserhaus und Kirche getragen. Eine bürgerliche Kultur begann sich erst langsam gegen Ende von Abrahams Leben zu entwickeln. Bis dahin war die finanzielle Situation der Stadt Wien nicht zum besten gewesen, mit Handel und Märkten war es eher schlecht bestellt und Zinsen belasteten die Bürger. Zu all dem traten zwei Ereignisse, die alles andere nebensächlich erscheinen ließen und die Stadt an ihrem Lebensnerv trafen: die große Pest des Jahres 1679 und die zweite Belagerung durch die Türken 1683. Immer wieder waren in Wien Pestepidemien aufgetreten. Trotzdem konnte man sich zu wirklichen Präventivmaßnahmen kaum aufraffen, vielleicht auch, weil man in der Seuche zuallererst ein göttliches Strafgericht sah, das zur Umkehr mahnte und menschliche Vorsorge fürwitzig erscheinen ließ. Die oft katastrophalen hygienischen Verhältnisse und sträfliche Sorglosigkeit gewährten der Seuche leichtes Spiel. Ungeachtet der seit März 1679 in den Vorstädten sprunghaft ansteigenden Zahl von Pesttoten wurde die Seuche von den städtischen Behörden völlig ignoriert. Im Juli verließ die kaiserliche Familie die Stadt. Wer konnte, tat es ihr gleich; und im Herbst brach dann die Pest mit voller Wucht aus. Allein im September hat sie über 4000 Opfer gefordert; die Toten lagen oft tagelang unbeerdigt auf den Straßen umher. Niemand fand sich, der als Totengräber oder Siechknecht Dienst machen wollte, und man mußte schließlich die Gefängnisse öffnen und ihre Insassen zu diesen Aufgaben verpflichten. Die Kranken wurden auf Sammelwagen gebracht, und vor dem Stubentor häuften sich infizierte Betten, Stroh und Leichen. Die Toten warf man nach Möglichkeit in ausreichend tiefe Pestgruben und überschüttete sie mit ungelöschtem Kalk. Gegen Ende des Jahres 1679 erlosch die Pest, die größte in der Geschichte der Stadt. Insgesamt hatte sie über 10.000 Menschenleben gefordert, und es gab kaum eine Familie in Wien, die nicht schmerzliche Verluste erlitten hätte. Auch die Ärzteschaft und der Klerus, die aufopfernd für die Kranken tätig waren, hatten einen hohen Blutzoll zu entrichten. Zur Erinnerung an ein Gelübde, das Kaiser Leopold I. für das Ende der Pest abgelegt hatte, wurde auf dem Graben eine Dreifaltigkeitssäule errichtet, bei deren Einweihung Abraham a Sancta Clara die Predigt hielt.[12]

Die Seuche hatte zur Folge, daß scharfe vorbeugende Maßnahmen ergriffen wurden, doch geriet die Erinnerung daran durch die türkische Belagerung 1683 in Vergessenheit. Die türkische Gefahr war seit 1682 äußerst virulent geworden. Das Heer Sultan Mechmets IV. unter der Führung des Großwesirs Kara Mustapha brach am 30. März 1683 in Richtung Wien auf. Der Versuch des Kaisers, das christliche Zusammengehörigkeitsgefühl in Europa zu mobilisieren, wurde vor allem von Papst Innozenz XI. tatkräftig unterstützt und glückte schließlich. Einzig Frankreich schloß sich aus alter Gegnerschaft zu Habsburg aus. Doch gelang es trotz intensiver französischer Gegenmaßnahmen, Polen als Bundesgenossen des Kaisers zu gewinnen. Der Aufmarsch der osmanischen Truppen war jedoch vorerst nicht aufzuhalten. Am 7. Juli kam es zur überstürzten Abreise des Kaisers aus Wien — zum Schrecken und Unmut der zurückbleibenden Bevölkerung. Es ist hier nicht der Ort, auf die Belagerung, die vom 14. Juli bis zum 12. September 1683 währte und mit dem Sieg der verbündeten christlichen Armeen endete, einzugehen. Immerhin war der Expansionsdrang des Osmanenreiches gebrochen. Bis 1687 war der Großteil Ungarns wieder in kaiserlicher Hand, und in den folgenden Dezennien mußte sich die türkische Macht in Europa immer weiter auf den Balkan zurückziehen.

Abraham reagierte auf all das Geschehen in seiner Weise. In über 50 erhaltenen Werken, die allesamt Niederschlag seiner Predigttätigkeit sind und die oft auch als Anregungen für andere Prediger gedacht waren,[13] entwickelte er vor seinen Zuhörern seine persönliche christliche Weltsicht und die Überzeugung, daß alles Geschehen dieser Welt Fingerzeige des Willens Gottes seien.[14] Die Predigten enthalten eine Fülle von Erzählgut sehr unterschiedlicher Qualität, und aus dem, was Abraham erzählt, läßt sich auch nur sehr bedingt rückschließen, was er davon für tatsächlich richtig und wahr hält. Altes und Neues Testament, Kirchenväter und Legenda aurea[15], reale oder erdichtete historische Begebenheiten, Wundermärlein und äußerst zweifelhafte Prophezeihungen werden einem einzigen Zweck untergeordnet: der moralischen Aussage, die Abraham zu verkünden hat. Gleiches gilt auch für seine Sprache. Richtige oder vordergründig konstruierte Etymologien, virtuose Sprachspiele oder hanebüchen gequälte Wortwitzeleien, eindringliche Satzfolgen oder platte Wiederholungen, sie bezwecken alle dasselbe: dem Hörer und Leser des Wortes, dem mit manchem des Referierten vertrauten Zeitgenossen, eine persönliche moralische Nutzanwendung zu ermöglichen. Um die Allmacht Gottes zu zeigen, um den Christen hin zu einem wahrhaft christlichen Leben zu führen, um seine moralische Verantwortlichkeit zu festigen, ist Abraham kein Mittel zu gering. All die erzählten Geschichten, von denen manche konstant wiederkehren, sollen dem Zuhörer das Gute schmackhaft machen, und Abraham gesteht unumwunden: „Mein Gott als ein genauer Gemüths-Erforscher waiß es, was gestalten ich zu keinem andern Zihl und End dergleichen Ding habe eingemengt, als daß ich die jetzige mehresten Thails schamlose und zahmlose Welt zu dem Guten locke.“[16] So bekämpft Abraham immer wieder den Aberglauben,[17] um sich seiner dann letztlich doch zu bedienen — jedoch in bildhafter Übertragung. Chiromantie etwa lehnt er ab, fügt aber hinzu: „mir aber ist gleichwohl erlaubt und bin dißfals ein zulässiger Zigeuner, aus denen Händen wahrzusagen, wann ich nemblich in denselben nit finde die sieben Planeten, sondern die sieben Werck der Barmhertzigkeit, alsdann kan ich mit bestem Fug und Gewissen wahrsagen, ein solcher Mensch habe zeitlichs und ewiges Glück zu hoffen.“[18] Gerade aus dieser Stelle erhellt sehr gut, wie sehr Abraham rhetorische Kunstgriffe beherrscht und mit welcher Vorsicht man ans Werk gehen muß, um aus solchen — womöglich noch aus einem größeren Zusammenhang genommenen — Belegen Abraham nicht z. B. auf Aberglauben festzulegen.[19] Dazu ist noch sein — durch zahllose Aussagen der Heiligen Schrift, vor allem des Alten Testamentes gestützter — Glaube in Rechnung zu stellen, daß es „wahr ist, daß der gütigste Gott gar offt durch gewisse Vorbotten di grosse übel pflegt anzukündigen“.[20] In allem noch so verqueren Geschehen ist auf Gottes Willen achtzugeben, wobei der Christ sich begnügen muß, diesem Willen, so weit er ihm geoffenbart und begreifbar ist, nachzukommen, darüber hinaus sich aber zu bescheiden, daß Gottes Absichten jedes menschliche Verstehen weit übersteigen: „Aber laß du lieber solches ohnnöthiges Warumb underwegs, sonder gedencke, daß gleichwie du das grosse grundlose Meer nicht kanst schütten in ein kleines Grübl; mit einer Hand die große Welt-Kugel nicht kanst überspannen, also auch kanst du die Urtl Gottes mit deinem wurmstichigen Verstand nit ergründen. Du bist nur ein blinder Maulwurff auff diser Welt, du kanst nicht sehen, noch verstehen was Gott thut.“[21]

Daß der Mensch sich diesem unbegreiflichen Gott zuwende und von der Sünde ablasse, ist das große Generalthema Abrahams. Der fundamentale Satz des Ignatius von Loyola, daß der Mensch darauf hin geschaffen sei, „Gott unseren Herrn zu loben, Ihm Ehrfurcht zu erweisen und zu dienen, und damit seine Seele zu retten“[22], ist bei Abraham auf fruchtbaren Boden gefallen — weniger die bei Ignatius ausgesprochene tiefe, manchmal mystische Liebe, die die göttlichen Personen dem Menschen entgegenbringen und die der Mensch für Gott empfinden soll. Ehre und Lob Gottes als Anspruch für den Menschen verkündet Abraham in all seinen Predigten. „Der sich auff Gott verlast, kan nit verlassen werden“[23] ist seine tiefe Überzeugung, und daher „sollestu ... aus ganzem Herzen, aus ganzer Seel, aus allen Kräfften deinem Heiland, deinem Erlöser, deinem Erschaffer unaufhörlich danken um die Gutthaten, so du alle Augenblick von seiner grundlosen Gute erhaltest“.[24] Vor Gott liegt das Wesen des Menschen wie ein aufgeschlagenes Buch: „Die Menschen kann man hinder das Liecht führen, aber Gott nicht, der selbst das Liecht ist, so alles durchleucht. Er sicht nit allein das außwendige, sondern auch das innwendige: er sicht nicht allein das offene, sondern auch das verborgene: er sicht nicht allein das bestandene, sondern auch das verschwigene: er sicht nit allein das ertapte, sondern auch das vertuschte: er sicht nit allein das wahre und blosse, sondern auch das verblümlete: er sicht alles. Raub, Klaub, back in Sack, stihl vil in der Mühl, es sichts niemand, es sichts aber Gott.“[25] Am Verhalten des Menschen liegt es, wie sich Gott zu ihm verhält; denn für Abraham ist es augenscheinlich: „Wie du dich gegen Gott verhaltest, so verhalt sich Gott gegen dir, bist du anjetzo so vermessen, daß du dem Nechsten seine Ehr abstimmest ohne einige Ursach und ihme den guten Nahmen als das edleste Kleynod entfrembdest, nach zehen Jahren, wann du oder deine Kinder unverhoffter Weiß den Leuthen in die Mäuler gerathest und allerseits von solchen gifftigen Zungen-Wisel angeblasen wirst, verwundere dich nicht, sondern dencke zuruck, so wirst du ganz schön registrirter finden, daß dich Gott mit gleicher Müntz bezahle." Er stellt „sich gegen uns Mild und Wild, wie wir es haben wollen".[26] Gottes Gerechtigkeit und das rechte Verhalten der Menschen gegen Gott werden von Abraham stärker unterstrichen als die vertrauende Liebe des Menschen zu Gott oder auch die allumfassende Liebe Gottes zu seinen Geschöpfen. Sätze wie der auf den heiligen Georg bezogene: „Dann sein Leben war nichts als Lieben, und sein Lieben war Jesum lieben"[27] stehen vereinzelt, und Aussagen über die Liebe werden zumeist innerhalb des Gerechtigkeitssystems verankert: „O wie viel dergleichen kalte Herzen sind in der Welt anzutreffen, in welchem keine Funken der Göttlichen Liebe gefunden werden, dann wer Gott liebet, der hält seine Gebot, wenig aber sind die Gottes Gebot halten, also folgsam wenig, welche Gott recht lieben."[28]

Wie sich die Liebe in all ihrer Tiefe nur in Spuren bei Abraham findet, so auch der Haß. Kaum je, daß er auch bei seinen Ausfällen wirklich gehässig wird, kaum je, daß sich seine Terminologie bei ablehnender Haltung nicht innerhalb des gemäßigteren Bereiches im Ausdrucksspektrum seiner Zeit findet. Konsequent lehnt Abraham einzig die Sünde ab. Er haßt sie, die für ihn Ursache alles Bösen in der Welt ist, die den Menschen von der Hinwendung zu Gott abhält, und er hält sie und ihre schrecklichen irdischen und vor allem ewigen Folgen seiner Zuhörerschaft immer wieder vor Augen. Die katholische Sündentheologie, insbesondere die Frage nach den Sündenstrafen, ist ein äußerst diffiziles Kapitel.[29] So ist unklar, ob jedes Übel als Folge individueller oder kollektiver Schuld zu betrachten sei, was das Alte Testament eher nahelegt, wogegen Jesus diesen Gedanken abzulehnen scheint. Dazu kommt noch die Frage, inwieweit eine wie immer geartete zeitliche Sündenstrafe nur den Sünder selbst betreffe oder wie weit auch die Gemeinschaft mitbetroffen und zum Mit-leiden verurteilt sei. Anderseits wird auch die Möglichkeit gesehen, daß die Schuld des Sünders oft folgenlos zu bleiben scheint. In dieser Spannung steht auch Abraham. Daher kann die Sünde nicht früh und entscheidend genug bekämpft werden. Oft entstehen ja große Sünden aus kleinen Ursachen, schlechte Gewohnheiten werden nicht leicht abgelegt und ziehen Schlimmeres nach sich, und einer Sünde folgt gerne die nächste. Sicher ist, „daß Gott auch die mindeste Sünd nicht ungestraffter lasse".[30] Es ist irrig zu glauben, daß Kleinigkeiten nicht zählen: „Also titulieren wir unbedachtsame und schwanckmüthige Menschen die läßliche Sünden, und neben allem unseren vilfältigen Umbgaffen schauen wir nie oder gar selten auff die Waag der Göttlichen Justitz, wie genau dieselbige unsere mindist Sünden urthlet und züchtiget."[31] So sind denn auch die meisten Übel Strafen für die menschliche Sündhaftigkeit. „Gott schicket uns mehrmahl ein Ubel, damit wir vom Ubel abstehen, er wirffet uns ins Bett, damit wir ergreiffen das Gebet, gar offt ist es das beste Mittel, seelig zu werden, wann er uns die zeitliche Mittel benimmt ... bey Gott dem Allmächtigen ist die Trübsal, die er uns schickt, ein Magnet, mit dem Er uns ziehet, darum mancher mit dem David sagen kan: Bonum mihi, quia humiliasti me."[32] Abraham sieht also nicht einen rächenden Gott, sondern einen streng, aber gerecht strafenden Vater, dessen Strafe Zeichen dafür ist, daß er den Menschen auf den rechten Weg zurückführen will.

Dies gilt in ganz besonderen Maßen für die beiden großen Prüfungen der Zeit: die Pest und den Türkenkrieg, wobei Abraham für erwiesen hält und auch immer wieder zu erweisen sucht, daß die Sünden der Menschen Urheber solchen Unheiles seien und Gottes Zorn provozieren. Vor allem die Pest ist ein solches von Gott zur Warnung geschicktes Übel.[33] Mit dieser Ansicht steht Abraham nicht alleine da, da gerade unter Hinweis auf zahlreiche Stellen des Alten Testamentes die Pest immer schon als geradezu klassische Strafe Gottes angesehen wurde.[34] Auch durchaus fortschrittliche naturwissenschaftliche Schriften, wie etwa die Pestordnung Johann Wilhelm Mannagettas, lassen die Strafe Gottes als eine der Hauptursachen der Pest gelten.[35] Was immer auch an medizinischen und abergläubischen Pestursachen genannt werde, schreibt Abraham, „so waiß ich doch, daß diser gifftige Pfeil mehristen Thail von der Hand Gottes abgedruckt wird"[36], und wenn auch alle in Pestzeiten voller Furcht seien und diese Furcht sogar die Krankheit anziehen könne, so möchte er „wünschen ..., ihr hätt ein solche Forcht und Schröcken gefast an der Sünd".[37]

Leid und Böses sind aber nicht nur unmittelbare Sündenstrafen, da „zuweilen der Allmächtige Gott auch einem gerechten und frommen Menschen ein Ubel zuschicket, damit er dessen Gedult desto mehrer prüfe, und folgsam seine Verdienste vergrössere, meistens aber schmieden alles zeitliche Unglück unsere eigene Sünden, und binden wir selbst die Ruthen, wormit uns Gott pflegt zu streichen, unsere Laster seynd eine Stimme, die zu Gott schreyet, und haben von dannen keinen anderen Echo, als die Straff".[38] So ist ständige Umkehr notwendig, eine Umkehr, die man nicht auf die so ungewisse Stunde des Todes aufschieben soll, denn „wie das Leben ist der Todt eben"[39] und wer in der Todesstunde „die geringste und wintzige Mackel an ihm hat, dem ziecht man den Schlagbaum vor und haist underdessen, vor der Thür ist draussen".[40]

Obwohl Abraham auch die irdischen Folgen der Sünde so stark vor Augen stellt, ist es ihm bei ihrer Bekämpfung einzig um Gottes Recht und eine zukünftige, jenseitige Welt zu tun, die er jedem einzelnen Christen auftun möchte. Eine bessere Welt hier und jetzt, soziale Veränderung oder Kritik an der bestehenden Ordnung der Dinge sind seine Sache nicht. Wo immer er Sünde und sündhaften sozialen Verstoß scharf anprangert, ist sein Ziel die Ausmerzung von Störfaktoren und Ungerechtigkeiten in einer an sich vorgegebenen und als solche unreflektiert für richtig hingenommenen Gesellschaftsordnung zu tun. Der Ordogedanken, aus der frühchristlichen Philosophie kommend und im Mittelalter ausgebaut und verfestigt, ist ihm — nicht nur weil es sich um primär augustinisches Gedankengut handelt — selbstverständlich.[41] Er teilt diese Auffassung mit den meisten seiner Zeitgenossen, wobei darauf hinzuweisen ist, daß sich die Ordophilosophie in Österreich bis weit hinein ins 19. Jahrhundert nachweisen läßt.[42] „Bleib du in deinem Stand, in welchen dich Gott hat gesetzet"[43], ist der Grundtenor dort, wo Abraham auf die soziale Ordnung zu sprechen kommt. „Begehre nichts, was dir nicht anständig. Wann ein Treiber will einen Schreiber abgeben, O wie ungereimt! Wann ein Halter will ein Verwalter seyn, O wie närrisch! Wann ein Hirt will einen Wirth vertretten, O wie unbesonnen! Der Esel wollt auch einmahl sich unter die Musicanten mischen, hat aber den Tact zwischen die Ohren bekommen: Der Besen wollt auf ein Zeit unter das Obst gezehlt werden, um weil er einen Stiel hat, ist aber zum Mist auskehren verurtheilt worden, so bleib dann ein jeder, wer er ist."[44] Es geht Abraham hier — wie immer — ums Grundsätzliche, nicht um die sichtlich des Reimes wegen gewählten Beispiele, sondern um die Einhaltung einer als gottgewollt verstandenen Ordnung. Das gilt ebenso für das modisch aufgeputzte Mädchen, das sich mit reicher

Kleidung schmückt, „welcher Uberfluß dir offt nicht standmässig zustehet, ja bald dahin ein jeder Wäschtrampel sich in Seiden einpauscht und in ihrem schlechten Gewerb den Nahmen Gallant erhaschen will“[45] — wobei hier noch Abrahams Abneigung gegen irdische Eitelkeiten mit zum Ausdruck kommt —, wie für den König, der sich lächerlich macht, wenn er unter seinem Stande sich verheiratet.[46]

Prinzipiell anerkennt Abraham die hierarchische Rangordnung auch als Wertskala, und es liegen ihm etwa der geistliche Stand, die Regenten, Adeligen und Gelehrten besonders am Herzen, aber sie sind in sich — abgesehen von der Aufgabe, die sie zu erfüllen haben — nicht besser als irgendein anderer Stand. Verkehrt ist allenfalls der Mensch, nicht der Beruf, den er ausübt, oder die Funktion, die er bekleidet.[47] „Weil aber selten eine Wiesen ohne Scheer-Hauffen, selten ein Marck ohne Dieb, selten ein Wein ohne Gleger, selten ein Garten ohne Brennessel, selten ein Sommer ohne Mucken, selten ein grosser Geld-Schatz ohne falsche Müntz, selten ein Buch ohne Esels-Ohr, selten ein Apffel-Baum ohne Wurm-Stich, selten ein Fasten ohne Stockfisch, selten ein Beltz ohne Schaben, selten ein Schul ohne Esel-Banck, selten ein Wald ohne Gimpel, selten ein Garn ohne Knopff, selten ein Acker ohne Distel, selten ein Kirch-Tag ohne Rauff-Händel, selten eine Schreiberey ohne Sau; also ist auch selten ein Stand und Profession ohne böse Leute.“[48] Diese sind zu verachten, nicht ein bestimmter Beruf, wie etwa die Totengräber, die Abraham ausdrücklich verteidigt.[49] Hier bekämpft er ein soziales Vorurteil, und er tut es auch wenn er sich dagegen verwahrt, daß Rothaarige, Kleinwüchsige oder körperlich Benachteiligte einen schlechten Charakter hätten. Schließlich „kan der Allmächtige Gott seine Gnaden so wol in ein erdenes Geschirrl giessen, als in ein grosses guldenes Gefäß.“[50] Man beurteile daher die Menschen „nicht geraden Seyten halber, sondern guter Sitten halber; nicht deß äusserlichen Scheins halber, sondern der innerlichen Schöne halber; nicht Geburt halber, sondern Gebärden halber, nicht Geblüt halber, sondern Gemüth halber. Allermassen die Schönheit vergehet, aber die Tugend bestehet; mercks demnach wol, das achten und verachten sich nicht muß gründen auff das äußerliche Ansehen, achte niemand dessenthalben, weilen er schön von Leib ist; verachte auch niemand derentwegen, weilen er ein geringes Ansehen hat“.[51]

Ausdrücklich wendet sich Abraham auch gegen jede Form der Unterdrückung, insbesonders die Bauern liegen ihm am Herzen. „Freylich ist es billich, daß die Bauern ihrer Herrschafft das Gebührende abstatten, aber sie gar auf das Blut aussaugen ist wider alle Gerechtigkeit und Lieb des Nechsten.“[52] Das Blut der Armen, das aus den Tischtüchern der reichen Prasser und aus den Geldsäcken der Geizigen fließt, ist ein von Abraham gerne verwendetes Bild.[53] Er predigt dagegen gerechte Behandlung, zustehenden Lohn und eine Art von geringfügigem sozialen Ausgleich durch Almosen. Der Aufruf dazu ist eines der häufigsten Motive, das sich bei Abraham findet. Kaum eine Predigt, vor allem keine umfangreichere, in der Abraham nicht nachdrücklich auf die Armen hinweist und auf die Pflicht des Christenmenschen, sich ihrer in der rechten Weise anzunehmen. Schon in der Leopoldspredigt von 1673 unterstreicht er, „was nur Leopold redete, war ein Reden von den Armen, was er gedachte, war ein Dencken von den Armen, was er zu sich nahm, war ein Nemmen für die Armen, was man ihm praesentirte war ein Praesent für die Armen, was er erhauste war ein Hausen für die Armen“[54]. Und er weist nachdrücklich darauf hin, daß es nicht genüge, dem an die Tür klopfenden Armen zu helfen, sondern daß es darauf ankomme, mit wachen Augen die Not zu sehen und zu suchen. „Wohl seelig solche Leute, die sich über Armseligen erbarmen; es pfleget zwar der Allmächtige Gott das Allmosen häuffig zu belohnen, welches man den armen Bettlern mittheilet, so vor der Haustür sammlen, aber noch wohlgefälliger ist es ihme, wann man da und dort die nohtleidenden Tropffen selbst suchet, und ihnen barmhertzig beyspringet."[55] Ein Almosen, das dem Spender selbst zu gering ist, verwirft Abraham: „wann das eingemachte Wildbret schon dergestalten stincket, dass auch dessentwegen die Spatzen möchten aus der Lufft todt herabfallen, da heist es; Hausmeister, tragts in Spital den armen Leuten."[56] Und wenn gar das Opfer aus unrechtem Gut gegeben wird, erwächst dem Spender kein Heil[57]: „Willst du Gott oder dem Nechsten was geben, so gib es von dem Deinigen."[58]

Almosen und Wohltaten sind aber nicht nur den Lebenden gegenüber möglich, sondern können und sollen auch den Verstorbenen zugewendet werden. So veranlassen die vielen Opfer des Pestjahres 1679 Abraham zu einer eigenen Schrift „Lösch Wienn"[59], in deren Mittelpunkt die Verantwortung der am Leben gebliebenen Wiener für die armen Seelen im Fegefeuer steht. Die kirchliche Lehre vom Fegefeuer — der deutsche Ausdruck für das Läuterungsgeschehen jener Seelen, die noch nicht ihre letztmögliche christliche Vollendung gefunden haben, ist ein wenig unglücklich, wenn auch für den Barockmenschen durchaus naheliegend und einsichtig — war auf dem Tridentinum in bewußter Absetzung von der unklaren, schwankenden und zuletzt ablehnenden Haltung der Reformatoren neu formuliert worden. Hier wurde auch ausdrücklich betont, daß den armen Seelen Gebete und Opfer seitens der Lebenden zugewendet werden können.[60] Abraham griff dies voll auf, und er rief seinem Auditorium zu: „helfft umb euer Seelen Seeligkeit Willen, dann es fast nicht möglich, daß jemand könne verlohren werden, der mit seiner Hülff nur ein Seel erlöset; allermassen sie nachgehends ohnauffhörlich für ihrem Gutthäter bittet."[61] Denn: „den armen Seelen im Fegfeuer ist das Gebett ein Schlüßl, welcher ihnen den peynlichen Kercker deß Fegfeuers eröffnet und sie in die Himmlische Freyheit überlasset."[62]

Überhaupt stellt Abraham fest: „Also mächtig ist das Gebett, daß ihme an Stärcke nichts gleichet."[63] Nicht nur hinsichtlich der Verstorbenen, sondern was immer man erbetet, erhält man, „dann Gott will gebetten seyn"[64], wiewohl es „aber das unerforschliche Urtheil Gottes gleichwol zum öfftern geschehen lassen" hat, „daß ... auch ... das inbrünstige Gebett nichts gewürcket"[65]. Die Unmöglichkeit der Einsicht des Menschen in den frei waltenden Willen Gottes soll ihn aber vom Gebet nicht abhalten. „Das Gebet ... ist ein Band wormit ich gleichsam Gott selbsten kan die Hand binden, daß Er mich nit straffen kan. Es ist ein Wand, hinter dero ich bey jeder Zeit zum aller sichersten stehe. ... Es ist ein Schwerdt, mit deme so viel streitbare Helden ihre Feind in die Flucht gejagt und Welt-kündigen Sieg darvon getragen. Es ist ein Schantz, die mich vor sichtbaren und unsichtbaren Feinden beschützet. Es ist ein Glantz, der mein Seel zum meisten erleuchtet ... Es ist ein Flügel, mit deme ich mich zu Gott in die Höhe kan erheben. Es ist ein Schlüssel, mit welchem ich den Schatz- und Gnaden-Kasten Gottes kan eröffnen."[66] Das Gebet ist auch an keinen bestimmten Ort gebunden, „dann der Allerhöchste nicht das Ort, sondern das Gemüth ansiehet"[67]. Gleichwohl soll auch das Gebet nicht verabsolutiert werden, sondern seinen Platz in einem gesamtmenschlichen Bild des Christen finden: „Meine Frau Theresia ist den gantzen Tag in der Kirchen, sie betet, daß ihr das Maul möcht stauben; sie duncket fast alle Tag einen gantzen Weyhbronn-Kessel aus; sie trägt einen Sack voller Bücher mit ihr, daß man darmit ein Dromedari von Madian könnt beladen, sie verbrennet fast täglich etliche Waxkertzel; unterdessen aber leidet die gantze Wirthschafft zu Hauß, das Gesind lebt sine cura, Epicurisch; die Dienst-Botten wandlen wie die Leut, denen Gott mit dem Sündfluß die Köpff gewaschen ... wer ist an allen diesen daran schuldig? das gar zu viel und lange Beten der Frau Theresiae, dann man muß ... also beten, daß man nit die Arbeit und das Hauswesen vernachläßiget."[68] Die Richtschnur für das richtige Gleichgewicht zwischen Beten und Arbeiten ist das Leben Christi.[69]

Ausgehend von der Grundeinstellung der Sündhaftigkeit des Menschen und von dem Insistieren Abrahams auf Überwinden des Verharrens in der Sünde, hält er den Menschen einen Spiegel ihrer Unvollkommenheit vor. Er wird nicht müde, gegen jegliche Art von Fehler und Laster zu predigen: Neid, Geiz und Diebstahl, Ehrabschneidung, Haß, Lüge und Ungerechtigkeit, Zorn, Unkeuschheit, Fraß und Völlerei sind Gravamina, die er durchgehend anprangert. Sie sind nicht zuletzt in der Eitelkeit alles Irdischen und in einer oftmals verfehlten Wechselbeziehung zwischen Eltern und Kindern verankert. Bei der Überbewertung des Irdischen, die zudem durch Müßiggang befördert wird[70], mahnt Abraham, daß die Welt nur Tand sei:[71] alles ist eitel, „das Wörtel Leben haist zuruck Nebel"[72], und wenn man schon Ehren suche, halte man sich doch vor Augen, daß es die größte „Ehre seye, den Titl eines Christen zu tragen"[73]. Und er geißelt vor allem die Eitelkeit und die Überbewertung des Geldes. Eitelkeit und insbesondere die Auswüchse der Mode, die er für eine weibliche Domäne ansieht, sind immer wieder das Ziel seines Spottes. „Die Schönheit mit einem Wort ist das aintzige Begnügen des weiblichen Geschlechts"[74] „unnd ist eine der anderen umb ihr schöne Gestalt, so sie von Gottes Händen bekommen, neydig, ja manche will Gott in seinen Geschöpffen einreden und gleichsamb besser machen als er, auch die Natur schimpfflich corrigieren, damit sie nur auch der anderen nichts nachgebe an der Gestalt; sie steht vorm Spiegel so lang, daß ihr möchten Blattern an Füssen aussfahren, sie kraust und zaust ihre Haar und ziechts streng, als wären sie in einem stätten Novitiat, da muß ein Haarlocken krump seyn, der ander noch krümper, der dritte am krumpesten, da muß vil Haar seyn, dort wenig Haar, da muß gar schitter seyn, wie das Trayd der armen Leuthen, da muß in die Höhe stehen wie ein Raiger-Busch, da muß hinauß stehen wie ein Bachsteltzen-Schwaiff, da muß herunder hencken wie ein Bier-Zaiger ... Die Lenden müssen geschnieret seyn, eng seyn, gebunden seyn, zwickt seyn, zwungen seyn, und bald mehrer leyden als die Israeliter in Egypten, und muß der Leib so rahn seyn, wie ein zugespitzter Zucker-Hut, da muß sich das Gesicht waschen lassen, reiben lassen, pollieren lassen, färben lassen, ziehren lassen, zähren lassen, ziehen lassen, daß es sich schier mit deß Balaams Eßlin möcht beklagen, damit aber das Fehl rain bleibe, nimbt sie bey der Nacht ein Larven über das Gesicht, daß ihr schier der Athem verkürtzt wird, da frist sie Kreiden, Wachs, Terpenthin, Saltzstain, Fröschbainer, Schnecken-Pulver, damit nur die Haut nit Braunauerisch wird, damit die Wangen zu Weissenburg bleiben, damit die Lefftzen zu Rottenburg lossieren, da legt sie so enge Schueh an, daß sie fast keine grössere Fußstapffen im Sand last, als die Rohr-Aendl, es geschicht aber alles darumb, weil sie der Nechstin neydig ist umb ihre Gestalt und nit gern hören wolt, daß ein andere schöner soll seyn als sie. O sauberes Muster! Pachominus hat vil gelitten in der Wüsten; Paphnutius hat vil gelitten in der Einöde. Onuphrius hat vil gelitten in der Wildnuß, aber du leydest mehr, dannoch ist die

Belohnung ungleich, dann jenen hat Gott umb ihr Leyden die Seeligkeit erthailt, dir umb dein Leyden wird der Teuffel auff ewig die Höll spendiren."[75]

Aber nicht nur die Prunksucht verurteilt Abraham, sondern den mit ihr verbundenen Versuch, nicht nur für schöner, sondern auch für sozial besser gestellt zu gelten als man ist: „Auf solche Weise hat man dazumahl nur in Königlichen Palästen schöne Kleider getragen, jetzt findet man dergleichen schon in gemeinen Häusern; ein manches Stuben-Mensch, dero Mutter eine Kestenbraterin, flodert schon in Daffet daher, die seidene Band fliegen ihr um den Kopf wie ein weisser Bierzeiger, die Haar sind wie die Schnegel gekrümmt, ist ein Zeichen, daß sie ein rotziger Grindschippel ist; Romanische Handschuh sind über die Händ (Brazen dörff es niemand heissen) gezogen; die Schüchl sind dergestalten zugespitzt, daß man sie anstatt eines Pfriems konnte brauchen, etc."[76] Hier hat Abraham sicher nicht aus einer übertrieben puristischen Grundhaltung heraus gepredigt, da sich tatsächlich im 17. Jahrhundert — oft in krassem Gegensatz zu den allgemeinen und wirtschaftlichen Gegebenheiten — ein Hang zum Luxus feststellen läßt, der in der Kleidung seinen sichtbarsten Ausdruck gefunden hat. Die immer wieder erlassenen Kleiderordnungen sprechen hier eine deutliche Sprache. Sie versuchen vor allem den Luxus der Reichen einzudämmen, aber auch die Standesgrenzen überschreitenden Tendenzen der „niederen Schichten" hintanzuhalten.[77] So predigt Abraham sichtlich in dem Gefühl, nicht nur das von Gott her Richtige zu verlangen, sondern auch dem sittlichen Wohl des allgemeinen Ganzen zu entsprechen.

Für noch gefährlicher als Modetorheiten und Luxus hält Abraham allerdings die Sucht nach Geld. Geld korrumpiere den Menschen sehr leicht, verwandle Unrecht in Recht, vertausche Gut und Böse und mache die Justiz blind.[78] Dabei hält Abraham fest: „das Geld ist an sich selbst nicht bös, sondern nur der Mißbrauch desselben."[79] Dann aber: „Du Geld, du, du bist ein Kupplerin der Höllen; du bist ein Fallstrick der Seelen, du bist ein Ketten des Satans, du bist ein Gifft der Tugenden, du bist ein Mörderin der Lieb, du bist ein Untergang der Erbarkeit, du bist ein Verblendung der Justiz."[80] Und er ruft seinen Zuhörern zu: „Wann ihr nur halben Thail that so vil leyden wegen Gott, was ihr außstehet wegen deß schandvollen und schadvollen Mammon, so wurdet ihr in der Glory . . . sitzen."[81] Geld, und die Sucht nach immer mehr Geld, verleitet den Menschen zum Diebstahl, wobei Abraham den interessanten Gedanken ausspricht, daß bereits ungerechtfertigte Bereicherung an sich Diebstahl sein könne.[82]

Immer wieder kontrastiert Abraham alles Treiben dieser Welt mit dem unausbleiblichen Ende, mit dem Tod.[83] Kaisern und Königen, Bauern und Dienstmägden, Geistlichen und Gelehrten, Arm und Reich wird in immer neuen, eindringlichen Bildern vor Augen gestellt, daß keiner seinem Schicksal entfliehen kann. Auch hier haben Pest und Krieg auf den Prediger und seine Zuhörerschaft nachhaltig eingewirkt. „Es sagt der unhöffliche Todt, ich hab den Respect nicht gelehrnt, ich hab ihn nicht geübt, ich hab ihn nicht gewohnt; Wer Demuth sucht bei dem Pfauen, wer Auffrichtigkeit sucht bei dem Fuchs, wer Fasttag sucht bei dem Wolff, der sucht auch bey mir Respect."[84] Keiner kann sich dem jähen und unerwarteten Zugriff des Todes entziehen: „O du garstiger, schändlicher, schädlicher, ohnfläthiger, ohnhöfflicher, mörderischer, leichtsinniger, grober, vermessener, zerlumpter, falscher, betrogner, stinckender, zaundürrer, partitenmacherischer Gesell du Todt. Du Todt du Menschen-Fischer! ... Du Todt du Menschen-Schnitter! ... Du Todt du

Menschen-Stürmer! ... Du Todt du Menschen-Jäger ... Du Todt du Menschen-Fresser ... Du Todt du Menschen-Rauber“[85], das mag die allgemeine und vordergründige Sicht des Todes sein, und Abraham referiert sie auch. Aber hinter dieser ersten emotionellen Regung steht sehr stark und entschieden der Tod als notwendiger Durchgang zu einem ewigen Leben, so daß sich das Wie des Todes, aber auch seine positive Dimension ganz allgemein in den Vordergrund schiebt: „Laß demnach sterben den Leib, dises Krancken-Spital, dises Spott-Muster, dise kleine Portion der Erden; Laß sterben, laß verderben, wie, wo, wann, wodurch er stirbt, ligt nichts daran, aber das bitt ich dich um das Blut Jesu Christi, das bitt ich dich umb deiner Seelen Seeligkeit willen, mit auffgehebten Händen schreye ich vor dir, ja in beede Ohren, du wollest die Seel nicht sterben lassen, die Seel, dises künstliche und köstliche Ebenbild Gottes, die Seel, dises schöne und scheinende Contrafee der allerheiligsten Dreyfaltigkeit, die Seel, dises kostbare und schatzbare Kleinod Gottes, die Seel, dise fridliche und freundliche Schwester der Engeln, dise, O Mensch! laß nicht sterben, welches da geschicht durch ein freywillige Todt-Sünd, diser Tod allein ist ein Elend.“[86] Der Tod aber, der den Menschen vor Gott gerechtfertigt findet, ist kein Grund zur Furcht, „sondern vielmehr zu wünschen, weil er uns die gröste Gutthat erweiset und die Seel aus dem verdrüßlichen Arrest des Leibes erlediget. Einige nennen den Tod einen Schnitter, welcher da einschneidet, wo er nicht ausgesäet: Andere heissen ihn einen Schützen, welcher gantz grimmig mit seinen Pfeilen thut nach dem Leben ziehlen. Etliche nennen ihn einen Mader, dessen Sensen oder Sichel alles hinweg nimmet, es seye Gras oder Blumen, König oder Bauern, Arm oder Reich: Viel nennen ihn einen Jäger, der aber kein anders Wildbrät fället als Menschen: Andere nennen ihn einen Fischer, welcher ohne Unterschied kleine und grosse Fisch fanget: Einige heissen ihn einen Schreiner oder Tischler, so da einem jeden eine Truhen machet und anmesset: Auch gibt es etliche, welche den Tod für einen guten Kegelscheiber halten, welcher nach Belieben so gut den König als den Bauren sticht: Mich aber dunket der Tod der gröste Gutthäter zu seyn, zumahlen er dem Menschen hundertfache Bürden, welche ihm über den Hals liegen, hinweg nimmet“[87]. Die Verbindung des Lebenden mit dem Toten kann nicht in Trauer und mehr oder minder verhülltem Selbstmitleid liegen, sondern im gemeinsamen Bezug auf Gott, der der Herr der Lebenden und Toten ist: „darumb ... vergiesset umbsonst so vil gesaltzne Thränen und seynd also diese euere Zäher den Todten kein Trost noch Erquickung; Wendet lieber dieselbe zu Gott und zu Bereuung euerer Sünden, dann den Todten bewainen ... ist nicht verhilfflich, sonder ihre Erlösung befördert ein H. Gebett und Trost-volle Andacht.“[88]

Es gibt noch ein Thema, das Abraham sehr häufig paraphrasiert, und es zielt auf eine Keimzelle der Gesellschaftsordnung ab: das Leben in der Familie. Bei Abraham ist es vor allem auf das rechte Verhältnis zwischen Kindern und Eltern zugespitzt, wobei er nicht ansteht, gelegentlich auch über die Ehe und das von ihm für richtig gehaltene Verhalten der Ehepartner zueinander zu sprechen.[89] Die Verantwortung aber, die Eltern und Kinder wechselweise füreinander tragen, ist ihm das Hauptanliegen, und es zeigt sich hier eine ähnliche Sicht wie im Verhältnis Gott und Mensch. Nicht die Liebe dominiert alles, sondern Recht und Strenge, das angemessene Recht-Tun und das Einhalten einer vorgegebenen Schöpfungsordnung. Es ist schwer zu entscheiden, ob Abraham in seinen Predigten öfter die Kinder oder die Eltern anspricht. Wie immer hält aber der christliche Prediger seinem

Auditorium nicht nur das Unrechtmäßige eines Fehlverhaltens vor Augen, sondern die Strafe, die sich daraus resultierend einstellt. „O Kinder! O Kinder! Kinder hüt euch doch, daß ihr eure liebe Eltern nicht belaydiget“[90], denn der „Kinder Untreu gegen den Eltern hat noch nie nichts als aignes Unhayl gespunnen“[91]. Haß, Neid, Hoffart, Lüge und Diebstahl sind große Sünden, „aber noch ein grössere Sünd ist die Undanckbarkeit deren Kinder gegen ihren Eltern. Ein Kind, welches seine Eltern übel anschaut, ist werth, daß es keine andere Augen soll haben als gehabt hat der alte Tobias, wie er von den Schwalmen den Schaden gelitten. Ein Kind, welches von seinen Eltern übel redet, ist werth, daß kein andere Zung soll haben, als Zacharias zur Zeit als sein Elisabeth schwanger gangen. Ein Kind, welches seine Eltern schlagt, ist werth, daß es soll keine andere Händ haben, als es gehabt hat jener Lahme zu Capharnaum. Ein Kind, welches nach seinen Eltern stosset, ist werth, daß es keine andere Füß habe, als gehabt hat jener Krumpe bey der schönen Porten zu Jerusalem“[92]. Gebenedeit sind alle Kinder, die ihre Eltern ehren, vermaledeit hingegen all jene, die sie beleidigen oder ihnen gar den Tod wünschen.[93] Und auch der verstorbenen Eltern sollen sich die Kinder erinnern. „Wer hat euch von der Wiegen auß gespeist? Wer? Euere liebste Eltern; und das hat sie offt gekost den Schwaiß ihres Angesichts, und das haben sie zu wegen gebracht mit stäten sorgen und arbeitsamer Kummernuß; wer hat euch mehrer Schertzl geben als euer allerliebste Mutter, die mit euch so manchesmahl durch vil tausend Bussel in eurer Kindheit geschertzt haben und euch so offt auff ihren Armben als auff lebendigen Wiegen getragen? so gehet dann auch hin und macht euere allerliebste Eltern zu König, setzt ihnen die ewige Cron auff, nach dero sie so starck seufftzen und schreyen, erbarmt euch über sie und erlöst sie doch einmahl auß dem peynlichen Arrest deß Fegfeuers.“[94]

Freilich kann man eine solche Haltung Kindern nur dann abverlangen, wenn ihnen die Eltern ein entsprechendes Beispiel gegeben und sie mit Strenge erzogen haben: „ihr liebe Eltern, ihr solt wissen unnd müsset wissen, daß ihr genaue Rechenschafft dem Allerhöchsten ablegen must wegen euerer Kinder“[95], denn „warhafftig die Sünden der Kinder werden in kein andere Schreib-Tafel auffgezaichnet als in das Gewissen der Eltern, die Boßheit der Kinder stecken in dem Busen der Eltern, die Sünden der Kinder kommen in die Rechnung der Eltern“[96]. Daher kommt es auf die rechte Erziehung an. „Viel Eltern vergaffen und veraffen sich mehrmahl in ihre Kinder, daß sie fast Tag und Nacht höchste Sorg tragen, wie sie dieselbe mögen bereichern, unter andern trachten sie auch emsig, daß sie denselben stattliche Häuser und Gebäue hinterlassen; Aber liebste Eltern, weit besser und heiliger wäre es, wann ihr eure Kinder thät versehen mit einer guten Auferbaulichkeit als mit einem guten Gebäue, zumalen euer böses Exempel die meiste Ursach ist des Untergangs der Kinder.“[97] Und Abraham ruft die Eltern immer wieder zur Strenge auf: „Hört ihrs meine Eltern? wie lang ihr die Ruthen in den Händen haltet und genaue Obsicht über die straffmässige Kinder traget, so lang ist alles gut, so bald ihr aber solche Ruthen hinweg werfft und den Kindern alles übersihet, alsdann wird ein gifftige Schlang auß diser Ruthen und kann kein schädlichers Gifft seyn den Kindern als das große Ubersehen und Nachsehen der Eltern.“[98] Abraham drückt sich auch in Bildern aus: „wann der faule und saumselige Gärtner nicht öffter die Spritzkandel in die Hand nimmt, und den matten Pflantzen einigen Trunck spendiret, so folget nichts anderst, als dero gäntzliches Verderben, oder wenigist wachset nur ein leerer Stengel auf, so zu nichts anderst dienlich als zu einen (s. v.) Sau-futter etc. Wann man die Kinder nicht zu Haus unterrichtet, noch auch in die gewöhnliche Kinder-Lehr schicket, so wachsen an statt Körner, Dörner, an statt Rösel, Esel, an statt Blümel, Limmel, an statt Narcissen, Narren, an statt guter Kräuter, meistens schlimme Bärenhäuter."[99] Auch hier erweist sich Abraham nicht eigentlich als origineller Denker, sondern als wortgewandter Prediger, dem es pastorales Anliegen ist, die christlichen Wertbegriffe seiner Zeit den Zuhörern zu vermitteln. In der „Katholischen Kinderzucht" des nur wenig älteren Wiener Karmeliterpaters Hilarius a Sancto Anastasio[100] herrscht in katechismusähnlichem Frage- und Antwortspiel derselbe Geist vor: „je lieber das Kind, je grösser die Ruthen, je lieber das Kind, je fleissiger die Zucht, die Unterrichtung: Kinder, sollen sie anderst wol gerathen, muß man wol kleiden, wol speisen, wol züchtigen, wol unterrichten ... Es seynd drey Stuck zu recht Christlicher Kinderzucht sehr vonnöten; Das Exempel, die Unterweisung, die Arbeit und Abhaltung vom Müssiggang."[101] In diesem Werk findet man auch eher als in Abrahams Predigten Antwortversuche auf die sich aufdrängenden Fragen: Wie kann man seinen Kindern wirklich Vorbild sein und wie erzieht man sie? Abraham ging es einzig um den moralischen Anstoß, nicht um didaktische Vermittlung.

Ich möchte mich abschließend einem Kapitel zuwenden, das vor allem in jüngerer Zeit überproportional zu seinem tatsächlichen Stellenwert innerhalb von Abrahams Predigerwerk in den Mittelpunkt des Interesses gerückt ist: die Stellungnahme des Predigers gegenüber den nichtkatholischen Christen und gegenüber Andersgläubigen, insbesondere den Juden und Mohammedanern.[102] Unsere Zeit ist hier aus leidvoller Erfahrung zumindest gegen verbale Intoleranz sehr hellhörig geworden und ist geneigt — ob zu Recht oder zu Unrecht bleibe einmal dahingestellt —, an ihrem Maßstab auch die Äußerungen anderer Epochen zu messen. So wurde Abraham a Sancta Clara in der Zeit des Nationalsozialismus vorgehalten, daß er zur Frage der Juden nicht mehr und eindringlicher gesprochen habe[103], während man heute aus seinen Äußerungen eine antisemitische Haltung abzulesen geneigt ist.[104] Tatsächlich finden sich zu Protestanten und Nichtchristen bei Durchsicht des Gesamtwerkes eher vereinzelt eingestreute Bemerkungen, wenn man von der großen, aus der Not der Zeit geborenen Türkenschrift „Auff auff ihr Christen!" absieht, auf die eigens zurückzukommen sein wird. Der missionarische Eifer über die Grenzen der katholischen Christenheit hinaus war — trotz aller prinzipieller Bejahung des Missionsgedankens als solchem — Abrahams Sache nicht. Zudem schien die Hauptarbeit schon getan: Die Gegenreformation war vor allem in Wien praktisch abgeschlossen, Juden gab es seit der Austreibung des Jahres 1670 auch nur mehr in bescheidener Anzahl, und so sehr Abraham die Bekehrung von Heiden an sich für wichtig hielt[105], so wenig äußerte er sich zu der in den Türkenkriegen doch so naheliegenden Möglichkeit der Bekehrung gefangener Mohammedaner oder zum Problem der Türkentaufen.[106]

Die Tatsache, daß die alte Reichskirche sich schon lange in die beiden großen Körper von Ostkirche und Westkirche, von Orthodoxie und Katholizismus geteilt hatte, ist Abraham nicht bewußt, zumindest nicht als Kirchenspaltung oder Ketzerei. Wann immer er die Geschichte der christlichen Ketzereien ab ovo Revue passieren läßt, findet sich die Orthodoxie nicht darunter.[107] Dafür beklagt er in bewegten

Worten den Fall des christlichen Konstantinopels unter die Ungläubigen.[108] Der bei Abraham sonst so gerne auftauchende Gedanke, daß es sich dabei um eine Sündenstrafe oder gar um die Strafe für das Abweichen vom rechten Glauben gehandelt haben könne, wird nirgends angedeutet. Im Gegenteil, Griechenland habe — nicht zuletzt durch Fürsprache des hl. Georg — „vor etlich hundert Jahren schon erfahren ... so unzahlbare Gnaden“[109], und das Schicksal Konstantinopels geht ihm sichtlich zu Herzen: „O Constantinopl, dein aintziger Nahmen zwingt das Wasser auß den Augen, stoßt die Seuffzer aus dem Herzen.“[110]

Glaubensabfall und Ketzerei liegen für Abraham viel näher. Die Einheit der Christenheit, die Identität von Gesellschaft und Glaube, von civitas dei und civitas terrena, wie sie das Mittelalter in Ost und West als anerkanntes Fundament des Heiligen Reiches gesehen hatte, sind auch für ihn der anzustrebende Idealzustand. Und das cuius regio eius et religio des Augsburger Religionsfriedens von 1555 war letztlich auch Ausfluß dieser Haltung. In den habsburgischen Erblanden und in Wien war der Protestantismus seit der Mitte des 17. Jahrhunderts — zumindest, was sein öffentliches Bekenntnis betraf — unter dem Druck der Gegenreformation im Erlöschen begriffen.[111] So konnte Abraham für sich mit Recht feststellen, daß eineinhalb Jahrtausende verschiedener Ketzereien — deren ärgste er übrigens in der Lehre Mohammeds sieht — der Kirche nichts anhaben konnten.[112] So sicher es für ihn ist, daß Hoffart und Neid, ein Übel, das er besonders im Klerus beheimatet sieht, die Trennung der Christenheit zu verantworten hätten — „Lucifer gebahr Hoffart, die Hoffart aber gebahr den Eigen-Willen, der Eigen-Will gebahr Ketzerey, die Ketzerey aber gebahr Verstockung und Verzweifflung“[113] — so unmöglich ist es ihm, das Warum zu ergründen: „Warumben last Gott so vil irrige Glauben, bethörte Irrthumber, teufflische Ketzereyen, falsche Lehrer zu, da ers doch köndt wenden? Quid ad te? Was geht dich das an? ist vil besser du singst mit dem David, Herr du bist gerecht.“[114]

Abraham setzt sich — wenn überhaupt — mehr mit den Verursachern der „protestantischen Irrlehre“ als mit dieser selbst auseinander.[115] Neid und Ehrgeiz hätten Luther zum Abfall von der wahren Kirche bewogen: „Pfuy der Schand! pfuy des Schadens! dergleichen wurmstichige und modrige Schintlen seynd gefallen von dem Hauß Augustini. ... Dergleichen saubere oder besser zu reden Saubeern seynd gewesen Lutherus, Oecolompadius, Buccerus“ und andere Reformatoren.[116] Und Abraham bestärkt dies noch durch eine historia, daß Luther bei Almosenpredigten weniger erfolgreich gewesen sei als andere Ordensleute; „weillen aber mehr Volck lieffe zu der Kirchen der Dominicaner als in seine, hat er alsobald einen grausamen Neid gefasst, seine Feder wie ein zweyschneidiges Schwerdt gespitzt wider die Authorität des Römischen Pabsten, und hat sein Abfall von dem Stadthalter Christi und seiner Kirchen keinen anderen Ursprung genommen als von dem Neid“[117].

Schärfer noch geht Abraham mit Calvin ins Gericht. In einer fiktiven Szene, die Judas und Calvin vor dem Richterstuhl Christi zeigt, läßt Abraham Judas zu seiner Rechtfertigung anführen, daß er ehrbarer als Calvin sei, „dann ob ich dich gleich einmal verkaufft habe, so bin ich doch einiger massen Ursach, daß die Welt ist erlöset worden, dieser Kerl hingegen hat durch Vertheidigung der Gnaden-Wahl und Sperrung des freyen Willens unzahlbare Menschen in das äusserste Elend und Verderben gestürtzet“[118]. So sind also „die jetzigen vilfältigen erschröcklichen Spaltungen deß Glauben und schädliche Secten“[119] entstanden. „Meine Lutheraner!“ ruft Abraham aus, „ihr seyd Evangelisch, ich auch, ihr habt aber das Evangelium nicht“[120]; es fehle eben an der Einheit des einen Glaubens, der einen Taufe und der einen Kirche. Überall gäbe es andere Bräuche und Glaubenssätze. Sehr viel mehr sagt Abraham nicht zum Thema Protestantismus, er beruft sich auch in einer äußerst zahmen Zurückweisung der Kritik eines protestantischen Autors an seinen Wallfahrtspredigten in Taxa ausdrücklich darauf: „Mich haben bißhero seine Glaubens-Genossen nach allezeit unbeschwertzt gelassen, da ich hingegen auch dero Federn nie getadelt, weil ohne das eine Menge der Controversisten unserseits die Schlissel Petri nit verrosten lassen.“[121] Was die Kontroverstheologie betraf, so verließ er sich ganz auf die Patres der Gesellschaft Jesu, die „nit nur einmahl . . . den verbainten Ketzern das Maul gestopfft“ hätten.[122] Und auch der von protestantischer Seite aus einer Reichsstadt ungerechtfertigt vorgebrachte Angriff, die katholischen Geistlichen hätten sich während der Pestepidemie in Wien 1679 durch Flucht oder Verbarrikadierung ihren Aufgaben entzogen, entgegnet er in äußerst versöhnlichem Ton: „Ob ich zwar von obberührten Pfarrherrn in Glaubens-Articul entzwayet bin, so hat uns doch beede der Tauffstain anverwandt gemacht.“[123] Daher will er nicht weiter streiten, sondern ruft als Zeugen für die Hinfälligkeit der Anschuldigung die Evangelischen selbst an, „die ihr hin und her bey solcher trangseeliger Zeit in der Wiennstatt habt gewohnt“[124]. Wenn man vergleicht, was zeitgenössische Kontroverstheologie an Angriffen und Ausfällen von beiden Seiten imstande war — es sei nur eine Mainzer Schrift von 1686 gegen den „Protestierenden Lästerhaufen“ und die scharfe Antwort des Leipziger Thomaspastors Johann Benedikt Carpzov „wieder einen Päpstischen Pfaffen“ erwähnt[125] — wird man Abrahams Äußerungen gegen die „ketzerischen Schnaderzungen“[126] als gemäßigt empfinden.

Gleiches kann man nur sehr bedingt von seinen Äußerungen zum Judentum behaupten.[127] Es muß zwar festgehalten werden, daß die Bekämpfung der Juden Abraham offenbar kein besonderes Anliegen war und sich seine Invektiven gegen die „ohngereimbten Israelitische Maul-Affen“[128] nur sehr verstreut in seinem Predigtwerk finden. Man muß auch in Rechnung stellen, daß er Dinge, die ihm tatsächlich ein Anliegen waren oder von deren Wirksamkeit als exemplum er zumindest überzeugt war, in oft ermüdender Wiederholung immer und immer wieder präsentiert, um die antijüdischen Bemerkungen — auch wenn sie es in manchen Fällen an Schärfe keineswegs fehlen lassen — nicht zu überschätzen. Dies um so mehr, als viele „antisemitische“ Ausfälle Abrahams sich erst in den nachgelassenen Schriften finden[129], bei denen der Anteil Abrahams und der späteren Herausgeber und Bearbeiter nicht leicht voneinander zu trennen ist. Was die Stellung zum Judentum betraf, stand Abraham auch hier innerhalb seiner Zeit und vor allem innerhalb einer beklagenswerten Tradition christlich-jüdischen Gegensatzes, der in den Juden Gottesmörder und verstockte Missetäter sah, die sich der Heilstat Gottes durch die Abwendung vom bereits erschienenen Messias Jesus Christus böswillig verschlossen hätten.[130] Und der Nachklang von den „treulosen Juden“, den „perfidis Judaeis“, ließ sich noch bis ins vorkonziliare Fürbittgebet der katholischen Karfreitagsliturgie vernehmen.[131]

1670 waren die Wiener Juden aus dem Ghetto in der Wiener Leopoldstadt ausgewiesen worden, nachdem man ihnen bereits zuvor die Schuld an allem möglichen Unheil zugeschoben hatte. Neid und Konkurrenzdenken der christlichen

Bevölkerung haben hier wohl ebenso wie jahrhundertelang unreflektiert mitgetragene religiöse und soziale Vorurteile eine Rolle gespielt. Das Memoriale, das die Wiener Judenschaft am 3. März 1670, knappe drei Wochen nach dem Erlaß des kaiserlichen Ausweisungsbefehles, Leopold I. überreichen ließ, ist ein erschütterndes Denkmal der Zeit, in dem von den Vertriebenen darauf hingewiesen wird, „daß ein Jude zu sein an sich selbst kein Laster ist"[132]. Mag sein, daß die Tatsache, daß Wien praktisch eine „Stadt ohne Juden" geworden war, mit der Grund dafür ist, daß sich Abraham nur so spärlich zum Judentum vernehmen ließ. Noch wahrscheinlicher dürfte sein, daß er zwar die Vorurteile seiner Zeit und seines Glaubens teilte, daß ihm aber persönlich verfolgender Haß und Missionierungseifer nur wenig entsprachen. Wenn er „die Juden und das Hebraeische Lotters-Gesind"[133] anspricht, wenn er sie „Galgen-Zeiserl" nennt[134] oder „die gottlose, ehrlose, gewissenlose, heillose, tugendlose, ja wohl vernunfftlose Hebräer"[135], so spricht er fast immer die Zeitgenossen Christi an, die sich gegen ihn gewendet hatten und am Zustandekommen von Gefangennahme und Kreuzigung mitbeteiligt waren. Dies ist für Abraham der Ausgangspunkt allen Übels, und die erste Strafe, die die Juden dafür empfingen, war die Zerstörung Jerusalems durch die Armeen des Titus im Jahre 70.[136] Die immer wieder bewiesene Verstocktheit der Juden rechtfertigte nach Abraham auch das Vorgehen gegen sie, etwa auch aus einer „Stadt die Juden abschaffen als ein Gott sehr mißgefälliges Gesind"[137]. Dazu seien sie auch gewinnorientiert und betrügerisch, „rechte Schnitter und Beutelspicker ... (sind) ... heutiges Tags die langfingrichten mossigten Ebräer unter den Christen, die wie der Magnet den Stahl Gold und Silber an sich stehlen, in succum et sanguinem vertiren, wie die Egel das Menschenblut"[138], deren Worten nicht zu trauen ist[139] und die in eine Kategorie mit den lockeren Gauklern und Wahrsagern gehören.[140] Auch berichtet Abraham, daß „alle Juden und Hebräer zur ewigen Straff von Gott haben einen gewissen üblen Gestanck, daß sie meistens nach Bocks ambra schmäcken, absonderlich merckt man solches an ihnen in der heiligen Fasten, vorderist in der Charwochen. Sobald sie aber nach Christlichem Brauch getaufft worden, so weichet augenscheinlich solcher Gestanck von ihnen"[141]. Immerhin leitet Abraham, der mit solch merkwürdigen Histörchen gerne seine Predigten würzt, nicht alles Übel von den Juden ab, da dieses eben von Gott komme.[142] Und wenn er einmal feststellt: „Gar offt ein Gelehrter disputirte gantz sinnreich, von wem doch solche Pest herrühre" — es geht um die Epidemie von 1679 — „zumahlen bekandt ist, daß dergleichen Pestilentzische Seuch durch die bösen Feind, durch die Juden, durch die Todtengräber, durch die Hexen verursacht worden"[143], so geht es ihm keineswegs darum, den Genannten die Schuld an der Pest zuzuschieben.[144] Sowohl der Zusammenhang, in dem er einfach traditionelle Meinungen von „Pestexperten" referiert, als auch ein Spezifikum barocker literarischer Äußerung, das es verbietet, unkritisch „Sentenzen und Exempel literarischer Werke als individuell zu verantwortende historische Zeugnisse"[145] auszuwerten, ist hier zu berücksichtigen. Abraham will hier einfach die Klugheit der Gelehrten der Tatsache gegenüberstellen, daß alles Wissen vor dem Tode versagt und ihn nicht verhindern kann.

Es finden sich bei Abraham auch vereinzelt Hostien- und Blutwunder-Erzählungen vor, in denen manchmal auch Juden vorkommen und die im allgemeinen zum narrativen Material der Erläuterung des Altarsakramentes und seiner rechten Verehrung gehören. Da verleitet eine Jüdin eine Christin, ihr eine konsekrierte

Hostie zu bringen, die allerdings schon vor der Übergabe zu bluten beginnt[146]; ein andermal handelt es sich um den versuchten Kommunionempfang eines Juden[147] oder um das Verbergen einer für einen Juden bestimmten Hostie in einem Baum.[148] Auch vom vergeblichen Versuch eines Juden, mittels des Herzens eines Gehenkten und Zauberkünsten den Christen Schaden zuzufügen, ist einmal die Rede.[149] Solche — einer antijüdischen Haltung der christlichen Bevölkerung entstammenden und diese gleichzeitig wieder vertiefenden — gerne kolportierten Geschichten entsprangen einer langen Tradition, die zudem durch zahlreiche kirchlich approbierte und geförderte „Heiligenblut"-Wallfahrten als evident hingenommen wurden. Abrahams Orden selbst hatte in mehreren Auflagen zu dieser Zeit eine Wallfahrerbroschüre für ein solches Sakramentswunder in Korneuburg herausgebracht.[150]

Am gravierendsten scheinen mir jene Stellen zu sein, in denen Abraham persönlich wird oder in einer Art Schlußkalkül verallgemeinert. So etwa die Geschichte, da sich ein Jude bei der gefährlichen Fahrt durch den Greiner Donaustrudel bekreuzigt, und Abraham „lachte dise saubere Monstrantzen ohne Heiligthumb auß, und versicherte ihn beynebens, wie daß er nit werde ersauffen, auß Ursach, was an Galgen gehört, findet in der Donau kein Grab"[151]. Oder der Schluß einer Fabel: „Daß man diese verruchte Bößwicht allerseits verfolget, ist gar nicht unrecht, zumahlen die Christen nach dem Satan keine grössere Feinde haben als die Juden: Ihre tägliche Gottslästerungen verdienen, daß man diese Bestien nicht soll anschauen, noch weniger mit ihnen handlen: Sie nennen unsern Erlöser und Seeligmacher nicht anderst als Jeschay, Nozere, welches so viel als ein Verführer des Volks: Oeffters aber heissen sie ihn Mamserben; Hanido, ist unehrlich gebohren. Die seeligste Mutter Gottes pflegen sie zu schelten Sono, Thlua, Thinoa, welche so erschröckliche Lästerwort, daß ein ehrbare Feder sich nicht getrauet zu verdollmetschen. Sie beten alle Tag mehrmahl, Gott wolle uns Christen vertilgen durch Pest, Hunger und Krieg, ja alle Creaturen und Geschöpffe sollen denen Christen zuwider seyn: Können dann größere Schelmen in der gantzen Welt gefunden werden als die Juden?"[152]

Allerdings muß man auch hier Abraham zubilligen, daß es sich dabei um vereinzelte und verstreute Bemerkungen handelt, die bei den von ihm bevorzugten Themen am unteren Ende der Skala rangieren. Auch kannte seine Zeit noch viel schrecklichere Äußerungen, wobei die antijüdischen Schriften konvertierter Juden ein besonders tragisches Kapitel darstellen.[153] Ich greife hier wahllos ein paar Titel heraus, die für sich sprechen: „Feuriger Drachen Gifft und Wütiger Ottern Gall"[154], in dem die Juden als des Teufels Leibeigene bezeichnet werden, „Jüdischer Narrenspiegel" von einem bekehrten Juden[155] oder „Jüdischer Schlangen-Balg"[156] mit einer Beschreibung der angeblichen täglichen jüdischen Lästerungen. Hier werden die Türken als Feinde der Christen sogar geringer eingeschätzt als die Juden, da deren Lästerungen nicht täglich geschehen „wie bey den Thalmudisten, die also greulich lästern wider Christum"[157]. Jüdischer Gottesdienst, jüdisches Brauchtum und jüdische Feste werden hier durchgehend und konsequent in verzerrter, verspottender und herabsetzender Weise dargestellt. Dergleichen ist bei Abraham kaum der Fall.

Wie so vieles andere benützt er hingegen auch die Juden als ein exemplum, das den christlichen Zuhörern vor Augen gestellt wird: indem zuerst bewußt schwarz gemalt und das bestehende Vorurteil verwendet wird, um dann durch das gottgefällige Verhalten auch solcher Menschen den Christen zu beschämen. Dieselbe Methode wendet Abraham ja noch konsequenter in seiner Türkenschrift an, worauf gleich zurückzukommen sein wird. Der Tag des Herrn ist den Juden heiliger als den Christen[158]; die Juden hätten Christus bespien, aber „es gibt auch ihres gleichen under den Christen, die nit weniger sich Gottvergessener stellen“[159]. Die Juden hatten bei der Kreuzigung das Unterkleid Christi nicht zerteilt, „aber du tyrranischer Zorn zertrennest täglich, ja stündlich das Kleyd Christi, welches da ist Einigkeit unter den Christen“[160]. Die Menschen verurteilen überhaupt jede Untat der jüdischen Zeitgenossen Christi gegenüber, und Abraham hält dem entgegen: „Aber mein Jesus weit undanckbarer bin ich, weit übersteige ich diese Bößwicht in der Undanckbarkeit.“[161] Und so sehr er „die unmenschliche That der Hebreer, in dem sie den wahren Erschaffer gecreutziget“ verurteilt, so ruft er seinen Zuhörern erst recht zu: „ihr sündige Menschen wundert euch desthalben nicht, daß wir euch so ungnädig ... indem ihr täglich unsern Schöpffer an das Creutz naglet und tötet ... welches jederzeit geschicht durch ein freywillige Todt-Sünd.“[162] Hier zeigt sich wiederum ganz deutlich Abrahams eigentliches Anliegen: der Kampf gegen die Sünde, dem er alles andere unterordnet.

Ein einziges Volk und eine einzige Religion sind es, mit denen sich Abraham ausdrücklich und in einem verhältnismäßig umfangreichen Werk auseinandergesetzt hat: die Osmanen und der Islam. Hier ging es nun tatsächlich um existenzielle Bedrohung nicht nur des Christentums, sondern auch des Landes und des Volkes, dem sich Abraham zugehörig fühlte. Abraham stand hier innerhalb einer Art von Kreuzzugsidee und war bemüht, das Seine zu einem geschlossenen Abwehrkampf der Fürsten, insbesondere der deutschen, beizutragen.[163] Aber auch diese Schrift „Auff Auff ihr Christen!“, wiewohl sie eben aus dem historischen Kontext zu den bekanntesten Abrahams zählt, steht eher isoliert in seinem Predigtwerk. Kaum war das Türkenjahr vorüber, ist auch das Thema praktisch aus Abrahams Predigten verschwunden. Ein Aufruf zu einem prinzipiellen Kampf gegen den Islam oder ein beharrliches Insistieren auf einer Verfolgung des geschlagenen Feindes findet sich nicht.

Es kann hier nur in aller Kürze auf Abrahams Stellung zur Osmanengefahr und zur Lehre Mohammeds eingegangen werden, wobei seine prinzipielle Haltung gegenüber dem Krieg mit zu berücksichtigen ist. Abraham stand dem Krieg an sich ablehnend gegenüber. Zwar „ist die Welt fast nie ohne Krieg gewesen; ungeachtet der Krieg eine Mutter alles Unheils. Zur Kriegs-Zeit wird der Acker verwüstet, entgegen der Gottes-Acker angefüllt. ... Zur Kriegs-Zeit findet man die Häuser lähr mit Lebendigen, entgegen die Felder voll mit Todten. ... Dahero billich der David aus den von Gott vorgestellten Straffen lieber die Pest erwählt als den Krieg“[164]. Denn oftmals ist eben „der Krieg ... eine sehr harte Ruthe, mit der uns ... der gerechte Gott zu straffen pflegt“[165]. Jedoch schränkt er ein: „Ungeachtet aus dem Krieg so viel Ubels erwächst, so ist doch, vermög heiliger Schrifft, ein gerechter Krieg gar nicht zuverwerffen.“[166] Gott streitet mit seinen Kriegern, und am Soldatenstand liegt es, einen gerechten Krieg — Abraham versteht darunter vor allem einen Verteidigungskrieg im weitesten Sinn, also Verteidigung des Landes, des Glaubens oder zu Recht bestehender Ansprüche — so zu führen, daß die negativen Begleiterscheinungen minimiert werden.[167] Der Soldatenstand ist notwendig, doch soll der Soldat Gottes Wege gehen, nicht stehlen und plündern, die irdische Ehre gering und die Ehre Gottes hoch achten und immer bedenken, daß „militia und malitia nur ein Buchstaben voneinander" trenne:[168] „Thut niemand keinen Gewalt an, und seyt mit euerer Sold befridiget, im übrigen bleibts Soldaten, dann Soldaten haben auch einen Platz im Himmel, und auff diser strittigen Welt seynd die Soldaten nothwendig, der Soldaten kühne Thaten und Heroische Tapfferkeit ist dem Himmel nicht zu wider, sonder ihr starcke Faust und unüberwindliche Curaschi muß auch die sichtbare Kirchen Christi auff Erden von den Feinden schutzen, Soldaten seynd wackere Leuth."[169]

Im übrigen möge man Gott und die Heiligen bitten, daß auch in dieser bedrängten Zeit der Frieden erhalten bleiben möge.[170]

Der Kampf gegen einen Angreifer und die Verteidigung des Glaubens gegen einen seit Jahrhunderten bedrohlichen Gegner waren die beiden Momente, die Abraham in äußerster Not und letzter Minute motivierten, seine Türkenschrift in Druck zu geben.[171] Sie erschien nur wenige Wochen, ehe das türkische Heer Wien eingeschlossen hatte. Abraham ging mit den Gegnern nicht zimperlich um. Dabei muß man sich bei seinen Invektiven wiederum vor Augen halten, was er bezweckt. Er will seinen Lesern und Zuhörern ein äußerst konturenreiches Bild des Gegners vor Augen stellen, um sie leichter zum Widerstand zu animieren. Er referiert auch all jenes, was seinen Zuhörern bereits bekannt war — und das gilt für die ganze Skala negativer Ausdrücke für den „blutgierigen Ottomannischen Erbfeind"[172], um dann, nachdem der Boden solcherart bereitet war, Position zu beziehen: Der Christ hat für seinen Glauben zu kämpfen und sich selbst in dieser existenziell bedrohlichen Situation ganz auf Gott auszurichten und Gott zu dienen. Selbst der Feind, der Ungläubige, kann ihm dies vor Augen führen und ihn ob seiner Versäumnisse schamrot machen.

Was Abraham über den Islam zu sagen weiß, ist eine Mischung theologischer und biographischer Aussagen, in denen sich Unsinn und Halbwahrheiten vermengen, und darf nur auf dem Hintergrund der eben skizzierten Absicht seiner Predigt gesehen werden. Mohammeds Lehre sei von Arianern und Talmudisten zusammengebastelt worden, wobei um die Christen zu locken auch Elemente der Bibel nicht fehlen durften, und er „machte auß dero underschiedenen Glauben ein gemischte Speiß . . . und (hat) auf solche Weiß sein verfluchte Alcoran zusammengetragen und in lauter Reim versetzt"[173]. Und Abraham setzt mit dem Stifter auch die Lehre herunter — wobei er sich gängiger Vorurteile bedient —, wenn er schreibt: „Es war diser Mahomet einer solchen stinckenden Bocks-Arth, daß er ihme selbst 40 Weiber gehalten und noch darzu durch sondere von Gott erthailte Privilegia und Freyheiten, wie er gottloß vorgabe, andere Weibs-Bilder nach Viehischen Belieben ihme zum verruchten Gehorsamb gehabt. Under anderen seines Gesatz Articklen hat er auch folgende eingemengt, wie daß sie solten umb der Lieb Gottes Willen stehlen und rauben anderen Glaubens-Genossen, auch dero Stätt und Länder einnahmen, und werde hierinn Gott sein absonderliche Beyhülff ihnen laisten."[174] Und er fügt noch hinzu: „Es glauben die Mahometaner, daß am Jüngsten Tag ihr Mahomet werde in einen Widder verkehrt, sie aber in lauter Flöhe, und nachdem sie alle in seine linde Woll einlosiert haben, alsdann werde er sambt ihnen in Himmel fahren, allwo sie widerumb in vorige Menschen-Gestalt verkehrt, auff ewig alle Wollüsten geniessen werden."[175] So ist es für Abraham völlig klar, daß wer zu solch einem Popanz und seiner auf nichts begründeten Lehre bete, kein Echo erhalten werde, „bloß ein schimpffliches Gelächter in der Höll. . . . Weit anderst ist es mit uns Christen, indem wir die Händ auffheben dem wahren Allmächtigen Gott, welcher Himmel und Erd mit dem kleinen Werck-Zeug Fiat verfertiget“[176].

Abraham kam es daher in der aktuellen Situation darauf an, den Mut nicht sinken zu lassen, alle Kräfte zu mobilisieren und vor allem Gott unaufhörlich um seinen Beistand zu bitten. Das Erzhaus Österreich war schon immer, wie er feststellt, „eine in der Christenheit wider den Erbfeind außerwöhlte Vestung“[177], ebenso wie „Wienn ein Vormaur deß Löblichen Teutschland für den Ottomannischen Erbfeind“ ist.[178] Es ist nun Einigkeit in dieser Stunde notwendig, und keiner solle sich freiwillig — wie etwa in Ungarn geschehen — den Türken unterwerfen und Religionsstreitigkeiten oder Mißtrauen gegen das Haus Habsburg pflegen.[179] Daß das Haus Österreich nur das allgemeine Beste im Auge habe, läßt Abraham auch deutlich an die Adressen der beim Türkenkampf nur sehr zögernd mitgehenden Reichsfürsten gerichtet sein.[180] Es gehe nicht an, die türkische Macht einfach als fait accompli hinzunehmen, man dürfe sie nicht weiter anwachsen lassen, und Abraham bietet zur Untermauerung dessen ein langes Register angeblicher und tatsächlicher türkischer Grausamkeiten.[181] Die Geschichte der türkischen Expansion ist für ihn mit Christenblut geschrieben, Murad III. hätte die Christen „bratten, sieden, schinden, viertheilen, ja gar in grosse Wein-Pressen wie die Trauben lassen zerquetschen“[182], und die Feder weigere sich, festzuhalten, was die „Ottomanische Christen-Mörder“ im Laufe der Geschichte noch begangen hätten, so daß er ausruft: „Allerliebste Christen, machet euch dann dises so hefftig vergossene Christen-Blut nicht schamroth: höret ihr dann nicht wie solches Blut auß der Erden nach Rach schreyet, nicht ungleich dem unschuldigen Abel: sollen wir dann noch ferners disen unersättlichen Blut-Säbel wütten und toben lassen in uns Christen?“[183]

Aber auch dort, wo er sich besonders scharf äußert, ruft Abraham immer zur Verteidigung und nie zu einem Rachefeldzug auf, und er hält seinen Zeitgenossen auch und gerade jetzt vor Augen, daß sie selbst es sind, die mit ihrer sündhaften Art zu leben alle türkischen Greuel in den Schatten stellen: „so schreyen doch unsere häuffige Sünden und locken und laden ein Barbarische Säbel über unsere Köpff; wann schon der Zeiten die Flüß nicht zurückgehen, so gehet doch die Frombheit und Forcht Gottes zuruck, bedeutet das schon Krieg: wann schon die Erd nicht versincket, so sinckt doch alle Zucht und Ehrbarkeit zu Boden, bedeut das schon Krieg.“[184] Und schließlich fragt er: „Was ist der Türck? Ihr Christen thut nicht ohngezweiffelt antworten: Er ist ein abcopierter Antechrist, er ist ein eytler Wampen-Vogt, er ist ein unersättliches Tiger, er ist ein eingefleischter Sathan, er ist ein verdambter Welt-Stürmer; er ist ein grausamer Nimmersatt, er ist ein rachgieriger Bestia, er ist ein gewissenloser Cronen-Dieb, er ist ein mörderischer Falck, er ist ein unvergnügter Lueder-Sack, er ist ein Orientalisches Drachen-Gifft, er ist der kettenlose Höll-Hund, er ist ein Epicurischer Unflath, er ist ein Tyrannischer Unmensch etc. Es ist wahr meine liebe Christen; dise saubere Preyß-Nahmen verdient er gar zu wol; aber ein Titul ist euerer Gedächtnuß entfallen, und zwar ... flagella Dei ... Was hilfft es gantze Kriegs-Heer zusammen rotten und die Sünden nicht außrotten, wissen wir dann nicht, daß der Türck und dergleichen Krieg Gaißlen Gottes seynd?“[185] Ja, er billigt den Türken darüber hinaus zu: „vielleicht kombt er nicht wider uns auß Antrib einiges Ehrgeitz, auß Anhetzung eines Geltgeitz, auß Lust eines Blutgeitz, sondern Gott schickt ihn unsere Sünden zu züchtigen, nachmahlen nimbt er dise Ruthen und wirffts ins Feuer.“[186]

Daher sieht er nur eine Hilfe in jetziger Not: „Wir Christen solten Eins mit einander seyn, solcher Gestaldten köndten wir die verainigte Christliche Potentaten die außgebraitete Ottomannische Macht besser stutzen ... wir aber ... gedencken nicht, was blutige Krieg wir in der Christenheit gesehen, offt wegen etlicher Klaffter deß Erdbodens, offt wegen eines eytlen Tituls, offt auß aigenem Muthwillen und Kitzl eines Ehrgeitzs."[187] Es fehlt also auch hier nicht an Selbstkritik. Wie auch immer wird aber der Sieg bei Gott sein: „Wir aber, O gütigster Gott, sparren auch nit unser Gegenwöhr, ziehen gleichmässig behertzt vom Leder, aber verlassen uns vorderist auff deine Göttliche Hülff, wir halten uns an dich wie der Wintergrün an einen Baum und mit deiner Hülff werden wir überwinden."[188] Und folgerichtig schließt Abraham seinen Appell: „Auff, auff demnach ihr Christen ins gesambt! hebt euere Händ, Stimm und Hertzen zu den allermildesten Gott, klopfet an am Himmel und begehrt mit Bitten, und bittet mit Begehren Victori und Sieg, accipietis, ihr werdet unfehlbar solche erhalten. ... Bettet, Bettet, Bettet."[189]

So zeigt sich also auch Abrahams Türkenschrift über den aktuellen Anlaß hinaus als ein Teil seines immer und immer wiederholten Anliegens: Mensch gedenke deiner Sündhaftigkeit, wende dich ab von allem Bösen, blicke auf Gott und befolge seine Gebote und du wirst — was auch immer geschehen mag — jenen Weg gehen, der dich zur immerwährenden Seligkeit bringen wird. Dem fügt sich nahtlos ein, daß Abraham seinen Christen eben jenen „allgemeinen Erbfeind" vorhält. In vielen Beispielen weist er darauf hin, woran sich der Christ am Mohammedaner ein Beispiel nehmen könne, wo Haltungen, die unter Christen selbstverständlich sein sollten, viel klarer bei Nichtchristen gefunden werden. Freilich bedient sich Abraham hier im Guten wie sonst im Schlechten auch einer Schwarzweißmalerei, die aber letztlich im Dienste seiner Verkündigung steht. Er macht aufmerksam, daß die Türken „wann man Gottes Nahmen nur nennet, sie alsobald das Haupt naigen fast biß auff die Knye. Das soll uns Christen ja schamroth machen, die wir den wahren Gott weit besser erkennen als sie und dannoch denselben fast taglich mit lästerlichen Worten belaydigen"[190] oder: „Die Mahometaner gehen in ihre Tempel mit rainem Leib und wir Christen betretten offt unsere Gotteshäuser mit unrainen Gedancken."[191] Die Türken bestrafen das Unrecht und belohnen das Recht ohne Ansehen der Person[192], sie lieben die Mäßigkeit[193], sie beten für ihre Verstorbenen[194] und vor allem haben sie „ein absonderliches Mitleyden gegen den armen und nothdürfftigen Menschen"[195]. „Wir Christen können von disen Unchristen gar wol lehrnen die Barmhertzigkeit gegen den Armen und das Mitleyden gegen den Nothleydenden."[196]

Es ist schwer abzuschätzen, welche Wirkungen die Predigten und Schriften Abraham a Sancta Claras auf Mit- und Nachwelt hatten. Der Zulauf zu seinen Predigten war sicher groß, desgleichen die Verbreitung seiner gedruckten Schriften — bis 1733 wurden Werke aus seinem Nachlaß veröffentlicht, auch wenn deren Authentizität oft mehr als fragwürdig ist. Seine Nachahmer erreichten ihn weder sprachlich noch in der Konsequenz seines moralischen Wollens. Andere wieder lehnten die Derbheit seines Ausdruckes ab und versuchten in der Predigt andere Wege zu gehen.[197] Daß er die Literatur auch noch über Schillers Kapuzinerpredigt in „Wallensteins Lager" hinaus beschäftigt hat, ist bekannt, sagt aber nichts über den christlichen Prediger als solchen. Zu dieser Zeit war er doch nur mehr das, was er uns heute ist: ein Kuriosum vielleicht, sicher ein Stück Kulturgeschichte, ein sprachlich wie inhaltlich gleich interessanter Repräsentant des österreichischen Barock. Ob er in seinem Hauptanliegen, die Sünde zu bekämpfen und die Menschen Gott näher zu bringen, Erfolg hatte, kann wohl niemand beurteilen. Sein Werk als Prediger, sein „heilsames Gemisch Gemasch", das es immer sein wollte, war jedenfalls diesem Ziel gewidmet. Ein Mann seiner Zeit, in ihre Wirrnisse und Gegensätzlichkeiten verstrickt, sicherlich nicht über sie hinausweisend, aber sie im Guten wie im Schlechten repräsentierend, darf Abraham a Sancta Clara auch heute, 300 Jahre nach seinem Wirken, unser Interesse beanspruchen. Wieweit ihm unser Urteil gerecht wird, ist jenen Unsicherheiten unterworfen, die jeglicher Spiegelung einer historischen Epoche oder Persönlichkeit an unserer Gegenwart anhaftet.

Anmerkungen

1 Eine kritische Ausgabe der Werke Abraham a Sancta Claras fehlt, insbesondere eine definitive Trennung dessen, was in den posthum erschienenen Werken von Abraham selbst stammt und was Zutaten der Bearbeiter sind. Zu den Einzeldrucken und Gesamtausgaben vgl. Gerhard Dünnhaupt, Bibliographisches Handbuch der Barockliteratur 1, Stuttgart 1980, S. 83 ff. Über den Zulauf zu Abrahams Predigten vgl. Theodor Georg Karajan, Abraham a Sancta Clara, Wien 1867, S. 230 ff.

2 Vgl. dazu die Angaben bei Robert A. Kann, Kanzel und Katheder, Wien—Freiburg—Basel 1962, und vor allem Werner Welzig, Abraham a Sancta Clara, in: Abraham a Sancta Clara, Ausstellungskatalog, herausgegeben von der Badischen Landesbibliothek, Karlsruhe 1982, S. 5 ff.

3 Zur Biographie Abrahams und zu seinem Werk vgl. neben den in Anm. 2 genannten Werken noch Karajan a. a. O. und Karl Bertsche, Abraham a Sancta Clara, Mönchen-Gladbach 1918, sowie Franz Loidl, Menschen im Barock, Wien 1938.

4 Vgl. dazu Oswald Redlich, Weltmacht des Barock, 4. Aufl., Wien 1961, S. 179 f.

5 Dazu Kann a. a. O., S. 95 ff., dessen interessante Auseinandersetzung mit Abraham allerdings auch viel Polemik enthält.

6 Astriacus Austriacus Himmelreichischer Oesterreicher ..., Wien 1673.

7 Gottlieb Eucharius Rinck, Leopolds des Grossen ... wunderwürdiges Leben und Thaten, Leipzig 1708, I, S. 76.

8 Mercks Wienn ..., Wien 1680. In der Folge zitiert nach der Ausgabe Salzburg 1687 in: Reimb dich Oder Ich Liß dich ..., Salzburg 1687.

9 Auff Auff ihr Christen! Salzburg 1683. In der Folge zitiert nach Ausgabe Salzburg 1687 in: Reimb dich a. a. O.

10 Vgl. dazu Walter Obermaier, Wien zur Zeit Abraham a Sancta Claras, in: Abraham a Sancta Clara, Ausstellungskatalog a. a. O., S. 25 ff.

11 Pietas Victrix ist der Titel eines Schauspieles von Nikolaus Avancinus, das 1659 in Wien uraufgeführt worden war.

12 Oesterreichisches Deo Gratias ..., Wien 1680. Zur Pest vgl. Ferdinand Olbort, Die Pest in Niederösterreich von 1653 bis 1683, phil. Diss., Wien 1973, und Walter Obermaier, Der Schwarze Tod in Wien, Wien 1972.

13 Dünnhaupt a. a. O., zählt 56 Werke auf, zu denen noch 6 zweifelhafte kommen.

14 Eine große Anzahl der gedruckten Predigten, vor allem aber die großen Sammelwerke wie Reimb dich a. a. O. oder Judas der Ertz-Schelm, 4 Bände, Salzburg 1686—1695, verfügen nicht nur über Sachregister, zu denen oft noch eine Übersicht des verwendeten Erzählgutes kommt, sondern auch noch über Hinweise, was daraus für Predigten zu den einzelnen Sonn-

und Feiertagen des Kirchenjahres herangezogen werden könnte. Auf die Wichtigkeit einer Untersuchung dieser Register hat jüngst Werner Welzig a. a. O. hingewiesen.

[15] Vgl. Die Legenda aurea des Jacobus de Voragine, übersetzt von Richard Benz, Heidelberg 1979.

[16] Judas a. a. O., I, Vorrede.

[17] Z. B. Prophetischer Willkomb ..., Wien 1677. Hier zitiert nach der Ausgabe Salzburg 1687 in: Reimb dich a. a. O., S. 2 f., oder Huy! und Pfuy! Der Welt, Würzburg 1707, S. 172 und öfters. Vgl. dazu auch Kann a. a. O., S. 65 f., und Karajan a. a. O., S. 78 ff.

[18] Heilsames Gemisch Gemasch, Nürnberg 1704, S. 341.

[19] Vgl. etwa Kann a. a. O., S. 65 f.

[20] Mercks Wienn a. a. O., S. 13.

[21] Judas a. a. O., I, S. 165 f.

[22] Ignatius von Loyola, Geistliche Übungen. Übertragen von Adolf Haas, Freiburg 1966, S. 25.

[23] Judas a. a. O., I, S. 348.

[24] Huy a. a. O., S. 138.

[25] Judas a. a. O., I, S. 427 f.

[26] Mercks Wienn a. a. O., S. 96.

[27] Soldaten Glory ..., Wien 1676. Hier zitiert nach der Ausgabe Salzburg 1687 in: Reimb dich a. a. O., S. 23.

[28] Huy a. a. O., S. 99.

[29] Vgl. dazu den Artikel über Sündenstrafen in: Lexikon für Theologie und Kirche, 9. Band, Freiburg 1964, Spalte 1185 ff.

[30] Huy a. a. O., S. 61.

[31] Lösch Wienn ..., Wien 1680. Hier zitiert nach der Ausgabe Salzburg 1687 in: Reimb dich a. a. O., S. 5.

[32] Etwas für Alle, Würzburg 1699, hier zitiert nach der Ausgabe 1711, S. 312.

[33] Vgl. Mercks Wienn a. a. O. an zahlreichen Stellen.

[34] Aus der großen Zahl sei hier nur auf Exodus 9, 8—12 (die ägyptische Plage der Geschwüre) und auf Jeremia 14, 12 (durch Schwert und Hunger und Pest vernichte ich sie jetzt) hingewiesen.

[35] Johann Wilhelm Mannagetta, Pest-Ordnung, hg. von Paul Sorbait, Wien 1679, S. 8 ff.

[36] Mercks Wienn a. a. O., S. 92.

[37] Ebd., S. 41.

[38] Etwas für Alle a. a. O., S. 521 f.

[39] Mercks Wienn a. a. O., S. 106.

[40] Lösch Wienn a. a. O., S. 4.

[41] Vgl. dazu Hermann Krings, Ordo. Philosophisch-historische Grundlegung einer abendländischen Idee. München 1938.

[42] Vgl. dazu etwa Günter Berghaus, Quellen zu Nestroys Lebensanschauung und Lebensphilosophie, in: Nestroyana, 4. Jg., H. 1, Wien 1982, S. 3 ff.

[43] Huy a. a. O., S. 122.

[44] Wohl angefüllter Wein-Keller, Nürnberg 1710, S. 158.

[45] Lösch Wienn a. a. O., S. 36.

[46] Mercks Wienn a. a. O., S. 36.

[47] Vgl. dazu Renate Buchwald, Abraham a Sancta Claras Stellung zu den sozialen und wirtschaftlichen Problemen seiner Zeit, phil. Diss., Wien 1949.

[48] Etwas für Alle a. a. O., S. 47.

[49] Ebd., S. 529 f.

[50] Judas a. a. O., I, S. 130.

[51] Ebd., S. 141.

[52] Huy a. a. O., S. 60.

[53] Vgl. Buchwald a. a. O., S. 45 ff.
[54] Austriacus a. a. O., S. 12.
[55] Etwas für Alle a. a. O., S. 247.
[56] Ebd., S. 81.
[57] Ebd., S. 203 ff.
[58] Ebd., S. 205.
[59] Lösch Wienn a. a. O.
[60] Vgl. dazu den Artikel Fegfeuer in: Lexikon für Theologie und Kirche, 4. Band, Freiburg 1960, Spalte 49 ff.
[61] Lösch Wienn a. a. O., S. 26; vgl. auch ebd. S. 44 ff.
[62] Ebd., S. 27.
[63] Auff Auff a. a. O., S. 93.
[64] Prophetischer Willkomb a. a. O., S. 7 ff.
[65] Mercks Wienn a. a. O., S. 80.
[66] Heilsames Gemisch a. a. O., S. 105 f.
[67] Huy a. a. O., S. 159.
[68] Heilsames Gemisch a. a. O., S. 107.
[69] Ebd.
[70] Judas a. a. O., II, S. 69 ff.
[71] Mercks Wienn a. a. O., S. 26.
[72] Soldaten Glory a. a. O., S. 14.
[73] Ebd.
[74] Mercks Wienn a. a. O., S. 34.
[75] Judas a. a. O., I, S. 101 f.
[76] Huy a. a. O., S. 81.
[77] Vgl. Buchwald a. a. O., S. 112 ff.
[78] Judas a. a. O., II, S. 69 ff.
[79] Etwas für Alle a. a. O., S. 201.
[80] Ebd., S. 199.
[81] Mercks Wienn a. a. O., S. 51.
[82] Judas a. a. O., I, S. 303 ff.
[83] Dieses Thema wird vor allem abgehandelt in Mercks Wienn a. a. O. und Lösch Wienn a. a. O. sowie in Große Todten-Bruderschafft, Wien 1680, und Besonders meublirt- und gezierte Todten-Capelle, Würzburg 1710, neu hg. von Karl Bertsche, Mönchen-Gladbach 1921.
[84] Mercks Wienn a. a. O., S. 36 f.
[85] Prophetischer Willkomb a. a. O., S. 13 f.
[86] Mercks Wienn a. a. O., S. 36 f.
[87] Huy a. a. O., S. 147.
[88] Lösch Wienn a. a. O., S. 31 f.
[89] So etwa Mercks Wienn a. a. O., S. 68 ff.; Neuerwöhlte Paradeyß-Blum, Wien 1675, hier zitiert nach der Ausgabe Salzburg 1687 in: Reimb dich a. a. O., S. 8 ff.; und öfters.
[90] Judas a. a. O., I, S. 171.
[91] Mercks Wienn a. a. O., S. 50.
[92] Judas a. a. O., I, S. 172.
[93] Heilsames Gemisch a. a. O., S. 489 ff.
[94] Lösch Wienn a. a. O., S. 16.
[95] Mercks Wienn a. a. O., S. 76.
[96] Ebd., S. 77.
[97] Heilsames Gemisch a. a. O., S. 47 f.
[98] Mercks Wienn a. a. O., S. 76.
[99] Etwas für Alle a. a. O., S. 265.
[100] Hilarius a Sancto Anastasio, Catholische Kinderzucht, Wien 1650.

[101] Ebd., Epistola dedicatoria.

[102] Vgl. dazu Kann a. a. O., S. 81 ff., Karajan a. a. O., S. 143 ff., Loidl a. a. O., S. 1 ff. und 285 ff.

[103] Vgl. Franz Loidl, Abraham a Sancta Clara und das Judentum, Wien 1941, besonders S. 13.

[104] Kann a. a. O., S. 83 ff.

[105] Vgl. dazu Die Heilige Hof-Art, Wien 1677, hier zitiert nach der Ausgabe Salzburg 1687 in: Reimb dich a. a. O. Es ist dies eine Predigt über Franciscus Xaverius.

[106] Zu den ab 1685 in größerem Stil einsetzenden Türkentaufen vgl. Karl Teply, Türkentaufen in Wien während des Großen Türkenkrieges 1683—1699, in: Jahrbuch des Vereines für Geschichte der Stadt Wien 29 (1973), S. 57 ff.

[107] Etwa in Auff Auff a. a. O., S. 77 f., oder Die Heilige Hof-Art a. a. O., S. 7 f.

[108] Auff Auff a. a. O., S. 29 f.

[109] Soldaten-Glory a. a. O., S. 25.

[110] Auff Auff a. a. O., S. 7.

[111] Vgl. dazu Grete Mecenseffy, Geschichte des Protestantismus in Österreich, Graz—Köln 1956, S. 181 ff.

[112] Auff Auff a. a. O., S. 77 ff.

[113] Die Heilige Hof-Art a. a. O., S. 7.

[114] Judas a. a. O., I, S. 267.

[115] Vgl. dazu Karajan a. a. O., S. 145 ff.

[116] Judas a. a. O., I, S. 253.

[117] Abrahamisches Gehab dich wohl, Nürnberg—Wien 1729, S. 337.

[118] Ebd., S. 480.

[119] Die Heilige Hof-Art a. a. O., S. 8.

[120] Abrahamische Lauber-Hütt, Nürnberg—Wien 1721, S. 276 ff.

[121] Zusatz an den Günstigen Leser wegen eines Schnarchers zu Leipzig, in: Judas a. a. O., IV, Anhang.

[122] Ebd., I, S. 247.

[123] Mercks Wienn a. a. O., S. 111.

[124] Ebd.

[125] Johann Benedikt Carpzov, Schrifftmäßige Predigt von Der Grossen Hure ... wieder einen Päpstischen Pfaffen, Leipzig 1687. Im Anhang dieser Schrift, in der zahllose Untaten mit harten Worten den Päpsten, den katholischen Geistlichen wie den Katholiken überhaupt vorgeworfen werden, findet sich der Abdruck einer katholischen Mainzer Schrift von 1686 über den „Protestierenden Lästerhaufen", die ebenfalls alle Charakteristika schärfster Kontroverstheologie aufweist.

[126] Vgl. zu diesen und ähnlichen Ausdrücken Loidl, Menschen im Barock a. a. O., S. 4 ff.

[127] Vgl. dazu Loidl, Judentum a. a. O., Zur Situation der Juden in Wien vgl. in aller Kürze Die Türken vor Wien, Katalog der 82. Sonderausstellung des Historischen Museums der Stadt Wien, 1983, S. 298 ff. und vor allem die dort angegebene Literatur.

[128] Judas a. a. O., I, S. 22.

[129] So in Abrahamische Lauber-Hütt a. a. O., Abrahamisches Gehab dich wohl a. a. O., Abrahamisches Bescheid-Essen, Wien-Brünn 1717, und Centi-Folium Stultorum, Wien 1709.

[130] Vgl. etwa zur Geschichte des christlich-jüdischen Verhältnisses im Überblick Wolfdieter Marsch—Karl Thieme, Christen und Juden, Mainz 1961.

[131] Anselm Schott, Das Meßbuch der heiligen Kirche, 34. Aufl., Freiburg 1929, S. 330.

[132] An die Römische Kayserl. Majestät Von den Juden zu Wien Underthänigst übergebenes Memorial derselben Abzug betreffend. O. O. 1670.

[133] Judas a. a. O., I, S. 174.

[134] Ebd., S. 283.

[135] Heilsames Gemisch a. a. O., S. 520.

136 Huy a. a. O., S. 105.
137 Todten-Capelle a. a. O., S. 69.
138 „Trau keinem Juden bey seinem Ayd“, Judas a. a. O., I, S. 287.
139 Todten-Capelle a. a. O., S. 136 f.
140 Judas a. a. O., III, S. 198 ff.
141 Ebd., S. 339.
142 Ebd., I, S. 586 ff.
143 Mercks Wienn a. a. O., S. 65.
144 Vgl. dazu auch Werner Welzig, Weheklagen in Wien, in: Abraham a Sancta Clara, Ausstellungskatalog a. a. O., S. 39 ff. Auch in Mannagettas Pestordnung, einem der hervorragenden medizinischen Dokumente der Zeit, werden a. a. O., S. 12 ff. Hexen, Zauberer, und dergleichen mehr als Pestverursacher genannt.
145 Welzig, Weheklagen a. a. O., S. 54, Anm. 23.
146 Heilsames Gemisch a. a. O., S. 533.
147 Huy a. a. O., S. 109 f.
148 Judas a. a. O., I, S. 20 f.
149 Huy a. a. O., S. 128.
150 Kurtzer ... Bericht: Der schoenen und wunderbarlichen Historie So sich im Jahr Eintausent Dreyhundert und Vierdten zu Cornewburg In eines Juden-Hauß Mit dem Heiligen und Hochwuerdigen Sacrament deß Altars zuegetragen hat, 3. Aufl., Wien 1677.
151 Judas a. a. O., I, S. 61.
152 Huy a. a. O., S. 102.
153 Die antisemitischen Schriften „bekehrter Juden“ hatten Tradition. Bereits im 16. Jahrhundert waren solche Schriften erschienen, deren Forderungen im Extremfall bis zur Vernichtung allen außerbiblischen jüdischen Schrifttums gingen. Vgl. Wien 1529. Die erste Türkenbelagerung. Katalog der 62. Sonderausstellung des Historischen Museums der Stadt Wien, 1979, S. 33 f.
154 Johann Schmidt, Feuriger Drachen Gifft Und Wütiger Ottern Gall Mit Welchem Des Teuffels Leibeigen Juden-Volck ... Den Heiligen Drey-Einigen Gott ... frey speiset und träncket, Coburg 1682.
155 Christoph Paul Meyer, Der Jüdische Narren-Spigel, o. O. 1685.
156 Jüdischer Schlangen-Balg: Oder Ausführliche und eigentliche Beschreibung der Jüdischen Lästerungen welche sie täglich ... in ihren Schulen und anderen Orthen ausstossen, o. O. 1702.
157 Ebd., S. 15.
158 Abrahamisches Gehab dich a. a. O., S. 55.
159 Judas a. a. O., I, S. 435.
160 Ebd., S. 58.
161 Ebd., S. 529—531.
162 Mercks Wienn a. a. O., S. 97 f.
163 Vgl. zu der vor allem von Papst Innozenz XI. vorgebrachten Kreuzzugsidee, die die abendländischen Fürsten gegen die Türken einen sollte, Alfred Sammer, Der Türkenpapst, Innozenz XI. und die Wiener Türkenbelagerung von 1683, Wien—München 1982.
164 Huy a. a. O., S. 185
165 Ebd., S. 8.
166 Ebd., S. 185.
167 Vgl. dazu vor allem die Predigt Soldaten-Glory a. a. O.
168 Ebd., S. 3.
169 Mercks Wienn a. a. O., S. 83.
170 Soldaten-Glory a. a. O., S. 27.
171 Vgl. zum Türkentraktat Werner Welzig, Appell wozu? Zur Strategie von Abrahams Türkentraktat, in: Die Türken vor Wien, hg. von Robert Waissenberger, Salzburg—Wien

1982, S. 187 ff.

172 Soldaten-Glory a. a. O., S. 25.

173 Auff Auff a. a. O., S. 2.

174 Ebd., S. 3.

175 Ebd.

176 Ebd., S. 44.

177 Neuerwöhlte Paradeyß-Blum a. a. O., S. 23.

178 Mercks Wienn a. a. O., S. 87.

179 Auff Auff a. a. O., S. 10 f.

180 Ebd., S. 27 f.

181 Ebd., S. 28 ff.

182 Ebd., S. 34.

183 Ebd., S. 35.

184 Ebd., S. 14.

185 Ebd., S. 15.

186 Ebd., S. 21.

187 Ebd., S. 23.

188 Ebd., S. 40.

189 Ebd., S. 101 f.

190 Ebd., S. 78.

191 Ebd., S. 80.

192 Ebd., S. 85 f.

193 Ebd., S. 88.

194 Lösch Wienn a. a. O., S. 17.

195 Auff Auff a. a. O., S. 82.

196 Ebd., S. 83.

197 Vgl. dazu Ernst Tomek, Kirchengeschichte Österreichs 3, Innsbruck—Wien—München 1959, S. 130 f., sowie Bertsche a. a. O., S. 166 ff., und — mit aller Vorsicht bezüglich der gezogenen Schlußfolgerungen — Kann a. a. O., S. 95 ff.

Peter Kampits

Liberalkatholizismus vor 1848
Bernhard Bolzano als Vorläufer des Konzils

Am 8. Dezember 1846 schrieb Bernhard Bolzano an den Domkapitular Prihonsky hinsichtlich der ersten Enzyklika des Papstes Pius IX.: „Aber o Himmel, wie war mein Herz betrübt. Das ist das alte Lied. Die längst schon abgenützte, aller moralischen Würde entbehrend, von Gift und Galle gegen alle Neuerungen überfließende, das Lexikon der Schimpfworte auf das unchristlichste ausplündernde Sprache eines Pontifex, der allem ähnlicher ist als unserem Herrn Jesu."[1]

Diese Worte des Priesters und ehemaligen Professors für Religionswissenschaft in Prag, des „böhmischen Leibniz" oder „Weisen von Prag", Bernhard Bolzano, der, 1819 seiner Professur enthoben, in der Abgeschiedenheit böhmischer Landgüter seine „Wissenschaftslehre" und sein „Lehrbuch der Religionswissenschaften" schrieb, klingen resigniert.

Lange blieb das Werk Bolzanos auch der Vergangenheit preisgegeben, auch wenn ein Edmund Husserl, ein Franz Brentano oder Alexius Meinong seine Bedeutung früh erkannt haben und ihm wesentliche Ansätze für ihr eigenes Denken verdankten. So sagt Husserl einmal von ihm: „Seine Wissenschaftslehre von 1837 gibt ihm einen ganz einzigen Rang in der logischen Weltliteratur. In den eigentlichen philosophischen Gebieten charakterisiert sich Bolzano als später Nachkömmling der deutschen Aufklärung beziehungsweise der Schule Leibnizens." Und Husserl setzt hinzu: „Ich glaube nicht, daß von seinen metaphysischen Schriften, seiner Athanasie und Religionslehre noch bedeutende Wirkung ausgehen. Gerade sie aber haben begreiflicherweise auf seine Umgebung, auf seine persönlichen Schüler in Prag am meisten unmittelbar gewirkt."[2]

Bolzano wird in unseren Tagen wiederentdeckt. Freilich scheint diese Wiederentdeckung am ehesten in jene Richtung zu gehen, die Edmund Husserl hier angedeutet hat. Von der Weiterführung seiner logisch-wissenschaftstheoretischen, seiner metamathematischen Theoreme und seiner Gegenstandslehre spannt sich der breite Bogen einer Bolzanorenaissance und erhält noch besondere Akzente durch das langsam modische Züge annehmende neu erwachte Interesse an der österreichischen Geistigkeit des 19. und 20. Jahrhunderts.

Andererseits läßt sich Bolzano ebenso in die Reihe jener österreichischen Katholiken stellen, die vornehmlich im böhmischen Raum der Donaumonarchie jenen Reformkatholizismus vertreten haben, der sich als Fortsetzung des Josefinismus lange als geistige Strömung gegen die konservativen und restaurativen Tendenzen des Vormärz behaupten konnte. Vornehmlich Eduard Winter hat unermüdlich in seinen zahlreichen Forschungen zum Werk und zur Gestalt Bernhard Bolzanos auf dessen zentrale Stellung für den Frühliberalismus bzw. den Reformkatholizismus aufmerksam gemacht.[3] Im Kreis um Bolzano, wie in Böhmen überhaupt, ist dem Josefinismus als geistiger Bewegung ein eigenartiges Schicksal widerfahren, und es berührt mehr als nur äußerlich, daß Bernhard Bolzano in jenem Jahr geboren wurde, als Josef II. das Toleranzpatent erließ, und im Revolutionsjahr 1848 gestorben ist, in jenem Jahr übrigens, in dem auch das Kommunistische Manifest von Karl Marx veröffentlicht wurde.

Nun ist der Tod Josefs II., wie immer man den Josefinismus beurteilen mag, sicherlich ein wichtiger Einschnitt in der Geschichte der Donaumonarchie. Es ist in unserem Zusammenhang weder geboten noch möglich, auf den vielfach überstürzten Charakter vieler josefinischer Reformen näher einzugehen oder sie im einzelnen darzustellen.

Fest steht, daß der Josefinismus in seiner staatsabsolutistischen Grundhaltung zugleich auch den Versuch darstellt, den Einfluß des Adels zugunsten des Bürgertums und der Bauern zurückzudrängen, auch wenn sich im übrigen die sozialen Reformen in bestimmten Grenzen gehalten haben. Im großen und ganzen aber haben sie doch zu spürbaren Erleichterungen geführt. Das Kernstück der josefinischen Reformen liegt zweifellos auf dem Gebiet kirchenpolitischer Maßnahmen und Verordnungen, die der Grundidee eines Staatskirchentums verpflichtet waren und der aufgeklärten absolutistischen Haltung zum Durchbruch verhelfen sollten. Man kann, wie dies etwa E. Winter versucht, den Spätjosefinismus durchaus als Frühliberalismus interpretieren, der neben dem erwachenden Nationalismus gleichsam ein Gegengewicht gegen die restaurativen und absolutistischen Bestrebungen des Vormärz darstellt.

Überhaupt ist diese nachjosefinische, in den Vormärz überführende Periode von großen gesellschaftlichen Veränderungen und Umwälzungen charakterisiert, die sich schließlich dann im Revolutionsjahr 1848 zumindest teilweise entladen haben.

Obwohl in der Zeit der Napoleonischen Kriege und der Regierungszeit Franz' II. der Druck gegen den geistigen Josefinismus immer stärker wurde, konnte sich vornehmlich in Böhmen eine Tradition des Reformkatholizismus durchsetzen und halten, deren vielleicht bedeutendster Exponent Bernhard Bolzano gewesen ist. Dieser Reformkatholizismus sah in der Aufklärung und im Josefinismus keineswegs eine Gefahr für die Religion, sondern eher die Grundlage für ihre zukünftige Entwicklung, was unter anderem auch in der Tendenz zu einer Einheit von Wissenschaft und Religion deutlich wurde. Fördernd für das Gedeihen dieses Reformkatholizismus wirkte sich nicht zuletzt das unterschwellige Weiterbestehen des josefinischen Staatskirchentums aus, das mit den restaurativen Strömungen eine mancherlei Doppelbödigkeit ermöglichende Verbindung einging, die nicht zuletzt von vielen Freimaurern, die nach wie vor in hohen Regierungsämtern saßen, weitergetragen wurde. Man kann hier durchaus vom Unterschied zwischen einer römisch-katholischen Restauration und einer spezifisch österreichischen sprechen, wobei sich die letztere gleichsam in einer Zweifrontenstellung befand: „Dieses Bündnis von Staatskirchentum und Restauration wurde von zwei Seiten angegriffen: von der katholischen Aufklärung und dem geistigen Josefinismus, der sich in den Frühliberalismus zu wandeln begann, und von der römisch-katholischen Kirche, die nicht nur Ideologie der Restauration sein wollte, sondern vor allem die Fesseln des Staatskirchentums abzuwerfen bemüht war."[4]

Bernhard Bolzanos Lebensweg legt von diesem Kampf Zeugnis ab, einem Kampf, in dem er wohl äußerlich unterliegen mußte, gleichwohl aber vieles von seinen Gedanken nicht nur im Kreise seiner engsten Schüler weiterwirkte, bis hin vielleicht in jenen geistigen Aufbruch unseres Jahrhunderts, der durch das II. Vatikanische Konzil gekennzeichnet ist. Von hier aus läßt sich gleichsam in Ergänzung zur gegenwärtig umlaufenden Wiederentdeckung des logisch-wissenschaftstheoretischen Werkes Bolzanos seine Bedeutung als Religionsphilosoph und Sozialethiker herausarbeiten, bei dem sich aufklärerisch-katholische, rationalistische und sozialrevolutionäre Gedanken in einer merkwürdigen und eigenartigen Verbindung zusammenfinden. Freilich hat Bolzano selbst immer wieder darauf verwiesen, daß die logisch-mathematische und die ethisch-religionsphilosophische Seite seines Werkes eine unteilbare Einheit bilden, in der nach der Selbstinterpretation Bolzanos der sittliche Anspruch den eigentlichen Kern ausmacht. Hier ist Bolzano ganz und gar der aufklärerischen Devise verhaftet, mit Hilfe des Wissens alle unsere menschlichen Angelegenheiten und Handlungen zum Besseren wenden zu können, wenn er etwa im ersten Paragraphen seiner Wissenschaftslehre formuliert: „Denn auch ohne den Wert, welchen das bloße Wissen hat, nur im Geringsten zu überschätzen, muß doch jeder einsehen, daß es zahllose Übel gibt, welche nur Unwissenheit und Irrtum über unser Geschlecht verbreiten: und daß wir ohne Vergleich besser und glücklicher auf dieser Erde wären, wenn wir ein Jeder uns gerade diejenigen Kenntnisse beilegen könnten, die uns in unseren Verhältnissen die ersprießlichsten sind.“[5]

Zu einem ähnlichen Schluß könnte man gelangen, wenn man die berühmte Definition von Religion heranzieht, die Bolzano in den Erbauungsreden von 1813 gibt: „Was ist Religion? Sie ist ein Inbegriff solcher Wahrheiten, die uns zur Tugend und Glückseligkeit führen; sie ist eine Beantwortung solcher Fragen, die wir uns nicht etwa bloß aus Langeweile, sondern auf Antrieb eines bestimmten Bedürfnisses des Herzens aufwerfen. Was wir also durch fleißiges Nachdenken zur Antwort auf diese Frage entdecken, das gehört eben darum, weil es zu einem bestimmten Zwecke gesuchte Wahrheit ist, nicht zur Gelehrsamkeit.“

Und Bolzano hat im „Lehrbuch der Religionswissenschaft“, das vorige vielleicht noch verschärfend, hinzugefügt, er verstehe unter „Religion nicht so, wie es häufig geschieht, eine bloße Lehre von Gott, sondern den Inbegriff aller derjenigen Meinungen und Lehren eines Menschen ... die einen Einfluß auf seine Tugend und Glückseligkeit haben“[6].

Haben wir es hier also mit einem völlig funktionalistischen Religionsbegriff zu tun, wie er ebensogut von Kant stammen könnte, dessen bekannteste Religionsdefinition ja lautet: Religion ist Erkenntnis aller unserer Pflichten als göttlicher Gebote? Bolzanos differenzierte und keineswegs sehr leicht herauszuschälende Stellung innerhalb des Reformkatholizismus kann ohne die Verklammerung seiner religionswissenschaftlichen Grundthesen mit seiner Ethik und seiner metaphysisch-logischen Grundpositionen nur mißverstanden werden. Sie wurde auch selbst von wohlwollenden Kritikern aus dem katholischen Lager gelegentlich in Richtung eines überspitzten Rationalismus und Eudämonismus interpretiert. So schrieb etwa Bischof Vorwerk von Bautzen an den wohl glühendsten Bolzanoschüler Fesl zehn Jahre nach dem Tode Bolzanos: „Ich bewundere den philosophischen Scharfsinn des Dr. Bolzano, die Korrektheit in der Darstellung der meisten kirchlichen Lehren an sich sowohl wie die kräftige und vortreffliche Hervorhebung des sittlichen Nutzens derselben. Dagegen kann ich mich mit mehreren seiner Ansichten nicht befreunden, halte sie sogar für geistig und sittlich nicht kräftiger Natur, ja für bedenklich. Nach ihm ist Glauben nur soviel als etwas halten, weil es sittlich zuträglich ist, nicht aber weil es wahr ist. Ausdrücklich läßt er die Wahrheit ganz dahin gestellt. Die Heilige Schrift wird zwar nominell als Erkenntnisquelle angeführt, faktisch aber nur als erbauliches Buch behandelt. Endlich gibt Bolzano mit übertriebener Bereitwilligkeit alles Historische mehr oder weniger auf, wenn aber, um gleich das äußerste Extrem zu berühren, es keinen lebenden Christus gegeben, so kann es meiner Meinung nach nicht Gottes Wille sein, an ein solches Phantombild zu glauben."[7]

Weit weniger wohlwollend verhielten sich jene restaurativ-katholischen Kreise, die es nach längeren Jahren des Intrigierens schließlich erreichten, daß Kaiser Franz II. 1819 Bolzano von jener Professur für Religionswissenschaft wieder entfernte, die er 1805 erhalten hatte. Der kirchliche Prozeß, der wegen Heterodoxie gegen Bolzano angestrengt worden war, endete erst 1825 mit seinem Freispruch.

1781 als Sohn eines italienischen Kunsthändlers und einer Pragerin in Prag geboren, studierte Bolzano zunächst in seiner Heimatstadt Philosophie, Mathematik und Physik, wobei er in seinen philosophischen Studien ganz im Bann des Leibniz-Wolffschen Rationalismus stand. Die Leibnizsche Idee einer „mathesis universalis" schwebt hinter seinem in allen logisch-mathematischen Schriften deutlich werdenden Versuch, die Mathematik philosophisch zu begründen und die Philosophie zu mathematischer Klarheit und Präzision zu bringen. Dies versteht sich für Bolzano zugleich auch in bewußter Entgegensetzung zur Transzendentalphilosophie Kants und zum Deutschen Idealismus, der sich bekanntlich in Österreich nie recht durchzusetzen vermochte. Das spöttische Wort Bolzanos hinsichtlich Hegel: „Ein schwacher Mathematiker wird nie ein starker Philosoph werden"[8] kann dafür als kennzeichnend angesehen werden.

Neben seinen mathematischen und philosophischen Neigungen fühlte sich Bolzano auch vom Priesterstand angezogen, auch wenn ihm ein Eintritt in einen Orden keineswegs vor Augen stand. So bemerkte er in der von ihm veröffentlichten Biographie seines Freundes Stoppani, der diesen Weg eingeschlagen hatte: „Dieses Gelübde besteht darin, daß man verspricht, alle seine Handlungen dem Willen des Oberen zu unterwerfen: auf diese Art ist die Freiheit verloren. Das Ordensglied ist ... eine Maschine, die Triebkraft davon der Prälat."[9]

Ebenso charakteristisch für die Intentionen Bolzanos ist eine andere Stelle aus seiner Selbstbiographie, wo er zunächst seine Zweifel am Christentum ausdrückt und dann bereits in Vorwegnahme des zuvor zitierten Begriffes von Religion formuliert: „... daß es sich in der Religion, besonders in einer göttlichen Offenbarung gar nicht darum handle, wie eine Sache an sich beschaffen sei, sondern vielmehr nur darum, was für eine Vorstellung von ihr für uns die erbaulichste sei."

Immer noch zwischen einer akademischen Lehrtätigkeit als Mathematiker und dem Priesterberuf schwankend, bewarb sich Bolzano schließlich um eine jener neugeschaffenen Professuren für Religionswissenschaft, die ins Leben gerufen wurden, um gerade liberale Tendenzen zugunsten eines restaurativen Katholizismus an den Universitäten zu bekämpfen, und wurde auch nach seiner Priesterweihe 1805 an die Prager Universität berufen.

Mehr noch als durch seine fachspezifischen Vorlesungen wirkte Bolzano durch seine sonntäglichen Exhorten, zu denen er als Universitätskatechet verpflichtet war und die später als Erbauungsreden erschienen. In ihnen wird seine sozialethische Auslegung der Religion bis hin zu fast demokratischen Folgerungen und Forderungen besonders deutlich.

Die damit immer mehr zutage tretende offenkundige Perversion der eigens gegen derartige Tendenzen eingerichteten Professur, die ja dem Kampf gegen das

Fortschrittliche dienen sollte, wurde bald ruchbar, zumal Bolzano nicht nach dem gleichsam offiziellen Lehrbuch des Wiener Burgpfarrers Frint unterrichtete, sondern 1811 vom Studiendirektor der Philosophischen Fakultät die Erlaubnis erwirkt hatte, nach eigenen Vorlesungsheften zu dozieren. Im Auf und Ab weiterer Intrigen, die Bolzano zunächst durch die Unterstützung verschiedener hoher josefinisch denkender Staatsbeamter abwehren konnte, kam es schließlich auf Grund der Interventionen des päpstlichen Nuntius zur Enthebung Bolzanos von seinem Lehramt, freilich ohne den Streit um Bolzano völlig zu beenden. Nicht nur Bolzanos glühendster und eifrigster Schüler, Michael Fesl, wurde des Hochverrates beschuldigt und im Servitenkloster in Wien interniert; Bolzano selbst mußte sich vor einer Konsistorialkommission unter Leitung des ihm an sich gewogenen Prager Erzbischofs verantworten, stand kurze Zeit unter Polizeiaufsicht, bis schließlich der Prozeß gegen ihn mit seinem Bekenntnis der Tridentinischen Glaubensformeln gleichsam unentschieden endete.

Gerade in Bolzanos Erbauungsreden dieser Jahre kommt jener sozialethische Grundzug besonders deutlich zum Ausdruck, der zusammen mit seiner rational ausgerichteten Religionswissenschaft nicht nur den Stein des Anstoßes ergeben hatte, sondern zugleich auch das Denken Bolzanos im ganzen zu einer der profiliertesten Positionen des Reformkatholizismus ausprägt.

Freilich gibt es innerhalb der Grundstellung Bolzanos zahlreiche Brüche: Selbst E. Winter, der im großen und ganzen das Denken Bolzanos als eine seiner Zeit weit vorauseilende, fortschrittliche, humanistische und sozial engagierte Lehre rühmt, kann nicht umhin, auf das „doppelte Gesicht“ seiner Religionsphilosophie aufmerksam zu machen.[10]

Ihre Grundkonzeption hängt freilich eng mit der philosophisch-metaphysischen Einstellung Bolzanos zusammen, genau wie die in den Erbauungsreden vorgetragenen sozialethischen Entwürfe, die Bolzano auch in der späteren Schrift „Vom besten Staat“ vorgetragen hat, nur aus Bolzanos Gesamtkonzeption ins rechte Licht gerückt zu werden vermögen.

Die Doppeldeutigkeit der Religionsphilosophie Bolzanos tritt besonders dort deutlich hervor, wo er einerseits am Katholizismus als der besten Religion festhält, in der Religionswissenschaft eine materiale Offenbarung anerkennt, anderseits aber auf die enge Verbindung von Sittengesetz und Religion achtet und so die Offenbarungsreligion nachgerade unter ein moralisches Kriterium stellt.

Wohl hat Bolzano das Übernatürliche nirgends geleugnet — was etwa seine weitläufige Untersuchung der Wunder im „Lehrbuch der Religionswissenschaft“ bezeugt —, es tritt aber gegenüber dem ethisch-sozialen Gehalt des Religiösen entscheidend zurück. Bolzano hat wohl immer wieder (unter anderem auch in seinen Selbstdarstellungen) darauf verwiesen, daß er in der Religionswissenschaft nichts anderes unternommen habe, als religiöse Lehren logisch zu begründen, daß damit aber keinerlei exegetische oder historische Begründung abgelehnt werde. Freilich reichen Bolzanos Erbauungsreden gelegentlich hart an Relativierungen heran, die den rationalistischen Grundzug seiner Auffassung in die Tradition jener objektiven Metaphysik stellen, für die besonders der Name Leibniz als stellvertretend gelten kann. Bolzanos objektive Grundeinstellung, die ihn aller transzendentalen und idealistischen Metaphysik gegenüber zu kritischer Skepsis veranlaßte, versucht den Zwiespalt oder Gegensatz zwischen Offenbarung und Vernunft, übernatürlicher und „natürlicher" Religion dahingehend zu unterfangen, daß im Aufgreifen der Differenz zwischen Wahrheiten an sich und dem für uns sich darbietenden Bildlich-Symbolischen in der Religion beides in seiner Berechtigung anerkannt wird. In seinen Erbauungsreden von 1817 greift Bolzano diese Problematik eigens auf: „Biblischen Inhaltes sind die meisten Lehren nicht nur des Christentums, sondern auch der natürlichen Religion, das heißt, sie stellen uns die Dinge nicht wie sie an sich sind vor, sondern nur so, wie sie am besten gefaßt werden können, wie ihre Ansicht uns am zuträglichsten ist. Nicht immer nämlich ist uns die Kenntnis der Dinge, wie sie an sich beschaffen sind, möglich, nicht immer, wenn sie auch möglich wäre, ist sie uns nützlich. Der Religion ist es bei der Aufstellung ihrer Lehren nicht um Erweiterung unserer Verstandeseinsichten zu tun, sondern sie bietet uns nur Vorstellungen an, durch deren Gebrauch zur rechten Zeit und am rechten Ort wir die Ausübung unserer Pflichten uns erleichtern, unser Herz erwärmen und mit Ruhe und Trost erfüllen können."[11]

Diese gleichsam vorweggenommene „Entmythologisierung" basiert nicht allein auf Bolzanos auch in der Religionsphilosophie vertretener Grundüberzeugung, wir müßten unsere Vorstellungen, Urteile und Begriffe immer deutlicher werden lassen, sondern hängt auch mit seiner in der Wissenschaftslehre entwickelten Auffassung von den „Wahrheiten an sich" zusammen. Auch ohne hier die näheren Implikationen und Voraussetzungen von Bolzanos Standpunkt entfalten zu können, genügt es darauf hinzuweisen, daß Bolzano die Wahrheit von jeder psychologisehen Vereinnahmung fernzuhalten versuchte und dies so verstand, daß eine Wahrheit an sich sogar als gottunabhängig angesetzt werden muß oder, genauer ausgedrückt, als etwas, das in seiner Zeit- und Raumlosigkeit auch für Gott Gültigkeit besitzt. Diesen Wahrheiten an sich hat Bolzano bekanntlich objektives Sein zugesprochen. Aus dieser Einstellung heraus ist Bolzanos Religionswissenschaft darum auch eine philosophische Lehre von Gott, die sich durchaus in der Tradition christlicher Metaphysik einreiht. Wie immer man Bolzanos rationale Theologie aber auch beurteilen mag — sie stellt das Grundgerüst dar, von dem aus Bolzano seinen sittlich ausgerichteten Religionsbegriff konzipiert. Damit setzt er sich nicht allein zum Kreis um Clemens Maria Hofbauer in Gegensatz und der hier um sich greifenden romantisierten Tradition, sondern trennt sich auch von der ebenfalls romantisch orientierten Schule Anton Günthers, seines ehemaligen Schülers, der den Kreations- und Inkarnationsgedanken immer mehr in den Mittelpunkt stellte und dessen Schriften 1857 das Schicksal Bolzanos teilten, indem auch sie auf den Index gesetzt wurden.

Bolzanos Versuch, wissenschaftlich orientierte Rationalität in seiner Religionswissenschaft zugunsten eines moralischen Fortschrittes des Christentums einsetzen zu können, mündet schließlich im leidenschaftlichen Appell an eine bessere Gesellschaftsordnung. Auch hier ist das objektiv gültige Sittengesetz, das Bolzano im Gegensatz zu Kant nicht nur formal, sondern auch material aus den Wahrheiten an sich ableitet, maßgeblich. Der innere Aufbau der Ethik als Wissenschaft entspricht hier dem allgemeinen Wissenschaftsmodell seiner Wissenschaftslehre und ihrem hierarchisch geordneten System von objektiven Wahrheiten. In den Erbauungsreden formuliert er das oberste Gesetz folgendermaßen: „Wähle von allen dir möglichen Handlungen immer diejenige, die, alle Folgen erwogen, das Wohl des Ganzen, gleichviel in welchen Teilen, am meisten befördert."[12] Oder kürzer: Die

Beförderung des allgemeinen Wohles gilt als oberstes Sittengesetz. In einer anderen Formulierung drückt sich Bolzano noch knapper aus: „Verbreite Wohlsein, soweit Du kannst."[13] Da dieses oberste Sittengesetz einer Wahrheit an sich gleichzusetzen ist und überdies auch inhaltlich bestimmt werden kann, ist es zugleich auch eine Grundwahrheit, aus der sich alle übrigen sittlichen Regeln und Anleitungen deduzieren lassen. Auch hier folgt Bolzano den Grundsätzen seiner logisch-mathematisch orientierten Wissenschaftslehre, wenn er in der Folge hinsichtlich des sozialen Gehaltes seiner Ethik zu Schlußfolgerungen gelangt, die nahezu demokratisch-revolutionären Charakter aufweisen. Freilich ließe sich an dieser Stelle auch auf die Kluft aufmerksam machen, die zwischen der gleichsam außermenschlichen Provenienz dieses obersten Sittengesetzes und seinem humanistischen Inhalt liegt.[14] Zweifellos stehen wir hier vor einer Schwachstelle jedweder rationalistischen Sittenlehre, deren absolute Geltung vollends fragwürdig werden muß, wenn sie zugleich auch Religion und damit eine der Möglichkeiten ihrer Begründung selbst in Hinblick auf Sittlichkeit reduktionistisch zurückführt.

Dies ändert aber nichts daran, daß Bolzano in den weiteren materialinhaltlichen Ableitungen seines Sittengesetzes zu sozialen Forderungen gelangt, die neben ihrem revolutionären Charakter inhaltlich wegen ihrer ständigen Betonung der Beförderung eines besseren Zeitalters immer noch einem aufklärerischen, gelegentlich geradezu naiven Optimismus zugeordnet werden könnten. So formuliert Bolzano etwa in seinen Erbauungsreden Pfingsten 1818: „Echte Aufklärung ist eine Vervollkommnung der Urteilskraft, eine Hinwegräumung schädlicher Vorurteile, Verbreitung nützlicher Kenntnisse ... Schon dadurch, meine Freunde, daß Sie die Menschen vernünftiger urteilen lehren, schon dadurch zwingen Sie ihre Beherrscher Gesetze und Anordnungen zu geben, die zum Wohl des Volkes nicht in so offenbarem Widerspruch stehen, wie es gegenwärtig der Fall ist ..."[15]

Immer wieder tritt dieser aufklärerische Optimismus auf den Plan, der von der Überzeugung getragen ist, daß Wissen Heil bringen könnte, auch dort, wo Bolzano egalitäre oder das Eigentum relativierende Gedanken vertritt. So heißt es etwa hinsichtlich der Ungleichheit des Eigentums: „Welcher vernünftige Mensch sieht nicht ein, daß jene unverhältnismäßige Verteilung der Glücksgüter, die bis zur Stunde noch in allen Staaten herrscht, ein weitaus größeres Übel und die fruchtbare Mutter unzähliger anderen sei? Welcher Menschenfreund würde nicht wünschen, daß eine, wenn auch nicht völlige, doch verhältnismäßige Gleichheit des Eigentums unter den Bürgern eines jeden Staates eingeführt würde? ..."[16] In seinem bereits in Grundrissen 1820 entstandenen, erst 1832 erschienenen „Büchlein vom besten Staat oder Gedanken eines Menschenfreundes über die zweckmäßigste Einrichtung der bürgerlichen Gesellschaft" hat Bolzano diesen Gedanken der Eindämmung übermäßigen Reichtums noch weitergeführt und Arbeit und Bedürfnisse der Bürger als Verteilungsschlüssel angeführt, jedwedes Erb- oder Schenkungsrecht als abzuschaffen beurteilt und für eine Verpflichtung der Bürger eines Gemeinwesens zu nützlicher Arbeit plädiert.

Bolzanos Überlegungen bezüglich des Eigentums liegt zweifellos ein Gleichheitsgedanke zugrunde, der aber im Gegensatz zu sozialrevolutionären oder kommunistischen Auslegungen sich zunächst am aufklärerischen Begriff eines „von allen Menschen gleich begründeten, durch Nichts veräußerlichten Anspruch auf irdische Glückseligkeit, und auf den Genuß aller Güter, die Gott den Menschen auf Erden geschenkt hat",[17] orientiert. Bolzano steht allerdings nicht an, eine Verletzung dieser Gleichheit als „Hochverrat an den heiligen Rechten der Menschheit" zu bezeichnen und wie etwa in der Erbauungsrede Palmsonntag 1812 vom Beispiel Jesu aus auf Fälle aufmerksam zu machen, wo Widerstand gegen eine ungerechte und tyrannische Obrigkeit als Pflicht erscheint.

Bolzanos Überzeugung einer fortschrittlich erreichbaren besseren Gesellschaftsordnung stellt auch seine Sozialethik als einen auf dem Prinzip von Vernunft und Einsicht gegründeten allgemeinen Eudämonismus utilitaristischer Prägung dar. Tugend ist nichts anderes als Verwirklichung der eigenen und fremden Glückseligkeit durch sittliches Handeln in Hinsicht auf das allgemeine Wohl.[18]

Daß eine von derartigen Prinzipien geleitete Auffassung bei aller Anerkennung ihres Ethos auch gerade durch ihre konstruktiv-rationale Orientierung Einseitigkeiten in sich birgt, könnte wiederum ein Blick auf die Gesellschafts- und Staatsutopie zeigen, die wie alle Utopien zu totalitären Zügen neigt. Bolzanos Gesellschaftsutopie ist die einer umfassenden Erziehungsanstalt, in der zunehmende begriffliche Einsicht und sittliche Vervollkommnung das oberste Ziel darstellen.

Freilich bedeuten die vorangegangenen Einwände keine Geringschätzung der Bolzanoschen Ethik, die mit ihren leidenschaftlichen Appellen an die eigene Beispielgebung, mit ihrer Forderung nach höchstem Selbsteinsatz keineswegs nur konstruktivistische Züge aufweist. Ihre Verbindung zur Religionslehre bzw. ihr Basieren auf den Grundsätzen der Wissenschaftslehre verpflichtet ja auch Gott: „Mit welcher Achtung muß uns denn also nicht die Erwägung des Sittengesetzes erfüllen, wenn wir bedenken, dies sei das einzige Gesetz, welchem selbst Gott, der Alleinmächtige, der unumschränkte Herrscher, der König der Könige gehorcht und gehorchen muß, wenn er nicht aufhören soll, Gott und vollkommen zu sein."[19]

Daß jedenfalls gerade diese Erbauungsreden für die restaurativen staatlichen und kirchlichen Behörden zu einem Ärgernis werden mußten, bedarf keines besonderen Aufweises, und Franz II. wurde ja auch über Vermittlung seines Leibarztes Stifft eigens auf eine Passage aufmerksam gemacht, in der Bolzano die zukünftige Vision einer besseren Gesellschaft besonders eindringlich beschwor. Bolzanos Gegensatz zu allen Formen von katholischer und nationaler Schwärmerei (man erinnere sich daran, daß etwa Jungmann, Müller und Schlegel zumindest kurze Zeit ihre nationale Religiosität zur Basis einer Zusammenarbeit mit den Behörden der österreichischen Monarchie gemacht hatten) gab ihm auch eine nahezu einzigartige Rolle in dem zu Beginn des 19. Jahrhunderts besonders stark in Böhmen aufbrechenden Nationalitätenstreit. Man kann hier von einer „utopischen Ethnoethik" sprechen (E. Winter), in der das Suprematiestreben eines Volkes oder einer Nation über eine andere schärfstens verurteilt wird. Auch blieb Bolzano ein einsamer Rufer in der Wüste, wenn er den Verfall der Vaterlandsliebe gerade mit einem falschen Nationalgefühl und Nationalstolz zusammen sah und zur Versöhnung aufforderte. Die weitere Entwicklung der Donaumonarchie hat ihm hier zumindest recht gegeben. Eine durchaus achtenswerte und wichtige Liebe zum jeweiligen Volke dürfe nicht in eine ungerechte Behandlung anderer Völker ausarten, Volksgemeinschaften haben keinen Eigenwert, sondern auch hier steht die Beförderung des Wohles des Ganzen im Vordergrund. Beifällig von den Tschechen aufgenommen (der nationalbewußte Tscheche Rybička hat seinen Aufruf „Austria poliglotta" etwa ganz im Geiste Bolzanos verfaßt), fand Bolzano bei den Deutschböhmen nur wenig Resonanz[20], zumal der nationale Romantismus zu dieser Zeit Bolzano zum Zeitgeist gleichsam querliegen ließ.

Interessant ist in diesem Zusammenhang Bolzanos Argumentation bezüglich der im Nationalismus so sehr betonten nationalen Sprachlichkeit: Hier steht Bolzano wiederum ganz in Banne der Leibnizschen Idee einer mathematisierten Universalsprache, von der aus die Wertung der Sprache als Ausdruck des Volksgeistes relativiert wird. Bolzano vertritt hier die Auffassung, es sei ganz willkürlich, wie die Dinge bezeichnet würden, der Unterschied der Sprachen darum der allerunwesentlichste, und fordert, ganz wiederum im Sinne seiner grundsätzlichen Rationalität, die Einrichtung des Unterrichtes in beiden Landessprachen, um von Anfang an über diese Unwesentlichkeit aufzuklären und dadurch mitzuhelfen, den Völkerhaß zu überwinden.

Nach Bolzanos Enthebung vom Lehramt zog er sich zunächst auf das Landgut Tiechobus der befreundeten Familie Hofmann in Südböhmen zurück, wo seine Werke „Athanasia", die „Wissenschaftslehre" und das „Lehrbuch für Religionswissenschaften" entstanden. Ständig blieb er mit seinen Schülern in Kontakt, von denen Fesl, 1824 nach Widerruf aus der Haft entlassen, und Robert Zimmermann, später Professor in Prag und Wien, die treuesten waren. In ständiger, nie abreißender Korrespondenz und Diskussion mit seinem Freundeskreis stehend, hat Bolzano, der 1841 nach Prag zurückkehrte, lebhaft an den geistigen, politischen und kirchlichen Ereignissen der vorrevolutionären Epoche teilgenommen, zum Teil auch offiziell geehrt (immerhin wird er zum Sekretär der philosophischen und mathematischen Abteilung der Königlich-Böhmischen Gesellschaft der Wissenschaften ernannt), zum Teil immer noch als „pessimo prete" in Rom verketzert. Seine reformkatholische, liberale Stellung bleibt auch weiterhin den restaurativen und konservativen Kräften des Staates und der Kirche ein Dorn im Auge, auch wenn Bolzanos Wirkung zunächst wenig an der Oberfläche zu bemerken war. Bolzano selbst stand der 1848er Revolution eher skeptisch gegenüber, ebenso jenen in den Märztagen 1848 aufbrechenden Forderungen nach einer „freien Kirche". Immerhin bleibt Bolzanos Forderung nach einer von den Laien ausgehenden Kirchenreform, die durchaus Demokratisierungstendenzen beinhaltete, bemerkenswert. So wurde sein Begräbnis am 21. Dezember 1848 zu einer Demonstration des liberalen Reformkatholizismus, und auch wenn die emsige Betriebsamkeit, die nach Bolzanos Tod von Schülern wie Fesl, Schneider oder Prihonsky hinsichtlich des Werkes des Meisters entfaltet wurde, nicht die Wirkung hervorrief, die erhofft worden war, setzte sich der Geist des Bolzanismus auch nach 1848 in vielerlei Ausprägungen und Modifikationen fort. Wohl ist ebenso antiidealistisch wie Bolzano der Herbartianismus in der Folge zur leitenden Philosophie in Österreich geworden, aber Bolzanos Denken wirkte — auch in seinem reformatorischen Charakter — auf Männer wie Exner (den Schul- und Universitätsreformator) wie auf den Unterrichtsminister Thun selbst. Bolzanos Anhänger beriefen sich bis in die Zeit des Hochliberalismus und der Kämpfe um und gegen das Konkordat von 1855 auf die Auffassung ihres Lehrers. Bolzanos liberaler Katholizismus hat zumindest unterschwellig in jene Auseinandersetzungen der zweiten Hälfte des 19. Jahrhunderts hineingewirkt, die aus dem bürgerlichen Liberalismus mehr zu machen versuchten als ein Ringen um politische Freiheit. Gleichzeitig ist aber gerade innerhalb des Katholizismus der Liberalismus im Sinne Bolzanos in eine Ahnenreihe dessen zu stellen, was auch in Österreich als sogenannter Linkskatholizismus heute bereits Tradition aufweist. Vieles aber von dem, was Bolzano gefordert hat, scheint in der Öffnung der Kirche zur Welt und in ihren inneren Reformen, wie sie sich vornehmlich im II. Vatikanum anbahnten, Bolzano zu einem Vorläufer dieses Aufbruches zu machen. Dies betrifft sicher nicht seine Konzeption von Religion mit ihrer rationalistischen und gelegentlich konstruktivistischen Tendenz, wohl aber die — freilich für Bolzano nicht davon trennbare — Sittenlehre und Sozialethik. Noch mehr mag es für jene innerkirchlichen Reformen zutreffen, die von Fragen der Liturgie bis zur Verwendung der Volkssprache, von stärkerer Einbindung des Laien bis zu einer demokratischeren Verfassung überhaupt neigen. Bolzano hat sich immer dem Katholizismus aufs entschiedenste verbunden gefühlt. Der Briefwechsel mit seinem Freund Stoppani, der den Reformgedanken hervorhebt, zeigt, welche reformatorischen Vorstellungen bei gleichzeitigem Festhalten an der einen katholischen Kirche Bolzano vorschwebten und welche Hoffnungen, die dann bitter enttäuscht werden, er auf Papst Pius IX. gesetzt hatte.[21]

Es ist in unserem Rahmen wenig sinnvoll, auf einzelne Reformgedanken, vornehmlich auf die innerkirchliche Organisationsformen betreffenden Punkte einzugehen; nimmt man Bolzanos Denken im ganzen, so kann vieles davon in der Tat gerade in Hinblick auf die Situation des II. Vatikanums als Frucht dieses Liberalkatholizismus erscheinen, auch wenn dort Vorsicht geboten ist, wo Bolzanos Logik, aber auch seine rationalistische Religionsauffassung Anknüpfungspunkte für moderne sprachanalytische oder religionssoziologische Unternehmungen zu liefern scheint. Diese Seite des Bolzanoschen Denkens mag einmal, mehr spätaufklärerischen Impulsen folgend, vornehmlich von Theologen, die ihr vermeintliches Modernitätsdefizit durch das Setzen progressiver Signale kompensieren, entdeckt werden, und sie ist sicherlich noch sehr ausbaufähig. Bolzanos Bezug auf die Wahrheiten an sich setzt sich zwar eindeutig von Kants Weg über eine Vermittlung durch die transzendentale Subjektivität ab, auch wenn man kaum in Abrede stellen kann, daß die Religion auch bei Bolzano Gefahr läuft, zu einer Funktion der Moralität zu werden. Freilich hat Bolzano anderseits klar einen Zusammenhang herausgearbeitet, der als derjenige von philosophischer Begründung der Religion und ihrer gesellschaftlichen Praxis immer noch ein Grundproblem aller (spezifisch der katholischen) Religionsphilosophie darstellt. Inhaltlich gesehen ist Bolzano darin aber in erstaunlicher Weise jenem Geist nahegekommen, aus dem sich gerade in und um das II. Vatikanum ein Neuüberdenken des Verhältnisses von Kirche und Welt anbahnte.

Gerade Formulierungen, wie sie die pastorale Konstitution „Gaudium et spes" vornimmt, finden so ihre Parallelen in den Forderungen der Erbauungsreden Bolzanos. So wird etwa im Abschnitt 26 die Förderung des Gemeinwohls als Gesamtheit der Bedingungen des gesellschaftlichen Lebens besonders betont, in der allein den Gruppen als auch den einzelnen Gliedern der Gemeinschaft das Erreichen der eigenen Vollendung ermöglicht werden kann.[22] Ebenso wird ausdrücklich auf die von Bolzano so sehr geforderte Gleichheit der personalen Würde der Menschen rekurriert, wie die Pflichten der Gerechtigkeit und Liebe eigens hervorgestrichen werden.[23] Selbst der von Bolzano geforderte Abbau allzugroßer sozialökonomischer Unterschiede findet sich als Forderung in der genannten Konstitution, die ausdrücklich dem Abbau übergroßer sozialökonomischer Unterschiede gewidmet ist.[24] Mag auch die in Anschluß an das II. Vatikanum entbrannte Diskussion um die „Politische Theologie“ oder um die „Theologie der Befreiung“ wiederum ein Einbremsen der offiziellen Stellungnahmen erbracht haben — die unleugbare Öffnung der Kirche zur Welt ist etwas, das Bolzano immer wieder gefordert hat, für das er eingetreten ist, in jenem Geist freilich, der nie den einzelnen aus den Augen verlor, und der ihn etwa in seiner Wissenschaftslehre im § 700 den Satz formulieren ließ: „Geh‘ und befleißige dich erst, ein guter Mensch zu werden.“

Anmerkungen

1 Zit. nach E. Winter, Romantismus, Restauration und Frühliberalismus im österreichischen Vormärz, Wien, 1968.

2 E. Husserl, Brief an A. Höfler, vom 27. 12. 1911, zit. nach E. Winter, Bolzano als Logiker, Wien, 1974.

3 Vgl. dazu u. a. E. Winter, Romantismus, Restauration und Frühliberalismus im österreichischen Vormärz, Wien, 1968; E. Winter, Leben und geistige Entwicklung des Sozialethikers und Mathematikers Bernhard Bolzano, Halle, 1949; E. Winter, Die historische Bedeutung der Frühbegriffe Bernhard Bolzanos, Berlin 1964; E. Winter, Bernhard Bolzano, Ein Denker und Erzieher im österreichischen Vormärz, Wien, 1967; E. Winter, Bernhard Bolzano, Ein Lebensbild, Stuttgart, 1969 (B. Bolzano, Gesamtausgabe, Bd. 1).

4 B. Bolzano, Wissenschaftslehre, § 1/3, zit. nach: 1. Auflage, Sulzbach, 1837.

5 B. Bolzano, Erbauungsreden, Bd. III, 83 I, § 2.

6 B. Bolzano, Lehrbuch der Religionswissenschaft, I, § 2.

7 Zit. nach E. Winter, Religion und Logik bei Bolzano, in: Bolzano-Symposium, Wien, 1974, 17.

8 Zit. nach J. Hoffmann, Bruchstücke, in: Bernhard Bolzano, Studien und Quellen, Berlin, 1981, 9.

9 A. a. O., 1981, 15.

10 Vgl. dazu besonders E. Winter, Das doppelte Gesicht der Religionswissenschaft Bernhard Bolzanos, in: B. Bolzano, Leben und Wirkung, herausgegeben von C. Christian, Wien, 1981.

11 E. Winter, Die Sozial- und Ethnoethik Bernhard Bolzanos, Wien 1977, 71.

12 Erbauungsreden, I, 217, in: E. Winter, Die Sozial- und Ethnoethik, a. a. O.

13 Erbauungsreden, IV, 11, ebenda.

14 Vgl. J. Louzil, in: B. Bolzano, Leben und Wirkung, a. a. O.

15 Erbauungsreden, V, 405 f., in: E. Winter, Die Sozial- und Ethnoethik, 103.

16 Erbauungsreden, I, 88—100, nach E. Winter, a. a. O., 92 f.

17 B. Bolzano, Erbauungsreden I, 46.

18 E. Winter, Die Sozial- und Ethnoethik, a. a. O., 13.

19 Erbauungsreden, III, 256.

20 Eine Ausnahme bildet A. Stifter, der in den „Bunten Steinen“ in „Kalkstein“ Bolzano ein Denkmal gesetzt hat und dessen „sanftes Gesetz“ auf Einflüsse Bolzanos zurückgeht.

21 Vgl. dazu E. Winter, Das doppelte Gesicht der Religionswissenschaft B. Bolzanos, a. a. O.

22 Vgl. dazu K. Rahner — H. Vorgrimler (Hrsg.), Kleines Konzilskompendium, Freiburg, 1967, siehe bes. Artikel 26.

23 A. a. O., Artikel 31.

24 A. a. O., 66.

Wolfgang J. Bandion

Der romantische Katholizismus
Clemens Maria Hofbauer und sein Kreis

Zu den großen Heiligen Wiens und Österreichs gehört ohne Zweifel Clemens Maria Hofbauer. Man hat Österreich einmal als Land ohne Heilige bezeichnet, und es ist tatsächlich auffallend, wie wenig lokale Heilige verehrt werden oder gar einem größeren Kreis bekannt sind. Der heilige Leopold und der heilige Johannes von Nepomuk sind hier Ausnahmen. Beide sind populär, wenngleich sie heute sicher anders gesehen werden als vor 200 Jahren. Zu einer ähnlichen Popularität hat es ein Heiliger, der eigentlich Johannes hieß — Clemens war sein zweiter Name, den er in Erinnerung an seine Eremitenzeit in Tivoli annahm —, nie gebracht. Auch sein Familienname hat einen harten und einfachen Klang. Sein Vater ließ ihn eindeutschen, und vielleicht wäre ein Heiliger namens Dvořák in Wien populärer geworden. So aber wird er kaum erwähnt, und wenn, dann eher in Analogie mit Petrus Canisius, der ebenfalls eine Tendenzwende für Kirche und Religiosität herbeiführte. Je mehr wir uns aber mit der Großartigkeit der barocken Frömmigkeit beschäftigen, deren Auswirkungen uns allen geläufig sind — man denke nur an die Faszination der Stifte wie Melk, Göttweig oder Klosterneuburg — und mit dem schmerzhaften Prozeß der Bewältigung der Aufklärung, desto stärker verlieren sich die Leistungen und die Bedeutung der katholischen Romantik. Zwei Gründe möchte ich nennen:

Erstens: ein neues Kirchenverständnis, das kirchenpolitisch staatskirchliche Positionen und Auffassungen zurückgedrängt hat. Ich denke etwa an die Bedeutung der Schlagworte „Thron und Altar". Es war ein Teil von Hofbauers Schülern, wie der spätere Kardinal und Erzbischof von Wien, Othmar Rauscher, der als Exponent dieser Richtung angesehen werden kann. Und es ist kein Zufall, daß im 19. Jahrhundert erst die Zeit eines Karl Lueger Hofbauer offiziell wieder würdigte. Er wurde zum Leitbild der christlich-sozialen Bewegung. Nicht im politischen, sondern im Sinne der religiösen Erneuerung.[1]

Zweitens: die Schwierigkeit, die uns heute das Phänomen des Heiligen bereitet — ich gestatte mir, in diesem Zusammenhang den englischen Schriftsteller Graham Greene zu zitieren, der meint, daß die Vorstellung, die wir heute von Heiligen haben, vom Teufel erfunden sein könnte.

Die Herkunft Hofbauers aus Mähren weist auf ein besonderes Österreichertum hin. Von dort kommen so viele Große unseres Landes, die in Wien dann ihre geistige Heimat gefunden haben. Der Mährer ist vom Charakter her um vieles aufgeschlossener und konzilianter als der Böhme. Und der Nationalitätenkonflikt im späten 19. Jahrhundert hat daher in Mähren nie jene scharfen Formen angenommen wie im benachbarten Böhmen. Dies hat sicher auch soziokulturelle und wirtschaftliche Gründe. Ein starkes tschechisches Bürgertum fehlte in Mähren. Hofbauers Vater ließ später seinen Namen eindeutschen, und so wurde aus Dvořák eben ein Hofbauer. Sein Vater fühlte sich als Deutscher, ohne jedoch seine slawischen Wurzeln zu verdrängen. Sein Lebensraum war die Gegend um Znaim, nicht weit davon, in Taßwitz, wurde der hl. Clemens geboren.

Um die Situation der katholischen Kirche in Österreich besser verstehen zu können, muß man wohl kurz ihre Geschichte streifen. Charakteristisch für weite Teile Österreichs im Mittelalter ist das Fehlen einer starken bischöflichen Gewalt. Die kirchliche Mobilität ist im Mittelalter nicht zu unterschätzen. Dies und die geopolitische Nähe zu den Hussiten begünstigte manche Sonderform und Häresie im traditionellen Glaubensgut. Dem gegenüber aber steht eine jeweils starke Reformbereitschaft der Klöster und Stifte, die nicht nur Anstöße von außen aufnehmen wie von Cluny, sondern auch selbst zum Zentrum von Reformen werden, wie etwa Melk. Das hatte bald zur Folge, daß die Vorsteher dieser Stifte, nämlich die Äbte und Pröpste, also der Prälatenstand der Landtage, zu den eigentlichen kirchlichen Obrigkeiten wurden, zu den „heimlichen Bischöfen" — in einem Land, das, wenn wir an die engeren Grenzen des Erzherzogtums Österreich denken, bis 1469 keine eigenen Bischöfe hatte.[2] Die Reformation führte zu einem Tiefstand des monastischen Lebens und brachte es fast zum Erliegen. Erst durch die Gegenreformation kam es zu einem Aufschwung. Nicht selten waren Angehörige aus dem katholischen Süden des alten Reiches die Proponenten der Gegenreformation. Die Orden aber, die hauptsächlich unter Ferdinand II. nach Wien berufen wurden, waren in der heimischen Bevölkerung kaum verankert. So predigten die die Wiener Hofpfarre St. Michael betreuenden Barnabiten zunächst in italienischer Sprache, deren Kenntnis am ehesten mit der des Englischen in der Gegenwart verglichen werden kann. Der Großteil der Wiener, der noch zu Ende des 16. Jahrhunderts zu fast 90% evangelisch gewesen war, verstand davon vermutlich sehr wenig.[3] Erst eine Generation später brachten die Barnabiten geeignete Priester hervor, wie etwa den populären P. Don Florentius Schilling, einen gebürtigen Elsässer, der als Vorläufer des Abraham a Sancta Clara angesehen werden kann.[4] Die Gegenreformation, die mit äußerster Strenge durchgeführt wurde, hatte ihre größte Stütze am Hof und durch den ihm angehörenden Adel. Diese frühbarocke Frömmigkeit versuchte, an die vorreformatorischen, das heißt an die spätmittelalterlichen Traditionen der Marien- und Heiligenverehrung wieder anzuknüpfen. Erst das einigende Band des barocken Katholizismus vor dem Hintergrund einer erfolgreichen Türkenabwehr brachte den Ausgleich und verwurzelte die Kirche in Österreich aufs neue. Sehr populär waren die neuen Orden, die im 17. Jahrhundert nach Österreich berufen wurden, allerdings nicht. Viele von ihnen verfielen und wurden unter Joseph II. aufgehoben. Zu eng waren sie mit dem Hof verbunden und unterlagen daher den politischen Strömungen.

Damit sind wir genau in jener Zeit angelangt, die für uns relevant ist. Clemens Maria Hofbauer wurde oft als der zweite Stifter der Redemptoristen bezeichnet. Tatsächlich waren die Redemptoristen bis zu diesem Zeitpunkt nur in Italien, nämlich im Königreich Neapel und im Kirchenstaat, vertreten. Der eher abschätzig verwendete Name „Ligurianer", der u. a. auch von Goethe ironisch gebraucht wurde, weist auf den Ordensgründer Alfons von Liguori hin. Dieser aus einer alten neapolitanischen Familie stammende Ordensgründer war, bevor er zum Priester geweiht wurde, Rechtsanwalt, und seine Kongregation, die er Jesus Christus, dem Erlöser, weihte, war zugleich auch eine Kampfansage an die Ideen des Jansenismus und die Übelstände der damaligen Seelsorgepraxis. Diese neue Kongregation, die man durchaus als Wegbereiter der katholischen Aufklärung ansehen kann, setzte sich von den üblichen Ideen der Aufklärung ab und vertrat die Überzeugung, nicht allein dem Menschen vertrauen zu können. Und daß letztlich nicht der Mensch Mittelpunkt aller Dinge, sondern Gott Weg und Ziel des Menschen sei. Diese Ideen und die Ablehnung einer Prädestination des Menschen haben Hofbauer sicher stark geprägt. Diese Überzeugung mündet darin, daß Gott seine Gnade allen Menschen ohne Unterschied von Konfession, Alter und Stand anbietet. Das Gebet schien ihm eine wesentliche Unterstützung in der Lebensbewältigung zu sein, ebenso wie sein fast kindlicher Glaube, der ein totaler war und keine intellektuelle Einschränkung kannte.

Clemens Maria Hofbauer wurde als neuntes von zwölf Kindern geboren. Hofbauer war acht Jahre alt, als sein Vater starb.[5] Er fühlte sich früh zum Priestertum hingezogen. Dies war auch der sehnlichste Wunsch seiner Mutter. Wirtschaftliche Not ließ eine Realisierung dieses Wunsches nicht zu. Sein Vater, den er so früh verlor, war Fleischhauer gewesen, ebenso sein Schwager. Er aber entschied anders und wurde Bäcker in Znaim. Aus unbekannten Gründen zog er es dann aber vor, seine Lehre im Prämonstratenserstift Klosterbruck bei Znaim, vermutlich in der Stiftsbäckerei, zu absolvieren. Da er den Weg zum Priesteramt versperrt sah, entschloß er sich, Einsiedler zu werden. Seinem kraftvollen Apostolat freilich genügte die Eremie nicht. Man hat diese Zeit später als das Noviziat seines Lebens bezeichnet, dürften doch davon sehr bedeutende Impulse ausgegangen sein. Aufschlußreich jedenfalls sind seine Sehnsucht in späteren Jahren zum Eremitenleben und seine Liebe zu dem als Eremit angenommenen Namen, nämlich Clemens Maria. Die von ihm angestrebte Einfachheit und Askese, der Hang zur Betrachtung und seine Vorliebe für das Rosenkranzgebet haben sicher dort ihre Wurzeln. Ergänzend sei dazu bemerkt, daß der damalige Zeitgeist gegen jede Form der Einsiedelei war und anderseits auch im Orden, allerdings aus apostolischen Gründen, heftige Einwände dagegen erhoben wurden (Konstitution des Jahres 1785). Die Reformen Josephs II. beendeten auch das Einsiedlerwesen in Österreich. Ein weiteres Merkmal hängt jedoch sicher mit diesem Eremitendasein zusammen, nämlich Einfalt und Einfachheit.

Clemens Maria Hofbauer kehrte wieder nach Klosterbruck zurück und wurde Kammerdiener des Abtes, gleichzeitig studierte er an der humanistischen Lehranstalt. Dies war etwa in den Jahren zwischen 1772 und 1776. Nach einer Pilgerreise nach Rom, die er im Habit eines Eremiten unternimmt, zieht er sich in eine Klause in der Nähe von Mühlfraun am rechten Thayaufer zurück. Ein Versuch, eine Eremitenstelle bei Vöttau an der Thaya zu erhalten, scheitert. So entschließt er sich, wieder Bäckergeselle zu werden, und findet Arbeit in Wien in der Johannesgasse, gegenüber der Kirche von St. Ursula. Er ist Ministrant in St. Stephan. Und nun kommt die Wende seines Lebens. Er erregt die Aufmerksamkeit dreier adeliger Damen. Sie ermöglichen ihm das dreijährige Philosophiestudium, die Voraussetzung für die Aufnahme an der Universität. In diese Zeit fällt die Bekanntschaft mit Pater Dießbach, einem gebürtigen Berner, der aus dem eingesessenen calvinischen Patriziat stammte, Jesuit war und nun als Weltpriester einen Kreis religiöser Erneuerer um sich sammelte.[6] Sein Kampf galt vor allem der Aufklärung. 1783 kam es zur Gründung von Generalseminarien, in denen der Geist der josephinischen Aufklärung eine besondere Heimstatt hatte, so daß Hofbauer sich von Wien abwandte und nach Rom zog. Pater Dießbach hatte ihn mit den Werken des heiligen Alfons von Liguori bekannt gemacht. Die Vorstellungen des Ordensgründers entsprachen durchaus dem Lebensideal Hofbauers. Die Redemptoristen galten als besonders strenger Orden. Strengster Observanz im inneren Bereich entsprach ein starkes apostolisches Wirken nach außen.[7]

Mit seinem Freund Thaddäus Hübl, mit dem er gemeinsam nach Rom gezogen war, wird er unter Verkürzung des Noviziats in den Orden aufgenommen und zum Priester geweiht. Hofbauer stand im 34. Lebensjahr. Beide erhielten nun vom Generaloberen, P. Franz de Paola, den Auftrag, den Orden auch im Norden zu verbreiten. In Wien besuchten beide den Präparandenkurs für Katecheten, der an der Normalschule bei St. Anna eingerichtet war. Hofbauer wollte ursprünglich in Wien bleiben. Eine eigene Niederlassung in Wien zu gründen, erwies sich als aussichtslos. Neue Pläne tauchten auf. Russisch-Polen schien sich als neues Betätigungsfeld anzubieten. 1787 traf Hofbauer in Warschau ein, wo er an der Kirche St. Benno, die seit dem 17. Jahrhundert die Funktion einer deutschen Nationalkirche erfüllte, bald eine neue Aufgabe erhielt.

Der damalige päpstliche Nuntius in Warschau, Monsignore Saluzzo, setzte sich für Hofbauer ein. Das Königreich Polen unter seinem Regenten, Stanislaus August Poniatowski, ging seinem Verfall entgegen. Zu diesen politischen Schwierigkeiten kam die Abneigung der Polen, insbesondere des polnischen Klerus, gegen die Deutschen. Bereits nach einem Jahr besuchten 200 Kinder die von Hofbauer ins Leben gerufene Armenschule. Hofbauer widmete sich nun besonders der Jugendfürsorge. Es ist nicht Aufgabe dieser Ausführungen, sein pastorales Wirken in Warschau zu schildern. Ich verweise auf eine reiche Literatur (wie etwa Haringer, Hofer und Hosp), die diese Jahre ausführlich beschreibt. Aber ich erlaube mir, zwei Dinge in diesem Zusammenhang anzumerken.

Erstens: Die Bezeichnung „Apostel von Warschau“ könnte mehr als ein Ehrentitel der Kirche sein, nämlich ein lebendiges Band zwischen Polen und Österreich. Stanislaus Kostka, Maximilian Kolbe und Maria Ledochowska sind Bindeglieder zwischen diesen Nationen.

Zweitens war die 1808 erfolgte Aufhebung von St. Benno nicht Wunsch oder Verschwörungsziel der Warschauer Loge, wie oft behauptet wurde, sondern dahinter stand vielmehr der politische Wille Frankreichs, den Orden aufzuheben, der zudem noch mit einem anderen Orden, den Paccanaristen, der Kongregation der „Väter vom Heiligen Glauben“, verwechselt wurde. Ein brieflicher Kontakt zum ehemaligen bourbonischen Königshaus galt als äußerst bedenklich. Die Kongregation Hofbauers schien dem Niedergang nahe, sein Lebenswerk weitgehend zerstört. Hofbauer kehrte wieder nach Wien zurück. Er war mittlerweile 57 Jahre alt. Die Franzosenkriege hatten nun auch Wien mit voller Wucht getroffen, und Hofbauer, der in seinem ersten Jahr nach Warschau in Wien kein kirchliches Amt übernehmen konnte, erhielt auf Vermittlung seines alten Freundes und Förderers, des Freiherrn von Penkler, eine Stelle als Aushilfspriester an der Italienischen Nationalkirche (Minoritenkirche).[8] Von dort war es nicht weit in die heutige Neustiftgasse, wo „Am Platzl“ die Mechitaristen ihre neue Niederlassung hatten. Dies war das alte Kapuzinerkloster, das von Joseph II. aufgehoben worden war. Das angeschlossene

Priesterkonvikt wurde von den Wienern beharrlich bis in unser Jahrhundert „Judenschule“ genannt, denn, so Otto Friedländer, „weil Leute, die so ausschauen, doch keine Christen sein können“[9]. Vielleicht lag es auch nur an der äußeren Erscheinung der Priester, daß die Wiener Bevölkerung sich von Anfang an von ihnen fernhielt. So ging Hofbauer bewußt hin, hörte dort auch die Beichte und predigte. Er predigte, daß sie doch den gleichen alten Glauben hätten wie die Wiener Katholiken. So entstand die Bezeichnung „Altglauber“ für die armenischen Christen.

Fünf Jahre war Hofbauer an der Minoritenkirche tätig. In all dieser Zeit hatte er auch Kontakt zum hiesigen Nuntius, Monsignore Severoli. Jedenfalls ernannte ihn der damalige Erzbischof von Wien, Hohenwart, 1813 zum Spiritual des Ursulinenkonvents und zum Kirchendirektor von St. Ursula. Hofbauer übersiedelte in das Ursulinen-Zinshaus Seilerstätte (Konskriptionsnummer 1048). Dies war der Wendepunkt seines Lebens. Er hatte nun eine eigene Kirche. In dieser Zeit ließ ihn die Polizei überwachen, ja selbst große Meßstipendien wurden von der Polizei erlegt, nur um mit ihm in engere Fühlung zu gelangen. Sein großer Erfolg als Prediger, die unkontrollierbaren Menschenansammlungen bei seinen Predigten waren den damaligen Sicherheitsbehörden ein Dorn im Auge. Wie sehr man Hofbauer und Zacharias Werners Predigten überwachte, zeigen die Berichte der Obersten Polizei- und Censur-Hofstelle.[10] Seine Kongregation war damals in Österreich noch nicht zugelassen, und so wollte man ihn vor die Alternative stellen, sich entweder von den Ordensgelübden freizusagen oder auszuwandern. Hofbauer war 68 Jahre alt, und da ihm die Situation aussichtslos erschien, unterschrieb er. Kanada sollte sein Auswanderungsziel sein. Kaiser Franz hatte nichts einzuwenden. Da intervenierte Erzbischof Hohenwart. Die Polizeiintrige wurde aufgedeckt, und so stand der Verwirklichung seines Lebenswerkes in Wien nichts mehr im Wege. Die Zulassung seiner Kongregation in Österreich nahm langsam Gestalt an. Bevor Hofbauer am 15. März 1820 starb, hatte man ihm noch die Nachricht von der Zulassung seiner Kongregation mitgeteilt. Die offizielle Bestätigung erlebte er nicht mehr.[11] Er stand im 69. Lebensjahr. Seinem Testament gemäß wurde er in Maria-Enzersdorf beigesetzt. Sein Wunsch war es, in unmittelbarer Nähe von Pater Dießbach begraben zu sein, dem er so viel verdankte und der ihm den Weg zum Priesteramt eröffnet hatte. Dieser Friedhof ist heute auch unter dem Namen „Romantiker-Friedhof“ bekannt. Ein Teil seiner Freunde und Schüler wollte später in der Nähe Hofbauers begraben sein, und so entstand ein Ehrenhain der katholisch geprägten Generation der Romantik. Freiherr von Penkler, Zacharias Werner, Klinkowström, Jarcke, Sebastian Brunner u. a. haben dort ihre Gräber.

Wir verbinden heute leider allzu oft die politisch gebundenen Begriffe „Romantik“ und „Konservativismus“. Waren die philosophisch-politischen Voraussetzungen auch verschieden, so ergab sich doch in der Praxis eine Interessengemeinschaft und führte, wie bei vielen Bewegungen, zu fließenden Grenzen. Beide Begriffe aber stehen, wie Robert A. Kann bemerkt, „unter dem erschreckenden Eindruck der jakobinischen Intoleranz und des damit verbundenen Imperialismus“.[12] Der Konservativismus war jedem doktrinären Programm abhold, er war also wesentlich flexibler und anpassungsfähiger als das oft unkonkrete Gedankengebäude der Romantik. Angesichts der einsetzenden restaurativen Phase während der Napoleonischen Kriege stellte sich bald die Frage, welche Form, welches System eigentlich erneuert werden sollte. Für die Romantiker konnte dies aber keinesfalls das System des aufgeklärten Absolutismus oder der josephinischen Staatskirchentradition sein, sah man doch gerade darin den Anfang allen Übels. Zudem hatte die „jakobinische Verkehrung der Lehrsätze eines feierlich proklamierten Individualismus zu einer halb totalitären Intoleranz“[13] eine grausame Enttäuschung hinterlassen. Der psychische Schock war daher nicht nur Kaiser Franz oder dem Hof vorbehalten. Diese psychologisch begründete Abwehrstellung erscheint verständlicher, wenn wir an den betont antiklerikalen Tenor der Aufklärung denken. So beschrieb Voltaire 1765, also noch geraume Zeit vor der Französischen Revolution, Österreich als ein dem Aberglauben ergebenes Land, in dem das Licht der Philosophie im Gegensatz zu anderen Ländern wie Frankreich oder Preußen noch keinen Sieg in den Köpfen ihrer Herrscher errungen hatte.[14] Dies sollte sich rasch ändern, und der Zusammenbruch der einheitlichen Barockkultur vollzog sich tatsächlich überraschend schnell. Eine Schwarze Legende über Österreich war aber entstanden und verdunkelte später jede Leistung der katholisch-spirituellen Kultur. Wie sehr dies in Österreich selbst der Fall war, verdeutlicht am besten der sonst so verdienstvolle Ignaz von Born, der Mönche mit unvernünftigen Tieren verglich.[15]

Die Verwurzelung der Romantik im Spirituellen führte zwangsweise zum Gedanken einer religiösen Erneuerung. Für die Romantik kamen eine reaktionäre Restauration und eine Rückkehr zur geistigen Sterilität des Josephinismus nicht in Frage. Die Konservativen erkannten in durchaus realistischer Weise, welche Reformen auf dem Gebiet der Industrie, des Handels, des Judiziellen usw. für die Gesellschaft von Bedeutung waren.

Die starke religiöse Erneuerung des Katholizismus im 19. Jahrhundert und ihre gewaltige Breitenwirkung waren allerdings nur dadurch möglich, daß das religiöse Gefühlsleben der Mehrheit des Volkes intakt blieb. So wandten sich die Romantiker u. a. von der von den aufgeklärten Rationalisten gezeigten Vorliebe für die Baukunst der Griechen und Römer ab. Der Klassizismus hielt sich zwar sehr lange in Österreich, doch die trockene Art der Wiener Hofbaudirektion erregte manchen Widerspruch.[16]

Kaiser Franz hatte beim Bau der Franzensburg mittelalterliche Bauformen gefördert. Diese von Sentimentalität nicht freie Art des Bauens und Sammelns war nun Ausdruck der Gesellschaft dieser Zeit. Vielleicht aber auch nur Flucht vor der nun auch Österreich erfassenden frühen Industrialisierung. Diese Vorliebe für romantische Ritterlichkeit und Mystik fand ihre ideale Lebens- und Geschichtsepoche im Spätmittelalter. Diese Epoche, die auch für die Zeitgenossen Hofbauers keine perfekte Gesellschaftsordnung bedeutete, konnte doch zumindest Ausgangspunkt für neue Ziele sein. Uns kommt dieser Umstand wie eine nach rückwärts gekehrte Utopie vor. Die große Leistung der Romantik aber war es, in den Befreiungskriegen eine echte Massenbewegung geschaffen zu haben. Freiheitskriege, Loslösung von der napoleonischen Fremdherrschaft in Europa, eine positive Einstellung zur politischen Nation und zur Kulturnation kennzeichnen ihre historische Eingebundenheit. Der Konservativismus allein hätte die Massen gegen den napoleonischen Imperialismus nie bewegen können. Die Regierung, das System Metternich, reagierte begreiflicherweise nicht sehr freundlich auf solche Vorstellungen. Bedrohlich erschienen die Forderungen nach einer religiösen Erneuerung, die weit über das Konzept der kirchlichen Obrigkeit hinausging, ebenso wie die nationalen Tendenzen, die sich mit der Romantik verbanden. So scheint es vorgezeichnet, daß Hofbauer bald zum Mittelpunkt der religiösen Romantik wurde.[17]

Wo aber bleibt der Heilige? Was unterscheidet ihn von den anderen großen Persönlichkeiten, die die Welt gestalteten? Selbst Nietzsche schrieb dazu: „Die Natur bedarf zuletzt des Heiligen, an dem jenes Wunder der Verwandlung eintritt, jene endliche und höchste Menschwerdung, nach welcher alle Natur hindrängt und hintreibt, zu ihrer Erlösung von sich selbst."[18] In diesem Sinne kommt dem Phänomen des Heiligen durchaus eine Position der Vernunft im kantischen Sinn der Aufklärung zu.

Die Frage nach den Wurzeln der Spiritualität Hofbauers wurde schon angeschnitten. Hofbauer wird oft als ein Überwinder der Aufklärung angesehen. Ob dies gleichzeitig erlaubt, ihn als Kämpfer gegen die Aufklärung zu bezeichnen, ist fragwürdig. Der Ordensgründer, der heilige Alfons von Liguori, wurde in neuesten Studien als Vertreter der katholischen Aufklärung bezeichnet.[19] Sein Wunsch war bessere religiöse Bildung und Seelsorge durch besseres Verstehen. Das Ziel seiner pastoralen Methode, der Volksmission, war es, möglichst viele Menschen ansprechen zu können. Daß diese offene und liberale Geistigkeit von Hofbauer weitergegeben wurde, und zwar nicht in der Form eines strengen Katechismus, sondern in der Wiederholung der wichtigsten Glaubenswahrheiten, der Betonung der Gnade und der Liebe Gottes, aus denen alles hervorgeht, zeigt uns das Beispiel Anton Günthers. Die Bindung zu Clemens Maria Hofbauer, sein „sentire cum ecclesia", bewahrten ihn letztlich vor dem Schicksal, mit der Kirche zu brechen. Hofbauer sah in der Aufklärung und in der Französischen Revolution vorwiegend das Versagen der Kirche und des geistlichen Standes.[20] Ist die Französische Revolution zu Beginn in Wien mit positivem Interesse verfolgt worden, so verstand es die französische Emigration sehr bald, die öffentliche Meinung über die Vorgänge in Frankreich zu beeinflussen. Aus den diversen Memoiren des 19. Jahrhunderts ist ersichtlich, wie sehr Marie-Antoinette, zu der Maria Theresia und Joseph II. ein durchaus kritisches Verhältnis hatten, nach ihrem tragischen Tod als Märtyrerin des alten Europa angesehen wurde. Ihre Briefe wurden bald genau so gesammelt und verehrt wie Reliquien von Heiligen.[21]

St. Ursula, wo Hofbauer damals wirkte, war keine Pfarre. Es war eine Art Nebenkirche. Dort versuchte er durch Hochämter und eine besonders feierliche Form der Liturgie, letztlich aber durch seine sehr persönliche Form der Predigt, die Leute zu begeistern. Einer seiner Aussprüche ist ein Schlüssel zu seinem Denken: „Man muß das Evangelium neu predigen."[22] So fand er zu neuen Formen der Pastoral. Damit hatte er damals etwas völlig Neues geschaffen, das uns heute fast selbstverständlich erscheint. Er meinte, die Kirche müsse zu den Menschen kommen, und nicht umgekehrt. Er machte zahlreiche Hausbesuche und schuf so Kirche im kleinen. Um die Zeit des Wiener Kongresses hat er neue Formen der Seelsorge gefunden und immer wieder religiöse Kreise gebildet (im Bereich der Intelligenz, des Adels, der Studenten usw.).[23]

Wie stark das alte, traditionelle Bild des Pfarrers am Land, speziell in den kleinen Gemeinden, noch ist, zeigt die überlieferte Form, daß der Pfarrer zwar zum Bürgermeister, Arzt, Apotheker, Lehrer usw. geht, umgekehrt aber erwartet wird, daß alle anderen in den Pfarrhof kommen. Dieses Rollenverständnis hat Hofbauer radikal zerstört, auch wenn es noch Jahrzehnte nachwirkte. Gerade die Zeit des

Wiener Kongresses bot genügend Anregungen für immer neue Formen der Seelsorge. Hofbauer bildete immer neue Kreise und blieb so Initialzündung für die verschiedensten gesellschaftlichen Bereiche.

Von entscheidender Bedeutung war die Schaffung eines Kreises von Menschen, die im üblichen Sprachgebrauch als Konvertiten bezeichnet werden. Vor allem Schlegel gehörte dazu. Er wurde bald das philosophische Haupt dieses Kreises. Hofbauer blieb das spirituelle Zentrum, zu dem sich Josef von Pilat, Adam Müller und Zacharias Werner gesellten.[24] Letzterer wurde als einer der bedeutendsten Dichter seiner Zeit gefeiert. Seine Konversion brachte ihm Spott, und auch Goethe tat ihn als schwärmerischen Geist ab.

Vielleicht waren es die spektakulären Konversionen so bedeutender Geister, die der politisch-liberalen Geschichtsschreibung und auch den Protestanten „ultramontan" und gegenreformatorisch vorkamen. Die Ökumene unserer Tage hat diese traditionellen Mißverständnisse beseitigt, und spätestens seit dem II. Vaticanum hat ein neues Kirchenverständnis den Dialog zwischen den christlichen Kirchen wesentlich gefördert. Letztlich finden wir bei Hofbauer — zum Erstaunen vieler — echtes ökumenisches Verständnis und ökumenischen Geist. Wenn er keine eindeutigen Gründe finden konnte, so stand Hofbauer der Konversion eher ablehnend gegenüber.

Wenn Hofbauer das Gefühl hatte, einer zweifellos subjektiven Überzeugung gegenüberzustehen, wollte er niemanden in Versuchung führen. Hofbauer achtete den Glauben des andern. Glaubte er aber zu erkennen, daß nur eine kleine, aber entscheidende emotionale Hürde im Wege stand, dann trat er entschieden auf. Hofbauer unterstützte nur den letzten Schritt zur Konversion. Er betonte die wesentlichen Hauptlehrsätze. Alles Weitere überließ er scheinbar dem Zufall oder, wenn wir es als Christen sehen, der göttlichen Gnade. Was er verlangte, war die Reinheit des Glaubens.

Zu den Protestanten entwickelte Hofbauer ein interessantes Verhältnis; ist uns doch sein Ausspruch überliefert, daß die Reformation in Deutschland nur deswegen Erfolg hatte, weil die Deutschen fromm sein wollten.[25] Hofbauer wollte mit dieser sehr oft mißdeuteten Aussage keine Rehabilitierung Martin Luthers verbinden, sondern vielmehr auf das Versagen der Kirche und auf das ungestillte Verlangen des Volkes nach Gläubigkeit in Wort und Tat hinweisen.

Einer seiner Leitsätze ist, daß der Glaube den Willen Gottes zu erfüllen sucht. Der frühe Tod des Vaters dürfte ihn geprägt haben. Durchaus authentisch ist jene Szene: Seine Mutter zeigte aufs Kreuz und sagte: „Schau, Kind, von jetzt an ist der dein Vater. Gib acht, daß du ihn mit keiner Sünde betrübst."[26] Eine weitere Szene: In Warschau, wo er manchmal aus Mangel an Geldmitteln kaum noch aus und ein wußte, klopfte er an den Tabernakel mit der Bitte: „Herr, hilf, jetzt ist's Zeit."

Diese fast naive Gläubigkeit steht in einem merkwürdigen Gegensatz zu der Gläubigkeit der katholischen Aufklärung, wie sie etwa Bernhard Bolzano in Böhmen vertrat. Dieses ganz auf Verstand und Vernunft aufgebaute Kirchenverständnis sah in der Heiligen Schrift mehr ein Erbauungsbuch als eine Erkenntnisquelle. Für Bolzano ist „der Zweck des geistlichen Standes die Beförderung der Tugend und einer davon abhängigen inneren Glückseligkeit durch die Lehren des Christentums"[27]. Aus dieser Haltung heraus erklärt sich auch das geringe Verständnis der historisch gewordenen Kirche als corpus Christi mysticum.[28] Die Entwicklung der katholischen Kirche seit dem II. Vaticanum hat allerdings viele Gedanken Bolzanos fast prophetisch aktualisiert. Hofbauers Religiosität war von anderer Art und unterschied sich in der Wahl der Mittel. Beide waren aber so radikal, in ihrem Schöpfergott vor allem den Gott der Liebe zu sehen. Davon konnten sie die Idee der christlichen Brüderlichkeit, d. h. der Verantwortung des Christen für seinen Nächsten, ableiten. Trotz der Gegensätzlichkeit von Bolzano und Hofbauer fühlten sich zwei so berühmte Vertreter des Reformkatholizismus wie Anton Günther, der mit Bolzano in enger Verbindung stand, und Emanuel Veith stets als treue Schüler Hofbauers.

Hofbauers Humor war trocken, aber nicht ohne Hintergrund. „Etwas weniger beten, sondern mehr arbeiten" sollte die Mahnung an einen Mitbruder sein, die eigentliche Aufgabe des Priesters als Seelsorger nicht zu übersehen. Hofbauer war ein sehr praktisch veranlagter Mensch, der anderseits immer wieder wußte, wann er sich zurückziehen sollte. Das Gebet war für ihn etwas so Selbstverständliches, daß er auch die Zeit des Gehens und Kommens und des Weges zu Besuchen dafür verwendete.

In die Zeit des Wiener Kongresses fällt auch der Höhepunkt des Wirkens von Hofbauer. In erster Linie war es die Predigt, die Hunderte Menschen anzog. Zeitgenossen berichten übereinstimmend, daß man Hofbauer schwer beschreiben und beurteilen konnte, wenn man ihn nicht gesehen und gehört hatte. Tatsächlich war er vor allem ein Mann des Wortes und der Geste. Die Art, wie er das Allerheiligste zum Tabernakel trug, berührte die Menschen. Sie fühlten einen bis dahin verborgenen transzendentalen Punkt wie die völlige Glaubwürdigkeit des Gefühls angesprochen. Seine Stimme hatte nichts Theatralisches an sich, und er verleugnete nicht seinen slawischen Akzent, der auf seine Herkunft und seine Warschauer Jahre zurückzuführen ist.[29] Hofbauer selbst fühlte sich als Deutscher, besonders wenn er sich mit Franzosen und Italienern auseinandersetzte.

Diese Zeit der Neuorientierung nach der Niederwerfung Napoleons ist vom Widerstreit zweier Richtungen des politischen Katholizismus geprägt. Der Terminus „Restaurationskatholizismus" ist im Frankreich der wiedereingesetzten Bourbonen eher zutreffend als in Österreich mit seiner josephinischen Tradition. Und trotzdem entfaltete sich gerade im Westen Europas, in Frankreich, in Belgien, später auch in England, ein „Revolutionskatholizismus", der die alten Bindungen an den Staat abschütteln wollte und den Katholizismus als liberale und fortschrittliche Kraft begründete. Denken wir nur an die Rolle der belgischen Katholiken beim Zustandekommen des belgischen Staates im Jahre 1830.[30] Dieses freiere geistige Klima, das in Frankreich, aber auch in England den Katholiken eine fruchtbare Diskussion ermöglichte, stand im Gegensatz zu Österreich. Metternich hatte damals die Grenzen für den Zufluß neuer Ideen eingeengt. Er setzte vor allem auf das Prinzip der Legitimität und ermöglichte so, daß nicht nur die alten traditionsreichen geistlichen Ritterorden, wie der Malteserorden und der Deutsche Orden,[31] in ihrem Bestand gesichert, sondern auch der Jesuitenorden wiederhergestellt wurden. Dadurch kam es ab 1816 zu äußerst harmonischen Beziehungen Österreichs zum Heiligen Stuhl. So konnte Metternich an Kaiser Franz schreiben: „In keinem Zeitpunkte war die Stellung und das Ansehen der Monarchie ehrfurchtgebietender als seit den glücklichen Ereignissen der letzten zwei Jahre. Nie war wohl andererseits der römische Hof mehr des Schutzes Eurer Majestät benötigend als heute. Wie sollte nicht in einer solchen Lage der Dinge alles Billige erreicht und jeder gerechte Wunsch Eurer Majestät auf ganz leichten Wegen erzielt werden können?"[32]

Trotzdem muß man Metternich als einen Mann des Ancien régime bezeichnen, dem Frivolität und Rationalismus durchaus keine Unbekannten sind. Romantische Haltungen und alle Mystik blieben, wie Engel-Janosi feststellte, Metternich zeitlebens fremd. Vielleicht aber war es der Einfluß seiner dritten Frau, einer Nichte Széchenyis, daß Metternich etwas gemäßigter und ruhiger wurde und regelmäßig den Gottesdienst besuchte, was anscheinend davor doch nicht üblich war. Metternich versuchte die Kirche, aber auch die politische Gewalt des Kirchenstaates in seine neue diplomatische Ordnung miteinzubeziehen. Nach außen sollte die Romreise von Kaiser Franz im Jahre 1819 dies besiegeln. Von dieser Reise schrieb Metternich, der trotz allem immer ein alter Galan blieb, nach der Feier des Ostersonntags in St. Peter an seine Freundin: „Dieu est bien noblement adoré ici, ce jour — Gott wird hier an diesem Tag wahrhaft vornehm verehrt."[33] Trotzdem aber war Metternich von der großen sozialpolitischen Bedeutung des Papsttums überzeugt.

Von dieser Romreise, die Kaiser Franz gemeinsam mit seiner vierten Gattin, der bayrischen Prinzessin Karoline Auguste, unternahm, stammt die „Goldene Rose", die heute noch in der Schatzkammer in Wien zu sehen ist.[34] Es war dies ein höfisches Geschenk des Papstes an die österreichische Kaiserin. Anläßlich dieser Reise erfuhr Kaiser Franz bei einer Audienz aus dem Munde des Papstes, welchen bedeutenden und heiligmäßigen Mann er in Wien in der Person des Paters Clemens Maria Hofbauer habe. Kaiser Franz zeigte sich überrascht, welche Bedeutung man in Rom diesem Geistlichen beimaß. Das hatte bestimmte Gründe, denn Hofbauer vertrat ganz die Linie der römischen Vorstellung von der Wiederherstellung der päpstlichen Autorität.[35] Hofbauer brachte den Plan des Generalvikars Wessenberg, der als Vertreter des Primas Erzbischof Dalberg am Wiener Kongreß teilnahm, eine deutsche katholische Nationalkirche unter der Leitung eines Primas zu installieren, zu Fall.[36] Damit war auch der Plan eines gesamtdeutschen Konkordats erledigt. Hofbauer gab den Rat, mit den einzelnen deutschen Staaten Konkordate abzuschließen, was letztlich auch geschah. Zum damaligen bayrischen Kronprinzen Ludwig hatte Hofbauer während der Kongreßzeit engen Kontakt. Bayern widersetzte sich dann auch entscheidend Wessenbergs Plänen.

Von den Förderern Hofbauers ist neben Schlegel und Pilat vor allem Franz Graf Széchenyi zu nennen, dessen Nichte, Melanie Zichy, Metternichs dritte Frau wurde. Auch ein Habsburger, Erzherzog Maximilian Josef von Österreich-Este, stand dem Hofbauer-Kreis sehr nahe. 1835 wurde er Hoch- und Deutschmeister des Deutschen Ordens. Dem Geiste Hofbauers verbunden waren auch die Kaiserin Karoline Auguste, die ihren Mann um Jahrzehnte überleben sollte (gest. 1873), und Erzherzogin Sophie, die Mutter Kaiser Franz Josephs.

All diesen genannten Personen gemeinsam war die Verehrung des Wirkens Hofbauers und die Bereitschaft, dieses Wirken nicht nur ideell, sondern auch materiell zu unterstützen. Sie boten Hofbauer die entsprechende Basis für seine unermüdliche und vielfältige Tätigkeit. Die Schüler Hofbauers haben oft andere Wege eingeschlagen. So verschieden sie aber in der Wahl der Mittel und ihren Zielen waren, so verband sie doch das gemeinsame Erleben eines geistigen und religiösen Aufbruchs in Österreich. Die kirchenpolitische Gruppe der Hofbauer-Schüler wurde wiederholt in der Vergangenheit gewürdigt und hat mit der Abschließung des Konkordats von 1855 sicher ihren Höhepunkt gefunden. Die Kündigung des Konkordats führte zu einer zwar oberflächlichen offiziellen Förderung der Kirche, aber auch zu einer Orientierungslosigkeit der Katholiken, die sich liberalen Anfeindungen ausgesetzt sahen.

Der Einfluß der philosophisch-theologischen Gruppe wurde lange unterschätzt, und dennoch ist dieser Einfluß, vor allem auf dem Sektor der Bildung, von großer Bedeutung. Diese Gruppe strebte, wie auch Bolzano, eine Versöhnung von Glaube und Wissenschaft an. Der Sieg der kirchenpolitisch orientierten Gruppe verhinderte zwar nicht die Emanzipation der Katholiken von der gesellschaftlichen und politischen Bevormundung des Staates und der Gesellschaft, doch verzögerte er einen liberalen und offenen Katholizismus in Österreich. Zur theologisch-philosophischen Gruppe gehörten Emanuel Veith, Günther, der junge Kooperator Gruscha, der spätere Erzbischof von Wien[37], und Sebastian Brunner[38]. Sebastian Brunner wird oft als wütender Antisemit zitiert. Wenn man manche seiner Artikel liest, so kann man sicherlich diese Meinung teilen. Aber Sebastian Brunner, der 1848 auch die Wiener Kirchenzeitung gründete, war anderseits einer der engsten Freunde von Dr. Veith, der Konvertit jüdischer Herkunft und Mediziner war. Veith fand spät zum Priestertum. Er trat den Redemptoristen bei, verließ die Gemeinschaft aber wieder. Jedoch wurde er in späteren Jahren wieder in die Gemeinschaft als Oblate aufgenommen. Der Antisemitismus dieser Zeit war ein rein religiöser. Vor allem aber war er nie rassisch determiniert. Dies ist doch ein wesentlicher qualitativer Unterschied zu dem späteren Antisemitismus Schönerers und seiner Nachfolger. Zwar soll dieser christliche Antisemitismus nicht entschuldigt werden, doch entbehrt er jeder Ausschließlichkeit. Die große Zahl der Juden-Konvertiten und ihre Integration beweist dies eindeutig. Die Mehrheit dieser Konvertiten schloß sich dem Kreis von Veith und Günther an.

Die Revolution 1848 schuf auch für die katholische Kirche eine neue Situation.[39] Im Gegensatz zu den noch josephinisch geprägten Geistlichen und der kirchenpolitischen Gruppe engagierten sich die meisten Vertreter der theologisch-philosophischen Gruppe, die einen großen Anteil an Juden-Konvertiten hatte. Mit den damals gegründeten Katholikenvereinen sollten die christlichen Anliegen besser vertreten werden. Ebenso durch eine gute katholische Presse.

Jedenfalls hat das Wirken Hofbauers über seine Schüler hinaus ungeheure Bedeutung für das Geistesleben Wiens und Österreichs. So ist es eigentlich logisch, daß sich sehr bald eine Verehrung ergab, die darin mündete, daß man einen Prozeß wieder aufnahm, den man über 100 Jahre lang nicht geführt hatte, nämlich den der Heiligsprechung. Am 14. Mai 1876 hat Papst Pius IX. die Einleitungsurkunde dieses Prozesses unterzeichnet.[40] Und er zitierte wiederum Pius VII. aus dem Jahre 1819, dem Jahr des erwähnten Staatsbesuches in Rom, wo Pius VII. zu Kaiser Franz meinte: „Clemens ist ein heiliger und wahrhaft apostolischer Mann, eine Zierde des Klerus, eine Stütze der Kirche." Dies ist sicher ein sehr kurialer Stil. Papst Pius IX. meinte bei der Einleitung des Seligsprechungsprozesses: „Es gereicht mir zum großen Trost, in diesem Jahrhundert der Finsternis, in dieser Zeit des Materialismus ein Licht, eine so glänzende Fackel der Tugend leuchten zu sehen ..." Hofbauer wurde am 29. Jänner 1888 selig gesprochen. Am 20. Mai 1909 erfolgte in Rom die feierliche Heiligsprechung. Dies war die offizielle Bestätigung seines Wirkens, aber auch seiner Vorbildfunktion und der Verehrung, die ihm in immer größerem Ausmaß entgegengebracht wurde. Die Frage, wie man sich eigentlich den Typ eines Heiligen vorstellen muß, beantwortet Karl Rahner dahingehend, daß damit nicht jener Typ von Mensch gemeint sein kann, der sich von vornherein im Windschatten der Geschichte hält, sondern jener Typ, der Verantwortung auf sich nimmt, auch mit dem Risiko, sich zu blamieren, und der absolutes Engagement — auch in der Öffentlichkeit — zeigt. Clemens Maria Hofbauer entspricht voll dieser Vorstellung.[41]

Im Jahre 1914 wurde Hofbauer zum Patron von Wien ernannt. Ignaz Seipel, der spätere Bundeskanzler der Ersten Republik, schrieb im Jahre 1916: „Denn ein Apostel war er und nur Apostel." Ignaz Seipel war von Hofbauers Auffassung vom Priesteramt und seinen neuen Ideen der Pastoral zutiefst beeindruckt.[42] Seipel: „So sehr der Heilige in seelsorglicher Kleinarbeit aufzugehen schien, war er doch in erster Linie — auch darin ein echter Apostel — der Organisator, der dann für andere den Weg zur Arbeit ebnete, ihnen dann aber, wenn die größten Schwierigkeiten beseitigt waren, gern das Weitere überließ." „Führer des Volkes", so nannte Ignaz Seipel Hofbauer. War es nicht auch das Ziel Seipels, Führer des Volkes zu sein?

In der Zeit vor dem Ersten Weltkrieg entstanden auch die meisten Denkmäler, die wir von Hofbauer kennen. Aus der Vielzahl möchte ich neben den bekannten Denkmälern vor der Minoritenkirche in Wien und in Mariazell, der Gedenktafel Seilerstätte Nr. 26, der berühmten Grabsteinplastik von Joseph Gasser in der Kirche Maria am Gestade (1859—1862) noch eine Darstellung am Nordturm von St. Stephan (1909/10) hervorheben, oder auch ein kostbares Glasfenster von Kolo Moser in der Otto-Wagner-Kirche am Steinhof (1904/05). Erst vor wenigen Jahren wurde in der Kirche Mariahilf in Wien VI ein Marmorrelief von Prof. Friedrich Welz enthüllt (1974). Auch in Rom befindet sich am Eingang der Kirche der Redemptoristen in der Via Merulana 31 ein Hofbauer-Relief.

Vielleicht taucht manchmal noch der Gedanke des Restaurationskatholizismus auf, wenn man als logischen Schlußpunkt dieser Entwicklung das Konkordat von 1855 sieht. Doch spätestens seit der sarkastischen Bemerkung von Heinrich Heine hat das Schlagwort vom Bündnis von Thron und Altar einen negativen Klang.[43] Der Katholizismus aber, den Clemens Maria Hofbauer gepredigt hat, verband sich nie mit einem politischen System, sondern ist rein auf den kirchlich-religiösen Bereich abgestimmt. Man könnte nun natürlich fragen, wo Hofbauer Wegweiser und Vorbild sein kann. Hermann Bahr, dessen Instinkt für Tendenzwenden und treffsichere Analysen bekannt ist — er hat ja auch alle literarischen Gattungen immer sehr genau vorhersagen können —, hat über Hofbauer damals gemeint, durch ihn wurde Österreich wieder katholisch. Wo steckt der Kern dieser Aussage? Das, was Hofbauer sicherlich bewirkt hat, war die Rettung der Volksfrömmigkeit und die Massenbasis der Katholiken in Österreich, und zwar unabhängig von Stand oder Alter. Seine Pastoral kann heute Vorbild sein für die Großstadtseelsorge, also für alle Kreise, von den Akademikern bis zu den Arbeitern. Es ging ihm tatsächlich um freie Entfaltung der Kirche, wie sie erst nach 1848 erreicht wurde. Eine Orientierung auf Rom hin entspricht dem universellen Charakter der Kirche, der von Hofbauer besonders betont wurde. Er war kein Vertreter des politischen Katholizismus und kann auch von niemandem dafür beansprucht werden. In diesem Zusammenhang möchte ich Friedrich Schlegel erwähnen, der ein ganz wesentlicher Vertreter des

Romantikerkreises um Hofbauer war und in einem Aufsatz 1819 schrieb: „Wir sollen zwar Partei nehmen für das Gute und Göttliche, niemals aber wollen wir Partei sein oder Gott und seine Sache zur Partei machen.“[44]

So möchte ich zum Abschluß einen Gedanken wieder aufnehmen, der so wesentlich ist für das Wirken Hofbauers, nämlich den Erlösungsgedanken und die von ihm so intensiv vorgetragene Pastoral, daß nämlich alle Wege der Kirche zu Gott führen. Dies entspricht auch in besonderer Weise der ersten von Papst Johannes Paul II. herausgegebenen Enzyklika „Redemptor Hominis“.[45]

Johannes Paul II: „Der Erlöser des Menschen, Jesus Christus, ist die Mitte des Kosmos und der Geschichte.“

Clemens Maria Hofbauer stellte sich ganz in den Dienst dieser Idee. Er ordnete alles Gott unter. Er suchte und fand Gott über die Menschen. Römisch und von klassisch verbindlicher Aussage ist auch seine Identität von Wort und Tat. Sie entspricht einem alten Sprichwort: „Verba movent, exempla trahunt“ — „Worte bewegen, Vorbilder reißen mit.“ Dies gilt ganz besonders für Clemens Maria Hofbauer.

Anmerkungen

1 Reinhold Knoll, Zur Tradition der christlich-sozialen Partei, Ihre Früh- und Entwicklungsgeschichte bis zu den Reichratswahlen 1907, Wien 1973.

2 Franz Loidl, Geschichte des Erzbistums Wien, Wien 1983, S. 12 ff.

3 Gustav Reingrabner, Protestantismus in Österreich, Geschichte und Dokumentation, Wien 1981, S. 40 ff.

4 P. Dr. Waldemar Posch, P. D. Florentius Schilling, Prediger bei St. Michael (1636—1667). In: Beiträge zur Wiener Diözesangeschichte Nr. 4, Wien 1976.

5 Biographisches Standardwerk: Johannes Hofer, Der heilige Klemens Maria Hofbauer, Ein Lebensbild, Freiburg ^{3}1923.

6 Ernst Tomek, Kirchengeschichte Österreichs, Innsbruck 1959, Bd. 3, S. 619 ff.

7 Josef Heinzmann, Unruhe der Liebe, Alfons Maria von Liguori (1696—1787), Freiburg 1983.

8 Brigitta Spiller, Joseph Frh. v. Penkler (1751—1830), Phil. Diss. Wien 1966, S. 82 ff. und S. 98 ff.

9 Otto Friedländer, Letzter Glanz der Märchenstadt, Wien 1969, S. 15.

10 Walburga Schweitzer, Kirchliche Romantik. Die Einwirkungen des heiligen Klemens Maria Hofbauer auf das Geistesleben Wiens, Phil. Diss. Wien 1926, S. 20 ff.

11 Eduard Hosp, Erbe des hl. Klemens Maria Hofbauer, Erlösermissionäre (Redemptoristen) in Österreich 1820—1951, Wien 1953, S. 22—31.

12 Robert A. Kann, Kanzel und Katheder, Studien zur österreichischen Geistesgeschichte vom Spätbarock zur Frühromantik, Wien 1962, S. 262.

13 Ebda, S. 263.

14 Christopher Dawson, Die Revolution der Weltgeschichte, Wien 1960, S. 64.

15 Friedrich Heer, Der Kampf um die österreichische Identität, Wien 1981, S. 154 ff.

16 Renate Wagner-Rieger, Wiens Architektur im 19. Jahrhundert, Wien 1970, S. 103 ff.

17 Walburga Schweitzer, Kirchliche Romantik, S. 20 ff.

18 Eberhard Marckhgott, Sind Heilige als Vorbilder und Schutzpatrone noch aktuell? In: norica-Blätter, Wien 1976/III, S. 25.

19 Théodule Rey-Mermet, Le saint du siècle des lumières, Alfonso de Liguori, Paris 1982.

20 Louis Vereeke, Die Spiritualität des heiligen Klemens Maria Hofbauer, hrsg. vom Generalsekretariat für das Apostolat, Curia Generalis C.Ss.R, Rom 1982, Archiv der Redemptoristen Wien, S. 19.

[21] Hans Wilczek erzählt seinen Enkeln Erinnerungen aus seinem Leben, hrsg. von seiner Tochter Elisabeth Kinsky-Wilczek, Graz 1933, S. 5 ff.

[22] Sebastian Brunner, Clemens Maria Hofbauer und seine Zeit. Miniaturen zur Kirchengeschichte von 1780—1820. Wien 1858, S. 270.

[23] Louis Vereeke, Die Spiritualität des heiligen Klemens Maria Hofbauer, S. 10 f.

[24] Rudolf Till, Hofbauer und sein Kreis, Wien 1951, S. 59 ff.

[25] Johannes Hofer, Der heilige Klemens Maria Hofbauer, S. 380 ff.

[26] Ebda, S. 3.

[27] Eduard Winter, Bernhard Bolzano und sein Kreis, Leipzig 1913, S. 48.

[28] Ebda, S. 264.

[29] Willy Lorenz, Du bist doch in unserer Mitte, Wege der Kirche in Österreich, Wien 1962, S. 94.

[30] Rudolf Till, Hofbauer und sein Kreis, S. 78 ff.

[31] Friedrich Täubl, Der Deutsche Orden im Zeitalter Napoleons (= Quellen und Studien zur Geschichte des Deutschen Ordens, Bd. 49), Bonn 1966, S. 176 f. Ulrich Gasser, Die Priesterkonvente des Deutschen Ordens (= Quellen und Studien zur Geschichte des Deutschen Ordens, Bd. 28), Bonn-Godesberg 1973, S. 9 ff.

[32] Friedrich Engel-Janosi, Die politische Korrespondenz der Päpste mit den österreichischen Kaisern 1804—1818, Wien 1964, S. 13.

[33] Friedrich Engel-Janosi, Österreich und der Vatikan 1846—1918, Bd. 1, Graz 1958, S. 7.

[34] Hermann Fillitz, Die Schatzkammer in Wien, Wien 1964, S. 63.

[35] Handbuch der Kirchengeschichte, hrsg. v. Hubert Jedin, Freiburg 1971, Bd. VI, S. 105 ff.

[36] Ebda, S. 163 f. Vgl. Hofer, Der heilige Klemens Maria Hofbauer, S. 278 ff. und Till, Hofbauer und sein Kreis, S. 47 ff.

[37] Franz Loidl, Kardinal Fürstbischof Anton Josef Gruscha, In: Neue österreichische Biographie ab 1815, Bd. XV, Wien 1963.

[38] Franz Brenner, Sebastian Brunners Verdienste um die Anfänge der katholischen Presse, Kath.-theol. Diplomarbeit, Wien 1976, S. 9 ff.

[39] Eduard Winter, Die geistige Entwicklung Anton Günthers und seiner Schule, Paderborn 1931, S. 170 ff.

[40] Die feierliche Verkündigung des päpstlichen Dekretes über die Heldenmüthigkeit der Tugenden in der Selig- und Heiligsprechungsangelegenheit des Ehrw. Dieners Gottes Clemens Maria Hofbauer am 14. Mai 1876, Verlag der PP. Redemptoristen, Wien 1876, S. 12 f. Archiv der Redemptoristen, Wien I.

[41] Karl Rahner im Gespräch, Bd. I, hrsg. von Paul Imhof und Hubert Biallowons, München 1982, S. 126.

[42] Ignaz Seipel, Ein Führer des Volkes vor hundert Jahren. In: Reichspost, Wien v. 7. Juni 1916, S. 9 f.

[43] Heinrich Heine: „das affektierte Interesse für Thron und Altar nur ein Possenspiel.“ (O. Ladendorf. Historisches Schlagwörterbuch, 1907. Nachdruck 1968.)

[44] Rudolf Till, Hofbauer und sein Kreis, S. 146.

[45] Papst Johannes Paul II., Enzyklika „Redemptor hominis“, Graz 1979, S. 5.

Elisabeth Kovács

Der Josephinismus — Bewahrung oder Verlust der kirchlichen Identität?

Die Formulierung des Themas beinhaltet eine sehr abgegrenzte Auffassung des Phänomens „Josephinismus“, dessen ambivalente Beurteilung in der Historiographie mir zur Diskussion vorgelegt ist. Man setzt in der Themenstellung voraus, unter „Josephinismus“ sei das Verhältnis von Staat und Kirche in der Österreichischen Monarchie und im Österreichischen Kaisertum von etwa 1750 bis 1850 zu verstehen und er sei möglicherweise auch mit dem Österreichischen Staatskirchensystem gleichzusetzen.

Diese Ansichten von Josephinismus stammen ebenso wie seine ambivalenten Beurteilungen aus dem ersten Drittel des 19. Jahrhunderts. Historiker und Kirchenhistoriker haben sie bis in die siebziger Jahre des 20. Jahrhunderts vertreten, sie sind in der internationalen historiographischen Literatur wie in den Werken der Popularwissenschaftler bis heute zu finden.[1]

Damit ich auf die Frage eine den heutigen Sichten der Forschung entsprechende Antwort geben kann, scheint es mir unvermeidlich,

— mich zuerst mit dem Josephinismusbegriff und seiner Genese bis um 1970

— und dann mit der heutigen Auffassung des Phänomens zu befassen.

1. Der Begriff des Josephinismus und seine Genese bis 1970

Kaum war Joseph II. am 20. Februar 1790 verstorben, kaum waren nach den Trauerfeierlichkeiten positive und negative Kommentare von Botschaftern und Journalisten verklungen, suchten sich die Historiker über die signifikante Erscheinung des Kaisers und seine Politik, speziell über seine Innenpolitik, Rechenschaft zu geben. Widersprüchlich und zwiespältig, wie Joseph II. selbst war, waren die Reaktionen von Zeitgenossen und Bevölkerung innerhalb der Österreichischen Monarchie. Das Chaos, das an Stelle der Ordnung eingetreten und von der Innenpolitik des Kaisers verursacht war, schien den Opponenten Josephs II. recht zu geben. Andere, die im Lichte der Vernunft Fortschritte und Impulse der Humanisierung visionär voraussahen, faßten sich in Apotheosen.[2] Allgemein aber identifizierte man die Politik Josephs II., hauptsächlich seine Innenpolitik, mit dem Begriff „Josephinismus“.

Die französischen Emissäre, die vor der zweiten Französischen Revolution von 1830 im Österreichischen Kaisertum Zuflucht suchten und fanden, brachten ihre Reflexionen über die Revolution von 1789 mit: Die meisten von ihnen hatten „Barruel“ gelesen, der die genauen Ursachen für den Ausbruch und für die Greuel der Französischen Revolution zu kennen schien: Die freigeistigen Philosophen der Aufklärung im Komplott mit den Protestanten (den Erbfeinden der Franzosen) und mit den Freimaurern hätten das Ançien régime zur Guillotine gebracht.[3] Diese

Flüchtlinge waren voller Emphase für den Papst, den Napoleon gefangengenommen und dessen Amt sich durch alle Krisen und Schrecken hindurch als zeitlos und „nicht von dieser Welt“ erwiesen hatte. Angesichts der staatskirchlichen Gesetzgebung in Österreich und eines scheinbar gestörten Verhältnisses von Österreichischem Kaiser und Römischem Papst formulierten sie ihre Kritik. Sie engten den Begriff des Josephinismus auf das Verhältnis von Staat und Kirche ein. Ähnlich wie die Emissäre aus Frankreich urteilten auch jene Katholiken, die aus dem Reich nach Wien geflohen waren. Sie konnten ihre katholische Identität nur durch einen engen Anschluß an Rom erhalten, und sie waren ähnlich kritisch wie die Franzosen in Wien. Besonders als sie dem Typus des österreichischen Beamten und Offiziers begegneten, dessen äußere Kirchentreue legalistisch war und der in seinem Denken und Leben das Bild Kaiser Josephs multiplizierte, so wie der Kaiser es von ihm in seinem berühmten Hirtenbrief von 1784 gefordert hatte: Er war ein einfacher, schlichter, pflichtgetreuer Diener des Staates geworden und wollte im übrigen — wie Franz Grillparzer — auf seine Façon selig werden. Kreise innerhalb des Klerus, berührt und erfaßt vom religiösen Aufbruch der Romantik, waren über die innere Entfremdung von Adel und Bürgertum zur katholischen Kirche äußerst beunruhigt. Sie machten die staatskirchliche Gesetzgebung Josephs II., an der Kaiser Franz I. und Metternich bis 1830 festhielten, dafür verantwortlich. Ihre Beurteilung erfolgte nach dem biblischen Schema: „An ihren Früchten werdet ihr sie erkennen.“[4]

Dann kam die Revolution des Jahres 1848. Obwohl sie sich gegen die Erstarrung des josephinischen Systems richtete und vom Absolutismus des Kaisers Franz I. und seines Ministerpräsidenten Metternich bewirkt worden war, erstand Joseph II. im Mythos: Der despotische Herrscher des Aufgeklärten Absolutismus wurde zum Fanal der Freiheit und der Befreiung für Studenten, Bürger und Bauern, aber auch für junge Geistliche, die unter dem Absolutismus ihrer Bischöfe seufzten und nach Pressefreiheit riefen. Im selben Atemzug trugen diese Freiheitstrunkenen das josephinische Staatskirchensystem zu Grabe. Sie verschwärzten die patriotischen Bischöfe als Hof- und Staatsbischöfe und das Christentum, das sie propagierten, als Hof- und Staatschristentum. Die Mythen von Josephinismus und Antijosephinismus waren geboren.[5] Die Ansichten konsolidierten sich: Die kommenden Liberalen fühlten sich als Erben der Ära Josephs II., ohne zu erkennen, daß sie selbst eine Trennung der Kirche vom Staat anstrebten, während Joseph II. eine Integration der Kirche in den Staat erreichen wollte.

Aus ihren Kreisen stammten prominente Historiker wie Arneth und Schlitter, die noch im Rahmen einer höfischen Geschichtsschreibung, doch bereits mit den Methoden der historischen Kritik die Standardwerke zur Geschichte des 18. Jahrhunderts verfaßten und die politischen Leistungen Maria Theresias und ihrer Söhne sehr positiv werteten. Damit kehrten sie zum umfassenden Josephinismusbegriff, wie er am Ende des 18. Jahrhunderts ausgebildet worden war, zurück. Der Mythos des Josephinismus hat sich in ihren Werken erhalten. Die Ultramontanen, die von den kirchenfeindlichen Attacken der Liberalen getroffen und von der Auflösung des Konkordats 1870/71 zutiefst beunruhigt waren, übertrugen ihre Reaktionen auf die Person des scheinbar unsterblichen Kaisers. Es entstanden die autodidaktischen Werke von Sebastian Brunner, „Die Mysterien der Aufklärung“, „Die theologische Dienerschaft am Hofe Josephs II.“ und „Humor in der Diplomatie und Regierungskunde“. Es erschienen die Aufsätze von Albert Jäger vom Einfluß des kirchenfeindlichen Zeitgeistes auf die Österreichische Monarchie. Unter Josephinismus wurde das Verhältnis von Staat und Kirche verstanden — der Mythos des Antijosephinismus wurde tradiert.[6]

Die Situation komplizierte sich im Fin de siécle: Ein junger, eifriger Seelsorgsklerus war mit der karg bemessenen Besoldung (Kongrua) aus den Staatskassen, die Joseph II. für ihn geschaffen hatte, äußerst unzufrieden. Mit pastoraler Sorge sahen diese Geistlichen die Ausbreitung der Sozialdemokratie und die Entfernung der Arbeiterschaft von der Kirche. Sie prophezeiten eine sozialdemokratische Revolution. Demokratische Tendenzen, wie sie sich allerorten regten, machten auch vor dem österreichischen Klerus nicht halt. Man opponierte gegen den absolutistischen Stil der Bischöfe, den Kardinal Gruscha von Wien und Bischof Binder von St. Pölten zelebrierten. Man fühlte sich unwürdig behandelt und machte die Bischöfe für den Auszug der Arbeiterschaft aus der Kirche verantwortlich. Man rief nach Klerusrechten und Klerusschutz und wurde Mitglied der Christlich-sozialen Partei.[7]

Parallel dazu erkannten prominente Theologen und Kirchenhistoriker Notwendigkeit und Chancen zu Gespräch und Konfrontation mit der liberalen Wissenschaft, vornehmlich mit der liberalen protestantischen Theologie. Unruhiger niedriger Klerus auf der einen, eigenwillige Theologieprofessoren, die ihre Forschungen nicht mehr in das genormte Kirchenbild der Neoscholastik einordnen konnten, auf der anderen Seite, wurden verdächtigt und verdächtig. Man setzte Häresie mit Auflehnung gegen die Autorität gleich. Die Polemiker und Apologeten, die ihre Argumente zur Verteidigung des Glaubens aus der Kirchengeschichte nahmen, sahen, wie eine damals moderne Kirchengeschichtsforschung ihr Arsenal verminderte und zerstörte: sie wehrten sich und bezeichneten diejenigen, die solches unternahmen, als liberale Katholiken, Reformkatholiken und Modernisten. Diejenigen, die im „Josephinismus" nicht die Ursache aller Übel sahen, waren auf dem Weg, dem katholischen Glauben untreu zu werden, sie wurden des „Reformkatholizismus" geziehen.

Mit geringer Fachkenntnis verklärte man das Mittelalter, das zum Maß aller Dinge wurde. Es entstand das dogmatische Urteil über den Josephinismus in der Identifikation mit dem Österreichischen Staatskirchensystem. Angeblich war es das Ergebnis einer Summe von fünf Häresien: Konziliarismus, Gallikanismus, Jansenismus und Febronianismus im Verein mit Tendenzen der protestantischen Aufklärung. Das protestantische Kirchenverständnis habe sich in den Edikten Josephs II. konkretisiert — die kirchliche Identität des Josephinismus sei fragwürdig.[8] Trotz päpstlicher Verbote und integralistischer Kampagnen ließ sich der Durchbruch in der historischen Forschung zum 18. Jahrhundert nicht aufhalten: 1909 gab der Würzburger Kirchenhistoriker Sebastian Merkle mit seinem bahnbrechenden Vortrag „Von der katholischen Beurteilung des Aufklärungszeitalters" das Signal. 1914 erschien in Innsbruck das bis heute grundlegende Buch von Georgine Holzknecht über „Ursprung und Herrschaft der Reformideen Kaiser Josephs II. auf kirchlichem Gebiet", Innsbruck 1914.

Der Erste Weltkrieg zerstörte das Bündnis von Thron und Altar ebenso wie den an der Römischen Kurie organisierten Integralismus und die Auffassung von den Freimaurern als Söhne des Teufels.[9]

Die Diskussion um den „Josephinismus" entzündete sich aber erst in den dreißiger Jahren des 20. Jahrhunderts, als der Prager Kirchenhistoriker Eduard

Winter, von Materialien aus böhmischen Adelsarchiven und von römischen Nuntiaturberichten ausgehend, behauptete, als Josephinismus sei ein religiöser Aufbruch im 18. Jahrhundert zur zeitgemäßen Kirchenreform zu verstehen. Als Reformkatholizismus (in Analogie zu den Konflikten zwischen Glauben und Wissenschaft um die Jahrhundertwende) sei er von der Unduldsamkeit und Bösartigkeit der Römischen Päpste vereitelt worden. (Winter hatte in diesem Werk auch seine eigenen Aggressionen, die er während seiner Laisierung in den Verhandlungen mit Rom aufgestaut hatte, deponiert.)

Kurz nach dem Buch Winters erschien 1943 in Brünn die relativ schmale geistesgeschichtliche Studie von Fritz Valjavec, in der dieser die Thesen von Georgine Holzknecht weiterführte und die geistesgeschichtlichen Aspekte des Zeitalters Maria Theresias und Josephs II. beleuchtete. Während Holzknecht verschiedene geistige Strömungen aus Frankreich, Italien und dem Heiligen Römischen Reich in die Österreichische Monarchie des 18. Jahrhunderts einfließen sah, erklärte Valjavec, von nationalistischen Aspekten ausgehend, den Josephinismus als große geistige Bewegung zwischen 1740 und 1848, die ihren Ursprung in der deutschen Aufklärung hätte.[10]

Gegen diese wissenschaftlichen Ansichten von Winter und Valjavec wandte sich nach dem Zweiten Weltkrieg der Innsbrucker Jesuitenpater Ferdinand Maaß. Er konnte mit seiner fünf Bände umfassenden Quellenausgabe nachweisen, daß das Verhältnis von Staat und Kirche von Maria Theresia bis zum Regierungsantritt Kaiser Franz Josephs I. von einem Staatskirchensystem geprägt war. Im Rückgriff auf die ultramontane Beurteilung des 19. Jahrhunderts sprach Maaß vom „Josephinismus". Er interpretierte das Theresianisch-josephinische Staatskirchensystem als Wiederaufleben von alten Edikten, die vom Geist der Aufklärung erfüllt wurden, um der Kirche in Österreich den nötigen Freiheitsraum zu nehmen. Im Einfluß des „kirchenfeindlichen Zeitgeistes" habe der Staat die Kirche geknechtet, die Entfaltung des religiösen Lebens und die Ausbreitung des Christentums in der Österreichischen Monarchie verhindert.[11]

Die Positionen von Maaß und Winter waren diametral entgegengesetzt: Winter behauptete, der Papst trage am sogenannten „Dechristianisierungsprozeß" die Schuld, Maaß machte dafür Maria Theresia, Joseph II., Kaunitz und seinen Mitarbeiter Hofrat Franz Josef Ritter von Heinke verantwortlich.

Schärfer als Maaß urteilte der ehemalige Jesuitenpater Herbert Rieser in seinem Buch „Der Geist des Josephinismus", Innsbruck 1963: Er setzte die apologetische Linie der Ultramontanen und Integralisten von 1900 fort und verkündete dogmatisch und dogmatisierend den Josephinismus als Produkt der fünf schon zitierten Häresien.[12] Mit Recht stellte der Germanist Roger Bauer 1958 bei der Beobachtung der Josephinismusdiskussion die Phänomene des Mythos und der Mythen des Josephinismus fest. Er regte eine komplexe Sicht des Forschungsgegenstandes an.[13] Adam Wandruszka, der sich damals mit Kaiser Leopold II. beschäftigte und sämtliche Ereignisse des Jahrhunderts rekonstruieren und analysieren mußte, leitete in der Diskussion mit der internationalen Forschung die Revision dieser Josephinismusauffassungen ein. Sie wurde von Historikern der Wiener Schule aufgenommen und in der internationalen wissenschaftlichen Diskussion weitergeführt.[14]

2. Der heutige Josephinismusbegriff

In der internationalen Diskussion wird Josephinismus als österreichische Ausprägung einer allgemeinen Bewegung, die in Europa, Nord- und Lateinamerika im 18. Jahrhundert aufgebrochen war und deren Phänomene Analogien aufweisen, betrachtet.

Der gemeinsame Quell- und Hintergrund dieser Bewegung steht mit einem allgemeinen Mentalitätswandel um 1750 in Verbindung. Seine Ursachen sind zwar in Umrissen bekannt, jedoch noch sehr ungenügend erforscht, ebenso wie die Phänomene von Katholischer und Christlicher Aufklärung und des Judäo-Christianismus.[15]

Vom Gesichtspunkt der europäischen Geschichte, speziell von den Aspekten der Geschichte des Heiligen Römischen Reiches, bezeichnet man „Josephinismus" als österreichische Ausprägung des Aufgeklärten Absolutismus in der zweiten Hälfte des 18. Jahrhunderts. Dabei wird die „Herausentwicklung Österreichs aus dem Heiligen Römischen Reich" analog zu Preußen, Bayern und Sachsen dargestellt, werden die Versuche der Habsburger, besonders Josephs II., die Kronen des Heiligen Römischen Reiches niederzulegen, hervorgehoben.[16]

Die österreichische Geschichtsforschung untersucht den österreichischen Staatsbildungsprozeß, dessen Anfänge unter Joseph I. (1705—1711), Karl VI. (1711 bis 1740) und Maria Theresia (1740—1780) zu sehen sind und der unter Joseph II. (1780—1790) und Leopold II. (1790—1792) in das entscheidende Stadium seiner Ausformung geriet. Er hatte unter Franz I. mit der Erhebung Österreichs zum Kaisertum eine abschließende Phase erreicht.[17]

3. Der österreichische Staatsbildungsprozeß von 1713/14 bis 1806

Es ist eindeutig, daß er nur in groben Skizzen umrissen und daß nur signifikante Erscheinungsformen hervorgehoben werden können.

Die Stationen in dem Prozeß der „Herausentwicklung Österreichs aus dem Heiligen Römischen Reich" sind von Friedensverträgen markiert. Als signifikante Phänomene sind Veränderungen im Herrscherbewußtsein, im Staats- und Kirchenverständnis, sind Einflüsse überregionaler Bewegungen und Strukturverschiebungen in Bevölkerungs- und Wirtschaftspolitik zu nennen.

Das Verhältnis von Staat und Kirche in diesem Zeitraum ist von all diesen Erscheinungsformen und Prozessen mitbetroffen.

Der Westfälische Friede von 1648 ist als eine der wichtigsten Stationen im Vorgang der „Herausentwicklung der großen Reichsstände" aus dem Heiligen Römischen Reich zu beurteilen. Die Zusicherung für jeden Reichsstand, eine bewaffnete Landeshoheit schaffen und eine selbständige Außenpolitik führen zu können, ermöglichte es zuerst den großen Reichsständen Preußen und Österreich, dann Hannover, Sachsen und Bayern, ihre Besitzungen außerhalb des Reiches mit ihren Territorien im Reich zu vereinigen und eigene Königreiche zu bilden. Es entstanden: das Königreich Brandenburg-Preußen, die Österreichische Monarchie, die Königreiche Hannover-England, Sachsen-Polen und zu Beginn des 19. Jahrhunderts Bayern.[18] 1663 dozierte der prominente Reichsjurist Samuel Pufendorf, unter welchen Voraussetzungen der Austritt Österreichs aus dem Heiligen Römischen Reich möglich wäre. Er verwies auf die Österreichischen Freiheitsbriefe von 1358 (Privilegium maius), die 1452/3 von Kaiser Friedrich III. zu Staatsgrundgesetzen erhoben worden waren. Sie beinhalteten so viele Freiheiten, daß die Habsburger zu jeder Zeit die Möglichkeit hatten, die Reichskronen abzulegen und aus dem Heiligen Römischen Reich auszutreten.[19]

Mit den Friedensschlüssen von Utrecht und Rastatt (1714) war im wesentlichen der Kampf um das Erbe der spanischen Habsburger, deren Linie 1701 erloschen war, abgeschlossen. Die österreichischen Habsburger konnten ihre Besitzungen um Belgien und Teile Italiens vermehren und im Südosten Gebiete, die sie den Türken abgekämpft hatten, dazugewinnen. Die damals größte Ausdehnung Österreichs zwang zur inneren Neu- und Umorganisation des Machtkomplexes, wozu Preußen als Vorbild diente. Es hatte begonnen, das 1701 zum Königreich erhobene Gebiet Brandenburg-Preußen zusammenzuschließen, Administration und Militär neu zu organisieren.

Mit dem Tod Kaiser Karls VI. verloren 1740 die Habsburger die Kronen des Heiligen Römischen Reiches, Maria Theresia konnte sie erst 1745 mit dem Kampf um ihr Erbe für das Haus Habsburg-Lothringen wiedergewinnen. Bei ihrem Regierungsantritt und in den Österreichischen Erbfolgekriegen erkannte sie die äußerst brüchigen Fundamente ihrer Länder. Wollte sie sie erhalten, mußte sie ihnen neue Grundlagen geben und sie modernisieren. Es begann in der Konkurrenz mit Preußen die Ära der Reformen Maria Theresias und Josephs II. — Veränderungen in der gesellschaftlichen Struktur, in Administration, Militär- und Finanzwesen waren unvermeidlich.

Nach dem Frieden von Hubertusburg (1763) trat der Organisationsprozeß des Hausbesitzes zum souveränen Staat, die Österreichische Monarchie in ein entscheidendes Stadium. Doch erst nach dem Tod Maria Theresias (1780) setzte Joseph II. einen Großteil der Edikte in rasantem Tempo durch, als er vom mütterlichen Bremsmanöver und vom vorsichtig balancierenden Regierungsstil der Kaiserin und des Staatskanzlers Kaunitz befreit war. Joseph II. war von der Despotie, vom Zwang, mit dem man — wie ihn Turgot belehrt hatte — die Neuerungen, bevor es zu spät war, durchführen müßte, überzeugt. Doch dieser Zwang und dieses Tempo entsprachen auch seinem Wesen. Er wollte alles sofort und schlagartig, von heute auf morgen übergangslos, unpsychologisch, rein maschinell und gleichzeitig perfekt verändert haben. Die Dekrete des Jahres 1781 ließen die neuen Fundamente erkennen, auf die Joseph II. die Österreichische Monarchie als souveränen Staat stellte: „Erweiterte Preßfreiheit", die Ungültigkeitserklärungen der päpstlichen Bullen „Unigenitus" und „In Coena Domini", die gegen Häresie und Häretikerschutz gerichtet waren, sowie das Toleranzpatent zeigten, daß Joseph II. die Bevölkerung nicht wie bisher in Katholiken und Häretiker, sondern in Katholiken und Akatholiken einteilte. Alle waren Bürger und Untertanen des Reiches, alle waren im wesentlichen gleich vor den Gesetzen. Die Trennung von Recht und Konfession, die seit 1648 im Heiligen Römischen Reich galt, wurde jetzt in der Österreichischen Monarchie Gesetz.

Durch die Umorganisation der kirchlichen Territorialstruktur und durch die Versuche, Belgien gegen Bayern einzutauschen, geriet Joseph II. in Konflikt mit der Reichsverfassung. Er spielte mit dem Gedanken, die Kronen des Heiligen

Römischen Reiches abzulegen, und löste mit seinen despotischen, die Rechtssatzungen verletzenden Maßnahmen Oppositionsbewegungen aus. Friedrich II. von Preußen sammelte im Fürstenbund die Gegner des Reiches. Er stellte sich als Schützer der Reichsverfassung dar und stieg für kurze Zeit zum protestantischen Gegenkaiser auf. Ungarn und Belgier pochten auf ihre Rechte und strebten nach einer Lösung von der habsburgischen Herrschaft. Leopold II. (1790—1792) konnte beruhigen und Ungarn und Belgien vorläufig im habsburgischen Herrschaftsverband erhalten. Franz II. schließlich, von Napoleon und der Säkularisation der geistlichen Reichsfürstentümer bewegt, legte die Kronen des Heiligen Römischen Reiches nach der Erhebung Österreichs zum Kaisertum nieder.[20]

„In den Vormittagsstunden des 6. August 1806 ritt durch die Kaiserstadt Wien der Zug der prächtig gekleideten Herolde des Reiches. Von der Balustrade der Kirche Von den neun Chören der Engel verkündete der Reichsherold unter Klängen der silbernen Fanfaren die letzte Erklärung eines römisch-deutschen Kaisers. In gekünstelter Kanzleisprache gab Franz II. von Gottes Gnaden erwählter Römischer Kaiser, zu allen Zeiten Mehrer des Reiches, durch den Reichsherold dem rasch zusammenlaufenden Volk seiner Hauptstadt kund, daß er sich entschlossen habe, die Kaiserkrone niederzulegen und das Heilige Römische Reich für beendet zu erklären."[21]

Was die Veränderungen im Herrscherbewußtsein, in Staats- und Kirchenbegriff betrifft, sind sie aus dem allgemeinen Mentalitätswandel um 1750, der mit der Ausformung des Aufgeklärten Absolutismus zusammenfiel, zu erklären. Sie sind aus geistigen, politischen und ökonomischen Bewegungen des 18. Jahrhunderts zu begründen.

Die Herrscher des Aufgeklärten Absolutismus gehörten einer Generation an, die der großen feierlichen Staatszeremonien, die ihr Leben bis in die innersten Sphären prägten, müde waren. Sie sehnten sich nach zeitweisen Dispensen von der Last der barocken Form und suchten aus dem Funktionszusammenhang von Herrscher und Staat eine eigene Privatsphäre — beinahe bürgerlicher Art — auszusparen.

Damit kündigte sich der Vorgang an, den man mit der „Ablösung der Staatsidee von der Person des Herrschers" bezeichnet. Das Herrscherbewußtsein des „Aufgeklärten Absolutismus", das sich in Joseph II. und seinem Bruder Leopold II. durchsetzte, brach mit Königsmystik und Königsmythologie aus Mittelalter und Barock. Beeinflußt von den Staatstheorien der Aufklärung, von Naturrechtslehre und Gesellschaftsvertrag betrachteten sich die Söhne Maria Theresias und Franz Stephans von Lothringen nicht mehr als Stellvertreter Gottes, Heiligen und Heroen verwandt; sie erkannten sich als erste Diener ihrer Völker, als Menschen unter Menschen. Die Idee der Gleichheit, die mit dem Einströmen der abendländischen Aufklärung im Habsburgerreich durchgebrochen war, verpflichtete den Herrscher in erster Linie, seine Völker zu einer allgemeinen (vornehmlich irdischen) Glückseligkeit zu führen und sich für das allgemeine Wohl, das mit dem Wohl des Staates identisch erschien, zu sorgen. Nur der restlose Einsatz für das Glück der Untertanen, die durch vorbildliches Verhalten zu fördern waren, rechtfertigte seine Ausnahmsstellung.

Der Herrscher identifizierte sich nicht mehr mit seinem Hausbesitz, er stellte sich dem Staat, den er als eigenen Organismus erkannte, als erster Diener exemplarisch gegenüber.[22]

Was die Veränderungen im Kirchenverständnis betrifft, so drängten vor allem ökonomische und bevölkerungspolitische Prozesse nach einer Neubestimmung von Kirchengewalt und Kirchenregiment, die die evangelischen Fürsten bereits seit 1555 und 1648 vorgenommen hatten. Luther hatte die Kirchengewalt als rein geistliche Gewalt begriffen und das Kirchenregiment der weltlichen Obrigkeit übertragen. Er bestellte den Landesfürsten zum Kirchenvogt, Patron, Administrator und Bischof der Kirche. Der Diener des Wortes blieb — so Luther — nach göttlichem Recht verpflichtet, dem Bischof und Patron gegenüber sein Mahn- und Strafamt auszuüben. Er hatte ihn an seine Christen- und Kirchenpflicht zu erinnern; er besaß die Gewalt des Wortes (potestas verbis), jedoch keine irdische Macht (potestas realis).

Wenngleich die Väter des Konzils von Trient im Widerspruch zur Spiritualisierung der Kirchengewalt und zur Verweltlichung des Kirchenregiments durch Luther auf einem Kirchenregiment bestanden, das Geistliche verwalteten, handelten katholische Obrigkeiten kaum anders als evangelisch gewordene Reichsfürsten oder als Heinrich VIII. von England. Von der in Frankreich üblichen Praxis ausgehend, die in Belgien fortwirkte, entstand innerhalb der katholischen Kirche die Theorie vom oberherrlichen Kirchenregiment, der Regalismus. Die Regalisten betrachteten analog zu Luther die weltliche Obrigkeit als direkt von Gott eingesetzt und ihm unmittelbar unterstehend. Sie bildeten aus einem alten Recht des Fürsten, Einkünfte aus Pfründen während der Vakanzen zu beziehen, Dauerrechte für Bischofsernennungen aus. Der Regalismus legitimierte den Landesfürsten als letzte Instanz für die Vergabe kirchlicher Benefizien und Pfründen. Die jeweilige Landeskirche wurde als Einheit betrachtet, für die die Magistrate, die landesfürstlichen Beamten, zuständig waren. Die Regalisten wollten die Einzelkirchen mit der Universalkirche verbunden lassen und den Papst an der Spitze der Kirche als Zentrum der Einheit sehen. Die Verbindung mit Rom wurde jedoch episkopalistisch und konziliar verstanden, d. h. man betrachtete das Konzil als höchste Instanz in der Kirche, der der Papst untergeordnet war.[23]

Mit dem Regalismus, der über Belgien in das Habsburgerreich eindrang, hatte sich auch der Jansenismus verbunden. Er war in Belgien entstanden: Nach Holland und Frankreich vertrieben, hatte er im Verlaufe seiner Geschichte verschiedene Gesichter und vertrat verschiedene theologische Doktrinen, die alle gegen die Theologien der Jesuiten standen. Die Jansenisten forderten ein existenziell vertieftes Christentum, elitäre theologische Bildung und streng moralisches Verhalten. Die Ideen des Regalismus bestimmten ihr Kirchenverständnis.

Ähnlich wie sie hatte Antonio Lodovico Muratori als Vertreter der Katholischen Aufklärung Italiens eine Reform des Christentums gefordert und gegen ungebildete, konventionelle Mönche und Nonnen von damals einen geistlich hochstehenden Weltpriesterstand propagiert. Seit Beginn des Jahrhunderts waren seine Werke in den Händen der kaiserlichen Familie. Sie waren auch in den meisten Klosterbibliotheken der Österreichischen Monarchie zu finden.[24]

Daneben lief die Zölibatsdiskussion der Abendländischen Aufklärung, die um 1680 von Frankreich ausging. Die damalige Populationistik (Bevölkerungslehre) erkannte den Reichtum eines Staates in seinen Menschen. Sie sollten mit ihrer Arbeit in Landwirtschaft und Manufaktur den allgemeinen Wohlstand heben. Waren nicht die Regularen, ob Nonnen oder Mönche, die auf altem Landbesitz lebten und dort ihren Lebensunterhalt fanden, Staatsfeinde und Schmarotzer, entzogen sie sich nicht der Grundpflicht, für Nachwuchs zu sorgen, lebten sie nicht wie Pensionäre und sandten sie nicht das von den Gläubigen gespendete Geld in die Ordenskassen nach Rom? Waren sie nicht Müßiggänger, wenn sie sich nur auf den Gottesdienst konzentrierten? Waren sie nicht verweltlicht, wenn sie Apotheken und Gasthäuser betrieben und damit den Laien die Einkunftsmöglichkeiten nahmen?

Die Reformer — ob Jansenisten oder Katholische Aufklärer — erwarteten von den reichen Klöstern die Verminderung ihres Landbesitzes und ihres Vermögens. Es sollte zu Bildungszwecken und zur Lösung der anstehenden Sozialprobleme, wie sie die Invalidität und das Bettlertum stellten, verwendet werden.[25]

Kurz nach ihrem Regierungsantritt hatte Maria Theresia den Zusammenbruch der mittelalterlich-barocken Feudalstruktur erlebt: Adel, Klerus, Bürger und Bauern waren kaum fähig, den Fortbestand der habsburgischen Länder finanziell, administrativ und militärisch zu sichern. Reformen in Justiz, Verwaltung, Finanz- und Steuerwesen und die Zentralisierung des Militärs waren unbedingt notwendig, um in der kommenden Zeit die Existenz des Habsburgerreiches zu sichern. Der neu errichtete Staat sollte auf drei Säulen der Bevölkerung — auf dem Zivil-, Militär- und Klerikerstand — erbaut werden. In diese staatstragenden Pfeiler wurden die alten Stände eingefügt, der Akzent aber auf das Bürgertum gelegt. Es wurde als offener Stand betrachtet: Die Bauernsprößlinge konnten im Alphabetisierungsprozeß des 18. Jahrhunderts zu ihm aufsteigen und durch den Verdienst im Militär- oder Zivilstand den Weg zur Nobilitierung einschlagen.

Eine zentrale Rolle im Alphabetisierungsprozeß sollte der Klerikerstand spielen. Der Geistliche, typisiert im Pfarrer, war zum Lehrer des Volkes, zum Staatsbeamten und zum Träger des Sozialwesens bestimmt. Mönche und Nonnen schienen nur daseinsberechtigt, wenn sie sich für Bildungs-, Seelsorge- und Sozialaufgaben (Kranken- und Armenpflege) zur Verfügung stellten.

4. Das Verhältnis von Staat und Kirche (1750—1855)

Die Babenbergerherzoge und die habsburgischen Landesfürsten hatten seit dem Hochmittelalter vergeblich versucht, in ihren Ländern die kirchliche Verwaltungsstruktur der territorialen Organisation anzupassen. Die kirchliche Organisation war bis ins 18. Jahrhundert von Salzburg und Passau abhängig, von Bischofssitzen, die im Heiligen Römischen Reich lagen. Die Habsburger hatten nur die beiden exemten Hofbistümer Wien und Wiener Neustadt gründen können. Sie waren sehr klein konzipiert und dienten hauptsächlich der Repräsentation des Herrschers.

Es ist einsichtig, daß Maria Theresia, als sie mit der Neuorganisation ihrer Länder begann, nach einer Deckung von weltlichen und kirchlichen Verwaltungseinheiten und nach einem enger geknüpften Netz des Pfarrsystems strebte. Durch intensivierte Seelsorge und bessere Unterweisung in Predigt und Christenlehre sollte der Geheimprotestantismus, ein aus den Zeiten der Gegenreformation stammendes „Krebsgeschwür", bekämpft werden.

Maria Theresia richtete ihr Augenmerk auf eine junge Generation geistlicher Adeliger, die, in Rom ausgebildet, neue Ideen und Methoden der Seelsorge vertraten. Sie brachte diese Reformer auf verschiedene Bischofssitze und hoffte, mit ihnen, sobald sie auf Metropolitansitze gekommen waren, das Problem der Diözesan- und Pfarrorganisation zu lösen.

Auch wollte man für die kommende Neustrukturierung der kirchlichen Organisation personell gerüstet sein. Deshalb bemühte man sich, den Zustrom junger Menschen zum Religiosenstand in den Stand der Säkularpriester zu lenken. Der Beruf des Weltpriesters sollte anziehend sein. Seine Ausbildung wurde gehoben und modernisiert, der Andrang zum Kloster, der nicht immer aus religiösen Impulsen erfolgte, sondern auch aus sozialen und ökonomischen Motiven oder aus psychologischen Fehlentwicklungen entstand, wurde gebremst. Dem damaligen Mentalitätswandel entsprechend verlagerten sich die Akzente der Frömmigkeit vom sinnenfreudigen und extrovertierten Barockkatholizismus und seinen vielfältigen Formen der Heiligenverehrung auf einen verinnerlichten, introvertierten und nüchternen Gottesdienst. Das Volk sollte zur Liturgie der heiligen Messe, zur Anbetung und Verehrung des Allerheiligsten Altarsakramentes geführt und in der Predigt so belehrt werden, daß es seinen Aberglauben abstreifte.

Alle diese Verordnungen, die Maria Theresia vorläufig, von Reformbischöfen beraten, staatlicherseits erließ, können vom heutigen Standort als Eingriffe in die Bereiche der Kirche beurteilt werden. Jedoch, in der Gegenreformation hatten die Päpste den katholischen Landesfürsten weitgehend die Aufsicht über die Kirchendisziplin zur Gewissenspflicht gemacht. Sie sollte im Einvernehmen mit Rom erfolgen, und sie geschah tatsächlich mit Hilfe der Jesuiten im Hintergrund. Sie waren bis ins tiefe 18. Jahrhundert die Hofbeichtväter, die mit ihren Fürsten- und Beichtspiegeln dafür sorgten, daß der Herrscher von seinem Gewissen aus den Jurisdiktionsprimat des Papstes anerkannte und nach den Intentionen Roms handelte. Die Jesuiten sorgten als Prinzenerzieher und Lehrer des jungen Adels für Rechtgläubigkeit. Jetzt stand der Orden vor der päpstlichen Aufhebung, und Maria Theresia entzog sich seinen Ratgebern. Sie suchte ihre Stütze in den jansenistisch orientierten „Reformbischöfen", um mit ihrer Hilfe die Kirche in den Staat zu integrieren und den Klerikerstand zu einem der drei Grundpfeiler des neuen Hauses zu formen.

Die Bischöfe, die von seiten der Landesfürsten sehr aufgewertet waren, erregten jetzt in Rom große Aufmerksamkeit. Als die päpstliche Auflösung der Gesellschaft Jesu vorauszusehen war, suchte der Kardinalstaatssekretär Luigi Torrigiani (1758—1769) die Bischöfe enger an den Papst zu binden. Mit Hilfe der Nuntien nahm er ihre barocke Lebensführung und ihre doktrinäre Einstellung schärfer unter die Lupe.

Damals entzündete sich in der Österreichischen Monarchie der Konflikt mit Rom. Er entzündete sich an den Kirchenrechtsdoktrinen über das Amt der Bischöfe und über das Amt des Papstes, zu dem man in Wien und in Rom gegensätzliche Lehren vertrat. Während man in Rom am Papstverständnis der Tradition, das im Hochmittelalter und nach dem Konzil von Trient theologisch formuliert worden war, festhielt, suchten Kaunitz und seine Kanonisten, die die Kirchenverfassung für den modernen souveränen Staat adaptierten, das „ächte Kirchenrecht" der Ur- und Frühkirche aus der Zeit vor der Entstehung des Kirchenstaates wieder aufleben zu lassen. Sie stützten sich auf die im Spätmittelalter gängige Ansicht von der obersten Gewalt des Konzils in der Kirche und hielten sich, was die Befugnisse des Landesfürsten bei Bischofsernennungen und was die Bischofsweihe betraf, an die Lehren des Regalismus. Die Jansenisten hatten sich ja schon längst damit identifiziert.

In den Jahren 1763/64 ging man von Rom aus plötzlich nicht mehr auf Wiener Vorschläge zur Neubesetzung von Bischofssitzen im Bereich der schweizerisch-lombardischen Grenzgebiete ein. Das wurde zum Signal für die zunächst theoretische Ausbildung eines neuen österreichischen Staatskirchenrechtes und eines Systems, in dem die Beziehungen von Staat und Kirche administrativ geregelt werden sollten.

Knapp danach formulierte der Weihbischof von Trier, Nikolaus von Hontheim, kirchenrechtliche Doktrinen, die die Unabhängigkeit der Reichsbischöfe vor „römischen Übergriffen" verteidigten. Als ein ähnliches Werk in Belgien entstand, setzte das Ringen Torrigianis um die Bindung der Bischöfe an Rom ein. Zuerst wurden die Kardinäle, unter ihnen der Wiener Erzbischof Christoph Anton Graf Migazzi, der bereits am Wiener Priesterseminar und am Wiener Hof die jansenistische Bewegung installiert hatte, zur Ordnung gerufen. In zähem Kampf entstand — von Rom aus gelenkt — eine ultramontane Opposition: Die beiden innerkirchlichen Bewegungen in der Österreichischen Monarchie, die Jansenisten und die Ultramontanen, formierten sich. Beide Parteien teilten Episkopat, Klerus und Laien auseinander, man qualifizierte sie grob und unrichtig als modern und konservativ.

Während sich jansenistisch orientierte Geistliche und Laien mit den staatskirchlichen Verordnungen identifizierten und bei Maria Theresia Karriere machen konnten, suchten die Ultramontanen die Verordnungen zu blockieren, sie durch persönliche Interventionen bei Maria Theresia rückgängig zu machen und im Volk dagegen zu predigen. Seit 1768 stand die „Remedur der Klöster" im Vordergrund; seit 1773/74, als durch die päpstliche Aufhebung die Jesuiten in ihren wichtigen Positionen von Vertretern des österreichischen Spätjansenismus ersetzt wurden, verschärfte sich die Lage. 1776 trat Nuntius Giuseppe Garampi sein Amt in Wien an. Ihm gelang es, die Gruppe der ultramontanen Kardinäle und Bischöfe in der Österreichischen Monarchie zu vergrößern und zusammenzuschließen. Von hier aus baute er eine europäische Bewegung des Ultramontanismus über Augsburg-Dillingen und Koblenz, das Rheinland entlang bis Köln und zu den belgischen Bischofssitzen aus, von denen Mecheln am bedeutendsten war. Vom Knotenpunkt Koblenz zog sich die ultramontane Bewegung über Straßburg nach Paris. Ähnliche internationale Routen hatte damals auch der Jansenismus mit seiner prominenten Zeitschrift „Nouvelles ecclésiastiques" durch Europa genommen.

Nach dem Tod Maria Theresias bestand kein Zweifel, daß Joseph II. die von seiner Mutter zuletzt zurückgehaltenen Kirchenreformen nicht rasant durchführen werde. Der Konflikt mit Rom, der seit 1763/64 unterirdisch schwelte, flammte 1781 auf, als Pius VI. nicht gewillt war, die Vorschläge des Kaisers für neu zu besetzende Abteien und Benefizien in der Lombardei zu bestätigen. Die Wiener Reaktion war wie 1764: Joseph II. behauptete, von Kaunitz beraten, daß er als Kaiser kraft seines Amtes und als Nachfolger der Herzoge von Mailand das Recht der Bischofs- und Pfründenernennung in der Lombardei besitze. Eine Rücksicht auf Rom sei unnötig. Die Situation war sehr gespannt, die Berichte des Wiener Nuntius waren alarmierend. Er befürchtete den Ausbruch eines Schimas, der Trennung der Österreichischen Kirche vom Papst. Während Joseph II. weder direkte noch indirekte Einwände Roms zur Kenntnis nahm, arbeitete man in der Staatskanzlei an der Formulierung eines Bischofseides. Er sollte die Bindung der Bischöfe an den Papst aufheben. In dieser Situation entschloß sich im Spätherbst 1781 Pius VI., Joseph II. in Wien zu besuchen.

Es ist eine falsche Behauptung und hauptsächlich auf die josephinische Journalistik zurückzuführen, der Papst sei nach Wien gekommen, um die damals einsetzenden Klosteraufhebungen und das Toleranzpatent rückgängig zu machen. Pius VI. reiste nach Wien, um die drohende Kirchenspaltung zu verhindern, um die Identität der Österreichischen Kirche mit dem Papst zu erhalten. Joseph II. selbst stilisierte das spektakuläre Ereignis des Jahrhunderts für die Augen Europas auf die öffentliche Darstellung der freundschaftlichen Begegnung von Kaiser und Papst. Gleichzeitig legte er sich auf ein voraussehbares negatives Konferenzergebnis der Gespräche mit Pius VI. fest. Zwiespältig, wie er war, wollte er einerseits absolut auf den „Grundsätzen, die ich zum Besten des Staates erkannt habe", beharren, anderseits schreckte er innerlich vor einer Trennung von Rom, vielleicht aus Furcht vor revolutionären Bewegungen im Volk, zurück.

Die europäischen Ultramontanen erwarteten vom Papstbesuch die Bekehrung Josephs II. und die Sistierung von Toleranzpatent und Klosteraufhebungsedikten.

Pius VI. versuchte in den Geheimkonferenzen, die er mit Joseph II. in der Wiener Burg abhielt, vom Kaiser zu erreichen, daß er zusammen mit ihm, dem Papst, die Österreichische Kirche reformierte. Er forderte die staatliche Anerkennung des päpstlichen Jurisdiktionsprimates mit der Fülle der geistlichen Gewalt, was eine Korrektur der Josephinischen Kirchenverfassung notwendig gemacht hätte. Diese um 20 Jahre zu spät gekommene Apostolische Reise des Papstes konnte diese Forderung nicht durchsetzen. Es gelang jedoch der diplomatischen Klugheit des Wiener Nuntius Garampi, das Problem in ein theoretisches (quaestio iuris) und ein praktisches (quaestio facti) aufzuspalten: Von der Praxis ausgehend brachte Garampi die Josephinische Kirchenverfassung innerlich zu Fall. Denn die in der ultramontanen Opposition versammelten Bischöfe sahen sich außerstande, jene Bischofsrechte auszuüben, die ihnen die Josephinische Kirchenverfassung zuschrieb. Joseph II. verstand ihren Gewissenskonflikt und respektierte ihn. So gelang es einigen ungarischen Bischöfen unter der Führung des Primas, Kardinal Joseph Graf Batthyány, einen Kompromiß im Konflikt zwischen Kaiser und Papst zu vermitteln. Joseph II. stimmte zu, daß sich die ungarischen Bischöfe — was später auf alle anderen Bischöfe der Österreichischen Monarchie ausgedehnt wurde — vom Papst zu jenen Rechtshandlungen bevollmächtigen ließen, die die staatskirchlichen Gesetze von ihnen forderten und die dem Papst zustanden (Auflösung der feierlichen Gelübde beim Austritt aus einem Kloster, Dispensen bei Verwandtenheiraten). Der Kaiser war von diesem Kompromiß, dessen Tragweite er scheinbar nicht erkannte, so befriedigt, daß er Batthyány und zwei andere ungarische Bischöfe mit Stephansritterordenskreuzen auszeichnete. Er kam dem Papst entgegen, indem er die von Hofrat Heinke ausgearbeitete Formel für den Eid der Bischöfe fallenließ und sich mit einem gewöhnlichen „iuramentum fidelitatis" (Treu-Eid) begnügte.

Bevor Pius VI. im Mai 1782 bei Ala (in der Nähe von Rovereto) die Grenzen der Österreichischen Monarchie nach Venetien überfuhr, dankte er in einem Brief dem Kaiser für die ihm erwiesene Gastfreundschaft, die nichts zu wünschen übrig hatte lassen. Er erinnerte Joseph II. sehr deutlich an den Kompromiß der ungarischen Bischöfe und forderte, daß er eingehalten würde. In den nächsten Jahren überwachte Nuntius Giuseppe Garampi sehr genau die Bischöfe und ihre Ansuchen um

Vollmachten nach Rom. Pius VI. hatte durch diesen Kompromiß, der nicht an die Öffentlichkeit drang, die Identität der Österreichischen Kirche mit Rom erhalten. Zu Weihnachten 1783, als die Beziehungen von Wien mit Rom neuerlich zum Zerreißen gespannt waren, gelang es durch einen weiteren Kompromiß, ein Konkordat mit Joseph II., die „convention amicale", abzuschließen. Der Papst übertrug dem Kaiser das Recht, Bischöfe, Äbte und Domherrn in der Lombardei einzusetzen.[26]

Wir kommen zum Schluß und hoffen, den Nachweis erbracht zu haben, daß die Österreichische Kirche im Zeitalter des Aufgeklärten Absolutismus und des österreichischen Staatsbildungsprozesses bis zum Konkordat von 1855 ihre Identität mit Rom erhalten hatte, trotz eines beinahe 80 Jahre geltenden Staatskirchenrechtes, in dem das Amt des Papstes nach regalistischen Doktrinen definiert war. Das Problem der tatsächlichen Kirchenreform, deren Notwendigkeit weder die Ultramontanen noch die Jansenisten bezweifelten, blieb ungelöst. Beide innerkirchlichen Gruppen verbrauchten ihre Impulse im Kampf um das Kirchenrecht. Im Zeitalter der unaufhaltsamen Säkularisation, als die Bereiche von Bildungs- und Sozialwesen als innenpolitische Funktionen dem Klerus aus den Händen genommen und den Laien übertragen wurden, waren viele in der Gefahr, sich im antiklerikalen Affekt von den Lehren der Kirche zu entfernen. Sie wurden durch die legalistischen Maßnahmen des Kaisers und nicht von einer zeitgemäßen Glaubensverkündigung im Katholizismus gehalten.[27] In der Österreichischen Kirche lebten damals Ultramontane und Jansenisten, Aufklärer, Josephiner, Freimaurer, Jakobiner und Menschen des Spätbarocks nebeneinander. In welchem Ausmaß sie ihre kirchliche Identität bewahrten oder verloren, bedürfte der Untersuchung mit anderen Methoden der Historiographie. Ihre Ergebnisse könnten dann vielleicht jene Frage beantworten, die man mir zuerst zur Diskussion stellen wollte: Josephinismus — Verlust oder Bewahrung der kirchlichen Substanz?

Vom Standort der historischen Theologie kann man natürlich fragen, was damals in der Kirche des 18. Jahrhunderts an Neuem aufgebrochen war: Es war die Diskussion von den Menschenrechten, vom Geistlichen als Bürger und Untertan und vom Amt des Bischofs. Er erhielt als Nachfolger der Apostel seine direkte Berufung und seine Sendung von Gott und nicht, wie es Pius VI. in einem Breve formulierte, daß er vom Papst „nach dem geistlichen Rechte, nicht durch Christi Mund, sondern durch hierarchische Verordnung" zum Bischof berufen werde.[28]

Die Diskussionen um das Amt des Papstes und um das Amt des Bischofs blieben den Vatikanischen Konzilien zur Klärung und Definition vorbehalten.[29] Vielleicht interessiert es Sie aber: Ein Straßburger Kirchenrechtsprofessor hatte diese Definitionen bereits 1782 vorformuliert, als er anläßlich der Reise Pius' VI. das Amt des Papstes verteidigte.[30]

[1] R. Bauer, Le Joséphinisme, in: Critique 14 (1958) 622—639; E. Zöllner, Bemerkungen zum Problem der Beziehungen zwischen Josephinismus und Aufklärung, in: Österreich und Europa. Festgabe für Hugo Hantsch zum 70. Geburtstag, Graz 1963, 203—219; A. Wandruszka, Der Reformkatholizismus des 18. Jahrhunderts in Italien und Österreich. Neue Forschungen und Fragestellungen, in: Festschrift Hermann Wiesflecker zum 60. Geburtstag, Graz 1973, 231—240; E. Kovács, Giuseppinismo, in: Dizionario degli Istituti di Perfezione, 4, Roma 1977, 1357—1367; dies., Burgundisches und theresianisch-josephinisches Staatskirchensystem, in: Österreich in Geschichte und Literatur 22 (1978) 74—89; dies., Was ist Josephinismus?, in: Österreich zur Zeit Kaiser Josephs II. Mitregent Kaiserin Maria Theresias, Kaiser und Landesfürst, Wien 1980, 24—30 (= Katalog des NÖ. Landesmuseums, N. F. 95); Katholische Aufklärung und Josephinismus, hrsg. v. E, Kovács, Wien 1979.

[2] F. Engel-Jánosi, Josephs II. Tod im Urteil der Zeitgenossen, in: MIÖG 44 (1930) 324—346.

[3] A. Barruel, Mémoires pour Servir à l'Histoire du Jacobinisme, London 1797/98.

[4] Bauer, Joséphinisme (vgl. Anm. [1]) 622—639; Recueil des ordonnances de Pays-bas autrichiens. Serie 3 (1700—1794), XII, Bruxelles 1910, 333—338.

[5] Bauer, Joséphinisme (vgl. Anm. [1]) 622—639. Zur Situation von 1848: F. Engel-Jánosi, Kaiser Joseph II. in der Wiener Bewegung des Jahres 1848, in: Mitteilungen des Vereins für Geschichte der Stadt Wien 11 (1931) 53—72; E. Kovács, Die Persönlichkeit des Wiener Fürsterzbischofs Vinzenz Eduard Milde im Spiegel der Historiographie, in: Studien zur Wiener Geschichte. Jahrbuch des Vereins für Geschichte der Stadt Wien, 34, Wien 1978, 218—238; W. Häusler, Das Nachleben Josephs II. und des Josephinismus bis zur Revolution von 1848, in: Österreich zur Zeit Kaiser Josephs II., (vgl. Anm. [1]), 282—288.

[6] Kovács, Giuseppinismo (vgl. Anm. [1]); A. Jäger, Das Eindringen des modernen kirchenfeindlichen Zeitgeistes in Österreich unter Karl VI. und Maria Theresia, in: Zeitschrift für katholische Theologie 2 (1978) 259—311, 417—472.

[7] J. Scheicher, Josephinismus und Josephiner. Eine österreichisch-canonistisch-historische Studie. (Separatabdruck aus dem „Correspondenz-Blatt für den katholischen Klerus Österreichs"), Wien 1893; ders., Erlebnisse und Erinnerungen, 1, Wien 1907, 34—56, 98—99; O. Posch, Anton Joseph Gruscha und der österreichische Katholizismus 1820—1911, phil. Diss., Wien 1947, 152—217.

[8] A. M. Weiß OP, Lebensweg und Lebenswerk. Ein modernes Prophetenleben, Freiburg i. Br. 1925, 417—430; N. Trippen, Theologie und Lehramt im Konflikt. Die kirchlichen Maßnahmen gegen den Modernismus im Jahre 1907 und ihre Auswirkungen in Deutschland, Freiburg 1977; A. M. Weiß OP, Die religiöse Gefahr, Freiburg i. Br. 1904, 247—295; darauf aufbauend: H. Rieser, Der Geist des Josephinismus und sein Fortleben, Wien 1963.

[9] S. Merkle, Die katholische Beurteilung des Aufklärungszeitalters, Berlin 1909; G. Holzknecht, Ursprung und Herkunft der Reformideen Kaiser Josephs II. auf kirchlichem Gebiet, Innsbruck 1914; E. Poulat, Intégrisme et Catholicisme Intégral, Tournai 1969; E. Kovács, Zur Geschichte der Freimaurer in Österreich, in: Religion — Wissenschaft — Kultur. Jahrbuch der Wiener Katholischen Akademie, 25/2, Wien 1976/77, 111—128.

[10] E. Winter, Der Josefinismus und seine Geschichte. Beiträge zur Geistesgeschichte Österreichs 1740—1848, Brünn 1943; ders., Der Josefinismus. Die Geschichte des österreichischen Reformkatholizismus 1740—1848, Berlin ^{2}1962; F. Valjavec, Der Josefinismus. Zur geistigen Entwicklung Österreichs im 18. und 19. Jahrhundert, Brünn 1944, München ^{2}1945; vgl. Zöllner, Bemerkungen (vgl. Anm. 1) 203—219.

[11] F. Maaß, Der Josephinismus, 1—5, Wien 1951—1962 (= Fontes rerum Austriacarum, 2: Diplomataria et Acta 71—75).

[12] Rieser, Geist des Josephinismus (vgl. Anm. 8).

[13] Bauer, Joséphinisme (vgl. Anm. 1).

[14] A. Wandruszka, Leopold II. Erzherzog von Österreich, Großherzog von Toskana, König von Ungarn und Böhmen, Römischer Kaiser, 2 Bde., Wien 1963; 1965; ders., Reformkatholizismus des 18. Jahrhunderts (vgl. Anm. 1).

[15] B. Plongeron, Was ist Katholische Aufklärung?, in: Katholische Aufklärung und Josephinismus (vgl. Anm. 1) 11—61.

[16] K. O. Frh. v. Aretin, Heiliges Römisches Reich 1776—1806. Reichsverfassung und Staatssouveränität, 1, Wiesbaden 1967; ders., Der Aufgeklärte Absolutismus. Hrsg. v. K. O. Frh. v. Aretin, Köln 1974 (= Neue Wissenschaftliche Bibliothek, 67).

[17] Österreich im Zeitalter des aufgeklärten Absolutismus. Hrsg. v. E. Zöllner, Wien 1983 (= Schriften des Instituts für Österreichkunde, 42). Von der Glückseligkeit des Staates. Staat, Wirtschaft und Gesellschaft in Österreich im Zeitalter des aufgeklärten Absolutismus, hrsg. v. H. Matis, Berlin 1981.

[18] Aretin, Heiliges Römisches Reich (vgl. Anm. 16); H. Durchhardt, Protestantisches Kaisertum und Altes Reich. Die Diskussion über die Konfession des Kaisers in Politik, Publizistik und Staatsrecht, Wiesbaden 1977.

[19] A. Lhotsky, Privilegium maius. Geschichte einer Urkunde, München 1957, (= Österreich Archiv, 7).

[20] E. Kovács, Beziehungen von Staat und Kirche im 18. Jahrhundert, in: Österreich im Zeitalter des aufgeklärten Absolutismus (vgl. Anm. 17) 29—53.

[21] Aretin, Heiliges Römisches Reich (vgl. Anm. 16).

[22] E. Kovács, Kirchliches Zeremoniell am Wiener Hof des 18. Jahrhunderts im Wandel von Mentalität und Gesellschaft, in: Mitteilungen des Österreichischen Staatsarchivs 32 (1979) 109—142; dies., Einflüsse geistlicher Ratgeber und höfischer Beichtväter auf das fürstliche Selbstverständnis, auf Machtbegriffe und politische Entscheidungen österreichischer Habsburger während des 17. und 18. Jahrhunderts, in: Cristianesimo nella storia 4 (1983) 79—102.

[23] I. W. Frank, Kirchengewalt und Kirchenregiment in Spätmittelalter und früher Neuzeit, in: Innsbrucker Historische Studien, 1 (1978) 33—60; ders., Zum spätmittelalterlichen und josephinischen Kirchenverständnis, in: Katholische Aufklärung und Josephinismus (vgl. Anm. 1) 143—172.

[24] P. Hersche, Der Spätjansenismus in Österreich, Wien 1977 (= Österreichische Akademie der Wissenschaften, Veröffentlichungen der Kommission für Geschichte Österreichs, 7); ders., Der österreichische Spätjansenismus. Neue Thesen und Fragestellungen, in: Katholische Aufklärung und Josephinismus (vgl. Anm. 1) 180—196; A. Wandruszka, Die Katholische Aufklärung Italiens und ihr Einfluß auf Österreich, in: Katholische Aufklärung und Josephinismus (vgl. Anm. 1) 62—74.

[25] P. Picard, Zölibatsdiskussion im katholischen Deutschland der Aufklärungszeit. Auseinandersetzung mit der kanonischen Vorschrift im Namen der Vernunft und der Menschenrechte, Düsseldorf 1975 (= Moraltheologische Studien, historische Abteilung 3).

[26] E. Kovács, Staat und Kirche im 18. Jahrhundert (vgl. Anm. 20); dies., Der Pabst in Teutschland. Die Reise Pius VI. im Jahre 1782, Wien 1983 mit dort angeführter Literatur; E. Kovács, Neue Aspekte und Forschungen zur Reise Pius' VI. nach Wien, in: Das Achtzehnte Jahrhundert. Mitteilungen der Österr. Gesellschaft zur Erforschung des achtzehnten Jahrhunderts 1 (1983) 31—43.

[27] Kovács, Kirchliches Zeremoniell (vgl. Anm. 22).

[28] K. Walf, Das bischöfliche Amt in der Sicht josephinischer Kirchenrechtler, Köln 1975 (= Forschungen zur kirchlichen Rechtsgeschichte und zum Kirchenrecht, 13).

[29] Dekret über die Hirtenaufgabe der Bischöfe in der Kirche „Christus Dominus", in: Das Zweite Vatikanische Konzil. Dokumente und Kommentare, Freiburg 1967, 148—247 (= Lexikon für Theologie und Kirche[2], Ergbd. 2).

[30] F. G. Ditterich, Noch einmal: was ist der Pabst? [Wien] 1782, 4.

Moritz Csáky

Kulturkampf, Freisinn und Liberalismus im Österreich der siebziger und achtziger Jahre des 19. Jahrhunderts

In den letzten Jahren ist es um die Erforschung des Liberalismus im 19. Jahrhundert, insbesondere um die historisch begründete Fragestellung nach dem Verhältnis von Kirche und Staat, von Religion und Liberalismus, recht ruhig geworden. Ist es die geringe Attraktivität des Gegenstandes, oder sind es grundsätzliche, auch heute keineswegs beantwortete wesentliche Fragen, die etwa in dem Problem des Stellenwerts der Religion in der Gesellschaft münden, die manche gleichsam einen weiten Bogen um diese im Grunde genommen auch heute noch aktuelle Thematik machen läßt? Oder ist es allein die Tatsache, daß einerseits Liberalismus als politisch etablierte Partei — zumindest rein quantitativ, von der Seite ihrer Effizienz her betrachtet — in zunehmendem Maße eine untergeordnete Rolle spielt und daß anderseits dogmatisches — wenn nicht „traditionelles" — Denken auf der Seite der religiösen Institutionen jede Konvergenz zwischen liberalem, „freiheitlichem" Gedankengut und Kirche, im Gegensatz etwa zu den Jahren der konziliaren Aufbruchstimmung,[1] obsolet erscheinen läßt? Erst unlängst hat Martin Schmidt auf diese Tatsache der unzulänglichen historischen Aufarbeitung des Verhältnisses Liberalismus—Christentum aufmerksam gemacht: „Fragt man nach dem Verhältnis des politischen und kulturellen Liberalismus, wie er die Normalanschauung des gebildeten und wirtschaftlich aufstrebenden Bürgertums im 19. Jahrhundert war, zum Christentum und zur christlichen Überlieferung des Abendlandes, erst recht zu den Kirchen und ihrem institutionellen Gefüge, so gerät man in Verlegenheit. Denn eigentlich niemals ist dieses thematisch angesprochen, geschweige programmatisch behandelt oder gar prinzipiell formuliert worden."[2] Doch gerade eine erneute Auseinandersetzung mit dem historischen Phänomen des Liberalismus und dem Verhältnis der Religion zu diesem, bzw. eine nähere Betrachtung jenes historischen Prozesses, der — von der Zielvorstellung der einen Seite gesehen — gerne als „Trennung von Staat und Kirche" bezeichnet wird, könnte uns auf ein Gebiet verweisen, dem auch heute eine gewisse Aktualität nicht abgesprochen werden kann und dessen Topoi — ganz im Gegenteil — mitten in die existentielle Forderung jeder Religion nach Verinnerlichung münden. — Auf unsere konkrete Themenstellung „Kulturkampf, Freisinn und Liberalismus in Österreich" angesprochen heißt dies zumindest folgendes: Es gilt nicht so sehr den faktengeschichtlichen Ablauf innerhalb des Spannungsfeldes von Liberalismus und Kirche, liberalem Lebensstil und den Anforderungen der Religion zu rekonstruieren; vielmehr sollen von diesem speziellen österreichischen Modell abgehoben eher prinzipielle Fragestellungen und Lösungsversuche von gegenwartsbezogener Relevanz bewußt gemacht werden.

Bevor auf das österreichische Modell, den österreichischen Liberalismus eingegangen werden soll, mögen also in einem ersten Abschnitt zunächst einige grundsätzliche Feststellungen sowohl in bezug auf den Liberalismus als solchen als auch über das Verhältnis des Liberalismus als zwar elitärer, aber beherrschender Erscheinung des 19. Jahrhunderts zu Religion und Kirche festgehalten werden.

Der Liberalismus des 19. Jahrhunderts war kein „geschlossenes“ System, wie wir ihn etwa aus der Retrospektive zu sehen gewohnt sind. Er verkörperte vielmehr zunächst bestimmte Grundsätze, die vor allem aus der zu Ende des 18. Jahrhunderts entwickelten Smithschen Lehre der freien Marktwirtschaft auf andere Lebensbereiche übertragen wurden. Dabei wurde der von den Physiokraten übernommene Slogan des „Laissez faire, laissez passer“ — zunächst im biologischen Sinne auf die Landwirtschaft gemünzt — zum weitverbreiteten und strapazierten politischen und ökonomischen Motto einer liberalen Lebenshaltung. Der Liberalismus war nicht nur die ökonomisch-politische Ideologie einer aufstrebenden, frühindustriellen Unternehmerschicht, er war, mit seinen aus der Aufklärung entlehnten humanitär-naturrechtlichen Zielen der Gleichheit, der Freiheit und des Rechts auf Eigentum — in einer Zeit, als ein Großteil der Bevölkerung von Rechts wegen kein Eigentum besaß — auch Bestandteil des Bewußtseins einer aus der Spätaufklärung ins 19. Jahrhundert hinüberreichenden „bürgerlichen“ Bildungsschicht, eines politischen Bewußtseins also, das den Prinzipien des Ancien régime gegenüber zutiefst ablehnend eingestellt war und sich in verschiedenen demokratisch-revolutionären Akten — bis hin zum Jahr 1848 — Geltung zu verschaffen suchte. Das heißt: während die vornehmlichen Zielvorstellungen der „Liberalen“ sowohl ihrem Inhalt als auch ihrer methodischen Durchsetzbarkeit nach aus dem Arsenal der Aufklärung entlehnt waren, war die soziale Trägerschicht dieser Bewegung das neue „Bürgertum“ im weitesten Sinne des Wortes: industrielle „Interpreneurs“ — Bourgeoisie im Marxschen Sinne des Wortes —, eine aus divergierenden sozialen Gruppen kommende neue, aufgeklärte Intellektuellenschicht (Bildungsbürgertum), moderne, „verbürgerlichte“ Adelige und — vor allem in der Habsburgermonarchie — die Beamtenschaft als geistige Erbin der josephinischen Reformbewegung. Insbesondere ist der Liberalismus als eine wichtige Etappe in jenem Emanzipationsprozeß anzusehen, der mit der Aufklärung begonnen und im 20. Jahrhundert, mit dem Schlußstrich unter die veralteten Formen einer Feudalgesellschaft, einen vorläufigen Höhepunkt erreicht hat. Liberalismus in diesem weiten Sinne äußerte sich in den verschiedensten Lebensbereichen, mit verschiedener Intensität und in den verschiedensten sozialen Schattierungen. In der Ökonomie war er der Glaube an eine freie, kapitalistische Marktwirtschaft mit seinem Höhepunkt im Manchesterliberalismus — der freilich in seiner letzten Konsequenz nie realisiert wurde —; in der konkreten Politik bedeutete er die Einbindung breiterer, wirtschaftlich dem früher politisch einflußreichen Adel gleichgestellter Bevölkerungsteile, eben der sich als „Bürgertum“ apostrophierenden Schicht, in die politische Verantwortung (Konstitutionalismus), wobei liberale Parteien sich zunächst als politische Pressure-groups für die Verwirklichung dieser Vorstellungen stark machten, später aber, in den letzten Jahrzehnten des 19. Jahrhunderts, für die Erhaltung des bereits Erreichten eintretend, zu Sammelbecken einer vornehmlich privilegierten politischen Oberschicht und insofern konservativ wurden; Liberalismus als Gesinnung erfaßte vor allem breite Schichten des Bildungsbürgertums und einer halbgebildeten Mittelschicht, wobei das Sich-Bekennen zu solchen freisinnigen Überzeugungen nicht nur mit die Ablehnung überkommener sozialer, ökonomischer, politischer und mit den Strukturen des Ancien régime engstens verknüpfter weltanschaulich-religiöser

Standpunkte bedeutete, sondern auch den intentionalen Ansatz einer umfassenden optimistischen Änderung und Entwicklung („Fortschritt") inkludierte, wie er etwa 1848 eruptiv zutage trat.[3]

Damit sind wir bereits bei der zweiten für unsere Überlegungen wichtigen Frage angelangt: bei der Frage nach dem Verhältnis des Liberalismus zur Religion, zur Kirche. Liberale, freiheitliche Gesinnung verstand sich unmittelbar als Erbe und Vollstrecker der Ideen der Aufklärung, mit ihren Postulaten von Freiheit und Gleichheit. Diese Zielvorstellungen gehörten im 18. Jahrhundert zu den sozialen und politischen Forderungen einer neuen politischen Gesellschaftsschicht, des politischen Bürgertums der Aufklärung. Freiheit und Gleichheit wurde hier als etwas angesehen, das der menschlichen Natur entsprach und daher mit der Vernunft erkannt und als richtig befunden werden kann. Alles, was daher in Gesellschaft, Politik und Wirtschaft, in Theorie und Praxis, diesen natürlichen, humanen Postulaten widersprach, sich ihnen entgegenstellte, also das feudal-ständische System und der königliche Absolutismus des Ancien régime, wurde als unnatürlich, vernunftwidrig und daher als falsch und als abzulehnen qualifiziert. Meinungs- und Gedankenfreiheit, als ein der Natur konformes freies Denken, wurden folgerichtig als Voraussetzung und Mittel einer Bewußtseinsbildung im Sinne der angestrebten, aus der Natur des Menschen abgeleiteten Freiheit angesehen. Das Christentum und die Kirche, welche mit der staatlichen und Gesellschaftsstruktur eines ständischen und absolutistischen Systems seit Jahrhunderten verbunden waren, wurden, da auf übernatürliche Rechtsansprüche pochend, insgesamt als jene Ideologie, die das widernatürliche, den Freiheits- und Gleichheitsbestrebungen entgegengesetzte falsche Bewußtsein am eindringlichsten unterstützte und förderte, in zunehmendem Maße abgelehnt oder auf das der Religion und der Kirche kompetente Feld des Glaubens bzw. der „Innerlichkeit" verwiesen. Das heißt: allmählich zeigte es sich, daß die institutionalisierte Religion das größte Hindernis auf dem Wege der bürgerlichen Emanzipationsbewegung darstellte. Diese Einsicht, die bereits die französischen „philosophes", die Aufklärer des 18. Jahrhunderts gewonnen hatten, mußte im allgemeinen auch die Erben der Aufklärung, die Liberalen des 19. Jahrhunderts überzeugt haben, zumal die Religion bzw. die Kirche, neben der antirevolutionären staatlich-fürstlichen Reaktion, am entschiedensten die restaurativen Tendenzen dieses Jahrhunderts unterstützte. Und zwar in vielfacher Hinsicht: Etwa dadurch, daß sie — wie im französischen Konkordat (1801) — als Staatsreligion die enge Bindung an das Politikum neuerdings betonte bzw. dankbar zur Kenntnis nahm; oder indem sie in Manier einer rückwärtsgewandten Utopie ein angeblich im christlichen Mittelalter verwirklichtes ständisch-zünftisches System als dem Christentum einzig entsprechend propagierte bzw. den politischen Mächten zur Realisation anbot. Somit mußte der Liberalismus, als der Bannerträger freiheitlich-demokratischer Ideale, fast notwendig mit einer Kirche, vor allem mit der analog zu den feudalen Gesellschaftsstrukturen gegliederten hierarchischen katholischen Kirche, in Konflikt geraten, die das Alte nicht nur bewahren, sondern auch mit biblischen bzw. übernatürlichen Argumenten stützen zu müssen meinte.

Die offizielle Kirche erklärte aber auch von sich aus den „modernen", „freigeistigen" und daher „irreligiösen" Bestrebungen des demokratischen Liberalismus den Krieg. Es sei nur an den Höhepunkt antiliberaler katholischer Enunziationen erinnert, an die Enzyklika „Quanta cura" und an den „Syllabus" aus dem Jahre 1864;

hier wurde folgender Satz als irrig, als mit der katholischen Lehre nicht vereinbar, verurteilt: „Der römische Papst könne und müsse sich mit dem Fortschritt, mit dem Liberalismus und mit der modernen Kultur versöhnen und ausgleichen."[4]

Trotzdem ist es geboten, sich durch solche, scheinbar eindeutige Festlegungen sowohl vor einer historischen Überzeichnung als auch vor einer Simplifizierung sehr wohl zu hüten.

In der Tat wird man, aus einer historischen Retrospektive, zumindest drei Varianten der Begegnung von Liberalismus und Kirche zu beachten haben. Als *erste* Variante kann der eben angedeutete offene Antagonismus, der sich vor allem auf der offiziellen kirchlichen und parteipolitischen ideologischen Ebene ereignete, angesprochen werden. Als Höhepunkte können sowohl der erwähnte Syllabus als auch — von entgegengesetzter Seite — die staatlichen Maßnahmen etwa während der Zeit des Preußischen Kulturkampfes angesehen werden. Die *zweite* Variante ist jene der Übereinstimmung von kirchlichen und liberalen Prinzipien, etwa in Form des auch in Österreich bekannten Liberalkatholizismus. Die Vertreter eines solchen Liberalkatholizismus meinten nicht nur keinen Gegensatz zwischen den Grundsätzen des Liberalismus und der kirchlichen Lehre feststellen zu können, sie waren vielmehr der Überzeugung, daß Freiheit und Gleichheit als den Menschen von Natur innewohnende Rechte auch in den Evangelien, also in den Ursprüngen des Christentums grundgelegt und daher zutiefst christlich seien. Im konkreten bedeutete das: Bejahung von Konstitutionalismus, von Demokratie, von Gewissensfreiheit durch die Kirche und — was schon über manche liberalen Parteiprogramme hinausging — die Forderung von sozialer Gerechtigkeit und gesellschaftlicher Neuordnung. Weiters ging es den Liberalkatholiken darum, den staatlichen und den kirchlichen Bereich soweit zu trennen, daß das von Montalembert formulierte Postulat von einer freien Kirche im freien Staat verwirklicht werden könnte. Bekannte Vertreter dieser Richtung innerhalb der Habsburgermonarchie waren in der zweiten Hälfte des 19. Jahrhunderts etwa der Philosoph und Theologe Anton Günther, Ignaz von Plener oder der ungarische Politiker und Staatstheoretiker Joseph von Eötvös, die übrigens alle mit dem bedeutendsten französischen Liberalkatholiken dieser Jahre, mit Montalembert, in Verbindung standen. Der vom kirchlichen Lehramt verurteilte Günther umschrieb bereits 1850 das Verhältnis von Kirche und Staat folgendermaßen: „Der Umstand ... also, daß die Kirche vorzugsweise die Gnade, der Staat dagegen vorzugsweise die Freiheit zu vertreten haben, gibt jener noch kein Recht zur Herrschaft über den Staat und legt diesem noch keine Pflicht auf zur Unterwerfung unter die Kirche. Ebensowenig gibt umgekehrt der vorzugsweise Freiheitsschutz dem Staat ein Recht zur Herrschaft über die Kirche, und dieser noch keine Pflicht zur Unterwerfung, da die Freitätigkeit des Geistes als solche keine dem Staat verfallene sein kann."[5]

Die *dritte* Variante der Begegnung von Liberalismus und Katholizismus bestand zumindest im Versuch, die Konkordatspolitik, die das Verhältnis von Staat und Kirche zum einen genau umschrieb, zum anderen den neuen Gegebenheiten anzupassen suchte, mit liberalen Parteien und Regierungen der zweiten Hälfte des 19. Jahrhunderts — zwar modifiziert, als ja die Konkordate zumeist mit restaurativen bzw. neoabsolutistischen Regimen geschlossen worden waren — fortzusetzen. Solche Bestrebungen bestanden auch in der Habsburgermonarchie, trotz der Kündigung des Konkordats im Juli 1870.

Alle drei Varianten setzten freilich eines voraus: eine theoretische Reflexion über die philosophischen, juristischen und politisch-theologischen (im Sinne einer politischen Theologie) Voraussetzungen des Verhältnisses von Religion und Öffentlichkeit, von Kirche und Staat. Daß einer solchen Reflexion die Fragestellung nach dem Verhältnis von Glaube und Vernunft vorausging, braucht hier nicht eigens hervorgehoben zu werden.

Religion und Gesellschaft, Christentum und Öffentlichkeit bzw. Kirche und Staat waren seit dem Mittelalter theoretisch und praktisch so aufeinander abgestimmt, daß man von einer „ontologischen" Einheit mit einer bloß „funktionalen" Differenzierung sprach (Zweischwertertheorie). Der vor allem im 18. Jahrhundert einsetzende Prozeß der Trennung der gemischten, sich überschneidenden Bereiche — etwa die Überleitung des Bildungs- und Schulbereichs in die Aufsicht des aufgeklärten Staates — setzte auf der einen Seite eine allmähliche gesellschaftliche Umschichtung voraus, auf der anderen Seite aber erforderte er ein von der Vernunft geleitetes Denken und Handeln des Einzelindividuums, das sich eben, wie Kant fordert, nicht mehr unter ein „Buch, das für mich Verstand hat, einen Seelsorger, der für mich Gewissen hat, einen Arzt, der für mich die Diät beurteilt" zu stellen bereit ist.[6] Eine solche Emanzipation des Individuums bzw. der Gesellschaft nahm im 19. Jahrhundert, als die Liberalen sich als Nachlaßverwalter und Erben der Aufklärung verstanden, seine Fortsetzung. Eine rege Diskussion, die sich um diese Fragen entwickelte, mündete immer wieder in Überlegungen über das Verhältnis von Kirche und Staat, und man fragte nach der Möglichkeit und Notwendigkeit der Trennung dieser beiden Bereiche.

Es wird gewiß nicht genügen, bei den zumeist in der Erregung von Parlamentsdebatten oder tagespolitischen Ereignissen leidenschaftlich formulierten Feststellungen haltzumachen. Die einschlägigen Artikel des großen „Staats-Lexikons" von Rotteck und Welcker, zumeist im Umfang von langen Abhandlungen, waren auch in Österreich nicht nur bekannt, sondern genossen hier höchste Autorität. Joseph von Eötvös nannte das Staatslexikon einmal „die Bibel unserer Politiker", und Franz Joseph hatte dem ungarischen Landtag vorgeworfen, er würde sich zu einseitig von den Prinzipien dieses Werkes beeinflussen lassen.[7] In der Tat bilden die einschlägigen Artikel dieses Werkes so etwas wie das theoretische Rüstzeug des Liberalismus. Dieser, meint Pfizer[8] unter dem Stichwort „Liberalismus", entspreche „vernünftigem Denken und Handeln", sei die Unterordnung unter „das Recht" statt einer „losen Unterwerfung unter eine despotische oder hierarchische Gewalt"[9]. Es liege aber nicht in der Absicht des Liberalismus, „den Staat von jeder sittlich-religiösen Grundlage loszureißen"[10]; wenn aber der Liberalismus in der Praxis sich nun wirklich zuweilen „von der Kirche abgewendet hat und nicht selten auch dem Christenthum entfremdet erscheint, so sind daran gleichfalls diejenigen Schuld, welche nicht aufhören, den blinden unbedingten Gehorsam als erste christliche Bürgerpflicht zu predigen, diejenigen, welche die Kirche der weltlichen Gewalt dienstbar gemacht, oder die Lehre des Evangeliums entstellt und mißbraucht haben, um den Menschen geistige und leibliche Fesseln zu schmieden, sie in Druck, Dumpfheit und Aberglauben zu erhalten, sie zu plündern und herabzuwürdigen". Und dann kommt Pfizer zu grundsätzlichen Überlegungen über Religion und Liberalismus, Christentum und Öffentlichkeit. Das Recht, auf dem der Staat gründe, entspringe einer Vernunft, „in deren Aussprüchen der weise Schöpfer sich eben so gewiß kund geben wird, als in den positiven Offenbarungen, die ja ihre letzte Beglaubigung für ein denkendes Wesen doch auch nur durch ihre Uebereinstimmung mit den Gesetzen seiner Vernunft erhalten können. Allein wo immer die Kirche zur ursprünglichen Reinheit der Christuslehre zurückgekehrt und aus einer Dienerin oder Verbündeten der Gewalt, aus einem Werkzeuge der Anmaßung und Unterdrückung wieder zur Trösterin, Erleuchterin und geistigen Erlöserin der Menschheit geworden ist, da werden auch die ächten Liberalen gern bekennen, daß nichts auf Erden wirksamer sein könne, um jene Kraft aufopfernder Entsagung und Hingebung zu erzeugen, und alle jene sittlichen Motive zu verstärken und zu heiligen, von deren ungeschwächter Wirksamkeit allein sie den vollständigen Triumph ihrer Sache erwarten dürfen. Denn Christenthum und Bürgerthum haben ja theilweise einen Zweck und gleiches Ziel; nur wenden sie verschiedene Mittel an"[11]. — Carl Th. Welcker, einer der Herausgeber des Lexikons, präzisiert und ergänzt diese Ausführungen Pfizers in dem Artikel „Christenthum".[12] Es sei, führt er aus, falsch, zu meinen, das Christentum wäre die Grundlage und Voraussetzung der staatlichen Gesetzgebung[13] und es stehe ihm nicht zu „eine Straf- und Absetzungs-Gewalt selbst über die Könige" zu usurpieren[14]; keine andere Religion begünstige mehr die „Vorherrschaft der freien prüfenden sittlichen Vernunft, der geprüften freien Gewissensüberzeugung oder der freien Wahrheit und Sittlichkeit" als das Christentum.[15] Die Trennung von Moralität und Öffentlichkeit bzw. das mittelbare Aufeinanderangewiesensein dieser beiden als getrennt gedachten und postulierten Sphären — schon Kant macht diese Trennung in seinen Schriften deutlich — wird dann zur intellektuellen Voraussetzung für die praktische politische Forderung der Trennung von Kirche und Staat. Und insofern, als ja auch Christus ausschließlich als Religionsstifter, nicht als Staatsgründer, mit moralischem Anspruch auftrat, so glaubt man diese Forderung der Trennung der beiden Bereiche aus den Worten Christi selbst ableiten zu können: „Auch die dritte Hauptgrundlage der Freiheit, die Selbständigkeit und die Trennung von Staat und Kirche gibt das Christenthum vollständiger, als irgend eine Religion, ja allein unter allen ... Die Reinheit und Würde der Religion, wie die Freiheit des Staates, bestehen nur bei der Selbständigkeit beider, nur bei einer gegen äußeren, weltlichen Zwang geschützten völligen Glaubensfreiheit und bei einem gegen subjective Glaubensmeinung geschützten festen weltlichen Recht. Alle Freiheit wird vernichtet, zuletzt sogar in den Gedanken der Menschen, wenn die geistliche Behörde zugleich mit weltlicher Macht ihre Glaubenssatzungen, als auch weltliches Gesetz, aufzwingt, oder wenn die weltliche Gewalt jede Willkür auch zum Glaubensartikel stempelt und ebenfalls mit dem Schwerte durchführt, wenn so wirklich jede Appellation von der geistlichen Anmaßung an ein schützendes weltliches Recht und von der weltlichen Tyrannei an ein besseres religiöses Gesetz gänzlich und selbst für den Gedanken zerstört wird."[16]

Wenn man nun meinen möchte, die hier zitierten Ausführungen exponierter liberaler Staatstheoretiker repräsentierten bereits die Extremposition einer antikirchlichen, antikatholischen Öffentlichkeit, so ist dies gewiß nicht richtig. Denn auf der einen Seite gab es, gewiß im Gegensatz zu einer allgemein herrschenden Meinung, die auf den Formulierungen eines ständischen bzw. antidemokratischen Denkens etwa eines Adam Müller, Friedrich Schlegel, Joseph de Maistre oder Bonald beruhten, auch im katholischen Lager Vertreter solcher liberaler Auffassungen. Es sei nur an die berühmt gewordene Äußerung Montalemberts aus dem Jahre 1860 erinnert von der „Église libre dans l'État libre", einen Ausspruch, der zum Motto liberalkatholischer politischer Kreise in Europa, auch in Österreich, wurde.[17] Auf der anderen Seite glaubten auch die vorschnell als atheistisch apostrophierten Theoretiker der liberalen Emanzipationsbewegung, zu denen gewiß auch Bruno Bauer, der Freund und Antipode von Karl Marx zu zählen ist, daß die Trennung von Staat und Kirche, bzw. die „Entchristlichung" von Staat und Öffentlichkeit, zu einer notwendigen „Verinnerlichung" und Erneuerung des Christentums — im Geiste der Evangelien — führen würde, mag auch derselbe Bauer dem Christentum die Berechtigung einer solchen Verinnerlichung abgesprochen haben.[18]

Die politische Öffentlichkeit in Österreich wurde vor allem in jenen Jahrzehnten, nachdem 1861 mit dem Kabinett Erzherzog Rainer — Schmerling der politische Liberalismus, besonders aber nach 1867, da die Verfassungspartei die Oberhand gewonnen hatte und die Ideologie des Liberalismus in der Staatspolitik tonangebend geworden war, gleicherweise mit der soeben skizzierten Problematik der Neuregelung des Verhältnisses von Staat und Kirche konfrontiert. „Es ist", mahnte aber ein Exponent der liberalen Gesinnung in Österreich, „auch hier die allergrößte Vorsicht geboten, es ist geboten, die Grenzlinien genau vorzuzeichnen, die Marken präzis zu stecken zwischen der einen, der kirchlichen, und der anderen, der weltlichen Macht."[19] Und in der Tat: dieser „allergrößten Vorsicht", die den besonderen sozialen Gegebenheiten dieses Landes entsprach, wo besonders in den deutschen Erblanden der Katholizismus tief verwurzelt war, ist es letztlich zu verdanken, daß die Diskussion nicht zu einem „Kulturkampf" — als welcher sie zwar gerne fälschlich bezeichnet wurde — wie in Preußen ausartete, noch zu jenen radikalen kirchenpolitischen Gesetzen führte, wie in den neunziger Jahren in den Ländern der Stephanskrone.

Um sich die Situation in Österreich zu vergegenwärtigen, ist es geboten, zumindest drei Gesichtspunkte hervorzuheben. Erstens die Stellung der katholischen Kirche — vor allem zur Zeit des Neoabsolutismus. Zweitens die Eigenart des österreichischen Liberalismus, und drittens den Höhepunkt der Auseinandersetzungen zwischen dieser Kirche und dem Liberalismus, der in den Maigesetzen (1868), im Reichsvolksschulgesetz (1869) und in den Gesetzen des Jahres 1874 zum Ausdruck kam.

Es ist leider nur sehr unvollständig möglich, ein — auch nur annähernd gültiges Bild — des Katholizismus in Österreich im vergangenen Jahrhundert zu zeichnen. Und zwar vor allem aus zwei Ursachen: Erstens hat sich die kirchengeschichtliche Forschung zwar mit verschiedenen biographischen oder faktengeschichtlichen Einzelthemen beschäftigt, es mangelt ihr aber — insbesondere was die zweite Hälfte des 19. Jahrhunderts betrifft — vor allem jener sozialhistorische und religionssoziologische methodische Ansatz, der, gerade im Zusammenhang mit unserer Themenstellung, die religiöse Mentalität einzelner Bevölkerungsschichten und ihrer Repräsentanten anzudeuten im Stande wäre. Ein solcher mentalitätsgeschichtlicher Aspekt könnte freilich erst auch die politischen Attitüden verschiedener Schichten, nicht nur von Einzelpersönlichkeiten, aufdecken, also die Betrachtung des Verhältnisses Staat — Kirche in einem vom Liberalismus geprägten politischen Raum von einer überwiegend rechts- und kirchenrechtshistorisch bestimmten Perspektive abheben.[20] Zweitens muß aber auch auf die Pluralität religiös-kirchlichen Lebens und Denkens im Österreich des 19. Jahrhunderts aufmerksam gemacht werden. Es sei hier nur erinnert: an das Fortwirken einer *josephinischen Tradition*. Diese wird man überall dort gewahr, wo auf der einen Seite staatskirchliche Tendenzen zum Tragen kommen — etwa im Metternichschen System oder zur Zeit des Neoabsolutismus —, und wo auf der anderen Seite, nach der These Eduard Winters, kirchliche Reformansätze weiterwirken, die zur Zeit Josephs II. zum ersten Mal in dieser Radikalität zum Durchbruch gelangten.[21] Weiters sei erinnert an den Geist der sogenannten *katholischen Romantik:* auch diese führte zum einen zu einer Verinnerlichung religiösen Lebens, aber gewiß zu einer eher irrational-subjektiven und emotionalen, die während des ganzen 19. Jahrhunderts zu einer Pflege mehr sekundärer, akzidentieller religiöser Praktiken im katholischen Bereich führte: Die Betonung von Privatandachten, von außer- oder sogar pseudoliturgischen Zeremonien, von eher esoterischen Konventikeln und Zirkeln (Kongregationen, Vereine usf.) oder die Betonung quantitativer Kriterien im Religiösen gehört hierher. Der Unterschied einer solchen „Verinnerlichung", die zu Beginn des Jahrhunderts vor allem von Clemens Maria Hofbauer beeinflußt worden war[22], zu den objektiven, gemeinschaftsorientierten religiösen Reform- und Erneuerungsbestrebungen kirchlicher Josephiner liegt auf der Hand. Zum anderen war ein fester Bestandteil der Romantik jene rückwärtsgewandte Utopie, die idealisierte mittelalterliche theokratische Formen, mit einer hierarchisch gestuften, gottgewollten Ständeordnung und einem erneuerten Gottesgnadentum, zum fast alleinigen Maßstab einer zukünftigen Politik machen wollte. Weiters sei erinnert an die Beispielwirkung jener *kirchenpolitischen Kompromißpolitik,* die sich an manche Veränderungen anzupassen, gleichzeitig aber auch den Vorrang des Katholizismus als Staatskirche zu sichern wußte. Der manifeste Auftakt dieser Politik ist jenes Konkordat, das die katholische Kirche mit Napoleon schloß (1801) und dem sich zahlreiche ähnliche staatskirchenrechtliche Vergleiche anschlossen. Das 1855 zwischen der Habsburgermonarchie (Ungarn nicht inbegriffen) und dem Vatikan vereinbarte österreichische Konkordat[23] sicherte der katholischen Kirche in der Tat eine juristisch abgesicherte Position im öffentlichen Leben des Staates — etwa im Bereich von Schule und Erziehung — zu, die ihr im Grunde genommen nur eine autokratische Regierung gewähren konnte und die den zunehmend demokratischen Prinzipien einer postfeudalen Zeit bzw. eines Liberalismus, der Gedanken- und Gewissensfreiheit propagierte, keineswegs mehr entsprach. Kirchlicherseits verbarg sich hier jener Geist einer vom Liberalismus enttäuschten Führung (Pius IX.), die dem „Auflösungsprozeß" der Moderne mit autoritären Strukturen zu begegnen suchte. Konkordat, Neuscholastik, Infallibilität, kirchliche Staats- und Soziallehre müssen rein religions-soziologisch als Zeichen dieser Mentalität aufgefaßt werden. Nun: der Widerstand gegen das Konkordat in der österreichischen politischen Öffentlichkeit, die Aversion gegen eine mit Hilfe des Neoabsolutismus erstarkte Staatskirche war groß. Das Protestantenpatent vom April 1861, das Pius IX. bezeichnenderweise heftig beklagte[24], das aber dem Geist demokratischer Gleichberechtigung auch im religiösen Bereich entsprach, war nicht nur ein wichtiger Schritt zumindest in Richtung einer Modifizierung der Konkordatsvereinbarungen, es machte zudem, etwa im Bereich der Mischehen, auf das im Grunde genommen unbereinigte Terrain der res mixtae, also letztlich des Verhältnisses von Staat und Kirche, aufmerksam. Der Sieg der Liberalen im Jahre 1867 (Verfassungspartei) brachte nicht nur eine forcierte Beschäftigung mit diesen Grundsatzfragen aufs Tapet, er führte auch 1870 zur Kündigung des Konkordats, da, wie es hieß, „in Folge der neuesten Erklärungen des Heiligen Stuhles über die Machtvollkommenheit des Oberhauptes der katholischen Kirche [dieses] nicht länger aufrechtzuerhalten... sei"[25].

In bezug auf eine Charakteristik des österreichischen Liberalismus möge ganz kurz folgendes bemerkt werden. Seine sozialen Trägerschichten waren sowohl ein — überwiegend deutschsprachiges — gehobenes, ökonomisch gesichertes oberes städtisches Bürgertum als auch jene Teile des Adels, die sich, aus der quasidemokratischen ständischen antiabsolutistischen Tradition kommend, den liberalen Ideen einer konstitutionellen Monarchie bzw. eines eingeschränkten demokratischen Repräsentativsystems gegenüber aufgeschlossen zeigten. Weiters wäre auch das Gros der Beamtenschaft zu nennen, das vor allem der Kirche gegenüber josephinische Distanz übte und gerne in den aktiven Genuß politischer Rechte gekommen wäre (z. B. Franz Grillparzer). Einen gewissen Höhepunkt erlebte der Liberalismus in den sechziger Jahren, als nicht nur der Neoabsolutismus dem Druck seiner politisch einflußreichen Repräsentanten weichen mußte, sondern als er durch den Sieg der Verfassungspartei zu einem etablierten Faktor der österreichischen Innenpolitik wurde. Freilich: indem eine Gruppe von Liberalen, vornehmlich die in den Reichsrat entsandten Repräsentanten, zur Macht gekommen waren, wurde der politische Liberalismus zusehends zu einer konservativen Richtung: Nicht mehr die Erringung und Ausweitung demokratischer, freiheitlicher Rechte war nun ihr Ziel, sondern das Bewahren dieser Rechte für eine sozial und ökonomisch abgesicherte Oberschicht. Damit zog sich der Liberalismus als politische Partei, die freilich in kulturpolitischen Fragen auch weiterhin freiheitliches (freisinniges) Gedankengut vertrat, in eine selbst bestimmte Isolation zurück, und die Erweiterung des Wahlrechts, das neben der Begünstigung der liberalen Oberschicht Vertretern anderer Bevölkerungsteile den Zutritt zu politischem Einfluß eröffnete, bedeutete vollends den Niedergang des Einflusses des politischen Liberalismus. Liberalismus als Ideologie bestand aber trotzdem weiter: „Sie lieferte Meinungen, die von manchen Kreisen, besonders den Gebildeten, nicht als Meinungen, sondern als Selbstverständlichkeiten angesehen wurden: ein klares Zeugnis für die Kraft einer Ideologie. Sie trat in den verschiedensten öffentlichen Institutionen hervor. Sie wurde an den Universitäten gelehrt, an allen Fakultäten, zuweilen selbst an der theologischen. Sie wurde in Zeitungen und politischen Schriften propagiert, oft auch in sozialdemokratischen. Sie erwies Fruchtbarkeit und Originalität noch in einer Phase, da der politische Liberalismus längst ins Sterile und Reaktionäre entartet war."[26]

Die sechziger und siebziger Jahre des 19. Jahrhunderts waren nicht nur der äußere Höhepunkt liberaler Machtentfaltung, sie waren auf der anderen Seite, was das offizielle katholische Lager betraf, von einem starren Festhalten an ein bereits verspieltes konkordatäres Staatskirchentum geprägt. Und der Meinungsprozeß, der nun zur Lösung jener Fragen einsetzte, die von gemeinsamem Interesse waren, d. h.

die Debatte um eine Trennung von Kirche und Staat, wurde nicht nur von der soeben getroffenen feierlichen Verurteilung des Liberalismus von kirchlicher Seite durch den Syllabus von 1864 präjudiziert, er wurde — eben dadurch — auch von seiten der Liberalen, die stark von der tagespolitischen Argumentation geprägt waren, als eine Machtprobe mit einer feudal, autoritär und antidemokratisch, als dem Wesen nach antiliberal eingestellten Kirche angesehen. Manche gehässige Worte, die auf beiden Seiten fielen, sind auch von diesen starren Positionen aus zu erklären.

Was nun die kirchenpolitische Gesetzgebung der Jahre 1868, 1869 und 1874 betrifft, die sich insgesamt auf die res mixtae bezogen, also den staatlichen und kirchlichen Standpunkt umschrieben, so haben wir es hier, ganz ähnlich wie später bei den kirchenpolitischen Gesetzen in Ungarn, viel eher um administrative Maßnahmen, um Regelungen für die Praxis zu tun als um einen deklarierten Kirchenkampf, um einen „Kulturkampf". Leider hat sich dieser Topos vom Kulturkampf bis heute erhalten und wird sogar in neueren historischen Untersuchungen unbeschaut übernommen.[27] Tatsächlich strebten sogar die wenigsten Liberalen in Österreich — im Gegensatz zu Ungarn — eine konsequente, radikale Trennung von Kirche und Staat an, obwohl auch sie diese in der Theorie als Ziel vor Augen haben mochten. „Ich betrachte", verkündete der Abgeordnete Karl Dittes im Jahre 1874, „die Glaubensangelegenheiten schlechterdings, so weit sie sich nicht in Handlungen äußern, die jemandes Recht oder die öffentliche Ordnung stören, vollständig, und also auch die Religion als solche, sammt ihren Ueberzeugungen, ganz und gar als eine Privatsache."[28] Freilich war dies eben nur die theoretische Formulierung einer Extremposition, die Praxis ließ „allergrößte Vorsicht" (Auersperg) walten. „Es war politisch klug", schreibt Ernst von Plener in seinen Erinnerungen, „ebensowohl die Extreme des alten Polizeistaates und der neuen preußischen Gesetzgebung, als die vage und nicht unbedenkliche Autonomie der freien Kirche im freien Staat abzulehnen und jenes mittlere System wiederherzustellen, welches der Kirche zwar gewisse Schranken auferlegte, die aber, weil von alters her bestehend, nicht als eine drückende Gewaltmaßregel empfunden wurden."[29] Sollte diese Feststellung zutreffen, dann waren diese Liberalen ebenso verkappte Josephiner, wie es die Verteidiger einer Konkordatspolitik waren, die nur unter für die Kirche günstigeren Vorzeichen sich auf ein Staatskirchentum verließen, das sehr deutlich jenem des aufgeklärten Absolutismus glich.

Worauf bezogen sich nun die liberalen kirchenpolitischen Gesetze dieser Jahre? Zunächst betrafen sie Angelegenheiten eines Bereichs, der insofern unmittelbar die Interessen des Staates anzeigte, als er die Existenzweise der Gesellschaft, der Öffentlichkeit substantiell beeinflußte. Das heißt, es ging um res mixtae — im alten kirchenrechtlichen Sinne —, die zum einen im Ancien régime, als Staat und Kirche deckungsgleich waren, entweder von der Kirche dominiert worden waren, oder die der Staat, gleichsam als verlängerter Arm der Kirche, verwaltete. Zum anderen ging es um res mixtae, die im Konkordat wieder, im Sinne einer feudalen staatskirchenrechtlichen Struktur, zugunsten einer katholisch-kirchlichen Präponderanz geregelt worden waren. Im konkreten handelte es sich bei den kirchenpolitischen Gesetzen dieser Jahre um folgendes: Es ging *erstens* um die Emanzipation von Schule und Erziehung aus der kirchlichen Bevormundung, d. h., weder sollten die Schulen auch weiterhin unter kirchlicher Verwaltung noch unter einem von der Kirche diktierten Lehrplan verbleiben: „Die oberste Leitung und Aufsicht über das gesamte

Unterrichts- und Erziehungswesen steht dem Staate zu." Damit wurde die Erziehung entkonfessionalisiert und der Einfluß der Kirche auf den Religionsunterricht beschränkt.[30] *Zweitens* wurde, nicht zuletzt auch im Hinblick auf die Protestanten der Monarchie — nicht sosehr als Ausdruck einer konsequenten Meinungs- und Gewissensfreiheit —, die Rechtssprechung in Eheangelegenheiten weltlichen Gerichten zugewiesen und die Notzivilehe für jene Fälle vorgesehen, in welchen eine kirchliche Trauung, die auch weiterhin im Prinzip die einzig bindende Eheschließungsform blieb, wegen kirchlicher Ehehindernisse, die der Staat nicht anerkennen konnte, nicht möglich war.[31] *Drittens* ging man daran, das Verhältnis der rezipierten Konfessionen zueinander neu zu umschreiben. Im Grunde genommen handelte es sich um die Durchführung der Rechtsgleichheit der Konfessionen und ihrer Mitglieder vor dem Staat. Hier war die konfessionelle Zugehörigkeit von Kindern aus Mischehen ein besonders heikles Problem, als ja insbesondere die katholische Kirche durch sogenannte Reverse die katholische Taufe und Erziehung dieser Kinder verlangte. Nun wurde, unter Wahrung der „Rechtsgleichheit", verordnet, daß Kinder aus Mischehen, entsprechend ihrem Geschlecht, entweder der Religion des Vaters oder der Mutter zu folgen hätten. Das heißt, Knaben nehmen die Religion des Vaters, Mädchen die der Mutter an. Freilich: gerade die Entwicklung in Ungarn, wo zur gleichen Zeit ein ganz ähnlich lautendes Gesetz (Gesetzesartikel 53/1868) erlassen worden war, sollte in Kürze zeigen, daß nicht die Einmischung des Staates in kirchliche Eheangelegenheiten, sondern nur eine strenge Trennung von diesen eine gewisse Beruhigung bewirken konnte.[32] Selbst die 1874 ausgesprochene Gleichberechtigung der Konfessionen, der die gesetzmäßige Revokation des Konkordats vorausging, konnte dieses Übel nicht beseitigen.[33]

Nach den Worten Kolmers waren die kirchenpolitischen Debatten des Jahres 1874 „der Schwanengesang der altliberalen Gruppe des Herrenhauses, die unbeeinflußt und ungebeugt die Frage der Trennung der beiden Gewalten ... zu Gunsten der Geistesfreiheit gelöst wissen wollte".[34] In der Tat trug auch der Börsenkrach des Jahres 1873 ganz wesentlich dazu bei, daß das Vertrauen in die liberale Marktwirtschaft sehr stark erschüttert wurde. Unzählige liberale „Newcomers" hatten mit dem Verlust ihres Geldes auch den Glauben an den Fortschritt, an die Prinzipien des Liberalismus als Gestaltungskräfte der Politik verloren. Neue, Mittel- und sogenannte Unterschichten der Bevölkerung meldeten ihr Recht auf politische Mitgestaltung an. Und dennoch: Liberalismus als Gesinnung, als Geisteshaltung, als Motor gesellschaftlicher und persönlicher Emanzipation bestand — so können wir als Historiker feststellen — auch weiter, seine Grundsätze sind im 20. Jahrhundert nicht nur in der Menschenrechtsdeklaration der UNO vorzufinden, vielmehr dürfte auch das Zweite Vatikanum viel eher die Kongruenz als die Divergenz liberalen und kirchlichen Gedankenguts aufgedeckt haben.

Liberalismus und Kirche, eine für das europäische 19. Jahrhundert typische Thematik, auf ihre historische und gegenwartsbezogene Relevanz angesprochen, könnte, zusammengefaßt, folgendermaßen charakterisiert werden:

1. Der Liberalismus ist, in seiner historischen Rekonstruktion, als Teil jenes Emanzipationsprozesses anzusehen, der spätestens mit der Aufklärung einsetzt und bis in die Gegenwart andauert.

2. Diese Emanzipation bezog sich primär auf die Scheidung von Vernunft und Glaube, Gesellschaft und Religion, Staat und Kirche. Denn es dürfte ein Charakteri-

stikum der abendländischen Geschichte sein, daß vom Frühmittelalter an Staat und Religion, Staat und Kirche eine Einheit bildeten, wobei versucht wurde, einerseits religiöse bzw. Glaubenskriterien zum Maßstab des zivilen, staatliche Kriterien aber zum Maßstab des kirchlichen Bereichs zu machen.

3. Die Einsicht in die Notwendigkeit der Trennung dieser beiden Bereiche erwachte mit der Erkenntnis der Autonomie des Menschen und der Gesellschaft, wobei aber zur Erkenntnis dieser Autonomie bezeichnenderweise *auch* ursprünglich christliche (biblische) Einsichten — etwa von einer eigenverantwortlichen „Gottebenbildlichkeit" des Menschen — beigetragen haben. Die kirchenpolitischen Auseinandersetzungen der Zeit des Liberalismus — auch des Liberalismus in Österreich — sind eine wichtige Etappe im Prozeß der Aneignung dieser Autonomie, eine Etappe eben im Prozeß der Emanzipation.

4. Dieser Emanzipationsprozeß darf, von der Sicht des Historikers, nicht ausschließlich negativ umschrieben werden. Sowohl die historische Erfahrung als auch rationale Überlegungen zeigen vielmehr, daß die Trennung dieser Bereiche beide zu Werten ihrer ursprünglichen Bestimmung zu führen vermag: zu humanitären Zielvorstellungen, als den wichtigsten gesellschaftlichen Tuns, und zur Verinnerlichung im religiösen Bereich. Wobei so getrennt beide Sphären vielleicht wieder nur zwei komplementäre Seiten der einen menschlichen Existenz darstellen.

Anmerkungen

[1] Es sei hier, als ein Beispiel von vielen, nur hingewiesen auf Oskar *Schroeder,* Aufbruch und Mißverständnis. Zur Geschichte der reformkatholischen Bewegung (Graz—Wien—Köln 1969).

[2] Martin *Schmidt,* Der Liberalismus als Problem für die Kirche und Kirchengeschichte im 19. Jahrhundert, insbesondere seine Stellung zum evangelischen Christentum. In: Martin *Schmidt* — Georg *Schwaiger* (Hrsg.), Kirchen und Liberalismus im 19. Jahrhundert. Studien zur Theologie und Geistesgeschichte des 19. Jahrhunderts 19. (Göttingen 1976) S. 9.

[3] Zur Thematik des Liberalismus sei u. a. auf folgende Werke hingewiesen: Guido de *Ruggiero,* Geschichte des Liberalismus in Europa (München 1930); Karl *Eder,* Der Liberalismus in Altösterreich. Geisteshaltung, Politik und Kultur. Wiener Historische Studien III. (Wien—München 1955); Georg *Franz,* Liberalismus. Die deutsch-liberale Bewegung in der Habsburgischen Monarchie (München 1955); Eduard *Winter,* Revolution, Neoabsolutismus und Liberalismus in der Donaumonarchie (Wien 1969); Lothar *Gall* (Hrsg.), Liberalismus (Köln 1976) = Literaturangaben S. 319—345.

[4] § 80 des Syllabus: „Romanus Pontifex potest ac debet cum progressu, cum liberalismo et cum recenti civilitate se reconciliare et componere." § 77 verurteilt jene Ansicht, die meint, daß die katholische Kirche nicht mehr Staatsreligion sein sollte. Insgesamt richtete sich der Syllabus gegen alle „modernen Irrtümer": gegen den Pantheismus, den Rationalismus, den Indifferentismus, den Sozialismus, gegen die Freimaurerei, den Etatismus, den Gallikanismus, den Naturalismus und den Liberalismus. Vgl. den Text des Syllabus in: Henricus *Denzinger* — Adolphus *Schönmetzer* (Ed.), Enchiridion Symbolorum, Definitionum et Declarationum de rebus fidei et morum (Barcinonae—Friburgi—Romae—Neo Eboraci ^{32}1963) Nr. 2901—2980, S. 576—584 (mit Quellen und Literatur). Der zitierte § 80 auf S. 584 (Nr. 2980). Vgl. dazu u. a. „Syllabus", in: Lexikon für Theologie und Kirche IX (Freiburg/Breisgau ^{2}1964) S: 1202—1203; E: E. Y. *Hales,* Papst Pius IX. Politik und Religion (Graz—Wien—Köln 1957) S. 359—370; Roger *Aubert,* Le pontificat de Pie IX. = *Fliche — Martin,* Histoire de l'Eglise 21. (Tournai

1963) S. 245—261; Hubert *Jedin* (Hrsg.), Handbuch der Kirchengeschichte VI/1: Die Kirche der Gegenwart. Die Kirche zwischen Revolution und Restauration (Freiburg—Basel—Wien 1971) S. 750 ff.

5 Das Zitat findet sich in „Lydia" 2 (1850). Zitiert nach Joseph *Pritz,* Glauben und Wissen bei Anton Günther. Eine Einführung in sein Leben und Werk. Mit einer Auswahl aus seinen Schriften. Wiener Beiträge zur Theologie IV. (Wien 1963) S. 347.

6 I. *Kant,* Zur Beantwortung der Frage: Was ist Aufklärung? In: Norbert *Hinske* (Hrsg.), Was ist Aufklärung? Beiträge aus der Berlinischen Monatsschrift (Darmstadt [3]1981) S. 453.

7 Vgl. Moritz *Csáky,* Der Kulturkampf in Ungarn. Die kirchenpolitische Gesetzgebung der Jahre 1894/95. Studien zur Geschichte der Österreichisch-Ungarischen Monarchie VI. (Graz—Wien—Köln 1967) S. 20.

8 Paul Achatius Pfizer war liberaler Politiker, 1838 Führer der liberalen Opposition in Württemberg und 1848 kurze Zeit württembergischer Kultusminister. Er war u. a. auch der Verfasser des zweibändigen Werkes „Gedanken über Recht, Staat und Kirche" (1842).

9 „Liberalismus", in: Carl von *Rotteck*—Carl *Welcker* (Hrsg.), Staatslexikon oder Encyklopädie der Staatswissenschaften IX (Altona 1840) S. 713—730, Zitat S. 729.

10 Ebd. S. 715.

11 Ebd. S. 717.

12 „Christenthum", in: *Rotteck—Welcker,* Staatslexikon III (Altona 1836) S. 437—495, Zitat S. 460.

13 Ebd. S. 468.

14 Ebd. S. 474.

15 Ebd. S. 477.

16 Ebd. S. 482.

17 Der Satz findet sich zum ersten Male in einem Brief Montalemberts an Cavour. Vgl. *Aubert,* Pie IX, a. a. O. S. 230.

18 Bruno *Bauer,* „Das entdeckte Christenthum. Eine Erinnerung an das achtzehnte Jahrhundert und ein Beitrag zur Krisis des neunzehnten" (1843). In: Ernst *Barnikol,* Das entdeckte Christentum im Vormärz. Bruno Bauers Kampf gegen Religion und Christentum und Erstausgabe seiner Kampfschrift (Jena 1927) S. 83—164.

19 Graf Anton Auersperg (Anastasius Grün) in der Herrenhausdebatte vom 31. März 1868. In: Stefan *Hock* (Hrsg.), Anton Auerspergs Politische Reden und Schriften (Wien 1906), S. 317.

20 Vgl. etwa die Kirchengeschichten von: Coelestin *Wolfsgruber,* Kirchengeschichte Österreich-Ungarns (Wien 1909); Ernst *Tomek*–Hugo *Hantsch,* Kirchengeschichte Österreichs, Bd. 3 (Innsbruck—Wien—München 1959); Josef *Wodka,* Kirche in Österreich. Wegweiser durch ihre Geschichte (Wien 1959). Ferner auch Eduard *Hosp,* Kirche Österreichs im Vormärz 1815—1850 (Wien—München 1971), und Eduard *Winter,* Revolution a. a. O.

21 Eduard *Winter,* Der Josephinismus und seine Geschichte. Beiträge zur Geistesgeschichte Oesterreichs 1740—1848 (Brünn—München—Wien 1943); Als „Reformkatholizismus" behandelt den Josephinismus auch Peter *Hersche,* Der Spätjansenismus in Österreich (Wien 1977).

22 Zu Hofbauer vgl. u. a. Eduard *Hosp,* Hofbauer (Wien 1951); Eduard *Winter,* Romantismus, Restauration und Frühliberalismus im österreichischen Vormärz (Wien 1968); Eduard *Hosp,* Kirche Österreichs a. a. O.

23 Zum Österreichischen Konkordat vgl. u. a. Erika *Weinzierl-Fischer,* Die österreichischen Konkordate von 1855 und 1933 (Wien 1960); Gábor *Adriányi,* Die Stellung der ungarischen Kirche zum österreichischen Konkordat von 1855 (Rom 1963). Wichtig in bezug auf das geistige Umfeld des Konkordats ist Gottfried *Mayer,* Josef Feßler und sein Kreis. Ein Beitrag zur Frühgeschichte des Ultramontanismus in Österreich bis zum Protestantenpatent 1861 (Wien, Masch. Diss. 1980).

24 Das Schreiben Pius IX. an Franz Joseph vom 30. Juli 1861, in: Friedrich *Engel-Janosi* — Richard *Blaas* — Erika *Weinzierl* (Hrsg.), Die politische Korrespondenz der Päpste mit den österreichischen Kaisern 1804—1918 (Wien—München 1964), S. 258—259.

[25] So die Verlautbarung in der Wiener Zeitung vom 31. Juli 1870. Zitiert nach Gustav *Kolmer,* Parlament und Verfassung in Österreich. Vorwort zur Neuausgabe von Alois *Adler,* Bd. 2: 1869—1879 (Neudr. der Ausgabe von 1903, Graz 1972), S. 64.

[26] Albert *Fuchs,* Geistige Strömungen in Österreich 1867—1918. Nachdruck der Ausgabe 1949. Mit einer Einführung von Georg *Knepler* (Wien ²1978), S. 10.

[27] Vgl. *Csáky,* Kulturkampf a. a. O., S. 103 ff.

[28] Zitat nach *Kolmer,* Parlament und Verfassung a. a. O., Bd. II., S. 319.

[29] Ernst *Plener,* Erinnerungen, Bd. II: Parlamentarische Tätigkeit 1873—1918 (Stuttgart—Leipzig 1921), S. 20.

[30] Schulgesetz vom 25. Mai 1868, § 1, in: Edmund *Bernatzik,* Die österreichischen Verfassungsgesetze mit Erläuterungen (Wien ²1911), S. 461. Gesetzestext ebd., S. 461—464, sowie neuestens bei Karl *Vocelka,* Verfassung oder Konkordat? Der publizistische und politische Kampf der österreichischen Liberalen um die Religionsgesetze des Jahres 1868 (Wien 1978), S. 199—200.

[31] Ehegesetz vom 25. Mai 1868, in: *Bernatzik,* Verfassungsgesetze a. a. O., S. 457—461; *Vocelka,* Verfassung oder Konkordat a. a. O., S. 196—199.

[32] Konfessionsgesetz vom 25. Mai 1868, in: *Bernatzik,* Verfassungsgesetze a. a. O., S. 464—468; *Vocelka,* Verfassung oder Konkordat a. a. O., S. 200—203. Die gesetzmäßige Verankerung der dem Geschlecht nach getrennten konfessionellen Erziehung geht meines Wissens nach in der Habsburgermonarchie auf das ausgehende 18. Jahrhundert zurück. Vgl. *Csáky,* Kulturkampf a. a. O., S. 14 (bez. Mischehen 1890/91), S. 29 ff. (Gesetzesartikel 53/1868).

[33] Vgl. zu den Gesetzen von 1868 und 1869, insbesondere zur Schulfrage auch Hubert Ch. *Ehalt,* Das Wiener Schulwesen in der liberalen Ära. In: Wien in der liberalen Ära. Forschungen und Beiträge zur Wiener Stadtgeschichte, herausgegeben von Felix *Czeike,* Bd. 1 (Wien 1978), S. 120—147, Schulgesetze, S. 124 ff.; mit dem „Kulturkampf", insbesondere auch mit den liberalen Schulgesetzen in den Ländern beschäftigen sich zwei Werke neueren Datums: Harald *Gnilsen,* Ecclesia Militans Salisburgensis. Kulturkampf in Salzburg 1848—1914 (Wien—Salzburg 1972), insb. S. 151—247; Josef *Fontana,* Der Kulturkampf in Tirol. Schriftenreihe des Südtiroler Kulturinstituts, 6 (Bozen 1978).

[34] *Kolmer,* Parlament und Verfassung a. a. O., Bd. II., S. 322.

Karl Vocelka

Thron und Altar im alten Österreich

Das am 18. August des Jahres 1855 zwischen dem Wiener Erzbischof Joseph Othmar von Rauscher als Vertreter Österreichs und dem Nuntius Michael Viale-Prelà als Vertreter der Kurie abgeschlossene Konkordat kommentierte Franz Grillparzer bezugnehmend auf die liberale Gesetzgebung für die verschiedenen Religionsgemeinschaften im Osmanischen Reich — das Hat-i-Hümayun — im Jahre darauf mit folgenden sarkastischen Versen:

„Hat Humayan und Konkordat
verändern nicht am Zahlenwert
das europäische Konzert.
Tritt ein der Türk durch die erste Tür
tritt Östreich aus durch die zweite dafür."

War nun dieser Vertrag vom 18. August 1855 wirklich eine so grundlegende Veränderung des Verhältnisses zwischen Staat und Kirche, zwischen Thron und Altar, wie es die Verse Grillparzers vermuten lassen? Um uns der Beantwortung dieser Frage anzunähern, müssen wir auf das weit zurückreichende Wurzelgeflecht der Beziehungen zwischen den österreichischen Herrschern und der Kirche näher eingehen.

Staatliche und kirchliche Macht haben nicht nur in Österreich Hand in Hand gearbeitet, sondern auch in vielen anderen Ländern ist der religiöse Faktor bei der Staatsbildung und der Staatserhaltung nicht völlig zu vernachlässigen, aber in Österreich hat sich diese Entwicklung unter ganz bestimmten Umständen vollzogen, die hier Gegenstand der Betrachtung sein sollen und müssen. Schon für die frühmittelalterliche Geschichte des österreichischen Raumes und seiner Besiedlung, die bis heute das Bild dieses Staates in ethnischer Hinsicht prägt, ist diese siedlungsmäßige — und damit gleichsam auch staatliche — Durchdringung unseres Raumes mit bayrischen bzw. alemannischen, also deutschen Siedlern und die Zurückdrängung der Slaven eng verbunden mit der Christianisierung und Missionierung gewesen. Auch die noch verbleibenden Alpenslaven wurden durch die Christianisierung in den politischen Einflußbereich der bayrischen Herzöge gebracht. Es war der bayrische Herzog, der die Klöster gründete, die die Slavenmissionierung betrieben, so etwa Innichen 769 oder Kremsmünster 777. Wenn man es überspitzt ausdrücken will, so waren es diese Bayernherzoge — Odilo und Tassilo III., bekannt durch seine Empörung gegen Karl den Großen —, die das erste Bündnis zwischen Thron und Altar abgeschlossen haben.

Diese enge Verbindung von weltlicher Herrschaft und Kirche bleibt durch das ganze Mittelalter erhalten, die Kirche, der hierarchisch gegliederte Klerus, wird zum herrschaftsstützenden Element in Mitteleuropa, wenn auch ganz extreme Formen der Übertragung von Herrschaftsbefugnissen an die Kirche im Rahmen des ottonischen Reichskirchensystems gescheitert sind.

Für die österreichischen Landesfürsten, die Babenberger, die von einer kleinen Kernzelle in Niederösterreich aus den Staat schufen, in dessen historischer Tradition wir leben, war eine Expansion von diesem Kern weg nicht nur durch erfolgreiche militärische Aktionen, großzügige Grundschenkungen durch die Kaiser des Reiches und schließlich auch Erbverträge möglich, sondern sie stützten sich dabei auch wesentlich auf die Kirche, die Klöster, die durch ihre Rodungstätigkeit erheblich zum Landesausbau beitrugen.

Der Landesfürst beschenkte sie dafür reich und wurde gleichsam als Oberherr anerkannt, er war der advocatus ecclesiae, hatte auch real gesprochen die Vogteigewalt über die reichen Klöster, die seine politische Macht stärkte. Wenn auch der Ausbau einer Landeskirche bis ins späte Mittelalter hinein unvollkommen blieb, da es nicht gelang, ein eigenes Bistum zu schaffen, so daß Österreich immer noch von den außerhalb des Staates liegenden Diözesanvororten Passau und Salzburg abhängig war, konnten sowohl die Babenberger als auch die ihnen folgenden frühen Habsburger ihre Stellung gegenüber der Kirche sehr gut ausbauen und die Kirche voll in ihr Herrschaftssystem integrieren.

Neben dieser materiellen Zusammenarbeit von Kirche und Staat in der Beherrschung der Menschen des Staates sind aber auch einige durchgehende geistige Faktoren zu berücksichtigen.

Selbstverständlich war bis zum Ende der monarchischen Staatsform in unserem Raum der jeweilige Herrscher einer von Gottes Gnaden, und er nannte sich auch in seinem Titel, der ein Symbol der Herrschaft und auch seines Selbstverständnisses ist, „Dei gratia". Dieses Gottesgnadentum des Herrschers war nun sicherlich Ideologie, die in harten Machtauseinandersetzungen nicht viel zu sagen hatte, dennoch wäre es falsch, würde man an der Charakteristik der früheren Zeit vorbeigehen, wollte man seine Bedeutung gänzlich leugnen. Dieses ursprünglich aus Traditionen altdeutschen Geblütsrechtes und Königsheils gespeiste Gottesgnadentum ist schließlich christlich umfunktioniert worden und diente der Legitimation von Herrschaft im christlichen Sinne. So ist es kein Zufall, daß weltliche und geistliche Ikonographie sich annähern, daß Christus als Weltenherrscher und der weltliche Regent ähnlich dargestellt werden, daß christliche Symbolik zunehmend die weltliche Symbolik des Herrschers beeinflußt. Die Herrschereinsetzung, die Krönung wird im Zeremoniell an die Bischofsweihe angeglichen, der Herrscher wird gesalbt, und seine Kleidung ist immer mehr der des Bischofs ähnlich.

Auch die Herrschaftssymbole selbst werden tief von den Gedanken des Christentums durchdrungen. Die Heilige Lanze etwa — das heidnische Symbol des germanischen Speers — wird als Mauritiuslanze uminterpretiert, oder um ein anderes Beispiel aus einer viel späteren Epoche anzuführen: Am Beginn des 17. Jahrhunderts noch läßt Kaiser Matthias — passend zur Hauskrone Rudolfs II. — ein Szepter anfertigen, dessen Schaft aus dem „Einkürn", einem Narwalhorn, gemacht wurde. Dieses Narwalhorn wurde als das Horn des fabulösen Einhorns aufgefaßt, eines Tieres, das sich der Legende nach nur von der reinen Jungfrau fangen ließ und — die Parallele drängt sich geradezu auf — daher als ein Symboltier Christi galt. Man demonstrierte damit also aufs deutlichste den Gedanken, daß alle Herrschaft von Gott stammt.

Herrschaft und Religion, Kirche und Staatsgewalt waren also nicht zu trennen und bildeten eine für das Mittelalter noch völlig unbestrittene Einheit. Als Rudolf IV. der

Stifter in Konkurrenz gegen seinen Schwiegervater, den römisch-deutschen Kaiser Karl IV., in Prag trat, so geschah dies nicht nur durch die berühmte Urkundenfälschung des Privilegium maius im staatsrechtlichen Bereich oder die Gründung der Wiener Universität im kulturpolitischen, sondern auch im Ausbau der Wiener Stephanskirche als einer großen Metropolitankirche — vergleichbar mit den deutschen Kaiserdomen oder unmittelbar für Rudolfs Auseinandersetzung mit seinem Schwiegervater zum Veitsdom am Prager Hradschin. Der Herrscher demonstrierte also seine Stellung als weltlicher Großer auf dem religiösen Gebiet, herrscherliche und religiöse, weltliche und geistliche Repräsentation fallen zusammen, Thron und Altar sind von ihren Bestrebungen her nicht mehr zu unterscheiden.

Diese — zumindest auf den ersten Blick gesehen — „heile Welt" des mittelalterlichen Universalismus in unseren Landen änderte sich gewaltig mit dem beginnenden 16. Jahrhundert.

Die Reformvorschläge Luthers gegen eine innerlich völlig verrottete Kirche fanden Anhänger, religiöse Gefolgsleute und politische Verfechter der Wittenbergischen Sache. Sehr rasch schon wurde die religiöse Erneuerungsbewegung aufgegriffen, von den politischen Mächten der Zeit zu einer herrschaftsstützenden Ideologie ihrerseits uminterpretiert. Auch das Luthertum tritt in eine enge Verbindung zum staatlichen Leben, die protestantischen Reichsfürsten bauen in einer Art Bündnis von territorialstaatlichem Thron und protestantischem Altar ihre Landeskirchen aus, das Luthertum wird zur staatstragenden Ideologie.

Mit dem in der letzten Zeit so trefflich von der deutschen Forschung herausgearbeiteten Phänomen der Konfessionalisierung tritt diese Einheit von Religion und Herrschaft deutlich zutage. Die Territorialstaaten Mitteleuropas binden die Religion in ihr System ein, die Einheit des religiösen Bekenntnisses, die Einheit der Weltanschauung in einem Staate wird angestrebt und machtpolitisch durchgesetzt. Anders als heute, wo viele Menschen in verschiedenen Gruppen, Parteien, Vereinen, Kirchen und Interessensverbänden mit oft sehr unterschiedlicher Ausrichtung Mitglied sind — viele können ja heute durchaus Sozialist und Katholik sein, ohne an den Widersprüchen zugrunde zu gehen, scheint mir —, waren die Menschen der frühen Neuzeit einheitlicher, universaler. War man als österreichischer Adeliger etwa Protestant, dann gehörte man damit auch gewissermaßen automatisch der oppositionellen Partei der ständischen Gruppierungen an, die gegen den katholischen Landesfürsten und Kaiser Stellung bezog.

Die politische Palette in Österreich hatte sich also erstmals in dieser Zeit aufgespalten, und der Religion kam in diesem Rahmen eine entscheidende Funktion zu. Die Habsburger, die — sieht man von dem religiös schwankenden Maximilian II. ab — strikt katholisch geblieben waren, verbündeten sich in diesem Ringen um politische Gewalt im Staate zwischen den vorwiegend protestantischen Ständen und der Zentralgewalt des Landesfürsten mit der katholischen Kirche, und man kann die Periode des 17. Jahrhunderts als eine jener bezeichnen, in der das Bündnis von Thron und Altar am engsten und auch am wirksamsten war. Der Absolutismus des Herrschers und der Anspruch der alten Kirche auf Universalität, ausgedrückt in den Bestrebungen der Gegenreformation, waren untrennbar miteinander verbunden, mußten sich gemeinsam durchsetzen oder gemeinsam untergehen.

Als am Beginn des Dreißigjährigen Krieges die protestantischen böhmischen Stände gegen den Kaiser revoltierten, wurden sie 1620 in der Schlacht auf dem

Weißen Berg, der Bílá Hora, vernichtend geschlagen. Die Folgen waren zweifache. Nach der physischen Vernichtung der Führer des Aufstandes und einem schrecklichen Strafgericht, bei dem 150.000 Menschen das Land verlassen mußten oder hingerichtet wurden, setzte sich der habsburgische Absolutismus durch — Böhmen wurde zum erblichen Königreich des Erzhauses erklärt —, aber ebenso setzte sich die Gegenreformation durch, und Böhmen wurde gewaltsam rekatholisiert.

Auch in den anderen von den Habsburgern beherrschten Ländern machte die Gegenreformation, Hand in Hand mit dem Absolutismus arbeitend, gewaltige Fortschritte. Im Sinne der Konfessionalisierung wurde ein barocker Katholizismus durchgesetzt, gekennzeichnet durch eine übermäßige Heiligenverehrung, ein gewaltiges Wallfahrtswesen und die Gründung unzähliger Bruderschaften und die Ansiedlung unzähliger vor allem aus dem romanischen Süden stammender Orden.

Dieser gemeinsame Sieg von Gegenreformation und Absolutismus, der nicht zuletzt auf der Rolle des österreichischen Landesfürsten als advocatus ecclesiae beruhte, verstärkte die staatskirchlichen Elemente des Katholizismus in unserem Raume zunehmend, und eine enge Verflechtung der beiden Bereiche war die unmittelbare Folge. Ein sehr gutes und gleichzeitig geradezu aktuelles Beispiel für diese starken Gemeinsamkeiten des siegreichen Absolutismus und der siegreichen Kirche, der ecclesia triumphans, ist der österreichische Türkenkampf und seine propagandistische Auswertung.

In diesem Türkenkampf hatte es ja immer schon ein Zusammenwirken geistlicher und weltlicher Elemente gegeben, waren doch die Gegner im Sinne der christlichen Kirche Ungläubige, die es kreuzzugsartig zu bekämpfen galt, und anderseits war das Osmanische Reich durch seine — ebenfalls religiös mitmotivierte — Expansion gegen Westen ein mehr als ernstzunehmender säkularer Gegner. Schon im 16. Jahrhundert hatte man diesen Gegner in der Propaganda religiös umgedeutet, sowohl für Luther als auch für die Papisten war der Türke eine Strafe Gottes für die Sünden der Christen, die Zornesrute Gottes, ja sogar der Antichrist, und man redete der Bevölkerung mit mehr oder weniger Erfolg ein, daß eine Bekämpfung dieses Gegners vor allem durch Buße und Besserung, durch ein moralisches Wohlverhalten zu erreichen sei. Dies nun wiederum kam der weltlichen Gewalt sehr zustatten, und man setzte die Kirche in jenem Prozeß ein, der Sozialdisziplinierung genannt wird und dessen Ziel es war, den Normen der Gesellschaft entsprechende, gefügige, leicht zu beherrschende Untertanen zu erzeugen.

Als im Jahre 1683 nach der Zweiten Wiener Türkenbelagerung das christliche Entsatzheer die Osmanen vernichtend schlug — was einen Wendepunkt in den Beziehungen zum Osmanischen Reich bedeutete —, gab es zwei Triumphatoren, die Kirche und den Kaiser. Die Kirche hatte mit der Vernichtung des islamischen Gegners ihre Position gestärkt, und der Kaiser konnte nun seinem kaum mehr ideologisch verschleierten Expansionsdrang auf dem Balkan frönen. Siegreiche Kirche und siegreicher Kaiser ließen sich als Triumphator darstellen, und wieder zeigt die Ikonographie der Kunstwerke engste Parallelität. Die Kapistrankanzel am Wiener Stephansdom etwa, die den Heiligen auf besiegten Türken und deren Waffen, die zu einem gefälligen Tropaion geordnet sind, stehen läßt, unterscheidet sich kaum von der Reiterstatue Leopolds I. von Matthias Steindl, die diesen über besiegte Türken und deren Waffen hinwegreitend zeigt. Diese Beispiele, die sich aus Kunst und Literatur beliebig vermehren ließen, demonstrieren das ungeheuer enge

Zusammenwirken von Thron und Altar, beides ist gebunden an das Phänomen des staatlichen Absolutismus, der sich mit dem katholischen Absolutheitsanspruch zu einer gelungenen Synthese zusammenfügt. Die so ähnliche Phänomenologie der beiden Gewalten ist die Basis dieses Zusammenwirkens, weder der absolute Herrscher duldete eine Macht neben sich, noch kann die katholische Kirche, die den Anspruch vertritt, die alleinseligmachende Religion zu sein, neben sich anderes abweichendes Gedankengut dulden. Gemeinsam, sich gegenseitig stützend, setzten beide nun ihre Ansprüche durch, und das späte 17. und der Großteil des 18. Jahrhunderts sind geprägt von dieser Einheit von Staat und Kirche.

Eine spezifische Eigenart und gleichzeitig auch die Krise des Bündnisses von Thron und Altar in Österreich stellt die Zeit Josephs II. dar. Hatten sich in der Zeit der Gegenreformation und des Absolutismus diese beiden Seiten der Medaille etwa die Waage gehalten, so versucht nun Joseph II. sehr bewußt die Kirche als Machtstütze einzusetzen und dabei selbst die Oberhand zu gewinnen. Gleichzeitig kämpft er aber auch gegen die Auswüchse des Barockkatholizismus, er hat sozusagen die Negativprämie der Erfolgreichen; all die im Sinne der Sozialdisziplinierung und Konfessionalisierung eingesetzten Wallfahrten und Bruderschaften, prunkhaft barocken Ausgestaltungen der Gottesdienste und Ansiedlung der Orden waren dem nun vom Gedankengut der Aufklärung bestimmten Monarchen ein Dorn im Auge. Doch dieser Kampf gegen die Auswüchse des Barockkatholizismus ist nur eine Seite des Josephinismus, anderseits versuchte Joseph II. auch die schon lange vorhandenen staatskirchlichen Elemente zu verstärken und eine noch engere Bindung der Kirche an die herrscherliche Zentralgewalt zu erreichen. Die lebhafte Josephinismusdiskussion der Historiker vor allem in den sechziger Jahren sah das Problem vor allem von der Seite der kirchlichen Institutionsentwicklung, weniger von der der Staatsentwicklung, der Ansätze der Modernisierung des Staates in Österreich.

Viele Aufgabenbereiche des Staates, die heute von diesem wahrgenommen werden, waren in der frühen Neuzeit von der Kirche versehen worden, etwa die Sozialfürsorge, das Schulwesen und auch die Verteilung von öffentlicher Meinung, die sich des Mediums der Kanzel bedienen mußte. Alle diese Bereiche versuchte der sich säkularisierende Staat seit dem aufgeklärten Absolutismus entweder selbst in die Hand zu bekommen und staatlich zu organisieren, oder aber, wenn man des machtstützenden Elementes Kirche in manchen Bereichen nicht entraten konnte, besser unter seine Kontrolle zu bekommen. So werden von Joseph II. etwa zentrale Priesterseminarien gegründet, die Priester, „Beamte im schwarzen Rock" genannt, auszubilden hatten, die nicht nur theologisch, sondern auch im Sinne des Staates einzusetzen waren, die also etwa jene berühmten oft zitierten Predigten über den Kartoffelanbau, die Joseph II. ihnen vorschrieb, zu halten imstande waren.

Der Josephinismus — verteufelt als Staatskirchentum, das die Rechte der Kirche in Österreich vergewaltigte, von den einen, als positives Phänomen eines Reformkatholizismus gesehen von den anderen — ist letztlich der erste Ausdruck der Modernisierung und Säkularisierung dieses Staates. Doch dieser Prozeß der Säkularisierung ist mit dem Josephinismus nur begonnen, nicht abgeschlossen worden, es ist ein langwieriger Vorgang, der ebenso von Rückschritten wie von Fortschritten im Laufe der nächsten Jahrhunderte gekennzeichnet wird.

In diesem Prozeß der Säkularisierung ist das Bündnis von Thron und Altar — das seit dem beginnenden 19. Jahrhundert auch explizit so genannt wird — ein

Gegengewicht zu den fortschrittlichen Tendenzen. Der Josephinismus und das Reformwerk Josephs werden — diplomatisch klug modifiziert — auch noch von seinem Bruder Leopold II. übernommen, jedoch kommt die Periode der Reformen bald zum Erliegen. Von den vielen Beweggründen, die zu dieser reaktionären Wende im Staate führten, muß einer besonders hervorgehoben werden, die Auswirkungen der Französischen Revolution auf die Habsburgermonarchie. Dieses wohl zentralste Ereignis der Geschichte Europas an der Wende zum 19. Jahrhundert hatte Folgen für die gesamte Gesellschaft Alteuropas. Damit ist nicht jener geringe direkte Einfluß der Französischen Revolution und des Gedankengutes, das sie vertrat, gemeint, das sich in Mitteleuropa in der schwachen, wenn auch ideengeschichtlich so wichtigen Jakobinerbewegung — Jakobiner wurden die Anhänger der Revolution außerhalb Frankreichs genannt — niederschlug, sondern vielmehr die konterrevolutionäre Reaktion, die auch für die politischen Verhältnisse der Habsburgermonarchie nicht zu vernachlässigen ist. Der Staat unter der Regierung des schwachen Herrschers Franz I. (II.), der bei weitem das geistige Format seines Vaters und seines Onkels nicht erreichte, wurde zunehmend konservativer. Nach der endgültigen Niederwerfung des der Revolution in Frankreich entsprossenen Napoleon wurde Europa im Wiener Kongreß des Jahres 1815 neu geordnet.

Das Grundprinzip dieser Neuordnung war die Restauration, die Wiederherstellung jener Verhältnisse, wie sie vor der Französischen Revolution geherrscht hatten. Das Herrschertum stützte sich nicht auf den Gedanken der Volkssouveränität, wie die Machthaber der Französischen Revolutions- und unmittelbaren Nachrevolutionszeit, sondern wieder auf das Gottesgnadentum, das besonders betont und akzentuiert wurde. Die gottgewollte Ordnung, die Herrschaft der angestammten Dynastien Europas, deren Herrschaft legitim im weltlichen wie im geistlichen Sinne war, das waren die Schlagworte der Epoche der Restauration im Europa zur Zeit des Wiener Kongresses. An dieser Restauration der Zustände vor 1789 war auch das Papsttum aus mehreren Gründen lebhaftest interessiert. Der Papst war schließlich sowohl weltlicher Herrscher über Mittelitalien wie auch geistiges Oberhaupt der katholischen konservativen Kirche.

Als weltlicher Herrscher war es das Hauptinteresse des Papsttums, das am Wiener Kongreß durch den tüchtigen Kardinalstaatssekretär Ercole Consalvi vertreten wurde, den ehemaligen Kirchenstaat, der Napoleons Italienpolitik zum Opfer gefallen war, zurückzuerhalten. Die politische Konstellation für dieses Vorhaben war überaus günstig. Wenzel Lothar Fürst Metternich, der die Politik der Habsburger in dieser Situation vertrat, war darauf angewiesen, sein Verhältnis zum Papsttum günstig zu gestalten, denn der konservativ, erneut auf der Basis eines Absolutismus regierende Staat brauchte nichts dringender als die Stützen der Kirche, real und spirituell. Nur eine einzige Kirche bot sich dafür im Sinne des Staatskanzlers an, die katholische, nicht nur aus Tradition der Habsburger und der Tatsache, daß die Mehrheit der Bevölkerung der Habsburgermonarchie dieser Konfession angehörte, sondern auch weil der katholischen Kirche ganz sicherlich alles Revolutionäre mangelte, weil die katholische Kirche eine konservative Kraft war, die auch ihren Ursprung nicht aus einer Revolte herleitete — das machte Metternich dem Protestantismus ernstlich zum Vorwurf. Nur diese Religion konnte der Alliierte der Monarchie werden, konnte ihre Rolle spielen in der Erziehung der Untertanen zum Gehorsam gegenüber der rechtmäßigen Obrigkeit. Außerdem war es die ausgebaute

Hierarchie der Kirche, die dem Staat einen schon vorhandenen Unterdrückungsmechanismus zur Verfügung stellen konnte.

Diese Stütze bot die Kirche auch im geistigen Bereich an, sie war die Gegenkraft gegen alles Verdammenswerte, das Metternich sah, die Revolution, die sozialen Umwälzungen, die von jenen getragen waren, die von Staat und Kirche so lange ausgebeutet worden waren. Die Führer jener sozialen Bewegungen waren in den Augen des reaktionären Staatskanzlers Atheisten und Deisten gewesen, und nur von der katholischen Religion erwartete man sich eine Unterstützung von Adel und Hierarchie, von Königtum und Herrschaft.

Der Gedanke vom Bund von Thron und Altar wurde in dieser Schärfe nie formuliert. „. . . l'union intime entre le Trône et l'Autel" („die innigste Verbindung zwischen Thron und Altar") wurde gleich zu Beginn der Restauration als Idealforderung aufgestellt; von ihr erhoffte man sich die Beruhigung der immer noch durch die Erfahrung der Revolution aufgeregten Geister: „elle peut efficacement agir sur les esprits en général et les ramener à des principes et à une morale, dont l'absence a eu de si funestes conséquences et qui forment la base la plus solide de l'ordre social" („Sie kann erfolgreich auf den Geist im allgemeinen einwirken und die Menschen zu Prinzipien und einer Moral führen, deren Abwesenheit so fatale Folgen hatte und die die solideste Basis der sozialen Ordnung bildet").

Die Ideen Consalvis waren denen Metternichs in vielem ähnlich, allerdings war der Kardinalstaatssekretär kein so vehementer Verfechter der Ideen des Absolutismus, wie es Metternich stets gewesen ist, doch weisen auch seine Gedanken eine große Nähe zu diesen Ideen auf. Er zeigt in einem seiner Briefe diese Gefährlichkeit der — selbst gemäßigten — Gedanken der Französischen Revolution für die Idee des Papsttums, wie sie zu dieser Zeit vertreten wurde, auf:

„Come potrebbe il Papa dividere gli oggetti di competenza della potestà secolare da quelli di competenza ecclesiastica nel suo stesso dominio temporale, senza porre nella macchina del Suo Governo i semi di una essenziale discordia, ed il principio della sua distruzione? Ognuno conosce che i principi di un Governo Costituzionale applicati al Governo della Chiesa divengono principi d'eresia, mentre nella Chiesa l'autorità emana dal capo nelle membra, e nei Governi Costituzionali risiede nelle membra, e da queste si diffonde nel capo." Oder auf deutsch:

„Wie könnte der Papst die Objekte der Kompetenz der weltlichen Macht von jenen der geistlichen Macht in seinem säkularen Territorium scheiden, ohne in die Maschine seiner Regierung den Samen einer grundlegenden Mißstimmung und den Beginn der Vernichtung zu legen? Jedermann wird verstehen, daß die Grundsätze einer konstitutionellen Regierung, angewandt auf die Regierung der Kirche, Grundsätze der Häresie werden, weil ja in der Kirche die Autorität vom Kopf ausgeht und in die Glieder geht, während sie bei der konstitutionellen Regierungsform in den Gliedern sitzt und sich von da aus in den Kopf ausbreitet."

So zeichnet sich am Wiener Kongreß und danach der Gleichklang der päpstlichen und der österreichischen Politik ab, die Habsburger unterstützten etwa die Rückgabe der Territorien des Kirchenstaates an das Papsttum, dafür forderte Metternich die Exkommunikation der Carbonari — italienischer Freiheitskämpfer — durch den Papst und die spirituelle Unterstützung der Politik der Heiligen Liga, die die antirevolutionäre Politik Österreichs, Rußlands und Preußens besiegelte und immer wieder gegen freiheitliche Bestrebungen insbesondere in Italien intervenierte und sie zugunsten des Konservativismus blutig niederschlug. Allerdings ist es Metternich nie gelungen, von Consalvi, mit dem ihn eine persönliche Freundschaft verband, mehr als diese ideelle Unterstützung für das „law and order"-Prinzip zu erlangen. Alle Versuche, ihn zu einem Beitritt des Papstes zu den Grundsätzen der Troppauer Alliierten, also der Mächte der Heiligen Allianz, zu bewegen, scheiterten. So blieb das Bündnis von Thron und Altar, das in der Zeit des Vormärz und seiner reaktionären Politik, die mit allen Mitteln der Zensur und des Spitzelsystems alle politischen Betätigungen der Menschen der Habsburgermonarchie unterband, unvollkommen, wurde es nie vertraglich legalisiert und untermauert. Dennoch ist es die katholische Kirche, die neben den konservativen Mächten in Verwaltung und Armee die herrschaftsstützende Macht dieser Zeit gewesen ist.

Als am 13. März 1848 in Wien die Revolution ausbrach, kämpften die Revolutionäre nicht nur gegen die absolute Herrschaft des Kaisers — oder vielmehr, da dieser ein regierungsunfähiger, kranker, beinahe schwachsinniger Mann war — des von Metternich dominierten Staatsrates, sondern auch gegen den Ausschließlichkeitsanspruch der katholischen Kirche, die mit diesem politischen System so eng liiert gewesen war.

Bei der Fülle brennender Fragen des Revolutionsjahres 1848 war die Religion nur eine unter vielen, wobei sich einige Problemstellungen herauskristallisierten, etwa die Gleichberechtigung der Konfessionen und dabei vor allem die Emanzipation der Juden und der Kampf gegen die Liguorianer, die die in Wien nicht vertretenen Jesuiten — die Symbolfiguren der kirchlichen Machtpolitik — ersetzen mußten.

Die Pillersdorfsche Verfassung vom 25. April 1848 brachte zum erstenmal in Österreich die Gleichstellung der Konfessionen sowie die Garantie der Glaubens- und Gewissensfreiheit, und sowohl die Frankfurter Nationalversammlung als auch der österreichische Reichstag in Wien und später dann in Kremsier beschäftigten sich eingehend mit dem Verhältnis von Staat und Kirche, ohne daß ihre Ergebnisse in die Realität umgesetzt werden konnten. Mit dem Fallen der Revolution und dem Sieg der beharrenden Kräfte gewann auch die katholische Kirche — ebenso wie wir es ja auch im Vormärz gesehen haben — mehr und mehr an Bedeutung, und eine Entwicklung wurde damit eingeleitet, die in direkter Linie hinführte zum Konkordatsabschluß des Jahres 1855.

Der Weg begann mit der Überwindung der Revolution, die Fürst Felix Schwarzenberg in eine politisch maßgebliche Stellung brachte; dieser führte schon Ende 1848 erste Gespräche über die Zukunft der österreichischen Kirchenpolitik mit seinem Bruder, dem Kardinal und Erzbischof von Salzburg Friedrich von Schwarzenberg. Bald übernahm die führende Rolle allerdings der als Lehrer Franz Josephs ins Rampenlicht getretene Kardinal und Erzbischof von Wien Joseph Othmar von Rauscher. Der nächste Schritt war die österreichische Bischofskonferenz des Jahres 1849, deren Grundsatzerklärung alle wesentlichen, im späteren Konkordat geregelten Punkte berührte — auf diese Grundsätze reagierte die Krone mit den Verordnungen vom 18. und 23. April 1850, die das Placetum — das herrscherliche Genehmigungsrecht für kirchliche, insbesondere päpstliche Erlässe — aufhoben und den Bischöfen Rechte über die Schule und die Gewalt über den Klerus einräumten. Schon damit hatte der Josephinismus in Österreich ein Ende gefunden! Aber im darauffolgenden Jahr sollten Konkordatsverhandlungen beginnen, von österreichischer Seite wurde damit Kardinal Rauscher betraut, als Minister war der Kultusminister Graf Leo Thun-Hohenstein zuständig, der sich voll und ganz für den Abschluß einer Vereinbarung mit der Kurie einsetzte. Die lange andauernden Verhandlungen waren durch die stark differierenden Auffassungen des Eherechtes, aber auch anderer untergeordneterer Fragen, etwa des Verhältnisses zu den Akatholiken, belastet und gestalteten sich sehr schwierig. Schließlich kam es aber doch im April 1855 zu einer Einigung, und nach den Schlußverhandlungen in Wien von Juni bis August wurde der Vertrag am 18. August 1855 von den beiden bevollmächtigten Vertretern, dem Nuntius Kardinal Michael Viale-Prelà für die Kurie und dem Wiener Erzbischof Rauscher für den Kaiser, unterzeichnet.

Wesentlicher als eine detaillierte Darstellung des äußeren Verlaufes, wie er hier in allerkürzester Form skizziert wurde, erscheint die Frage, welche Kräfte und Motive zu einem solchen Vertragswerk führten. Auszugehen ist dabei sicherlich von der Revolution des Jahres 1848, die bei den herrschenden Schichten einen Schock ausgelöst hatte, der sie nach der in erster Linie durch die Armee niedergerungenen Krise nach Bündnispartnern für eine Stabilisierung der Lage suchen ließ. Alle auch im späten 19. Jahrhundert bestimmenden Kräfte, die als staatserhaltend gelten können — Armee, Bürokratie, Kirche —, waren nach der Verschärfung der revolutionären Entwicklung in Wien, deren erste „reformistische" Phase im März von der Bürokratie begrüßt worden war, auf seiten der konterrevolutionären Kräfte, auch die Bürokratie hatte sich gegen die Revolution gewandt, allerdings war ihre Stellung zur Kirche durch die starken josephinischen Tendenzen gerade in der Beamtenschaft — man denke nur an Grillparzer — durch ein Spannungsverhältnis belastet. Waren Armee und Bürokratie vom Herrscherhaus unmittelbar, da materiell abhängig, so nahm die Kirche eine andere Position ein. Gerade durch die Kontinuität des Josephinismus stand sie in einem Abhängigkeitsverhältnis vom Staate — doch regte sich dagegen eine Bewegung des Klerus, die aus zwei völlig konträren Quellen gespeist wurde. Zum einen muß man auf die geistesgeschichtlichen Verhältnisse der Kirche im Vormärz verweisen, die durch das Gegeneinander zweier Strömungen geprägt ist; der liberalen Tradition — die etwa durch Bernhard Bolzano oder Anton Günther verkörpert wird und die auch die josephinisch gesinnten Kleriker, deren Zahl im Laufe der Entwicklung abnahm, einschloß — stand eine konservative katholische Erneuerung, eine Restaurationsbewegung gegenüber, die an den Namen des später von Rom heiliggesprochenen Klemens Maria Hofbauer, der in Wien wirkte, und an seinen stark von Konvertiten dominierten Kreis gebunden ist. In diesem Hofbauerkreis entstand dann auch ein Teil jenes antijosephinischen Gedankengutes, das im Konkordat seine praktische Verwirklichung finden sollte. Zum anderen muß aber auch ein Faktor in Rechnung gestellt werden, der auf den ersten Blick grotesk anmutet — die Bestrebungen der Kirche zu einem Konkordatsabschluß sind nicht zu trennen von den Impulsen, die auch die Kirche durch die Revolution des Jahres 1848 erhalten hatte; das Streben nach Freiheit hatte man aus der liberalen, demokratischen Bewegung des Revolutionsjahres auch auf die katholische Kirche übertragen und verlangte auch deren Freiheit — Freiheit vom Josephinismus, von der staatlichen Bevormundung. Dieser auch durch die Parallele zu anderen Emanzipationsbewegungen — z. B. des Judentums — mitgetragene und verstärkte Wunsch verschmolz mit den restaurativen Ideen des Hofbauerkreises zu einer Einheit, deren Hauptbestreben in der Herstellung oder Wiederherstellung vorjosephinischer Verhältnisse gipfelte.

Diesen Ideen auf kirchlicher Seite stand der Wunsch Franz Josephs und seiner Führungsschichte gegenüber, die Herrschaft, die man durch die Niederwerfung der Wiener und der ungarischen Revolution behaupten konnte, abzusichern und zu festigen, man war also auf der Suche nach konservativen Bündnispartnern, und dabei boten sich Kirche und Klerus ganz besonders an. Es ist dies letztlich eine Wiederaufnahme der Idee des Bündnisses von „Thron und Altar“, wie sie schon im Vormärz von Metternich vertreten wurde. Daß beim Konkordatsabschluß auch außenpolitische Erwägungen Pate gestanden haben, ist ebenso ersichtlich, man versuchte dadurch auf katholische Länder, insbesondere natürlich auf die süddeutschen Staaten einzuwirken, da das „deutsche Problem“ bis 1866 im Mittelpunkt der Überlegungen stehen mußte.

Absolutismus des Staates und bischöflicher bzw. in letzter Instanz kurialer Absolutismus hatten sich in den Verhandlungen auseinanderzusetzen, und man kann wohl sagen, daß der Staat zugunsten der Durchsetzung des kirchlichen Absolutismus auf so viele Vorrechte verzichtet hat, daß die Kirche eine gefährlich starke, gleichberechtigte Stellung im inneren Gefüge der Habsburgermonarchie erreicht hatte, die weit über ihre Funktion als Stütze des Neoabsolutismus hinausging.

Was war nun das Neue an diesem Konkordat, das es so sehr von den bis jetzt geschilderten engen Bindungen zwischen Staat und Kirche, zwischen Thron und Altar unterschied, daß es Grillparzer zu der Stellungnahme veranlaßte, daß Österreich damit aus der Gemeinschaft der europäischen Mächte — er meint das wohl in einem humanistischen Sinne — ausgetreten ist?

Das Konkordat von 1855 ist ohne Zweifel die erste schriftliche Fixierung dieses Zustandes gewesen, ein Vertrag, in dem explizit der Kirche „staatliche“ Rechte und Prärogativen zugestanden wurden — jedoch unterscheidet sich dieser Zustand inhaltlich wenig von jenen, denen wir in unserer historischen Rückschau auf das Zusammenwirken von Staat und Kirche begegneten. Auch gegenüber dem Josephinismus — auf dessen Standpunkt etwa Grillparzer, aber auch ein großer Teil der österreichischen Bürokratie und vielfach auch der niedere Klerus stand — sind die Änderungen geringer, als Grillparzers Aussage, das „Konkordat ist eine Ohrfeige für uns alte Josephiner“, vermuten läßt. Der reale Zustand der Macht der Kirche hatte sich relativ wenig verändert, wenn auch einzuräumen ist, daß das Schwergewicht nun bei der Kirche und nicht mehr wie im Josephinismus beim Staate lag. Doch das Konkordat war schon 1855 — und viel deutlicher kann man das später im liberalen Kulturkampf in Österreich beobachten — ein Symbol für den Absolutismus, und man bekämpfte pars pro toto das Konkordat, schlug den Knecht und meinte den Herrn. Drei Epigramme Grillparzers zeigen diese Tendenz deutlich:

„Verkehrt ihr mit Moder und Schimmel,
Mit Konkordat und Glaubensgericht,
Gewinnt ihr die erste Stelle im Himmel,
Aber in Deutschland nicht.“

Auch im März/April 1855, knapp vor dem Abschluß des von ihm so sehr verabscheuten Vertrages, bezog er unmißverständlich gegen das Konkordat, aber auch gegen den Staat, der dieses zu schließen beabsichtigte, Stellung; unter dem Titel „Farbwechsel" dichtete er:

„Schwarzgelb war ich einst selber,
Doch scheu ich Pech und Harz.
Ich bin nur noch ein Gelber,
Seit unsere Fahne schwarz."

Diese durch das Konkordat bewirkte Reserve gegen Staat und Dynastie zeigt sich auch in einigen anderen seiner Epigramme, z. B.:

„Der heilige Vater aller Frommen,
hat durch sein gnädiges Konkordat
den Landesvater genommen
an Kindes Statt."

Neben diesen eher allgemeinen Ablehnungen und Charakteristiken stehen auch ganz differenzierte — mit geübtem politischen Auge auch Durchführungsschwierigkeiten und Auswirkungen abschätzende — Urteile, wie etwa die des Freiherrn Johann Philipp von Wessenberg-Ampringen, der schon am 20. Oktober 1855 schrieb: „Das größte Aufsehen macht itzt in Österreich, sowie in ganz Deutschland, das unter den Auspizien des Erzbischofs Rauscher geschlossene Konkordat, in Wien noch immer nicht publizirt, aber in Rom bereits bekannt gemacht. Was würde Kaiser Joseph dazu sagen? In dem Konkordat wird alles der römischen Kurie eingeräumt, das placetum regium aufgehoben, die Verwaltung des Kirchenvermögens und absoluter Einfluß auf die Volksschulen den Bischöfen überlassen. Ich gestehe, so etwas hätte ich nimmer erwartet. Dieses Konkordat wird Oesterreich viele Feinde in Deutschland machen, Ich bin davon ganz niedergebeugt, behalte mir aber ein genaueres Urtheil vor, bis ich den ganzen Text der Abmachung kenne."

Eine der zentralsten Fragen der außenpolitischen Wirkung des Konkordats, nämlich Österreichs Stellung in Deutschland, schneidet ebenfalls Wessenberg an — doch sah er entgegen den Erwartungen der Regierung, die sich eine Welle der Begeisterung in den süddeutschen Staaten erwartet hatte, sehr kritisch: „Das Konkordat setzt alle Köpfe in Deutschland in Bewegung und erfährt derbe, wohlverdiente Kritiken. Die Apologie, welche Rauscher davon in seinen weitläufigen Hirtenbriefen liefert, steigert noch das allgemeine Mißfallen an seinem Werke. Oesterreich hätte auf keine Art die öffentliche Meinung in Deutschland sicherer verscherzen können als durch diesen Akt, der eine förmliche Erniedrigung des Staates unter die klerikale Hierarchie ist. Man sollte glauben, die österreichische Regierung wolle sich von Deutschland trennen." Auch Ludwig August Frankl sieht — allerdings einige Jahre später, nach der Niederlage bei Königgrätz — diese Problematik in Abhängigkeit von der österreichischen Kirchenpolitik: „Aus vollem bewegtem Herzen hätte ich uns den Sieg gewünscht; denn die Schmach ist zu groß und größer noch als das Unglück. Denn wenn ich mich frage, wer verdient mehr, in Deutschland zu herrschen? so muß ich, so demüthigend es ist, sagen: Preußen! weil es eine ungeahnte Kraft entwickelt, weil es mehr Kultur besitzt, weil es kein Konkordat hat, und weil es wenigstens das anbahnt, was seit einem halben Jahrhundert bald alle patriotischen Geister und Herzen anstreben und ersehen: ein einziges Deutschland."

Mit der Niederlage des absolutistischen österreichischen Staates in Königgrätz 1866 und deren weitreichenden Folgen, dem Verlust der Vormachtstellung in Deutschland und des letzten Einflusses in Italien, war das Schicksal des Neoabsolutismus und damit auch das des Konkordates als dem Ausdruck des engen Bündnisses zwischen Thron und Altar besiegelt.

Als nach dem Ausgleich mit Ungarn in der sogenannten westlichen Reichshälfte die Liberalen mit langer Verzögerung an die Macht kamen, galt ihr Kampf der Erreichung einer Verfassung, die sie im Dezember 1867 durchsetzten. Diese Verfassung durchbrach schon in wesentlichen Punkten das Konkordat von 1855, nicht zuletzt durch die Gleichstellung aller Staatsbürger unabhängig vom Religionsbekenntnis. Dennoch kämpften die Liberalen — die sich ihrer erreichten Macht höchst unsicher waren — heftigst gegen das Konkordat des Jahres 1855, das sie als ein Symbol der überwundenen neoabsolutistischen Epoche ansahen. Nach einem ausgedehnten publizistischen und parlamentarischen Kampf setzte sich der gemäßigte Flügel des Liberalismus durch, und das Konkordat wurde nicht gekündigt, nicht aufgehoben, sondern nur durch eine pragmatische Einzelgesetzgebung in einigen wesentlichen Punkten durchbrochen. Dies geschah 1868 in den sogenannten Herbstgesetzen, die nach dem damaligen Justizminister, einem der führenden Köpfe der Deutschliberalen, Dr. Eduard Herbst, heißen. In diesen Gesetzen wurden das Eherecht, das Schulwesen und die interkonfessionellen Beziehungen neu geregelt.

Erst zwei Jahre später — durch eine geänderte außenpolitische Situation ermöglicht — kam es unter dem Vorwand, daß der Vertragspartner, nämlich der Papst, durch das am Vatikanischen Konzil verkündigte Unfehlbarkeitsdogma sich grundlegend geändert habe, zur Kündigung des Konkordats von seiten Österreichs.

Damit war auch formal die enge Verbindung beendet, die Thron und Altar im Neoabsolutismus eingegangen waren, die Habsburgermonarchie hatte ihren Säkularisierungsprozeß beendet. Erst mehr als ein halbes Jahrhundert später sollte wieder ein Konkordat mit Österreich abgeschlossen werden, das allerdings kein Bündnis von Thron und Altar, sondern eines zwischen dem austrofaschistischen System nach 1934 und der Kurie besiegelte. Erst nach dem Ende des Zweiten Weltkrieges in der Zweiten Republik hat sich zwar nicht formell, denn dieses Konkordat gilt genau genommen heute noch, aber doch in der Praxis dieser enge Konnex zwischen Staat und Kirche in Österreich endgültig aufgelöst.

Willy Lorenz

Österreich — Klösterreich

Das Thema, über das zu referieren ich vor Ihnen die Ehre habe, heißt „Österreich — Klösterreich". Das Wort „Klösterreich" ist im 19. Jahrhundert entstanden, zu einer Zeit, da der Liberalismus auch in Österreich in Blüte stand. Dieser Liberalismus war ja nicht gerade kirchenfreundlich. Auch nicht sehr religiös. Aber er mußte konstatieren, daß die Kirche in Österreich, die katholische Kirche, noch immer einen gewaltigen Einfluß besaß. Vor allem deshalb, weil das Kaiserhaus seine schützende Hand über die Kirche hielt und kulturkämpferische Erscheinungen, die auch in Österreich im 19. Jahrhundert auftraten, keine solche Formen annehmen konnten wie in Preußen-Deutschland in der gleichen Zeit. Aber sicher auch deshalb, weil die Kirche noch Bollwerke in Österreich besaß. Als solche Bollwerke erschienen der liberalen Welt vor allem die großen österreichischen Abteien, oder wie man sie in Österreich nennt, die Stifte, die allein schon durch die Tatsache, daß sie barocken Klösterschlössern gleichen, die in der ganzen österreichischen Landschaft anzutreffen sind, vor Augen führen, welche Macht sie noch besitzen. Eine Macht, auch dank des materiellen Reichtums, dazu eine geistige Macht, da sie ja viele Schulen besitzen, durch die die Jugend beeinflußt werden kann, aber auch eine politische Macht, da nicht nur jahrhundertelang die Prälaten, also die Vorsteher der Abteien, auf der Prälatenbank die Politik mitbestimmten, sondern auch noch in der liberalen Zeit in der Kurie des Großgrundbesitzes ein Wahlrecht hatten und sogar oftmals die Würde eines Landhauptmannes bekleiden konnten. Wenn die Liberalen von Österreich als einem Klösterreich sprachen, dann meinten sie so gut wie ausschließlich jene vielen großen Stifte, die Österreich auch im 19. Jahrhundert noch besaß, ja deren Anzahl sich im 19. Jahrhundert noch vergrößerte. Sie meinten unter „Klösterreich" nicht die übrigen Orden und Kongregationen der katholischen Kirche, obwohl deren Existenz ihnen auch nicht angenehm war, sie zählten zu diesem „Klösterreich" in erster Linie die Stifte des Benediktinerordens, der Zisterzienser, der Augustinerchorherren und der Prämonstratenser. Dieses „Klösterreich", wie es jenes negative Wort ausdrückte, existiert ja heute noch im großen und ganzen im gleichen Umfang wie in jenem liberalen 19. Jahrhundert. Und es ist auch heute noch beachtlich. Es umfaßt 14, und wenn man die Olivetaner in Kärnten dazurechnet, die nach ihrem weißen Habit „Weiße Benediktiner" genannt werden, 15 Benediktinerabteien. Das sind acht Prozent aller Benediktinerabteien der Welt. Dieses Klösterreich umfaßt ferner acht Zisterzienserstifte, fünf Augustinerchorherrenstifte, drei Prämonstratenserabteien und eine Trappistenabtei. Unter diesen Zahlen sind nur die männlichen Orden aufgezählt, nicht die weiblichen Orden. Hier finden wir drei Benediktinerinnenabteien, drei Zisterzienserinnenstifte und ein Augustinerchorfrauenstift. Sie alle kennen viele dieser schönen Klosterschlösser, wie Melk, St. Florian, St. Peter in Salzburg, Vorau, Zwettl, Kremsmünster, Klosterneuburg, um nur einige zu nennen, die mit ihren Gebäuden, mit ihren Kunstschätzen ein bedeutendes Kulturgut Österreichs darstellen.

Der geistig-religiöse Einfluß dieser Abteien ist nach wie vor gewaltig. Vor allem auf religiösem Gebiet, denn noch immer wird ununterbrochen in diesen Stiften das Opus Dei gefeiert, steigen die Gebete zum Himmel, werden durch Exerzitien, Symposien, Konferenzen, Wallfahrten religiöse Gedanken unter das Volk gebracht und das Volk religiös gebildet. Alle diese Abteien zusammen besitzen heute noch über 400 Pfarreien, das ist der Pfarrbestand einer Diözese wie Graz. Auch von diesen Pfarreien geht ein starker religiöser Einfluß auf das Volk aus. Die Abteien besitzen auch vielfach Gymnasien und sonstige Schulen, so daß ihr Bildungseinfluß ebenfalls nicht zu unterschätzen ist. Nur der politische Einfluß, den sie einmal besaßen, ist so gut wie ganz verschwunden.

Gewaltig ist vor allem auch ihr materieller Besitz, der vor allem aus Wald und Weingütern besteht. Er umfaßt im ganzen rund 100.000 Hektar. Das erscheint zunächst viel, doch muß man diesen Besitz auf rund 30 Stifte aufteilen, dann ergibt der Durchschnitt nur 3000 Hektar. Allerdings soll nicht verschwiegen werden, daß dieser Durchschnitt nicht ganz stimmt. Denn es gibt Abteien wie Admont, Heiligenkreuz oder Lilienfeld, die weit mehr Grundbesitz als ihr Eigentum nennen können, dann aber gibt es auch Stifte, deren Besitz weit geringer ist als der Durchschnitt. Österreich, das heutige Österreich, hat ja nie einen großen Grundbesitz gekannt. Latifundien, wie sie in den böhmischen Ländern, in Galizien, in Ungarn, Kroatien anzutreffen waren, hat es in Österreich nie gegeben. Die Familie Schwarzenberg hatte z. B. in Böhmen bis 1848 einen Grundbesitz von 600.000 Hektar. Und nach der Grundentlastung des Jahres 1849 blieben ihr noch immer rund 280.000 Hektar, das ist mehr als gut zweimal soviel wie der Grundbesitz aller 30 österreichischen Abteien. Aber mit dem Einkommen aus diesem Besitz muß viel getan werden. Da müssen einmal diese Klosterschlösser erhalten werden, die ein Juwel der österreichischen Kulturlandschaft darstellen. Aber nicht nur diese, sondern auch alle zu diesen Abteien gehörenden Pfarrkirchen und Pfarrhäuser und sonstige Gebäude. In letzter Zeit, dies muß dankbar festgestellt werden, hilft sehr oft die öffentliche Hand bei notwendigen Reparaturen, aber sie allein genügt nicht, um diesen herrlichen Besitz zu verwalten und zu erhalten. Und schließlich müssen ja auch die Bewohner dieser Abteien, die Mönche und Chorherren, leben, müssen ausgebildet werden. Es muß für Krankheit und Alter vorgesorgt werden. Und es müssen auch die vielen Stiftsangestellten entsprechend entlohnt werden. Das alles erfordert viele und große Summen.

Dieses heute noch so gewaltige Klösterreich geht in seinem Umfang auf zwei große Gründungsepochen und zwei kleinere zurück.

Die erste Gründungsperiode ist die Zeit von 600 bis 900. Es ist die Zeit, da nach den Stürmen der Völkerwanderung wieder etwas geordnete Verhältnisse im heutigen Österreich eintraten, da die Bayern teilweise das Land in Besitz nehmen konnten. Die Bayern gelangten noch im sechsten Jahrhundert bis über den Brenner, aber nur Tirol und Teile von Salzburg und Oberösterreich vermochten sie in dauernden Besitz zu nehmen. Das übrige Österreich kam unter die Herrschaft der Awaren und der unter ihrer Botmäßigkeit stehenden Slawen. Ganz Österreich bis Innichen ist damals slawisch geworden. Alle Ortsnamen mit der Endung „itz“,wie Laßnitz, Ternitz und andere, erinnern an diese Zeit.

Schon vor der Völkerwanderung, in der Römerzeit, stoßen wir in Österreich ja auf christliches Leben. Es dürften auch bereits eine Reihe von Bistümern existiert haben, deren Namen wir allerdings nur zum Teil wissen. Viele dieser Bistümer sind allerdings in der Zeit der Völkerwanderung zugrundegegangen. Eines dieser Bistümer war Lauriacum bei Enns, das heutige Lorch, ein anderes Aguntum, das heutige Lienz, und ein drittes Teurnia (St. Peter) in Kärnten. Die ersten zwei bestehen heute noch formalrechtlich, ähnlich wie die vielen Bistümer in Nordafrika, die im Arabersturm zugrunde gingen. Ähnlich wie diese nordafrikanischen Bistümer werden auch die zwei Genannten heute noch an Titularbischöfe verliehen. So wurde auf den Titel von Lauriacum vor nicht langer Zeit ein päpstlicher Diplomat geweiht, der Nuntius in Lateinamerika wurde. Und auf den Titel von Aguntum ist ein Weihbischof von Köln geweiht. Auch das Bistum Brixen in Südtirol hat eine römische Vergangenheit: Es geht auf das Bistum Säben bei Brixen zurück, das aus praktischen Gründen vom Berg ins Tal übersiedelte. Das Bistum Säben wiederum ist eigentlich Nachfolger des Bistums Augsburg, das in der Zeit der Völkerwanderung aus Sicherheitsgründen in die Berge verlegt wurde. So ist das Bistum Brixen eigentlich das einzige österreichische Bistum, das eine echte lebende römische Tradition besitzt. Nur das Bistum St. Peter (Teurnia) besteht nicht einmal mehr formalrechtlich.

Die vorkarolingische Mission in Österreich wurde in erster Linie vom bayrischen Herzogsgeschlecht der Agilolfinger betrieben, die damit nicht nur dem christlichen Glauben dienen wollten, sondern auch sehr irdischen Zwecken, nämlich der Vermehrung und Befestigung ihrer Macht. Diese Mission wird fast gänzlich von den neugegründeten Klöstern getragen, so vor allem vom Kloster St. Peter in Salzburg (gegründet 582, das das älteste ständig besiedelte Kloster im deutschen Sprachraum darstellt). Ihm folgen Mondsee, gegründet 748 von Herzog Odilo, Kremsmünster, gegründet 777 von Herzog Tassilo, an den noch der berühmte Tassilokelch erinnert, dann Michaelbeuern, gegründet 907, und St. Georgen, entstanden 903. Wer die Lage dieser Klöster betrachtet, wird bemerken, daß sie fast alle an den Grenzen des agilolfingischen Herrschaftsbereiches lagen. Es waren ursprünglich alles Klöster, die der irischen Kolumbanregel folgten und erst durch den hl. Bonifaz zur Annahme der Benediktinerregel, die ja viel humaner ist, veranlaßt wurden. Der Zweck dieser Klostergründungen war die Slawenmission oder Mission schlechthin — denn auch die um die Klöster liegenden Gebiete sollten mit christlichem Geist durchdrungen werden, und der zweite Zweck war die Durchdringung der Länder des bayrischen Herrschaftsbereiches mit allen Formen der Kultur. Zum erstenmal traten hier die Klöster in der Geschichte Österreichs in ihrer doppelten Aufgabe hervor, die sie dann durch Jahrhunderte beibehalten: das Land immer wieder zu missionieren und zugleich mit den Gütern der Kultur vertraut zu machen.

Die Missionstätigkeit und die kulturelle Erschließungsarbeit der Klöster wurde seit der Besitznahme des bayrischen Gebietes durch die Karolinger durch diese stärkstens gefördert. Karl der Große führte fast durch zehn Jahre Krieg gegen die Awaren, in dessen Verlauf es ihm gelang, sie weit zurückzudrängen. Das Hinausschieben der Grenze war von großer Bedeutung für die Kirche, denn das eroberte Land wurde vom Herrscher an jene verliehen, die imstande waren, dieses dünn besiedelte Gebiet zu kultivieren. Das waren neben den weltlichen Großen vor allem die geistlichen Grundherren, die Klöster und die Bistümer. So begann der Vorstoß des Christentums und der Kultur in das neugewonnene Land. Aber diese erste, so verheißungsvoll begonnene Gründungsepoche der Klöster fand ein jähes Ende durch den Ungarnsturm, der fast alle entstandenen Klöster zum Erlöschen brachte. Es war der erste von den vier großen Stürmen, die über Österreichs Klöster hereinbrechen sollten, die dieses Klösterreich oftmals zu vernichten drohten, aber es doch nie ganz zum Verschwinden zu bringen vermochten.

Kaum war dieser Magyarensturm durch die Schlacht am Lechfeld im Jahre 955 zum Stehen gebracht worden, kaum war die Ostmark begründet und kaum hatten die Babenberger ihre Herrschaft begonnen, begann ein monastischer Frühling zu blühen, der in der Zeit von 1000 bis 1200 seinen Höhepunkt hatte und bis ins 13., 14. und 15. Jahrhundert weiter dauern sollte. Es sind in diesem Zeitraum nicht nur Klöster der Benediktiner gegründet worden, sondern auch Abteien anderer Orden, wie der Zisterzienser, der Augustinerchorherren und der Prämonstratenser. In der Zeit von 1000 bis 1200 entstanden 14 neue Benediktinerklöster und ebensoviele Benediktinerinnenklöster, zwölf Zisterzienserklöster, 13 Augustinerchorherrenstifte und drei Prämonstratenserabteien. Ein gewaltiges Klösterreich.

Nicht alle Gebiete Österreichs beteiligten sich gleich stark an diesem monastischen Frühling. Es ist vor allem das östliche Gebiet Österreichs, in dem die Klöster entstanden, also jenes Gebiet, das bevölkerungspolitisch aus einem Gemisch von Germanen, Slawen und auch Romanen bestand.

Die Ursache dieses monastischen Frühlings ist vor allem die große Reformbewegung, die von Cluny ausging. Anfangs des zehnten Jahrhunderts hatte diese große Reform des europäischen Mönchtums im Kloster Cluny ihren Anfang genommen. Um 1000 erreichte diese Reformbewegung Österreich. Über drei Einfallstore drang sie in Österreich ein: Einmal über Einsiedeln in der Schweiz und St. Emmeram in Regensburg nach St. Peter in Salzburg. Dann über Hirsau und über St. Blasien im Schwarzwald. Von ausschlaggebender Bedeutung war es, daß in dieser Zeit zwei Bischöfe, unter denen Österreich kirchlich stand, zu den eifrigsten Vertretern der neuen Reformbewegung gehörten, nämlich Bischof Altmann von Passau (1065 bis 1090) und Erzbischof Gebhard von Salzburg (1060—1088). Ihr Wirken und die von Cluny beeinflußte Reform vermochten, daß Österreich sich im Investiturstreit auf die Seite des Papstes stellte. Denn sowohl Cluny wie diese zwei Bischöfe waren strenge Anhänger des Papstes und nicht des Kaisers.

Diese beiden Bischöfe waren keine österreichischen Bischöfe. Passau gehörte nicht zu Österreich, und auch Salzburg war damals noch nicht österreichisch. Aus diesen beiden Beispielen ist schon zu ersehen, daß Österreich nicht unter eigenen Bischöfen stand. Denn Österreich war — zum Unterschied von anderen Ländern wie Frankreich, Italien, Spanien — ein Land, das durch die lange Zeit des Mittelalters kaum eigene Bischöfe hatte.

Die Bistumsorganisation, der Österreich unterstand und die vielfach bis in die Neuzeit Gültigkeit hatte, ging auf das zehnte Jahrhundert zurück. Die vielen Bistümer, die in der Römerzeit entstanden, waren bis auf Säben-Brixen alle erloschen. Die neue Bistumsorganisation ist ein Werk des hl. Bonifatius. Salzburg, das als Bistum 738 gegründet worden war und durch Karl den Großen zum Erzbistum erhoben wurde, wurden durch den hl. Bonifatius die Bistümer Passau, Regensburg, Chiemsee und Brixen unterstellt. Durch ein Jahrtausend wird Salzburg das einzige große Bistum Österreichs sein und bleiben und der Salzburger Erzbischof der einzige Metropolit, der auf heutigem österreichischen Boden residiert. Bis 1803 kann sich dieses Salzburger Erzbistum der Union der österreichischen Länder, die sich langsam bildete, entziehen und bis zu diesem Zeitpunkt einen eigenen Staat bilden.

Dieses zehnte Jahrhundert läßt somit die Bistumsorganisation entstehen, die in großen Zügen Gültigkeit für ein Jahrtausend hat. Österreich hat nur einen Bischof, den Salzburger. Das heißt, wenn man die damaligen Verkehrsverhältnisse bedenkt, daß Österreich durch Jahrhunderte keine Bischöfe kennt. Ober- und Niederösterreich stehen unter Passau. Salzburg selbst untersteht das eigene Land sowie Steiermark und Kärnten. Tirol besitzt als einziges Land ein eigenes Bistum in Brixen; das südliche Kärnten untersteht Aquileja, Vorarlberg den Bistümern Chur, Konstanz und Augsburg. Die räumliche Erstreckung brachte natürlich seelsorgerlich ungeheure Schwierigkeiten mit sich. Vergeblich versuchten die Babenberger von Rom die Bewilligung zu erhalten, ein eigenes Landesbistum zu gründen. Alle Versuche wußte Passau — dem ja der größte Teil des babenbergischen Landes unterstand — zum Scheitern zu bringen. Salzburg half sich schließlich auf eine seltsame Weise. 1072 setzte es in Gurk in Kärnten einen Bischof ein, der eine Art Weihbischof und Generalvikar für die Gebiete jenseits der Alpen sein sollte. Aber dieser Bischof jenseits der Alpen hatte kein eigenes Territorium, keine Diözese. Für Rom ein unhaltbarer Zustand. Deshalb drängte es den Salzburger Erzbischof, dem in Gurk residierenden Bischof ein eigenes Territorium zu geben. Salzburg gab dem Drängen Roms nach und gab dem Bischof in Gurk ein eigenes Gebiet. Aber es war winzig an Umfang. In den übrigen Teilen beließ es ihn als Weihbischof und Generalvikar. Ähnlich verfuhr Salzburg bei der Gründung von Lavant und Seckau zu Beginn des 13. Jahrhunderts. Auch diesen Bistümern gab es nur jeweils ein winziges Gebiet, wo diese Zwergbischöfe als eigene Ordinarien — mit Salzburg als Metropoliten — tätig sein konnten, während sie in den übrigen Teilen seine direkten Gehilfen sein mußten. Die Bischöfe setzte natürlich der Salzburger Erzbischof ein, eine Regelung, die bis 1930, also bis in unsere Zeit blieb und noch von Pius IX. dem Salzburger Metropoliten den Titel eines „mezzo-papa", eines „Halb-Papstes" eintrug. So werden für die Länder des heutigen Österreich die eigentlichen Träger der Christianisierung und Missionierung nicht die Bischöfe, die es kaum gab, sondern die Klöster. Deren Äbte und Pröpste, die die Pontifikalien tragen, sind Österreichs heimliche Bischöfe im Mittelalter.

In dieser zweiten großen, ja größten Gründerzeit werden vielfach jene Klöster gegründet, die heute noch bestehen oder deren Gebäude zumindest noch sichtbar sind.

Es sind von Benediktinerseite her die Klöster Lambach (1056), Millstatt (1070), Admont (1074), Göttweig (1083), Garsten (1082), St. Paul in Kärnten (1091), Melk (1089), St. Lambrecht in der Steiermark (1096), Mehrerau (1097), Seitenstetten (1112), Gleink (1125), Kleinmariazell (1136), Altenburg (1144) und die Schotten (1155). Dazu noch die zwei Frauenklöster Nonnberg (700) und Göß (999). Es waren vor allem süddeutsche Klöster, über die der Geist von Cluny nach Österreich kam und neue Klöster entstehen ließ. Hirsau gründete z. B. Millstatt, Mehrerau und St. Paul; das Kloster Blasien Göttweig. Göttweig wieder besiedelte Garsten, Seitenstetten, St. Lambrecht und Altenburg.

Eine andere Reformbewegung, die wieder von Clairvaux in Frankreich ihren Ausgang nahm, wo ein reformierter Benediktinerorden — die Zisterzienser —

entstand, kam über zwei andere Tore nach Österreich. Der Sohn des hl. Markgrafen Leopold, Otto, später Bischof von Freising und der berühmteste Geschichtsschreiber des deutschen Mittelalters, studierte in Paris Theologie und trat als Mönch in die Zisterze von Morimond, das ebenfalls eines der Gründerklöster des Zisterzienserordens war, ein. Durch seine Vermittlung kamen die grauen Mönche, wie sie nach der Farbe ihres Habits genannt wurden, nach Österreich. Sein Vater, Leopold III., erbaute ihnen eine Niederlassung in der Nähe von Wien, die nach der großen Kreuzesreliquie Heiligenkreuz genannt wurde (1136). Der steirische Herzog wiederum — Steiermark war damals noch ein selbständiges Herzogtum — rief aus dem bayrischen Ebrach die grauen Mönche ins Land, nach Rein bei Graz, das heute noch besteht. Ein ganzer Kranz von Zisterzen reihte sich diesen beiden Gründungen an.

Nach Rein (1127) und Heiligenkreuz (1136) folgen Zwettl (1137, eine Kuenringerstiftung), Baumgartenberg (1141), Viktring (1141), Wilhering (1146), Lilienfeld (1202), Stams (1273), Engelszell (1293), Neuberg (1327) und Neukloster in Wiener Neustadt (15. Jahrhundert).

Die Zisterzienserklöster mußten ja alle weit weg von jeder menschlichen Niederlassung liegen. Zu den Aufgaben dieses Ordens gehörte ja insbesondere auch die Urbarmachung der Wälder.

Die Reformbewegung von Cluny ergriff auch den Orden der Augustinerchorherren, der ja neben dem Prämonstratenserorden ein ausgesprochener Seelsorgorden war und ist, und ließ eine Reihe von Niederlassungen in Österreich entstehen.

Das berühmteste Kloster dieses Ordens in Österreich, St. Florian in Oberösterreich, entstand 1071, daran reihten sich Reichersberg (1084), St. Pölten (Ende des 11. Jahrhunderts), Herzogenburg (1112), Seckau (1140), Neustift bei Brixen (1141), St. Andrä im Traisental (1160), Vorau (1163), Stainz (1330), Dürnstein (1411), Spital am Pyhrn (1418), Rottenmann (1455), St. Dorothea in Wien (15. Jahrhundert) und Pöllau (1482). Daneben entstehen die Prämonstratenserstifte Wilten (1138), Geras (1180) und Schlägl (1207).

Diese Klostergründungen wären sicher nicht möglich gewesen, wenn sich in der damaligen Zeit nicht sehr viele Menschen zum Klosterleben gedrängt gefühlt hätten. Die Gründe für diesen „Sturz" ins Klosterleben sind nicht immer ganz einfach zu erkennen. Sicher spielten zunächst religiöse Gründe eine Hauptrolle. Obwohl die allgemeine Ansicht, daß die Menschen des Mittelalters sehr religiös waren, einer kritischen Prüfung nicht ganz standhält. Die Bildung, einschließlich der religiösen, war durch Jahrhunderte primitiv. In den ersten Jahrhunderten nach dem Untergang des Römischen Reiches sogar sehr primitiv. Die Kaiser konnten kaum lesen und schreiben. Die religiöse Bildung war vielfach von Aberglauben durchsetzt. In den ersten Statuten des Malteserordens steht die bemerkenswerte Verfügung, daß jeder, der in den Orden eintreten wolle, zumindest das Vaterunser können sollte. Könne er es aber nicht, so solle er es im Noviziat lernen.

Die Sehnsucht nach einem religiösen Leben, nach der Möglichkeit, ein solches führen zu können, nach dem Wachsen im religiösen Leben, war sicherlich einer der Hauptgründe, warum so viele Leute, vor allem auch einfache, in die Klöster eintraten. Im Unterbewußtsein dürften allerdings auch andere Gründe mitgespielt haben. Bis weit ins 18. Jahrhundert lebte ja die bäuerliche Bevölkerung — und dies war der größte Teil der damaligen Menschheit — in einer Art Sklaverei, in der

Leibeigenschaft. Erst Kaiser Joseph II. hob sie 1781 auf. Acht Jahre später folgte das Frankreich der Französischen Revolution. Erst 28 Jahre später hob Preußen die Leibeigenschaft auf. 1862 folgte Rußland, 1865 hoben die USA die Sklaverei auf, 1882 Brasilien. Dieser Sklaverei, dieser Leibeigenschaft zu entfliehen, war nur schwer möglich. Ein Weg, der sich aber erst im späteren Mittelalter herauskristallisierte, war der Eintritt ins Militär. Wer sich für eine Armee anwerben ließ, war frei. Erst die Französische Revolution hat die Werbung abgeschafft. Der einfachste Weg aber der Leibeigenschaft zu entfliehen war der Eintritt in den geistlichen oder klösterlichen Stand.

Wer in den damaligen Zeiten den geistlichen Beruf wählte, oder auch nur als Laienbruder in ein Kloster eintrat, erfuhr damit auch eine soziale Standeserhöhung. Das geistliche Gewand hob ihn aus der übrigen Menschheit heraus, ja schützte ihn sogar besonders. Die Annahme des geistlichen oder klösterlichen Berufes ermöglichte auch den Zugang zum Wissen. Welchen Zugang zum Wissen, zum Studium hatte ansonst in der damaligen Zeit ein armer Bauernbub? Wer in ein Kloster eintrat, war außerdem sozial abgesichert gegen Krankheit und Alter. Durch Jahrhunderte war die Kirche die einzige große und funktionierende Sozialversicherung für ihre Angehörigen. Die große Versicherung des Mittelalters bis in die Neuzeit war die Familie. Nur die Bauern besaßen im Ausgedinge so etwas wie eine Altersversicherung, ferner waren die Zünfte und Gewerke eine Art Versuch, für Handwerker und Bergarbeiter eine Sozialversicherung aufzubauen. Wer nicht unter diese geringen Sozialmaßnahmen fiel, war dem Elend preisgegeben. Wer den Priesterberuf wählte oder ins Kloster ging, konnte auch sicher sein, daß er alle Sonn- und Feiertage einhalten konnte. Bis in unser 20. Jahrhundert war ja der Urlaub für kleine Leute unbekannt. Für die Menschen des Mittelalters waren die vielen Feiertage ein Urlaubsersatz. Wäre nicht das sehr strenge dritte Gebot gewesen, das knechtliche Arbeit an Sonn- und Feiertagen unter schwerer Sünde verbot, wären wahrscheinlich noch viel mehr solcher Leibeigener von ihren Herrschaften zu schwerer Arbeit gezwungen worden. Auf den jungen Masaryk, den späteren ersten Präsidenten der ČSR, machte es in seiner Kindheit einen riesigen, beklemmenden Eindruck, daß seine Mutter am Sonntag nicht in die Messe ging, da — wie sie sagte — „Herrendienst vor Gottesdienst“ ginge. Im Kloster war jeder sicher, die Sonn- und Feiertage wirklich als Ruhetage einhalten zu können, also als Urlaub. Die Pfarrer, die „Leutpriester“ lebten nicht so gut und gesichert wie die Ordensleute. Aber doch noch viel besser als der gewöhnliche Leibeigene. Wer ins Kloster ging, erfuhr nicht nur durch die Annahme des Mönchskleides eine Art Nobilitierung, er konnte auch ohne adelige Abstammung Abt oder Propst werden, also einen sehr hohen Rang erreichen. Was ansonst auch innerhalb der Kirche durch ein Jahrtausend nicht einfach war. Denn die Bischofsitze, die Kanonikate waren vielfach für nachgeborene Kinder adeliger Familien reserviert.

Als eine Art Spätlese zu dieser großen monastischen Gründungsepoche entstanden in Österreich auch Kartäuserklöster, so Mauerbach und Gaming (beide 1330) und Aggsbach (1380).

Am Vorabend der Reformation war die Lage der katholischen Kirche in Österreich nicht schlecht. Im 15. Jahrhundert war es zu einer großen Reform innerhalb der österreichischen Benediktiner- und Augustinerchorherrenstifte gekommen.

Die benediktinische Erneuerungsbewegung, die von Subiaco in Unteritalien ausging, konnte sich einen festen Stützpunkt im Kloster Melk schaffen, von wo aus sie sich als „Melker Reform“ weiterverbreitete. Die Augustinerchorherrenstifte wiederum gerieten in den Strom der Erneuerungsbewegung, die von den böhmischen Klöstern Raudnitz und Wittingau ihren Ausgang genommen hatten, als deren Früchte die Stifte Dürnstein und St. Dorothea entstanden.

Auf dem Bischofsstuhl von Brixen wirkte als Bischof im späten Mittelalter der geniale Nikolaus Cusanus (1450—1462), einer der bedeutendsten Bischöfe des Spätmittelalters. 1452 war der franziskanische Bußprediger Johannes von Capistrano nach Wien gekommen und predigte täglich bis zu sieben Stunden. Er entwickelte eine tiefe Bußgesinnung im Klerus und im Volk. Eine Reihe von Klöstern der strengen franziskanischen Observanz war die Folge seiner Tätigkeit. Die Universität von Wien erklomm im 15. Jahrhundert einen geistigen Höhepunkt. In der zweiten Hälfte des 15. Jahrhunderts entstand eine Reihe von Pfarren, auch dies ein Zeichen religiösen Lebens. Kaiser Friedrich III. gelang es, zwei kleine Bistümer zu gründen, die von Passau unabhängig waren, Wien und Wiener Neustadt. Sie waren nicht nur territorial sehr klein, sondern auch so arm, daß sich zunächst niemand fand, der die Bistümer einnehmen wollte. Aber dadurch blieb Österreich das üble Beispiel erspart, das so manche deutsche Bischöfe durch ihren unchristlichen Lebenswandel der damaligen Welt boten. 1446 schließt Friedrich III. ein Konkordat mit Rom, das ihm viele Privilegien konzedierte, so vor allem das Recht der Besetzung vieler Bischofsstühle und vieler Kanonikate, das Recht, die Klöster zu visitieren. Rechte, die teilweise bis 1918 dem Kaiserhaus erhalten blieben und in der Reformation eine große Rolle spielen sollten. Das Volk war tieffromm. Es störte den Österreicher nicht, daß ein Welscher Papst war, der ist erst recht in der Kirche kein Nationalist. Die finanziellen Wünsche Roms störten ihn auch nicht, denn er war immer ein schlechter Steuerzahler.

Dies war der Zustand der Kirche, als die Reformation auch in Österreich auftrat. Wo immer Reformationen erwuchsen, waren sie extrem klösterfeindlich. Das gilt vom Hussitismus in Böhmen, von der lutherischen Reformation in Deutschland, der calvinistischen in der Schweiz und Frankreich, von der Reformation in England. Binnen kurzem erlosch in solchen Ländern jedwedes klösterliche Leben.

Auch Österreich wurde bald nach Aufkommen der Reformation evangelisch. Nicht aus religiösen, nicht aus nationalen Gründen — die in Deutschland eine große Rolle gespielt hatten —, sondern fast ausschließlich aus sozialen.

Weite Teile der Bevölkerung verarmten. Dies gilt vor allem für die Bauern, derer sich damals eine Bevölkerungsexplosion bemächtigte. Der Grund und Boden ernährte nicht mehr die Bauern und ihre Familien. Das gleiche gilt für den Adel, der auch von einer solchen Explosion erfaßt wurde. Auch bei dieser Schicht ernährte der Boden nicht mehr die Familien und gewährte nicht mehr ein „standesgemäßes“ Leben. Die Knappen des österreichischen Silberbergbaues — einer der Haupteinnahmequellen des Landes — litten unter der Konkurrenz des amerikanischen Silbers. Alle diese, die die soziale Not ergriff, glaubten, eine Änderung der Religion werde sie von ihren sozialen Bedrängnissen erlösen. Die Hinwendung des österreichischen Adels zum Protestantismus war für Österreich besonders bedeutungsvoll, spielte sie sich doch vor dem Hintergrund der nun aufflammenden Türkenkriege ab, die durch 150 Jahre das Zentralerlebnis der österreichischen

Geschichte sein sollten. Die Türkenkriege kosteten enormes Geld, dieses konnte nur aufgebracht werden, wenn auf den Landtagen die Stände — somit die Adeligen — es bewilligten. Und die Adeligen bewilligten immer nur so viel, als zur unmittelbaren Abwehr der Türkengefahr notwendig war. Sie fürchteten, dem Herrscher eine starke Armee in die Hand zu geben, er hätte mit einer solchen sie entmachten können. Und sie bewilligten diese Mittel nur, wenn er ihnen religiöse Zugeständnisse machte, also die protestantische Religionsausübung gestattete. Ein ewiger Kreislauf, der erst mit der Schlacht am Weißen Berg durchbrochen wurde.

Daß die Kirche in Österreich in diesen Zeiten nicht zur Gänze erlosch, daß sogar die Klöster weiterbestanden, verdankt sie der Treue des Hauses Habsburg zur alten Kirche. Das Haus Österreich hatte viele Rechte, die es nun zu Gunsten der alten Kirche ausnützte. Es ließ die Klöster visitieren, es berief gute Mönche und Priester aus den katholischen Gegenden des habsburgischen Erdkreises in diese Klöster, es berief gute Bischöfe auf die wenigen Bischofsstühle des Landes, es ließ einen Katechismus herausgeben, es sah auf die Einhaltung der Feiertage usw. Trotz aller dieser Schutzmaßnahmen griff der Protestantismus immer mehr um sich. Die Zustände innerhalb der Kirche wurden düster. Die Klöster verfielen vielfach, der Nachwuchs erwies sich als zu schwach, sittliche Verwahrlosung griff um sich. Viele Pfarreien blieben unbesetzt. Die Habsburger hörten dennoch nie auf, ihre schützende Hand über die Kirche zu halten. Immer mehr Priester und Mönche kamen nach Österreich, aus Italien, Spanien, Belgien, dem Schwabenland. Spanische Benediktiner vom Montserrat gründeten in Wien ein Kloster, die Straße, wo es lag, heißt heute noch Schwarzspanierstraße. Kamaldulenser aus Spanien, wegen ihres weißen Habits weiße Benediktiner genannt, gründeten in der Alserstraße ein Kloster. In den österreichischen Benediktinerklöstern wimmelte es von Schwaben. Durch Jahrzehnte hatten diese Klöster nur schwäbische Äbte. Der berühmte Abt Gottfried Bessel von Göttweig ist ein spätes Glied in dieser Reihe. Kapuzinerklöster in Tirol bestanden durch lange Zeiten nur aus Italienern.

Vielleicht wäre der Kampf der Habsburger für den Bestand der alten Kirche schließlich doch vergeblich gewesen, hätte sich ihren Bestrebungen nicht eine durch das Konzil von Trient erneuerte Kirche hinzugesellt, deren Klerus, deren Bischöfe, deren Mönche langsam wieder verlorengegangenen Boden gewinnen konnten.

Hand in Hand mit dieser Rekatholisierung Österreichs gelang es auch, die Türken erfolgreich zu bekämpfen. Unendliche Opfer haben für diesen Kampf vor allem die großen Stifte gebracht. Immer wieder opferten sie ihre Gold- und Silberschätze, um Rüstungen zu finanzieren, Festungen zu bauen, Armeen aufzustellen und zu bezahlen. Oft betrug ein solches Opfer ein Viertel aller Gold- und Silberschätze, oft sogar ein Drittel. Und als dann endlich die türkische Gefahr beseitigt werden konnte, als Österreich der Triumph des Sieges zufiel, war dieser Triumph auch ein Triumph der Kirche, der Stifte. Dieser Triumph, der ein römisch-katholischer Triumph war und ein römisch-kaiserlicher, gebar das Zeitalter des Barock.

Der Triumph des Herrscherhauses war insbesondere auch ein Triumph der Abteien. Mit ihrem Vermögen hatten sie den Sieg ermöglicht, auf den Landtagen, wo die Prälaten der Stifte Sitz und Stimme hatten, waren sie oft die einzigen Verbündeten des Herrschers gewesen. Aus diesem Triumph heraus bauten die Orden die Abteien zu prachtvollen Schlössern um, wurden aus den Prälaten feudale Herren, die das Herrscherhaus in ihren Abteien bei deren Reisen beherbergten und die Mitglieder des Kaiserhauses zu Freunden zählten. Diese Riesenbauwerke, diese Klösterschlösser durchziehen heute noch ganz Österreich und haben mit dazu beigetragen, Österreich den Namen „Klösterreich“ zu geben.

Doch schon bald nach dem Barock ergriff Europa eine neue geistige Bewegung, die stark antimonastisch eingestellt war und — als sie auch Österreich ergriff — das „Klösterreich“ schwer zu bedrängen begann und versuchte, es auszulöschen oder zumindest ihm ein neues Gesicht zu geben.

Es war die Aufklärung, die alles monastische Leben als unnütz ansah, als Drohnenleben, und Ordensleuten nur eine Existenz gewähren lassen wollte, wenn sie ein sogenanntes nützliches Leben führten. Wobei für Ordensleute als ein nützliches Leben nur angesehen wurde, wenn sie sich in der Seelsorge, im Unterricht oder im Krankendienst betätigten. In der Französischen Revolution erreichte die Aufklärung ihren Höhepunkt, mit dem Erfolg, daß in Frankreich fast alle Klöster aufgehoben wurden.

Als eine Folge der Französischen Revolution kam es 1803 in Deutschland zur Säkularisierung fast aller Reichsklöster, wie Fulda, Ottobeuren — um nur einige zu nennen —, und ebenso der reichsunmittelbaren Diözesen. Die ganze Kirche in Deutschland erhielt eine neue Struktur.

In den habsburgischen Landen kam es nicht so weit.

Zwar hatte die Aufklärung schon unter Maria Theresia auf Österreich übergegriffen und die Kaiserin zu Taten veranlaßt, die das barocke Leben der katholischen Kirche in Österreich und vor allem der großen Stifte zu rationalisieren suchte. Ihr Sohn setzte unter dem Titel „Josefinismus“ diese Bemühungen fort, teilweise auf gewaltsame Art. Dieser Aufklärer, dessen großes Verdienst es ist, Österreich durch seine Maßnahmen vor der Französischen Revolution bewahrt zu haben, wollte aus den habsburgischen Ländern einen modernen, gut verwalteten Staat machen. Die Kirche sollte in diesem Staat nicht verschwinden, sondern sie sollte ihm dienen, sie sollte für den Staat eine Art Gendarm abgeben auf Gebieten, wohin die Macht des Staates nicht mehr reichte. Sie sollte ihm auch mit ihrem großen Apparat dienen. Im Zuge dieser Maßnahmen machte er die Priester, d. h. die Pfarrer zu Staatsbeamten, zu staatlichen Standesbeamten, die die Matrikeln zu führen hatten, die mit den Taufscheinen gleichzeitig Geburtsurkunden ausstellten, die die Eheschließungen und die Bestattungen vornehmen mußten. Damit der Staat auch auf diesem Gebiet gut verwaltet werde, gründete er eine übergroße Anzahl von Pfarreien, von denen aus die Pfarrer als Standesbeamte dem Staat dienten. Woher aber nahm er die nun plötzlich so zahlreich notwendigen Pfarrer? Da fiel Josef II. eine geradezu grandiose Idee ein: Auch für diesen Aufklärer waren natürlich alle, die nur ein monastisches Leben führten, unnütz. Es galt, sie zu nützlichen Mitgliedern der Gesellschaft zu machen. Aus diesem Gedankengang hob er zahlreiche Klöster auf, in erster Linie alle beschaulichen, aber auch viele andere. Natürlich fielen unter diese Maßnahme vor allem alle Kartäuserklöster, von den Augustinerchorherrenstiften St. Pölten, Seckau, St. Andrä, Stainz, Dürnstein, Rottenmann, Pöllau, St. Dorothea, von den Benediktinerabteien Gleink, Garsten, Kleinmariazell, von den Zisterziensern Baumgartenberg, Viktring, Neuberg, Engelszell. Aber viele andere Abteien blieben bestehen. Denn es zeigte sich, daß sie vielfach gar kein so unnützes Leben führten. Viele dieser Stifte betreuten Pfarreien, hatten Gymnasien, ja hatten Krankenanstalten. Die freigewordenen Priester versetzte er auf die vielen neugegründeten Pfarreien und zwang auch die Stifte, ihre Geistlichen für den Pfarrdienst geradezu zu drillen. Und dadurch verwandelte er die Abteien: Sie wurden eine Art Verwaltungszentrum, wo der Abt oder Propst mit ein paar Ordensmitgliedern saß und die Verwaltung leitete, in diesen Abteien befand sich noch das Noviziat und eine Art Altersheim, in dem die alten Pfarrer ihren Lebensabend verbrachten, wenn sie krank und müde geworden waren. Seit der Zeit Josefs II. traten viele Österreicher in ein Kloster ein, um in erster Linie Pfarrer zu werden. Im Kloster lebten sie nur mehr im Noviziat, dann gingen sie auf eine Lehranstalt, um Theologie zu studieren, dann wurden sie schon Kapläne und schließlich Pfarrer. Ins Kloster kamen sie nur zur Abt- oder Propstwahl, oder wenn sie auf einen Verwaltungsposten berufen wurden, und schließlich ins Altersheim. Mit dieser Lebensweise zwang Josef II. praktisch die Mitglieder eines Klosters das Ordensleben aufzugeben: denn der Ordensmann, der als Pfarrer tätig war, war in erster Linie dem Bischof verantwortlich, d. h., das Gehorsamsgelübde wurde weitgehend außer Kraft gesetzt. Das gleiche galt für das Armutsgelübde. Denn der Mönchspfarrer mußte ja leben und konnte gar kein Gemeinschaftsleben mehr führen. Nur das Keuschheitsgelübde blieb natürlich. Anderseits darf nicht übersehen werden, daß die kirchlichen Maßnahmen dieses Kaisers viel Positives in sich hatten. Josef II. war der älteste Sohn Maria Theresias und ihres Gemahls, Franz Stephans von Lothringen. Alle Mitglieder der lothringischen Familie waren großartige Verwaltungsleute. Das zeigte sich auch bei den kirchlichen Maßnahmen. Josef II. rief eine Reihe von neuen Diözesen ins Leben. Diese neue Diözesaneinteilung — die eigentlich bis heute noch besteht — war schon ein Meisterwerk. Auch die Gründung der Hunderte und Aberhunderte von Pfarreien kam der Kirche sehr zugute. Hätte Josef II. nicht diese vielen Pfarreien gegründet, wäre die Kirche in der Zeit der Industrialisierung noch ohnmächtiger den neuen Zeitströmungen gegenübergestanden. So aber gab es doch in den neuen Industrievierteln überall Kirchen, von wo aus das Wort Gottes verkündet werden konnte. Genial war auch, wie er seine kirchlichen Maßnahmen finanzierte, vor allem die Geistlichen bezahlte. In allen Ländern, wo Klosteraufhebungen stattfanden, war dies meistens ein guter Raubzug zugunsten des Staates.

Josef II. zog zwar das Vermögen der aufgehobenen Klöster ein, beließ aber das Vermögen der Kirche. Aus dem Erlös der verkauften Klostergüter bildete er einen sogenannten Religionsfonds. Aus diesem Fonds wurden die Bedürfnisse der Kirche gedeckt, insbesondere ihre Personalausgaben. Dieser Religionsfonds blieb bis vor wenigen Jahren kirchliches Eigentum unter staatlicher Verwaltung. Dies anerkannten ausdrücklich die Konkordate von 1855 und 1934. Zum ersten Mal genoß der Weltklerus auch eine soziale Sicherheit. Und dies machte ihm den Josephinismus sympathisch.

Die Bischöfe hatte er für sich gewonnen, indem er sie von Rom weitgehend unabhängig machte. Und die Pfarrer, indem er ihnen eine soziale Sicherheit bot. Und sie außerdem mit der Würde von Staatsbeamten versah. Der Josephinismus hätte sich in Österreich nie so durchgesetzt, wenn der Klerus nicht so von ihm fasziniert gewesen wäre. Nicht fasziniert von ihm war das einfache Volk. Es wollte seine barocke Frömmigkeit, seine Prozessionen, seine Wallfahrten, seine schönen Begräbnisse, seine schönen Hochzeiten, Taufen, Firmungen. Der Josephinismus wäre schon früher zum Scheitern verurteilt gewesen, hätten nicht bis weit ins 19. Jahrhundert Bischöfe und Klerus an ihm festgehalten. Leopold II. und Franz I.

gewährten gewisse Erleichterungen. Erst Kaiser Franz Joseph hob durch das Konkordat von 1855 den Josephinismus praktisch auf. Vom Klösterreich blieben jene Stifte übrig, die der Josephinismus nicht aufgehoben hatte. Es kamen sogar bescheidene Zuwächse hinzu. Klöster, die irgendwo in der Welt aufgehoben wurden, bekamen in Österreich Asyl und vergrößerten somit das Klösterreich. Das gilt für Wettingen und Muri aus der Schweiz, die der schweizerische Kulturkampf aus dem Land jagte, und gilt für die Beuroner Benediktiner, die ein Opfer des Bismarckschen Kulturkampfes wurden. Was das Klösterreich behielt, war ein Lebensstil, der eine Mischform darstellte: Die Ordensgemeinschaften behielten weiterhin ihre Klösterschlösser, die Mitglieder lebten vielfach den Stil, den der Josephinismus geschaffen hatte.

Diese Form lebte das Klösterreich, als eine Katastrophe über dieses „Reich“ hereinbrach, die größer war als der Awarensturm, als der Magyarensturm, als die Reformation: die NS-Zeit. Sie löschte das Klösterreich fast vollständig aus, fast alle Klöster wurden aufgehoben und beschlagnahmt. Nur ganz wenige Konvente blieben bestehen, wie die Schotten in Wien, Heiligenkreuz, Zwettl. Die Mitglieder dieses Klösterreichs wurden verteilt, viele gingen wieder in die Pfarrseelsorge, viele mußten einrücken, viele kamen aus dem Krieg nicht mehr zurück. Viele auch kamen ins KZ. Die Klösterschlösser wurden Museen oder Erziehungsanstalten für die NS-Jugend, sogenannte NAPOLA-Heime.

Und dann kam das Jahr 1945 und mit dem Untergang des Dritten Reiches ein Wiederauferstehen des Klösterreiches. In der Zeit nach 1945 erhielten die Orden ihre beschlagnahmten Klösterschlösser und Güter wieder zurück. Viele dieser Klösterschlösser wurden seither renoviert, meist aus Anlaß irgendeines Jubiläums, und erstrahlen schöner denn je. Die öffentliche Hand zeigte sich meist großzügig bei solchen Renovierungen. Vielfach leben die Mitglieder dieses „Klösterreichs“ noch immer in der gleichen Lebensform wie vor 1938. Der Nachwuchs ist vielfach gering. Allerdings gibt es Ausnahmen, wie z. B. Göttweig oder Kremsmünster, das übrigens selten in seiner Geschichte Nachwuchssorgen hatte.

Vielfach hängt die Frage des Nachwuchses vom Abt oder Propst eines Stiftes ab. Ein Beispiel ist das Augustinerchorherrenstift Reichersberg. Vielfach hängt es auch davon ab, ob ein Stift sich neuen Aufgaben zuwendet, wie z. B. die Pflege der Liturgie, die Aufgabe, die Funktion eines Seelensanatoriums auszuüben, die Kultur besonders zu pflegen. Nicht das Zölibat ist der Grund, warum heute so wenige junge Menschen sich dem Priester- oder Ordensberuf zuwenden. Auch die christlichen Kirchen, die das Zölibat gar nicht oder nur zum Teil kennen, klagen über Nachwuchssorgen. Es ist die allgemeine Entchristianisierung der Zeit, die den Zustrom zu diesen Berufen bremst.

Das „Klösterreich“ hat in einer fast zweitausendjährigen Geschichte viele Höhepunkte und viele schwierigste Situationen erlebt. Es hat unendlich viel für Österreich geleistet, auf dem Gebiete der Kultur, der Mission, der Politik. Viele Seiten der österreichischen Geschichte hätten anders geschrieben werden müssen, wäre dieses Klösterreich nicht vorhanden gewesen. Es ist noch immer groß und mächtig. Es leistet noch immer viel für Kultur und Missionierung, seine ureigenste Berufung und Aufgabe. Nicht jedes Land ist so glücklich, ein solches Reservoir innerhalb seiner Grenzen zu besitzen, das in sich die Möglichkeit bietet, sich weiter auszubreiten und seine Grenzen hinauszuschieben.

Michael W. Fischer

Maurerische Geheimbünde und religiöse Toleranz

Ein Rekonstruktionsversuch anhand historischer Bemerkungen

Das Thema ist umfassend: Beschränkungen, ja sogar Verkürzungen sind unerläßlich. Ich versuche im folgenden, bloß allgemeine Entwicklungslinien aufzuzeigen, was eine grobe Vernachlässigung „lokalspezifischer Differenzen" bedeutet. Im *ersten* Teil, den historischen Bemerkungen, wird die Verlaufsfigur der Toleranzdiskussion in den Geheimbünden kurz dargestellt, wobei gleich auf das Problem hingewiesen sei, daß die Freimaurerei unterschiedliche, ideengeschichtlich teils stark divergierende Lehrsysteme umfaßt.[1] Der Toleranzbegriff des Neuplatonismus zeigt bereits die enge Verknüpfung zwischen religiösen und politischen Aspekten und wandelt sich im Gefolge der Religionskriege gerade in den Geheimbünden zu einem utopischen Zielbegriff, dessen konfliktreicher Zündstoff zu Anfang des 19. Jahrhunderts den Beginn der politischen Parteienlandschaft dynamisiert. Gleichzeitig damit wird die Toleranzdiskussion in den maurerischen Bünden „politisch entlastet". Im *zweiten* Teil versuche ich, diesen Aspekt zu rekonstruieren. In Verknüpfung mit aktuellen Problemen von Wissenschaftstheorie und Wissenschaftsgeschichte soll — gleichsam „transzendierend" — diese spezifische Sorte von Toleranz auf ihre kulturelle Bedeutsamkeit hin befragt werden. Wie jede Rekonstruktion kann auch diese bloß *hypothetischen Charakter* haben.

1. Historische Bemerkungen

Kennzeichnend für den *Neuplatonismus* der Renaissancezeit ist das Streben nach *religiöser Einheit* der Menschheit, und darin liegt auch die Wurzel des neuzeitlichen Begriffs der religiösen Toleranz. Erstmals wurde man sich der heidnischen Religionen bewußt, und zwar nicht als eines teuflischen Blendwerks oder eines bequem zu „moralisierenden" Bilderspiels, sondern als eines gewaltigen und faszinierenden Komplexes von Anschauungen und Begriffen, von Kosmologien und metaphysischen Bindungen. Die Dichter waren Mittler dieser neuen Erkenntnis, und die Künstler verliehen ihr sinnliche Gestalt, offenbarten sie den „Augen aller".[2] *Gnosis, Hermetik* und *Kabbala* wurden in die neuplatonische Weltsicht integriert, und die Unruhe der Intellektuellen steigerte sich zu einer ernsten *Krise*. Charakteristisch für eine Krisensituation ist letztlich, daß Entscheidungen fällig, aber noch nicht gefallen sind, daß also offen bleibt, welche Entscheidung fällt[3]: Es handelt sich um das große *Präludium zur Reformation.*

Im Jahre 1440, zur Zeit des Konzils in Florenz, mitten im heftigen Streit um die Anerkennung des Neuplatonismus, wird Gemistos *Plethon,* der spiritus rector der Erneuerung der platonischen Akademie, zu einer zentralen Figur. Der byzantinische Humanist *Georgios* von Trapezunt berichtet: „Ich habe ihn selbst in Florenz gehört: Er kam mit den Griechen zum Konzil dorthin, um zu behaupten, die ganze Welt werde bald eine einzige Religion annehmen, in der Fühlen, Verstehen, Predigen eins sei. Und auf die Frage: ‚Die christliche oder die mohammedanische?' antwortete er: ‚Keine von beiden, sondern dieselbe wie die der Heiden.' Von seinen Worten getroffen, habe ich stets Haß für diesen Menschen empfunden..." Auch erinnert sich Georgios gesehen zu haben, wie Plethon seine Gebete an die Sonne richtete.[4]

Dieses Beispiel verdeutlicht, daß vor allem zwei Faktoren für das beginnende *neuzeitliche Bewußtsein* wesentlich werden[5]: Auf der einen Seite bemüht man sich, die verschiedensten Seiten ein und derselben zentralen Wirklichkeit in einer *integratio,* in einer Gesamtschau, zu erfassen. Jede Gesamtschau bedingt aber Duldsamkeit, Toleranz, indem sie die *Relativität der einzelnen Aspekte* akzeptieren muß. Dieses Streben nach Übereinstimmung ist untrennbar mit dem Bewußtsein der *renovatio* verbunden, also mit einem Bewußtsein der Veränderbarkeit, das vielschichtig in die Zukunft weist. Jedes Bewußtsein der Veränderbarkeit macht aber die *Relativität des Bestehenden* geltend. Die erste Folge dieses unbestimmten Strebens nach einer neuen Welt ist der Wunsch einer „Rückkehr zur Antike", zum „Ursprung".

Plethon und etliche andere Humanisten und Renaissancephilosophen waren von der Idee einer Ur-Religion, einer Ur-Offenbarung besessen, deren Geschichte sie durch *esoterische Überlieferung* zu erkennen glaubten. Die „Konkordanz des Moses und Plato" ist nur ein Teil eines umfassenden Ganzen, dessen Schlüssel im Geheimwissen liegt. Plethon stellt sich eine Reform des Christentums vor, die zu einem Synkretismus der Dogmen und selbst der Riten führt: Er war der Überzeugung, auf dem Hellenismus lasse sich eine universale Religion begründen, die ein tragfähiges Fundament einer neuen Kultur sein könnte.

Daher polemisiert Plethon gegen den verknöcherten Intellektualismus der *Spätscholastiker,* die bloß in starren Dualismen und Dichotomien denken können: Er will diesen durch die Suche nach einer emotional befriedigenden religiösen Lebenseinstellung überwinden. Religiöse Toleranz wird in diesem Kontext erstmals *sozial* begriffen, als eine *Lebensform der politischen Gemeinschaft.* Auch ein anderer „moderner" Gedanke klingt an: Deutet dieser Wille zu einer Art religiösen Weltbürgertums nicht bereits als Folgelast an, daß erstmals in einem synkretistischen Verfahren die religiöse Wahrheitsfrage relativiert wird bzw. Religion primär unter dem Gesichtspunkt des subjektiven Bedürfnisses gesehen wird?

Auch die *Reformation* — über die ich hier materiell nichts zu sagen brauche — konnte den Glauben an eine widersprechende Aspekte akzeptierende Einheit, an eine *„coincidentia oppositorum",* nicht brechen. Im Gegenteil, es wurde auf sämtlichen Gebieten der Wissenschaften eine Fülle von Versuchen und Anstrengungen unternommen: Christliche Kabbalisten bemühten sich, mit Hilfe der verborgenen Beziehungen zwischen Bibelphilologie und hebräischer Geheimlehre zu befriedigenden Ergebnissen zu gelangen. Alchimisten, Magier, Anatomen, Astrologen und Mathematiker versuchten, integratio und renovatio zur Universalität zu bringen, und legten damit eine zentrale Problematik des neuzeitlichen Denkens frei.

Die Erschütterung des traditionellen Weltbildes durch die *neuzeitlichen Wissenschaften* begünstigt auch von einer anderen Seite her die Artikulierung des Toleranzbegriffs. *Galileis* Teleskop verdeutlicht: Es gibt im Raum keine Hierarchie mehr, kein durch den „unbewegten Beweger" begrenztes sphärisches Universum. Kein Punkt zeichnet sich vor dem anderen aus. Weder die Erde noch Rom oder Jerusalem, nicht einmal die Sonne. Jeder, und zwar absolut jeder, hier oder anderswo hat das Recht, den Ort, auf dem er steht, als ein Zentrum zu betrachten, insofern er auch den *relativen Charakter* dieser Sicht anerkennt. Ein neues Religionsverständnis wird wirksam: Die an dem mechanistischen Weltbild orientierte wissenschaftliche Wahrheit setzt sich aus einer Reihe von Gesichtspunkten zusammen, und der höchste, der allein den Kosmos zu erfassen vermag, ist der Gesichtspunkt Gottes. Dies hindert nicht, daß *alle* Gesichtspunkte wahr sind und daß jeder Ort und jeder Augenblick Zentrum eines Kreises ist, der einen Teil der Wahrheit umfaßt.

Da es kein absolutes Zentrum und keine endgültige Peripherie mehr gibt, kann jedes Bewußtsein das Recht für sich beanspruchen, die Welt durch seine Tätigkeit und seinen Gesichtspunkt zu gestalten, indem es sein individuelles Interesse unter der Bedingung der Gegenseitigkeit rechtfertigt. Dies setzt freilich nicht mehr bloß religiöse, sondern auch *politische Toleranz* voraus. Gleichzeitig wird das traditionelle Weltbild durch das Wagnis einer *offenen Zukunft* überholt, wobei sich sämtliche kosmologischen und metaphysischen Bindungen ändern. Eine wesentliche Rolle bei der „Institutionalisierung" dieses neuen Denkens spielen Akademien, Sozietäten und bündlerische Bestrebungen, wobei sich letztere um 1600 im Deutschland der Reformation und Gegenreformation im *Geheimbund der Rosenkreuzer* konzentrieren.[6]

Zentrale Figur dieser Bewegung ist der Theologe und Sozialkritiker Johann Valentin *Andreae* (36 ff.), und Mitglieder sind die hervorragendsten Köpfe der Zeit: Theologen wie Johann *Arnd,* Pansophen und Pädagogen wie Johann Amos *Comenius,* Ärzte, Alchimisten und experimentelle Philosophen wie Michael *Maier,* der Leibarzt Rudolfs II., Rechtsgelehrte wie Christoph *Besold* und in England etwa der Arzt und Polyhistor Robert *Fludd.* Empirischer Ausgangspunkt des Geheimbundes sind die sogenannten „Rosenkreuzerischen Manifeste", zwei Traktate, die 1614 und 1615 in Kassel erschienen.[7] Eine weitere klassische Rosenkreuzerschrift stammt von Andreae: Es ist dies eine alchimistische Allegorie in Romanform, die unter dem Titel „Chymische Hochzeit Christiani Rosenkreuz anno 1459" 1616 in Straßburg erscheint.[8]

Wenngleich von der Begriffsgeschichte ignoriert, tauchen hier zentrale Kategorien erstmals auf. Da ist vom *„Fortschritt"* die Rede, vom „Fortschreiten im Erkenntnisvermögen" und von der *„Aufklärung"* als praktischer und sozialer Aufgabe. Hintergründiges Ziel ist eine Gelehrtenrepublik, um das ganze „in unserem saeculo mitgeteilte Wissen", sei es nun „in librum naturae oder regulam aller Künste", an „das helle, offenbare Licht zu bringen". Bestimmende Figur ist *Christian Rosenkreuz,* der „die Brüderschaft des hochlöblichen Ordens der Rosenkreuzer" begründet haben soll, die nun wiederbelebt in ihren Manifesten dazu auffordert, sich dem Streben nach einer „Generalreformation" der Welt anzuschließen.

Die Frage nach religiöser und politischer Toleranz stellt sich jetzt unter ganz anderen Bedingungen: Nach den Wirren und blutigen Auseinandersetzungen im Gefolge der Reformation hat der *Augsburger Religionsfriede* kaum wirkliche Befriedigung gebracht. Vielmehr deuten alle Zeichen darauf hin, daß die unheimliche Stimmung, die die Epoche beherrscht, sich in einer Katastrophe, in einem großen Krieg entladen wird, der dann die erste Hälfte dieses Jahrhunderts prägen sollte. Solche Zeichen waren Beugung des Rechts und Willkür des Adels, finsterer Aberglaube und gehässigste theologische Streiterei, Ämterkauf in den Kirchen und Titelkauf an den Universitäten, zunehmende Geldentwertung und Erschütterung der Wirtschaft, militärische Auseinandersetzung zwischen den Konfessionen und anderes mehr. Duldung, Toleranz erlangte damit den Stellenwert eines *utopischen Zielbegriffs,* artikulierte den Erwartungshorizont einer durchaus möglichen und besseren Zukunft. Anders ausgedrückt: *Die in Plan und Prognose vorweggenommenen Wirkungen der religiösen Toleranz werden zu Legitimationstiteln des politischen Handelns.*

Für die Rosenkreuzer ist dabei charakteristisch, daß sie neben der sozialen und politischen Weltverbesserung, die sie sich vor allem durch neue *wissenschaftliche Kenntnisse* erhofften, stets auch eine Weltverbesserung durch *„innere Umkehr"* vor Augen hatten. Die Folie für letztere lieferte der Neuplatonismus: *Besold* war Wortführer der Überzeugung, daß es nur eine wahre Religion gibt, in welcher Form auch immer sie sich offenbart. Denn es wäre ein absurder Gedanke, das höchste Wesen hätte bloß die engen Schranken eines einzigen Kults zugelassen. Vielmehr hat Gott die verschiedensten Erscheinungsformen der Religion selbst gewollt.[9] Die wechselseitige Befruchtung der Pole Gott—Natur gerinnt zu einer Weltanschauung, zu einer Frühform des Pantheismus, die unter dem Begriff *„Pansophie"* zusammengefaßt wird. Dieser taucht erstmals in einem Sammelband von Rosenkreuzerschriften aus dem Jahre 1616 auf.[10] Wenig später definiert dann *Comenius* Pansophie als „Allweisheit, nämlich das, worin sich das All lebendig widerspiegelt".[11]

Insofern ist auch die Pansophia eine eigenartige Verquickung von esoterischen Überzeugungen und exoterischen Zielen. Einerseits will man sich in der Welt der phainomena *rational,* vor allem durch wissenschaftlichen Erkenntnisfortschritt, einrichten und doch gleichzeitig die Welt denkend *überschreiten,* im Sinne eines nicht bloß operativen Vorgangs, sondern der *„Erleuchtung"*. Genau dies ist aber den Rosenkreuzern die Methode der „inneren Umkehr". Ziel des Pansophen ist die Vereinigung des gesamten weltlichen Wissens mit der apriori bestehenden göttlichen Weisheit. Dies war ja auch das Streben verschiedenster Gelehrter wie *Paracelsus, Kepler, Bruno* oder *Campanella.*[12] Gott und die Welt gilt als ein und dieselbe große Einheit. Gott steht nicht über oder außerhalb der Welt, sondern alles Seiende, alle Welten im Universum sind selbst göttlicher Natur.[13] Die rosenkreuzerische Religionsphilosophie will über allen konkreten Religionen stehen. Die sozialen Bestrebungen richten sich auf eine künftige, von religiöser und politischer Toleranz getragene Weltgesellschaft, deren Wegbereiter ein weltumspannender *Geheimbund* sein soll.

Zum Verhältnis von religiöser und politischer Toleranz dürfen wir den Zeitkontext nicht aus den Augen verlieren: Denn es war damals bereits *„politisch"*, wenn man in bezug auf religiöse Dinge nicht geneigt war, die „Andersgläubigen" zu verfolgen. Die zahlreichen Gegnerschriften belegen, daß die Rosenkreuzer wegen ihrer religiösen Toleranz — das Bekenntnis sollte bei der Aufnahme in den Bund keine Rolle spielen — verdächtigt wurden, politisch aufrührerisch, ja sogar revolutionär zu sein (82 ff.).

Michael *Maier,* Robert *Fludd,* Joachim *Jungius, Comenius,* um die wichtigsten Repräsentanten der Rosenkreuzerphilosophie zu nennen (71 ff.), setzten sich inhaltlich umfassend mit dem Toleranzbegriff auseinander, und dann auch noch René *Descartes,* der zu den deutschen Rosenkreuzern nachweislich Kontakt hatte (90—93). Letzterer faßte ja die „Demokratie der Ideen" als konstitutives Element des neuzeitlichen Bewußtseins. Ein bestimmendes Motto sämtlicher Schriften ist der Wahlspruch des legendären Gründers des Bundes, Christian Rosenkreuz: *„Summa* *scientia nihil scire.*" Dieser Grundsatz der Sokratischen Philosophie wird stets im Sinne der Offenheit für neue Erkenntnisse gebraucht, ebenso im Sinne der *Relativität* alles menschlichen Wissens.

Auch die erste deutsche Utopie „*Christianopolis*", die 1619 erscheint und deren Autor *Andreae* ist, entstammt dem Rosenkreuzertum. Im Kernpunkt dieser Schrift steht der utopische Erwartungshorizont eines von religiöser und politischer Toleranz getragenen Gemeinwesens.[14] Die Metapher für Gott ist der über das ganze Universum gesetzte „Architekt"[15], und die politische Toleranz erst ermöglichende *Grundrechte* wie etwa „Freiheit der Meinungsäußerung" sind *verfassungsrechtlich* garantiert.[16] Auffällig und mittlerweile wissenschaftlich umfassend nachgewiesen[17] sind die Parallelen zwischen Rosenkreuzertum und *Baconscher Reformbewegung.* Sowohl in den utopischen Elementen der Rosenkreuzerschriften wie auch in Bacons „*Nova Atlantis*" erscheint eine „geheime Brüderschaft" von Gelehrten als institutioneller Ausgangspunkt einer allgemeinen Erneuerung des Soziallebens. Die zeitgenössischen Leser haben in „Nova Atlantis" sogleich die Rosenkreuzer erkannt, wie mehrfach zu belegen ist:[18] Die weisen Männer von Bacons Haus Salomo sind die Brüder vom Rosenkreuz.

So umstritten der Ursprung der *Freimaurerei* auch ist,[19] glaube ich dennoch, daß das Freimaurertum neben anderen Bedingungsfaktoren strukturell und organisatorisch auch in dem nach England verpflanzten *Rosenkreuzertum* wurzelt. Dadurch behauptet diese zumeist unterschätzte literarische und geistige Bewegung in der Ideengeschichte des 17. Jahrhunderts zwischen Renaissance und Reformation einerseits und der in der Französischen Revolution sich vollendenden Aufklärung andererseits einen hervorragenden Platz (95 ff.).[20]

Die *Ideengleichheit* von Rosenkreuzertum und Freimaurerei kommt in einer Fülle von identischen Symbolen zum Ausdruck: Das Bild vom Baumeister — etwa bei *Comenius* und *Andreae* — wies von selbst auf eine Ähnlichkeit des Rosenkreuzertums mit der Steinmetzzunft. Im England des 17. Jahrhunderts bezeichnen die Namen „Freimaurer" und „Rosenkreuzer" ein und dasselbe. Die Bezeichnung Rosenkreuzer wurde erst wegen ihrer Vermengung mit der mehr und mehr in Verruf geratenen „Alchimisterei" fallengelassen.[21] So muß auch der Ausspruch von Henry *Adamson of Perth* aus dem Jahre 1638 verstanden werden, daß die „Brüder vom Rosenkreuz" das „Maurerwort" besaßen (Sp. 13).

Der Toleranzbegriff bleibt im Brennpunkt: *Comenius* hatte ja nicht bloß durch seine Schriften, sondern auch durch organisatorische Pläne das rosenkreuzerische Ideal einer Weltverbesserung nach England übertragen und den Förderern und Freunden des Frühlogenwesens vermittelt. Die religiöse Toleranz als Grundaxiom des von ihm geplanten Menschheitsbundes beruht auf dem *Vorrang des Sittlichkeitsgehalts* gegenüber den religiösen Dogmen. Auf Betreiben des Freimaurers Samuel *Hartlib* wurde dann Comenius vom englischen Parlament eingeladen, den Entwurf für eine humanitäre Gelehrtengesellschaft abzufassen.[22] In seiner stark vom Rosenkreuzertum geprägten Schrift „Via lucis" von 1641 schlägt Comenius ein „Collegium universale" mit Sitz in England vor, das alle Bünde und Brüderschaften zum Ziel der Weltreformation sammeln soll. Beachtenswert ist die in den Satzungen vorgegebene Abgeschlossenheit des Bundes und die Verpflichtung seiner Mitglieder zur Verschwiegenheit, sowie die Tatsache, daß der Bund nur als Ganzes der Öffentlichkeit die Ergebnisse seiner Arbeit übermitteln soll. Wenngleich die

Verhandlungen im Parlament bald ins Stocken kamen, blieb die Wirkung nicht aus.

Hartlib, der Freund von Comenius, nahm auch am sogenannten „unsichtbaren Kollegium" teil, das von einem Deutschen, nämlich Theodor *Haak,* in Oxford gegründet wurde, und aus dem die erste moderne wissenschaftliche Gesellschaft, die *„Royal Society",* hervorging (98 ff.). Die Mitglieder dieses Kreises standen in enger Verbindung zu Rosenkreuzertum und Freimaurerei. Der erste nachweisliche Bericht über eine Freimaurerloge aus dem Jahre 1641 ist die Aufnahme von Robert *Moray* (Sp. 1058 f.).[23] Dieser war einer der größten Aktivisten, um die Gründung der Royal Society voranzutreiben, deren erster Präsident er dann wurde. Rosenkreuzerische Einflüsse sind eindeutig nachweisbar — so wurden die Manifeste 1652 ins Englische übersetzt — und die Protagonisten dieser Gesellschaft, neben Moray Elias *Ashmole* und Robert *Boyle,* sind Freimaurer. Mit der Gründung der Royal Society 1660 entsteht eine dauernde Gemeinschaft, die zumindest hinsichtlich der Förderung der Wissenschaften ganz den Absichten der Rosenkreuzer entspricht, den Absichten eines *Andreae, Bacon* und *Comenius.*

Folgendes ist dabei bemerkenswert (102 f.): Die Forderung der Institutionalisierung der neuzeitlichen Wissenschaften wird erstmals radikal in den Rosenkreuzermanifesten gestellt, und zwar als politische Forderung. Sie verwirklicht sich aber letztlich nur um den Preis der *Entpolitisierung der Wissenschaft.* Wissenschaft verengt sich zur Naturwissenschaft, zur „experimentellen Philosophie", und der politisch lizensierte Freiraum liegt *jenseits aller „normativen" Reflexion,* jenseits von Politik, Moral, sozialer Reform und Religion. Die Sozialphilosophie, die Geistes- und Sozialwissenschaften werden als „normative" in den Untergrund verwiesen und, soweit sie nicht systemkonform sind, zum *„Geheimnis"*. In die Bünde der Freimaurerei abgedrängt, entwickeln diese „politischen" Wissenschaften radikale und oft widersprechende Modelle, erlangen aber auch erste Formen einer praxisbezogenen Ausgestaltung.

Das englische Großlogensystem entsteht 1717 als *erneuerter Freimaurerbund,* und nach Vorlage des neuen Konstitutionenbuches 1723,[24] gleichsam der Verfassung der Freimaurerei, kam es zu einem unerhörten Aufschwung dieses Bundes. Alsbald entstand eine Fülle von Logen, so in Frankreich, Deutschland und Österreich, ja in ganz Europa. Auf Details der Entwicklung in den einzelnen Ländern ist hier nicht einzugehen, wohl aber auf die veränderten Perspektiven der Diskussion um den Toleranzbegriff.

Der Höhepunkt der absolutistischen Macht war gleichzeitig die Geburtskonstellation einer neuen *Elite.* So sehr diese auch aus verschiedenen Gruppen besteht, hat sie dennoch ein gemeinsames Merkmal: Alle sind der politischen Entscheidungsfreiheit beraubt, weil der absolutistische Staat allein in der Person des Fürsten repräsentiert ist. Diese politische Herausforderung wird zum verbindenden Element. In den bestehenden Einrichtungen des absolutistischen Staates fanden keinen hinreichenden Platz: der Adel, der zwar sozial anerkannt war, aber ohne politischen Einfluß; die Bank- und Kaufleute, die zwar wirtschaftliche Macht hatten, aber sozial als homines novi abgestempelt wurden; die Wissenschafter, vorweg die Philosophen, die zwar sozial ohne rechten Ort, aber von höchster intellektuell-kultureller Bedeutung waren. Die Logen der Maurer werden für diese an sozialer Bedeutung zunehmende, aber politisch machtlose Schicht zu einer *indirekten Gewalt im absolutistischen Staat.*

Gleichzeitig waren die Logen umgeben von einem selbst geschaffenen Schleier, dem *Geheimnis,* dem Arkanum. Das Geheimnis der Maurer tritt so neben die Mysterien der Kirche und die Arkanpolitik des Staates.

Da ja laut Konstitutionenbuch „noblemen, gentlemen and working men" zur Maurerei Zutritt finden, ist eine Plattform gefunden, die unter den Auspizien politischer und religiöser Toleranz alle *ständischen Unterschiede einebnet.* Jedoch diese soziale Gleichheit war eine *außerhalb* des absolutistischen Staates. Der Bruder war innerhalb der Logen kein Untertan der absolutistischen Staatsgewalt mehr, sondern Mensch unter Menschen. Er dachte, plante und handelte in der Logenarbeit frei.[25] Das Geheimnis hatte daher von vornherein eine abweisende, eine schützende Funktion. „Die Geheimnisse und das Schweigen", heißt es 1738 in einem Zusatzprotokoll zur Verfassung der Hamburger Loge, „sind das hauptsächliche Mittel, um uns zu behaupten und uns den Genuß der Maurerei zu erhalten und zu bekräftigen."[26] An die Stelle des vom Absolutismus geforderten Schutzes durch den Staat tritt der *Schutz vor dem Staat.* In einem Satz: Die gemeinsame Teilhabe am selben Arkanum verbürgte nicht nur die Gleichheit der Brüder, vermittelte nicht nur ständische Differenzen, sondern verband alle Mitwisser unabhängig von ihrer Stellung in der bestehenden Hierarchie auf neuer Ebene.

Der Freimaurer sei dem „moralischen Gesetz" verpflichtet, so lautet der erste Satz der Verfassung, „der Maurer ist durch seinen Beruf verbunden, dem Sittengesetz zu gehorchen". Das Sittengesetz wurde als *natürliche Religion* bezeichnet, in welcher die verschiedensten Menschen, ungeachtet ihrer religiösen und politischen Herkunft, übereinstimmen könnten. Während die Freimaurer nach Darstellung der ersten Ausgabe des Konstitutionenbuchs in früheren Zeiten verpflichtet waren, „sich in jedem Land zu der jedesmaligen Religion des Landes oder der Nation zu bekennen", so heißt es statt dessen jetzt, sich *nur der Moral,* dieser für alle Menschen unterschiedslos gültigen Religion, zu unterwerfen. Wie der absolutistische Staat bisher die religiösen Spannungen politisch neutralisiert hat, so wollen nun die Bürger selbst alle Glaubensdifferenzen moralisch überbrücken. *In der Freimaurerei wird eine bürgerliche Morallehre sozial verwirklicht.*

Mit der Verpflichtung auf eine allgemeine Menschheitsreligion kam es sowohl zu einer Frontstellung gegen die bestehenden Staaten wie auch gegen die herrschenden Kirchen. Die Freimaurer als Bekenner dieser „Weltbürgerreligion" sprachen sich moralisch von jeder überindividuellen Autorität frei, die außer ihnen bestand und die vor ihnen aufgerichtet worden war. Die Freiheit vom bestehenden Staat als *Freiheit des Individuums* wird zur *letzten rechtlichen Instanz* (122 f.).

Durch die These der moralischen Selbstbestimmung des Individuums löst sich die Freimaurerei einerseits von den dogmatischen Hemmungen der Konfessionen, andererseits von der ungeprüften Anerkennung der politischen Autorität. Das Ziel war, „Vorurteile" abzubauen und die Forderung nach religiöser Toleranz zur Forderung nach politischer Toleranz zu verallgemeinern. Scheinbar ohne den Staat zu berühren, schaffen die Bürger in den Logen ein *Subsystem im Staate,* wo unter dem Schutz des Geheimnisses die *bürgerliche Freiheit bereits verwirklicht war.* Im Zeichen des Maurersystems entstand das soziale Gerüst einer moralischen Internationale, die sich aus Kaufleuten, Reisenden, Philosophen und Emigranten, aus Adel und Offizieren zusammensetzte.

Das Geheimnis der Maurer impliziert keine direkten Umsturzpläne, aber es verschleiert die politische Konsequenz der moralischen Pläne, die sich gegen den absolutistischen Staat richten. Die Freimaurerei wird zur *Organisation der Aufklärung* mit dem Zweck, zunächst Vernunft und dann auch die Utopie einer grenzenlosen menschlichen Glückseligkeit durchzusetzen. Dieser Glaube und seine oft blinde Zuversicht waren nicht vermittlungslos entstanden, sondern reichen in den Renaissanceutopismus und die Anfänge der Rosenkreuzerbewegung zurück. Die Freimaurerei gab der bürgerlichen Opposition die wesentliche *moralische Stoßkraft* im Kampf gegen den absolutistischen Staat. Die Menschenwürde des Naturrechts wird in der Maurerei als Recht des Individuums zur politischen Teilnahme am Staat interpretiert. Die politische Freiheit rückt ins Zentrum der Aufklärung. So fordert der Freimaurer Georg Heinrich *Sieveking,* die traditionelle Verkleidung der freimaurerischen Ideen zu beseitigen und offen zu bekennen, daß die Forderungen der *Freiheit und Gleichheit* die eigentlichen politischen Programmpunkte seien, die praktisch verwirklicht werden sollen.[27]

Freimaurer und Aufklärer verstehen unter Freiheit etwas ebenso Heterogenes wie unter „Aufklärung": Je nachdem orientieren sie sich mehr nach „vorwärts" oder mehr nach „rückwärts": Hin zur radikalen Utopie, zur demokratischen Republik oder zu liberalen Formen der konstitutionellen Monarchie; zurück zur konservativen Tradition der „alten deutschen Freiheit" in der ständischen Selbstverwaltung. Gleichviel: die *parteipolitische Spaltung der modernen bürgerlichen Gesellschaft* beginnt (142), und auch sie wird in Geheimbünden vorbereitet.

Eigenartige Gebilde freimaurerischer Wirksamkeit werden gegen Ende des 18. Jahrhunderts der radikal aufklärerische *Illuminatenbund*[28] und ein anderer Geheimbund, der sich als konservative Reaktion gegen die Aufklärung wendet, nämlich die *Gold- und Rosenkreuzer*.[29] Die radikale Aufklärung wie auch die konservative Gegenbewegung entsprangen, wenngleich unterschiedlich motiviert, dem *Unbehagen am absolutistischen System*. Die einen waren enttäuscht, daß sich der aufgeklärte Absolutismus nicht zum Rechts- und Verfassungsstaat weiterentwickelt hatte, die anderen fühlten sich bedroht, weil das aufgeklärte Herrschaftssystem die christlich-ständische Gesellschaft aufheben wollte. Beide Kräfte rangen bereits vor der Französischen Revolution um politischen Einfluß, und es entwickelten sich *politisch völlig antithetische Geheimbünde*.

Die *Illuminaten* verstanden sich als das institutionelle Zentrum zur Durchführung *europäischer Aufklärung,* die *Gold- und Rosenkreuzer* wandelten alsbald ihre spirituellen und mystischen Anliegen in das politische Ziel der Durchsetzung *konservativer Machtpolitik*. Beide Orden verfolgten gewiß ein die Freimaurerei überschreitendes Programm: System, Zielsetzung sowie die Unterwanderungspolitik anderer Logen zeigen, daß es sich hier um *rein politische Geheimbünde* handelt, deren erste Absicht die Änderung der bestehenden gesellschaftlichen Ordnung ist. Auch in den Auseinandersetzungen zwischen Illuminaten und Gold- und Rosenkreuzern spielt der Toleranzbegriff eine wesentliche Rolle, freilich ist er vielfach zu einem politisch, je nach dem Lager beliebig besetzbaren Schlagwort degeneriert. Ebenso steht im Zentrum der Streitigkeiten um das Konzept des Illuminatenordens zwischen Adolf von *Knigge* und Adam *Weishaupt* die Frage nach der Toleranz. Knigge bekämpft das Subordinationssystem des Ordens, plädiert für breitere Mitbestimmung und Demokratisierung (226 f.) und äußert die Ansicht, daß „die Intoleranz eines Deisten ebenso arg ist als die eines Pfaffen" (221).

Der Parteienhader zwischen den Gesinnungsgenossen der Illuminaten und Gold- und Rosenkreuzer läßt sich bis in den Vormärz verfolgen. Einige Stichworte dazu: Der junge *Schelling* gilt als Illuminat; die *Hegel*sche Philosophie enthält eine Reihe typisch freimaurerischer Denkfiguren, eine Fülle von Anspielungen auf die Gold- und Rosenkreuzer sowie Illuminaten; die preußische Reformpolitik unter dem Illuminaten Staatskanzler von *Hardenberg* wird von den Mitgliedern und Sympathisanten der Gold- und Rosenkreuzer torpediert, wie etwa Friedrich *Ancillon* und Carl Ludwig von *Haller;* die Karlsbader Beschlüsse sind ein konservativer Sieg gegen die spätaufklärerischen Freimaurerlogen, und anderes mehr (264—283).

Im 19. Jahrhundert jedoch tritt der geheimbündlerische Charakter immer mehr in den Hintergrund. Die dezidierten politischen An- und Absichten sind nicht länger Arkanum, Geheimnis, sondern werden zusehends offen und kämpferisch vorgetragen. *Die Geburtsstunde der Parteien als öffentliche politische Gesinnungsgemeinschaften hat geschlagen*[30], *und der moderne Parteienbegriff im politisch-ideologischen wie auch im verfassungspolitischen Sinn bürgert sich in die deutsche Sprache ein.*[31] Damit scheint für den Toleranzbegriff wirkungsgeschichtlich ein vorläufiger Kreis in dem Maße geschlossen, wie er sich für weitere Fragestellungen öffnet.

Der Kampf um religiöse und politische Toleranz hat gegen Ende des 18. Jahrhunderts die Esoterik von Akademien, Sozietäten und Geheimbünden verlassen, verlagert sich in die Exoterik der politischen Parteien als öffentliche Weltanschauungs- und Überzeugungsgruppen. Eine wesentliche institutionelle *Vermittlungsinstanz* für diesen Prozeß war die *Freimaurerei.* Durch das Auftreten der politischen Parteien werden die Freimaurer — wenn man so will — „weltanschaulich entlastet", und daher treten die lebenspraktischen Perspektiven des Toleranzbegriffs stärker als bisher in den Vordergrund. Ich möchte im folgenden einige Momente unter Berücksichtigung der aktuellen wissenschaftstheoretischen und wissenschaftsgeschichtlichen Diskussion auflisten und sie gleichsam zu einer idealtypischen Gestalt des freimaurerischen Toleranzbegriffs zusammenfügen.

2. *Rekonstruktion im Kontext des freimaurerischen Toleranzbegriffs*

Jeder derartigen Rekonstruktion stellen sich Schwierigkeiten entgegen: Die Freimaurerei war und ist ja nicht eine Organisation mit einer geschlossenen und einheitlichen Weltanschauung. Dies würde bis zu einem gewissen Grad effektiver Toleranz und effektivem Antidogmatismus *widersprechen.* So war die Maurerei im 18. Jahrhundert nicht nur eine Propagandaorganisation der aufklärerischen Philosophie, sondern auch eine Einbruchstelle mystischer Strömungen. Modifiziert gilt diese Polarität auch für das 19. Jahrhundert[32], und wir müssen uns ständig diese Ambivalenz vor Augen halten.

Da steht auf der einen Seite die Toleranz, die ohne das Bewußtsein der *Relativität* aller geschichtlichen Formen und Ausprägungen nicht denkbar ist. So heißt es ja auch im Freimaurerlexikon: „Die Einsicht in die Bedingtheit aller Wahrheit bildet bei der freimaurerischen Toleranzidee das auslösende Motiv" (Sp. 1585). Dieser Relativismus hat stets den dynamischen Prozeß des „Wahrwerdens" vor Augen, dessen Quelle das *je einzelne Subjekt* ist. Ausgangspunkt ist die wirkungsgeschichtlich relevante philosophische Spiegelung solchen Denkens im neuzeitlichen Selbstbewußtsein, und dies ist mit dem Namen *Descartes* unlösbar verbunden. Von seinem engagierten Interesse für die Geheimbünde war ja bereits die Rede. „Ego cogito ergo sum" lautet die berühmte, aber mißverständliche Formel aus der 1644 von *Courcelles* gefertigten Übersetzung des 1637 erschienenen „Discours de la méthode".[33] Der Stellenwert des Satzes ist der eines unerschütterlichen Fundaments: Er allein kann seine Wahrheit durch *Gewißheit* erweisen, er ist nach Descartes der einzige Satz, der die Prüfung durch einen methodisch-universellen Zweifel besteht. Auf das in diesem Satz Ausgesagte soll sich das ganze System menschlichen Wissens gründen lassen.

Durchgängig wird dieser Satz als das „Prinzip der Selbstgewißheit und des Selbstbewußtseins des Ich, als res cogitans", interpretiert. Aber ist diese Interpretation überhaupt angemessen? Es heißt ja *nicht* „Ego cogitat, ego est", sondern „Ego cogito, ego sum": Es wird nicht objektivierend in der dritten Person gesprochen „Das Ich denkt, also ist es". Vielmehr handelt es sich hier um einen absolut *selbstreferentiellen* Satz, der in der ersten Person gesprochen ist und über die erste Person spricht. Dieser Satz ist bloß die Ausfaltung dessen, was das einfache Wort „Ich" als solches bereits sagt. Also: Nicht „Das Ich ist", sondern *„Ich bin"* ist das Prinzip des neuzeitlichen Denkens. *Ich besagt Einzigartiges, ist allgemeinster und individuellster Ausdruck in einem.* Jeder sagt es zu sich, jeder ist „ich", und doch bin nur ich „ich". Ich ist zugleich allgemeine Prädizierbarkeit oder Substituierbarkeit für alle und jeden Menschen und die Totalität der unverwechselbaren individuellen Indikatoren, die sich aus der Biographie und den Lebensverhältnissen jedes einzelnen ergeben. Diese unverwechselbare Ichheit, die der reine Selbstbezug in ausgesprochener Form ist, beherrscht in der einen oder anderen Weise das neuzeitliche Denken bis heute.

Damit erweist sich aber „reines Denken" und jeder dogmatische Rationalismus, deren Ausschließung aller Ichheit und Subjektivität, als *Fiktion.* Ich ist jeweils die Einheit von Vernunft und Gefühl, die Einheit von Bewußtem und auch Unbewußtem. So heißt auch *„rational"* im „Sinne der Freimaurerei", wie *Lennhoff* und *Posner* definieren, „den Menschen so zu nehmen wie er ist, mit all seinen intellektuellen und emotionellen Bedürfnissen, nicht aber als ein lebloser Schemen auffassen, das ausschließlich aus Vernunft besteht" (Sp. 1283). Toleranz und Relativität schließen die Frage nach dem Absoluten *nicht* aus (Sp. 450). Diese Frage eröffnet aber einen anderen Bereich, den der *Esoterik,* der in der Freimaurerei durchaus seinen Platz hat. Esoterik meint hier allgemein, daß bestimmten Bereichen ein *Innenaspekt* eignet, der verborgen ist und sich dem nach außen gewendeten Blick entzieht. Dem esoterischen Denken geht es um diejenige innere Struktur der Dinge, die sich nur dem Suchenden, dem Fragenden öffnet. *Hegel* erläutert treffend: „Das Esoterische ist das Spekulative, das geschrieben oder gedruckt ist, und doch ein Verborgenes bleibt für die, die nicht das Interesse haben, sich anzustrengen. Ein Geheimnis ist es nicht und dennoch verborgen."[34]

Zwei breite Ströme bestimmen unser abendländisches Denken, und von beiden ist die Freimaurerei geprägt: Die *eine Tradition* unterstellt, der Mensch bleibt mit seinem Bewußtsein nur im *Endlichkeitsbereich.* Sie reicht von Sokrates, Platon, Aristoteles, Thomas von Aquin, Pascal und Leibniz bis hin zu Kant. Die von *Kant* getroffene Unterscheidung zwischen dem Ding an sich und den jeweiligen Erscheinungen der Welt der Phänomene enthält die zentrale Aussage, daß wir als Menschen eben nur die Erscheinungswelt erkennen können, nicht aber die Welt der Dinge an sich, *nicht* also *die Wurzel allen Seins.* Für die *andere Tradition,* für Gnostiker und Mystiker etwa, ist ein solches Denken unbefriedigend. Für sie muß der menschliche Geist als Abkömmling Gottes oder eines allerhöchsten Prinzips das Absolute bis in die tiefsten Tiefen *erkennen.*

Die alte Kluft öffnet sich, und zwar nicht bloß in *erkenntnistheoretischer,* sondern auch in *anthropologischer* Hinsicht: Die einen wollen sich in der Welt der phainomena „rational" einrichten, für die anderen heißt Denken „Überschreiten", ist Denken nicht bloß ein operativer Vorgang, sondern auch „Erleuchtung". Die Erkenntnis, die zur Erleuchtung gelangen will, ist stets auf der Suche nach dem Unendlichen, nach dem allerhöchsten Wesen, einem göttlichen Prinzip oder einem alles auflösenden Nichts.

Friedrich Christian *Baur* bezeichnet sämtliche derartige Denkformen als *„Gnosis"* und charakterisiert sie als ein gleichbleibendes Moment aller Metaphysik, soweit diese Gott und die Welt, Geist und Materie, Absolutes und Endliches vermitteln will. Es handelt sich um ein Denkgebäude, das „den ganzen Weltlauf mit allem, was er in sich begreift, als die Reihe der Momente, in welchen der absolute Geist sich selbst objektiviert und mit sich selbst vermittelt", auffaßt. Zu einem solchen umfassenden Verständnis der Gnosis gehören dann aber auch *Schellings* Naturphilosophie, *Schleiermachers* Glaubenslehre und *Hegels* Religionsphilosophie.[35]

Erkennen und Wirklichkeit sollen zu einer *einheitlichen Schau innerer Zusammenhänge* werden im Gegensatz zu den Versatzstücken der exakt-wissenschaftlichen Erkenntnisweise. Wahrheit in diesem Sinn ist eine mystische Kategorie, eine Form ursprünglicher „Authentizität", die an die „Erleuchtung" des je einzelnen Subjekts gebunden ist. In solcher Esoterik liegt wohl auch der Brennpunkt allen religiösen Denkens, die unmittelbare individuelle Erfahrung einer sich selbst transzendierenden Wahrheit, die ein Frei-Machen aus der räumlichen und zeitlichen Begrenztheit des individuellen Daseins ermöglicht. Ist dies nicht der gemeinsame Boden aller religiösen Glaubensbekenntnisse?

Toleranz und Relativismus im sozialen und weltanschaulichen Bereich sowie der subjektive Wunsch nach individueller Erfahrung eines diese Welt transzendierenden Absoluten, diese „coincidentia oppositorum", läßt sich auch als *Dialektik von Exoterik und Esoterik* beschreiben.[36] Insofern gilt für die Freimaurer die Produktion menschlichen Wissens[37] als synthetischer Prozeß, in dem jede Teilwahrheit, jedes Provisorium Daseinsberechtigung hat (Sp. 1666). Darin liegt auch die Abkehr von einer monistischen, bloß begrifflichen Erkenntnistheorie, in dem *alternativen Erkenntnisweisen,* etwa ästhetischen und religiösen, keineswegs der jeweilige, für das Einzelindividuum relevante Erkenntniswert abgesprochen wird.[38]

Der Begriff „Wissen" in der *Wissenssoziologie* umfaßt auch das, was subjektiv für wahr erachtet und umgangssprachlich mit „Glauben" bezeichnet wird, also Kunst, Religion und ihre „funktionalen Äquivalente". Obwohl es also nach den jeweiligen Kriterien kein Tatsachenwissen ist, hat dieses „andere" Wissen dennoch einen subjektiv und für die jeweilige Gesellschaft geltenden Grad an Gewißheit, Selbstverständlichkeit und Unbezweifeltheit, als sei es empirisches Tatsachenwissen.[39]

Daher wendet sich auch die Freimaurerei gegen jede *dogmatische Vernunft* (Sp. 1282f., 1300 ff. u. ö.). Die Ideengeschichte hat uns ja zur Genüge über den „Despotismus der Aufklärung" belehrt: Selbst *Descartes'* „Demokratie der Ideen"[40] verlangte den fatalen Zusatz, daß „die richtige Anwendung dieser Vernunft Voraussetzung sei“. Als Folge entstanden dann politische Theorien, die den Alleinbesitz der Vernunft vorgaben und glaubten, auf alle Fragen nach unseren gesellschaftlichen, wissenschaftlichen und sonstigen Woher und Wohin Antwort geben zu können. Vernunft gilt nur noch als das eine oder andere Regelsystem von Verfahren, Wahrheit und Unwahrheit „wissenschaftlich“ zu unterscheiden und im Bereich des Sozialen und Politischen zu exekutieren. Gleichzeitig verbanden sich im Rationalismus Wissenschaftsglaube und Geschichtsphilosophie.[41]

Die Parteigänger der Vernunft, „weltgeschichtlich von der Vernunft ausersehen“ — wie es hieß —, hatten da nur allzu leicht ideologisch jedes Recht auf ihre Seite gebracht. Man war in der Lage, in der „Unvernunftserklärung“ des Gegners diesen zum Menschheitsfeind zu stempeln. Sozialphilosophie und politische Geschichte zeigen, daß der Glaube, daß es nur *eine objektive Ordnung* gebe und daß der richtige Gebrauch der Vernunft untrüglich und unentrinnbar zu ihr hinführen müsse, *mörderische Aggressivität* entfesseln kann.[42]

Freilich: Auch in der Freimaurerei begründet der Relativismus die Toleranzidee mit Vernunftargumenten. Vernunft heißt hier aber zunächst *jedermanns Vernunft,* ein natürliches Vermögen und kein transzendentes System von Regeln. Daher steht sie nicht außerhalb des historisch sich verändernden Kontextes, in dem sich ein bestimmtes denkendes Wesen befindet. Außerhalb bestimmter Denktraditionen können *keine* Regeln über die richtige Anwendung der Vernunft aufgestellt werden.

Die Toleranz- und Relativismuskonzeption der Freimaurerei verdeutlicht uns damit ein schwerwiegendes, aber zumeist vernachlässigtes Problem: Die Kritiker einer jeweiligen Denktradition haben ja dieser gegenüber die Einstellung von bloßen Beobachtern, verbleiben aber Teilnehmer jener Tradition, aus der sie ihre Einwände beziehen.[43] Sie halten ihre eigene Denktradition für gesichert und spotten über ihre Gegner, weil sie nicht den Maßstäben der eigenen, für überlegen gehaltenen Tradition entsprechen. Ihre eigenen Maßstäbe erscheinen aber nur deshalb als „objektiv“, „richtig“, „zutreffend“ usw., weil die Kritiker über ihrer Anwendung vergessen, daß sie sich ebenfalls auf eine Tradition gründen. Denktraditionen sind insofern weder gut noch schlecht, *es gibt sie einfach.* Gut oder schlecht bzw. wahr oder falsch werden sie erst, wenn sie vom Standpunkt einer *anderen* Tradition betrachtet werden.

Die Vernunft ist *nicht* der allgegenwärtige Standard aller Traditionen, lautet die wesentliche Überzeugung. Vernunft ist an spezifische Praktiken einer Tradition gebunden und kann keineswegs als Schiedsrichter über Traditionen fungieren. Daher soll auch eine *offene Gesellschaft* im Sinne der Freimaurer — Toleranz gestattet ja keine Festlegung auf ein geschlossenes System — sicherstellen, daß *alle Traditionen gleiche Entfaltungsmöglichkeiten haben.* Denn wenn Traditionen Vorteile und Nachteile nur dann haben, wenn man sie vom Standpunkt anderer Traditionen aus betrachtet, dann ist die Wahl einer *einzigen Tradition* als Grundlage einer *freien Gesellschaft* ein *Akt der Willkür*.[44]

Damit stößt aber das freimaurerische Denken an eine quasi-dogmatische Grenze: Denn der bedingungslose Grundsatz, auch die, die intolerant sind, zu tolerieren, muß in einem offenen Konzept der Gesellschaft Grenzen haben, damit nicht *Toleranz selbst vernichtet wird.* Wir kennen diese Probleme aus der Diskussion um die „streitbare Demokratie“ und brauchen sie hier nicht näher abzuhandeln. Für die

Freimaurerei scheint vor allem dies eine feste Überzeugung zu sein: Eine Gesellschaft, in der verschiedene Traditionen, verschiedene Denk- und Wissenssysteme Seite an Seite leben, hebt nicht bloß die Qualität der Traditionen, sie ermöglicht auch die *persönliche Reife der Bürger.* Relativismus und Toleranz sind insofern zentrale Instrumente zur Beförderung des Humanitätsideals, sie sind, historisch betrachtet, der *einzige Schutz vor Totalitarismus und Wahrheitsfanatismus.*

Die Dialektik von Exoterik und Esoterik, von Relativität und Toleranz auf der einen Seite und diese Welt überschreitendes Denken auf der anderen Seite macht sich in der Freimaurerei noch in folgendem geltend: Auch die *Wissenschaft* ist *kein starres Dogma,* sondern gilt als *Weltbild* unter anderen Weltbildern. Denn neben der Sicherung erfolgreichen Handelns ist ja auch die emotionale Verarbeitung des Faktischen notwendig. Auch Zeit und Ort einer jeweiligen Gesellschaft, die Herkunft der Natur, Geburt und Tod, Krankheit und Schmerz und andere „Sinnprobleme" verlangen nach Deutung. Bloß Einzelerklärungen sind da zu wenig: Der Mensch strebt vielmehr nach einer gewissen Vollständigkeit und Einheitlichkeit seines Wissens, nach *Weltbildern in Form von Wissenssystemen,* mit einem Mindestmaß an innerer Stimmigkeit und Widerspruchsfreiheit.[45] Denn erst durch das Wissen von Bedeutungen wird ein diffuses Chaos von Sinneswahrnehmungen zur sinnvollen gesellschaftsspezifischen Umwelt.

Wissenschaft soll ja nicht nur Handeln ermöglichen und Erfolgschancen verbessern, sondern auch *Orientierungen* liefern, die eine emotionale Verarbeitung des Faktischen ermöglichen.[46] Wissen erlangt erst so seinen umfassenden, menschenbezogenen Sinn: Um identifikationsfähige Strukturen auszubilden, brauchen wir ja nicht bloß ein partielles *Verfügungswissen* über Natur und Gesellschaft, sondern ein universales *Orientierungswissen* in Natur und Gesellschaft.[47] Insofern sind Szientismus und Positivismus als Lebensform vorweg zum Scheitern verurteilt, denn Orientierungswissen muß ja auch Probleme erfassen wie etwa die *Zeit:* Vergangenheitsbewältigung und Zukunftsperspektiven müssen mit wechselnden Ereignissen ständig interpretierend in Einklang gebracht werden. Auf Grund der Entschränkung des Zeithorizonts entsteht überhaupt die Frage nach Herkunft und Zukunft der gegenwärtigen Erscheinungen der Natur, der Gesellschaft, der Lebenden, aber auch der Toten. Einer besonderen Erklärung bedarf auch die *„exzentrische Positionalität"* des Menschen, seine „Sonderstellung" im „gesamten Aufbau der biopsychischen Welt".

Durch das Fehlen instinktgesteuerten Verhaltens ergibt sich ein weiteres Problem, nämlich die Freiheit oder der Zwang zur *Wahl zwischen Handlungsalternativen.* Es muß deshalb unabdingbar eine Hierarchie verschieden wichtiger Rücksichten des Handelns geben, Präferenzordnungen, die im Einzelfall eine begründete Entscheidung für eine bestimmte Alternative möglich machen. Eine weitere orientierungsbedürftige Unsicherheit folgt aus der Fähigkeit oder dem Zwang des Menschen, sich in der Vorstellung Dinge oder Zustände nebeneinander darzustellen und zu vergleichen. Daraus ergeben sich die innerlich zusammenhängenden Fragen nach der *kognitiven Einheit der Wirklichkeit* und der *Theodizee des Glücks und des Leidens.* Beide sind Folge einer „Vorstellung" oder Erfahrung von Widersprüchen, letztlich der Fragen des Menschen und des Schweigens der Welt, die Erklärung erfordern.

Universalistische Weltbilder gehen von einem *einheitlichen Begriff der Menschheit* aus. Dies gilt auch für die Wissenschaft. Das heißt gleichzeitig, daß der Wahrheitsanspruch auf die gesamte Menschheit ausgedehnt wird. Ebenso enthalten sämtliche einen *höchsten Wert,* der für den Menschen „Heil", „Erlösung" oder „Bestimmung" bedeutet. Ein solcher Wert ordnet die Weltbilder, ermöglicht erst ihre „Rationalisierung". Dies macht aber auch die Auseinandersetzung mit konkurrierenden Weltbildern erforderlich. Bleibt eine konkurrierende Deutung unwidersprochen, wird die eigene notwendig von Zweifel befallen. Dies gilt *nicht* für Weltbildsorten wie die der Freimaurerei, deren zentraler Wert die *Toleranz* ist mit ihrer antidogmatischen Stoßrichtung und deren Erkenntnisprinzip der *Relativismus* oder — modern gesprochen — der Falsifikationismus ist.[48]

Die „Dogmatiker" der Weltbilder wenden zumeist zwei Verfahren an, um die Wirkung alternativer Deutungen zu „neutralisieren". Entweder wird der anderen Deutung ein *„negativer Status"* beigelegt. So bekämpfte die katholische Kirche aus naheliegenden Gründen die freimaurerische Antidogmatik. Bereits in der ersten Bulle gegen die Freimaurer von Papst *Clemens XII.* 1737 lautet die Kritik, daß es sich hier um eine Gesellschaft handle, „in welcher Menschen jeder Religion und Sekte ... sich gegenseitig verbinden" (Sp. 586 sowie 819—826). Oder die andere Deutung wird in Begriffen und Vorstellungen des eigenen Weltbildes ausgedrückt, um die abweichende Deutung als etwas schon immer *im eigenen Weltbild Enthaltenes* und somit ihm nicht widersprechendes Element zu erweisen. Genau dies scheint ja jetzt im Verhältnis Kirche und Freimaurerei eingetreten zu sein. Man fand die gemeinsame Wurzel in den dringenden Anliegen einer *„Re-Existenzialisierung" unserer wissenschaftlich-technischen Kultur*. Beiden Denkformen gilt der Mensch und eine auf den Menschen bezogene Ordnung als der höchste Wert in dieser Welt.

Dieses verbindende Moment war wohl schon immer da, wenn auch die konkreten historischen Entfaltungen das gemeinsame Fundament manchmal überwuchert haben. Dieses Verbindende möchte ich als *„sokratische Haltung"* bezeichnen, die ja eine Einstellung in dieser und für diese Welt ist. Eine Fülle von rosenkreuzerischen und freimaurerischen Schriften bestätigt die Nähe zu einem solchen Denken. *Sokrates* formulierte bekanntlich nach dem Zeugnis des *Platon*[49], gleichsam in pragmatischem Selbstwiderspruch, den Satz: *„Ich weiß, daß ich nichts weiß"* und empfahl sich durch eben diese Aussage als Philosoph. Wir heute würden dann in einem Zeitalter leben, das zugleich das philosophischste und das unphilosophischste ist. Die christlichen Religionen, aber auch die Freimaurerei haben — auf je verschiedenen Wegen — ein feines Sensorium dafür entwickelt. Noch nie zuvor nämlich wußten wir mit so vielen guten Argumenten, daß wir nichts wissen, und noch nie zuvor setzten wir uns so unbekümmert darüber hinweg. In der sokratischen Haltung scheint mir das *Paradigma eines aktuellen Toleranzbegriffs* zu liegen, und zwar auf Grund folgender Überlegungen:

Will man ein von allem Schulenstreit unabhängiges Fazit aus der Entwicklung der *modernen Wissenschaftstheorie* ziehen, so muß es wohl lauten: Je genauer wir zusehen, um so kleiner und endlich völlig verschwindend wird der Bestand dessen, was wir in den einzelnen Wissenschaften wirklich „objektiv" wissen. *Die Wissenschaft weiß nichts, sie vermutet und glaubt vieles.* Zwischen Wissen und Glauben ist keine scharfe Grenze zu ziehen. Wie steht es mit diesem unserem wissenschaftlichen Wissen selbst? Trifft es denn zu, daß dessen Grenzen unaufhaltsam in den Bereich früheren Nichtwissens vorgeschoben werden, der Metapher von der Ausfüllung der weißen Flecken auf der Landkarte entsprechend? Was wissen wir denn wirklich von dem elementaren Aufbau unserer Materie, was von dem Aufbau und dem Informationstransfer der organischen Zellen? Nichts anderes, als daß theoretische Annahmen und Zeigerausschläge bzw. höchst indirekt nachzuvollziehende chemische Reaktionen, in mathematische Aussageform gefaßt, einander nicht widersprechen.

Was wissen wir von den negativen Folgen und Spätfolgen unseres wissenschaftlichen Tuns? Das einzige, was wir mit relativer Bestimmtheit wissen, ist, daß wir damals, als wir anfingen, in Anwendung unseres wissenschaftlichen Wissens unserer Ökosphäre, unser menschliches Zusammenleben, unsere Verhaltensformen und unser geistiges Leben zu verändern, *nichts* über solche Nebenfolgen wußten. Wir fangen nun an — immerhin fast zwei Jahrtausende nach *Aristoteles* —, von funktionalen und teleologischen Modellen auszugehen, und dies einstweilen nicht, um mehr zu wissen, sondern allein, um eine *alternative Denkweise einzuüben.*

Und dennoch: Nie zuvor haben wir unser Nichtwissen in einem ähnlich starken Maße *ignoriert.* Noch immer sprechen wir, ohne auch nur einen Gedanken daran zu verschwenden, von dem „wissenschaftlichen Fortschritt", und wer diesen in nichtakademischen, sondern politischen Zusammenhängen zu befragen wagt, gerät in Rechtfertigungszwang angesichts des gewaltigen technisch-wissenschaftlichen Beschleunigungsschubs, den die „kybernetische Revolution", die Mikroprozessorenumgestaltung der wissenschaftlich-technischen zivilisierten Welt uns gebracht hat. Wir können aus unserem theoretischen Wissen sehr genau wissen, daß wir nichts wissen, aber unser technisch-praktisches Wissen und Können vereitelt, daß wir es wirklich wissen. Kriterium dieses technisch-praktischen Wissens ist der *Erfolg* oder anders ausgedrückt: die Operationalisierbarkeit und Verwertbarkeit unseres theoretischen Wissens. Ist dies nicht Symptom einer kulturlos gewordenen blinden Betriebsamkeit? Die *sokratische Haltung* verdeutlicht demgegenüber wohl dies: Es geht um die Pflichten, um die *ethische Verantwortung unseres* — in dieser Welt zumindest — *stets fehlbaren Wissens.* Hierin liegen gewiß starke und aktuelle Bindungen zwischen Freimaurerei und katholischer oder protestantischer Religion.

Der Wissenschaftstheoretiker Paul *Feyerabend* drückt das Gemeinte treffend aus, wenn er sagt: „Behalten wir bloß die eine Lehre, daß es viele Weisen des In-der-Welt-Seins gibt, jede mit ihren Vorteilen und Nachteilen, und daß sie alle nötig sind, um uns zu Menschen im vollen Sinn des Wortes zu machen und die Probleme des Zusammenlebens in dieser Welt zu lösen. Eine solche fundamentale Lehre muß mehr sein als eine rein intellektuelle Einsicht, sie muß die Kraft haben, unsere Gedanken zu beleben und unseren Gefühlen Richtung zu geben. Sie muß eine Weltanschauung sein oder, verwenden wir doch nur ohne Furcht das alte Wort, eine Religion."[50] Die Freimaurerei ist gewiß *nicht* eine solche Religion, und sie wollte es ja auch niemals sein (Sp. 1302). *Sie bedarf vielmehr der Religion.* Nur dann kann auch Relativismus und Toleranz den szientistisch eingestellten Intellektualismus zugunsten der Suche nach einer *emotional befriedigenden Lebenseinstellung überwinden.* Worum es letztlich geht, ist: Die Menschen sensibel machen für die Rätsel der Welt und die unzähligen legitimen Möglichkeiten, zu diesen Rätseln intellektuell und praktisch Stellung zu nehmen.

Ich breche hier meine bruchstückhaften Überlegungen ab, indem ich nochmals den hypothetischen Charakter des Fragments mit den Worten des Herrn Keuner von Bert *Brecht* veranschaulichen möchte. Auf die Frage: „Woran arbeiten Sie?", gibt er die einzig *redliche* Auskunft, indem er antwortet: „Ich habe viel Mühe, ich bereite meinen nächsten Irrtum vor."

Anmerkungen

[1] Es gibt keine prägnante Definition des Begriffs „Freimaurerei"; E. Lennhoff/O. Posner (Hrsg.), Internationales Freimaurerlexikon. 1932. Nachdruck Wien 1975 gibt 26 Definitionen einzelner Großlogen und bedeutender Freimaurer wieder; vgl. Sp. 531—535. Im Text in Klammer gesetzt und mit Sp. versehen, beziehen sich auf Belege oder Zitate aus diesem Werk.

[2] Vgl. A. Malraux, Der Geist der Kunst. 3 Bde., Frankfurt a. M.—Berlin—Wien 1978.

[3] R. Koselleck, Kritik und Krise. Ein Beitrag zur Pathogenese der bürgerlichen Welt. 2. Aufl. Freiburg—München 1959, S. 105 ff.

[4] Georgios von Trapezunt, zitiert nach A. Chastel, Der Mythos der Renaissance. 1420—1520. Genf 1969, S. 65; zu Gemistos Plethon vgl. L. Mohler, Kardinal Bessarion als Theologe, Humanist und Staatsmann. 1923. Neudruck Aalen 1967, S. 45 ff. sowie S. 335 ff.

[5] Ich beziehe mich im folgenden stark auf meine Arbeit M. W. Fischer, Die Aufklärung und ihr Gegenteil. Die Rolle der Geheimbünde in Wissenschaft und Politik. Berlin 1982. Bloße Seitenangaben im Text verweisen auf diese Arbeit und die dort angeführten Belege, vgl. S. 25—35 sowie S. 106 f.

[6] Zum geistigen Milieu der Zeit F. A. Yates, Giordano Bruno and the Hermetic Tradition. London 1964; N. Boas, Die Renaissance der Naturwissenschaften, 1450—1630. Das Zeitalter des Kopernikus. Gütersloh 1965; zu den Rosenkreuzern vgl. F. Maack (Hrsg.), Johann Valentin Andreae, vier Hauptschriften der alten Rosenkreuzer. Berlin 1913; R. Kienast, Johann Valentin Andreae und die vier echten Rosenkreutzer-Schriften. Leipzig 1926; A. E. Waite, The Brotherhood of the Rosy Cross. Being Records of the House of the Holy Spirit in its Inward and Outward History. 1924. Neudruck New York 1961; G. Krüger, Die Rosenkreuzer. Ein Rückblick. Berlin 1932; H. Schick, Das ältere Rosenkreuzertum. Ein Beitrag zur Entstehungsgeschichte der Freimaurerei. Berlin 1942. W.-E. Peuckert, Das Rosenkreuz. 2. Aufl. mit einer Einleitung hrsg. v. R. Ch. Zimmermann. Berlin 1973; F. A. Yates, Aufklärung im Zeichen des Rosenkreuzes. Stuttgart 1975; R. v. Dülmen, Die Utopie einer christlichen Gesellschaft. Johann Valentin Andreae (1586—1654), Stuttgart—Bad Cannstatt 1978; Fischer, Aufklärung, S. 36—105.

[7] *Fama Fraternitatis.* Allgemeine und General Reformation, der gantzen weiten Welt. Beneben der Fama Fraternitatis, deß Löblichen Ordens des Rosenkreutzes, an alle gelehrte und Häupter Europae geschrieben: Auch einer kurtzen Responsion von des Herrn Haselmeyer gestellet, welcher deswegen von den Jesuitern ist gefänglich eingezogen, und auff eine Galleren geschmiedet: Itzo öffentlich in Druck verfertiget, und allen trewen Hertzen communiceret worden. Gedruckt zu Cassel, durch Wilhelm Wessel, Anno MDCXIV.

Confessio Fraternitatis. Secretioris Philosophiae Consideratio brevis a Philipp a Gabella, Philosophiae St(studioso?) conscripta, et nunc primum una cum Confessione Fraternitatis R. C. in lucem edita Cassellis, Excudebat Guilhelmus Wessellius Illmi. Princ. Typographus. Anno post natum Christum MDCXV. Auf der Rückseite des Titelblattes. — Gen. 27. De rore Caeli et Pinguedine Terrae det tibi Deus.

[8] Vgl. J. V. Andreae, Die Chymische Hochzeit (1616). Hrsg. v. A. Rosenberg. München—Weilheim 1957.

[9] Vgl. Kienast, S. 27.

[10] Der Verfasser dieser Schrift dürfte Daniel Mögling gewesen sein: *Judicia clarissimorum* Aliquot Ac Doctissimorum Virorum, Locorum Intervallis Dissitorum, grauissima de Statu & Religione Fraternitatis celebratissimae de Rosea Cruce; Partimsoluta, Partim Ligata Oratione Conscripta & in gratiam verae ac solidae cum Philosophiae, cum Theosophiae studiosorum uno quasi fasciculo comprehensa. Quibus Accessere Epistolae Duae Germanicae eiusdem argumente, pari ingenij acumine & iudicij maturitate commendatae. Francoforti 1616.

[11] Vgl. W. Begemann, Zum Gebrauch des Wortes „Pansophia" bei Comenius. In: Monatshefte der Comenius-Gesellschaft, Bd. 5, H. 8—9, Berlin—München 1896, S. 210—221.

[12] Vgl. dazu die umfassende Analyse von A. Koestler, Die Nachtwandler. Die Entstehungsgeschichte unserer Weltkenntnis. (1959) Frankfurt a. M. 1980.

[13] Vgl. M. W. Fischer, Die Reise nach innen. Über Vergangenheit und Gegenwartskultur esoterischer Weltanschauungen, Sendungsmanuskript „Salzburger Nachtstudio" 29. 6. 1983.

[14] J. V. Andreae, Christianopolis. Aus dem Lateinischen übersetzt, kommentiert und mit einem Nachwort hrsg. v. W. Biesterfeld. Stuttgart 1975.

[15] Ebda., S. 88 ff.

[16] Ebda., S. 47 f.

[17] Vgl. Yates, ebda., S. 239 ff.

[18] J. Heydon, The Holy Guide. London 1692.

[19] Vgl. G. Kloos, Bibliographie der Freimaurerei und der mit ihnen in Verbindung gesetzten geheimen Gesellschaften. 1844. Nachdruck Graz 1970; ders., Die Freimaurerei in ihrer wahren Bedeutung aus den alten und ächten Urkunden der Steinmetzen, Masonen und Freimaurer 1846. Nachdruck Graz 1970; J. G. Findel, Geschichte der Freimaurerei. 3. Aufl. Leipzig 1970; A. Wolfstieg, Werden und Wesen der Freimaurerei. Bd. 1—3: Ursprung und Entwicklung. Bd. 4—5: Philosophie der Freimaurerei. Berlin 1920 ff.; E. Lennhoff, Politische Geheimbünde. Zürich—Leipzig—Wien 1930; ders., Die Freimaurer. Zürich—Leipzig—Wien 2. Aufl. 1932; D. Knopp/G. P. Jones, The Genesis of Freemasonry. Manchester 1947; W.-E. Peuckert, Geheimbünde. Heidelberg 1951; J. N. J. Schmidt, Wurzeln der freimaurerischen Gemeinschaft. Zürich 1961; Fischer, Aufklärung, S. 95 ff., 117 ff., 213 ff.; vgl. auch die einschlägigen Stichworte im Freimaurerlexikon.

[20] Die wesentliche Vorarbeit zum Verhältnis Rosenkreuzertum — Freimaurerei hat geleistet J. G. Buhle, Über den Ursprung und die vornehmeren Schicksale der Orden der Rosenkreuzer und Freimaurer. Eine historisch-kritische Untersuchung. Göttingen 1804.

[21] Vgl. F. D. Castelles, Our Ancient Brethren to Organizators of Freemasonry. An Introduction to the History of Rosicrucianism, Dealing with the Period A. D. 1300—1600. London 1932, S. 74 und 77.

[22] Vgl. Schick, S. 156 ff.

[23] Yates, S. 220. Vgl. auch J. Jakob, Restauration, Reformation and the Origin of the Royal Society, in: History of Science 13, 1975, S. 155—176.

[24] Abgedruckt im Freimaurerlexikon, S. 13 ff.

[25] Vgl. Koselleck, S. 49 und 57 f.

[26] Zitiert nach ebda., S. 58.

[27] H. Sieveking, Georg Heinrich Sieveking. Berlin 1913, S. 27.

[28] Vgl. A. Barruél, Denkwürdigkeiten zur Geschichte des Jakobinismus. Nach der in London erschienenen Originalausgabe ins Teutsche übersetzt von einer Gesellschaft verschiedener Gelehrter. 4 Bde. Münster—Leipzig 1800—1803; L. Engel, Geschichte des Illuminatenordens. Ein Beitrag zur Geschichte Bayerns. Vorgeschichte, Gründung (1776), Beziehung zur Freimaurerei, Verfolgung durch die Jesuiten, Fortentwicklung bis zur Jetztzeit, Berlin 1906. Le Forestier, Les Illuminés de Bavarie et la Franc-Maçonnerie Allemande. Paris 1915; A. Rossberg, Freimaurerei und Politik im Zeitalter der Französischen Revolution. Berlin 1942; H. Grassl, Aufbruch zur Romantik. Bayerns Beitrag zur deutschen Geistesgeschichte 1775—1785. München 1968; besonders wertvoll R. v. Dülmen, Der Geheimbund der Illuminaten. Darstellung, Analyse, Dokumentation. Stuttgart—Bad Cannstatt 1975. Im Anhang sind vor allem die wichtigen Texte der vom Kurfürsten Carl Theodor von Bayern beschlagnahmten „Illuminatenschriften" wie Satzungen, Programme, Instruktionen, Briefe, Berichte abgedruckt; vgl. auch Fischer, Aufklärung, S. 215—252.

[29] Vgl. C. C. F. W. v. Nettelbladt, Geschichte der freimaurerischen Systeme in England, Frankreich und Deutschland. 2. Aufl. Berlin 1897. J. G. Findel, Das Zeitalter der Verirrungen im Maurerbunde. Leipzig 1892; G. A. Schiffmann, Die Entstehung der Rittergrade im Maurerbund. Berlin 1897; B. Beyer, Das Lehrsystem der Gold- und Rosenkreuzer. Leipzig—Berlin 1925; A. Marx, Die Gold- und Rosenkreuzer. Ein Mysterienbund des ausgehenden 18. Jahrhunderts in Deutschland. Zeulenroda—Leipzig 1930; K. R. Frick, Die Erleuchteten, Gnostisch-philosophische und alchimistisch-rosenkreuzerische Geheimgesellschaften bis zum

Ende des 18. Jahrhunderts — ein Beitrag zur Geistesgeschichte der Neuzeit, Graz 1973, S. 303—454; Fischer, Aufklärung, S. 242—256.

30 Bereits 1793 erkennt der Freimaurer Ludwig Timotheus Spittler in der politischen Antithetik der Geheimbünde wie etwa der Illuminaten und Gold- und Rosenkreuzer ein notwendiges Element eines demokratischen und parlamentarischen Prozesses, er sieht eine politische Differenzierung in Parteien voranschreiten: „Parteien" sind für ihn Überzeugungsgruppen, „Faktionen" hingegen die Machtträger. Vgl. L. Th. Spittler, Rezension Th. Sommerville, The History of Political Transactions and of Parties from the Restauration of King Charles the Second to King William 1793. In: Sämtl. Werke, hrsg. v. K. Wächter. Stuttgart—Tübingen 1827—1837, Bd. 14, S. 762; vgl. auch: Vorlesungen über Politik, Bd. 15, S. 118 f.

31 Karl Rosenkranz notiert: „Partei" sei mittlerweile ein „unentbehrliches Schlagwort" geworden. Vgl. K. Rosenkranz, Über den Begriff der politischen Partei. Rede zum 18. Januar 1843, am Krönungsfeste Preußens. Königsberg 1843, in: H. Lübbe (Hrsg.), Die Hegelsche Rechte. Stuttgart 1962, S. 65.

32 Zu den mystischen Strömungen des 18. Jahrhunderts vgl. Frick, S. 201—614; zu denen des 19. Jahrhunderts vgl. ders., Licht und Finsternis. Gnostisch-theosophische und freimaurerisch-okkulte Geheimgesellschaften bis an die Wende zum 20. Jahrhundert. Wege in die Gegenwart. Teil 2: Geschichte ihrer Lehren, Rituale und Organisationen. Graz 1978.

33 R. Descartes, Dissertatio in methodo, in: Œuvres de Descartes. Hrsg. v. Ch. Adam/ P. Tannery, Bd. VI, S. 558.

34 G. W. F. Hegel, Vorlesungen über die Geschichte der Philosophie. Glockner-Ausgabe. Stuttgart—Bad Cannstatt 1965, Bd. 18, S. 283.

35 Vgl. F. Ch. Baur, Die christliche Gnosis (1835). Neudruck Aalen 1967, S. 1—9.

36 Des näheren vgl. H. Holzhey/W. Ch. Zimmerli (Hrsg.), Esoterik und Exoterik der Philosophie. Beiträge zu Geschichte und Sinn philosophischer Selbstbestimmung. Basel—Stuttgart 1977, vor allem die Beiträge von H. Kimmerle, W. Ch. Zimmerli, W. Keller.

37 Jedes „Wissen" wird ja vom Menschen für Menschen „gemacht. Dieser an sich selbstverständliche Sachverhalt gerät leicht in Vergessenheit". Vgl. W. Heisenberg, Der Teil und das Ganze. Gespräche im Umkreis der Atomphysik. München 1969, S. 10.

38 Vgl. dazu M. W. Fischer, Wissenschaftskritik und Naturrecht. Wider die Anmaßungen eines zur absoluten Wahrheit erhobenen Szientismus. In: D. Mayer-Maly/P. M. Simons (Hrsg.), Das Naturrechtsdenken heute und morgen. Gedächtnisschrift für René Marcic. Berlin 1983, S. 568, FN 31.

39 Vgl. die Dokumentation von V. Meja/N. Stehr (Hrsg.), Der Streit um die Wissenssoziologie. 2 Bde., Frankfurt a. M. 1982.

40 Entwickelt vor allem im „Discours de la méthode" von 1637 und den „Meditationes de prima philosophia" von 1641.

41 Vgl. K. Löwith, Weltgeschichte und Heilsgeschehen. 6. Aufl. Stuttgart 1973; H. Lübbe, Fortschritt als Orientierungsproblem, Freiburg i. Br. 1975.

42 Analysen bei M. W. Fischer, Verheißungen des Glücks. Studien zur Sozialphilosophie des Fortschritts. Frankfurt a. M.—Bern 1982, S. 61 ff., 152 ff.

43 Darauf hat nachdrücklich aufmerksam gemacht P. Feyerabend, Erkenntnis für freie Menschen. Frankfurt a. M. 1979, S. 40.

44 Ebda., S. 58 f.

45 Vgl. G. Dux, Die Logik der Weltbilder. Frankfurt a. M. 1982.

46 Zum folgenden Fischer, Wissenschaftskritik, S. 576 ff. und die dort angeführten Belege.

47 Vgl. J. Mittelstraß, Wissenschaft als Lebensform. Reden über philosophische Orientierungen in Wissenschaft und Universität, Frankfurt a. M. 1982, S. 7.

48 Des näheren Fischer, Wissenschaftskritik, S. 513 ff.

49 Platon, Apologie, 21 d.

50 Paul Feyerabend, Wider den Methodenzwang. Skizze einer anarchistischen Erkenntnistheorie. Frankfurt a. M. 1976, S. 25.

Alexander Giese

Freimaurerei und Religion heute

Sie waren eben Zeuge eines, wie ich meine, sensationellen Vortrages, das, was Ihnen Professor Fischer dargestellt hat, war ein, von profunder Kenntnis getragener, Querschnitt durch die hier zur Debatte stehende Epoche der Geistesgeschichte, des Rosenkreuzertums, der Freimaurerei — ja bis hin zu den Ursprüngen in der Antike. Was wir heute gehört haben, ist wahrscheinlich das Beste, was zu diesem Komplex zu sagen ist. Insofern also können wir mit dem ersten Teil dieses Abends zufrieden sein. Ich bin es. Und ich kann nur hoffen, daß ich Ihre Erwartungen, jetzt, im zweiten Teil, halbwegs erfüllen werde.

Was ist Freimaurerei? Sie ist nicht zu verstehen ohne diese geistes-ideengeschichtliche, soziale Entwicklung, die Sie eben geschildert erhielten und die unser Land Österreich ebenfalls erreicht hat. Geschichte vollzieht sich mitunter auch in eigenartigen anekdotischen Vorfällen; oder: wir erkennen sie in solchen kristallisierten Zuständen. Im Jahre 1717 treffen einander die Logenangehörigen von vier verschiedenen Gruppen, die ihre Namen von den Wirtshausschildern hatten, die vor ihren Versammlungsräumen hingen. Da heißt eine Loge: „Zur Gans und zum Bratrost“, eine „Zum Römer und zur Traube“, eine dritte nach dem Wirtshaus „Zur Krone“, die vierte „Zum Apfelbaum“. Diese vier Logen schließen sich zu einer — der ersten überhaupt — Großloge zusammen. In London. In England. Diese „Großloge“, zunächst vielleicht nicht mehr als ein Zusammenschluß von Freunden, die gleichen Innungsbräuchen, denen der Werkmaurer, huldigten, sie pflegten, diese Großloge wird das „Gefäß“ für soziale, geistige, humanitäre Aktivitäten und Aktionen. Vorerst war es wohl eine Weiterführung der Gebräuche der operativen Maurer, besser: Steinmetzen. Mit letzter Gewißheit ist da nichts auszumachen. Man kann sich aber sehr wohl vorstellen, daß die wahren Geheimnisse der Werkmaurer, nämlich wie Dome und andere Sakralbauten zu erbauen waren (alle Kenntnisse der Architektur, Statik, Mathematik, Traditionen der Kunst), für die Werkmaurer des 18. Jahrhunderts nicht mehr in jener geheimnisvollen Art der Bauhütten des Mittelalters tradiert wurden. Da wurde wohl schon vieles in Fachbüchern gedruckt, öffentlich gelehrt und gelernt. Das *Brauchtum* der operativen Maurer jedoch, ihr — wenn Sie wollen — zunftmäßiges Betragen in der Bauhütte = Loge wurde eben nicht „profaniert“, galt weiterhin als Geheimnis: Die Erkennungszeichen und die Symbole. Was also war die Freimaurerei 1717 in London? Vielleicht so etwas wie ein besonders klug gehüteter Traditions-Club der operativen Maurer, die — und das ist aber nun bedeutsam — Nicht-Maurer, Nicht-Steinmetzen, Gelehrte und Adelige, ja Mitglieder des Hochadels in ihre Vereinigung aufnahmen. So liegt ein Entwicklungsstrang deutlich vor uns: Mittelalterliche Werkmaurer, Bauhütten von Prag, Köln, Straßburg, Wien, London. Logen, die „kunstfremde“ Persönlichkeiten einladen, aufnehmen, die das alte Ritual der Steinmetze weiterpflegen.

Sie erinnern, was Professor Fischer erklärte: Comenius kommt nach England, die Royal Society entsteht. Die Idee der gelehrten Gesellschaften verwirklicht sich auf mannigfaltige Weise. Und so verwandelt sich auch die, vorerst handwerksmäßigen

Innungscharakter aufweisende, Loge, mit ihrem christlichen (oft alttestamentarischen) Brauchtum, in *etwas Neues.* In eine Sozietät, die sich als sehr fruchtbar, als außerordentlich *bedeutsam* erweisen sollte. Man war bald aufmerksam auf diesen neuen Typus einer Männer-Sozietät. Ein presbyterianischer Prediger, James Anderson, hat schon 1723 eine Art von Pflichtenkatalog für Maurer, für Free-Masons, entworfen: die „Alten Pflichten", die „Landmarken"; alle Gäste, Adelige und Gelehrte, alle Nicht-Steinmetzen, die man in diese Logen aufnahm, nannte man die „accepted free masons". Diese Freimaurer waren *eine* unter verschiedenen, vielleicht auch vielen Geheimgesellschaften, wenn Sie dieses Wort im richtigen Verstande nehmen. Geheim war ja bereits alles, was der weltlichen oder geistlichen Obrigkeit nicht offenstand, nicht von ihr geleitet wurde, nicht von ihr inauguriert worden war. Und die Logen waren von allem Anfang an freie Zusammenschlüsse freier Männer von gutem Ruf, die — aus Klugheit und Zweckdienlichkeit — alle Gespräche über Tagespolitik und Religion aus ihrem Kreis verbannten. Also zwei Hauptthemen, worüber Männer gewöhnlich in Streit geraten.

Frauen waren von Beginn an nicht in den Logen. Erst später, auf dem Kontinent, in Frankreich, entstanden, nach gemischten Logen, auch Frauenlogen. Der große Traditionsstrom aber, und die Majorität zu allen Zeiten, verblieb den Männerlogen.

Von England aus wurden in wenigen Jahrzehnten Logen in ganz Europa und Übersee gegründet. Die erste Loge in Österreich, in Wien, entsteht 1742/43, ihr gehört der Gatte Maria Theresias, Franz Stephan Lothringen, an. Über Amsterdam, Hamburg, Berlin, Breslau war das Licht der „Königlichen Kunst", das Licht der Freimaurerei, nach Wien gekommen, das in Breslau von einem katholischen Bischof entzündet worden war. Dieser Bischof Schaffgotsch hat einen Grafen Hoditz beauftragt, die erste Wiener Loge zu installieren, die in französischer Sprache arbeitete; ihr Name war Aux trois canons — was nichts mit Kanonen zu tun hat, sondern mit den drei Gesetzestafeln, den drei Graden der Freimauererei. Diese erste Loge wurde durch kaiserliche Soldaten ausgehoben; wie immer das zustande gekommen sein mag, heute wissen wir, daß sie „geheim" weiterarbeitete, d. h., daß die Brüder und vermutlich auch der Kaiser, einander weiterhin trafen. Zu Beginn der achtziger Jahre des 18. Jahrhunderts aber kennen wir bereits eine große Anzahl von Logen, verschiedener Richtung, verschiedener Ziele und verschiedener Übung.

Joseph II. hat sich bei seinem Reformwerk, aus Österreich einen modernen Staat zu machen, sehr vieler Freimaurer, bewußt und unbewußt (?) bedient.

Wer waren diese Leute in den Logen? Da saßen etwa in einer Loge, der berühmtesten, 96 Adelige, Träger berühmter Namen — Esterházy, Palffy, Colloredo usw. Mitglieder waren Universitätsprofessoren, Geistliche, Beamte, zum erstenmal auch Juden. Diese Menschen haben, ob ihnen das das Kaiserhaus gedankt hat oder nicht, jene Reformen in Österreich durchgeführt, die, um es auf einen Nenner zu bringen, dem Kaiser die Revolution erspart haben. In den Logen haben sie diesen Geist der Toleranz und der Humanität gelernt. Sie sind dann dazu übergegangen, diesen Geist der Toleranz und Humanität in ihrer täglichen Arbeit zu verwirklichen. So etwa die Aufhebung der Folter, das Toleranzpatent gegenüber anderen Religionen als der katholischen, aber auch die Reform des Katholizismus selbst. Es wird meist so dargestellt, als ob Joseph II. und die Mitstreiter seiner Aufklärung durch die Aufhebung der Klöster unendlichen Schaden in Österreich angerichtet hätten. In Wirklichkeit haben sie aber den Fortbestand des Katholizismus gesichert, denn die Klöster hatten zu jener Zeit kaum mehr die Kraft, und auch gar nicht das Interesse, eine wirksame Seelsorgetätigkeit durchzuführen. Sie erstickten ja in ihrem barocken Reichtum, den sie für sich verwendeten. Der Katholik Joseph II. hat die katholische Reform durchgeführt, zum Teil mit der Hilfe reformkatholischer Freimaurer. Seit dieser Zeit erst haben wir Kirchensprengel mit bestellten Pfarrern, die bezahlt wurden aus dem Religionsfonds. Man muß diese Geschichte also auch von der anderen Seite anschauen. Darüber hinaus haben einige Freimaurer damals etwas angestrebt, vor allem Ignaz von Born (das Vorbild des Sarastro), was in England bereits gelungen war mit der Royal Society. In Österreich gibt es seit der Zeit Maria Theresias das Bestreben (hier hat ja Rosenstrauch sehr gut darüber gearbeitet), eine gelehrte Gesellschaft, eine gelehrte Akademie, eine Akademie der Wissenschaften zu errichten. Eine Institution, die Österreich sehr dringend notwendig gehabt hätte. Ignaz von Born, einer der führenden Freimaurer, kam mit dieser Absicht nach Wien. Es gelang ihm nicht. Born hat also seine Loge dazu benutzt, etwas zu schaffen, was einer Akademie der Wissenschaften ähnlich war.

Meine Damen und Herren, ich brauche nicht feststellen, daß eine Freimaurerloge in der Regel keine wissenschaftliche Akademie ist, daß sie einen anderen Zweck verfolgt als die Wissenschaft. Auf diesen Punkt möchte ich hinweisen, weil er in direktem Bezug zu unserem Thema „Auf Gottes Spuren in Österreich" steht. Die Freimaurerei war immer dann von einer besonderen Intensität, wenn Österreich an einer Zeitenwende stand, wenn es galt, Demokratie in diesem Land zu erobern oder wiederzugewinnen. Sie wurde verboten, wenn entweder der Kaiser, später Hitler und seine Nazis, wenn autoritäre Gewalt regierte. Sie kennen vielleicht die schizophrene Geschichte: daß der Kaiser von Österreich die Maurer in Cisleithanien verbietet, seit dem Jahr 1791 bis zum Jahr 1918, während derselbe sie in Ungarn als König erlauben mußte und erlaubt hat. Warum sagte ich „Zusammenhang mit Gottes Spuren in Österreich"? Die Freimaurer auf der ganzen Welt bekennen sich zu dem Größten Baumeister aller Welten; sie treten unter diesem Symbol zusammen. Die Rituale der Freimaurer sind keine Satanskulte, sie sind keine Schwarzen Messen, sie sind aber auch nicht verkappte Nachahmungen sakraler Handlungen. Alles das, was eine bösartige, weil schlecht unterrichtete, aber dennoch absichtlich diffamierende Opposition, zum Teil aus dem niederen Klerus, im vergangenen Jahrhundert, aber auch in unserem Jahrhundert, etwa von seiten der Nationalsozialisten oder der Kommunisten (heute in Italien) immer wieder vorgebracht hat und vorbringt. Die Freimaurerei aber hat keinen anderen Zweck, als auf dem Wege der Selbstveredelung des einzelnen die Gesamtgesellschaft zu verbessern. Wir sind der Meinung, daß Gesetze *allein* nichts nützen; wir sind der Meinung, daß Verordnungen nicht viel helfen, die Menschen zu verändern. Wir wollen bei uns selbst anfangen. Wir sind daher keine Missionare. Unser Weg ist der der Humanität und der Toleranz, unser Mittel das Gespräch in den Logen. Bei dieser Erziehungsaufgabe lassen wir uns nicht stören. Wir wollen uns dabei nicht stören lassen, weil diese Erziehungsaufgabe eine sehr viel schwierigere ist als die, die unsere heutigen Bildungsanstalten zu leisten imstande sind. Unsere heutigen Bildungsanstalten erziehen den Intellekt, von der Ebene der Elementarschulen über die allgemeinbildenden höheren Schulen bis zur Hochschule hinauf bemühen sich unsere Lehrer, die besten (wie die weniger guten), unseren Verstand, unser Gehirn mit Fakten zu füttern. Es ist schon so, daß es auch eine musische Erziehung gibt, aber es wird, scheint uns, schon sehr fragwürdig, ob es eine Erziehung des Willens gibt. Wenn ich ein altes Bild verwenden darf (wir haben ja heute schon gehört, wie weit die Maurer zurückgreifen, auf Aristoteles und Platon), dann kann man die Seele des Menschen theoretisch teilen, in einen Bereich des Intellekts, des Gefühls und in einen des Willens. Der Verstand wird heute überall erzogen, die Erziehung der Gefühle ist schon eher eine Sache des Zufalls, der Lebenserfahrung, der ästhetischen Erziehung; die Erziehung des Willens bleibt ebenfalls fast ganz dem Zufall überlassen. Von diesen drei Bereichen wird ein einziger Bereich, der des Intellekts, in unserer Gesellschaft immer noch erzogen (und selbst dieser wissenschaftliche Bereich hält nicht mehr stand). Der Maurer in unseren Logen nimmt sich vor, *alle seine Kräfte,* die des Verstandes, des Gefühls und des Willens, gleichmäßig auszubilden. Außerdem nimmt er sich vor tolerant zu sein; und zum dritten in dem Umkreis seines Lebens, also seiner Familie, in dem Bereich, wo er arbeitet, im Sinne der Humanität zu wirken. Die Maurerei bietet also *den Rahmen* für eine Selbsterziehung, sie ist eine Art philosophischer Schule, sie hat rituelle Formen, mit denen man einander begegnet; aber innerhalb dieser rituellen Formen vollzieht sich nicht nur ein intellektueller Lernprozeß, sondern auch ein emotioneller und ästhetischer. Naturgemäß, und das wird Ihnen aus dem vorhergegangenen Vortrag klar geworden sein, kennt die Freimaurerei kein Dogma. Den Freimaurern unterstellt man zwar alles, vom Mord in Sarajevo an bis zur Weltverschwörung, jeden Unsinn. Ich kann Ihnen jedoch versichern, daß das Lug und Trug ist. Böswillige Absicht, einfach aus dem Bestreben heraus, einer Gruppe, die auf Deckung Wert legt, wie wir sagen, die also nicht die Absicht hat zu missionieren, die nicht die Absicht hat, in der Öffentlichkeit sich ihrer Wohltaten zu rühmen, einer solchen Gruppe kann man leichthin alles unterstellen. Warum aber — werden Sie fragen — treffen sich die Freimaurer „im geheimen", warum machen sie „ihre Türe" nicht auf? Die Logen sind alle eingetragene Vereine — Vereine wie alle anderen Vereine auch. Ich darf Ihnen sagen, daß zum Beispiel die deutschen Logen Öffentlichkeitsarbeit durchführen. Aber man kann die Maurerei nicht vermitteln, ohne selbst ein Maurer zu sein. Sie werden sich fragen, warum kommt dann ein Giese hier her und spricht über die Maurerei? Aus einem entscheidenden Grund: Nach 200 Jahren Maurerei in Österreich hat sich die Stellung der Kirche, in diesem Jahr zum ersten Mal, den Freimaurern gegenüber, verändert. Ich möchte feststellen, daß die Freimaurerei nie etwas *von* der Kirche gewollt hat; es gibt auch keine Front gegen sie, keine antiklerikale Haltung. Jeder einzelne Maurer hat seine Religion. Die Freimaurerei selbst ist aber *keine Religion,* sie ist auch kein Religionsersatz; sie ist keine Sekte, ebensowenig wie eine politische Partei. Sie hat nur einige Grundsätze, die manchen Leuten in der ganzen Welt nicht gefallen, und diese Grundsätze sind Humanität und Toleranz. Sie lehnt folgendes ab: den Rassenhaß; sie lehnt ab: den Klassenhaß; sie lehnt ab: nationale Überheblichkeit oder religiöse Intoleranz. Sie tritt dafür ein, daß in einer Begegnung von Männern, von Mann zu Mann, jeder vom anderen lerne, daß er ihn tolerieren lerne, daß er auf verschiedenste Aussagen verschiedener Menschen richtig reagiert. Es treffen einander in den Logen Männer verschiedenster Weltanschauung, verschiedenster Ausbildung; aber sie begegnen einander auf der Basis von Mensch zu Mensch und nicht auf der Basis eines Interessensverbandes oder eines politischen Verbandes, und gerade das ist es, was vielen in unserer öffentlichen Gesellschaft so unglaubwürdig erscheint. Männer treffen einander, um Spiele zu spielen, um eine politische Partei zu formieren, sie treffen einander, um Briefmarken zu sammeln, um Sport zu treiben; das alles wird verstanden, ist verständlich; aber daß Männer einander treffen, um einfach von Mensch zu Mensch gegenseitig Gedanken auszutauschen? Da muß was dahinter sein! Es ist auch eine ungeheuerliche Geschichte dahinter, aber in einem anderen Sinn, als die Öffentlichkeit glaubt, ein Erziehungsprozeß nämlich, der nicht nur in unserem Lande, sondern auf der ganzen Welt vor sich geht. Überall wo Maurer einander treffen, tritt dieser Erziehungsprozeß von Mann zu Mann in Kraft. Ich darf hinzufügen, daß es Frauenlogen gibt (nicht in der Großloge von Österreich), ich darf hinzufügen, daß es den Frauen ja freisteht, solche zu bilden. Es hätte keinen Zweck, andere Formen von uns zu fordern. Mozart hatte diese Utopie, denken Sie an die Zauberflöte, wo Mann und Frau, beide gemeinsam die Feuerprobe, die Wasserprobe durchstehen, um Menschen zu werden. Es geht also in Wirklichkeit in den meisten Systemen der Maurerei heute um eine philosophische Selbsterziehung; daß dabei wissenschaftliche Erkenntnisse der Gegenwart, soziales Verhalten, gesellschaftliche Überlegungen, daß die jeweils modernsten Ideen diskutiert werden, ist selbstverständlich, sonst wäre die Maurerei ja nur einfach ein Klub. Wir haben ein Ritual, das in etwa der Psychologie des 18. Jahrhunderts entspricht. Interessanterweise aber auch heute noch hält. Der geistige Inhalt dieser Männergespräche in diesem Männerbund ist eigentlich das, was die Maurerei auf der ganzen Welt zu einer wirklichen Kraft macht. Es sind — ich darf das sagen — doch sehr viele interessante und wichtige Personen in der ganzen Welt, die dem Bunde angehören. Die Vorwürfe, ursprünglich eigentlich genährt von Kirche und Staat, kommen von Intoleranten: etwa einst vom absolutistischen Staat und heute von den diktatorischen Staaten in den kommunistischen Ländern, in manchen Militärdiktaturen ist die Freimaurerei ebenso verboten, weil die sich die Gedanken der Toleranz und Humanität eben nicht leisten können. Man kann nicht ein bißchen in Freiheit machen, nicht ein bißchen Toleranz gewähren, man kann nicht nur ein bißchen human sein; man ist es entweder oder man ist es nicht. Daher unterbindet man in solchen Staaten die Freimaurerei. Die Ideen, die allerdings in den Logen vertreten worden sind, sind immer die Ideen der einzelnen Personen, die Gedanken, die sich einer macht in einer Loge, sind seine eigenen Gedanken. Die Großloge von Österreich, die eine Zusammenfassung von 42 Logen im ganzen Land ist, kennt als solche keine eigenen politischen Stellungnahmen; das gibt es nicht, daß im Namen der Großloge von Österreich irgendwer sagt, die Maurer haben in dieser oder jener politischen oder religiösen Frage diese und jene Meinung, wir sind für die Abtreibung oder gegen die Abtreibung. Das wäre vollkommen unmöglich. Es ist unmöglich, solche Dinge zu besprechen oder zu beschließen, weil in Wahrheit jeder einzelne Maurer *seine eigene* Vorstellung von der Maurerei entwickelt; weil die Maurerei eben keinen *dogmatischen* gemeinsamen Gesinnungszwang ausübt, sondern den *Rahmen* dafür bietet, daß der Mensch das wird, was er ist, das, was er werden kann, was er sein will als Person. Das ist ein Freiheitsrahmen, ein Rahmen, den sonst keine Institution der Welt gibt. Und doch werden Sie fragen, was ist das Besondere und Geheime an der Maurerei? Das kann ich Ihnen sagen, die Tatsache, daß wir in den Logen zusammentreten, ohne den anderen zu missionieren, sondern einander anzuhören. Das heißt, die totale Konfrontation in vollkommener Offenheit, mit Humanität und Toleranz dem Nächsten gegenüber. Man lernt zuzuhören, man lernt Fragen zu stellen, und man lernt an sich zu arbeiten.

Die katholische Kirche (Clemens XII. in der bekannten Enzyklika „In eminenti") hat es als ketzerisch angesehen, daß Männer zusammentreten, die verschiedenen Glaubens sind; da sitzen in den Logen Katholiken neben Protestanten, womöglich auch ein Jude, vielleicht sogar ein Mohammedaner, das kann nicht gutgehen. Der spätfeudalen Vorstellungswelt der Mitte des 18. Jahrhunderts war es einfach unmöglich, eine geschlossene Gesellschaft dulden zu können, die sich öffnete in irgendeiner religiösen oder sozialen Hinsicht. Diese Enzykliken wurden wiederholt; wir haben eine lange Liste, viele Päpste haben es immer wieder erklärt, daß diese schändliche, teuflische und pestilenzartige Sekte der Freimaurer exkommuniziert ist, und selbst jetzt, in diesem Augenblick, ist ein Katholik, der Freimaurer ist, so wie es der römische Stuhl sieht, eo ipso, exkommuniziert. Jedoch wurde selbst zur Kaiserzeit diese Exkommunikation der Freimaurer von den österreichischen Kanzeln aus nicht verkündet. Sie wurde auch nicht durchgeführt, mir ist in unserem Land kein einziger Fall bekannt, in dem ein katholischer Freimaurer mit Kirchenstrafen belegt worden wäre. Anders in Portugal, anders in Spanien, anders in Polen, anders in Südamerika, wo es zu Freimaurerverfolgungen kam, bis zu Vermögensentzug und Todesstrafe. Im Codex Juris Canonici wird ab 27. November das Wort Freimaurer nicht mehr vorkommen. Es kam bis jetzt neunmal vor und neunmal in einem Zusammenhang, der die Exkommunikation bedeutet hat. Hat die Kirche eingesehen, daß sie in einer Welt, in der sie selbst Toleranz fordert, etwa von den kommunistischen Staaten, sie selbst diese Toleranz auch ihren christlichen Mitbrüdern, den Söhnen des Lichts, zu gewähren hat? Ich möchte sagen, daß der Anstoß zu dieser Entwicklung, daß die Kirche selbst überlegt, daß es eigentlich ein veraltetes und nicht zeitgemäßes Verhalten ist, Freimaurer zu exkommunizieren, von der Kirche selbst kommt, und nicht zuletzt von dem Kirchenfürsten unserer Stadt Wien. Als Leiter der Dritten Kongregation des Heiligen Offiziums hat Kardinal Franz König von sich aus Gespräche mit Freimaurern aufgenommen. Sie müssen dazu wissen, daß schon während des Konzils, und auch nach dem Konzil, bei der Kurie ein großes Interesse daran bestand, sich darüber klarzuwerden, wie die einzelnen Freimaurerinstitutionen auf der ganzen Welt zur römischen Kirche stehen. Und daher wurde dann ein Fragebogen ausgesandt mit zwölf Punkten. Dieser Fragebogen wurde vom Vatikan an 2000 Bischöfe in der ganzen Welt versandt, und diese Bischöfe haben erklärt, wie sie die Freimaurerei in ihrem Land ansehen und beurteilen. Es gab schon früher einzelne Versuche katholischer Maurer, das Verhältnis zwischen Kirche und Maurerei zu verbessern. Wir waren jeder immer der Meinung, es sei Angelegenheit der römisch-katholischen Kirche, ihr Verhältnis zu uns zu klären. Wir sind ein Männerbund, der an sich selbst arbeitet. Die große katholische Kirche umfaßt 400 Millionen Gläubige. Maurer gibt es auf der Welt wahrscheinlich kaum mehr als zehn Millionen. Das heißt, wir hatten und haben keine Forderung an sie. Nun hat die Kirche von sich aus diesen Schritt getan; es gab nicht nur bei uns, es gab auch in anderen Ländern derartge Gespräche. Bei uns in Österreich gab es jedoch ein sehr systematisches Gespräch seit dem Jahre 1968, das fast zehn Jahre gedauert hat, das dann in einer Erklärung gipfelte, die von den Verhandlungsteilnehmern dieses Gespräches unterzeichnet worden ist. Auf seiten der römisch-katholischen Kirche waren es österreichische Geistliche und Theologen, aber auch ein Prälat des Vatikans hat daran teilgenommen, auf seiten der Maurer waren es deutsche Maurer, die teilgenommen haben, und österreichische Maurer. Ich will Sie jetzt im Augenblick mit keinen Details langweilen. Es wird noch im Spätsommer oder im Herbst dieses Jahres ein Buch erscheinen, das mein Freund Dr. Kurt Barisch, der selbst maßgeblich an diesen Gesprächen teilgenommen, der sie mitinitiiert hat, der als Maurer die Kenntnisse und Erfahrungen dazu hatte, verfaßt hat. Er wird dieses Buch veröffentlichen, im Einverständnis mit Seiner Eminenz, dem Herrn Kardinal Franz König. Es ist Seiner Eminenz gelungen, einen 200 Jahre bestehenden Bruch zwischen Freimaurerei und der katholischen Kirche zu überbrücken, es ist ihm gelungen und dem Kardinal Seper im Vatikan, dieses Verhältnis zu normalisieren, die Exkommunikationsandrohungen aus dem Codex Juris Canonici zu entfernen. Der bereits von Papst Johannes Paul unterzeichnete Codex Juris Canonici wird am 27. November 1983 in Kraft treten. Das sind vielleicht nur juridische Details, und keiner von uns kann beurteilen, ob diese rein legistische Handlung, der ja geistige Überlegungen und Willenserklärungen zugrunde liegen, auch in der breiten Masse der Bevölkerung anerkannt werden oder gefühlsmäßig verstanden werden wird. Die Älteren unter uns, die noch das Unglück hatten, die Nazizeit in diesem Lande zu erleben, werden wissen, in welch dummer Weise die Nazipropaganda Freimaurer, Juden und Bolschewiken in einen Topf geworfen hat. Viele, die katholisch erzogen worden sind, werden oft ein böses Wort über diesen „geheimen Orden" gehört haben, und sehr wenige von Ihnen werden wissen, daß dieser Männerbund eigentlich nur deswegen existiert, um durch die Veredelung des einzelnen eine Besserung der Gesellschaft herbeizuführen. Sicher werden Sie jetzt einige Fragen stellen, die jedem Maurer gestellt werden; es gab schon die eine Frage: „Warum keine Frauen bei den Freimaurern?" Es gibt Männerklöster und es gibt Frauenklöster, daher gibt es auch Männerbünde und Frauenbünde. Ja, es gibt auch Frauenvereinigungen unter den Maurern. Nicht in der Johannisfreimaurerei. Ich wünschte mir, daß wir alle so reif wären, an einem gemeinsamen Erziehungsziel zu arbeiten, aber vorläufig sehe ich das nicht. Es gibt aber auch andere Aufgaben, die die Maurerei sich stellt. Da gehört es aber zu ihrem Ehrencodex, dies nicht laut hinauszurufen; leider gehört es heute ja zum guten Ton, Gutes zu tun und laut darüber zu reden, damit es alle wissen, alle Zeitungen darüber schreiben. Die Maurer haben seit Jahrhunderten da eher quasi eine benediktinische Regel befolgt, nämlich Gutes zu tun, ohne darüber zu reden. Das heißt, um Maurer zu sein, dazu gehört die Wohltätigkeit! Es gehört dazu, daß ein Maurer ein sittliches Leben führt und zu führen versucht. Es geht auch darum, innerhalb der eigenen Gesellschaft sittliche Werte durchzusetzen. Sicher gibt es in jeder Vereinigung Menschen, die die Gesetze, die sich diese Vereinigung auferlegt, übertreten, daher gibt es auch bei uns, wie überall, schwarze Schafe. Meine Damen und Herren, Sie sehen, daß ich nichts anderes versuche, als Ihnen klarzumachen, daß dieser Männerbund, der seine großen geistigen Traditionen hat, versucht, in der gegenwärtigen Gesellschaft den intellektuellen, emotionellen und voluntaristischen Anforderungen zu entsprechen, daß dieser Männerbund eine große Attraktivität hat auf junge Menschen, daß er nicht missioniert, daß er nicht in Feindschaft mit der Kirche steht, daß die Kirche nach 200 Jahren dankenswerterweise den Frieden sucht.

Für mich ist das ein feierlicher Moment, das nach 200 Jahren in Österreich zum ersten Mal zu sagen, denn meine Brüder Großmeister konnten in der Vergangenheit solche Sätze nicht sagen, sondern mußten immer wieder feststellen, daß man den Bund verleumdet, und ich muß dankbar feststellen, daß dieser Schritt von der Kirche aus gemacht wurde. Das heißt, die Freimaurer waren nie Gottesleugner, die Freimaurer waren nie Libertiner, die Freimaurer bekennen sich zum Großen Baumeister aller Welten, den wir als Symbol verstehen. Ich möchte es deutlich sagen, damit es niemand mißversteht, ein Katholik kann in einer Loge ein noch besserer Katholik werden, ein Protestant kann und wird in einer Loge ein noch besserer Protestant werden, ein gläubiger Jude kann und wird in einer Loge ein noch gläubigerer Jude werden. Ich gebe aber auch zu, daß es durchaus möglich ist, daß ein Mensch, der an keine persönliche Gottesvorstellung glaubt, sich unter dem Symbol des Großen Baumeisters aller Welten auch eine andere Gottesvorstellung erarbeiten kann, die er aber niemand anderem aufzwingen kann und wird. Es gibt unter Maurern keinen Streit, ob Atheismus oder Theismus, weil es in den Logen keine Gespräche über Religion und Politik gibt. Das ist ein Erbe aus 200 Jahren Erfahrung. Er kann über religiöse Vorstellungen sprechen, aber er wird diese nicht missionierend anderen aufoktroyieren wollen, und das ist einer der großen Erfolge der Maurerei in der ganzen Welt, daß sie eine Institution ist, die es ermöglicht, diese drei Richtungen: Intellekt, Gefühl und Willen, auszubilden, dazu wohltätig zu sein. In der Loge lernt ein Mann, was er nicht in den Schulen gelernt hat, dem anderen gegenüber tolerant zu sein, dann in einer nächsten Stufe, ihn zu achten, ihn hochzuschätzen, und wenn es ihm gelingt, ihn von Herzen zu lieben. Eines verbindet alle Logen der Welt miteinander: Wir alle bauen am Tempel der allgemeinen Menschenliebe, wir sind, um es nochmals zu sagen, gegen den Klassenhaß, gegen den Rassenhaß, gegen die Überheblichkeit in jeder Hinsicht. Das macht uns ja bei allen totalitären Kräften verhaßt und auch bei Kirchenvertretern, meine Damen und Herren, solange sich der Katholizismus als die allein seligmachende Kraft verstanden hat. In dem Augenblick, da die katholische Kirche diese Toleranz ausübt uns gegenüber, sind wir ihr dafür dankbar. Wir haben sie immer geübt. Damit komme ich zum Ende. „Gottes Spuren in Österreich." Sie begannen damit, daß die Freimaurerei im 18. Jahrhundert sich für eine mehr naturwissenschaftliche, aufklärerische, zum Teil antiklerikale Haltung entschied, für eine mitunter etwas flache Aufklärung, die sie selbst überwand. Im 19. Jahrhundert war die Maurerei in Gefahr, sich in einem Gedankengut des Liberalismus zu erschöpfen. Im 20. Jahrhundert sind die Maurer in die KZ gegangen, verfolgt und verboten worden. Das jetzt ist die erste Periode der Maurerei, in der sie ungestört und nicht-verboten arbeiten kann, seit fast 40 Jahren, eine Institution, die von den Autoritären immer wieder bekämpft wurde, immer wieder verboten wurde. Dies ist die erste Periode der Freimaurerei in Österreich, in der auch uns die wahre Toleranz entgegengebracht wird. Wenn es einem Priester gelingt, das Göttliche seinen Gläubigen zu vermitteln, sie an Sakramenten teilhaben zu lassen, so ist es für die Gläubigen einer Gemeinde ein großes Glück.

Wenn es einen Männerbund gibt, der keine Kirche, keine Religion ist, aber der sich darauf vorbareitet, sich den Wundern der Welt und den großen Geheimnissen zu öffnen, so sollte man das auch respektieren. Die Freimaurerei selbst ist keine Religion, aber jeder einzelne Freimaurer hat seine.

Ignaz Zangerle

Religiöser Frühling nach 1918

Das Besondere der Zeit nach dem Ersten Weltkrieg in Österreich läßt sich wahrscheinlich besser erfassen, wenn man sie mit demselben Zeitraum nach dem Zweiten Weltkrieg vergleicht. So verstand sich die Zweite Republik von allem Anfang an als eine von einer Diktatur befreite postnationalistische Nation, auch wenn sie zunächst in vier Besatzungszonen aufgeteilt blieb. Die Erste Republik hingegen war durch „Übrigbleiben" entstanden, nachdem die Völker der alten Monarchie in geschichtlich bereits verspätete Nationalstaaten abgewandert waren, die damaligen Siegermächte aber den Anschluß von „Deutsch-Österreich" an das Deutsche Reich verhindert hatten. Während es bereits 1955 einer Koalitionsregierung gelang, den Siegermächten gegen das Versprechen einer immerwährenden Neutralität den Staatsvertrag abzuringen, brach in der Ersten Republik schon am 15. Juli 1927 mit dem Brand des Justizpalastes jener Bürgerkrieg zwischen zwei Weltanschauungsparteien aus, der dann unter dem Außen- und Innendruck des Dritten Reiches zur Halbdiktatur des „christlichen Ständestaates" führen sollte. Konnte bereits 1955 die Geltung des Konkordates von 1933, wenn auch modifiziert, festgeschrieben werden, so hatte die politische Polarisierung in der Ersten Republik auch alle Zeichen eines Kulturkampfes an sich getragen. Hatte die Einbeziehung in den Marshallplan Österreich es ermöglicht, sich schon in den sechziger Jahren zu einer modernen Industrienation zu entwickeln, so wurde, weil der Wiederaufbau der ihrer Hinterländer beraubten Alpen- und Donaurepublik nur zögernd von den damaligen Siegermächten gefördert worden war, jenes Restösterreich durch die Weltwirtschaftskrise zum „Armenhaus" Europas.

Anders und nicht vergleichbar war nach dem Ersten Weltkrieg auch die Situation der Kirche in Österreich. Mit dem Wegfall der Monarchie hatte sie ihre staatliche Stütze verloren. Als Ersatz bot sich in der Ersten demokratischen Republik das Bündnis mit einer Weltanschauungspartei an, eben mit der Christlich-sozialen Partei. Unvorstellbar für uns Heutige, daß sehr bald, ähnlich wie beim Zentrum in Deutschland mit Prälat *Kaas,* mit Ignaz *Seipel* ein Kleriker in ihr zu maßgebendem Einfluß gelangte! Damit war im politischen Bereich sowohl die Gewissens- und Handlungsfreiheit des einzelnen Christen wie christlicher Gruppen bedenklich eingeengt, während die Kirche selber nicht zu Unrecht zur Dienerin bürgerlicher, ja großkapitalistischer Interessen gestempelt werden konnte. Als Rechtfertigung dieses unheilvollen Bündnisses betonte man die Notwendigkeit, Besitzstand und Einfluß der Kirche vor allem gegen die andere Weltanschauungspartei, eben die des marxistischen Sozialismus, verteidigen zu müssen. Diese hatte freilich auf ihrem Programm die völlige Trennung der Kirche vom Staat, die restlose Laisierung des Bildungswesens, die Ausschaltung der kirchlichen Ehegesetzgebung usw., mit einem Wort: den permanenten Kulturkampf. Diese Kirche hatte zwar in ihrer bisherigen Geschichte bereits zwei Säkularisationsschübe, den des obrigkeitsstaatlichen Josephinismus und den des antiklerikalen Liberalismus, überstanden, war aber bis dahin noch nie in die Position einer Minderheit gedrängt worden. Erst nach dem

Brand des Justizpalastes am 15. Juli 1927, als durch die Sozialisten eine massive Kirchenaustrittsbewegung in Gang gesetzt worden war, gestattete man sich zögernd die Erkenntnis, daß die Kirche Österreichs sich bereits mitten im dritten Säkularisierungsschub befand. Vielleicht hätte er noch eine Zeitlang hinausgeschoben oder doch gebremst werden können, wenn sich rechtzeitig eine zweite christliche, für die Arbeiterschaft eher wählbare Partei herausgebildet hätte. Dem stand freilich wieder jener innerkirchliche Integralismus entgegen, für den es immer und überall nur *eine* mögliche Realisierung der kirchlichen Soziallehre gab. Diese Zwangslage, in die sich die österreichischen Katholiken in ihrer überwiegenden Mehrheit hineinmanövrieren hatten lassen, hatte weiterhin zur Folge, daß zu viele Energien für die Verteidigung des öffentlichen Einflusses der Kirche aufgewendet werden mußten und die längst fälligen Reformen in der Kirche selber unterblieben; war sie doch, wenn man von den Großstädten und Industriegebieten absah, weithin eine vom Staat und von der bäuerlich-bürgerlichen Gesellschaft gestützte Volkskirche. Die Erneuerungsbewegung, wie sie einst von Klemens Maria *Hofbauer* ausgelöst worden war, war längst verebbt. Heute würden wir mit *Zulehner* von einem Vorherrschen der Leutekirche sprechen.

I.

Dies und noch einiges mehr muß man sich vor Augen halten, wenn man das Neue, das damals mit der deutschen Jugendbewegung im allgemeinen und mit der katholischen im besonderen aufgebrochen war, verstehen und würdigen will. Man kann in ihr die erste Welle jener Emanzipation erblicken, die seit Beginn des 20. Jahrhunderts das Bild unserer Gesellschaft prägt, aber es handelte sich nicht wie bei der heutigen Jungen Generation um einen totalen Kulturstilbruch, sondern als Spätfolge der Romantik um die Wiederfindung einer konservativen Ligatur. Von daher schrieb sich ihre Wiederentdeckung der Natur, des „einfachen“ Lebens, des Bauern und des Volkstums als des Gegensatzes zur seelenlosen Öde der Stadt und zur bürgerlich-konventionellen Enge. Wahrhaftigkeit in allem lautete die Devise für alle Lebensäußerungen. Damals sah man mit Oswald *Spengler* in Kultur und Zivilisation unvereinbare Gegensätze. Obwohl die im Zweiten Weltkrieg angewandte Vernichtungsstrategie ungleich härter war als die im Ersten praktizierte, scheint doch damals die „Apokalypse I“ bei der jungen Generation eine tiefere Erschütterung erzeugt und zugleich eine drängendere religiöse Sehnsucht geweckt zu haben als die „Apokalypse II“ des Zweiten Weltkrieges. Es bedeutet aber keine Relativierung der Geistgewirktheit der zu schildernden Erscheinungen, wenn man auf die gleichzeitige geistige und kulturelle Dynamik des damaligen Österreich als eines Experimentierraumes der Moderne hinweist; denn Kirche und Kultur werden bis zuletzt kommunizierende Gefäße bleiben, nicht nur in Österreich. Ausdruck dessen waren nicht nur der Expressionismus in Dichtung und bildender Kunst, sondern auch der Purismus in Musik und Architektur. Was wir nach dem Zweiten Weltkrieg in Bewegung und Unruhe auf der Szene des Geistes und der Kultur in Österreich erlebt haben, erscheint nur als ein Nachbeben im Vergleich zu dem geistigen Tumult, von dem die Zeit nach dem Ersten Weltkrieg erfüllt war. War es doch das Zeitalter der Franz *Kafka,* Robert *Musil,* R. M. *Rilke* und Georg *Trakl,* der Egon *Schiele* und Oskar

Kokoschka; der Josef *Hoffmann* und Adolf *Loos;* der Ludwig *Wittgenstein* und Ferdinand *Ebner;* der Alban *Berg* und Anton *Webern.*

Mit der Wiener Pfingsttagung des Bundes „Neuland“ 1921 — er hatte sich aus dem „Christlich-deutschen Studentenbund“ entwickelt — trat etwas völlig Neues in Kirche und Gesellschaft des damaligen Nachkriegsösterreich auf: eine autochthone christliche Laienbewegung inmitten einer Vielzahl katholischer Organisationen, die zwar unter direktem oder indirektem kirchlichen Einfluß standen — der damalige österreichische Vereinskatholizismus war in vieler Hinsicht ein Abbild des kulturkampf-erprobten deutschen —, in der politischen Realität aber ein Vorfeld der mit kirchlichem Erstvertretungsrecht ausgestatteten Christlich-sozialen Partei darstellten. Sie bildeten in ihrer Gesamtheit sowohl eine Art christlicher Gegengesellschaft zu der als bedrohlich empfundenen modernen Welt wie auch das politische Hinterland für eine Partei, innerhalb deren für viele Demokratie und Republik noch immer leidige Unausweichlichkeiten bedeuteten. Auch diese österreichische Form der katholischen Jugendbewegung war ein „Erwachen der Kirche in den Seelen“ (R. *Guardini).* Die Feier der Eucharistie und die Beschäftigung mit der Bibel bildeten Mitte und Kern einer in Gemeinschaft erlebten Glaubenserfahrung junger Katholiken, wie sie in solcher Tiefe und Unmittelbarkeit sonst kaum anzutreffen waren. Weit entfernt von jener kritischen Distanz, ja Skepsis, wie sie sich nach dem Zweiten Vatikanischen Konzil vor allem bei den Intellektuellen unter den jüngeren Katholiken offenbar als Rückschlag auf übertriebene Hoffnungen eingestellt haben, war die damalige katholische junge „Intelligentsia“ geradezu von einem ekklesiologischen Enthusiasmus erfüllt. In den „Hymnen an die Kirche“ der Gertrud von *Le Fort* hat deren Wiederentdeckung als des corpus Christi mysticum den bewegendsten Ausdruck gefunden. So hat damals gerade aus dem „Neuland“ eine überdurchschnittlich große Zahl von jungen Menschen sich für den Priester- und Ordensberuf entschieden, von denen wieder nicht wenige nach 1945 das Bild der Kirche in Österreich mitgeprägt haben. Dieser Aufbruch war nur möglich, weil die Bewegung — ähnlich wie der „Quickborn“ in Romano *Guardini* — in dem Priester und Lehrer Michael *Pfliegler* im „rechten Augenblick“ eine wort- und schriftmächtige, voll in der Gegenwart stehende, pädagogisch begabte, vor allem glaubwürdige Vorbildgestalt gewonnen hatte. Umgekehrt läßt sich sagen, daß Pfliegler erst durch die Begegnung mit „Neuland“ zur Erkenntnis seiner eigenen Mission gelangt sein dürfte. Mit Recht hat Ludwig *Hänsel* Pflieglers viertes Jahrzehnt (1921—1931) dessen „heroisches“ genannt. Hinter und neben Pfliegler stand als positiv interpretierendes Element zum Amt in der Kirche hin der Leiter des Wiener Seelsorgeamtes, Dr. Karl *Rudolf.* Aber auch dies war wieder nur möglich, weil Kardinal *Innitzer,* als die Krise des politischen Katholizismus in Deutschland und in Österreich ausbrach und in Rom das Mißtrauen gegen kirchliche Erneuerungsbewegungen dieser Art geschürt wurde, da sie angeblich geistkirchliche Postulate im Sinne eines Joseph *Wittig* verträten, sich in entscheidenden Augenblicken damals wie nach 1945 als „großer Gewährer“ (Karl *Strobl)* und Saatbeschützer bewährte.

Wenn man nach Vergleichen sucht für das Erlebnis eines neuen Pfingsten, wie es in den ersten zehn Jahren die Neuland-Tagungen vermittelten, dann bietet sich heute noch am ehesten jener mit Taizé als einem der Sammelpunkte der charismatischen Bewegung an. Nach 1945 dürfte es zu einem ähnlichen Aufschwung nur in den katholischen Hochschulgemeinden in Wien, Graz und Innsbruck gekommen sein.

„Neuland“ war kein Verein im üblichen Sinn, keine Loge sich elitär verstehender Katholiken, sondern eine „Bewegung“, mehr: ein „Bund“ von aufbruchwilligen Studenten und Studentinnen — auch dies wurde damals innerhalb und außerhalb der Kirche als etwas unerhört Neues empfunden —, fast möchte man sagen, ein moderner Laienorden. Dennoch hebt es sich für den Betrachter der nachkonziliaren sogenannten charismatischen Bewegungen allein durch die Tatsache ab, daß jene mit einer Witterung für die Zukunft begabten jungen Katholiken von vornherein entschlossen waren, nicht im innerkirchlichen Raum zu verharren, sondern ihr neugewonnenes Bild von der Kirche auch gesellschaftlich wirksam werden zu lassen. Wenn den Neuländern die Feier der Eucharistie in der Form einer weitgehenden deutschsprachigen Mitfeier der Gemeinde — „liturgische“ oder „Gemeinschaftsmesse“ genannt — auch von der Neuentdeckung des Leibes und von ihrem neuen Symbolverständnis her als die dem österlichen Geheimnis gemäßeste erschien, wenn sie in den sogenannten Bibelrunden die Heilige Schrift als Glaubensgrund der Kirche entdeckten, dann war dies als Antwort zu verstehen auf die Frage, die Pfliegler einmal so formulierte: „Können wir moderne Katholiken dem geistigen Versagen und Verzweifeln auf der anderen Seite die entsprechende lebendige, schöpferische Religiosität bieten? Leben wir unseren Glauben in jenen Maßstäben, in denen es die Zeit verlangt?“

II.

Dieser missionarische Impuls treibt Pfliegler, dem vor allem die Seelsorge für die „anderen“, für die außerhalb der Kirche Stehenden, zur tiefsten Sorge geworden war, 1927 nach dem Brand des Justizpalastes zur Auseinandersetzung mit den „Religiösen Sozialisten“. „Die Überwindung des Sozialismus ist keine Hirnaufgabe, sondern eine des restlosen christlichen Lebens und der Liebe. Es ist ein Fluch ohnegleichen, wenn die Arbeitsweise der Politik die Religion erfaßt oder das Heil der Religion von der Politik erwartet wird.“ Unbekümmert um politische Verdächtigungen von rechts und links nimmt Pfliegler die Auseinandersetzung mit dieser vom „kleinen“ Otto *Bauer* geführten Gruppe marxistischer Christen auf, die im Gegensatz zum parteibeherrschenden freidenkerischen Flügel die Hoffnung nährten, durch einen einläßlichen und aufrichtigen Dialog mit Pfliegler als dem autorisierten Sprecher der nicht-parteigebundenen jungkatholischen Bewegung diese zur Sache des Sozialismus bekehren zu können. Umgekehrt hoffte Pfliegler, der die Abwendung der Masse der Arbeiterschaft von der Kirche als *den* Skandal seiner Zeit ansah, durch ein Gespräch, das die Abgründe der gegenseitigen Verfeindung überbrücken sollte, bei den Partnern wenigstens den Blick für das wahre Bild der Kirche jenseits aller bürgerlich-kapitalistischen Entstellung offen zu halten. In den öffentlichen wie in den privaten Begegnungen beider Seiten war damals eine Leidenschaft mit im Spiel, die den „Brückenschlag“, wie er heute von der Arbeitsgemeinschaft „Christentum und Sozialismus“ unternommen wird, weit in den Schatten stellt. Heute handelt es sich nicht mehr um eine primär religiöse Auseinandersetzung, sondern eher um ein pragmatisches Zur-Kenntnis-Nehmen sowohl von seiten eines demokratischen und humanistischen Sozialismus wie von seiten einer mit dem fünften Säkularisierungsschub einer eudämonistischen Wohlstandsgesellschaft ringenden Kirche. Auch als die Gespräche im Lärm eines latenten Bürgerkrieges untergehen, gibt Pfliegler noch dem „Grenzgänger“ August *Zechmeister* in der Zeitschrift „Neuland“ das Wort für seine „Politische Theologie“, die in dem Bekenntnis gipfelte: „... die sozialistische Welt, die klassenlose Menschheitsgesellschaft hat es mit dem Reich Gottes zu tun, das kein Phantom ist, sondern nach vielen Stellen der Schrift ... wahrhaftig und sichtbar auf unserer Erde erstehen und als solche verwandelte und erneuerte Erde das Verlangen aller Christen ausmachen soll.“ Zechmeister blieb mit seiner sozialistischen Eschatologie ein Einzelfall. Beim Bund „Neuland“ kam es aber nicht zur Bildung einer nennenswerten Gruppe von sozialistischen Katholiken. Umgekehrt hat sich Pfliegler in seinem prophetischen Engagement für die religiös und politisch Andersdenkenden nicht davon abhalten lassen, den nicht-sozialistischen Katholiken ins Gewissen zu reden. So fordert er einen Monat vor dem verhängnisvollen Brand des Justizpalastes in einem mit „Kirche, Sozialdemokratie, Christlichsoziale und Christus der König“ betitelten Aufsatz im „Neuland“: Die Erfüllung der gerechten Forderungen der Arbeiterschaft müßte das Hauptanliegen der Katholiken werden. Dazu sei es notwendig, daß einerseits auf der parlamentarischen Ebene Christlich-soziale und Sozialisten sich zu einer Koalition zusammenschlössen, anderseits verantwortungsbewußte Katholiken sich mit Vertretern des wirklichen gegenwärtigen Sozialismus zusammensetzten. Nach der Katastrophe des Juli-Aufstandes 1927 kämpft Pfliegler seinen Kampf weiter, indem er seine Amtsbrüder ebenso wie die geistig führenden Laien aufzurütteln versucht: „Was wir schaffen müssen, ist: daß dieser Befreiungskampf der Entrechteten die ureigenste Aufgabe der gläubigen Christen werde. Was wir verhüten müssen: jeden Anschein, als ob die Macht der Kirche irgendwie mißbraucht werde zum Kampf gegen die Rechte des Vierten Standes.“ Rückblickend glaubte Pfliegler, durch seine Vorträge und Artikel die Abfallbewegung, die unmittelbar nach dem 15. Juli 1927 eingesetzt hatte, wenigstens verlangsamt zu haben. Obwohl er als Sprecher einer aufgeschlossenen kirchlichen Gruppe in den ersten 15 Jahren der Ersten Republik als eine seinem großen Gegenspieler Ignaz Seipel gleichrangige Gestalt gewirkt hat, erwies sich dieser aufopfernde Einsatz, wie der zweite Ausbruch des Bürgerkrieges im Februar 1934 bewiesen hat, fürs erste als vergeblich. Für diese seine zweite Mission, die des Friedensstifters zwischen den weltanschaulich und politisch verfeindeten Lagern, hatte er freilich immer nur bei einem kleinen Teil seiner Freunde im „Neuland“ Gefolgschaft gefunden. Der größere Teil stand bereits ähnlich unter dem sich ausbreitenden Meinungsdruck eines kämpferischen Nationalismus, wie heute vor allem in der Bundesrepublik große Teile der katholischen Jugend unter dem eines sich pazifistisch und neutralistisch gebenden Neonationalismus.

III.

Anders verhielten diese sich gegenüber der säkulären Wende in der Pastoral, an der ebenfalls Pfliegler einen hervorragenden Anteil hatte. Seit seinem Aufsatz „Custos, quid de nocte“, der bereits 1926 in der Zeitschrift „Der Seelsorger“ erschienen war und in dem er geschrieben hatte: „... Gott sei uns armen, fixbesoldeten Beamten Gottes gnädig! Unsere Kirchen werden immer leerer. Wien, die katholische Stadt, berühmt auf dem ganzen Erdkreis ..., in dir kommen nur noch fünfzehn von hundert deiner Getauften, um sonntags das Mysterium der Erlösung zu feiern", kommt es in Wien vor allem mit Hilfe vieler Neuländer unter dem Namen „Gottessiedlungen" zu einer neuartigen Initiative, um, wie wir heute sagen würden, ausgehend von den Pfarren, mitten im volkskirchlichen Milieu bekenntniskirchliche Kerne aufzubauen. Übriggeblieben ist von diesem mit vielen Hoffnungen begleiteten Experiment freilich nur die „Neuland-Schule", die unter unsäglichen Opfern mitten im damaligen Barackenviertel in Grinzing errichtet worden war. Von Pfliegler befeuert und beraten, wurden deren Lehrer und Erzieher die Träger eines wegweisenden Schulversuches aus genuin christlicher Wurzel.

Das Jahr 1932 stellte für den Bund „Neuland" insofern einen bedeutsamen Einschnitt dar, als für Pfliegler die Übergabe der Schriftleitung der gleichnamigen Zeitschrift zugleich den Übertritt in die wissenschaftliche Reflexion seiner weitgespannten pastoralen Tätigkeiten und damit in ein verstärktes schriftstellerisches Engagement markierte. Aber schon vorher war es zu einer Verschiebung des Gewichtes in der Führung des Bundes nach der Seite der Laien gekommen: Dr. Anton *Böhm* und seine engeren Freunde traten immer deutlicher in den Vordergrund. Es kam, ungeachtet der weitergehenden Vertiefung in Liturgie und Bibel und eines auf die Heilung von sozialen Notständen bedachten Engagements — es war die Zeit der Weltwirtschaftskrise —, allmählich als Konsequenz einer Laienbewegung, die sich aus der Mitte der Kirche auf den Dienst an der Welt verwiesen wußte, zu einer Politisierung des Bundes. Man erinnere sich an das tragische Mißlingen der parlamentarischen Demokratie und des Rechtsstaates in den besiegten Staaten. Dies war die Chance für das Vordringen gegenaufklärerischer, antiparlamentarischer, auch antikapitalistischer Ideen, wie sie etwa in Othmar *Spanns* Schrift „Vom wahren Staat" oder vom ungleich bedeutenderen Carl *Schmitt* in seiner „Politischen Theologie" artikuliert wurden. Wie von anderen Gruppen wurde ab 1934 auch von einem Teil der Neuländer, freilich der Führungsgruppe, guten Glaubens der Versuch unternommen, die geschichtlich bedingte Eigenständigkeit Österreichs mit einem realen Bekenntnis zum „Gesamtdeutschtum" zu verbinden. Dazu mußte man freilich die Realität des „christlichen Ständestaates", aber auch die des „Dritten Reiches" zu bloßen Durchgangsstufen auf dem Wege zu jenem Reich relativieren, das auf Grund einer hausgemachten „Reichstheologie" bereits als am Horizont der Geschichte erwartbar schien. Daß man mit diesem doppelten Vorbehalt in Wirklichkeit mitgeholfen hatte, dem Nationalsozialismus den Weg auch nach Österreich zu ebnen, wurde diesen Verfechtern eines „Dritten Weges" erst klar, als nach dem „Anschluß" die meisten der katholischen „Brückenbauer" von der Bühne gejagt wurden. Nur eine Minderheit im Bund hatte, ohne sich freilich Gehör verschaffen zu können, auf die Konsequenzen einer solchen Fehldeutung der politischen Wirklichkeit und der eigenen Mission hingewiesen. Sie hatte sich von Ernst *Michel,* Ludwig *Neundörfer* und Walter *Dircks* von der „Rhein-Mainischen Volkszeitung" und nicht zuletzt vom „Brenner" und von der „Erfüllung" rechtzeitig dagegen impfen lassen.

IV.

Auf einem anderen Felde ging es in jener Aufbruchszeit um die innere Erneuerung der Kirche. Pius *Parsch,* Augustiner-Chorherr von Klosterneuburg, hatte schon als Student *Wolters* Psalmenkommentar nach seinen eigenen Worten „mit einem wahren Heißhunger verschlungen" und später die 15 Bände von *Guérangers* „Kirchenjahr" studiert. Bereits die Kommuniondekrete Pius' X. hatten ihn in harte Kämpfe mit Mitbrüdern, die diese neue Praxis nicht verstehen konnten, verwickelt. Nach seiner Priesterweihe war er einige Jahre Seelsorger in Wien, ehe er in Klosterneuburg Pastoral lehrte und bei der Ausbildung der Novizen mithalf. Aber die Männerseelsorge im Ersten Weltkrieg brachte ihn zu der Überzeugung, daß die „weiche und feminine" Seelsorge der Vorkriegszeit durch eine „kräftigere Kost" zu ersetzen sei. Denkwürdigerweise war es der Ethnologe P. Wilhelm *Schmidt* SVD, der ihm bei einer Begegnung mitten im Rußland des Ersten Weltkrieges die Anregung zur volksliturgischen Arbeit, wie er sie selber später nennen sollte, gegeben hatte.

Parsch selbst begann, als er nach Klosterneuburg zurückgekehrt war, als erstes eine Bibelrunde, an der bald regelmäßig hundert Personen teilnahmen. Nach einem Jahr ging er zur Meßerklärung über, und dies wieder führte zu einem praktischen Versuch: Am Fest Christi Himmelfahrt 1922 hielt Parsch die erste sogenannte Chormesse oder „liturgische Messe". Ein Vorbeter trug in deutscher Sprache die Lesungen und Gebete der Messe vor, die Gemeinde sprach die wechselnden Gesänge, das Gloria, das Credo und sang das Kyrie, Sanktus und Agnus Dei nach einer einfachen Melodie in deutscher Sprache. Auch ein Opfergang war mit dieser Feier verbunden, und die Pax, der Friedenskuß, wurde durch Händereichen angedeutet. Von da an fand regelmäßig sonntags die Gemeinschaftsmesse in dem Kirchlein St. Gertrud in Klosterneuburg statt. Darüber hinaus hielt Parsch bald „liturgische Wochen" in zwanzig Kirchen Wiens. Zugleich begann er mit der Herausgabe von Sonntagsmeßtexten für das Volk. Heute, ein Menschenalter später, stellt es sich heraus, daß damit bereits ein erster Schritt zur Liturgiereform des Zweiten Vatikanums getan war.

Parsch betonte, daß seine Bestrebungen ein anderes Ziel verfolgten als die der Beuroner Benediktiner Ildefons *Herwegen* und Odo *Casel* und des Seckauer Abtes *Reetz,* die damals noch von einer „lateinischen Liturgie für Gebildete" und auch von einer neuen Sakralkunst träumten, welche die lateinische Variante zur ostkirchlichen Ikonenmalerei hätte werden sollen. Ihm kam es von allem Anfang an auf die aktive Teilnahme des ganzen, wie wir heute sagen würden, des Volkes Gottes an. „Die volksliturgische Bewegung hat viele Probleme zu lösen. Sie muß sich oft zumindest gegen die liturgischen Gewohnheiten stellen, was sie sogar in den Verruf des Ungehorsams und der Neuerungssucht bringt." Parsch konnte bereits an die im „Neuland" eingeführte „missa recitata" anknüpfen. Im Laufe der Jahre entwickelte er drei Typen der Messe mit aktiver Teilnahme des Volkes: die schon beschriebene Chormesse, die Bet-Singmesse mit mehr Gesang und das Volkschoralamt. Ein ausgedehntes volksliturgisches und biblisches Schrifttum unterstützte diese seine innerkirchliche Mission. Pius Parsch gehört unzweifelhaft zu den großen Anregern und frühen Verbreitern der Liturgischen Bewegung. Wenige Jahre vor seinem Tode erlebte er die Genugtuung, vor der großen Versammlung des ersten deutschen Liturgischen Kongresses in Frankfurt am Main (1950) die Summe seines Wollens und Wirkens zu ziehen. Er nannte als die Ziele, denen er seine ganze Lebenskraft gewidmet habe: „Dem einfachen Volke den Kult der Kirche nahebringen und ihm besonders die aktive Teilnahme an der Liturgie möglich machen“ und: „Die Bibel wieder in die Hand der Gläubigen legen“. Ein Drittes aber sei das Letzte und Höchste: „Die Rückkehr zu einem wahrhaft neutestamentlichen Bewußtsein in den Christen, die Rückkehr zum Kindes- und Freundesverhältnis zu Gott.“

In jenen Jahren begann auch der Theologieprofessor an der Universität Innsbruck, P. Josef Andreas *Jungmann* SJ, immer stärkeren Einfluß auf die wachsende liturgische Bewegung auszuüben. Bereits in seinem Buch „Die Frohbotschaft und unsere Glaubensverkündigung“ (1936) ging auch er auf die seelsorgliche Praxis ein. Die Veränderung im Kulturbild der Zeit, der Anbruch einer neuen Epoche zwängen ihn, wie er im Vorwort sagt, den Finger auf die Wunden in der Verkündigung und in der Seelsorgepraxis zu legen. Es ging ihm vor allem um ein frohes Glaubensbewußtsein der Christen, in dessen Mitte Christus selbst zu stehen habe. Das Buch erregte leidenschaftlichen Widerspruch, auch bei kirchlichen Autoritäten, fand aber auch große Zustimmung. In dem Aufsatz von 1941 „Was ist Liturgie?“ schlägt Jungmann das Thema an, das ihn noch jahrzehntelang beschäftigen sollte. Er antwortet: „Liturgie ist der Gottesdienst der Kirche, d. h. der Gottesdienst, den auch die letzte Zelle des kirchlichen Organismus, die Einzelgemeinde, hält.“ Schon damals ging es ihm darum, daß man Kirche nicht nur in ihrem hierarchischen Abschluß, sondern vor allem in der Gemeinschaft der Gläubigen zu erkennen habe. 1948 erschien dann das Hauptwerk Jungmanns „Missarum Sollemnia“, das alsbald in alle Weltsprachen übersetzt und wiederholt neu aufgelegt wurde. Diese „genetische“ Erklärung der „römischen“ Messe gab der Liturgischen Bewegung und der Kirche selbst eine Darstellung der Meßfeier im Lichte sowohl ihrer Geschichte, wie einer vorwärtsschauenden Theologie für die Seelen. Schließlich war es Jungmann noch vergönnt, in maßgebender Weise an der Liturgiereform des II. Vatikanums mitzuarbeiten, nicht zuletzt durch hervorragende Schüler. Beide, Parsch und Jungmann, wußten damit eine noch viel weitergehende, zunächst innerkirchliche Reform eingeleitet: die Erweckung der Laien zu ihrer legitimen Mündigkeit in Kirche und Welt.

Jungmann war auch zusammen mit seinen Mitbrüdern an der Theologischen Fakultät, Hugo und Karl *Rahner,* an der Ausfaltung der sogenannten „Kerygmatischen“ oder Verkündigungstheologie beteiligt. Sie wollten nicht nur theologisch forschen und schulmäßig theologisches Wissen vermitteln, sondern das der Kirche aufgetragene Werk der Glaubensverkündigung auf ihre Art mitvollbringen. Hier war ein deutliches Zeichen gesetzt, wie in der Konsequenz der Liturgischen und der Bibelbewegung spirituelle Impulse das gesamte Leben der Kirche durchdrangen.

V.

Der Wurzelgrund des „Brenner“ war von allem Anfang an ein religiöser, auch wenn in der ersten Phase die Literatur der Vorkriegszeit den Vordergrund besetzt hielt; denn mit dieser Zeitschrift hatte Ludwig von *Ficker* 1910 von Innsbruck aus einem Denker eine Tribüne schaffen wollen, der trotz seines offenbaren Mißverständnisses des Christlichen und erst recht der Kirche, sich auf das Laotse berufend, eine genuin-religiöse Weltsicht und Menschenbrüderlichkeit vertrat: Carl *Dallago.* Zu ihm gesellte sich 1912 ein zutiefst von *Dostojewsky, Hölderlin, Novalis* und *Rimbaud* inspirierter Dichter des Todes und der Auferstehung: Georg *Trakl.* Bereits 1914 gab Ficker zum ersten Male Theodor *Haecker,* dem Übersetzer und Interpreten *Kierkegaards,* das Wort und eröffnete damit die zweite, wenn man will, vorchristliche Phase des „Brenner". Die Auseinandersetzung mit Dallago, die bereits Haecker begonnen hatte, vertiefte sich noch, als bereits im ersten Heft des Wiederbeginns, Oktober 1919, mit Ferdinand *Ebner* jener „Bedenker des Wortes und der Liebe" aufschien, der aus der Perspektive einer christlichen Existenzphilosophie den „Brenner" und dessen Herausgeber noch schärfer mit der Erscheinung Christi und der Kirche selbst konfrontieren sollte. Bereits ab 1920 brachte der „Brenner" die von Haecker übersetzten philosophisch-theologischen „Essays" J. H. *Newmans.* Die dritte, gewissermaßen katholische Phase kündigte sich an in der Neunten Folge (1925) mit dem Abdruck einer Auswahl aus den „Hymnen an die Kirche" von Gertrud von *Le Fort* und in der Zehnten Folge mit der Erstveröffentlichung der unter dem Titel „Das Menschenherz" dichterisch gestalteten Traumvisionen Paula *Schliers.* Versuchen wir, uns die religiös-geistige Situation zu vergegenwärtigen, in die damals — nach dem Ersten Weltkrieg und nach der russischen Oktoberrevolution — der „Brenner" hineingesprochen hat. Dem literarischen „renouveau catholique" mit Charles *Péguy* und Léon *Bloy,* mit Paul *Claudel* und Georges *Bernanos* u. a. hatten sich katholische Autoren aus dem deutschen Sprachraum hinzugesellt: neben der schon erwähnten *Le Fort* Elisabeth *Langgässer,* Konrad *Weiß,* Reinhold *Schneider* u. a. Für den „Brenner" war immer schon die Dichtung auch Trägerin von Offenbarungsmacht gewesen. Nicht zuletzt darin bestand ja für ihn die von Ficker sehr früh erkannte Bedeutung Georg Trakls. Im Nachwort zu dem von ihm übertragenen Großgedicht Francis *Thompsons* „Der Jagdhund des Himmels" hatte dann Haecker einen ersten fundamentalen Beitrag zu einer christlich orientierten Poetologie geliefert. Diese literarische Vorhut einer innerkirchlichen Erneuerung, die sich dann im Zweiten Vatikanischen Konzil unmißverständlich theologisch artikulieren sollte, hat damals einerseits einer verhältnismäßig breiten Schicht von suchenden Intellektuellen auf ihre Weise die christliche Botschaft vermittelt, anderseits wurde dieselbe Dichtung für eine Reihe von Philosophen und Theologen ein Ansporn, die unveraltete Wahrheit neu zu durchdenken. Der „Brenner" war es auch, der in einem Augenblick, da das „Hochland", die „Stimmen der Zeit" und die „Schildgenossen" sich bereits mit Kritik gegenüber dem Nationalsozialismus zurückhielten, stellvertretend seine prophetische Stimme erhoben hat: Er brachte in seiner XIII. Folge (1932) jene zornige Klage Haeckers um das „Reich", das nur ein christliches, mehr, nur ein katholisches sein könne. In dieser sprachgewaltigen Beschwörung des nahenden Unheils wurde das Ende Preußens und die 1945 Tatsache gewordene Teilung Deutschlands vorausgesagt. Ähnlich hatte 1914 derselbe Haecker in seiner Satire „Der Krieg und die Führer des Geistes" der damaligen „deutschnationalen" Intelligenz den Prozeß gemacht. Kurz danach, in der XIV. Folge des „Brenner" (1933/34), wurde — wieder stellvertretend — in dem Aufsatz des Verfassers „Zur Situation der Kirche" die wachsende „Entterritorialisierung" der Kirche als geschichtsfällige Loslösung von allen nachreformatorischen politischen und soziologischen Gebundenheiten aufgezeigt und darüber hinaus die Säkularisierung der öffentlichen Ordnungen, der Kultur und des Bewußtseins der

Menschen als jenes Phänomen gedeutet, das den Ausbruch des „Dritten Reiches" ermöglicht habe und das zugleich das Wieder-heidnisch-Werden der Gesellschaft weitertreiben werde. Nicht mehr ein Kollektivum politisch gleichgesinnter Katholiken könne, wenn einmal der Staat nachchristlich-heidnisch geworden sei, die unverlierbaren Rechte der menschlichen Person verteidigen, sondern nur noch der christliche „einzelne". Die innere Seite aber der immer deutlicher hervortretenden Diasporaform der Kirche erfordere die volle Mündigerklärung der Laien. Mitten in Schuld und Verhängnis des Dritten Reiches meinte der Autor — im Gegensatz zu Haeckers Apokalyptik — so etwas wie einen geschichtsrichtigen eschatologischen Schub erkennen zu dürfen.

In diese Perspektive ist auch der schon in der Neunten Folge (1925) an Carl Dallago gerichtete denkwürdige Brief eines — ungenannten — Juden zu rücken, der, orientiert an Ferdinand Ebners christlichem Existenzverständnis und zugleich an dem Offenbarungscharakter des Alten Testaments festhaltend, in ergreifender Weise den heilsgeschichtlichen Aspekt der Judenfrage enthüllt hat; war doch der „Brenner" schon immer für nicht wenige religiös suchende Juden eine Übersetzungshilfe für die Botschaft ihres Jesu und seiner Kirche geworden. Einen Beweis dafür darf man auch in dem Brief erblicken, den Ficker 1937 in der Zeitschrift „Die Erfüllung", dem Organ des von Kardinal *Innitzer* geförderten Paulus-Werkes, veröffentlicht hat. Der Empfänger, der Herausgeber Johannes *Oesterreicher,* hat schon vor geraumer Zeit dem Verfasser versichert, daß seine eigene Bekehrung zum Christentum in seiner katholischen Gestalt und als Ausfluß dessen die Herausgabe der „Erfüllung" durch den „Brenner" und da wieder besonders durch Haecker beeinflußt worden sei. Bekanntlich war es derselbe Oesterreicher, der beim Zweiten Vatikanischen Konzil wesentlich an der Ausarbeitung der Erklärung über das Verhältnis der Kirche zu den Juden beteiligt war.

Den genuinsten denkerischen Beitrag verdankte der „Brenner" — er war weder eine wissenschaftliche noch eine pädagogische noch ein politische Zeitschrift, er ließ sich aber ebensowenig in eine literarische oder philosophische oder theologische Kategorie einreihen — dem schon erwähnten Ferdinand *Ebner.* Für diesen ist die Sprache ein nicht zu umgehender Hinweis darauf, daß der Mensch auf ein Du angelegt ist, auf das Du des Mitmenschen, und durch dieses auf das göttliche Du. Ebner hat mit seinen Fragmenten über „Das Wort und die geistigen Realitäten" und mit seinen übrigen „Brenner"-Aufsätzen — sie sind in den Folgen zwischen 1919 und 1932 erschienen — nachhaltigen Einfluß auf die protestantische Neoorthodoxie eines Karl *Heim,* Friedrich *Gogarten,* Emil *Brunner* und Eduard *Thurneysen* und damit indirekt auf die spätere Bekenntniskirche ausgeübt. Ebner hat aber auch, parallel und doch anders als der gleichzeitige Martin *Buber,* jene Linie deutscher Sprachphilosophie, die von *J. G. Hamann,* Wilhelm von *Humboldt,* Franz von *Baader* und Ludwig *Feuerbach* bis zu Max *Scheler* reicht, zu Ende gedacht. Ebner hat das Denken aus der Sprache, das sich im „Brenner" aus dem ständigen Dialog mit Karl Kraus und dessen „Fackel" entwickelt hatte, philosophisch unterfangen. Er war darüber hinaus — anders als neoscholastische Denker etwa vom Schlag Jacques *Maritains* — einer, der sich der Not des heutigen Menschen, nach der existentiell gedachten Wahrheit Ausschau halten zu müssen, angenommen hat. Ebners Werk reiht sich damit würdig neben die christliche Existenzphilosophie eines Gabriel *Marcel* und eines Maurice *Blondel.*

*

Damit sei dieser Versuch, den katholischen „Frühling", der sich ab 1918 in der Kirche Österreichs ereignet hat, nachzuzeichnen, vorläufig abgeschlossen. Wie nicht anders zu erwarten, stellt er eine Auswahl der Geisteserscheinungen jenes Geschichtsabschnittes dar. In dieser Zusammenschau sind Darstellung und Wertung miteinander vereinigt. Bedeutsame soziale und politische „Grenzgänger" wie August Maria *Knoll,* Alfred *Missong* und Ernst Karl *Winter,* missionarische Aktivitäten wie die der Hildegard *Burjan* und ihrer Caritas socialis und wissenschaftliche Leistungen wie des Ethnologen P. Wilhelm *Schmidt* SVD und der Mödlinger missiologischen Schule konnten nicht gewürdigt werden. Gar nicht zu reden von der Ausstrahlung dieses Geistesfrühlings in den Kirchenbau und in die sakrale Kunst hinein.

Jede Generation bringt eine Vision mit, kommt ohne das Wagnis eines Zukunftsentwurfes nicht aus. Jener der jungkatholischen Generation nach 1918 hieß: Erneuerung der Kirche, Wiedergewinnung der Arbeiterschaft und Wiedereinbringung Österreichs in ein föderalistisches und resakralisiertes „Reich". Spätestens 1934 hatten die beiden letzten Ziele keinen Rückhalt mehr in der Wirklichkeit. Die Kirche selber schwankte zwischen halbherziger Duldung einer christlich firmierenden Halbdiktatur und ängstlicher Abschirmung der katholischen Laienorganisationen durch Überdachung mit einer „Katholischen Aktion" nach italienischem Vorbild. Es mußte erst die nationalsozialistische Verfolgung der Kirche kommen — diese befand sich in der „Ostmark" bekanntlich von 1938 bis 1945 in einem „konkordatsfreien" Raum —, damit in einem von alten Vorurteilen und Befangenheiten gereinigten Geistesraum ein zweiter Schritt der kirchlichen Erneuerung gewagt werden konnte; denn wichtige Geistträger der Epoche seit 1945 wie Otto *Mauer,* Karl *Strobl,* Ferdinand *Klostermann,* aber auch ein so kirchentreuer Dissident wie Friedrich *Heer* hatten noch in der ersten Epoche der Kirchenerneuerung ihre Geisttaufe erhalten. So bescheiden, unvollständig und in mancher Hinsicht auch in die Irre laufend die Versuche einer innerkirchlichen Reform nach 1918 auch gewesen sein mögen, sie waren, aufs ganze gesehen, geschichtsrichtig; erweisen sich doch heute sowohl jene der ersten wie der zweiten Epoche als vorausgesetzt und zugleich eingeholt von der Kirchenreform, die auch in Österreich mit dem Zweiten Vatikanischen Konzil begonnen hat, auch wenn im Augenblick die ersten Anzeichen für einen zweiten religiösen Frühling nur zaghaft sich der Eisdecke einer allgegenwärtigen Säkularisierung entwinden.

Viktor Reimann

Ignaz Seipel und der politische Katholizismus der Zwischenkriegszeit

Das Bürgertum in der Ersten Republik hatte einen einzigen Politiker von hohem Format: Dr. Ignaz Seipel. An ihn reichte kein anderer im bürgerlichen Lager heran. Weil er aber so allein dastand, wirkte er um so größer. Das sozialdemokratische Lager hingegen besaß die besseren Köpfe, wenn man von Seipel absieht. Es hatte Bauer, Renner, Breitner, Danneberg, Glöckel, Hanusch, Adler, um nur die interessantesten zu nennen. Die Auseinandersetzungen zwischen Bauer und Renner allein sind selbst heute noch, wenn man sie nachliest, ein intellektueller Genuß, und es besteht kein Zweifel, daß Renner über klügere und überzeugendere Argumente gegen Bauers Revolutionsmythos verfügte als alle Politiker auf der bürgerlichen Seite, ausgenommen den einen, den Prälaten, dem die Sozialdemokraten die Milde absprachen und damit den Priester in ihm zutiefst verletzten. Seipel war unbestritten ein großer Politiker. Als Regierungschef ist ihm in der Ersten Republik keiner und in der bisherigen Geschichte der Zweiten Republik nur Bruno Kreisky ebenbürtig, doch Seipel war wieder nicht so groß, wie ihn Otto Bauer hinstellte, der ihm dämonische Eigenschaften zusprach. Aber die Sozialdemokraten und vor allem Bauer selbst brauchten den großen Gegner, um ihren Anhängern begreiflich zu machen, weshalb die Diktatur des Proletariats, deren Anbruch Otto Bauer ihnen immer wieder verkündete, so lange auf sich warten ließ. Schuld war dieser Prälat, „der einzige Staatsmann europäischen Formats, den die bürgerlichen Parteien der Republik hervorgebracht haben". Diesen Satz schrieb Bauer am 3. August 1932 in der „Arbeiterzeitung" als Nachruf auf Seipel. Es ist der berühmteste Nachruf und ragt aus den zahllosen anderen Nachrufen einsam heraus, weil Bauer seinem größten Gegner keine Eloge hält und dennoch eine Huldigung zuteil werden läßt, die Respekt und Bewunderung gleichermaßen bezeugt. Bauer drückt dies mit den Worten aus:

„Ein altes römisches Sprichwort mahnt, man solle von den Toten nur Gutes sagen. Man mag dieser Mahnung folgen, wenn von Privatleuten, wenn von den Durchschnittlichen und Mittelmäßigen die Rede ist. Wer aber die Spuren seines Wirkens so tief in die Geschichte seines Volkes und Staates eingegraben hat wie Dr. Ignaz Seipel, der hat auch im Tode Anspruch auf historische Würdigung und historische Kritik."

Bauer sieht Seipel als Mann der Kirche, deren Hierarchie und gewaltiger Herrschaftsorganisation zu dienen sich der Prälat zur Lebensaufgabe gemacht hat. Aus dieser Einstellung wurde ihm der Kampf gegen den Sozialismus zur eigentlichen Aufgabe, weil er den Sozialismus als den großen historischen Gegner seiner Kirche betrachtete. Er hielt es für die Aufgabe der Kirche, die bürgerliche Eigentumsordnung gegen den Sozialismus zu verteidigen, und sah in der Kirche vor allem die große konservative Macht, die den Ansturm der Revolution abzuwehren habe. Das führte zur Allianz der Kirche mit dem Kapitalismus.

„Der Inhalt von Seipels Leben", schreibt Bauer weiter, „war der Kampf gegen uns. Aber er hat diesen Kampf unzweifelhaft aus ehrlicher innerer Überzeugung geführt — er war von der Gerechtigkeit seiner Sache so überzeugt wie wir von der Gerechtigkeit der unseren. Er war persönlich ein reiner Mensch, und so hart er als Kämpfer im öffentlichen Leben war, so gütig konnte er im persönlichen Verkehr sein ... Er hat uns mit allen Mitteln und Waffen bekämpft und wir ihn auch. Daß er kein Mann des Kompromisses, sondern ein Mann war, der sich nur im rücksichtslosen Kampf wohlfühlte, mag insbesondere in den Jahren seit 1927 eine Quelle des Unglücks für das Land gewesen sein; aber wer selbst ein Kämpfer ist, der wird auch der echten Kämpfernatur im Lager des Gegners die menschliche Achtung nicht versagen ... An seiner Bahre können wir von ihm sagen: Er war ein Mann, nehmt alles nur in allem! Der Soldat verweigert dem gefallenen Feind die letzten militärischen Ehren nicht. So schicken auch wir dem großen Gegner drei Salven über die Bahre."

Mit diesen Worten ist zusammengefaßt, wie die sozialdemokratische Führung Seipel gesehen hat. Allerdings klingt das meiste verschönt. Ihren Anhängern stellten sie Seipel als unversöhnlichen Gegner dar, als Prälat ohne Milde, als fanatischen Verteidiger des Kapitalismus, als letzten und gefährlichsten Streiter gegen den Fortschritt, der notwendig und unaufhaltsam zur sozialistischen Gesellschaftsordnung führt.

Mit einem solchen Mann zu kämpfen, lohnte es sich für Bauer. Je gefährlicher, je dämonischer, je größer er ihn machte, desto größer wurde er selbst. Deshalb nennt Renner beide, Seipel und Bauer, „ein Unglück für Österreich", weil der verbissene Kampf beider zu immer größerer Radikalisierung der Lager führte, woran die Erste Republik nicht zuletzt zugrunde ging. Dabei war Bauer, schon als Oppositionspolitiker, der aggressivere, darüber hinaus ungerechter und von Haß erfüllt. Bauer hatte recht, als er in seinem Nachruf darauf hinwies, daß Seipel ein Mann der Kirche war. Aus dem Priestertum kam seine Kraft, in diesem wurzelte auch seine Tragik. Deswegen griffen ihn die Sozialdemokraten auch als Priester an, weil sie wußten, daß sie ihn damit am schmerzlichsten trafen. Es war ein Kampf unter der Gürtellinie, den sie führten, doch der so schwer Verwundete kämpfte einen Abwehrkampf, der die Sozialdemokraten ihres Tiefschlages nicht froh werden ließ. Der Unterschied zwischen Seipel und anderen großen Staatsmännern im Priestergewande, wie etwa Richelieu, besteht darin, daß diese das Priesterkleid nur als äußeres Gepränge trugen. Es vermehrte ihre Würde und Macht und verlieh ihnen auch eine gewisse Unabhängigkeit gegenüber ihren Herrschern. Doch das Priestergewand hinderte sie nicht als Politiker. Der Purpur belastete nicht ihr Gewissen.

Seipel jedoch ist Priester seiner Grundhaltung nach, in seiner Lebensweise sogar franziskanisch. Von seinem Gehalt, das 2700 Schilling betrug, gab er 2100 Schilling den Armen. Wenn er eine größere Privatreise unternahm, brachte die Parlamentsfraktion das Geld dafür auf. Was aber das Entscheidende war: Der Priester stand dem Politiker im Wege. „Ich habe", schrieb er in sein Tagebuch, „eine Priesterseele, so wenig ich es den größten Teil meines Priesterlebens bewußt beachte." Aber ebenso drang in seine Betrachtungen das politische Element ein. So schreibt er: „Sehr bezeichnend ist, daß dieser erste Versuch einer Neujahrsbetrachtung zu einer vorwiegend politischen Gewissenserforschung geführt hat. Es ließ sich das Politische ohne Gewalt und Unehrlichkeit gegen mich nicht zurückdrängen." Seiner Leidenschaft nach ist Seipel Politiker, seinem Gewissen nach Priester. Und dieser ständige Widerstreit zwischen Leidenschaft und Gewissen macht ihn zu einer tragischen Gestalt. Er versucht das Gewissen zu beruhigen mit besonderer Rubrikentreue. Obwohl er von allen kirchlichen Verpflichtungen dispensiert ist, kommt er ihnen, wann immer es möglich ist und oft bis zur körperlichen Erschöpfung, nach. Dennoch: Die Politik läßt ihn nicht los. Deshalb ist er von einer seltenen Unruhe. Er findet den priesterlichen Frieden nicht, weil ihn die Politik zur Tat und zum Spiel mit Menschen treibt. Sein Tagebuch ist voll von diesem Zwiespalt des Priesters und Politikers. Es ist eine Art schriftliche Beichte.

Der politische Katholizismus ist keine Erfindung Seipels, obwohl er durch ihn einen letzten Höhepunkt in unserem Lande erfuhr. Die katholische Kirche stellt, seit sie im Jahre 313 durch das Edikt von Mailand eine vom Staat anerkannte Religion wurde, eine ebenso weltliche wie geistige Macht dar, wobei die weltliche oft über die geistige triumphierte. Im Mittelalter wurde ein erbitterter Streit um die Vorherrschaft zwischen Staat und Kirche geführt, der bis in die Neuzeit reicht. Die staatliche Macht erwies sich letztlich als die stärkere. Der Liberalismus mit seiner Säkularisierung des Denkens brachte dann die endgültige Entscheidung. Die katholische Kirche geriet immer stärker in Abwehrstellung. In der österreichischen Monarchie konnte sie sich zwar auf das katholische Herrscherhaus stützen, doch huldigte man hier seit Joseph II. dem sogenannten Josephinismus, der die Kirche unter eine Art Kuratel stellte, obschon der Einfluß des hohen Klerus, der meist aus dem Adel kam, in der Politik nicht gering war. Durch das Konkordat von 1855 sollten die Rechte der Kirche, die vor allem auf dem Gebiet der Schule und der Ehe außerkirchliche Bereiche umfaßten, eine staatsrechtliche Fundierung erhalten. Dagegen liefen nicht ohne Erfolg die Liberalen ebenso Sturm wie die Nationalen, und der Antiklerikalismus war es, der beide Gruppen zusammenhielt, selbst dann noch, als sie längst schon ihren gemeinsamen Ursprung vergessen hatten.

Als dann die Religions- und Kirchenfeindlichkeit des Marxismus hinzukam, konnte sich die Kirche in Österreich nicht mehr auf den Thron allein verlassen, weil die Macht des Kaisers selbst eine ständige Schwächung erfuhr. Deshalb kam es zur Gründung der Christlichsozialen Partei, die nicht nur ein Gegengewicht zu den kirchenfeindlichen Tendenzen des Liberalismus und Nationalismus herstellte, sondern auch eine Antwort auf die sozialen Fragen der Zeit geben wollte. Dank geistig bedeutender Denker wie Freiherr von Vogelsang und Prälat Dr. Schindler besaßen die Christlichsozialen von Anfang an ein geistiges Fundament, das noch eine zusätzliche Untermauerung durch die 1891 erlassene päpstliche Sozialenzyklika Rerum novarum Leos XIII. erhielt. Politisch aber hatte die Partei insofern Glück, als sie den besten Volkstribunen und Propagandisten seiner Zeit, den späteren Wiener Bürgermeister Dr. Karl Lueger, zum Führer erhielt, der die Christlichsozialen zur ersten Massenpartei in der Geschichte Österreichs gestaltete.

Als die Monarchie zusammengebrochen war, kriselte es in der Partei, weil sich die einen mit der Republik abgefunden hatten, die anderen aber noch immer von einer Wiederauferstehung der Monarchie träumten. Es ist das Verdienst Seipels, daß er durch eine Artikelserie in der Reichspost, dem Zentralorgan der Christlichsozialen, seine Partei zur Anpassung an die Realität aufrief. Die Anpassung an die Realität, das war eine besondere Stärke Seipels, die er mit Karl Renner teilte, während sich Bauer ständig an den Realitäten rieb und gegen sie zu Felde zog. Wenn er selbst einer Realität gegenüberstand, versagte er fast immer.

Nach der Ausrufung der Republik begann sich die Christlichsoziale Partei noch enger an die Kirche anzuschließen, nicht nur, weil sie sich einen Priester zum Führer gewählt hatte, sondern auch deshalb, weil sie nach Luegers Tod organisatorisch mit den Sozialdemokraten nicht Schritt halten konnte. Das Gruppeninteresse war in ihren Reihen zu stark entwickelt, während sie bundesweit eher einem losen Haufen glich. Die einzige zentralistisch organisierte Macht bildete die Kirche. So kam es, daß den Kader der Christlichsozialen Partei die Pfarrer stellten, die ihre Schäfchen auf den rechten Pfad der Christlichsozialen führten. Die kirchlichen Vereine und der katholische CV sorgten für den politischen Nachwuchs und das Funktionärskorps der Christlichsozialen. Die katholische Kirche war somit das Sammelbecken für die christlichen Bürger und Bauern, die christlichen Angestellten und Arbeiter. Dadurch geriet die Kirche in das politische Schußfeld der Sozialdemokraten, und zwar in dreifacher Hinsicht. Die Sozialdemokraten hatten wegen ihrer Haltung am Beginn des Krieges ein schlechtes Gewissen. Damals stimmten sie dafür und unterschieden sich in ihrem Patriotismus kaum von den Bürgerlichen, die mit Hurra für Gott, Kaiser und Vaterland in ihr Verhängnis zogen. Auch Otto Bauer war stolz, sich als Offizier bewährt zu haben. Sobald aber die ersten Anzeichen auftauchten, daß dieser Krieg anders ausgehen könnte, als sich alle erhofft hatten, schwenkten die Sozialdemokraten um. Den Anfang machte Friedrich Adler, der Sohn des Parteivorsitzenden Victor Adler, als er den österreichischen Ministerpräsidenten Karl Graf Stürgkh am 21. Oktober 1916 erschoß. Nach dem Krieg aber erklärten die Sozialdemokraten den Kaiser, den Adel, die Militärs und die das Kaiserhaus unterstützende Kirche und nur nicht sich selbst für die Schuldigen des Krieges und übertrugen ihren früheren Haß auf die Monarchie nun auf die Kirche. Dazu kam, daß die Kirche die geistige und organisatorische Basis des politischen Gegners bildete, und dazu kam als stärkste Herausforderung ein Geistlicher, der ein Eiferer und darüber hinaus noch von staatsmännischem Format war. Das alles steigerte den Antiklerikalismus und die Kirchenfeindlichkeit ins Riesenhafte.

Auf der anderen Seite boten die Sozialdemokraten zahlreiche Blößen, in die der Gegner hineinstoßen konnte. Ihre geistige Grundlage bildete der Marxismus, der die Religion als Opium des Volkes wertet. Im Jenseitsglauben des Christentums sieht der Marxismus ein Ablenken vom Kampf für das irdische Paradies, das dem Kapitalismus abgerungen werden muß, zu dessen Verbündeten er die Kirche zählt. Nahezu die gesamte sozialdemokratische Führung war Mitglied des Freidenkerbundes, dessen Hauptaufgabe in der Demaskierung von Religion und Kirche lag.

Weil aber für die Austromarxisten die Kirche als der engste Verbündete des Kapitalismus galt, so war im Kampf gegen den Kapitalismus auch die Kirche miteinbezogen. Die Truppen des Schutzbundes, die durch Wiens Straßen marschierten, ängstigten nicht nur die Bürger, sondern auch den Klerus, der sich ausrechnen konnte, was geschehen würde, wenn die Austromarxisten zum Zuge kämen. Das Schicksal der Geistlichkeit in der Sowjetunion war ihm Warnung genug. Auch kannte er die Forderung der Sozialdemokraten, die sie immer wieder anmeldeten, der Kirche ihre Sonderstellung im politischen und gesellschaftlichen Leben zu nehmen und sie in den Status eines Vereins herabzudrücken.

Die Sozialdemokraten der Zwischenkriegszeit waren zwar nur verbale Revolutionäre, doch ihr Kampf gegen das Bürgertum bestand nicht nur im demokratischen Konkurrenzkampf um die Stimmenmehrheit, sondern die Sozialdemokraten mauerten sich vom Bürgertum ab. Von der Wiege bis zum Grabe ketteten sie ihre Anhängerschaft an sich, wobei sie in der katholischen Kirche ein Vorbild hatten. Mit dem Verbrennungstod, den sie propagierten, forderten sie die Kirche zum Widerstand heraus. Mit der Verbrennung, so verkündeten sie, zerfällt der Körper in Asche und kann deshalb am Jüngsten Tag nicht auferstehen, lautete der primitive Slogan, der seine Wirkung zumindest auf die eigenen Anhänger nicht verfehlte. Für alle Lebensbereiche gründeten die Sozialdemokraten eigene Sektionen und sorgten dafür, daß ihre Anhänger nicht in Berührung mit bürgerlichen Gruppierungen kamen. Nicht einmal das Fußballspielen mit bürgerlichen Klubs war erlaubt. Ihren Arbeitermassen aber bauten die Sozialdemokraten die Gemeindehäuser, unbestritten eine ihrer großartigsten Leistungen auf dem Gebiet des sozialen Wohnbaus, doch stellten diese Bauten auch Trutzburgen dar, in denen alles vorhanden war, was eine verschworene Gemeinschaft benötigt, selbst Waffen für den Tag X.

Noch etwas hinderte eine gedeihliche Zusammenarbeit der beiden Lager. Seit Victor Adler die Vereinigung der verschiedenen sozialistischen Gruppen am Parteitag von Hainfeld gelungen war, blieb die Arbeitereinheit oberstes Prinzip der sozialdemokratischen Führung. Das führte dazu, daß viel wilder und aggressiver geredet wurde, als es einer Demokratie zuträglich sein konnte, und war auch mit ein Grund, daß die Sozialdemokratische Partei seit 1920 auf die Mitwirkung in einer Regierung verzichtete.

Dieser Verzicht auf die Mitgestaltung des neuen Staates brachte die Sozialdemokratische Partei auch in eine Zwitterstellung zum Staat Österreich überhaupt. Die Sozialdemokraten der Ersten Republik wollten diesen Staat nicht. Sie forderten den Anschluß an Deutschland, verbissen sich in der Behauptung, daß Österreich lebensunfähig sei, und zürnten Seipel, weil er alles unternahm, um diesen von ihnen ungeliebten Staat am Leben zu erhalten.

Wenn der politische Katholizismus in der Zwischenkriegszeit einen Höhepunkt erreichte und von 1933 an in die Diktatur umschlug, dann hat der Austromarxismus keinen geringen Anteil daran.

Ehe ich aber auf Seipels Tätigkeit als Führer der Christlichsozialen und als Bundeskanzler eingehe, möchte ich sein Leben bis zu diesem Datum kurz skizzieren. Er wurde am 19. Juli 1876 geboren. Sein Vater war Fiaker, seine Mutter stammte aus armen bäuerlichen Verhältnissen. Sie starb an einer Lungenkrankheit, drei Jahre nach der Geburt ihres Sohnes. Der Bub wuchs somit ohne Mutterliebe heran, aber auch der Vater konnte sich seines Sohnes nicht annehmen, weil der Niedergang seiner Berufssparte damals voll einsetzte. Auch sein späterer Beruf als Portier am „Fürst-Theater" änderte nichts an der familiären Situation. Seipel, den die Sozialdemokraten zum Verteidiger des Großbürgertums und Kapitalismus stempelten, war armer Leute Kind, was auch bei Karl Lueger zutrifft, während der Gründer und Führer der Sozialdemokraten, Victor Adler, und der geistige Führer in der Ersten Republik, Otto Bauer, aus dem Großbürgertum stammen.

Nach der Matura trat Seipel in das Priesterseminar ein und schloß sein Studium der Theologie mit dem Doktorat ab. Sein Lehrer in Moraltheologie, die Seipel als Fachgebiet wählte, war Prälat Franz Martin Schindler, neben Carl Vogelsang der geistige Begründer der christlichsozialen Bewegung. Schindler dürfte als erster Moraltheologe Volkswirtschaftslehre und Soziologie in sein Fach miteinbezogen haben und öffnete dadurch der Moraltheologie, die bis dahin eine Art Beichtstuhldasein führte, den Bereich des staats- und gesellschaftspolitischen Lebens.

Nach wenigen Jahren Seelsorge reichte Seipel seine Habilitationsschrift „Die wirtschaftsethischen Lehren der Kirchenväter“ ein. Diese Schrift erwähnt auch Otto Bauer in seinem Nachruf und findet sie typisch für Seipels persönliche Einstellung.

„Das ganze Buch“, schreibt er, „ist von der unverkennbaren Tendenz erfüllt, die Kirchenväter zu verbürgerlichen und einen dicken Strich zwischen sie und den Sozialismus zu ziehen.“

Nun hat Seipel zweifellos mit außerordentlichem Fleiß die verschiedenen Aussagen der Kirchenväter gesammelt und keineswegs deren oft radikale Erklärungen auf sozialem Gebiet verschwiegen. Ihm lag daran zu beweisen, daß die Kirchenväter keinen kommunistischen Vorstellungen huldigten. Ganz ist ihm dieser Beweis allerdings nicht gelungen. Das Ideal der Kirchenväter ist nun einmal die kommunistische Urgemeinde der Apostelgeschichte, worauf zumindest etliche Aussprüche hindeuten. Beispielsweise erklärt der hl. Ambrosius: „Die Natur bringt alles zum gemeinsamen Gebrauch hervor. Die Natur selbst erzeugte also das Gemeineigentumsrecht, das Privateigentum wurde durch Usurpation eingeführt. Dadurch wurde die Habsucht in weiterer Folge schuld an aller Not unter den Menschen.“ Ähnlich äußern sich auch andere Kirchenväter, wie etwa Augustinus und Chrysostomus.

Im Alter von 32 Jahren wird Seipel Professor für Moraltheologie an der Universität Salzburg. Er schreibt hier für katholische Zeitschriften und Zeitungen und leitet den Salzburger Zweigverein der „Leo-Gesellschaft“. Der spätere Politiker beginnt sich in diesen vielen Artikeln bereits zu profilieren, obschon begreiflicherweise noch nicht so ausgeprägt und einseitig wie der spätere Bundeskanzler und Parteiführer.

Das bedeutendste Werk, das Seipel in seiner Salzburger Zeit und in seinem Leben überhaupt geschrieben hat, ist „Nation und Staat“. Es löste zwar kein großes Echo aus, brachte kaum neue Erkenntnisse und ist auch kein stilistisches Meisterwerk, doch seine Besonderheit liegt in der Person des Verfassers und im Zeitpunkt, in dem es erschien. Otto Bauer hatte sein Buch über die Nationalitätenfrage zehn Jahre früher geschrieben, und seine Erkenntnisse sind im Hinblick auf die zukünftige Entwicklung wesentlich zutreffender als die Seipels. Dennoch gebührt dessen Buch insofern der Vorzug, als er die Katastrophe prophezeite, die durch die Verwirklichung der reinen Nationalstaatsidee eintreten mußte. Bauer sah den überall aufkommenden Drang zum Nationalstaat schon 1907 als etwas Unaufhaltsames an und sollte damit recht behalten. Seipel aber hoffte noch 1916, daß es innerhalb der Monarchie nicht zur Bildung von Nationalstaaten kommen werde. Aber auch er hoffte nur und ahnte das kommende Unglück.

Für Seipel ist die Nation eine Schicksalsgemeinschaft, die aus der Vielheit von Menschen eine Kultur- und Sprachgemeinschaft formt. Er lehnt den übersteigerten Nationalismus ab. Dem Nationalstaat haften nach Seipels Meinung zwei große Nachteile an. Er bedeutet entweder eine strenge Abgrenzung gegen die anderen, was ein Gefühl des Hasses erzeugt, oder aber es drängt ihn, sei es aus Sicherheits-, sei es aus Eroberungsgründen, sein Gebiet abzurunden und sich andere Volksstämme einzuverleiben, die er, um nicht seinen eigenen Charakter als Nationalstaat einzubüßen, einer Politik der Entnationalisierung unterwirft. Tatsächlich gab es nach dem Ersten Weltkrieg trotz des versprochenen Selbstbestimmungsrechtes der Völker 40 Minderheitengruppen, die zu einem nicht geringen Teil stärksten Pressionen ausgesetzt waren.

Die beiden anderen, der Nation ebenbürtigen Gemeinschaftsideale sind für Seipel der Staat und die Kirche. Jede dieser drei Gemeinschaften — Nation, Staat, Kirche — ist in ihrer Art die höchste und den beiden anderen gleichgestellt. Die Kirche herrscht im Bereich des Sittlich-Religiösen, die Nation im kulturellen, der Staat im politischen Bereich. Jeder Staat hat im Weltplan Gottes eine bestimmte Aufgabe, ein Gedanke, der sich kaum aufrechterhalten läßt. Am 24. Juli 1918 richtete der Kapitelvikar der Salzburger Erzdiözese an Seipel die Anfrage, ob er bereit wäre, eine mögliche Wahl zum Erzbischof anzunehmen, weil der bisherige Erzbischof Johannes Katschtaler gestorben war. Vier Tage später antwortet Seipel, er zweifle nicht daran, „daß die Neuwahl auf den hochwürdigsten Herrn Weihbischof, mit dem ich mich ja weder an Tugend noch an Kenntnissen, Erfahrungen und Verdiensten auch nur im Geringsten messen kann, fallen werde. Sollte sie aber trotzdem auf mich fallen, so müßte sie in Anbetracht, daß fast alle Voraussetzungen für ihre Wahrscheinlichkeit fehlen, für mich als eine Art Wunder erscheinen, durch das mir Gott auch ganz ungewöhnliche Aufgaben in einer besonders schwierigen Zeit auferlegen wolle“.

Daß diese ungewöhnlichen Aufgaben politischer Natur sind, geht aus einer späteren Eintragung im Tagebuch hervor. Tatsächlich wurde der bisherige Salzburger Weihbischof Dr. Rieder zum Fürsterzbischof gewählt. 1925 trat man nochmals an Seipel mit der Frage heran, ob er die Wahl zum Bischof von Seckau anzunehmen bereit wäre, doch diesmal winkte Seipel ab, war er doch als Bundeskanzler bereits zu europäischem Ruhm gelangt. In dieser Zeit wäre für ihn nur noch der Erzbischofstuhl von Wien in Frage gekommen, doch der war besetzt. Wie zum Trost übermittelte ihm der Wiener Nuntius, der den kranken Prälaten vier Tage vor seinem Tod besuchte, den Segen und die Botschaft des Papstes, daß er ihn als Nachfolger für den verstorbenen Wiener Erzbischof, Kardinal Gustav Piffl, ausersehen habe. Aus Pietät wartete Pius XI. nach Seipels Tod noch einige Wochen, ehe er Innitzer zum Erzbischof ernannte.

Sicherlich wäre Seipel ein großer Bischof, wenn auch ein politischer Bischof geworden. Ob auch ein guter Seelsorger, läßt sich schwer beantworten. Ich finde den Hinweis in seinem Tagebuch vom 8. Oktober 1927, also nach den schlimmen Juli-Ereignissen dieses Jahres, für Seipels ambivalente Haltung in Sachen Priester und Politiker kennzeichnend:

„Ich habe eigentlich mein ganzes Leben lang noch nie ernstlich nachgedacht, ein Heiliger zu werden. Welche Ursachen? Angeblich die Bescheidenheit und Scheu vor Vermessenheit, die Erkenntnis meiner Schwäche. In Wahrheit eine ganz falsche oberflächliche Vorstellung vom Wesen der Heiligkeit. Und Bequemlichkeit, Trägheit, Willensschwäche. Wäre es nicht an der Zeit, mich gänzlich umzustellen?“ Fazit: Er konnte sich nicht mehr umstellen.

Mit der nicht zustandegekommenen Wahl zum Salzburger Erzbischof war die Bahn frei für den Politiker Seipel. Schon in seinem Buch „Nation und Staat“ kam der starke Friedenswille des Autors zum Ausdruck. Nicht zufällig erschien in der „Arbeiterzeitung“ eine für den Autor schmeichelhafte Besprechung, während die „Reichspost“, das Zentralorgan der Christlichsozialen, vom Buch keine Notiz nahm.

Seipel befreundete sich mit dem Völkerrechtler Heinrich Lammasch, und beide bildeten mit Professor Josef Redlich und dem Industriellen Julius Meinl eine Runde, in der darüber diskutiert wurde, wie die Monarchie zu einem erträglichen Frieden kommen könnte. Es gab jedoch kein Rezept mehr, auch durch einen Sonderfrieden nicht, weil den Tschechen und Jugoslawen bereits versprochen worden war, eigene Nationalstaaten zu gründen. Deshalb konnte auch das Kabinett Lammasch, dem Seipel als Minister für soziale Verwaltung angehörte und das Kaiser Karl Ende Oktober 1918 einsetzte, keine Funktion mehr ausüben. Es war mindestens um zwei Jahre zu spät berufen worden.

Seipel fand sich verhältnismäßig schnell mit der neuen Lage ab, was ihm etliche Christlichsoziale und Adelige übelnahmen, doch es gehörte zu den bereits erwähnten Eigenschaften des Politikers Seipel, sich mit Gegebenheiten abzufinden und nicht in der Trauer um Vergangenes zu verharren. Im Februar 1919 wurde Seipel zum Abgeordneten gewählt, eineinhalb Jahre später kürten ihn die Christlichsozialen zum Obmann ihrer Parlamentsfraktion und im Juni 1921 zum Parteiobmann. Wahrlich eine politische Traumkarriere. Dem Historiker fällt es nicht leicht abzugrenzen, wieviel eigene Initiative, wieviel die Situation von Partei und Staat und wieviel Glück, das auch der Tüchtigste haben muß, dabei mitspielen mochten. Sicherlich ragte Seipel aus dem Kreis der Christlichsozialen heraus. Sein Priestertum und seine Selbstbeherrschung schufen eine Art Geheimnis um ihn, sein römischer Cäsarenschädel hatte etwas Imponierendes. Schon auf der Universität wurde es mäuschenstill, wenn Seipel den Vorlesungssaal betrat. Und selbst im Parlament trat sofort höchste Spannung ein, wenn er ans Rednerpult trat. Und es beeindruckte nicht so sehr seine Rednergabe, die er nur in geringem Ausmaß besaß, als seine Persönlichkeit.

Obwohl sich die Sozialdemokraten nach der verlorenen Wahl vom 17. Oktober 1920 selbst, und zwar gegen den Rat von Renner, für die Opposition entschieden hatten, trug zum Bruch der beiden Großparteien auch Seipel das Seine bei. Da war zunächst seine etwas zweideutige Haltung in der Sozialisierungskommission, deren Präsidenten Otto Bauer und deren Vizepräsidenten Seipel stellten. Später erklärte er, seine Aufgabe habe darin bestanden, den Präsidenten Bauer zu überwachen und eine Verzögerungstaktik einzuschlagen. Das mag sich so verhalten. Damals allerdings machten seine Darlegungen in der „Reichspost“ vom 10. April 1919 nicht diesen Eindruck. Hier heißt es nämlich: „Auch wir sind für die Sozialisierung, aber nur dort, wo dadurch unsere Wirtschaft verbessert wird, wo die Wirtschaft durch die Sozialisierung geschädigt würde, darf nicht sozialisiert werden.“ Seipel nannte drei Möglichkeiten der Sozialisierung: die Enteignung, die Gewinnbeteiligung und die Gebarenskontrolle, und zeigte sich nicht abgeneigt, alle drei Formen auch in der Praxis anzuwenden. Das geschah in der Zeit der sozialdemokratischen Vorherrschaft in der Regierung. Seipelsche Anpassung bewirkte damals, daß die Sozialdemokraten auf jede Art von radikalen Sozialisierungsmaßnahmen verzichteten. Als sie aber in die Opposition gingen, hörte die Frage der Sozialisierung auf, für Seipel ein Problem zu sein. Nun sah er allein in der Kommerzialisierung der Betriebe das Heilmittel. Den Sozialdemokraten warf er nun vor, ihr wahres Ziel sei die Sowjetisierung, das heißt die Überführung aller Wirtschaftsbetriebe in irgendeine Form des Gemeineigentums.

Als Führer der nun stärksten Partei ging Seipel nach dem Bruch mit den

Sozialdemokraten daran, sich um einen ausländischen Kredit zu bemühen. Die größte Gefahr, den Kredit nicht zu erhalten, sah er in der Anschlußpropaganda vor allem im Süden und Westen Österreichs, wo ein fast hundertprozentiges Votum für den Anschluß erzielt worden war. Deshalb setzte er seine ganze Autorität ein, um seine Partei von dieser Anschlußpropaganda fernzuhalten. Das war zweifellos eine politische Meisterleistung, wenn man bedenkt, welche Stimmung in den Bundesländern Tirol, Salzburg und der Steiermark unter der Bevölkerung herrschte. Dann einigte er sich mit den Großdeutschen auf eine Regierung aus Fachleuten mit dem Wiener Polizeipräsidenten Dr. Schober als Bundeskanzler. Dieser schloß mit der Tschechoslowakei den Vertrag von Lana (einem Schloß in der Nähe von Prag), der Österreich 500 Millionen Tschechen-Kronen brachte, wofür Schober allerdings der Tschechoslowakei eine Gebiets- und Neutralitätszusicherung geben mußte. Das erzürnte die Großdeutschen, weil sie den Vertrag als einen Verrat an den Sudetendeutschen betrachteten. Doch Seipel hielt sie noch bei der Stange, ehe er selbst die Zügel ergriff. Das geschah, als Schober vom englischen Kontrollor Young, der die Verwendung der englischen Kredite an Österreich überwachte, zwei Briefe erhielt, in denen der Bundeskanzler als Stabilitätsfaktor gelobt wurde. Das aber paßte nicht in Seipels Konzept, weil er selbst als der große Retter aufscheinen mochte. Schon vorher war er mit den Großdeutschen handelseins geworden, eine Koalition zu bilden. Der Sturz Schobers machte wenig Mühe, und Seipel übernahm am 31. Mai 1922 das Kanzleramt. Die Vorgangsweise, die für Schober ein wenig demütigend war, wurde Seipel durch die Sozialdemokraten erleichtert, deren Zentralorgan am 25. Mai geschrieben hatte:

„Die Bürgerlichen möchten zweierlei: Erstens regieren, und zweitens jeder wirksamen Verantwortung ledig sein. Das erkennt man am einprägsamsten an dem Oberdrahtzieher, an dem Herrn Seipel, der den Anspruch erhebt, daß sein Kommando das Staatsgrundgesetz werde, der die Minister als seine jungen Leute betrachtet, die vor allem nach seiner Wohlmeinung zu fragen, seine Aufträge zu exekutieren haben, der aber die natürliche Folgerung aus seiner angemaßten Allmacht nicht ziehen will, der eben herrschen möchte und nicht verantworten mag.“

Nach diesen Äußerungen seiner Gegner konnte Seipel in seiner Antrittsrede mit Recht sagen, „daß noch selten nach einer Regierung so lange und so laut gerufen worden ist“.

Wie Seipel die Genfer Anleihe politisch vorbereitete, war unbestreitbar ein taktisches Meisterwerk. Es würde hier den Rahmen des Vortrages sprengen, darauf näher einzugehen. Nur soviel sei gesagt: Der Schweizer Franken stieg vom Juni bis August 1922 von 3141 auf 12.218 Kronen, also um fast das Vierfache. Der Banknotenumlauf betrug im Juni 344,8 Milliarden, im August bereits 883 Milliarden. Die Lebenshaltungskosten wuchsen von Mitte Juni bis Mitte August um 124%. Die Wirtschaft schien am Ende, der Staat bankrott zu sein.

Nur wer sich diese Situation vor Augen hält, der kann Seipels Leistung ermessen, die um so schwieriger war, als es die Siegermächte für verlorene Mühe ansahen, in das Pleite-Österreich noch Geld hineinzustecken. Gerüchte über Aufteilungspläne waren im Umlauf. Nach der Kreditgewährung konnte nicht nur die Währung saniert werden, sondern es begann auch sachte der Glaube in Österreich zu erwachen, daß das Land doch lebensfähig sein könnte. Das Ausland aber hatte wieder Interesse an dem schon aufgegebenen Staat gewonnen. Seipel wurde als Retter des Landes gefeiert.

Allerdings hatte der Genfer Vertrag zwei Nachteile: Österreich mußte einen Generalkommissär des Völkerbundes, von den Sozialdemokraten „Vogt des Völkerbundes" genannt, akzeptieren, der die Verpflichtungen auf wirtschaftlichem und finanziellem Gebiet zu überwachen hatte. Politisch aber verpflichtete sich Österreich, für die nächsten 20 Jahre seine Unabhängigkeit nicht aufzugeben.

Otto Bauer nannte den Vertrag einen Verrat am Vaterland, und zwar aus drei Gründen. Durch die Einsetzung eines Generalkommissärs sei die Entscheidungsfreiheit von Regierung und Parlament schwerstens eingeschränkt worden. Durch den Genfer Vertrag habe sich Österreich restlos dem ausländischen Kapital ausgeliefert. Mit dem Anschlußverbot für die nächsten 20 Jahre aber habe Österreich eine Verpflichtung übernommen, die über den Friedensvertrag von St. Germain hinausgehe, da dieser einen Anschluß vorsehe, wenn ihm alle Mächte des Völkerbundes zustimmen sollten. Seipel habe deshalb nicht nur das österreichische Vaterland verraten, sondern auch das deutsche Volk.

Diese Vorwürfe waren ungerecht. Es ging um die Rettung des Staates vor dem Sturz ins Chaos. Auch die Sozialdemokraten hatten keine wirkliche Alternative. Ihren Vorschlag einer Eisenbartkur hätte die Bevölkerung nicht durchgestanden. Bauers Anregung, die Krone mit der Mark zu vereinen, wäre eine Katastrophe geworden, weil das Währungssystem in Deutschland 1923 nach der Ruhrbesetzung zusammenbrach. Mit dem Genfer Sanierungswerk erreichte Seipel, daß sich das Leben in Österreich halbwegs normalisieren konnte. Er erreichte aber auch, daß sein Name in den Annalen des Völkerbundes großgeschrieben wurde. Seipels spätere Wahl zum Vizepräsidenten des Völkerbundes bewies, welch internationales Ansehen er errungen hatte.

Aber auch im Inland wuchs das Ansehen des Priesterkanzlers. Zwar verfehlte er bei den Wahlen im Oktober 1923 die absolute Mehrheit um ein Mandat, doch konnte er souverän regieren, weil auch seine Verbündeten, die Großdeutschen, Seipels Autorität widerstandslos anerkannten. Diejenigen, die gegen ihn kämpften, die Sozialdemokraten, stießen nicht nur bei Seipel auf Granit, sondern mußten hoffnungslos zusehen, wie Seipel das bürgerliche Lager immer mehr zusammenschweißte und der politische Katholizismus an innerer Kraft und äußerer Macht zunahm. Das mag den Ausschlag gegeben haben, daß der linke Flügel der Sozialdemokratie immer aggressiver gegen Seipel vorging. Ein Beispiel möge genügen. Die „Technische Union", ein Blatt der Gewerkschaft, schrieb am 11. November 1922: „Was ist besser, ein Ende mit Schrecken oder eine Zukunft, in der wir und unsere Familien dem Zusammenbruch preisgegeben sind. Solche Leute, die solches ersinnen, müssen als gemeingefährlich entfernt werden, und wenn es nicht anders geht, auch mit Gewalt. Es werden sich gewiß unter den öffentlichen Angestellten noch Männer finden, die unter Opferung ihres Lebens die Familien der öffentlichen Angestellten durch die Entfernung solcher Volksverräter beschützen."

Das war ein Aufruf zum Mord.

Und die sozialdemokratische Jugend sang ein Lied, dessen Refrain mit den Worten endete: „Auf jede Gaslatern, auf jede Gaslatern, da hängt man jetzt hinauf an Herrn, ja, ja, so an Herrn, auf jede Gaslatern. Der erste von den Herrn, das wird der Seipel sein, ja, ja, der Seipel sein, der erste von den Herrn."

Bei den Aufmärschen wurden Galgen mitgeführt, an denen eine Puppe hing, die einen Priester darstellte, und jedermann wußte, daß hier die Priesterpuppe stellvertretend für Seipel baumelte. So kam, was kommen mußte. Am 1. Juni 1924 schoß der Arbeitslose Karl Jaworek auf den Kanzler. Die Kugel drang in die Lunge und blieb dort stecken.

Das Attentat schreckte auch die Sozialdemokraten auf. Die „Arbeiterzeitung" schrieb einen Tag danach: „Der politische Mord mag eine sittliche Rechtfertigung finden als allerletzte Waffe einer entrechteten, mißhandelten Klasse. Aber in der Demokratie, die allen Klassen des Volkes die volle Freiheit bietet, für ihre Interessen, für ihre Ideale zu kämpfen, gibt es keine Rechtfertigung für den politischen Mord."

Nachdem Seipel im November 1924 demissioniert hatte, gab es ein kaum zweijähriges Zwischenspiel, in dem Ländervertreter regierten, weil sich die Länder geweigert hatten, auch ihrerseits Opfer für den Staat zu bringen. Sie wirtschafteten jedoch nicht nur finanziell, sondern auch moralisch derart ab, daß die Rückkehr Seipels von den Koalitionsparteien richtig begrüßt wurde. In der Regierungszeit vom Oktober 1926 bis zum Mai 1929 ereignete sich innenpolitisch die erste große Katastrophe in der Ersten Republik. Am Ausbruch der Katastrophe war die Regierung unschuldig. Am 14. Juli 1927 sprach ein Geschworenengericht jene drei Angeklagten frei, die am 3. Januar desselben Jahres aus einem Gasthof im burgenländischen Schattendorf auf vorübermarschierende Schutzbündler geschossen hatten. Dabei fanden ein 40jähriger Kriegsinvalide und ein 8jähriger Knabe, der dem Vorbeimarsch zugesehen hatte, den Tod. Das Urteil setzte die sozialdemokratische Parteileitung in Verlegenheit. Sie konnte nicht gut gegen das Urteil eines Geschworenengerichtes demonstrieren, weil sie für diese Form der Gerichte lange Zeit hindurch gekämpft hatte. Sie glaubte sich deshalb mit einem scharfen Artikel in der „Arbeiterzeitung" begnügen zu können.

Doch gerade dieser Leitartikel des Chefredakteurs Austerlitz setzte die Lawine in Bewegung. Ein unorganisierter Demonstrationszug, der von allen Seiten Verstärkung erhielt, zog in die Innenstadt, und radikale Teilnehmer setzten den Justizpalast in Brand, hinderten die Feuerwehr, den Brand zu löschen, leisteten der Polizei Widerstand und zerstreuten sich erst, als diese zu schießen begann. Das düstere Ergebnis: mehr als 100 Tote.

Für die sozialdemokratische Führung bedeutete dieses Ereignis ein furchtbares Erwachen. Sie mußte erkennen, daß sie die Massen nicht in der Hand hat, daß sich die Staatsgewalt auf die Sicherheitsorgane verlassen kann. Gegen zwei Männer richtete sich nun ihr Haß. Gegen Polizeipräsident Schober, der den Schießbefehl erlassen hatte, und gegen Seipel, dem sie eine moralische Verantwortung zuschoben. Nun war Seipel während der Kämpfe im Hintergrund geblieben und überließ die Verantwortung dem zuständigen Innenminister, der sie an Schober weitergab. Für Seipel schienen sich zwei Vorteile abzuzeichnen. Er hatte reine Hände behalten und konnte trotzdem als starker Mann gelten, unter dessen Regierung revolutionierende Arbeiter zur Räson gebracht worden waren. Er blieb deshalb unnachgiebig, als ihn die sozialdemokratische Führung durch einen General- und einen Verkehrsstreik unter Druck zu setzen versuchte.

Seipel stand nun vor der Entscheidung, wie er sich verhalten sollte. Der Priester in ihm hätte ihm sagen müssen, jetzt wäre eigentlich die Zeit gekommen, als Sieger den gedemütigten Sozialdemokraten die Hand zum Frieden zu reichen. Doch der Priester wurde wieder einmal vom Politiker verdrängt. Schon am 17. Juli hatte Seipel in seiner Kundmachung über die Ereignisse den Ausspruch „Säuberung“ verwendet, worüber sich die „Arbeiterzeitung“ mit Recht empörte und schrieb: „Salven in Menschen hinein, nennt der gute Christ ‚Säuberung‘.“ Doch die wirkliche Empörung mit weitreichenden Folgen verursachte Seipels Ausspruch in der Parlamentssitzung vom 26. Juli:

„Verlangen Sie nichts vom Parlament und von der Regierung, das den Opfern und den Schuldigen in den Unglückstagen gegenüber milde erscheint, aber grausam wäre gegenüber der verwundeten Republik. Verlangen Sie nichts, was ausschauen könnte wie ein Freibrief für solche, die sich empören. Verlangen Sie nichts, das Demonstranten und denen, die sich ihnen anschließen, um zu plündern und Häuser in Brand zu stecken, den Mut machen könnte, ein anderes Mal wieder so etwas zu tun, weil ihnen ohnehin nicht viel geschehen kann. Es liegt uns nichts ferner, als hart sein zu wollen, aber fest wollen wir sein. Fest sein, heißt ebensowenig hart sein, als milde sein, schwach sein heißt. Aber es muß für beides Tag und Stunde richtig gewählt sein.“

Diese Worte waren nach all den traurigen Ereignissen zweifellos sehr hart, doch zeugen sie auch vom starken Willen, die Staatsmacht nicht zum Spielzeug ungezügelter Empörer machen zu lassen. Demonstranten, die Gewalt anwenden und unterliegen, haben sich einfach zu viel zugemutet und müssen dann auch die Folgen tragen. Das eigentlich Schlimme an diesen Worten war, daß sie ein Priester gesprochen hatte, und damit etwas heraufbeschwor, das Seipel nie wünschen konnte. Der Kampf der Sozialdemokraten richtete sich nun nicht gegen das Bürgertum, sondern gegen die Kirche, die nun in etwas hineingezogen wurde, an dem sie überhaupt keinen Anteil hatte. Es erweckt deshalb den Anschein, als ob die Sozialdemokraten den Kirchenkampf führten, um Seipels Stellung vor allem im Klerus zu untergraben. Die Worte Seipels im Parlament, die aus einer an sich maßvollen Rede herausgerissen wurden, hätten eine solche Reaktion in normalen Verhältnissen nicht hervorrufen dürfen. Doch es galt, den bedeutendsten Mann auf der bürgerlichen Seite zu diffamieren und den „Prälaten ohne Milde“ als modernen Großinquisitor an den Pranger zu stellen.

Die Austrittsbewegung aus der katholischen Kirche wurde mit mehr als fragwürdigen Mitteln geführt, die manchmal den von den Nationalsozialisten im ersten Jahr des Anschlusses angewendeten Mitteln nicht nachstanden. Dabei schreckte man auch vor Lügen nicht zurück und tat so, als ob Seipel den Schießbefehl gegeben hätte. Die Gesamtzahl der Austritte betrug an die 30.000.

Daß Seipel darunter seelisch litt, das bezeugen Eintragungen in seine Tagebücher. Aber er war nicht der Mann, der kapitulierte. Er versuchte durch zwei Maßnahmen, den Sozialdemokraten das Leben immer schwerer zu machen. Die eine Maßnahme betraf die Unterstützung der Heimwehr als bewaffnete Gegenmacht zum Schutzbund, die zweite Maßnahme war seine Propaganda für eine Verfassungsänderung, derzufolge der Bundespräsident vom Volk gewählt und mit großen Vollmachten ausgestattet werden sollte. Am 3. April 1929 demissionierte die Regierung Seipel. Als Grund wurde die Mietenreform angegeben, in der die Regierung auf Grund der sozialdemokratischen Opposition in eine Sackgasse geraten war. Da aber Seipels Nachfolger, Ernst Streeruwitz, einen Kompromiß in der Mietenfrage mit den Sozialdemokraten erreichte, waren für Seipels Demission wohl andere Gründe entscheidend. Die Kirchenaustritte hatten ihn doch tiefer bewegt, als er zugeben wollte. Auch mußte er einsehen, daß er mit den Sozialdemokraten kaum mehr zu einem erfolgreichen Gespräch kommen konnte. Seine Partei hatte er gleichfalls nicht mehr so in der Hand wie früher. Sie rebellierte zwar nicht, aber sie erstarrte auch nicht mehr vor Bewunderung. Bis zu einem gewissen Grad hatten die Sozialdemokraten ihr Ziel erreicht. Seipels Kraft war geschwächt, sein Einfluß in der Partei zurückgegangen.

Die Aktionen, die er nun noch unternahm, mißlangen oder brachten ihm nichts ein. Die Heimwehren, die er mit Geldern der Industrie aufgepäppelt hatte, erwiesen sich als unzuverlässige Partner und ließen sich nicht mehr von Seipel am Gängelband führen. Sie hatten noch andere Führer, die sie mit Geld versorgten und die ihnen besser lagen als der Priester. Sie hörten mehr auf Mussolini als auf Seipel.

Die Verfassungsänderung, die Schober als Bundeskanzler mit dem sozialistischen Zentralsekretär Robert Danneberg ausgehandelt hatte, war nicht im entferntesten das, was Seipel erreichen wollte. Seinem Vertrauten, Vizekanzler und Heeresminister Vaugoin, gelang es zwar, Schober zu stürzen, doch Seipel wurde nicht mehr dessen Nachfolger. Die Hoffnung, gemeinsam mit den Heimwehren die absolute Mehrheit bei den Wahlen von 1930 zu gewinnen, wurde bitter enttäuscht. Die Christlichsozialen verloren 187.000 Stimmen und sieben Mandate und mußten den Rang als stärkste Partei den Sozialdemokraten abtreten. Es war ein Fiasko auf allen Linien. Auch Seipels letzter Verzweiflungsschritt, das Angebot an die Sozialdemokraten, in eine Koalitionsregierung einzutreten, blieb erfolglos. Der Wunsch, Bundespräsident zu werden, ging gleichfalls nicht in Erfüllung.

Es ist müßig zu fragen, ob die Sozialdemokraten mit einem Seipel als Bundespräsidenten besser gefahren wären als mit Miklas. Es ist nicht nur deshalb müßig, weil der Gang der Geschichte nicht geändert werden kann, sondern auch deshalb, weil Seipel bereits vom Tode gezeichnet war. Er starb in den Morgenstunden des 2. August 1932, und seinem Begräbnis wohnten trotz Regens 200.000 Menschen bei, was bewies, daß dieser Mann zwar nicht im eigentlichen Sinn populär, aber ein Objekt des Staunens, des Respekts und der Bewunderung war. Bundespräsident Miklas betraute später Engelbert Dollfuß mit den Regierungsgeschäften und besaß nicht den Mut, ihn am Bruch der Verfassung zu hindern. Dollfuß führte das autoritäre System ein, verkündete eine Verfassung, die sich auf die päpstliche Enzyklika Quadragesimo anno mit ihrem Ständestaatsgedanken gründete, schloß mit dem Vatikan ein Konkordat, tat also all das, was sich Seipel gewünscht hatte, doch nicht in dieser Art, wie es Dollfuß verwirklichte. Ein Bundespräsident Seipel hätte ihm bestimmt nicht diese Vollmachten gegeben. Mit dem autoritären Ständestaat erreichte der politische Katholizismus in Österreich seinen Höhepunkt, doch schon in dieser Ära zogen die Bischöfe ihre Kleriker aus der aktiven Politik zurück. Damit hat der politische Katholizismus als geistige und organisatorische Basis für eine Partei aufgehört. Die Sozialdemokraten aber erreichten mit ihrem Kirchenkampf und ihrer Art politischer Abseitsstellung gleichfalls nicht ihr Ziel. Dollfuß, dem sie bereit waren, Konzessionen zu machen, drängte sie in die Illegalität, was Seipel wahrscheinlich nicht getan hätte.

Da sich jede Generation von Historikern die großen Gestalten der Geschichte neu schafft, wird die Bewertung Seipels immer wieder schwanken. Wie immer sie aber auch ausfallen mag, die drei Salven, die ihm sein größter politischer Gegner über das Grab schickte, gebühren ihm für alle Zeiten.

Maximilian Liebmann

Die kirchliche Hierarchie in Österreich und das Dritte Reich

Der Historie korrespondierend ist mein Referat dreigeteilt: Im ersten Abschnitt sei die Haltung der kirchlichen Hierarchie zum Dritten Reich, im speziellen zu dessen Ideologie, dem Nationalsozialismus also, bis zu Österreichs Untergang am 11./12. März 1938 skizziert.

Der zweite befaßt sich mit den berühmt-berüchtigten März-Erklärungen des österreichischen Episkopates, speziell mit ihrer „Feierlichen Erklärung" als deren Herzstück. Da diese März-Erklärungen mit Kardinal Innitzers handgeschriebenem „und Heil Hitler" weltweit bekannt wurden, bis auf den heutigen Tag dem Episkopat und der gesamten österreichischen Kirche zum schweren Vorwurf gemacht und als unentschuldbares Versagen angeprangert werden, erscheint es gerechtfertigt, darauf ausführlicher einzugehen. Diese Referatsgewichtung findet außerdem in neuen und neuesten Forschungsergebnissen, die der Öffentlichkeit vorzulegen mir in jüngster Zeit möglich war, ihre Entsprechung. Ihre Hauptereignisse sollen in geraffter Form dargelegt werden.

Im dritten Abschnitt, der sich „Vom Appeasement zum Widerstand" betitelt, sollen die Geheimverhandlungen mit dem NS-Regime während der Sommermonate 1938 und ihr Scheitern dargelegt werden. In abschließenden Sätzen soll der Übergang der episkopalen Appeasementpolitik zum bewußten geistigen Widerstand skizziert und damit das Wort weitergereicht werden.

I. Bis zum Anschluß

Im Spätherbst desselben Jahres, in dem Papst Pius XI. seine berühmte Enzyklika „Mit brennender Sorge", datiert mit 14. März 1937, erließ,[1] veröffentlichten die österreichischen Bischöfe eine Solidaritätsadresse an ihre Amtsbrüder im Dritten Reich. Im Anschluß und in Konsequenz eines Referates von Fürsterzbischof Sigismund Waitz[2] aus Salzburg bekundete die österreichische Bischofskonferenz in ihrer Enunziation ihre „innigste Anteilnahme" an all dem, „was im Deutschen Reich vor sich geht, wo der Staat in voller Anwendung seiner Gewalt, wie sie sich im Laufe der letzten Jahre immer mehr ausgebildet hat, planmäßig und unaufhaltsam bis zum Äußersten geht, um die christliche Religion, besonders aber die katholische Kirche in diesem Reiche auszuschalten und zurückzudrängen".

Die Situation in Österreich beklagend, wies die Bischofskonferenz auch darauf hin, daß „viele bemüht sind, solche Verhältnisse, wie sie bei euch sich herausgebildet haben, auch in unserem Staat erstehen zu lassen und der Gottlosigkeit zum Siege zu verhelfen".[3]

Ohne Zweifel, die österreichischen Bischöfe wußten, wovon sie redeten, als sie diese Solidaritätsadresse textierten,[4] denn diese kritische Stellungnahme zum Nationalsozialismus war die letzte in einer respektablen Kette, ehe sie in den März-Erklärungen 1938 eine andere Sprache redeten. Der Bischof von Linz, Johannes

Maria Gföllner, war es gewesen, der als erster österreichischer Bischof warnend seine Stimme in einem offiziellen Kirchenschreiben, einem Hirtenbrief, gegen den Nationalsozialismus erhob, dessen Exponenten er als „falsche Propheten“ apostrophierte, und dies bereits 1929, vier Jahre vor Hitlers Machtantritt in Deutschland.[5]

Bei ihrer Herbstkonferenz 1931 erörterten die österreichischen Bischöfe erstmals „den aufsteigenden Nationalsozialismus nach einem Referat von Pawlikowski“.[6] Der Apostolische Administrator von Innsbruck-Feldkirch und nachmalige Fürsterzbischof von Salzburg Waitz wurde hierbei aufgefordert, einen gemeinsamen Fastenhirtenbrief für das Jahr 1932, in welchem die Zeitirrtümer aufgezeigt und negiert werden sollten, zu konzipieren.[7] In diesem gehen die Bischöfe sowohl mit dem Kommunismus und Bolschewismus wie auch mit dem Nationalsozialismus scharf ins Gericht. Aus den Äußerungen namhafter Exponenten des Nationalsozialismus ließe sich die „außerordentlich feindselige Einstellung gegen die katholische Kirche“ klar erkennen, meinten sie. Prophetisch führte dieser Hirtenbrief des weiteren aus, daß den Bestrebungen dieser radikalen Trommler möglichst rasch Einhalt zu gebieten sei, ansonsten drohten wesentlich ärgere Übel über uns hereinzubrechen, als sie der „frühere Weltkrieg und frühere Revolutionen herbeigeführt haben“.[8]

Inzwischen erarbeitete der schärfste und kompromißloseste Bekämpfer des Nationalsozialismus unter den österreichischen Bischöfen, Johannes Maria Gföllner, seinen später weltberühmt gewordenen Hirtenbrief über den wahren und falschen Nationalismus. Die Bischofskonferenz vom Herbst 1932 konnte sich mit diesem Hirtenbrief aus diversen Gründen jedoch nicht anfreunden. Sein Autor Gföllner ließ sich davon aber keineswegs beirren und publizierte ihn im Alleingang in seiner Diözese im Jänner 1933, knapp vor Hitlers Machtübernahme in Deutschland.[9] Unerbittlich geht der Linzer Bischof darin mit dem Nationalsozialismus, speziell mit seinem Rassenwahn, ins Gericht:

„Der nationalsozialistische Rassenstandpunkt ist mit dem Christentum völlig unvereinbar und muß daher entschieden abgelehnt werden“, heißt es verbal in diesem Hirtenbrief, der nicht nur gelesen wurde, sondern sogar acht Auflagen erlebte und bis nach Amerika Beachtung fand.[10] So vehement Gföllner den rassischen Antisemitismus bekämpfen und ablehnen konnte, so sehr fand er allerdings — was der historischen Wahrheit und der intellektuellen Redlichkeit willen nicht verschwiegen werden darf — Verständnis für den geistig-ethischen Antisemitismus. So liest man eine Seite weiter: „Will darum der Nationalsozialismus nur diesen geistigen und ethischen Antisemitismus in sein Programm aufnehmen, so ist er durch nichts daran gehindert; aber dann vergesse der Nationalsozialismus nicht, daß vor allem die katholische Kirche das stärkste Bollwerk ist gegen den geistigen Ansturm auch des jüdischen Atheismus, und der Nationalsozialismus schüre nicht rassischen Antisemitismus durch seine überhebliche Vergötterung der arischen Rasse. Nicht ‚am deutschen Wesen wird die Welt genesen‘, sondern Heil und Genesung für die Völker der Erde gibt es nur in einem Namen, im Namen Jesu, wie schon Petrus es verkündet hat.“[11] Den Nukleus findet dieser Linzer Hirtenbrief, den der Salzburger Fürsterzbischof und der Grazer Fürstbischof für ihre Diözesanblätter übernahmen und vollinhaltlich abdruckten, in zwei klaren, einfachen und kurzen Feststellungen:

1. Die „nationalsozialistische Moral ist... mit dem katholischen Moralbegriff völlig unvereinbar, völlig unkatholisch und vom Standpunkt der katholischen Religion völlig unannehmbar".
2. Es ist „unmöglich, gleichzeitig guter Katholik und wirklicher Nationalsozialist zu sein".

Während der neuernannte Wiener Fürsterzbischof Dr. Theodor Innitzer sich diesem Hirtenbrief nicht anzuschließen vermochte, weil er den Ausgang der geheimen Unterhandlungen seines besonderen Vertrauten, des Professors Hans Eibl, mit diversen Größen des nationalsozialistischen Lagers abwarten wollte,[12] versuchte kein Geringerer als der Münchner Kardinal Michael Faulhaber, den Linzer Bischof Gföllner in Rom beim Kardinalstaatssekretär Eugenio Pacelli anzuschwärzen. So qualifizierte Kardinal Faulhaber in seinem Brief an Pacelli vom 10. April 1933 wortwörtlich als großen Schaden „für die kirchliche Autorität..., daß die deutschen Bischöfe dem Nationalsozialismus ihr Vertrauen ausgesprochen haben, während der Herr Bischof von Linz gleichzeitig alle Verbote gegen die Nationalsozialisten neu verkündet".[13] Durch Gföllners Festhalten am antinationalsozialistischen Kurs sah sich Faulhaber außerdem gezwungen, seine bereits fertig gedruckten pastoralen Anweisungen an den bayerischen Klerus nicht auszuschicken, „weil", so schreibt er am 12. April 1933 „seinem" bayerischen Episkopat wörtlich, „das Linzer Amtsblatt neuerdings in schärfster Form die früheren Verbote des Nationalsozialismus aufrecht hält".[14]

Als im September 1933, bald nach der Ratifizierung des Reichskonkordates, Papst Pius XI. um die „Wohlmeinung des österreichischen Episkopates über den Nationalsozialismus im allgemeinen und insbesondere über seine Tätigkeit und Stellungnahme in Österreich" einkam, führte der Weg Kardinal Innitzers, an den dieser päpstliche Wunsch ergangen war, sofort nach Linz zu Gföllner, um diesen für die Konzepterstellung zu gewinnen.[15] Da zu diesem Zeitpunkt Gföllners Haltung zum Nationalsozialismus dem Wiener Kardinal genauestens bekannt war, muß Innitzers Ersuchen beim kirchenpolitischen Referenten der Bischofskonferenz Gföllner um Entwurfvorlage mehr als eine bloße Reverenz vor formaler Zuständigkeit gewertet werden. Dies nicht zuletzt deshalb, weil sich Innitzers Endausfertigung von Gföllners Entwurf praktisch nur durch Änderungen, die Bischof Waitz vornahm, unterscheidet. Der Wiener Kardinal hat sich hier somit voll hinter Gföllner gestellt. In diesem von Innitzer im Namen des österreichischen Episkopates gezeichneten Promemoria halten die Bischöfe sehr klar fest, daß der Abschluß des Reichskonkordates mit Hitler-Deutschland am 20. Juli 1933 „keinerlei grundsätzliche Stellungnahme oder gar Anerkennung der nationalsozialistischen Grundsätze und Bestrebungen" durch den Heiligen Stuhl bedeutet. Der österreichische Episkopat sehe sich daher „in seiner grundsätzlichen Ablehnung und Verurteilung der nationalsozialistischen Irrtümer und Bestrebungen in keiner Weise behindert oder zu einer Neuorientierung veranlaßt".[16] Diese episkopale Feststellung war gar nicht so selbstverständlich, wenn man bedenkt, daß die in maßgeblichen Kreisen katholischer Intellektueller weit verbreitete Wochenschrift „Die Schönere Zukunft" den Abschluß des Reichskonkordates „als Ausdruck der Anerkennung des nationalsozialistischen Regimes durch die katholische Kirche" interpretierte.[17]

Die Bischöfe betonen im besagten Promemoria an den Papst die politische Selbständigkeit und Unabhängigkeit Österreichs, ja sprechen sogar von einer

„nationalen Eigenart des Österreichertums“ und rücken somit überdeutlich von jener berühmten Ideologie Österreichs als zweitem deutschen Staat ab. Zur Begründung dieser politischen Unabhängigkeit von Deutschland führen die Bischöfe „insbesondere ... kirchliche und religiöse Interessen“ an.[18] Datiert mit 21. Dezember 1933 erschien der aufsehenerregende Weihnachtshirtenbrief der österreichischen Bischöfe jenes Jahres. Der Linzer Bischof, der ihn textiert hatte, übertrug im wesentlichen jene Gedanken, die er bereits im Jänner in seinem Hirtenschreiben formuliert hatte. Vier Grundwahrheiten werden darin dem Nationalsozialismus gegenübergestellt:

1. „Die Menschheit ist eine einheitliche Familie, aufgebaut auf Gerechtigkeit und Liebe ...“
2. „Der wahre christliche Nationalsozialismus ist von Gott gewollt und wird von der Kirche gebilligt ...“
3. „Nation und Staat sind verschieden und der Staat ist über der Nation ...“
4. „Über allem Nationalsozialismus steht die Religion, die nicht national, sondern übernational ist ...“[19]

Voll hinter die Regierung und das Regime Dollfuß stellte sich dieser Hirtenbrief mit den Worten: „... und die christliche Regierung Österreichs wahrt in ihrem Abwehrkampf gegen den Nationalsozialismus nicht nur ihre berechtigten politischen Rechte und Interessen, sondern errichtet gleichzeitig einen mächtigen Schutzdamm gegen das weitere Eindringen dieser religiösen Irrtümer.“[20] Der Hirtenbrief rief in nationalsozialistischen Kreisen Reaktionen hervor, die bis zu Beschimpfungen reichten. Adam Hefter von Gurk-Klagenfurt, der den Hirtenbrief zwar gebilligt und mitverantwortet hatte, entschloß sich sogar, ihn in seinem diözesanen Verordnungsblatt aus pastoralen Gründen nicht zu veröffentlichen.[21] Der Gurker Fürstbischof Adam Hefter war es auch, um dessen Kontakte sich der vormalige deutsche Vizekanzler Franz von Papen, jener unglückselige „Steigbügelhalter Hitlers“, als er nach der Ermordung von Bundeskanzler Dollfuß zum außerordentlichen Gesandten nach Wien beordert worden war, besonders bemühte. In Hefter meinte Papen einen jener Bischöfe orten zu können, die, wie der Rektor der Anima, der aus Graz stammende Bischof Alois Hudal, „den Aufbau des nationalsozialistischen Staates aus katholischem Geist“ für möglich und gangbar hielten.[22] Von dieser These ausgehend und in diesem Geist verfaßte Hudal sein heiß umstrittenes Buch über „Die Grundlagen des Nationalsozialismus“, das in Österreich in den Jahren 1936/37 fünf Auflagen erlebte.

Nach dem deutsch-österreichischen Juli-Abkommen 1936, das übrigens Kardinal Innitzer namens der österreichischen Bischöfe in einem Telegramm an Bundeskanzler Schuschnigg begrüßte, verfaßte Bischof Hudal in der Reichspost einen Leitartikel mit der Überschrift: „Der 11. Juli von katholischer Warte.“ In diesem Leitartikel meinte Hudal formulieren zu müssen, „das von der jüdischen Presse reichlich geförderte Ausspielen des Österreichertums gegen das Deutschtum“[23] sei geradezu empörend. Diesen Ausführungen trat die österreichische Wochenschrift „Der Christliche Ständestaat“ mit unerbittlicher Härte entgegen und schleuderte Bischof Hudal, der als seinen Wahlspruch „Ecclesiae et Nationi“ gewählt hatte, nachstehende Worte förmlich ins Gesicht: „Wir sind bestürzt darüber, daß ein Bischof der ecclesia militans nicht kämpfen, sondern rechnen will ... Friede mit dem Deutschen Reich ist gut, Friede mit dem Nationalsozialismus ist der Tod. Fallen Sie uns in diesem schweren Abwehrkampf nicht in den Arm. Lassen Sie uns ohne ,Rechnen' kämpfen, und wenn wir in diesem Kampfe fallen, dann sind wir, hochwürdigster Herr Bischof, als Katholiken gefallen. Aber Sie, hochwürdigster Herr, waren in unserer schwersten Stunde nicht bei uns."[24]

Die österreichischen Bischöfe, die Hudals Buch unterschiedlich aufgenommen hatten, nahmen als einzelne zwar immer wieder zum bzw. gegen den Nationalsozialismus Stellung, aber als Gesamtepiskopat war jene eingangs zitierte Solidaritätsadresse an ihre deutschen Amtsbrüder ihre letzte vor dem Anschluß.

II. Die März-Erklärungen

Während am Freitag, dem 11. März 1938, am Vormittag in ganz Österreich die Propagandaveranstaltungen zur Volksbefragung „für ein freies und deutsches, unabhängiges und soziales, für ein christliches und einiges Österreich"[25], die am Sonntag, dem 13. März, durchgeführt werden sollte, in vollem Gange waren und im Bundeskanzleramt das Ringen um die Durchführung oder Absetzung dieser Volksbefragung seinem Höhepunkt zustrebte, trifft in Wien bereits ein Mann ein, der für die März-Erklärungen des österreichischen Episkopates und für die späteren Geheimverhandlungen eine Zentralfigur darstellt: Josef Bürckel.

Am selben Freitag, dem 11. März 1938, am Abend verabschiedete sich Bundeskanzler Kurt Schuschnigg im Rundfunk „von dem österreichischen Volke mit einem deutschen Wort und mit einem Herzenswunsch: Gott schütze Österreich!"[26]. In dieser Abschiedsrede hatte der Bundeskanzler auch bekanntgegeben: „Wir haben, weil wir um keinen Preis, auch in dieser ernsten Situation nicht, deutsches Blut zu vergießen gesonnen sind, unserer Wehrmacht den Auftrag gegeben, für den Fall, daß der Einmarsch durchgeführt wird, ohne wesentlichen Widerstand sich zurückzuziehen..."[27] Um Mitternacht zum 12. März läuteten zur Begrüßung der einrückenden deutschen Soldaten auf behördliche Anordnung in der Stadt Salzburg die Glocken.[28] Um vier Uhr früh wurden im Fürsterzbischöflichen Palais von Salzburg die Fenster eingeschlagen, und „ein Trupp SA-Leute begehrte johlend Einlaß"[29]. Fürsterzbischof Sigismund Waitz wurde für ein paar Tage unter Hausarrest gestellt.[30] An diesem Samstag, dem 12. März, verfaßte Kardinal Theodor Innitzer in Wien einen Aufruf, der am nächsten Tag in der „Reichspost" zu lesen stand: „Die Katholiken der Wiener Erzdiözese werden ersucht, Sonntag, 13. III. zu beten, um Gott dem Herrn zu danken für den unblutigen Verlauf der großen politischen Umwälzung und um eine glückliche Zukunft für Österreich zu bitten."[31] Innitzer forderte somit keineswegs zum Dankgebet für den Anschluß auf, sondern bloß für dessen unblutigen Verlauf! Damit verbeugt sich der Kardinal vor Schuschnigg, aber nicht vor Hitler.[32]

Am selben Sonntag, dem 13. März, an dem Kardinal Innitzer Gott dem Herrn für den unblutigen Verlauf der politischen Umwälzung danken und besorgt um eine glückliche Zukunft Österreichs bitten ließ, wurde der Fürstbischof von Graz-Seckau, Ferdinand Stanislaus Pawlikowski, der schon ähnlich wie Waitz tags zuvor um 7 Uhr früh unter Hausarrest gestellt worden war[33], von einer SA-Eskorte unter „Spott- und Schmährufen" des Pöbels in das Grazer Gefangenenhaus eingeliefert.[34] Pawlikowski war und blieb übrigens der einzige katholische deutsche und österreichische Bischof, der von den Nazis im sogenannten Großdeutschen Reich eingesperrt worden war.

Als Hitler bei seinem Einmarsch nach Österreich vom 12. bis 14. März 1938 in Linz logierte, nahm der dortige Bischof Johannes Maria Gföllner „keinerlei Notiz vom Aufenthalt Hitlers"; ja „selbst als dieser dem Bischofshof die Mitteilung sandte, er werde den Mariaempfängnisdom besichtigen, erschien der Bischof nicht persönlich", sondern ließ sich durch einen Prälaten vertreten.[35] Ganz anders verhielt sich der Wiener Erzbischof Kardinal Innitzer. Er stattete Adolf Hitler im Hotel Imperial einen Besuch ab, dessen Wertung in der Literatur von „Huldigungsbesuch"[36] bis zu „Canossagang"[37] reicht. Nicht nur die Wertung dieses folgenschweren Ganges des Wiener Kardinals zu Hitler am Dienstag, dem 15. März, um 10 Uhr vormittag[38] ist derart unterschiedlich, auch über seine Hintergründe, Motive und Zielsetzungen ist das letzte Wort noch nicht gesprochen.[39] Daß Innitzer für diese aufsehenerregende Vorsprache einen entsprechenden Wink aus dem Staatssekretariat in Rom via Berliner Nuntius Cesare Orsenigo erhielt, hat tatsächlich einiges für sich, ist jedoch nicht in jenem Maße gesichert wie dessen Anwesenheit in Wien in jener turbulenten Zeit.[40] Faktum aber ist, daß der Kardinalstaatssekretär Pacelli mit dieser Vorsprache Innitzers bei Hitler einverstanden war und sie verbal als Brücke qualifizierte.[41]

Als Innitzer am 15. März gegen 10 Uhr vor dem Hotel Imperial vorfuhr, empfing ihn ein johlender nazistischer Haufen. Der Kardinal ließ sich davon nicht beeindrucken und ging selbstbewußt auf den Diktator zu, was in Hitler die Überzeugung hochkommen ließ, nun werde er von einem besonders gerissenen Diplomaten der katholischen Kirche besucht.[42] Die Aussprache dieser ungleichen Partner dauerte kaum mehr als eine Viertelstunde und hatte in Rittmeister a. D. Jauner-Schrofenegg[43] einen Augen- und Ohrenzeugen. Sein Gedächtnisprotokoll enthält seltsamerweise nichts von dem, was der Kardinal zu sagen hatte, sondern nur Hitlers Antworten, die aber deutlich mehr sind als bloßer durchgehender Monolog.[44] Daß Innitzer dieses Gespräch in einer richtungweisenden Pastoralanweisung an seinen Klerus nutzbringend verwerten wollte, war naheliegend und geboten. Daß diese Pastoralanweisung[45] kein Ruhmesblatt für den Kardinal darstellt, ist primär jener Priester- und Laiengruppe zuzuschreiben, die sich in der „Arbeitsgemeinschaft für den religiösen Frieden" zusammengefunden hatte und sich als ausgesprochen katholisch-nationaler bis nationalsozialistischer Aktivistenkreis gerierte.[46]

Diese Aktivistenrunde hat es nämlich zu bewirken verstanden, daß der Kardinal die Richtlinien, „die er mit seiner Umgebung ausgearbeitet" hatte, fallen ließ und diejenigen annahm und promulgierte, präziser gesagt zu promulgieren versuchte, die dieser Kreis textiert hatte.[47] Für den Kardinal völlig unerwartet zensurierte der Sonderbeauftragte für die Volksabstimmung, Gauleiter Bürckel, dessen Schwester übrigens mit dem Bruder von Kardinal Joseph Wendel verheiratet war, jene Pastoralanweisung und untersagte für Österreich ihre Veröffentlichung. Das erscheint auf den ersten Blick unerklärlich, denn nichts darin wäre für nationalsozialistische Ohren unangenehm gewesen. Der totale Rückzug der Kirche aus der Politik in die Pastoral ist geradezu klassisch formuliert. So lautete der zweite Punkt jener von Bürckel unterschlagenen Pastoralanweisung: „Alleinige Berufsaufgabe des Priesters ist die Seelsorge, die Feier des hl. Meßopfers und der anderen kirchlichen Handlungen, die Spendung der hl. Sakramente und die Verkündigung des Wortes Gottes, wie wir es durch die Hl. Schrift und die mündliche Überlieferung übernommen haben. Der Seelsorger muß sich deshalb von jeder Politik fernhalten und soll der Entwicklung der Dinge mit Vertrauen entgegensehen."[48] Sie paßte ihm schlicht und einfach deshalb nicht in sein Konzept, weil sie für „seine" Volksabstimmung am 10. April 1938 rein gar nichts enthielt, wofür er von seinem Führer eigens aus der Pfalz geholt worden war. Als am Mittwoch, dem 16. März, an Stelle des Hirtenwortes eine Treueversicherung Innitzers, die er so nie abgegeben hatte, in der Presse zu lesen stand, intervenierte der Kardinal schriftlich und postwendend beim Gauleiter Josef Bürckel.[49] Darin bat Innitzer zunächst, daß seine „Weisungen an die Geistlichen und die Katholiken noch im Laufe des heutigen Tages zur Veröffentlichung im Rundfunk und in der Presse zugelassen werden". Dann gab er auch sehr bestimmt seiner Verwunderung Ausdruck, daß die Pastoralanweisungen zurückgehalten wurden bzw. ihre Veröffentlichung auf Schwierigkeiten stoße, da sie auf dem Boden der gegebenen Tatsachen dem neuen Staat „gerecht werden". Diese Zensur verwundere ihn um so mehr, „als bereits vor einigen Tagen der evangelische Oberkirchenrat und gestern die Leitung der altkatholischen Kirche ungehindert ihre Stellungnahme veröffentlichen konnte".[50] Bürckel reagierte auf diese nachdrückliche Intervention Innitzers zwar, aber ganz anders, als der Kardinal es sich vorgestellt hatte. Statt daß er die Veröffentlichung der umstrittenen, in Holland am selben Tag bereits erschienenen Pastoralanweisung zuließ, bastelte er von sich aus an einer Erklärung für die Bischöfe und forderte gleichzeitig telegraphisch Dr. Josef Himmelreich zwecks Unterhandlungen mit dem Episkopat in München an.[51]

Diesen Text, der im Büro Bürckel erarbeitet wurde und den Bürckel selbst mit eigener Hand wesentlich redigierte, ließ er am Abend des 16. März durch seinen Adjutanten Klaus Selzner im Erzbischöflichen Palais in Wien dem Kardinal übergeben. Daß Innitzer diesen Bürckel-Text überhaupt in Empfang nahm, war ohne Zweifel ein Kapitalfehler[52] des gutgläubigen und wohlmeinenden Kardinals. Daß er ihn jedoch bei der nächsten sich ihm bietenden Gelegenheit dem Salzburger Fürsterzbischof Sigismund Waitz mit Bitte weiterreichte, er möge einen Gegenentwurf erstellen,[53] beweist unzweideutig, daß Innitzer mit dem überbrachten Text nicht einverstanden war.

Waitz eilte mit diesem Bürckel-Text sofort zu seinem Lieblingsschüler Prof. Johannes Messner, und beide erstellten noch am selben Tag[54] den vom Kardinal erwünschten Gegenentwurf. Dieser ist übrigens ebenso erhalten geblieben wie die Entwürfe aus Gauleiter Bürckels Büro bzw. Hand.[55] Während Innitzer dem Salzburger Metropoliten die Erstellung des Gegenentwurfes überantwortet hatte, erarbeitete er zwei Forderungskataloge, die er am nächsten Tag Bürckel vorlegen wollte. So wappneten sich die Bischöfe, zumindest die beiden Metropoliten, für ihre Aussprache, wozu sie Kardinal Innitzer telegraphisch am Dienstag, dem 15. März, gleich nach seiner Aussprache mit Hitler, für Freitag, den 18. März, 10 Uhr, nach Wien ins Erzbischöfliche Palais geladen hatte. Da sich auch Bürckel hierzu angesagt bzw. selbst eingeladen hatte, wollten die Bischöfe entsprechend vorbereitet diesem gegenübertreten.

Der eine mit zwei Seiten[56] umfaßte in 16 Punkten primär Forderungen nach Freigabe von beschlagnahmten Matrikeln und kircheneigenen Räumlichkeiten; in weiteren sechs Punkten ging es um geistliche Personen, deren Enthaftung oder Wiedereinsetzung in den Dienst gewünscht wurde, in weiteren zwei um Laien mit dem bekannten Direktor der Verlagsanstalt Tyrolia, Josef Leb, an erster Stelle, der dann am 28. März auch tatsächlich freigelassen wurde.[57] Die zweite Liste war eher ein Stichwortzettel und offensichtlich als Gedankenstütze für die mündlich deponierten Wünsche und Forderungen gedacht. Sie war ohne Überschrift, grundsätzlicher und allgemeiner gehalten.[58]

Am nächsten Tag, am Freitag, dem 18. März, versammelten sich die Bischöfe programmgemäß um 10 Uhr im Erzbischöflichen Palais in Wien: Kardinal Innitzer, Fürsterzbischof Waitz, Fürstbischof Pawlikowski, Fürstbischof Adam Hefter von Gurk-Klagenfurt, die Bischöfe Michael Memelauer von St. Pölten und Johannes Maria Gföllner von Linz. Eingangs erstattete Innitzer einen kurzen Bericht, speziell über seine Zusammenkunft mit Hitler, und darauf gingen die versammelten Exzellenzen sofort in medias res und besprachen die beiden Entwürfe, den von Bürckel und den von Waitz/ Messner, den der Fürsterzbischof mitgebracht hatte. Nach kurzer Diskussion fanden die Bischöfe letzteren zu lang und entschieden sich für die Redigierung des Bürckel-Entwurfes. Kaum waren sie einigermaßen fertig, erschienen die Emissäre Bürckels mit dem Adjutanten Selzner als Wortführer; Bürckel selber war aber nicht dabei. Die Bischöfe brachten ihre Gravamina und Wünsche vor. So verständlich, ja naheliegend dieses Verhalten der Bischöfe war, so taktisch unklug erwies es sich sofort. Denn je größer und schwerwiegender ihre Anliegen waren und je nachdrücklicher sie deren Erfüllung forderten, um so mehr konnte Bürckel ihnen als Vorleistung zumuten. Denn warum sollte er die Wünsche der Bischöfe respektieren, wenn sie seine beiseite schoben? Bürckel nützte diese Zwangslage der Kirche sehr geschickt für sich aus. Seine Emissäre hörten nämlich die Klagen der Bischöfe an, nahmen den von ihnen redigierten Bürckel-Entwurf entgegen und verabschiedeten sich.

Da aber die Bischöfe nicht wissen konnten, daß Bürckel selber nicht kommen werde, hatten sie die Einleitung weder gestrichen noch redigiert, sondern sie im Prinzip so belassen, wie sie war. Mit einer Ausnahme, sie warfen die verhaßte Bezeichnung, wogegen sie bis dato gekämpft hatten, nämlich „NSDAP", aus dem Text und setzten dafür die etwas milder klingende Umschreibung „nationalsozialistische Bewegung". Den Erklärungstext selber aber milderten sie weit erheblicher. Dieser redigierte Entwurf, den die Bischöfe bereit waren in den Kirchen verkünden zu lassen, lautete:

„In einer Aussprache mit den österreichischen Bischöfen legte Gauleiter Bürckel die Arbeit und die Erfolge der nationalsozialistischen Bewegung auf dem Gebiete des völkischen und wirtschaftlichen Aufbaues sowie der Sozialpolitik dar. Die Bischöfe gaben darauf folgende Erklärung ab:

a) Wir anerkennen dieses Wirken der nationalsozialistischen Bewegung für das Deutsche Reich und Volk und namentlich für die ärmsten Schichten, zumal dadurch die Gefahr des Bolschewismus abgewehrt wurde.
b) Die Bischöfe begleiten dieses Wirken für die Zukunft mit ihren Segenswünschen und werden die Gläubigen in ähnlichem Sinn ermahnen.
c) Wir werden uns am Tage der Volksabstimmung als Deutsche zum Reich bekennen und erwarten auch von allen gläubigen Christen, daß sie wissen, was sie ihrem Volke schuldig sind.

Wien, am 18. März 1938."[59]

Bürckel war mit dem nicht einverstanden und schickte die Emissäre mit einem neuen Text zu den noch versammelten Bischöfen zurück. Dort erklärte Selzner den erstaunten sechs zunächst, Bürckel meine es sehr ehrlich und sei bereit, über die vorgebrachten Beschwerden der Bischöfe nach dem Abstimmungstag mit ihnen im Detail zu unterhandeln. Dann eröffnete Bürckels Adjutant den verdutzten Exzellenzen, daß der Gauleiter mit der Erklärung, die sie ihm hätten zukommen lassen, nicht einverstanden sei; schließlich habe er an der Besprechung überhaupt nicht teilgenommen, was aber in der Einleitung derselben zu lesen sei. Selzner zog eine neue Erklärung aus der Tasche, verlas sie und stellte fest, daß eine Änderung unmöglich sei, Bürckel habe es nämlich sehr eilig, er sei beim Abflug nach Berlin zum Reichstag. Die Bischöfe sollten die Erklärung unterschreiben und am übernächsten Tag (20. März) in den Domkirchen und am Sonntag darauf (27. März) in allen Seelsorgestationen Österreichs verlesen lassen. Da sie diese Erklärung als eine innerkirchliche Verkündigung ansahen, wo sie bei der Promulgation ohnehin noch das letzte Wort hätten, und viele Wünsche im pastoralen Bereich der Erfüllung harrten, kamen sie dem Verlangen nach Unterzeichnung des „Bürckel-Oktroi", der sogenannten „Feierlichen Erklärung", nach und unterschrieben. Die „Feierliche Erklärung", unter die die sechs Erzbischöfe und Bischöfe gutgläubig ihre Namenszüge setzten, lautet:

„Aus innerster Überzeugung und mit freiem Willen erklären wir unterzeichneten Bischöfe der österreichischen Kirchenprovinz (!) anläßlich der großen geschichtlichen Geschehnisse in Deutsch-Österreich: Wir erkennen freudig an, daß die nationalsozialistische Bewegung auf dem Gebiet des völkischen und wirtschaftlichen Aufbaues sowie der Sozial-Politik für das Deutsche Reich und Volk und namentlich für die ärmsten Schichten des Volkes Hervorragendes geleistet hat und leistet. Wir sind auch der Überzeugung, daß durch das Wirken der nationalsozialistischen Bewegung die Gefahr des alles zerstörenden gottlosen Bolschewismus abgewehrt wurde.

Die Bischöfe begleiten dieses Wirken für die Zukunft mit ihren besten Segenswünschen und werden auch die Gläubigen in diesem Sinne ermahnen. Am Tage der Volksabstimmung ist es für uns Bischöfe selbstverständliche nationale Pflicht, uns als Deutsche zum Deutschen Reich zu bekennen, und wir erwarten auch von allen gläubigen Christen, daß sie wissen, was sie ihrem Volke schuldig sind. Wien, am 18. März 1938."

Weihbischof Franz Tschann, der nicht dieser Sechserrunde angehört und damit die auf diese ausgeübten Pressionen auch nicht miterlebt hatte, sondern als Generalvikar im fernen Feldkirch in Vorarlberg von diesem Text Kunde erhielt, war rundweg fassungslos. An seinen unmittelbaren Vorgesetzten, den Salzburger Fürsterzbischof Sigismund Waitz, richtete er am 23. März 1938 ein Schreiben. Darin vermochte Tschann in einem einzigen Satz all das zusammenzufassen, das wohl das Klügste war, was man über diese „Feierliche Erklärung" sagen konnte, speziell dann, wenn man selber frei von den Erlebnissen und der Verantwortung der sechs Exzellenzen war. Dieser alles Wesentliche ausdrückende Satz, vier Tage vor der Verlesung der „Feierlichen Erklärung" formuliert, lautete: „Die gegenwärtige Textierung entspricht nicht dem Denken und Fühlen unseres Vorarlberger Volkes, ringt der nationalsozialistisch gesinnten Bevölkerung keine Achtung ab, macht die in gutem Glauben der früheren Regierung treu ergebenen Anhänger irre und verwundet diejenigen, die in dieser nun einmal unvermeidlichen Übergangszeit Opfer an Freiheit bringen müssen."[60] Aber auch Bischof Tschann konnte das, was nun einmal geschehen war, nicht ungeschehen machen. „Das einzige, was Tschann erreicht hatte, war eine Verschiebung des Termines der öffentlichen Verlesung in allen Kirchen vom 27. März auf den 3. April."[61] Um der historischen Wahrheit willen muß jedoch auch festgehalten werden, daß die sechs Hierarchen im Erzbischöflichen Palais nicht wußten und nicht wissen konnten, daß sie mit ihren Unterschriften dem NS-Regime den Wahlschlager in die Hände spielten. Für die Bischöfe war die „Feierliche Erklärung" zu dieser Stunde ein Dokument zwecks Verkündigung im kirchlichen Rahmen, bei dessen Publizierung sie ohnehin noch das letzte Wort hätten. Nur so wird es verständlich, daß die Bischöfe „der ganzen Angelegenheit keine allzu große Bedeutung beimaßen". Was Weinzierl-Fischer schon vor 20 Jahren scharfsinnig und treffsicher konstatiert haben.[62] Diese These läßt sich aus dem weiteren Verhalten der Bischöfe gut abstützen. Nur zwei[63] der sechs haben nämlich die „Feierliche Erklärung" ohne zu zögern in ihrem diözesanen Publikationsorgan unverändert veröffentlicht, einer[64] zunächst mit einer erheblichen Veränderung durch Weglassungen, ein weiterer[65] veränderte den Text durch eine Zusatzbemerkung, zwei[66] ließen ihn in ihren Organen sogar überhaupt nicht erscheinen. Welch geringe Bedeutung die Bischöfe der Unterzeichnung beimaßen (textgenetisch höchst aufschlußreich ist es auch, daß erst in dem Text, den Bürckels Emissäre bei ihrem zweiten Besuch der Bischofskonferenz den Bischöfen vorlegten, der „Feierlichen Erklärung" also, von einer Unterzeichnung die Rede ist) und für wie nebensächlich sie ihre Unterschriftenleistung hielten, oder wie wenig Ahnung sie hatten, daß sie das Wahlplakat des NS-Regimes unterfertigten, beweisen auch die drei archivalischen Quellen, die vom „Akteur" Erzbischof Waitz stammen. Jene drei sind alle unmittelbar während jenes Geschehens oder unmittelbar darnach und noch ehe die NS-Propagandamaschinerie losbrach geschrieben worden. Nur in einer davon ist die Rede, daß die „Feierliche Erklärung" überhaupt unterzeichnet wurde; in seinem Tagebuch stellt es Waitz sogar so dar, als wäre ein anderer Text unterschrieben worden.[67] Schließlich sei zum Beweis, wie sehr die Bischöfe von Bürckel hinters Licht geführt wurden, der Hauptleidtragende, Erzbischof Innitzer, in der Diktion gehört, wie es der berühmte Ethnologe P. Wilhelm Schmidt, dem Innitzer sein Leid geklagt hat, der Nachwelt überlieferte: „Der Kardinal teilte auch mit, daß weder er noch einer der Bischöfe über die Veröffentlichung der Erklärung in Faksimile an den Anschlagsäulen und anderen öffentlichen Stellen, in Klöstern, Spitälern usw. gefragt worden sei. Noch weniger war eine solche Anfrage natürlich erfolgt über die Verwendung in Deutschland zur Wahlpropaganda, wo sie auch vielfach an den Kirchtüren angeschlagen, von der Hitlerjugend herumgetragen und zu Angriffen gegen die deutschen Bischöfe benutzt wurde."[68] Zur eigentlichen Bedeutung, zur „weltpolitischen Sensation"[69] gelangten die März-Erklärungen mit Innitzers handgeschriebenem „und Heil Hitler" am Begleitbrief aber gerade erst durch die propagandistische Ausnützung solcherart von Lübeck bis nach Radkersburg. Wären sie das geblieben, wofür die Bischöfe sie hielten, nämlich Grundlage zur Kirchenverkündigung in Österreichs Diözesen, wären sie kaum mehr beachtet worden als Staatskanzler Renners Aufruf[70] vom 3. April 1938. Daß jedoch Goebbels seine perfide Propaganda damit trieb, kann man den österreichischen Bischöfen und speziell dem Wiener Kardinal genausowenig zur Last legen, wie man es dem Münchner Kardinal Faulhaber zum Verdienst anrechnen kann, daß er nicht photographiert und als Plakat von Lübeck bis nach Radkersburg affichiert wurde,

„als er der Verständigung zuliebe sich dazu verleiten ließ, Gauleiter Wagner mit tadellosem, vorschriftsmäßigem Hitler-Gruß gegenüberzutreten".[71] Gilt nicht Ähnliches eigentlich auch für den gefeierten sozialdemokratischen Parteiführer Österreichs, Otto Bauer, der noch im Juni 1938, als der Anschlußtaumel hierzulande bereits abgeebbt und manche seiner politischen Kampfgefährten um Österreich willen im KZ saßen, von seinem Pariser Exil aus den Ruf nach „Wiederherstellung der Unabhängigkeit Österreichs" wörtlich als eine „reaktionäre Parole" abqualifizierte?[72] Ob man dieses Faktum der schamlosen propagandistischen Ausschlachtung durch Goebbels bzw. durch seine die öffentliche Meinung total beherrschende Maschinerie bei der Beurteilung der österreichischen Bischöfe nicht doch ins Kalkül ziehen und mit derart disqualifizierenden Epitheta wie „würdelose Verbeugung", bloßer „Akt des Opportunismus" oder „Politik des flachen Profils"[73] vorsichtiger sein sollte? Besonders problematisch erscheint es, die „Feierliche Erklärung" und ihre Unterzeichnung durch die sechs Bischöfe, die hierbei — wie skizziert — unter größter zeitlicher Pression und unter dem Eindruck von persönlichen Insultationen, Verhaftungen, Beschlagnahmungen, Gütereinziehungen, Dienstfreistellungen und eingeschüchtert vom ungeheuren Jubel breitester Bevölkerungsschichten für Hitler standen, als „das Resultat eines Kräftemessens zwischen freien Partnern" hinzustellen.[74] Sie, die Bischöfe, waren freilich keine Helden, wie ja schon der Salzburger Fürsterzbischof in selbstkritischer Erkenntnis richtig vermerkte.[75] Sie waren in jener Stunde eindeutig überfordert und ihr nicht gewachsen. Fürstbischof Pawlikowski hat dies in einem Brief an Kardinalstaatssekretär Pacelli, der die „Feierliche Erklärung" als die beschämendste Episode der Geschichte der Kirche bezeichnete[76] — was ich als Kirchenhistoriker denn doch wohl als Übertreibung werten darf —, auch offen zugegeben, wenn er entschuldigend formulierte: „Wir wurden ja durch die Entsandten des Gauleiters Bürckel förmlich überfallen, so daß wir nicht Zeit und Muße hatten, alle weiteren Folgerungen zu erwägen. Man ließ uns nicht einmal Zeit zu rechtem Überlegen. Ein Fehler war es vielleicht, daß wir uns trotz des ungestümen Drängens nicht einen Tag Bedenkzeit ausbedungen haben."[77]

Noch am selben Tag, an dem die Bischöfe die „Feierliche Erklärung" unterschrieben, intervenierte der Apostolische Nuntius höchst ungnädig und geradezu erregt sehr bestimmt beim Salzburger Fürsterzbischof. Ob diese Demarche des Nuntius auf eine Order des Kardinalstaatssekretärs zurückzuführen war, läßt sich vorläufig nicht erweisen; das zeitliche Intervall zwischen Unterzeichnung zu Mittag und der im Befehlston durchgeführten Intervention Gaetano Cicognanis spät abends sprechen eher dafür. Nach Waitz machte der Nuntius „Vorstellungen, ernste Vorstellungen" und erklärte, so werde die Feierliche Erklärung „schlimm wirken... Ihr müßt unbedingt erwirken, daß eine Änderung erfolgt oder eine Ergänzung, eine Vorbemerkung oder ein Nachtrag".[78] Beide Erzbischöfe erreichten zwar ein Vorwort, das war jedoch wiederum ein Diktat aus dem Büro Bürckels und entsprach in keiner Weise den Vorstellungen des Nuntius.[79] Das von Erzbischof Waitz erstellte und vom Nuntius gebilligte Vorwort liegt im Original bezeichnenderweise bei den Bürckel-Akten im hiesigen Verwaltungsarchiv und wurde vom Referenten im Vorjahr ediert.[80] Um einerseits die in diversen Verhandlungen erzielten Ergebnisse und Versprechungen nicht zu gefährden und anderseits durch die einlangenden Zustimmungsadressen ermuntert,[81] begann sich Innitzer jedoch immer nachhaltiger mit den sogenannten März-Erklärungen zu identifizieren. Aufforderungen, zur

Berichterstattung nach Rom zu kommen, wich er zweimal aus. Mit seinem Brief an Gauleiter Bürckel vom 31. März, der sogleich in den Zeitungen abgedruckt wurde und in dem der Kardinal ganz dezidiert erklärte, der episkopale Aufruf sei keine entspannende Geste gewesen und sei einzig und allein als Bekenntnis „unseres gemeinsamen deutschen Blutes" zu werten[82], kannte der Vatikan keinen Pardon mehr. Beide Nuntien, Orsenigo und Cicognani, traten postwendend in Wien amtshandelnd auf[83] und ließen keinerlei Zweifel aufkommen, wie ernst es dem Papst nun mit seiner dritten Aufforderung sei, daß Innitzer sofort nach Rom komme. In Rom unterzeichnete Innitzer zunächst die von Kardinalstaatssekretär Pacelli verfaßte Ergänzung[84] der „Feierlichen Erklärung", dann war Pius XI. überhaupt erst bereit, den Wiener Kardinal zu empfangen.[85] Da Kardinal Innitzer seine zweite Aussprache mit Hitler in Wien unter keinen Umständen versäumen wollte, eilte er unter maßgeblicher Mithilfe vatikanischer Stellen[86] nach Hause. In Wien angekommen, wurde er tags darauf von jener brückenbauenden katholisch-nationalsozialistischen Aktivistenrunde, die sich in der „Arbeitsgemeinschaft für den religiösen Frieden" gefunden hatte, förmlich überfallen. Mit ihrem „Schmerzfreitagbrief"[87] in der Hand versuchten ihre Exponenten sehr nachdrücklich den Kardinal wieder auf ihre Seite zu ziehen. Wenige Tage darauf startete die besagte Arbeitsgemeinschaft eine österreichweite Kampagne mit erstaunlich großer Resonanz, in der sie dem Kardinal und den Bischöfen insgesamt „mit stolzer Freude und aus bewegtem Herzen" für die „Feierliche Erklärung" vom 18. März dankten.[88] Es wäre somit unhistorisch, übersehen zu wollen, daß es maßgebliche Kreise in der Kirche Österreichs gegeben hat, die für die März-Erklärungen der österreichischen Bischöfe disponiert waren.

III. Vom Appeasement zum Widerstand

Als Innitzer am 15. März 1938 Adolf Hitler im Hotel Imperial seine Aufwartung machte, gab der Diktator dem Kardinal jenes konditional gefaßte Versprechen, das ihn hoch erfreute und weswegen Innitzer seinen Besuch als Erfolg betrachtete, nämlich: „Wenn die Kirche sich hinter den Staat stellt und sich auf ihr Gebiet beschränkt, wird sie es nicht zu bereuen haben."[89] Fünf Tage später bewerkstelligte Gauleiter Bürckel auf Grund einer Intervention Innitzers binnen Stunden den Widerruf des vom Leiter des Wiener Schulwesens bereits angeordneten Schulgebetsverbotes.[90] Am 28. März ließ Bürckel den Verlagsdirektor und allgemein bekannten katholischen Aktivisten Josef Leb, der auf Innitzers Interventionsliste an erster Stelle gestanden war, aus der Gestapo-Haft frei.[91] Diese Fakten ließen im Kardinal und im Episkopat überhaupt die Meinung hochkommen, daß man mit dem NS-Regime, insbesondere mit Bürckel, sehr wohl Unterhandlungen pflegen könne bzw. daß das Gegenüber paktfähig sei. Als sich nach erfolgter Volksabstimmung am 10. April 1938 mit dem bekannten Ergebnis von 99,3% „Ja" aller Stimmberechtigten[92] das bis dahin einigermaßen erträgliche Verhältnis von katholischer Kirche und neuem Regime rapid verschlechterte, forderte Innitzer in einer fünfseitigen Denkschrift vom Mai 1938 an Bürckel einerseits eine Kursänderung des Regimes und anderseits eine Aussprache.[93] Am 30. Mai 1938 kommt es zwischen Gauleiter Bürckel und

Kardinal Innitzer zu dieser vom Kardinal so nachdrücklich geforderten Begegnung, die sehr ruppig verlief, und in der Innitzer dezidiert wünschte: „Ich möchte haben, daß ein Verbindungsmann kommt, so wie Himmelreich vor der Wahl."[94] Daß Bürckel bei dieser von Innitzer geforderten Aussprache den Kardinal so herablassend behandelte und förmlich abkanzelte, hängt sicher mit der eine Woche davor (22. März) vollzogenen Mitteilung Hitlers an Reichskommissär Bürckel zusammen, daß das österreichische Konkordat nicht gelte bzw. als nicht existent zu betrachten sei.[95]

Ende Juni rief nun Bürckel erneut Himmelreich telephonisch nach Wien und bat ihn, „in Wien mitzuhelfen, den Kirchenfrieden unter Dach und Fach zu bringen".[96] Am 29. Juni folgte Himmelreich Bürckels Ruf und fuhr zum zweitenmal nach Wien. Das Weitere soll uns kurz Himmelreich selbst erzählen: „In Wien traf ich bei Bürckel Bischof Hudal[97] aus Rom an, der mir bereits in München angekündigt worden war... Bei einer ersten Besprechung mit ihm in Bürckels Privatwohnung erklärte uns der Gauleiter nochmals, er möchte jetzt endlich den alten Wunsch des Kardinals Innitzer erfüllen. Zugleich forderte er mich auf, als ‚ehrlicher Makler' zwischen Kirche und Staat mein Bestes zu tun, um den religiösen Frieden zwischen beiden bald herzustellen... Bürckel umriß kurz seine Gedanken über ein Abkommen und überließ Hudal und mir die nähere Abfassung. Nur bat er um möglichst kurze Formulierungen, da der neue Vertrag kein eigentliches Konkordat sein würde, sondern nur ein Dokument im Sinn eines Modus vivendi, das die wesentlichsten Rechte und Pflichten sowohl der Kirche wie des Staates und auch der Partei umreißen sollte...

In der Nacht vom 29. zum 30. Juni arbeiteten Bischof Hudal und ich im Hotel ‚Meißl & Schadn' in Wien einen ersten Entwurf zu einem ‚Abkommen zwischen Staat und Kirche in Österreich' aus. Dieser Entwurf fand nach kleinen Änderungen die Zustimmung Bürckels..."[98] Mit diesem von Bürckel somit ausdrücklich gutgeheißenen Text in der Tasche begab sich Himmelreich am Freitagnachmittag verabredungsgemäß zum Kardinal. „Innitzer gab", lautet Himmelreichs schriftlicher Bericht an seinen Auftraggeber, Gauleiter Bürckel, „mir bei dieser Gelegenheit bereits die provisorische Unterschrift, durch die er sich mit dem Sinn des Abkommens einverstanden erklärte. Den vorliegenden Text betrachtete er als grundlegend für die endgültige Abmachung".[99] Am nächsten Tag erhält Himmelreich vom Gauleiter den Auftrag, „die katholischen Bischöfe, soweit sie zu erreichen seien, zu besuchen, um ihre Meinung zu dem vorgeschlagenen Friedensabkommen in Erfahrung zu bringen". Himmelreich reiste in Ausführung dieses Auftrages noch am selben Tag nach Salzburg ab und konferierte am nächstfolgenden Tag (Sonntag, 3. Juli) am Vormittag mit Fürsterzbischof Waitz. Dieser trug dem Beauftragten Bürckels einige sehr bestimmte Wünsche vor, „so beispielsweise muß das Vorgehen gegen die Knaben- und Priesterseminare gründlich eingestellt werden, ferner muß die Abfallshetze unterbleiben und die antireligiöse Einstellung in den Schulen zurückgeschraubt werden und anderes Derartiges".[100] Da in der von Himmelreich mitgebrachten Abmachungsgrundlage kein Wort vom Religionsunterricht in der Schule zu lesen stand, hat Waitz dem Unterhändler gegenüber unmißverständlich zu verstehen gegeben, „... die Frage erst überlegen zu wollen, ob der Religionsunterricht aus den Schulen heraus in die Kirchen verlegt werden könne". Anschließend unterzeichnete aber auch Waitz, so wie Innitzer tags zuvor, das Schriftstück. Am wärmsten wurde Himmelreich in Klagenfurt aufgenommen. Ähnlich wie sein

Metropolit äußerte auch Fürstbischof Adam Hefter diverse Wünsche und unterschrieb. Fürstbischof Ferdinand Stanislaus Pawlikowski, der Reisen und andere Annehmlichkeiten des Lebens sehr wohl zu schätzen wußte, weilte im Ausland, und zwar in Rom.

In Rom sollte der Grazer Fürstbischof, wovon er wiederum keine Ahnung hatte, auf Veranlassung von Gauleiter Bürckels Verbindungsmann namens Pischtiak durch seinen bischöflichen Amtsbruder und Landsmann Hudal insgeheim überwacht werden.[101] Graz somit links liegen lassend, reiste Himmelreich, der bei seiner Sammlung bischöflicher Unterschriften im Umlaufweg recht erfolgreich war, guten Mutes nach Linz. Hier in Linz erlebte Bürckels Unterhändler am 5. Juli einen Bischof, der „eine ganz andere Haltung einnahm, als die übrigen Bischöfe".[102] Gföllner verweigerte dem verblüfften Unterhändler Bürckels unter Hinweis auf die bevorstehende Bischofskonferenz (8. Juli) glattweg die Unterschrift auf das Unterschriftenblatt, auf dem bereits die Unterschriften von Kardinal Innitzer, Fürsterzbischof Waitz und Fürstbischof Hefter prangten.[103] Auch Himmelreichs deutlicher Wink, „daß er, Bischof Gföllner, jetzt eine Gelegenheit habe, der Partei gegenüber eine positive Haltung anzunehmen (!), nachdem er früher in seinen Hirtenbriefen die Idee des Nationalsozialismus in keiner Weise anerkannt habe", verfing beim Linzer Bischof nicht, er blieb bei seinem Nein.

Von seiten Bürckels wurden nun geradezu hektisch alle Hebel in Bewegung gesetzt, um bei der unmittelbar bevorstehenden Bischofskonferenz eine Vertragsunterzeichnung zu erreichen. Bürckel selbst reiste sofort zum „Führer", dem offensichtlich auch sehr viel an einem Abkommen mit der Kirche lag. Jedenfalls genehmigte Hitler nicht nur die Abmachungsgrundlage, sondern gab, um kirchlichen Wünschen entgegenzukommen, die Order: „Bezüglich des Unterrichtsraumes für den Religionsunterricht sollen grundsätzlich im Eigentum des Staates befindliche Räume (Schulräume) zur Verfügung gestellt werden." Diese Mitteilung erhielt Himmelreich am Abend des 7. Juli; sofort wurde die sogenannte Abmachungsgrundlage entsprechend geändert und am nächsten Tag in der Früh, noch vor Beginn der Bischofskonferenz, dem Kardinal für die endgültige Beschlußfassung ausgehändigt.[104] Man war sich nun auf seiten Bürckels ziemlich sicher, daß die zur Konferenz versammelten Bischöfe den Vertrag direkt unterzeichnen, zumindest einen solchen Unterzeichnungsbeschluß fassen würden. Statt dessen kam die Bischofskonferenz überein, „wegen der großen Bedeutung der Angelegenheit Rom zu befragen und zugleich näher zu informieren", und betraute Erzbischof Waitz mit der Verhandlungsführung. Waitz reiste bald darauf nach Rom und konferierte mit dem Kardinalstaatssekretär Eugenio Pacelli. „Dieser entschloß sich schließlich, über Nacht selbst einen Entwurf auszuarbeiten, der auch Papst Pius XI. vorgelegt wurde."[105] Mit diesem „Rom-Entwurf" war im Verhandlungsgang in Österreich eine sehr heikle kritische Situation entstanden, sie wich nämlich nicht nur ganz erheblich von der sogenannten Abmachungsgrundlage ab, sondern atmete auch einen wesentlich anderen Geist.[106] Die Stornierung weiteren Unterhandelns stand vor der Tür. Da gelang es Himmelreich, „nach Fühlungnahme mit dem Reichskommissar, verschiedene Änderungen des Urentwurfes" — gemeint ist die Abmachungsgrundlage — „im Sinne der vatikanischen Anregung zu erreichen" und die „endgültige Fassung" zu erstellen.[107] Die Fassung, die nun Himmelreich am 3. August Erzbischof Waitz überreichte und die Bürckel als endgültig ansah, sandte der Salzburger Erzbischof sogleich befürwortend nach Rom weiter.[108] Die Antwort Roms, datiert mit 12. August 1938, im Auftrag des Papstes von Kardinalstaatssekretär Pacelli verfaßt, war vernichtend. Sie war auf deutsch abgefaßt und lautete: „Wenn der H. H. Episkopat einstimmig glaubt, in Anbetracht der augenblicklichen örtlichen Gesamtlage und aus Gründen, die dem Heiligen Stuhl im einzelnen noch nicht vorliegen, die Annahme des neuesten Entwurfes mit seinem Gewissen vereinbaren zu können, so handelt er auf seine eigene und ausschließliche Verantwortung. In solchem Fall ist die im letzten Absatz vorgesehene Bezugnahme auf die unterstellte Zustimmung des Hl. Stuhles zu streichen."[109] Damit war eine Unterschrift von seiten des Episkopates natürlich völlig ausgeschlossen. Wäre sie trotzdem geleistet worden, wäre sie wohl einem Bruch mit Rom nahegekommen. So beschloß der Episkopat auf seiner Konferenz am 19. August 1938 statt der ins Auge gefaßten Vertragsunterzeichnung die Sistierung der weiteren Verhandlungen. Unterhändler Himmelreich, der über die Antwort aus Rom in Unkenntnis gelassen wurde, konnte sich dieses nicht erklären und setzte alles daran, um doch noch zu einem Vertragsabschluß zu kommen. Am 7. September 1938 mußte auch er das endgültige Scheitern der Verhandlungen zur Kenntnis nehmen und bat Gauleiter Bürckel um „sofortige Entlastung".[110]

Kardinal Innitzer hatte schon am Tage der entscheidenden Bischofskonferenz am 19. August dem Kardinalstaatssekretär Pacelli nach Rom den Satz bzw. den abgewandelten Psalmvers geschrieben, der von einer äußerst wohltuenden Befreiung aus schweren inneren Kämpfen kündet: „In causa conventionis alea jacta est laqueusque nobis positus contritus est."[111]

Am 8. Oktober kam es zu der bekannten Verwüstung des Erzbischöflichen Palais durch den nationalsozialistischen Pöbel. Dem folgte fünf Tage später eine Kundgebung von 200.000 am Heldenplatz, bei der der sich selbst vergessende, dem Alkohol besonders zusprechende Pfälzer, Gauleiter Bürckel, die niedrigsten Instinkte der Massen aufpeitschte. Grölend zog anschließend der Mob durch Wiens Straßen und rief Parolen, die keines Kommentars bedurften und bedürfen, wie: „Zwei, drei, vier — Innitzer krepier ... den Hund Innitzer an den Galgen."[112] Die Kirche wurde teils in die Katakomben getrieben, teils ins Ghetto gedrängt. Es ist Viktor Reimann zuzustimmen, wenn er konstatierte: „Das Ghettodasein der Kirche machte sie auch zum geistigen Zentrum des Widerstandes."[113]

Ich darf schließen mit Worten, die die beiden Salzburger Erzbischöfe Waitz und Rohracher aussprachen. Fürsterzbischof Sigismund Waitz in seinem letzten Hirtenbrief, zwei Wochen vor seinem Tod Mitte Oktober 1941: „Wir Katholiken müssen heute oft der äußeren Gewalt weichen. Wo es sich um irdische Dinge handelt, können wir nur dulden und schweigen. Wo es aber um den Glauben geht, dort gibt es kein Weichen, sondern nur ein Stehen oder Sterben."[114] Sein unmittelbarer Nachfolger, Erzbischof Andreas Rohracher, rief bei seiner Inthronisation am 10. Oktober 1943 voll Optimismus und unerschrocken dem gläubigen Volk die Parole zu: „Denn Christus ist und bleibt der Herr und Sieger."[115] Das war Widerstand, geistiger Widerstand, und das waren deutliche Spuren Gottes in Österreichs schwerster Zeit.

Anmerkungen

[1] Acta Apostolicae Sedis (AAS), 1937, XXIX/5. Zur Enzyklika vgl. Dieter Albrecht, Der Notenwechsel zwischen dem Heiligen Stuhl und der deutschen Reichsregierung, I. Bd.: Von der Ratifizierung des Reichskonkordates bis zur Enzyklika „Mit brennender Sorge"; II. Bd.: 1937—1945 (Veröffentlichungen der Kommission für Zeitgeschichte, Reihe A, Quellen: 1. und 10. Bd.). Mainz 1965 u. 1969.

[2] Hans Jablonka, Waitz — Bischof unter Kaiser und Hitler. Wien 1971.

[3] Zitiert nach Jakob Fried, Nationalsozialismus und katholische Kirche in Österreich. Wien 1947, S. 180 f.

[4] Ludwig Volk SJ, Flucht aus der Isolation. Zur „Anschluß"-Kundgebung des österreichischen Episkopates vom 18. März 1938. In: Stimmen der Zeit, 200. Bd., 1982, S. 651—661 und 769—783; verwiesene Stelle: S. 651.

[5] Linzer Diözesanblatt (LDBl) 1929, LXXV/4. Vgl. Erika Weinzierl-Fischer, Österreichs Katholiken und der Nationalsozialismus, I. Teil 1918—1933. In: Wort und Wahrheit, 18. Jg., 1963, S. 417—439; II. Teil 1933—1945. In: Ebd., S. 493—526; III. Teil: Die Verhandlungen über einen „Modus vivendi" im Sommer 1938. In: Ebd., 20. Jg., 1965, S. 777—804. Verwiesene Stelle: S. 431; Oskar Veselsky, Bischof und Klerus der Diözese Seckau unter nationalsozialistischer Herrschaft (Dissertation der Karl-Franzens-Universität Graz, 54. Bd.). Graz 1981, S. 10 und 17. Zum Leben und Wirken Bischof Gföllners vgl. insbesondere: Richard Kutschera, Johannes Maria Gföllner. Bischof dreier Zeitenwenden. Linz 1972; Harry Slapnicka, Oberösterreich — Die politische Führungsschicht 1918—1938. Linz 1976, S. 90—93; Rudolf Zinnhobler (Hrsg.), Das Bistum Linz im Dritten Reich. Linz 1979; Maximilian Liebmann, NS-Kirche: Bischof Gföllner verhält sich anders. In: Theologisch-Praktische Quartalschrift, 130. Jg., 1982, S. 125—131.

[6] Erika Weinzierl, Der Episkopat. In: Ferdinand Klostermann, Hans Kriegl, Otto Mauer, Erika Weinzierl (Hrsg.), Kirche in Österreich 1918—1965, I. Bd. Wien—München 1966, S. 21—77; zitierte Stelle: S. 33. Zu Pawlikowski vgl. Maximilian Liebmann, Dr. Ferdinand Stanislaus Pawlikowski (1927—1953). In: Karl Amon (Hrsg.), Die Bischöfe von Graz-Seckau 1218—1968. Graz 1969, S. 456—469 und insbesondere Veselsky, Bischof und Klerus (Anm. 5).

[7] Veselsky, Bischof und Klerus (Anm. 5), S. 18.

[8] Kirchliches Verordnungsblatt für Seckau (KVBl) 1932, II/11.

[9] Der Hirtenbrief ist mit „Linz, am 21. Jänner 1933" datiert. LDBl. (Anm. 1) 1933, LXXIX/1.

[10] Kutschera, Gföllner (Anm. 5), S. 92 ff.

[11] Wie Anm. 9.

[12] Weinzierl, Österreichs Katholiken (Anm. 5), S. 435 ff. Zu Eibl vgl. auch Peter Eppel, Zwischen Kreuz und Hakenkreuz (Veröffentlichungen der Kommission für Neuere Geschichte Österreichs, 69. Bd.). Wien—Köln—Graz 1980 und Maximilian Liebmann, Kardinal Innitzer und der Anschluß. Kirche und Nationalsozialismus in Österreich 1938 (Grazer Beiträge zur Theologiegeschichte und kirchlichen Zeitgeschichte, 1. Bd.), Graz 1982.

[13] Ludwig Volk, Kirchliche Akten über die Reichskonkordatsverhandlungen 1933 (Veröffentlichungen der Kommission für Zeitgeschichte, Reihe A, Quellen: 11. Bd.). Mainz 1969, S. 11.

[14] Bernhard Stasiewski, Akten deutscher Bischöfe über die Lage der Kirche 1933—1945, I. Bd. (Veröffentlichungen der Kommission für Zeitgeschichte, Reihe A, Quellen: 5. Bd.). Mainz 1968, S. 53. Vgl. dazu Rudolf Zinnhobler, Die Haltung Bischof Gföllners gegenüber dem Nationalsozialismus. In: Zinnhobler, Das Bistum Linz (Anm. 5), S. 61—73.

Faulhabers Replik auf die neuerliche scharfe Ablehnung des Nationalsozialismus durch das Linzer Diözesanblatt dürfte sich auf Gföllners Feststellung vom 22. März 1933 beziehen, in der er nachdrücklich vermerkte: „Es bleibt denn auch der Hirtenbrief trotz aller Kritik und Anfeindung vollinhaltlich aufrecht; nicht ein einziger Satz und Gedanke wird zurückgenommen oder abgeschwächt, nicht ein Strichlein und nicht ein Pünktlein wird geändert."

[15] Ludwig Volk, Der österreichische Weihnachtshirtenbrief 1933. Zur Vorgeschichte und Resonanz. In: Dieter Albrecht, Hans Günter Hockerts, Paul Mikat, Rudolf Morsey (Hrsg.), Politik und Konfession. Festschrift für Konrad Repgen zum 60. Geburtstag. Berlin 1983, S. 393—414; verwiesene Stelle: S. 396.

[16] Ebd., S. 408.

[17] Eppel, Zwischen Kreuz und Hakenkreuz (Anm. 12), S. 206. Vgl. dazu auch Maximilian Liebmann, Der Hl. Stuhl und der Anschluß Österreichs 1938. In: Theologisch-Praktische Quartalschrift, 131. Jg., 1983, S. 134—153, insbesondere S. 136.

[18] Volk, Der österreichische Weihnachtshirtenbrief 1933 (Anm. 15), S. 409.

[19] Wiener Diözesanblatt (WDBl.) 1933, 71/12.

[20] Ebd.

[21] Jakob Obersteiner, Die Bischöfe von Gurk (1824—1979) (Aus Forschung und Kunst, 22. Bd.). Klagenfurt 1980, S. 187; Weinzierl, Österreichs Katholiken (Anm. 5), S. 495 f.

[22] Weinzierl, Österreichs Katholiken (Anm. 5), S. 497.

[23] Reichspost, 23. Juli 1936, S. 1.

[24] Der Christliche Ständestaat, 9. August 1936, S. 770.

[25] Kurt Schuschnigg, Ein Requiem in Rot-Weiß-Rot. Wien 1978, S. 80.

[26] Christine Klusacek, Herbert Steiner, Kurt Stimmer (Hrsg.), Dokumentation zur österreichischen Zeitgeschichte 1938—1945. Wien—München 1971, S. 20 f.

[27] Ebd.

[28] Jablonka, Waitz (Anm. 2), S. 78.

[29] Ebd., S. 78 f.

[30] Ebd.

[31] Reichspost, 13. März 1938, S. 5.

[32] Vgl. Viktor Reimann, Kardinal Innitzer zwischen Hitler und Rom. Wien—München ²1967, S. 90.

[33] Veselsky, Bischof und Klerus (Anm. 5), S. 261.

[34] Ebd., S. 263.

[35] Kutschera, Gföllner (Anm. 5), S. 104.

[36] Max Domarus, Hitler. Reden und Proklamationen 1932—1945, I. Bd. Triumph, 2. Hlbd. (1935—1938). Wiesbaden 1973, S. 825.

[37] Reimann, Innitzer (Anm. 32), S. 92.

[38] Liebmann, Kardinal Innitzer (Anm. 12), S. 82 f.

[39] Albrecht, Notenwechsel (Anm. 1), III. Bd. (Quellen: 29. Bd.). Mainz 1980, S. XXII-IL.

[40] Liebmann, Der Hl. Stuhl (Anm. 17), S. 140.

[41] Fritz Bornemann, P. W. Schmidt und Kardinal Innitzer März-April 1938. In: Analecta SVD-53. Rom 1980, S. 99—136; verwiesene Stelle: S. 130. Bornemanns Edition wird des weiteren mit: Schmidt-Bericht zitiert.

[42] Henry Picker, Hitlers Tischgespräche im Führerhauptquartier. Stuttgart ³1976, S. 415 f.

[43] Liebmann, Kardinal Innitzer (Anm. 12), S. 84 ff.

[44] Ediert ebd., S. 93 f.

[45] Ebd., S. 98 f.

[46] Josef Lettl, Die Arbeitsgemeinschaft für den religiösen Frieden 1938. Linz 1981, ungedr. Diplomarbeit; Reimann, Innitzer (Anm. 32), S. 174 ff.; Liebmann, Kardinal Innitzer (Anm. 12), S. 115 ff.

[47] Tätigkeitsbericht von Gauleiter Bürckels Verbindungsmann, Karl Rudolf Pischtiak. Ediert in: Liebmann, Kardinal Innitzer (Anm. 12), S. 131.

[48] Liebmann, Kardinal Innitzer (Anm. 12), S. 68 und S. 98.

[49] Innitzer an Bürckel (Durchschlag), 16. März 1938. DAW-BIKO (Diözesanarchiv Wien — Bischofskonferenz).

[50] Zu den Loyalitätserklärungen dieser christlichen Kirchen vgl. Gerhard Botz, Wien vom „Anschluß" zum Krieg. Wien—München ²1980, S. 124 ff.; Erika Weinzierl, Kirche und

Nationalsozialismus in Wien im März 1938. In: Forschung und Beiträge zur Wiener Stadtgeschichte, 2. Bd., 1978, S. 167; Reimann, Innitzer (Anm. 32), S. 128 ff.; Maximilian Liebmann, Rein zur Zeit des Nationalsozialismus und nach dem Zweiten Weltkrieg. In: Paulus Rappold (Hrsg.), Stift Rein 1129—1979. 850 Jahre Kultur und Glaube — Festschrift zum Jubiläum. Rein 1979, S. 252—292; insbesondere S. 285.

51 Bürckels Telegramm ist vom 16. März datiert und an den Reichsstatthalter Ritter von Epp in München gerichtet. Es lautet: „Bitte mir Ihren Pressereferenten B" — was wohl Pg. hätte heißen sollen — „Himmelreich bis Ostern zur Verfügung zu stellen. Er möge sich in Wien im Hotel Meissl und Schadn melden. Heil Hitler Ihr sehr ergebener Bürckel Gauleiter." Original, Privatarchiv Himmelreich.

52 Vgl. Kardinal Faulhaber an den bayerischen Episkopat, 30. März 1938. In: Ludwig Volk, Akten Kardinal Michael von Faulhabers 1917—1945, II. Bd. 1935—1945 (Veröffentlichungen der Kommission für Zeitgeschichte, Reihe A, Quellen: 26. Bd.). Mainz 1978, S. 546 ff.

53 Tagebucheintragung von Fürsterzbischof Waitz am 17. März 1938. Das ungekürzte Tagebuchmanuskript (11. März bis 12. April 1938) von Waitz stellte mir dankenswerterweise dessen Neffe, Pfarrer Frajo Waitz, zur Verfügung. Jablonka hat in Waitz (Anm. 2) besagtes Tagebuch auszugsweise ediert, siehe ebd., S. 119—133.

54 Ebd.

55 Liebmann, Kardinal Innitzer (Anm. 12), S. 68 ff. und S. 102.

56 Durchschlag: DAW (Anm. 49) — BA/I 19 (Bischofsakten/Innitzer, 19. Kassette).

57 Vgl. Liebmann, Kardinal Innitzer (Anm. 12), S. 18 f., S. 22 und S. 108.

58 Ediert ebd., S. 109.

59 Durchschlag: DAW-BIKO (Anm. 49). Der Text, der sich im Pawlikowski-Nachlaß: DAG (Diözesanarchiv Graz) XXVc[9] findet, unterscheidet sich folgend: a) Anstatt „nationalsozialistischen" steht „ns"; b) „ähnlichem" ist durchgestrichen und „diesem" darüber geschrieben. Vgl. Liebmann, Kardinal Innitzer (Anm. S. 69 f.)

60 Reimann, Innitzer (Anm. 32), S. 118.

61 Gerhard Wanner, Kirche und Nationalsozialismus in Vorarlberg (Schriften zur Vorarlberger Landeskunde, 9. Bd.). Dornbirn 1972, S. 16.

62 Weinzierl-Fischer, Österreichs Katholiken (Anm. 5), S. 510.

63 Fürstbischof Pawlikowski von Graz-Seckau und Kardinal Innitzer.

64 Bischof Michael Memelauer von St. Pölten. Daß Bischof Memelauer in der darauffolgenden Nummer seines Diözesanblattes den unveränderten Text doch bringen mußte, beweist überdeutlich, daß er zunächst — zumindest bis zum Zeitpunkt seiner ersten Publikation — der Meinung war, für seine Diözese ohnehin das letzte Wort in der Textierung zu haben. Vgl. dazu Liebmann, Kardinal Innitzer (Anm. 12), S. 20 ff.

65 Fürstbischof Adam Hefter von Gurk-Klagenfurt. Vgl. hierzu: Kirchliches Verordnungsblatt für die Diözese Gurk, 22. März 1938, und Obersteiner, Die Bischöfe von Gurk (Anm. 21), S. 190.

66 Bischof Johannes Maria Gföllner von Linz und Fürsterzbischof von Salzburg Sigismund Waitz. Vgl. Zinnhobler, Die Haltung Bischof Gföllners (Anm. 14), S. 67 f.

67 Liebmann, Kardinal Innitzer (Anm. 12), S. 105 f.

68 Schmidt-Bericht (Anm. 41), S. 120.

69 Helmut Sündermann, Die Grenzen fallen. München 1939, S. 53.

70 Neues Wiener Tagblatt, 3. April 1938, S. 3: „... Ich müßte meine ganze Vergangenheit als theoretischer Vorkämpfer des Selbstbestimmungsrechtes der Nationen wie auch als deutschösterreichischer Staatsmann verleugnen, wenn ich die große geschichtliche Tat des Wiederzusammenschlusses der deutschen Nation nicht freudigen Herzens begrüßte ... Als Sozialdemokrat und somit als Verfechter des Selbstbestimmungsrechtes der Nationen, als erster Kanzler der Republik Deutschösterreich und als gewesener Präsident ihrer Friedensdelegation zu St. Germain werde ich mit Ja stimmen." Vgl. auch Walter Wodak, Diplomatie zwischen Ost und West. Graz—Wien—Köln 1976, S. 161 ff. bzw. S. 229, und Botz, Wien (Anm. 50), S. 139 ff.

71 Ludwig Volk, Der Bayerische Episkopat und der Nationalsozialismus 1930—34 (Veröffentlichungen der Kommission für Zeitgeschichte, Reihe B, Forschungen: 1. Bd.). Mainz 1965, S. 172.

72 Der sozialistische Kampf, Paris, 2. Juni 1938, S. 5.

73 Volk, Flucht aus der Isolation (Anm. 4).

74 Ebd., S. 661, Anm. 27.

75 Tagebucheintragung von Waitz, in: Jablonka, Waitz (Anm. 2), S. 122: „21. März... Heldentat haben wir Bischöfe keine vollzogen, unterstehen der Kritik weitester Kreise in ungünstiger Weise."

76 Volk, Flucht aus der Isolation (Anm. 4), S. 780.

77 Pawlikowski an Pacelli (Konzept), 11. August 1938. DAG (Anm. 59) XXVc[9]; vgl. Liebmann, Pawlikowski (Anm. 6), S. 464 und Veselsky, Bischof und Klerus (Anm. 5), S. 79.

78 Tagebucheintragung von Waitz (Anm. 53), 18. März 1938; vgl. Jablonka, Waitz (Anm. 2), S. 121.

79 Liebmann, Kardinal Innitzer (Anm. 12), S. 110 ff.

80 Ebd., S. 110 und S. 132, Anm. 58.

81 Auf seiner Romreise berichtete Innitzer laut P. Schmidt: „... daß ihm auch Zustimmungen aus zahlreichen Gegenden Deutschlands, von Katholiken und Protestanten zugegangen seien. Schon bei der Abreise von Wien hatte der Kardinal von einer Verlautbarung des Bischofs-Stellvertreters von Fulda gehört, der eine günstige Verlautbarung zur Wahl erlassen hatte." Schmidt-Bericht (Anm. 41), S. 120. Bei dem hier apostrophierten Bischofs-Stellvertreter von Fulda handelt es sich um Weihbischof Johannes Baptist Dietz. Näheres dazu bei Liebmann, Kardinal Innitzer (Anm. 12), S. 134.

82 Reichspost, 2. April 1938, S. 1.

83 Schmidt-Bericht (Anm. 41), S. 116 f.

84 Fried, Nationalsozialismus (Anm. 3), S. 28.

85 Schmidt-Bericht (Anm. 41), S. 125.

86 Ebd., S. 121 f. und S. 127.

87 In Faksimile wiedergegeben in: Reimann, Innitzer (32), S. 346 f.

88 Dankadresse zur „Feierlichen Erklärung", faksimiliert wiedergegeben: Liebmann, Kardinal Innitzer (Anm. 12), S. 157.

89 So berichtete der Augen- und Ohrenzeuge Jauner Hitlers Wort seinen priesterlichen Amtskollegen. Liebmann, Kardinal Innitzer (Anm. 12), S. 86; vgl. dazu ebd., S. 95 f., Anm. 84.

90 Ebd., S. 112.

91 Ebd., S. 23, S. 26 und S. 108.

92 Botz, Wien (Anm. 50), S. 175 ff.

93 Innitzer an Bürckel (Durchschlag), 24. Mai 1938. DAW-BIKO (Anm. 49).

94 Unterhandlungsprotokoll vom 30. Mai, 3/4 12 bis 12 Uhr (Original). DAW-BA/I19 (Anm. 56). Vgl. Reimann, Innitzer (Anm. 32), S. 151 ff., und Pischtiaks Tätigkeitsbericht in: Liebmann, Kardinal Innitzer (Anm. 12), S. 137 f.

95 Klaus Scholder, Österreichs Konkordat und nationalsozialistische Kirchenpolitik 1938/39. In: Zeitschrift für evangelisches Kirchenrecht, 20. Bd., 1975, S. 230—243; insbesondere S. 236.

96 Himmelreich, in: Jablonka, Waitz (Anm. 2), S. 102.

97 Vgl. dazu Alois C. Hudal, Römische Tagebücher, Lebensbeichte eines alten Bischofs. Graz—Stuttgart 1976, S. 237 ff.

98 Himmelreich, in: Jablonka, Waitz (Anm. 2), S. 103 f.

99 Himmelreichs Bericht an Gauleiter Bürckel hat einen Umfang von 17 Seiten, ist maschingeschrieben (Durchschlag) und gezeichnet mit: „Wien, 18. Juli 1938 Dr. J. H." Er befindet sich im Privatarchiv Himmelreich; dafür, daß Himmelreich ihn mir bereitwillig zur Verfügung gestellt hat, sei ihm freundlichst gedankt.

100 Waitz an Innitzer (Original), 4. Juli 1938. DAW-BIKO (Anm. 49).

[101] Pischtiaks Tätigkeitsbericht, in: Liebmann, Kardinal Innitzer (Anm. 12), S. 142.

[102] Wörtliche Formulierung in Himmelreichs Bericht (Anm. 99), S. 8.

[103] Dieses im Privatarchiv Himmelreich erhalten gebliebene Unterschriftenblatt trägt die Überschrift aus Himmelreichs Hand: „Vorliegendes Manuskript wurde prinzipiell als Abmachungsgrundlage anerkannt." Gföllner betreffend hat Himmelreich darauf handschriftlich vermerkt: „Bischof Gföllner, Linz, begrüßt Friedensschritt, möchte jedoch der Bischofskonferenz nicht vorgreifen. Linz, 5. 8. 38. H." Himmelreich dürfte diesen Vermerk erst später daraufgeschrieben haben, wofür besonders das inkorrekte Datum „5. 8." statt recte „5. 7." spricht.

[104] Himmelreichs Bericht (Anm. 99).

[105] Himmelreich, in: Jablonka, Waitz (Anm. 2), S. 105, vgl. dazu Pischtiaks Tätigkeitsbericht, in: Liebmann, Kardinal Innitzer (Anm. 12), S. 143.

[106] Weinzierl-Fischer, Österreichs Katholiken (Anm. 5), S. 784; vgl. dazu den höchst brisanten und aufschlußreichen Bericht Pischtiaks, in: Liebmann, Kardinal Innitzer (Anm. 12), S. 145 f.

[107] Himmelreich, in: Jablonka, Waitz (Anm. 2), S. 107.

[108] Ebd.; Weinzierl-Fischer, Österreichs Katholiken (Anm. 5), S. 788.

[109] Pacelli an Waitz (Original), 12. August 1938. DAW-BIKO (Anm. 49); vgl. Veselsky, Bischof und Klerus (Anm. 5), S. 93.

[110] Himmelreichs Bericht (Anm. 99).

[111] Innitzer an Pacelli (Konzept), 19. August 1938. DAW-BIKO (Anm. 49); vgl. dazu Liebmann, Kardinal Innitzer (Anm. 12), S. 152.

[112] Reimann, Innitzer (Anm. 32), S. 194 ff.

[113] Ebd., S. 214.

[114] Zitiert nach Jablonka, Waitz (Anm. 2), S. 147.

[115] Vgl. Weinzierl-Fischer, Österreichs Katholiken (Anm. 5), S. 527.

Erika Weinzierl

Katholischer Widerstand gegen den Nationalsozialismus in Österreich

Zu Beginn sei darauf verwiesen, daß zum Beispiel in der Zeitschrift „Der Brenner“, die es nach dem Zweiten Weltkrieg noch einige Jahre gegeben hat und die dann leider eingestellt werden mußte, der heute noch lebende Dr. Ignaz Zangerle 1933 einen hervorragenden Aufsatz veröffentlicht hat mit einer geradezu prophetischen Aussagekraft über das, was der Nationalsozialismus wirklich ist und bedeutet. Ich möchte auch bei allen großen politischen Fehlern, die Bundeskanzler Engelbert Dollfuß gemacht hat, ihn doch auch mithineinnehmen in die Reihe der Männer und Frauen, die sich zu einer Zeit, wo es schon gefährlich war, und das war es vom Augenblick der NS-Machtergreifung an, gegen den Nationalsozialismus zu stellen wagten, und schließlich ist Engelbert Dollfuß als einziger Bundeskanzler, also Leiter einer Regierung im Amt, doch Opfer des nationalsozialistischen Putsches am 25. Juli 1934 geworden. Planetta, der SS-Mann aus der SS-Standarte 89, von dem mit Sicherheit eine Kugel stammt, ist ja deswegen auch zum Tode verurteilt worden. Die Herkunft der zweiten Kugel ist lange ungeklärt geblieben, aber man weiß heute mit Sicherheit, daß sie von einem nationalsozialistischen Polizisten stammt, der beim Putsch mitgemacht hat. Planetta hat zwar entschieden erklärt, sein Schuß wäre ihm unglückseligerweise passiert. Er hätte nicht die Absicht gehabt, den Bundeskanzler zu ermorden. Er wäre aus dem Dunkeln in den hellen Raum gekommen, und der Bundeskanzler, der ein tapferer Mann war, hätte ihn angesprungen und dabei hätte er instinktiv geschossen. Nun, wie immer man das beurteilt, es hat sich jedenfalls um einen regulären Putsch gehandelt, der, wenn er gelungen wäre, Österreich eben schon vier Jahre früher unter das NS-Regime gebracht hätte. Und ich möchte außerdem noch hinzufügen, daß trotz der von Prof. Liebmann angeführten Zitate aus Hirtenbriefen der österreichischen Bischöfe bis zum ausgehenden Jahr 1937 mit den Mahnungen vor den Irrtümern des Nationalsozialismus nicht alle Bischöfe ebenso eingestellt waren wie eben ein Gföllner, ein Waitz, ein Pawlikowski. Dennoch sind sie vom sogenannten Kirchenvolk so verstanden worden, wie sie gemeint waren, nämlich als Aufforderung zum Widerstand, als Aufforderung, sich nicht dem nationalsozialistischen Ungeist hinzugeben. Zwischen dieser Haltung und dem Hirtenbrief vom 18. März 1938 besteht sehr wohl ein großer Unterschied. Und selbst der von Liebmann entdeckte eigene Entwurf der Bischöfe war bereits ein Zugeständnis, eine deutliche Akkommodation an die neuen Verhältnisse. Die grundsätzliche Anerkennung, das Ja zum „Anschluß“, ist ja auch schon in ihm enthalten, und das hat Männer und Frauen, überzeugte Katholiken, die sich zum Zeitpunkt der „Volksabstimmung“ vom 10. April 1938 und auch zum Zeitpunkt des Bekanntwerdens dieser Erklärung als überzeugte Gegner des Nationalsozialismus im Gefängnis befanden, zutiefst getroffen. Einer von ihnen, der nachmalige Generaldirektor des Verlages Styria, Karl M. Stepan, der im Jahr 1934 Führer der Vaterländischen Front gewesen war, hat mir selbst erzählt, wie die nationalsozialistischen Wächter zu ihren Gefangenen gekommen sind, ihnen die Zeitungen mit der

Meldung hingeschleudert und gesagt haben: „Da seht ihr Deppen, wofür ihr euch habt einsperren lassen.“ Und es hat eben viele gegeben, die das bis zu ihrem Tod nicht vergessen konnten; es war kein Rachegefühl, kein Haß, aber eine tiefgehende Enttäuschung gerade bei jenen, die das kirchliche Wort ernstgenommen und gemeint haben, die kirchliche Obrigkeit, die natürlich einen größeren Rahmen zu berücksichtigen hat, werde doch eine andere Haltung, als es dann zumindest bis zum Herbst 1938 der Fall war, einnehmen. Ich setze nun dort fort, wo Prof. Liebmann zeitlich aufgehört hat, und beginne mit jener Jugendkundgebung am Stephansplatz am 7. Oktober 1938.

Diese Kundgebung von ungefähr 7000 katholischen Jugendlichen ist eigentlich die erste große öffentliche antinationalsozialistische Demonstration gewesen, und sie ist als solche nicht nur von den Nationalsozialisten, nicht nur von dem schäumenden Gauleiter Bürckel, nicht nur von den Nationalsozialisten in Zivil, die am 8. Oktober das Palais überfallen haben, verstanden worden, sondern zum Beispiel auch in einer nach 1945 geschriebenen Geschichte des kommunistischen Widerstandes von Hermann Mitteräcker, in der es ausdrücklich heißt, daß diese Jugenddemonstration die erste große öffentliche Kundgebung gegen den Nationalsozialismus war. Die Ansprache Kardinal Innitzers, eine sehr einfache, klare, zu Herzen gehende, deutliche, hat die Jugendlichen so beflügelt, daß sie in Anlehnung an „Wir wollen unseren Führer sehen“, „Wir wollen unseren Bischof sehen“ gerufen und kirchliche Lieder gesungen haben und eben wirklich eine spontane Sympathiedemonstration für ihren Erzbischof veranstaltet haben. Unter ihnen haben sich auch Gestapo-Spitzel befunden, was die Verhaftung einer Gruppe junger Demonstranten zur Folge hatte. Einige von ihnen wurden bis 1945 im KZ oder Gefängnis festgehalten. Sie haben es zum Glück überlebt, wie es auch Domkurat Krawarik überlebte, der am 8. Oktober von in das Erzbischöfliche Palais und das Churhaus eingedrungenen Nationalsozialisten von einem Fenster im ersten Stock in den Innenhof gestürzt worden war und dort stundenlang mit einem gebrochenen Oberschenkel hilflos liegen blieb. Der nationalsozialistische Wiener Polizeipräsident Dr. Brandl saß übrigens während des Überfalls mit der Uhr in der Hand im gegenüberliegenden Café Europe. Er gab den Befehl für den Einsatz der Polizei erst, als alle Fensterscheiben bereits eingeschlagen waren. Der Kardinal selbst ist von seinen damaligen Mitarbeitern Jachym und Weinbacher im Matrikenamt in Sicherheit gebracht worden. Das Kruzifixus-Gemälde im Empfangssaal des Palais hat heute noch den Riß, den ihm Nationalsozialisten beim „Sturm auf das Palais“ zufügten. Als Mahnzeichen wurde er nicht restauriert. Krawarik hat seine Leidensgeschichte 1963 im Pfarrblatt der Pfarre Alt-Ottakring selbst geschildert: „Erst nach viereinhalb Monaten, am 17. Februar 1939, konnte ich das Krankenhaus verlassen, jedoch das Gehen war mir dann durch längere Zeit nur gestützt auf zwei Stöcken und zuerst auch nur von einem Begleiter unterstützt möglich. Erst im Laufe der Monate lernte ich es, wieder richtig und ohne Stock zu gehen.“ Krawarik schloß seine Erinnerungen mit einem Dank an alle, die ihm geholfen haben, diese schwere Zeit zu überwinden. Das führt uns schon zu einem Problem, das bis heute der historischen Forschung große Schwierigkeiten bereitet. Wenn es sich um die Spitze der Amtskirche handelt, Kardinäle, Bischöfe, Weihbischöfe, Korrespondenzen mit Rom, Korrespondenzen mit Gauleitern, mit der Reichskanzlei, so gelingt es im Laufe der Jahre doch, immer neues und immer mehr Aktenmaterial einzusehen.

Es wird zugänglich gemacht, es sind Funde möglich, wie das z. B. Prof. Liebmann in zahlreichen Fällen gelungen ist. Man kann daraus dann ein immer deutlicheres Bild der Ereignisse wie ein Mosaik zusammensetzen. Das gilt aber nicht für die Laien in diesem Land. Dessen Bürger sind heute noch immer zu fast 87% getaufte Katholiken, wenn auch nur ein Drittel von ihnen „Praktizierende" sind. Damals gab es über 90% getaufte katholische Bürger, das heißt, eigentlich müßte man, wenn man sich nur an die Taufe hält, sagen, jeder Widerstand, ob von Kommunisten, Monarchisten, Sozialdemokraten, Heimwehrmännern, jeder Widerstand ist in Österreich von Katholiken geleistet worden. Das wollen und können wir aber nicht in Anspruch nehmen, das wäre eine glatte Geschichtsfälschung. Wir wissen allerdings, wo das Schwergewicht in diesem Widerstand lag: in zwei sehr entgegengesetzten politischen Lagern, einerseits bei den Kommunisten, die ja schon seit dem Jahr 1933 in der Illegalität gelebt haben, die am erbarmungslosesten verfolgt worden sind und die grundsätzlich nie begnadigt wurden, und auf der anderen Seite die Legitimisten oder Monarchisten, von denen sicher ein Großteil zu den praktizierenden Katholiken gehörte.

Auch wenn der österreichische Widerstand noch lange nicht ganz erforscht ist, so können wir doch schon jetzt mit Sicherheit sagen, daß mehr als 35.000 Österreicher im Sinne eines Widerstandes dem Nationalsozialismus zum Opfer gefallen sind, ihr Leben verloren haben. Sicherlich waren die meisten von ihnen Katholiken, aber kirchlichen, katholischen Widerstand gegen den Nationalsozialismus haben nur jene geleistet, von denen wir wissen, daß sie sich selbst als Katholiken bekannt oder empfunden haben oder als solche auch verfolgt wurden. Dafür ist jedoch die Quellenlage zum Teil schwierig, unerschlossen, und zum Teil sind Quellen gar nicht vorhanden. Man muß daher zusätzlich andere Methoden anwenden. Es ist aber dennoch möglich, zunächst einmal schon an Namen orientiert, eine kurze Geschichte des katholischen Widerstandes in Österreich gegen den Nationalsozialismus zu versuchen. Für mich begann er — wie bereits gesagt — schon vor dem März 1938. Einen hohen Stellenwert hat natürlich die Demonstration der katholischen Jugend am 7. Oktober 1938. Auch die Bischöfe sind immer wieder Ziele von massiven nationalsozialistischen Angriffen gewesen, sie allerdings zu inhaftieren, hat man, von der Ausnahme von Bischof Pawlikowski abgesehen, denn doch nicht gewagt. Nicht einmal gegen Bischof Galen von Münster hat man wegen seiner berühmten Predigten gegen die Euthanasie, die dann tatsächlich wegen des enormen Widerhalls, den sie hervorgerufen haben, offiziell eingestellt wurde, nicht mehr als Drohungen gerichtet. In der Kriegszeit, ich möchte das mit aller Vorsicht sagen, ist auch eine gewisse Parallele zu sehen mit der Situation in der Sowjetunion, wo der „Große Vaterländische Krieg" ab 1941 ja dann auch zu einer gewissen Annäherung zwischen der orthodoxen Kirche und dem staatlichen System geführt hat. Die Kirche spendete die Mittel für die Erstellung einer Panzerdivision, was Stalin zu einer gewissen Sistierung in der Kirchenverfolgung veranlaßt hat. Auch Hitler hat ja gesagt, die Abrechnung mit der Kirche muß noch aufgeschoben werden, auch noch in einer Zeit, in der die Judentransporte den strategischen Erwägungen bereits völlig zuwidergelaufen sind. Man hat sie in endlosen Lastzügen, die den Militärverkehr blockierten, in die Vernichtungslager transportiert und hat sie dort ermordet. Ein ähnliches Schicksal war nach dem „Endsieg" der Kirche zugedacht. Der enge

Zusammenhang zwischen Judentum und Kirche war für die obersten Führer des Nationalsozialismus nämlich sehr wohl gegeben, weil sie, wie Hitler formulierte, im Gewissen eine jüdische Erfindung sahen, auch wenn in der Öffentlichkeit anderes behauptet wurde, bis hin zu den sogenannten deutschen Christen, die es im „Altreich" gegeben hat, als Ergebnis der Trennung zwischen den „Bekennenden Christen" einerseits und den „Deutschen Christen" anderseits. Letztere sind so weit gegangen, daß sie Christus zu einem Arier erklärten.

Wo die Verbindung durch den Bund, durch die Heilige Schrift, durch das Alte und das Neue Testament aus Opportunismus und Feigheit nicht gesehen und beachtet wurde, war der Mangel an Solidarität von gläubigen Christen mit den verfolgten Juden besonders groß. Das gilt gerade auch für unser nominell weitgehend katholisches Land in besonderem Maß. Das muß ebenso erwähnt werden wie das Faktum, daß es immerhin Kardinal Innitzer war, der sich mit der Errichtung der „Erzbischöflichen Hilfsstelle für nichtarische Christen" in seinem Palais besonders exponiert hat. Bis zum Jahr 1942 standen lange Schlangen von hilfesuchenden Juden-Christen, die trotzdem verpflichtet waren, den Judenstern zu tragen, bis auf die Rotenturmstraße hinaus, die von der „Hilfsstelle" Hilfe und Rat erbeten und erhalten haben. Für die Juden selbst ist es allerdings bis zum heutigen Tag schmerzend und sie können nicht darüber hinwegsehen, daß die direkte und unmittelbare Hilfe eben nur den Juden-Christen, das heißt also den Konvertiten gegeben wurde. Über diese hat indirekt natürlich auch eine größere Anzahl von nichtgetauften Juden Hilfe erlangt. Insgesamt war sie nur ein Tropfen auf dem heißen Stein, aber immerhin geleistet von einem Kardinal, der durch sein Verhalten zum Teil schon vor 1938 und dann vor allem im Frühjahr 1938 soviel und zum Teil berechtigte Kritik hervorgerufen hat.

Was nun die Opfer dieses Widerstandes betrifft, so können wir über ihre Zahl, was die Vertreter der Amtskirche, den Klerus, betrifft, genaue Angaben machen, und zwar im Gegensatz zu fast allen anderen Widerstandsgruppen. Sie waren eine geschlossene Gruppe, erfaßt in den Diözesanschematismen. In den bischöflichen Ordinariaten jeder Diözese hatte man einen genauen Überblick über den Personalstand und konnte dann auch die Verluste registrieren. Ähnliches gilt von einer anderen Berufsgruppe, den Eisenbahnern. Sie haben übrigens neben den katholischen Priestern, im Verhältnis zur Bevölkerungszahl, die meisten Opfer im Kampf gegen den Nationalsozialismus erbracht. Von den Geistlichen waren von 1938 bis 1945 724 österreichische Priester im Gefängnis, von ihnen sind dort sieben gestorben; 110 kamen in Konzentrationslager, von ihnen sind 90 zugrunde gegangen, 15 wurden zum Tod verurteilt und hingerichtet. Dieses Schicksal erlitt auch eine Klosterschwester, Sr. Restituta (Helene Kafka), die, wie wir nach den neuesten Forschungen von Helene Maimann wissen, die einzige Klosterschwester im deutschsprachigen Machtbereich war — den Osten und Polen kann man hier nicht berücksichtigen —, die tatsächlich hingerichtet worden ist. Bei den genannten Zahlen sind die Tiroler nicht eingeschlossen. 208 Priester waren gau- und landesverwiesen. Über mehr als 1500 war Predigt- und Unterrichtsverbot verhängt worden. Die meisten verhafteten Priester stammten aus den Diözesen Linz, Seckau und Salzburg, was kein Zufall gewesen sein dürfte: Bischof Gföllner war der überzeugteste Antinationalsozialist und ist schon früh dem Nationalsozialismus öffentlich entgegengetreten. In Seckau war Bischof Pawlikowski, in Salzburg Erzbischof Waitz ein entschiedener Gegner des Nationalsozialismus. Es ist daher noch heute eine Auswirkung der Haltung der Oberhirten auf jene des Klerus nachzuweisen.

Nun einige Beispiele kleinerer und größerer Organisationen: Schon im Herbst 1938 hat der Klosterneuburger Chorherr Karl Roman Scholz, der übrigens wie sein Freund Dr. Viktor Reimann zunächst einmal Nationalsozialist gewesen ist, mit diesem eine illegale deutsche Freiheitsbewegung gegründet, die sich nach Kriegsausbruch um die Jahreswende 1939/40 „Österreichische Freiheitsbewegung" genannt hat. Den geheimen Lageberichten der SS aus der gleichen Zeit ist zu entnehmen, daß schon damals der Widerstand gegen den Nationalsozialismus in Österreich relativ stärker war als im übrigen Reichsgebiet; er reichte von antinationalsozialistischen Parolen an Fabrikswänden bis zum Widerstand, den Kapläne in ihren Predigten, in ihren Kontakten gerade in kleinen Landorten geleistet haben. Parolen waren wenige Monate nach dem deutschen Sieg in Polen: „Nieder mit dem Hitlerismus", „Proletarier aller Länder vereinigt euch!" In den Randgebieten der Erzdiözese Salzburg haben vor allem Patres aufgehobener Klöster ihre Meinung über den Nationalsozialismus nicht verborgen, sondern hielten laut Bericht des Sicherheitsdienstes „Hetzreden gegen den Nationalsozialismus". Ebenfalls noch 1938 hat sich die Freiheitsbewegung von Scholz das Ziel gesetzt, die nationalsozialistische Staatsführung zu stürzen und unter „Losreißung der Donau-Alpengaue" einen neuen österreichischen Staat zu errichten, der Bayern miteinschließen und bis zur Mainlinie reichen sollte. Das war in etwa auch ein Nachkriegskonzept, das Churchill relativ lang vertrat. Diese Freiheitsbewegung war in mehrere Untergruppen gegliedert, unter anderem das Zisterzienserstift Wilhering. Schließlich hatte sie etwa 400 Mitglieder, die folgenden Eid geleistet hatten: „Ich schwöre meinen heiligsten Eid, der alle anderen Eide bricht, daß ich der Sache der österreichischen Freiheitsbewegung mit dem Einsatz aller meiner Kräfte dienen, ihrer Führung unbedingten Gehorsam leisten und ihr Geheimnis jederzeit und vor jedermann wahren werde." Daran haben sich diese Mitglieder gehalten, aber sie waren natürlich nicht geschult für einen Widerstand gegenüber einem wirklich gefährlichen System. Ein Student aus Klosterneuburg, der Zugang zum Archiv des Stiftes Klosterneuburg hat und über die Geschichte des Stiftes in der NS-Zeit arbeitet, hat im Institut für Zeitgeschichte kürzlich über seine bisherigen Forschungen berichtet. Bei aller Anerkennung des Mutes gerade auch von Karl Roman Scholz und der anderen Führer hat er doch auch berichtet, was man bisher nicht so genau wußte, nämlich daß die jüngsten Mitglieder zwölfjährige Buben waren. Sie wurden in Seelsorgestunden von Karl Roman Scholz für eine höchst gefährliche Sache angeworben. Er war der Typus des mitreißenden Jugendführers, und von seiner Jugendbewegtheit ist auch einiges in seinem Widerstandsplan mit dem Eid zu finden, mit dem doch nicht übersehbaren Eindruck, daß gerade die ganz Jungen auch ein bißchen Räuber- und Gendarmen- oder Pfadfindermentalität entwickelt haben und dann in etwas hineingeraten sind, was furchtbare Folgen hatte. Allerdings, keiner von diesen Buben hat die Bewegung verraten, sondern ein als Künstler unbekannter und daher unbefriedigt gebliebener Wiener Burgschauspieler und Gestapo-Spitzel namens Otto Hartmann hat sich in die Gruppe eingeschlichen und schließlich die Freiheitsbewegung von Scholz, die mit ihm eng zusammenarbeitende Österreichische Freiheitsbewegung Dr. Karl Lederers und die Großösterreichische Freiheitsbewegung von Dr. Jakob Kastelić, einem führenden Mitglied der Katholischen Aktion und mit Bundeskanzler Schuschnigg befreundet, verraten. Wörtlich heißt es im betreffenden Gestapo-Akt: „Durch die Angaben des Schauspielers Otto Hartmann, der hier am 17. Juni 1940 die Anzeige erstattete, wobei er auf die Zusicherung der Straffreiheit hinwies, erlangte die Gestapo Kenntnis über die österreichische Freiheitsbewegung." Den geeigneten Anlaß für den Zugriff der Gestapo bot jedoch erst der von Hartmann, dem Spitzel und Provokateur, entworfene Plan, den Gasometer Wien-Leopoldau in die Luft zu sprengen. Obwohl die Österreichische Freiheitsbewegung zur Durchführung solcher durchwegs von Hartmann vorgeschlagenen Sprengungen überhaupt nicht in der Lage war (sie hatte nie Sprengstoff besessen), wurde Scholz im Hinblick auf diese Pläne des Verräters am 22. Juli 1940 verhaftet. Auf Grund der detaillierten Denunziation Hartmanns wurden in den nächsten Tagen und Wochen alle Mitglieder der drei Bewegungen, deren Namen Hartmann bekanntgeworden waren, ebenfalls verhaftet. Elf Todesurteile, von denen neun vollstreckt wurden, weitere neun Tote als Ergebnis der jahrelangen hunger- und kältereichen Haft, 174 Jahre Zuchthaus, 117 Jahre Gefängnis und 362 Jahre tatsächlich verbrachter Haftzeit waren die Antwort der Volksgerichtshöfe. Scholz, der bis dahin in elf verschiedene Gefängnisse gebracht worden war, wurde erst am 22. und 23. Februar 1944 vom Volksgerichtshof Wien der Prozeß gemacht. Er wurde wegen Hochverrats zum Tod durch das Fallbeil verurteilt. Die Hinrichtung fand am 10. Mai 1944 im Landesgericht Wien I statt, wo er um 17.48 Uhr mit den Worten „Für Christus und Österreich" das Schafott bestieg und mit acht seiner Gesinnungsgenossen hingerichtet wurde. In seinem schon vor seiner Verurteilung verfaßten Abschiedsbrief an seine Mitbrüder im Klosterneuburger Konvent gab er der Hoffnung Ausdruck, daß sein Wirken und sein Tod „so Gott will der Grund dafür sein wird, daß unser Haus glorreich wieder ersteht." Klosterneuburg war enteignet worden und als Reichsbesitz der Verwaltung des Kunsthistorischen Museums unterstellt worden. Scholz schrieb weiter: „Man glaube mir, was ich getan habe, das tat ich aus der Not meines Gewissens heraus, was ich als Christ und Mensch bedauern muß, tut mir herzlich leid, als Mann und Patriot habe ich nichts zu bereuen." Ich habe diesen Brief immer so verstanden, daß Scholz seine Mitbrüder darauf aufmerksam machen wollte, daß nicht er es war, der das Schicksal des Stiftes negativ beeinflußt hat. Die Chorherren waren dann bei den Piaristen untergebracht und konnten weiterstudieren. Somit ist von den nichtinvolvierten Mitbrüdern niemand zu Schaden gekommen, aber man hat doch recht hart — und zum Teil geschieht das noch heute — im Konvent über Scholz geurteilt. Der damalige Propst von Klosterneuburg hat noch zu Weihnachten 1945, also mehr als ein halbes Jahr nach der Befreiung Österreichs, Scholz in seiner Predigt nicht erwähnt, wohl aber jene Mitbrüder, die im Krieg als Soldaten gefallen waren. Es sei noch darauf hingewiesen, daß noch früher als der Kreis um Scholz andere Widerstandsgruppen verhaftet worden sind, vor allem aus dem Bereich der Linken, aber auch kleinere katholische Gruppen.

Im Herbst und Winter 1939 wurde die legitimistisch-sozialistische Gruppe Müller—Thanner verhaftet, sowie die Gruppe Meithner, die Kontakte zu Kommunisten hatte. Die erste Tagung des Volksgerichtshofs in Wien im Sommer 1939 galt allerdings den „Revolutionären Sozialisten". Halten wir also fest, daß von den

Verhaftungswellen 1939 und 1940 eine große Zahl von katholischen Männern und Frauen getroffen wurden. Sie sind im ersten zusammenfassenden Buch über den österreichischen Widerstand, das 1954 von Otto Molden publiziert worden ist, zum Teil genannt. Allerdings kommen die Frauen namentlich und zahlenmäßig, wie wir heute wissen, sehr zu kurz. Ihr Anteil am Widerstand, auch bei den Christen, bei den Katholiken, war weit größer, als man das lange Zeit gewußt hat. Diese ersten Widerstandsgruppen sind weitgehend auf Grund von Denunziationen verhaftet und zerschlagen worden. Der Wiederaufbau des Widerstandes ab 1941, also mit Beginn des Rußlandkrieges, ist dann vor allem von Männern und Frauen begonnen worden, die bereits durch die Hölle der KZ gegangen waren. Dies trifft zum Beispiel auf Dr. Hans Becker zu, den ehemaligen Propagandaleiter der Vaterländischen Front, oder auf Dr. Josef Hofer von der Linzer Polizeidirektion, und 1942 für den Wiederaufbau der katholisch-konservativen Gruppe „Astra" durch Raphael Spann und Karl von Burian. Diese Männer waren auf Grund ihrer Erfahrungen härter, entschlossener, konspirativer als die ersten Träger der Widerstandsbewegung unmittelbar nach 1938. In der Gewißheit, nie und nirgends vor Verrat sicher zu sein, der bis zum April 1945 Todesopfer gefordert hat — ich erinnere an das Schicksal der Offiziere Huth, Raschke, Biedermann, die am 8. April an den Straßenbahnmasten am Floridsdorfer Spitz aufgehängt wurden, weil sie in den letzten Widerstandsplan der Wehrmacht miteingebunden waren und Wien vor dem Schicksal retten wollten, Kampfgebiet zu werden —, hat man sich ab 1941 entschlossen, nach dem Vorbild der Kommunisten häufig nur in kleinen Zellen, in sogenannten Dreier- und Vierergruppen, zusammenzuarbeiten. Die Mitglieder dieser Gruppen haben über die Gruppen hinaus meist keine Kenntnis der größeren Organisation gehabt und daher im Fall einer Verhaftung nichts preisgeben können. Aufrechterhaltung bzw. Neuerrichtung der Widerstandsgruppen und Organisationen, die über ganz Österreich und darüber hinausreichten, war trotzdem notwendig. Dr. Becker hat daher nach seiner Rückkehr aus dem KZ Dachau im Mai 1941 in Wien wieder das aus dem seinerzeitigen Informationsbüro der Vaterländischen Front hervorgegangene Operationsbüro errichtet und begann mit der Erfassung eines Stabes: „Sehr bald konnten Vermittlungsstellen in Linz, Wels, Innsbruck, Graz und Klagenfurt geschaffen werden. Eine gute Verbindung mit Salzburg wurde etwas später aufgenommen. In Vorarlberg war die selbständige Arbeit so gediehen, daß eine Nachrichtenverbindung über Innsbruck genügte. Diese Verbindungsstellen hatten die Aufgabe, die überall einsetzenden Arbeiten der Einzelgruppen möglichst aufeinander abzustimmen, aber keineswegs zu zentralisieren. In den meisten Dingen mußte im eigenen Wirkungskreis selbständig vorgegangen werden." Die im Zuge der ersten Verhaftungswelle in Dachau festgehaltenen Führer des österreichischen bürgerlichen und katholisch-konservativen Widerstandes hatten sich außerdem schon dort auf ein Dreipunkteprogramm geeinigt, das sie nun konsequent wenigstens teilweise zu realisieren versuchten: 1. Zersetzung der deutschen Militär- und Zivilstellen, des deutschen Sieges- und Widerstandswillens. 2. Herstellung der Verbindung mit dem Ausland. 3. Ausbau der eigenen Widerstandskräfte unter der Voraussetzung, die eigenen Leute nicht zwecklos dem engmaschigen Überwachungsnetz des Dritten Reiches zu opfern.

Der deutsche Angriff auf Rußland hat den Kommunisten, die seit dem Hitler-Stalin-Pakt wie gelähmt waren, wieder Auftrieb gegeben. Wir können aber festhalten, daß die ersten österreichischen Partisanen, bei denen ja dann kämpferische Kommunisten die führende Rolle innehatten, allerdings keine Kommunisten waren, sondern Katholiken und Sozialisten, die sich im Tiroler Ötztal 1941 unter der Führung des sozialistischen Lokomotivführers Hubert Saurwein, der in den Nachrichten der Alliierten bald als der „Tito vom Ötztal" genannt wurde, und Wolfgang Pfaundler aus dem aktiven katholischen Widerstand als Kampfgruppe zusammenschlossen. Ende 1944 gehörten dieser Partisanengruppe bereits mehr als 60 Personen an. Die Partisanensituation in Kärnten war besonders schwierig und gefährlich. Dort hat die SS erbarmungslos zugeschlagen, was auch mit der Vertreibung der Slowenen zusammenhing. Die Zivilbevölkerung hat sich zum Teil vor diesen Partisanen, weil sie die Rache des politischen Gegners erkannte, sehr gefürchtet und ihnen sehr mißtraut. Zur Verbesserung der Beziehungen zur Zivilbevölkerung trug nun der junge Pfarrer von Glashütten wesentlich bei, der seine Gemeinde über die patriotischen Absichten der Partisanen aufklärte. Zu Weihnachten 1943 waren die Beziehungen schon so gut, daß die nun größer gewordene Partisanenabteilung in dieser Gegend von der Zivilbevölkerung eingeladen wurde, in der Kirche eines Grenzdorfes an der Weihnachtsmette teilzunehmen: „Es war die eigenartigste Mette, die jemals in dieser Gegend gefeiert wurde." Auf den Höhen über den Straßenzugängen standen die Kommunisten Wache, damit ihre gläubigen Kampfgefährten, vor einer Überraschung durch die SS gesichert, an der Messe teilnehmen und die Kommunion empfangen konnten. Es war dies vermutlich ein Einzelfall, aber doch ein besonders eindrucksvoller. Es gab dann auch immer wieder Zusammenarbeit von Katholiken über die alten „Lager"-Grenzen hinaus, in stärkerem Maß mit Sozialisten als mit Kommunisten. Das gilt im besonderen von der sozialistischen Gruppe Miksch, die im Jänner 1944 entdeckt worden ist. Sie hatte nur aus Männern, ausgesuchten Aktivisten, bestanden und war unter der Leitung von Dr. Alfred Miksch 1943 auf 100 Mitglieder angewachsen. Durch Miksch hatte die Gruppe einerseits Verbindung zu Hernalser Kommunisten, vor allem aber zu katholischen Widerstandskreisen. Die Zusammenarbeit mit ihnen fand auch einen Niederschlag in der von Miksch seit Anfang 1943 herausgegebenen illegalen Zeitschrift „Die Wahrheit". In ihr wurden auch Nachrichten für katholische Akademiker veröffentlicht, unter anderem auch ein Aufruf des späteren langjährigen Sektionschefs im Bundeskanzleramt Dr. Eduard Chaloupka.

Zukunftsprägend sollten die Kontakte werden, die Miksch Anfang Dezember 1943 mit Dr. Felix Hurdes aufnahm. Dieser war einer der führenden Köpfe aus den Reihen der jüngeren Generation in der seinerzeitigen „Vaterländischen Front". 1936—1938 Mitglied der Kärntner Landesregierung, wurde er unmittelbar nach dem Einmarsch der deutschen Truppen im März 1938 von der Gestapo verhaftet und zunächst neun Monate im berüchtigten Dachauer Isolierblock festgehalten. Nach seiner Entlassung bildete er im Winter 1942/43 eine katholische Widerstandsgruppe, der auch Leopold Kunschak und Lois Weinberger angehörten. In den ersten Jännertagen 1944 entwarfen Hurdes und Miksch in gemeinsamen Gesprächen ein Programm für die Gestaltung der Politik Österreichs nach dessen Befreiung. Sie sollte auf der Zusammenarbeit der beiden großen politischen Gruppen des Landes, der christlichsozial-bürgerlichen und der sozialistischen, basieren, was ja dann auch 1945 in der „Großen Koalition" realisiert worden ist. Wenige Tage nach diesen Gesprächen wurde am 7. Jänner 1944 Miksch verhaftet, Hurdes von ihm unabhängig zwei Monate später. Ein Jahr danach wurde der Wiederaufbau Österreichs nach ihrem Konzept begonnen.

Besonders schwierig war die Errichtung von österreichischen Widerstandsgruppen innerhalb der Deutschen Wehrmacht, doch hat der Salzburger Schriftsteller Fritz Würthle, der schon 1936 eine Broschüre gegen den Nationalsozialismus veröffentlicht hatte, bereits 1940 im Innsbrucker Wehrmeldeamt eine Widerstandszelle aufgebaut. Die Gruppe Würthle hielt enge Kontakte zu zivilen Innsbrucker Widerstandskreisen. Im April 1945 arbeiteten sie bei der Vertreibung der deutschen Truppen aus Tirol eng mit Dr. Karl Gruber und allen anderen Tiroler Widerstandsgruppen zusammen. 1942 baute der junge katholische Wiener Jurist Dr. Harald Holl in Wien und in der Luftnachrichtenschule 1 in Nordhausen im Harz eine über das ganze Dritte Reich verzweigte Widerstandsgruppe aus Offizieren auf. Da er im Winter 1944/45 an der Ostfront verscholl, kam seine Gruppe jedoch nicht mehr zu der von ihr vorbereiteten Aktion in Österreich. Seit Beginn des Jahres 1942 war auch im Wehrkreiskommando XVII im ehemaligen Kriegsministerium am Stubenring in Wien der Feldwebel Franz Studeny als Leiter einer militärischen Widerstandsgruppe tätig. Zu ihm stieß 1943 der Hauptmann im Generalstab Karl Szokoll, der bald die Führung des militärischen Widerstandes in Österreich übernahm. Szokoll war auch die zentrale Figur bei den Ereignissen des 20. Juli 1944 in Wien, die im Bereich des Wehrkreiskommandos XVII sogar zu einem allerdings nur wenige Stunden dauernden Erfolg der aufständischen Offiziere führten, was Graf Stauffenberg in Berlin bekanntlich nicht mehr gelungen war. Für die Männer des 20. Juli trifft allerdings am ehesten zu, daß sie eine revolutionäre bzw. restaurative Veränderung der politischen Führung des NS-Systems, nicht jedoch der Gesellschaft anstrebten und dies auch lange und sorgfältig vorbereiteten. Rückblickend ist es schwer zu sagen, was geschehen wäre, wenn die Bombe Stauffenbergs Hitler, wie geplant, getötet hätte. Ein Gelingen, und damit auch ein sofortiger Friedensschluß, hätten dem Deutschen Reich, wenn die Alliierten darauf eingegangen wären, jedenfalls mehr Opfer an Menschenleben und Zerstörungen seiner Städte erspart, als es von Kriegsbeginn 1939 bis 1944 erlitten hatte. Die Ereignisse jenes Tages in Österreich hat Ludwig Jedlicka eingehend untersucht und dargestellt. Hier sei daher nur festgehalten, daß sich selbstverständlich auch unter den Männern dieser militärischen Widerstandsbewegung, die nach einem von Stauffenberg entwickelten Konzept handeln wollte und auch gehandelt hat, überzeugte Christen, Katholiken, evangelische Christen aus Österreich oder auch aus dem sogenannten Altreich befunden haben. Der Ausgang, oder besser gesagt, der Mißerfolg, hatte eine Reihe von Verhaftungen auch in Österreich zur Folge, zum Beispiel des christlichsozialen Politikers Josef Reither. Auch Franz Rehrl, der frühere Landeshauptmann von Salzburg, ist in diesem Zusammenhang auf eine schwarze Liste der Gestapo gekommen. Wenn man die Ergebnisse Jedlickas zusammenfaßt, muß man aber doch sagen, daß verhältnismäßig wenige österreichische Offiziere in den Plan der Männer des 20. Juli eingeweiht waren, wohl aber eben durch die Kontakte, die ihre Mittelsmänner gehabt haben, Zivilisten, Politiker mit früher bekannten Namen, informiert waren. Halten wir auch fest, daß weniger bei den katholisch-konservativen als mehr bei den Sozialdemokraten gerade jene Kontakte, die die Männer des 20. Juli aufgenommen haben, wesentlich zu dem beigetragen haben, was Adolf Schärf in seinen Erinnerungen genau beschrieben hat: Daß ihm gerade im Gespräch mit dem deutschen Verbindungsmann Leuschner, der zu ihm gekommen war, klar geworden sei, und er das auch ausgesprochen habe, daß die Verschwörer ein Deutsches Reich in den Grenzen von 1938 haben wollten, also die Beibehaltung des Anschlusses. Er sagte daher entschieden zu Leuschner, daß der „Anschluß“ tot, den Österreichern ein für allemal ausgetrieben worden sei. Das war eine ganz andere Position, als sie die sozialdemokratische Emigration, vor allem Friedrich Adler in London bis zu seinem Ende, faktisch beibehalten hat. In Österreich ist dieser Prozeß in allen politischen Gruppen, die nicht dem Nationalsozialismus verfallen oder ihm ausgeliefert waren, schon während der nationalsozialistischen Besetzung in Gang gekommen. Dabei ist auch die Idee einer eigenständigen österreichischen Nation zum Teil entstanden, auf jeden Fall aber gewachsen.

Kehren wir aber nun zurück zu anderen, wieder zu zivilen Widerstandsgruppen. Von ihnen hat die vom schon genannten Dr. Hans Becker im November 1944 gebildete O 5 (Kennwort für Österreich) eine gesamtösterreichische Widerstandsorganisation angestrebt. Bei den dafür notwendigen Koordinierungsaktionen ist dann als Vermittler der junge Fritz Molden besonders in Erscheinung getreten. Er hatte auch Erfolg: Am 18. Dezember 1944 konstituierte sich in Wien das Provisorische Österreichische Nationalkomitee (POEN). Es bestand zunächst aus Katholisch-Konservativen, hatte aber von Anfang an auch Kontakte zu Sozialisten, in erster Linie zu Dr. Adolf Schärf. Außerdem konnte es auch Verbindung zu militärischen und politischen Führungsstellen der Alliierten aufnehmen. Von diesen hatten sich die Amerikaner bzw. deren Präsident Roosevelt, vor allem auf Grund des Einflusses von Dr. Otto Habsburg, dazu bewegen lassen, im Rahmen ihrer Armee im Herbst 1942 eine eigene österreichische Truppeneinheit, das sogenannte selbständige Infanteriebataillon Nr. 101, aufzustellen. Da der Widerstand gegen dieses Bataillon in amerikanischen Regierungskreisen infolge der Opposition der Vertreter der ehemaligen Nachfolgestaaten und vor allem auch innerhalb der verschiedenen durchaus miteinander konkurrierenden österreichischen Emigrationsgruppen groß war und das Bataillon am 2. April 1943 nur aus 199 Mann bestand, die keineswegs nur Österreicher waren, wurde es bereits am 3. Mai 1943 wieder aufgelöst. Die von seinen Initiatoren angestrebte Symbolwirkung für die Wiedererlangung der Selbständigkeit Österreichs hat es daher nicht erreichen können. Im Gegenteil, es hatte die Uneinigkeit der österreichischen Emigration besonders deutlich werden lassen. Dennoch wird man nicht leugnen können, daß die Bewilligung zur Aufstellung dieses Bataillons den einzigen, allerdings nur sehr kurzen erfolgreichen Versuch einer politischen Emigrationsgruppe aus Österreich bedeutet hat, in irgendeiner Form die Anerkennung der Notwendigkeit der Wiederherstellung der Selbständigkeit Österreichs vor der Moskauer Deklaration von 1943 zu erreichen. Davon und von der sicherlich nicht zu unterschätzenden propagandistischen Wirkung der von österreichischen Emigranten in mehreren Staaten Europas und Amerikas herausgegebenen Zeitungen abgesehen, wird man aber als österreichischen Widerstand gegen die nationalsozialistische Diktatur in erster Linie doch die innerhalb des deutschen Machtbereiches versuchten und vollbrachten Widerstandsaktionen werten müssen. Sie haben ja schließlich auch jene Einigung und Einigkeit zwischen den österreichischen Politikern zur Folge gehabt, die eine wesentliche Voraussetzung für das Wiedererstehen und dann für den Wiederaufbau Österreichs war.

Diese Entwicklung machte es möglich, daß die in der Schweiz gedruckte illegale

„Arbeiterzeitung" in ihrer ersten Nummer des Jahres 1945 zur Unterstützung der „O 5" als überparteilicher österreichischer Widerstandsbewegung aufrief. Im Namen der „O 5" hatte sich schon im November 1944 der sogenannte Siebener-Ausschuß, in dem alle politischen Richtungen vertreten waren, gebildet. Er stand zunächst unter der Leitung Dr. Beckers. Nach dessen Verhaftung im März 1945 übernahm Dr. Raoul Bumballa die Leitung des Ausschusses, der während des Kampfes um Wien im April 1945 die politische Führung des Widerstandes war. Aber selbst in der letzten Kriegsphase, da die Niederlage der Deutschen Wehrmacht und damit das Ende des NS-Regimes nur mehr eine Frage von Wochen und Tagen war, schlugen dessen Machthaber erbarmungslos zu. In Wien scheiterte — wie schon erwähnt — der von einem Ausschuß der „O 5" und Offizieren des Wehrkreiskommandos XVII, Hauptmann Huth und Oberleutnant Raschke, engen Mitarbeitern Szokolls, für den 6. April geplante Militäraufstand am Verrat des nationalsozialistischen Führungsoffiziers Hanslik. Der Kommandant der Heeresstreife Groß-Wien, Major Karl Biedermann, der mit seiner Einheit die Bahnhöfe und Haupteinfahrtsstraßen besetzen sollte, Huth und Raschke wurden in der Nacht vom 5. auf den 6. April 1945 verhaftet und noch am 8. April — fünf Tage vor der gänzlichen Eroberung der Stadt durch russische Truppen — am Floridsdorfer Spitz nach grausamen Folterungen gehängt. Huth starb mit dem Ruf: „Für Gott und Österreich!"

Im Westen Österreichs, der nach den utopischen Plänen vor allem des Tiroler Gauleiters Hofer als Alpenfestung das letzte Refugium der NS-Führer werden sollte, aber nie mehr als eine Schimäre war, an die allerdings auch die Alliierten relativ lange geglaubt haben, kam die Befreiung erst später. Dort nahm die Gestapo noch in den letzten April-Tagen eine Verhaftungswelle vor, von der auch einige prominente Mitglieder der Tiroler Widerstandsbewegung, für deren Organisation und Verbindung zur „O 5" Otto Molden intensiv tätig gewesen war, so z. B. der Staatsanwalt Dr. Grünewald und dessen Sohn, erfaßt wurden. Die Tiroler Widerstandskreise, an deren Spitze seit März 1945 Dr. Karl Gruber stand, begannen dennoch am 2. Mai 1945 mit der etappenweisen Besetzung der Stadt Innsbruck. Bei der Besetzung des Landhauses fiel in einem Feuergefecht mit der SS der Führer der Meier-Grünewald-Gruppe Dr. Franz Meier. Es ist der Tiroler Widerstandsbewegung, einer maßgeblich katholisch-konservativ-bürgerlichen Widerstandsbewegung, was auch von der politisch-sozialen Situation Tirols bedingt war, trotzdem gelungen, innerhalb ihres Kampfraumes schon vor dem Eintreffen der Amerikaner die öffentliche Ordnung im vollen Maße wiederherzustellen. Als am Abend des 3. Mai 1945 die ersten amerikanischen Truppen in Innsbruck einmarschierten, zogen sie bereits in eine vom Nationalsozialismus gänzlich befreite, festlich mit rot-weiß-roten Fahnen geschmückte Stadt ein. Vom 3. bis 5. Mai fanden dann noch in Wörgl und um Schloß Itter Kämpfe zwischen der SS und Widerstandsgruppen statt, bei denen in letzter Stunde Major Sepp Gangl, ein Tiroler Widerstandskämpfer, fiel. Am 8. Mai 1945 endete das Dritte Reich mit der bedingungslosen Kapitulation, Millionen Tote und ein weitgehend zerstörtes, von der Roten Armee besetztes Europa zurücklassend. Der österreichische Widerstand gegen den Nationalsozialismus hat, abgesehen von den mehr als 200.000 als Soldaten der Deutschen Wehrmacht Gefallenen oder Vermißten und den nach der Deportation im Osten vergasten und gestorbenen 65.459 österreichischen Juden ebenfalls abgesehen, folgende Opfer gefordert: 2000

Österreicher wurden in Gerichtsverfahren als aktive Widerstandskämpfer zum Tode verurteilt und hingerichtet. 16.493 wurden in den Konzentrationslagern ermordet, davon Tausende in dem schon 1938 und nicht erst 1939 errichteten KZ Mauthausen mit dem berüchtigten Steinbruch. 9687 wurden in Gestapo-Gefängnissen ermordet, 6420 gingen in Zuchthäusern und Kerkern in den von Deutscher Wehrmacht besetzten Ländern zugrunde. Nach den Akten des Sozialministeriums haben 35.300 Österreicher ihr Leben im Kampf gegen den Nationalsozialismus hingegeben. Da angesichts des totalen Gehorsamkeitsanspruches der NS-Machthaber und der für seine Verletzung drohenden Sanktionen nach der Definition des Linzer Historikers Prof. Karl R. Stadler, die ich teile, jegliche Opposition im Dritten Reich als Widerstandshandlung gewertet werden muß, die in Österreich noch dazu Teil eines nationalen Befreiungskampfes war, sind sie alle, Katholiken, Konservative, Kommunisten, für Österreich gestorben.

Die historische Forschung ist allerdings noch nicht so weit, daß sie genaue Angaben über die soziale Herkunft und die Motivationen der einzelnen Opfer geben kann. Zumindest der Zahl nach wissen wir, wie schon gesagt, relativ gut Bescheid nur über die Priester und die Eisenbahner. Auch die Frage, auf Grund welcher „Verbrechen" Zehntausende Österreicher in die Räder der NS-Justizmaschinerie gerieten bzw. auch ohne Prozeß Monate und Jahre im KZ festgehalten wurden, kann nur allgemein beantwortet werden. Das Spektrum ist jedenfalls breit. Es reicht von der Gründung aktiver Widerstandsgruppen bis zum Partisanenkampf. Von der Einrichtung von Informationsdiensten, der Verbreitung antinationalsozialistischer Schriften und Lieder, wie das z. B. Schwester Restituta im Lazarett getan hat, von Sabotageakten in Betrieben, wie sie viele Kommunisten unternommen haben, der Eid- und Wehrdienstverweigerung aus Gegnerschaft gegen den Nationalsozialismus durch den Tiroler Pallottinerpater Franz Reinisch oder den oberösterreichischen Bauern und Mesner Franz Jägerstätter bis zur Hilfe für politisch und rassisch Verfolgte. Vom Abhören und der Weitergabe von Auslandsnachrichten bis zu „unbefugten" Lohnforderungen für Arbeiter. Was den Anteil von Männern und Frauen betrifft, so dürfte vermutlich das Urteil von Tilly Spiegel zutreffen, daß sie im Widerstand einander die Waage hielten. Daß bei Otto Molden die Frauen jedenfalls „zu kurz" gekommen sind — in seinem Buch scheinen nur 22 Frauen auf, dabei waren allein von der Gruppe Scholz 33 Frauen eingekerkert —, wurde schon erwähnt. Auf dem Friedhof von Eisenkappel liegen mit den mehr als 100 dort beerdigten Partisanen auch sechs im Kampf gefallene Frauen. Im Wiener Landesgericht wurden 97 Frauen enthauptet, im Grazer Landesgericht 87. Exaktere Informationen auch für diesen Bereich werden aber erst nach dem Vorliegen weiterer Forschungsergebnisse gemacht werden können. Allerdings wird es auch dann nicht möglich sein, die Österreicher mit der Gloriole eines kollektiven Widerstandes zu umgeben. Dazu haben zu viele, auch zu viele Christen, infolge der schwierigen Situation Österreichs in der Zwischenkriegszeit allzulange geglaubt, der „Anschluß" sei ein Weg, wenn nicht in eine bessere, so doch innenpolitisch und vor allem wirtschaftlich stabilere Zukunft. Eine kleine fanatische Minderheit hat bis zum Ende des Krieges an diesem Glauben festgehalten. Sie hielt daher jeden Widerstand für Verrat. Eine weit größere Zahl ließ sich vom Terror des NS-Regimes einschüchtern und verharrte in politischer Abstinenz oder dumpfer Gleichgültigkeit. Im ehemaligen KZ Mauthausen hat Hofrat Marsalek, der dort selbst Jahre als Häftling verbringen mußte, bei einer Führung erzählt, daß man zum Teil nur in privilegierter Stellung und zum Teil nur deswegen überleben konnte, weil man sich es angewöhnt hatte, „wegzuschauen", und daß von der Bildung eines Solidaritätsbewußtseins im Sinne eines Widerstandes innerhalb des KZ eigentlich erst ab dem Herbst 1944 bzw. dem Winter 1945 die Rede sein kann. Um so höher ist daher das Opfer jener Männer und Frauen einzuschätzen, der Zahl nach immerhin ein halbes Prozent der österreichischen Gesamtbevölkerung, die ihr Leben wegen ihres Widerstandes verloren, und jener noch ungezählten Zehntausenden, die Monate und Jahre im Gefängnis verbringen mußten.

Zum Abschluß dieser sehr fragmentarischen Übersicht sei noch kurz von einem Versuch, neue zusätzliche Informationen über das Verhalten des Kirchenvolkes zu erlangen, und dessen Ergebnis berichtet. 1979 wurde auf Grund der Diözesanschematismen an alle über 60 Jahre alten österreichischen Priester (Welt- und Ordensgeistliche) ein Fragebogen mit zehn Fragen zum Thema „Kirche und Nationalsozialismus" ausgesendet. Im Begleitbrief wurde ausdrücklich darauf hingewiesen, daß jeder Bogen auch anonym ausgefüllt werden könne. Von diesem Angebot haben etwa zehn Prozent der Beantworter Gebrauch gemacht. Über 300 ausgefüllte Fragebogen kamen zurück, d. h. etwas mehr als zehn Prozent, was zwar nicht vollem Repräsentationsanspruch Genüge leistet, aber doch als gewisses nicht zu negligierendes Indiz gewertet werden kann.

Die meisten Antworten kamen aus der Erzdiözese Wien, in der ja ein Drittel aller Österreicher lebt. Dann kam jedoch schon die Diözese Linz, deren damaliger Bischof Gföllner auch in vielen Antworten genannt wurde. Die für unsere Problematik wichtigsten Fragen waren 4, 8 und 9. Frage 4 lautet: „Gab es nach dem 11. März 1938 von vornherein zum Widerstand oder zur Kooperation mit dem Nationalsozialismus entschlossene Gruppen, oder wollte man vor allem abwarten?" Frage 8: „Gab es eine Solidarität zwischen Priestern und Laien im Widerstand gegen den Nationalsozialismus, gab es Unterschiede in der Einstellung der jüngeren und der älteren Generation?" Und Frage 9: „Waren Personen wie Karl Roman Scholz oder Franz Jägerstätter wirklich solche Einzelfälle, daß man sie noch nach 1945 nicht entsprechend würdigte?" (Es war z. B. nicht möglich, 1947 im Linzer Kirchenblatt einen Artikel über Jägerstätter zu veröffentlichen. Die auch mir dafür vom Linzer Bischof gegebene Begründung war, daß man zu einem Zeitpunkt, zu dem noch Tausende Oberösterreicher Kriegsgefangene waren und so viele gefallen waren, nicht einen Mann als Helden preisen konnte, der den Eid auf Hitler und den Dienst in der Deutschen Wehrmacht verweigert hatte ...)

Unter nochmaliger Betonung der sozialwissenschaftlich sicher nicht voll akzeptierbaren Methodik nun eine Zusammenfassung der Antworten: Die Antworten auf Frage 4 wurden als bejahend, verneinend oder „abwartend" kategorisiert. Das Gesamtergebnis der klaren Antworten lautete: 56 Ja, es gab von Anfang an zum Widerstand entschlossene Gruppen, 83 Nein und *120 Abwarten*. Die wenigsten klaren Antworten, die man daher auch nicht zahlenmäßig aufschlüsseln konnte, gab es auf die offensichtlich zu komplizierte und vielleicht auch mißverständlich formulierte Frage 8 nach der Solidarität zwischen Priestern und Laien im Widerstand und nach Unterschieden in der Einstellung der jungen und der älteren Generation. Zwei Arten von Antworten waren jedoch ziemlich häufig: die Bejahung der Solidarität zwischen

Priestern, Laien in kleinen Gruppen, und die stärkere Anfälligkeit der Jugend für die NS-Propaganda. Die für die Gegenwart und wohl auch für die Zukunft bedeutsamsten Antworten wurden auf die Frage 9 gegeben, ob Karl Roman Scholz oder Franz Jägerstätter solche Einzelfälle waren, daß sie nach 1945 nicht entsprechend gewürdigt wurden. Diese Frage wurde übrigens seltener beantwortet als alle anderen. Insgesamt hielten 74 Scholz und Jägerstätter für Einzelfälle, 69 widersprachen und 88 erklärten, sie hätten erst nach 1945 von beiden erfahren, wären nicht informiert oder wüßten über sie auch heute noch nicht Bescheid. Gerade diese letzten Antworten sind jedoch sehr bedenklich, war und ist doch der Klerus die wichtigste meinungsbildende Gruppe in der Kirche.

Weitere interessante Antworten, die auf Widerstand von Anfang an lauteten, enthielten auch einen Hinweis auf die Haltung von Bischof Gföllner: Gföllner hatte recht, auch mit seinem Hirtenbrief, in dem er den rassischen Antisemitismus der Nationalsozialisten verurteilt, aber den „ethischen" Antisemitismus geradezu als Gewissenspflicht für jeden überzeugten Christen bezeichnet hatte. Man sieht, wie dieses Dictum wirkte und wirkt, über 1938 bis 1945 hinweg bis in unsere Gegenwart. Daher sollen nun zum Abschluß noch einmal zwei Linzer Priester zu Wort kommen, da sie, wie viele andere auch, aber doch relativ knapp, die Problematik kirchlichen bzw. katholischen Widerstandes deutlich zeigen: „Bei uns Katholiken wirkt die Forderung des vierten Gebotes, Obrigkeit, auch die ungute, zu respektieren, sich dahingehend aus, daß der Widerstand gegen die Staatsgewalt unchristlich sei; darum galten Widerstandskämpfer leicht als Rebellen, sie waren daher dünn gesät", und: „wir fühlten uns auch im Gefängnis oft im Stich gelassen, nach 1945 waren wir froh, daß wir heil davongekommen sind. Das Leid war allgemein, wer sollte da besonders genannt werden. Widerstand gab es mehr ..."

Das Fazit dieses letzten Teiles, nämlich des Versuches, von österreichischen Priestern als „Zeugen der Zeit" ihre Meinung über den katholischen Widerstand gegen den Nationalsozialismus zu erfragen, liegt auf der Hand. Daß selbst sie, mit ihrer akademisch-theologischen Bildung und einem Stand angehörend, der vom NS-Regime von vornherein bekämpft wurde, in dieser Frage heute noch so geteilter Meinung sind bzw. zum Teil so wenig über den ja tatsächlich geleisteten katholischen Widerstand wissen, obwohl es mittlerweile über ihn doch schon eine Reihe von Büchern und auch Fernsehdokumentationen gibt, legt die Vermutung nahe, daß es um das sogenannte Kirchenvolk, dem, wie schon eingangs gesagt, noch heute zumindest nominell 87% aller Österreicher angehören, in dieser Beziehung noch viel schlechter bestellt sein dürfte. Eine Wandlung zum Besseren zu erreichen, sollten wir uns alle im Interesse unserer eigenen Identität und unserer Zukunft zur Aufgabe machen.

Wolfgang Mantl

Die Entwicklung des österreichischen Katholizismus in der Zweiten Republik

I. Säkularisierung im Wandel des soziokulturellen Klimas in der Mitte des 20. Jahrhunderts

1. Der Säkularisierungsbefund

Auch in Österreich fand die *katholische Kirche*[1] den Weg in die Moderne nicht leicht und verließ nur zögernd — gleichsam von außen gestoßen — jene in Gegenreformation, Barock und Josephinismus geschaffenen staatlich-politischen Verhältnisse, die ihr einen großen Einfluß in der Welt ermöglichten. Als der niederösterreichische Landtag am 15. Feber 1866 — also noch vor dem Sieg des Liberalismus — darüber verhandelte, daß auch den in Gebäranstalten unentgeltlich aufgenommenen „akatholischen Frauenspersonen" gestattet werde, ihre Kinder nach akatholischem Ritus taufen zu lassen, wandte sich der Wiener Fürsterzbischof Joseph Othmar Kardinal *Rauscher* mit der konfessionell unitarischen und staatskirchlichen Begründung dagegen, daß Österreich eben ein *katholischer Staat* sei wie England ein protestantischer und daß die österreichische Monarchie auf die katholische Kirche angewiesen sei:[2] „Ein Staat kann also nicht ungestraft die Religion als Sache des Privatvergnügens für Liebhaber behandeln und dieß geschieht, wenn das Staatsgesetz von der Voraussetzung ausgeht, alle Religionen seyen gleich: denn dadurch wird nichts Anderes behauptet als alle Religionen seyen gleich falsch. Daß entweder gar keine oder nur Eine Religion wahr sey, daß wußte man schon vor Christi Geburt, man könnte es also auch im neunzehnten Jahrhunderte wissen."[3]

Eine nur wenig ältere Stimme, die von Karl *Marx* und Friedrich *Engels,* versichert dagegen 1848 im „Manifest der Kommunistischen Partei" lapidar: „Als die christlichen Ideen im 18. Jahrhundert den Aufklärungsideen unterlagen ..."[4] Für die *materialistische* Geschichtsdeutung war das Christentum als Überbau der feudalen Gesellschaft mit ihr zum Untergang verurteilt.

Gemeinhin versteht man unter *Säkularisierung*[5] den Rückgang der Motivationskraft und Verbindlichkeit von Glaube und Religion, den Schwund an Kirchlichkeit, Christlichkeit und Religiosität, die „Freisetzung weiter gesellschaftlicher Bereiche von religiösen Deutungsmustern"[6], den „Verlust des Interpretationsmonopols der Religion für den Bereich gesamtgesellschaftlicher und teilgesellschaftlicher Deutungen"[7]. Endprodukt von Säkularisierungsvorgängen ist „eine nicht religiöse Zivilisation mit sozial bedeutungsschwacher Glaubensstruktur"[8]. Im Alltag erlebt man Säkularisierung in vielerlei Formen der „Verflüchtigung" von Religion; von „Rückgang", „Schwund" ist dann die Rede, häufig in Wortkombinationen mit „Ent-", „De-", „Nach-" und „Noch-". Nur ein Detail: Vor dreißig, vierzig Jahren kamen in zahlreichen Spielfilmen positiv gezeichnete *Priestergestalten* als Vertreter und Förderer des Guten vor, heute gibt es als Residualform nur den ausgesprochenen Kirchen- und Papstfilm — übrigens auch Exempel für die Straffung und Anspannung der religiösen Kräfte in kirchlicher Kernprägung als Reaktion auf Säkularisierungsdruck.

Säkularisierungsphänomene treten seit der Distanzierung eines Gutteils der Bildungs- und Reflexionseliten vom Glaubensleben einer kirchlich organisierten Offenbarungsreligion während der *Aufklärung* unleugbar auf und sind gerade in den letzten beiden Jahrzehnten in einer Art *„Zweiter Aufklärung"* besonders virulent geworden. Das Auffallende des jüngsten Säkularisierungsschubs liegt nun darin, daß er einer von außen kaum bedrängten, sich eben optimistisch in einer Wachstumsphase wähnenden Kirche widerfuhr, diffus und komplex jenseits handfester Greifbarkeit zuerst, dann ablesbar an einem Schrumpfen religiöser Aktivität. Die moderne Wissenschaft führte bei vielen Intellektuellen zu einem allgemeinen Skeptizismus, der dem Glauben die Tür in die Lebenspraxis verschloß und der beträchtliche Sprach- und Verständigungsschwierigkeiten der Verkündigung auslöste. Seit dem Niedergang des Barocks haben sich Kirche und Kunst, vor allem die Literatur, auseinanderentwickelt. Die heutigen Medien „kommunizieren" kirchenfern. Es droht ein Absinken der Kirche in subkulturelle Isolierung, am Ende gar schmackhaft gemacht als eine heimelige „Grottenkultur". Die Tradierung des Glaubens und christlicher Werte wird immer schwieriger; David A. *Seeber* sieht ein Charakteristikum der Nachchristlichkeit gerade im „Entstehen einer *gesellschaftlichen Atmosphäre,* in der es vielen christlichen Eltern mehr und mehr unmöglich wird, ihren Glauben über eine ausreichende religiöse Sozialisation Jugendlicher an die nächste Generation weiterzugeben".

Die Religionssoziologie zieht als *Indikatoren* für Säkularisierung die Kirchenaustritte, den Rückgang der Sonntagsmeßbesucher (Dominikanten) und des Sakramentenempfangs (drastisches Absinken der Ohrenbeichte!) sowie den Rückgang der Priester- und Ordensberufe (besonders stark bei den weiblichen Orden) heran.

Kirchenmitgliedschaft in Österreich (in % der gesamten Wohnbevölkerung nach den Volkszählungen:[9]

	1910	1934	1951	1961	1971	1981
Katholisch	93,7	90,5	89,1	89,0	87,7	84,3
Evangelisch AB und HB	3,1	4,4	6,2	6,2	6,3	5,6
ohne rel. Bekenntnis	0,1	1,6	3,8	3,8	4,3	6,0

Hiebei sind *regionale* Unterschiede zu beachten: Die Evangelischen sind stärker vertreten im Burgenland, in Mittelkärnten, in Wien, in der Obersteiermark und im Salzkammergut. Die Konfessionslosen sind inzwischen zur zweitgrößten „Konfession" geworden, sie finden sich vor allem in Wien (13,6% der gesamten Wohnbevölkerung) und den alten Industrieorten.

2. Die Notwendigkeit einer differenzierten Betrachtungsweise

a) Die Relativierung des Säkularisierungsbefundes

Die intellektuelle Öffentlichkeit in den hochindustrialisierten Staaten des Westens neigt dazu, die Säkularisierung als unaufhaltsam fortschreitenden Prozeß zu verstehen. Diese Globalinterpretation verliert an Drastik, wenn man raum-zeitliche *Differenzierungen* vornimmt. Dann stellt sich heraus, daß es bei allem soziokulturellen

Wandel doch keinen unilinearen, irreversiblen Säkularisierungsverlauf gibt. Die *Relativierungen* des globalen Säkularisierungsbefundes lassen sich in vier Gruppen gliedern:

aa) Gerade unter betont *spirituellen* Aspekten wird das Gewicht der empirisch-quantitativen Momente gleichsam von der Waagschale weggeschoben. So sagt Karl *Rahner:* „Ob die Zahl der Menschen, die ihre Religiosität gesellschaftlich institutionalisiert leben werden, im Verhältnis zur Gesamtheit der Menschen größer oder kleiner werden wird, das ist eine Frage, auf die ich keine Antwort habe, die aber für den, dessen Gewissen ihn zu solcher Sozialität seiner Religiosität verpflichtet, keine fundamentale Bedeutung hat."[10]

bb) Es stellt sich auch die Frage, ob jener *historische* Zustand, dem gegenüber von einer Säkularisierung als einem Minus gesprochen wird, überhaupt ein so hohes Maß an *Christlichkeit* aufgewiesen hat.

cc) Auf der *Bewertungs*ebene liegt jene Argumentation, die auch in Aufklärung und Modernität Kinder des Christentums sieht und mit Genugtuung in vielen neuzeitlichen Werten und Errungenschaften (Menschenwürde, Friedensidee, Solidarität) *Säkularisate* aus christlicher Wurzel registriert. Ja, dieses endogene *Säkularisierungspotential* des Christentums wird als ein Hauptunterschied zu anderen Weltreligionen wie dem Islam hervorgehoben. „So gesehen ist Säkularisierung weder eine Optimierungs- noch eine Unrechtskategorie, sondern ein vom Geschichtsgang selbst nahegelegtes Interpretament für jenen Öffnungs- und Umschichtungsprozeß, der aktiv und reaktiv durch religiöse und zumal jüdisch-christliche Impulse ausgelöst wurde und auf die Ausgrenzung einer auf sich selbst gestellten, zu sich selbst erwachenden und zu sich selbst entschlossenen Welt abzielt. In dieser haben Fakten und Ereignisse primär ihren immanenten Sinn, ihre genuine Dignität und ihr autonomes Existenzrecht."[11] Diese Interpretation akzeptiert eine *Teilsäkularisierung* der modernen Welt als legitim.

dd) Schließlich gab und gibt es auch der Säkularisierung gegenläufige *Transformationen* und *Rezeptionen* weltlicher Werte, gab und gibt es „Renaissancen", Entwicklung neuer Glaubens- und Handlungsformen. Bei diesen Phänomenen ist noch ein wenig zu verweilen.

b) Akkommodation

Mit großer Rage versuchten *Gregor* XVI. und *Pius* IX. die „Irrtümer" ihrer Zeit von der Kirche abzuwehren. Durchaus im Dienste des anvertrauten Traditionsgutes trachteten dagegen Männer wie John Henry Kardinal *Newman* und Papst *Leo* XIII. eine vorsichtige *Akkommodation,* eine ausgleichende Annäherung an die moderne Welt der Aufklärung und der bürgerlichen Revolutionen sowie ihrer geistigen und institutionellen Ergebnisse — man kann noch nicht einmal sagen: herbeizuführen — eher erst: vorzubereiten. Weitergehende Aufbruchs- und Erneuerungsversuche — um das Grundproblem des Verhältnisses von Glaube, Wissen, Erfahrung und Praxis ringend — zerbrachen am wütenden Widerstand eines integralistischen Traditionalismus, aber auch an ihren eigenen Verengungen und Verkürzungen des Glaubens. Wie die Beurteilung im einzelnen auch ausfallen mag, so bewirkte die Auseinandersetzung um den *Modernismus*[12] jedenfalls eine die leoninischen Akkomodationsansätze auf Jahre zurückdrängende „Selbstblockade"[13] der katholischen Kirche.

c) Renouveau Catholique

Der in Frankreich für eine Belebung der literarisch-intellektuellen Aktivitäten von Katholiken gebräuchliche Ausdruck „*Renouveau Catholique*" läßt sich ganz allgemein zur Bezeichnung jener Aufschwungsphasen nach den beiden Weltkriegen heranziehen, die auch in Österreich[14] auftraten, und zwar in viererlei Gestalt;

aa) als eine vom 19. Jahrhundert deutlich abgehobene Qualitätssteigerung der *Theologie;*

bb) als Intensivierung der schon im 19. Jahrhundert sich entfaltenden *Laienaktivität,* gerade auch durch Impulse der *Jugendbewegung;*

cc) als „Entdeckung" der Bibel und Neugestaltung der Messe im Gefolge der *Bibelbewegung* und der *Liturgischen Bewegung,* wobei Österreich geradezu eine Pionierrolle erreichte, und

dd) als neuerlicher katholischer Versuch, Brücken und Wege zu *Kunst* und *Wissenschaft* zu finden.

d) Aggiornamento

Wenn man von Öffnung der Kirche zur Welt, von Begegnung und Dialog mit ihr und der Anstrengung der Reform ohne billige Anpassung und Synthese spricht, so ist dies bis in die Terminologie *(„Aggiornamento")* aufs engste mit dem bei aller Kürze seines Pontifikats so nachhaltigen Wirken Papst *Johannes'* XXIII. und mit dem von ihm einberufenen II. Vatikanischen Konzil verbunden. Das Annehmen der „Weltlichkeit" der Welt, der Menschenrechte und des Verfassungsstaats in Gestalt der modernen Demokratie waren die Konsequenz dieser Bemühungen.

Diese hoffnungsvolle, ja geradezu freudige und unbefangene *Offenheit* — so ganz anders als die Tonlage des „Syllabus" — findet sich in vielen Zeugnissen dieser Jahre, in knapper Eindringlichkeit besonders in der Ansprache *Johannes'* XXIII. zur feierlichen Eröffnung des II. Vatikanums am 11. Oktober 1962: „In der täglichen Ausübung Unseres Hirtenamtes dringen bisweilen betrübliche Stimmen an Unser Ohr, die zwar von großem Eifer zeugen, doch nicht von übermäßigem Sinn für Klugheit und das rechte Maß. Sie sehen in den modernen Zeiten nur Unrecht und Niedergang. Sie sagen ständig, unsere Zeit habe sich im Vergleich zur Vergangenheit dauernd zum Schlechteren gewandelt. Sie betragen sich, als hätten sie nichts aus der Geschichte gelernt, die doch Lehrmeisterin des Lebens ist, und als ob zur Zeit der früheren Konzilien alles nur im vollen Triumph der christlichen Lehre, des christlichen Lebens und der rechten Freiheit des Glaubens vor sich gegangen sei. Doch Wir können diesen Unglückspropheten nicht zustimmen, wenn sie nur unheilvolle Ereignisse vorhersagen, so als ob das Ende der Welt bevorstände."[15] Keineswegs, so fährt Papst *Johannes* XXIII. fort, dürfe sich die Kirche vom Schatz ihrer Wahrheit trennen, sie werde auch weiterhin den Irrtümern widersprechen und sie verurteilen, jedoch hiebei lieber mit Barmherzigkeit als mit Strenge und Verdammungen vorgehen. „Gleichzeitig jedoch muß sie [= die Kirche] auch der Gegenwart Rechnung tragen und auf die gewandelte Lage und die neuen Lebensformen, die in die moderne Welt Eingang gefunden haben und die dem katholischen Apostolat neue Wege geöffnet haben, eine Antwort geben."[16] „Wir müssen uns ... mutig und ohne Furcht an das Werk machen, das unsere Zeiten erfordern."[17]

II. Die rechtlich-institutionelle Stellung der Kirche in Österreich

Weltbezug der Kirche hatte stets rechtlich-institutionelle Konsequenzen, die historisch sehr verschiedene Formen aufweisen. Die jeweilige Zuordnung von Geistlichem und Weltlichem, traditionell von *Kirche und Staat,* konnte die Gestalt der Vor- und der Gleichrangigkeit, der Verflechtung und Verzahnung, der freien Zusammenarbeit und Nähe, aber auch der Distanz und der Trennung, äußerstenfalls der Unterdrückung annehmen. In der Bundesrepublik Deutschland und in Österreich hat die weltanschauliche Neutralität des Staates sich mit einer *Kooperationsbereitschaft* dergestalt verbunden, daß die organisatorisch-institutionelle Scheidung von Kirche und Staat eine Zusammenarbeit beider nicht ausschließt, sondern Anerkennung und Förderung von Religion und Kirche unter Rücksichtnahme auf das kirchliche Selbstverständnis ermöglicht. Die rechtlich-institutionelle Stellung der Kirche ist stark abgesichert.

Im einzelnen läßt sich ein solches *Kooperationssystem* folgendermaßen skizzieren: Die Kirchen haben einen qualifizierten Rechtsstatus, konkret: die Qualität einer Körperschaft öffentlichen Rechtes. Die Kirchen konnten sich als einzige der älteren Corpora diesen Status gegen den liberalen Privatisierungs- und Individualisierungsdruck im 19. Jahrhundert bewahren, wogegen z. B. die politischen Parteien in Österreich erst 1975 eine nur ähnliche rechtliche Dignität erreichen konnten (ParteienG 1975, BGBl. 404). Die beiderseitigen Beziehungen werden — was die katholische Kirche anbelangt — durch *Konkordate* geregelt. Die *Zusammenarbeit* erstreckt sich — gestützt durch direkte und indirekte staatliche Förderung — auf Erziehung, Bildung und Schule (Religionsunterricht), Rundfunk, Caritas, Krankenpflege, Fürsorge und Sozialhilfe usw. sowie Finanzierungsfragen.

Das Kooperationssystem in *Österreich*[18] — es bestehen neun Diözesen bzw. Erzdiözesen in zwei Kirchenprovinzen (Wien und Salzburg) — zeichnet sich mehr noch als die staatskirchenrechtlichen Verhältnisse der Bundesrepublik durch historische Vielschichtigkeit des Rechtsmaterials, durch das Fortbestehen ziemlich alter rechtlich-institutioneller Strukturen aus. Inge *Gampl* spricht hier von einem *„Konkordanzsystem"* als einem „System freiheitlich-demokratischer Gewährungen und Abgrenzungen, die — de facto — weitgehende kirchliche Zustimmung genießen."[19] Der in Österreich starke Positivismus erhöht noch die Bedeutung (verfassungs-)rechtlicher Verbürgungen.

Die *verfassungsrechtlichen* Grundlagen sind im Staatsgrundgesetz 1867, RGBl. 142, über die allgemeinen Rechte der Staatsbürger enthalten: Art. 14 (individuelle Religionsfreiheit, Glaubens- und Gewissensfreiheit) und Art. 15 (kollektive oder korporative Religionsfreiheit, Kirchenfreiheit):

„Artikel 14. (1) Die volle Glaubens- und Gewissensfreiheit ist jedermann gewährleistet.

(2) Der Genuß der bürgerlichen und politischen Rechte ist von dem Religionsbekenntnisse unabhängig; doch darf den staatsbürgerlichen Pflichten durch das Religionsbekenntnis kein Abbruch geschehen.

(3) Niemand kann zu einer kirchlichen Handlung oder zur Teilnahme an einer kirchlichen Feierlichkeit gezwungen werden, insofern er nicht der nach dem Gesetze hiezu berechtigten Gewalt eines anderen untersteht.

Artikel 15. Jede gesetzlich anerkannte Kirche und Religionsgesellschaft hat das Recht der gemeinsamen öffentlichen Religionsübung, ordnet und verwaltet ihre inneren Angelegenheiten selbständig, bleibt im Besitze und Genusse ihrer für Kultus-, Unterrichts- und Wohltätigkeitszwecke bestimmten Anstalten, Stiftungen und Fonds, ist aber, wie jede Gesellschaft, den allgemeinen Staatsgesetzen unterworfen."

In der seit 1964 nichtöffentlich laufenden *Grundrechtsreform* bearbeitete Hans R. *Klecatsky* sowohl im Expertenkollegium als auch im Redaktionskomitee die Religionsfreiheit redaktionell. Die von ihm veröffentlichten Formulierungsvorschläge führen die Rechtstraditionen Österreichs in dieser Materie fort:

1. Der Vorschlag für den Artikel über die religiösen *Individualrechte* lautet:[20]

„(1) Die Freiheit des Denkens, des Gewissens, des Glaubens, des religiösen oder weltanschaulichen Bekenntnisses ist jedermann gewährleistet.

(2) Die Freiheit des religiösen oder weltanschaulichen Bekenntnisses umfaßt auch die Freiheit, die Religion oder Weltanschauung seiner Wahl beizubehalten oder zu wechseln, sowie die Freiheit, allein oder in Gemeinschaft mit anderen öffentlich oder privat seine Religion oder Weltanschauung durch Gottesdienst, Riten, Unterricht oder auf welche Art immer zu üben.

(3) Beschränkungen der Freiheit des religiösen oder weltanschaulichen Bekenntnisses sind nur durch Gesetz und nur insoweit zulässig, als sie in einer demokratischen Gesellschaft im Interesse der Aufrechterhaltung der öffentlichen Sicherheit und Ordnung, des Schutzes der Gesundheit oder der Rechte anderer unerläßlich sind.

(4) Wehrpflichtige sind auf ihren Antrag von der Wehrpflicht zu befreien, wenn sie — von den Fällen der persönlichen Notwehr oder Nothilfe abgesehen — aus schwerwiegenden und glaubhaften Gewissensgründen ablehnen, Waffengewalt gegen andere Menschen anzuwenden und daher bei Leistung des Wehrdienstes in schwere Gewissensnot geraten würden; sie sind nach näherer Maßgabe des Gesetzes zivildienstpflichtig."

2. Die vorgeschlagenen *Korporationsrechte* der gesetzlich anerkannten Kirchen und Religionsgesellschaften finden sich in einem weiteren Artikel:[21]

„(1) Jede Kirche oder Religionsgesellschaft, die als Religionsgenossenschaft gesetzlich anerkannt ist oder unter gleichen rechtlichen Voraussetzungen und Bedingungen künftighin anerkannt wird, genießt die Stellung einer Körperschaft öffentlichen Rechtes. Das Recht der Vereinigung zu religiösen Zwecken in anderen zulässigen Rechtsformen bleibt hiedurch unberührt.

(2) Jede Religionsgenossenschaft ist in Bekenntnis, Lehre, Verkündigung, Seelsorge, gemeinsamer öffentlicher Religionsübung und im Verkehr mit religiösen Einrichtungen im Ausland frei.

(3) Jede Religionsgenossenschaft ordnet und verwaltet ihre inneren Angelegenheiten selbständig. Sie ist in diesem Rahmen insbesondere befugt, selbständig für alle oder einzelne ihrer Angehörigen allgemein oder im Einzelfall rechtliche Anordnungen zu treffen, zur Deckung des religionsgenossenschaftlichen Personal- und Sachaufwandes von ihren Angehörigen Beiträge einzuheben und über die Erträgnisse aus diesen Beiträgen frei zu verfügen.

(4) Der Besitz und der Genuß ihrer für Kultus-, Unterrichts- und Wohltätigkeitszwecke bestimmten Anstalten, Stiftungen, Fonds und sonstigen Vermögensteilen ist jeder Religionsgenossenschaft gewährleistet.

(5) Der Religionsunterricht in den öffentlichen und mit Öffentlichkeitsrecht ausgestatteten Schulen, die innere Einrichtung und der Lehr- und Forschungsbetrieb der vom Staat erhaltenen Theologischen Fakultäten der Universitäten obliegt der zuständigen Religionsgenossenschaft.

(6) Den Religionsgenossenschaften ist im Bereich staatlicher Einrichtungen, wie insbesondere im Bundesheer, in Krankenanstalten und Strafvollzugsanstalten, die Erfüllung ihres religiösen Auftrages zu ermöglichen.

(7) Der Sonntag und die staatlich anerkannten Feiertage bleiben als Tage der Arbeitsruhe und der seelischen Erhebung gesetzlich geschützt."

Vor kurzem wurden in die *Vorarlberger* Landesverfassung (neukundgemacht mit Verordnung, LGBl. 30/1984) die Prinzipien der katholischen Soziallehre der Personalität, Subsidiarität und Solidarität (Art. 7, Abs. 1) sowie Ehe- und Familie (Art. 8) als Staatsziele und Staatsaufgaben ebenso aufgenommen wie die programmatische Akzeptanz des kirchlichen Öffentlichkeitsauftrags: „Die Bedeutung der gesetzlich anerkannten Kirchen und Religionsgesellschaften für die Bewahrung und Festigung der religiösen und sittlichen Grundlagen des menschlichen Lebens wird anerkannt" (Art. 1, Abs. 1, letzter Satz).

In den fünfziger Jahren gab es ein längeres kulturpolitisches Tauziehen um die Anerkennung der Rechtsgültigkeit des *Konkordats* 1933/34. Vor allem nach Neuorientierung der SPÖ unter Akzentuierung von sozialdemokratischen Strukturmerkmalen an Stelle austromarxistischer Frontstellungen war die Bereinigung dieser Streitfrage möglich. In Teilkonkordaten (Zusatzverträgen) konnten nach 1960 wichtige Materien (vermögens- und schulrechtliche Fragen, Diözesanerrichtungen) geregelt werden.

Die inhaltliche Qualität eines Kooperationssystems erweist sich — wie gesagt — in der Zusammenarbeit in *Einzelfragen:* Religionsunterricht als Pflichtgegenstand (Möglichkeit der Abmeldung), Subventionierung der konfessionellen Privatschulen, vier Theologische Fakultäten an staatlichen Universitäten, Kirchenrecht — wenn auch schwächer als früher — im rechtswissenschaftlichen Studium, Militär- und Anstaltsseelsorge, Sonn- und Feiertagsschutz, kirchliche Mitwirkung im Begutachtungsverfahren der staatlichen Rechtserzeugung, in Schulaufsichtsbehörden und im Rundfunk, Berücksichtigung im Volkszählungs- und Personenstandsrecht, Kirchenbeitragssystem (privatrechtliche, bei den staatlichen Zivilgerichten einklagbare Beiträge). Es sollte auch nicht die Bedeutung der „Intabulierung" der Religion in den Wertekatalog des § 2 (1) Satz 1 Schulunterrichtsgesetz 1962, BGBl. 242, des sogenannten Zielparagraphen, unterschätzt werden: „Die österreichische Schule hat die Aufgabe, an der Entwicklung der Anlagen der Jugend nach den sittlichen, religiösen und sozialen Werten des Wahren, Guten und Schönen durch einen ihrer Entwicklungsstufe und ihrem Bildungsgang entsprechenden Unterricht mitzuwirken."

Es kam — anders als in Nachbarländern — zu *keiner* globalen Infragestellung der öffentlichen Position der Kirchen etwa durch Rufe nach Aufhebung der öffentlichrechtlichen Körperschaftsqualität, nach Einebnung in einen allgemeinen Vereinsstatus. Punktuelle Konflikte blieben freilich nicht aus (Religionsunterricht, Denkmalschutz, Personenstandsrecht, Feiertagsregelung), die im Bereich des Strafrechts und des Eherechts in den siebziger Jahren doch eine beachtliche Intensität erreichten. Die starke rechtlich-institutionelle Stellung der Kirche ist noch kein Garant für *soziospirituelle* Wirksamkeit in der pluralistischen Gesellschaft, rechtlich gesprochen: im Bereich der einfachen Gesetzgebung. Hier taucht die aus der Säkularisierungsdebatte kommende Frage unausweichlich kritisch auf, ob „die institutionelle Präsenz der Kirche nur noch als öffentlich-rechtlich abgestützte Überdachung von religiösen Hohlräumen“[22] dient. Diese Frage führt wieder zur Realanalyse von Kirche und Katholizismus in Österreich nach 1945.

II. *Phänomenologie des neueren österreichischen Katholizismus*

1. Entwicklungsphasen

a) Die großen Transformationen

Die letzten Jahrhunderte haben der *katholischen Kirche* in Österreich[23] jeweils ein Hauptproblem gebracht, das sie jedesmal zur *Transformation* ihres Weltbezugs zwang: Im 18. Jahrhundert war dies der *Josephinismus,* im 19. Jahrhundert der *Liberalismus* und der Übergang zum konstitutionellen Staat, sozioökonomisch eingebettet in Industrialisierung und Urbanisierung. Unter Ausnützung gerade der liberalen Errungenschaften (Grund- und Freiheitsrechte) wurden im relativ institutionenfernen, in sich mannigfach gegliederten Bereich der Gesellschaft neue Aktionseinheiten und Aktionsformen — auch durch Mobilisierung der Laien — entwickelt, die man insgesamt als *Katholizismus* zu bezeichnen pflegt. Organisatorisches Produkt dieser Ausdifferenzierung war der Vereins- und Verbandskatholizismus, sich abstützend auf eine festgefügte volkskirchliche Binnenkultur. Die kulturkämpferischen Auseinandersetzungen mit dem Liberalismus setzten sich dann im 20. Jahrhundert mit dem *Austromarxismus* fort, diesbezüglich ein Kind des Liberalismus, ausgefochten von einem auch *parteipolitisch* aggregierten Katholizismus.

Das *Bürgerkriegsdebakel* der Ersten Republik und die Religionsfeindlichkeit der rechten wie linken *Totalitarismen* machten in der Mitte des 20. Jahrhunderts eine neuerliche Transformation des Katholizismus erforderlich, um den Weg in die pluralistische, rechts- und wohlfahrtsstaatliche Demokratie zu finden. Der parteipolitische Katholizismus stellte keine akzeptierte und brauchbare Aktionsform österreichischer Katholiken mehr dar.

Die wesentlichen Entwicklungen des österreichischen Katholizismus nach dem Zweiten Weltkrieg lassen sich in einem Zehnjahresrhythmus um die *„Losjahre“* 1952, 1962, 1972 und 1983 gruppieren. Heinrich *Schneider* und Erika *Weinzierl* haben Ereignisse und Strukturen der vergangenen Jahrzehnte gründlich dargestellt und gestatten mir deshalb weitgehende Abbreviaturen.

b) 1952

Das Jahr 1952 brachte mit der Rückkehr der „Pummerin" nach Wien im Frühjahr einen freudig erlebten Höhepunkt der auch *emotionellen* Bindung an die Kirche und des Bewußtseins, wie eng die Geschichte dieses Landes und der Kirche verknüpft sind. Das zweite Großereignis dieses Jahres war der *Österreichische Katholikentag* in Wien und die ihn geistig fundierende Vorbereitungstagung in Mariazell. Der schon seit längerem eingeleitete Lösungsprozeß der Kirche aus den älteren Welt- und Politikbezügen fand im Mariazeller Manifest mit seiner markant knappen Diktion seinen programmatischen Abschluß. Genährt von der geistig-geistlichen Substanz bedeutender Theologen (Michael *Pfliegler,* Karl *Rudolf,* Otto *Mauer* und Ferdinand *Klostermann,* aber auch — über seine Innsbrucker Lehr- und Forschungstätigkeit bis in die Gegenwart fortwirkend — vor allem Karl *Rahner)* erreichte die Wirk- und Strahlkraft der *Katholischen Aktion* in dieser Zeit ihren Höhepunkt.[24]

c) 1962

Zehn Jahre später bei dem als Delegiertentag gestalteten *Katholikentag* in Salzburg — wieder war ihm, freilich nur in kurzem Zeitabstand, eine Vorbereitungstagung, diesmal in St. Pölten, vorangegangen — war die Gefühlsstimmung der Wiederaufbauphase abgeklungen. Es gab keine Aufmärsche mehr. In „trockenem" Stil wurde die Forderung nach einer Bildungsgesellschaft und dem Ausbau der katholischen Erwachsenenbildung erhoben. 1962 fand aber auch der ein Jahrhundert währende *Kulturkampf* in Österreich durch die mit den Namen Heinrich *Drimmels* und Max *Neugebauers* verbundene Schulgesetzgebung sein Ende. Vorstufe dazu war die schon besprochene Bereinigung der *Konkordatsfrage.* Das II. *Vatikanische Konzil* begann im Herbst dieses Jahres.

d) 1972

Die beinahe als *„neotriumphalistisch"* zu bezeichnende Aufbruchsstimmung, ja Aufbruchseuphorie mit und nach dem *Konzil* geriet schockhaft in die Gegenströmung einer neuen *Säkularisierungs*welle, die Ängstlichkeit und Unsicherheit auslöste. Mit dem Villacher Parteitag der SPÖ im Jahre 1972 wurde die Auseinandersetzung um die Fristenlösung akut, wodurch die wichtigen und klugen Positionsfindungen des *Österreichischen Synodalen Vorgangs* in den Schatten der Aufmerksamkeit gerieten. Der verkrampfte Name dieses wichtigen Ereignisses markiert ebenso wie der seminarförmige *Katholikentag* 1974 in Wien einen Höhepunkt eines kühlen „Rationalismus" in der Kirche Österreichs. Das *„Gefühl"* zog sich in die Gemeinden und in *neue Gruppen* zurück. Mit oft polarisierender Wirkung wurde um Erneuerung oder Bewahrung der *Liturgie* gerungen. Das Volksbegehren der *„Aktion Leben"* brachte zwar nicht den erhofften Erfolg, zeigte aber dennoch, daß „eine Aktionsgemeinschaft breiten Charakters jedenfalls dann zustande kommen kann, wenn zentrale Anliegen der Glaubens- und Sittenlehre angetastet werden, und zwar allem Anschein nach desto eindeutiger und stärker, je klarer der Bezug zu unbestreitbaren Grundwerten gegeben ist".[25]

e) 1983

Schon der *Steirische Katholikentag* 1981 in Graz lebte in einem neuen Klima des Feierns, ja des Spielens, bezog emotive Aspekte bewußt und erfolgreich in sein selbstverständlich auch intellektuell-rationale und betend-meditative Züge aufweisendes Programm intensivierter religiöser Begegnung ein. Auch der *Österreichische Katholikentag* im September 1983 in Wien unternahm diese „katholische" Synthese im Zeichen der Tugend der Hoffnung. Von einigen kritischen Stimmen abgesehen, wurden der Katholikentag und der Besuch Papst *Johannes Pauls* II. von den Katholiken durchaus unkompliziert als selbstverständliche Einheit erlebt. Im ganzen ein durchaus volkskirchlicher Impuls. Das Chancenspektrum der Kirche deutete Bundespräsident Rudolf *Kirchschläger* wenige Wochen vor Katholikentag und Papstbesuch an: „Nicht nur Katholiken oder Christen, sondern viele Mitmenschen, die nach der Sinnhaftigkeit des Lebens suchen, erwarten Antworten auf Fragen, die staatliche Institutionen offen lassen und vielleicht auch offen lassen müssen."[26]

Das organisatorische Gerüst des österreichischen Katholizismus ist inzwischen noch vielfältiger geworden, man kann von einem *„Trialismus"* sprechen: Die häufig auf das vorige Jahrhundert zurückgehenden *alten Verbände* (ÖCV, MKV, Kolpingwerk usw.), in der Arbeitsgemeinschaft Katholischer Verbände (AKV) zusammengefaßt, haben Lebenskraft bewiesen. Ein Kind dieses Jahrhunderts ist die *Katholische Aktion* (KA). Das Auftauchen *neuer Gruppen* (Charismatische Bewegung, Meditationskreise usw.) hat den alten Verbänden *und* der Katholischen Aktion gezeigt, wie sehr sie beide mittlerweile strukturell und spirituell konvergieren.

f) Franz Kardinal König

Diese entwicklungsgeschichtlichen Notizen lassen sich am besten zusammenbinden durch den abschließenden Hinweis auf die *eminente* Rolle Franz Kardinal Königs[27], der inzwischen die längste Amtszeit eines Wiener Erzbischofs im 20. Jahrhundert ausübt. Das hat eine enorme Kenntnis und Erfahrung bezüglich der Personen und Fakten von Kirche und Staat zur Folge. *Königs* Bedeutung als Mitgestalter und „Übersetzer" des II. Vatikanums, als Denker und Beweger ist nicht zuletzt an dem Widerspruch erkennbar, auf den er innerkirchlich immer wieder stieß.

2. Leistungen

a) Die Operationalisierung des Katholischen

Wie kritisch auch immer das politische Verhalten der Katholiken im autoritären Ständestaat der dreißiger Jahre beurteilt werden mag — und es ist kritisch zu beurteilen —, der Nationalsozialismus brachte eine *Katharsis* von administrativer Drangsalierung politisch aktiver Katholiken bis zu ihrer blutigen Verfolgung im Konzentrationslager. Leopold *Figl* wurde zur berührenden Symbolfigur dieses harten Weges, der den österreichischen Katholizismus zum Mitgründer der Zweiten Republik werden ließ.

Die unerläßliche Selbstprüfung angesichts vergangener *Fehler* und gegenwärtiger *Mängel* — wie schwer findet doch der österreichische Katholizismus dieser Tage

Kommunikation mit der Jugend, den Frauen, den Intellektuellen, wie schwer tut er sich mit der Positionssuche etwa in den Fragen von Friede, Umwelt und Arbeit — soll dennoch nicht den Blick trüben für *Leistungen* der Christen in der Zweiten Republik über Verkündigung und Liturgie hinaus. Übrigens haben diesen *Beitrag* zur Konstituierung und Entfaltung der rechts- und wohlfahrtsstaatlichen Demokratie alle christlichen Konfessionen in praktizierter Ökumene gemeinsam bewirkt.

Was in der *Katholischen Soziallehre* in meist sehr offenen Sätzen angelegt ist, bedarf der Konkretisierung, Operationalisierung und Umsetzung. Dem *Sozialhirtenbrief* der österreichischen Bischöfe aus dem Jahre 1956 folgten viele bischöfliche Äußerungen zu Sozialproblemen. Als Theorie und Praxis handfest verbindende *„Umspannwerke"* arbeiten — bezeichnenderweise alle seit den fünfziger Jahren — (in der Reihenfolge ihrer Gründung): 1952 Institut für kirchliche Sozialforschung (ICARES) in Wien (Erich *Bodzenta,* Hugo *Bogensberger),* 1962 in ein kirchliches Institut kanonischen Rechtes umgewandelt (IKS); 1953 Institut für Sozialpolitik und Sozialreform, seit 1967 Dr.-Karl-Kummer-Institut für Sozialpolitik und Sozialreform genannt, in Wien (Karl *Kummer,* August M. *Knoll,* Anton *Burghardt,* Werner *Hinterauer)* und Graz (Kurt *Jungwirth);* 1955 Sozialwissenschaftliche Arbeitsgemeinschaft (SWA); 1958 Katholische Sozialakademie Österreichs (Walter *Riener,* Herwig *Büchele,* Alois *Riedlsperger). Publizistische* Informations- und Diskussionsorgane sind „Die Furche" und „Präsent" (früher „Der Volksbote"), in Wien bzw. Innsbruck hergestellt. Auch die beiden Auflagen (1964 und 1980) des Katholischen Soziallexikons gehören in diesen Zusammenhang.

Oft wird die *Wirksamkeit* christlichen Sozialdenkens nur als gering eingeschätzt, liegt gleichsam verdeckt unter dem Säkularisierungsschleier. Es ist durchaus zuzugeben, daß die institutionelle Ausstattung Österreichs überwiegend nach wie vor Erbstück des Liberalismus ist, in der politischen Kultur jedoch finden sich „Felder", in denen der christliche Impetus durchaus „gegriffen" hat. Diese Bilanz läßt sich in fünf Bereiche gliedern.

b) Fundamentalkonsens

Christliches Sozialdenken ist mit ein *Konstituens* der Zweiten Republik, stützt die grundsätzliche Wertübereinstimmung in Toleranz und Kompromißbereitschaft. Das hier als Positivum notierte Konsens- und Konkordanzpotential der christlichen Wert-, Denk- und Gefühlsstrukturen ist freilich verbunden mit geringer Konfliktbereitschaft und -fähigkeit, was zumal junge Kritiker nicht selten als Negativum verbuchen. Dreimal wurde die *Integrationsleistung* der christlichen Betonung des Gemeinsamen in der politischen Geschichte der Zweiten Republik besonders augenfällig:

aa) bei der Stabilisierung der endlich gefundenen österreichischen *Identität* (die Republik Österreich als „Vaterland", als „Nation");

bb) beim materiellen wie immateriellen *Wiederaufbau* und beim Zusammenwirken der alten politischen Kräfte von „Schwarz" und „Rot" in der Großen Koalition;

cc) beim Durchhalten dieses Fundamentalkonsenses in dem wohl heftigsten Konflikt zwischen Kirche und SPÖ in der jüngsten Vergangenheit: in der Auseinandersetzung um die *Fristenlösung* (1972—1977), die Christen gingen dabei nicht in Fundamentalopposition oder gar zur Gewalttätigkeit über, sie arbeiteten vielmehr mit dem Instrumentarium des demokratischen Rechtsstaates (Anfechtung vor dem Verfassungsgerichtshof, Volksbegehren).

c) Sozialpartnerschaft

Das eben behandelte Konsenspotential im Verein mit dem christlichen Ordnungsprinzip der Solidarität prägte auch die österreichische Form des Zusammenwirkens von Kapital und Arbeit, die *Sozialpartnerschaft,* in konkordanten Entscheidungsmustern mit — zugleich Abkehr von konservativem Staatsautoritarismus wie von marxistischem Klassenkampfdenken. Auf diesem sozialpartnerschaftlichen Nährboden konnten dann christliche Vorstellungen Eingang in Sozialpolitik und Sozialrecht finden: Familienlastenausgleich, Wohnungseigentum, Pensionsdynamik, Mitbestimmung (zumal innerbetriebliche), überhaupt Partizipation der Betroffenen im engeren Lebensbereich.

d) Föderalismus

Zu den ältesten, noch in die katholisch-konservative Periode zurückreichenden Emanationen des Subsidiaritätsprinzips in Österreich zählt der *Föderalismus* als Ausdruck der historischen Eigenständigkeit der Länder als soziale, politische und kulturelle Einheiten. Föderalistisches Selbstbewußtsein stemmte sich gegen den Zentralismus des realen Liberalismus und suchte seine rechtliche Verankerung in der bundesstaatlichen Einrichtung der Republik Österreich.

e) Das Christentum als ethisches Umfeld des Staates

Die Glaubwürdigkeitsverluste eines Gemeinwesens durch Korruption, Privilegien und Verschwendung einerseits und die sich z. B. im Ombudsmanngedanken niederschlagende Sehnsucht nach einem persönlich faßbaren, nicht nur anonymen Gegenüber in Staat und Recht andererseits zeigen, daß auch ein System rationaler Legitimierung der politischen Herrschaft, wie es ein ausgebauter demokratischer Rechtsstaat ist, nicht auf qualitätsvolle *Persönlichkeiten* verzichten kann. Der Staat braucht, ja verbraucht sehr viel Moral, die er selbst nicht produzieren kann. Salopp gesprochen: „Hauptlieferant“ ist nach wie vor das Christentum in Verkündigung und Praxis. Der moderne weltanschaulich neutrale Staat setzt Religion frei, aber auch voraus, er bedarf eines seine Bürger „nährenden“ *ethischen Umfelds.* Menschliches Zusammenleben ist auf soziale und politische *Tugenden* und *Standards* angewiesen, die über bloße individuelle Nutzen- und Gewinnsteigerung hinausgehen: Liebe, Brüderlichkeit, Partnerschaft, Solidarität, Hilfs- und Opferbereitschaft, Pflichtbewußtsein, Friedfertigkeit, Wahrhaftigkeit, Unbestechlichkeit, Fairneß und Toleranz. Einpflanzung, Vermittlung und Einübung dieser Tugenden bedürfen der Überzeugungskraft des *persönlichen Vorbilds* in Familie, Schule, Kirche. Bloß moralisierendes Gerede verschlechtert nur die beklagten Zustände und führt zu weiterer Verdrossenheit.

Diese christlich inspirierte *Moral* richtet sich gegen Hedonismus, gegen individual- und sozialethischen Utilitarismus, gegen theoretischen wie praktischen Materialismus, unterläuft aber auch technokratisch-funktionalistische Steuerungsideologien. Auch in der sozialen Marktwirtschaft muß es Zonen der *Uneigennützigkeit* geben, ja das ist ein wichtiger Bestandteil der Eigenschaft „sozial“ an diesem Gesellschafts- und Wirtschaftssystem, das eben darauf angewiesen ist, daß es in ihm auch Personen, Dienste und Güter gibt, die nicht käuflich und nicht verkäuflich sind. Ergänzt wird dieses christliche Bemühen um das gute Zusammenleben der Menschen durch ein ideologische Verabsolutierungen auflösendes *Geschichtsbewußtsein* und ein anarchische Illusionen wie gewaltsame Konfliktaustragung verwerfendes *Rechtsbewußtsein*.

f) Dienste

Gerade in dem sich zunehmend ausfransenden Wohlfahrtsstaaat gewinnt der mit ihrem Heilsdienst untrennbar verknüpfte *Weltdienst* der Kirche neues Gewicht. Gegen Widerstände und in Niederlagen wurden *Lebensschutz* („Aktion Leben“) und *Minderheitenschutz* (Bemühen um ein gutes Zusammenleben der Volksgruppen) zumindest im öffentlichen Bewußtsein gegenwärtig gehalten. Neben Caritas und anderen *„klassischen“* Diensten (z. B. Krankenpflege) dürfen *„neue“* Dienste (Entwicklungshilfe u. a.) und das Eintreten für „unpolitische“, artikulations- und organisationsschwache Gruppen (Familien, Frauen, Kinder, Alte, Kranke, Behinderte, Gastarbeiter und Flüchtlinge, zumal aus Vietnam und Polen) nicht vergessen werden.

3. Politikbezug

In den ersten drei Jahrzehnten der Zweiten Republik war das Verhältnis von Kirche und *Politik*[28] zumal von Kirche und *Parteien*[29] eines der großen Themen intra et extra ecclesiam. Der schon in den dreißiger Jahren[30] eingeleitete und in den fünfziger Jahren beschleunigte *Rückzug* der Kirche — explizit zuerst der Priester — aus der Parteipolitik führte zu einem Abstand, einer *Distanz*, die bald in der lingua franca des politischen Alltags vereinfachend und letztlich unrichtig als *„Äquidistanz“* bezeichnet wurde. Die mit diesen im ganzen irreversiblen und nüchtern zu akzeptierenden Distanzierungsvorgängen verbundenen Probleme — durch die Aufbruchsstimmung der sechziger Jahre optimistisch verhüllt — ergaben sich phasenunterschiedlich zunächst stärker für die „alleingelasssene“ ÖVP[31], dann aber in den siebziger Jahren (Fristenlösungskonflikt) auch für die Kirche: „Es wurde deutlich, daß in Österreich — anders als in der Ersten Republik und in der Nachkriegszeit (wo sich freilich in der Ära der Großen Koalition die Frage gar nicht so stellen konnte) — gegen die Kirche und ihren deklarierten Willen Politik gemacht werden kann, obgleich die ganz überwiegende Mehrheit der Österreicher der katholischen Kirche angehört, und zwar ohne daß hieraus eine Systemkrise resultiert.“[32]

Es ist nicht zu übersehen — Paul M. *Zulehner* hat jüngst wieder darauf hingewiesen —, daß nach wie vor eine *Korrelation* zwischen Kirchlichkeit und Parteinähe besteht, daß die aktiven Katholiken nach wie vor überwiegend der ÖVP nahestehen und SPÖ und FPÖ in ihrer Kirchenferne eine starke Ähnlichkeit aufweisen:[33]

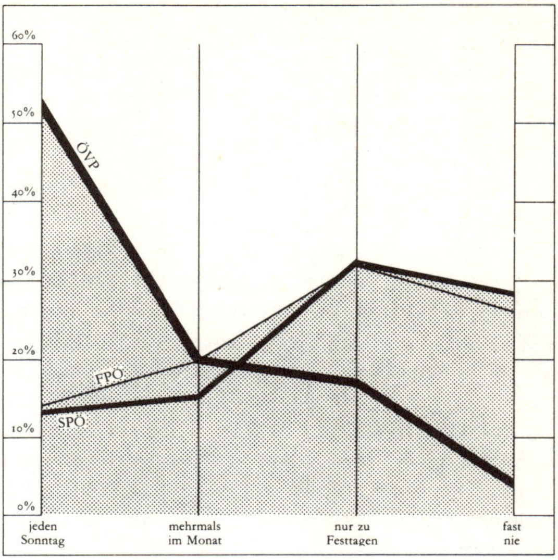

Zu betroffenem Nachdenken müßte der ÖVP eine weitere religionssoziologische Beobachtung *Zulehners* Anlaß geben, daß nämlich — wohl aus christlicher Wurzel — ihre Wähler ein höheres Potential an *Solidaritäts*bereitschaft aufweisen als die der SPÖ und FPÖ, bei denen „materialistische Werte" wie *Individualismus* und *Belohnungsstreben* (Wohlstand, angesehenes Leben, beruflicher Aufstieg) häufiger anzutreffen sind:[34]

	ÖVP	SPÖ	FPÖ
starker Individualismus:	29%	41%	39%
starkes Belohnungsstreben:	21%	26%	27%

Heute sind die „alten" Parteien bemüht, Christen nicht nur als Wähler, sondern gerade auch als Mitarbeiter anzusprechen. Die *motivationsstarke Freiwilligkeit* der Christen macht sie zumal in Perioden mannigfacher Knappheit und finanzieller Engpässe attraktiv. Freilich — und das ist das gravierend Neue — stehen im Bemühen um dieses christliche Aktivitäts- und Leistungsreservoir die Parteien in zunehmender Konkurrenz mit neuen soziopolitischen Gruppen (Bürgerinitiativen, Amnesty International, Alternativ- und Grünbewegung). Die alte Frage, zu welcher Partei ein Katholik gehen könne, ist damit nicht gerade obsolet geworden, hat sich jedoch drastisch verändert und ausgeweitet.

Bewußt werden von der Kirche — oft *„quer"* zum Zeitgeist und *„quer"* zu den Parteien — in den politischen Prozeß Themen wie Lebensschutz, entgrenzte Solidarität (Fremde, Dritte Welt), Volksgruppenprobleme, Ehe und Familie hineingetragen, in ihm wachgehalten, so daß manche Akteure der österreichischen

Politik die Kirche nicht selten als *„Störfaktor"* betrachten. Gerade in diesen neuralgischen Fragen muß sich der österreichische Katholizismus immer die Frage nach der glaubwürdigen persönlichen Einlösung und Verwirklichung all der postulierten Werte gefallen lassen.

4. Grundlagen

a) Das II. Vatikanum

Der schlichte Katholik sucht seine Orientierung in Bibel, Pfarrpastoral und allenfalls katholischer Soziallehre. Das II. Vatikanum ist Kristallisationspunkt für die neueren Wegweisungen, Schaltstelle zwischen der Tradition und den Reformideen. Das II. *Vatikanische Konzil,* das bisher größte kirchengeschichtliche Ereignis dieses Jahrhunderts, hat in seinen Dokumenten[35], vor allem in der dogmatischen Konstitution über die Kirche „Lumen gentium", in der Erklärung über die Religionsfreiheit „Dignitatis humanae" und — wohl am bekanntesten — in der Pastoralkonstitution über die Kirche in der Welt von heute „Gaudium et spes" ein Verständnis des Verhaltens von Katholiken in Welt und Politik entwickelt, das auf die relative *Eigenständigkeit* der weltlichen Sachbereiche, die *Gewissensverantwortung* des Laien, die Möglichkeit *verschiedener* politischer Problemlösungen auf der Grundlage des einen Glaubens und einen *Privilegienverzicht* abstellt.

Die vorwärtsdrängenden Hoffnungen der *Konzilszeit* gaben etwa den Worten Otto *Mauers* in einem Aufsatz aus diesen Tagen leuchtende Farbe: „In der Konfrontation mit Welt und Umwelt definiert sich die Kirche je neu, bleibt selbst im geschichtlichen Fluß, setzt sich der geistigen Konkurrenz aus und ist so gezwungen, ihre Kräfte zu mobilisieren, vermeidet das Überhandnehmen innerer Fraktionskämpfe, die immer das Zeichen einer rein defensiven oder ghettoistischen Situation sind."[36]

So unerläßlich der Rekurs auf die Gewissensverantwortung des einzelnen Christen ist, so sehr ist es doch auch Gebot der Klugheit, die politischen Wirkmöglichkeiten der Einzelperson, „wo immer sie steht", nicht zu überschätzen und die Aufgabe des Hirtenamts und die bleibende Notwendigkeit des Gruppenhandelns von Katholiken nicht zu übersehen. Gustav E. *Kafka* hat sehr früh vor den Gefahren einer *Einzelkämpferideologie* gewarnt.[37]

b) Der Österreichische Synodale Vorgang

Ohne euphorische Überhöhung nahm der *Österreichische Synodale Vorgang* 1974 eine sehr ausgewogene, eingehende und differenzierte „Übersetzung" der oben angeführten, durch das Konzil erarbeiteten Grundlagen vor. Im Abschnitt über die „Kirche in der Gesellschaft von heute" findet sich die prinzipielle Position der Kirche zu den Parteien folgendermaßen ausformuliert: „Die Kirche ist keine politische Organisation. Darum kann sie keine bestimmte Partei als alleinigen Sachwalter ihrer Anliegen betrachten. Das bedeutet nicht, daß die Kirche immer und unter allen Umständen zu den konkurrierenden politischen Richtungen ein gleich nahes Verhältnis haben muß (Äquidistanz). Das Verhältnis zwischen Kirche und politischen Parteien bleibt vielmehr in der Regel variabel: Es ist abhängig vom Grad der programmatischen und praktischen Gemeinsamkeit im Erstreben humaner Grundwerte und vom Maß der Verwirklichung des kirchlichen Freiheitsraumes. In dem Maß, in dem die einzelnen Parteien mit den von der Kirche für grundlegend gehaltenen Fragen übereinstimmen oder nicht, ergibt sich von selbst eine differenzierte Nähe oder Ferne zu den Parteien. Auf diese Weise haben es die politischen Parteien in unserem Land weitgehend selbst in der Hand, ihr Verhältnis zur Kirche zu bestimmen."[38]

c) Der Österreichische Katholikentag 1983

Der *Österreichische Katholikentag* 1983 hat nach längerer Arbeit in den „Perspektiven unserer Hoffnung" eine Orientierungshilfe für die achtziger Jahre formuliert. Während eines ganzen *Vorbereitungsjahres* (1982/83) wurden in zahlreichen Arbeitstagungen in allen österreichischen Diözesen „von unten" Planken erarbeitet, die in den ersten Monaten des Jahres 1983 durch ein Redaktionskomitee[39] zu einem Text zusammengefügt und auf einem Delegiertentag in Salzburg Ende April 1983 unter starker Beteiligung durchaus heftig und kontrovers diskutiert wurden. Mitte Mai lag dann die Endfassung vor.

Es handelt sich um einen *Text* der Nachdenklichkeit und Reflexion angesichts vielfältiger Probleme, nicht der kompakten Imperative und der großen Rufzeichen. Hohe Appelle und Forderungskataloge fehlen. Zum Unterschied von ähnlichen Texten überwiegt — erkennbar an der Zitatwahl — eine *biblische* Fundierung. Beharrlich gehen die „Perspektiven" der Frage nach Leben, Friede und Sinn nach. So sehr es der katholischen Tradition entspricht, die *Person* mit ihren Haltungen und Tugenden als Angelpunkt der Weltgestaltung zu nehmen, so sehr sahen sich die Redaktoren der „Perspektiven" doch auch gezwungen, die politischen und rechtlichen *Strukturen* ebenfalls in den kritischen Blick einzubeziehen.

1974 noch nicht dermaßen *aktuelle Themen* wurden Gegenstand detaillierterer Ausführungen: Friede, Frau, Arbeit, Kultur und Kunst. Hier wie auch bei Volksgruppen, Gastarbeitern und Ökumene gehen die „Perspektiven" auch stärker ins Detail. Neue Aspekte des *Politikbezugs* traten an jene Stelle, die früher meist der Erörterung des Verhältnisses der Kirche zu den Parteien vorbehalten war: „Viele Österreicher empfinden ein Gefühl der *Ohnmacht* gegenüber Politik, Recht und Staat, klagen über die Gesetzesflut, die Bürokratisierung, über unpersönliche Großstrukturen und fürchten die Vernachlässigung langfristiger Ziele zugunsten billiger Tagesvorteile. Verschwendung, Privilegien, Parteibuchwirtschaft und Korruption erschüttern die Glaubwürdigkeit unserer politischen Ordnung. Der Ruf nach Orientierung des öffentlichen Handelns an ethischen Maßstäben wird stärker. Um Mißstände zu verhindern, sind praktizierte politische Moral und Verantwortung erforderlich, die durch institutionelle Reformen und Kontrollen abzusichern sind. Die Bürger erwarten mehr *Mitsprachemöglichkeit* über den Wahltag hinaus und drängen auf direkte Teilnahme an Sachentscheidungen und auf die Beachtung der Subsidiarität. Durch eine einfache Sprache sollen Politik und Recht wieder verständlicher, menschlicher werden."[40]

IV. Zukunftsaspekte

1. Entwicklungsalternativen

Bei nüchterner Einschätzung — jenseits von Triumphalismus wie Resignation — tauchen als immerhin denkbare *Alternativen* der zukünftigen Entwicklung von Kirche und Katholizismus, sich durchaus überlappend, als Haupttypen auf: Totalsäkularisierung, sektenhafte Resistenz, fundamentalistische Revolte und erneuerte Volkskirche. Sie alle stellen mögliche Antworten auf die eingangs skizzierten soziokulturellen Trends dar.

2. Totalsäkularisierung

In einem am 7. Juli 1928 aus Reichenhall an Erik *Peterson* gerichteten Brief spricht Adolf von *Harnack,* der große protestantische Theologe des wilhelminischen Deutschland, von den Resten an Kirchlichkeit als „dem Duft einer leeren Flasche".[41] Dieses eindringliche Bild veranschaulicht den Zustand einer *Totalsäkularisierung* gleichsam *nach* einem völlig verblaßten und neutralisierten Kulturchristentum, in dem Religion zur fallweise konsumierten „Lyrik" geworden ist. Ein Klima der Harmlosigkeit und Unverbindlichkeit umhüllt ein sedierendes Panorama schöner Erinnerungen (Kirche als „Museum"). Die nüchterne Alltagsseite wäre bestenfalls eine Kirche als „profane Dienstleistungsinstanz".[42]

3. Sektenhafte Resistenz

Man kann sich aber auch vorstellen, eine trotzig-*defensive* Antwort auf den Rückgang an Kirchlichkeit und Religiosität zu geben, eine Antwort auf den Säkularisierungsdruck, die ich *„sektenhafte Resistenz"*[43] nenne und die ein Einigeln in Enge, Exklusivität und Rigorismus zur Folge hat, eine Vergatterung und Flucht aus der Welt der Öffentlichkeit und Allgemeinheit in die verbissene Partikularität. Es würde ein Zustand eintreten, wo das gesteigert ausgeformt ist, was Franz-X. *Kaufmann* schon jetzt als „Entropietendenz des Christentums"[44] diagnostiziert: die sich krampfhaft nach innen wendende Konzentration aller Kräfte auf das Festhalten des Status quo. Diese Christen mit zusammengekniffenem Mund in fensterlosen Kirchen könnten nie und nimmer dem *Nietzsche*-Verdikt entgehen: „Bessere Lieder müßten sie mir singen, daß ich an ihren Erlöser glauben lerne: erlöster müßten mir seine Jünger aussehen!"[45]

4. Fundamentalistische Revolte

Die trotzig-*offensive* Variante der Reaktion auf Säkularisierung wird von mir *„fundamentalistische Revolte"* genannt. Im angelsächsischen Protestantismus der Jahrhundertwende bezeichnete Fundamentalismus[46] die Lehre von der Verbalinspiration und absoluten Irrtumslosigkeit der Bibel. Inzwischen hat sich ein allgemeiner religionswissenschaftlicher Sprachgebrauch verbreitet, der jede antimodernistische Regression zur Ursprungssituation eines Ideensystems, verbunden mit intolerantem Aktivismus und Missionarismus, umfaßt. Ein häufiges Anwendungsfeld für diese Begrifflichkeit ist heutzutage der neueste Islamismus. Im christlichen Bereich geht es fundamentalistischen Bewegungen um den Sprung aus der abendländischen Ratio, um das Abstreifen einer auch wissenschaftliches Bemühen umfassenden Glaubenstradition, um das Abwerfen von Komplexität unter Absage an Aufklärung und Reform. Dem einladenden Entlastungsangebot des Fundamentalismus läßt sich — eine Formulierung von Johann B. *Metz* aufgreifend — die Warnung vor einer „kognitiven Vereinsamung“[47] entgegenhalten.

5. *Erneuerte Volkskirche*

a) Einwände

Vom christlichen Standpunkt aus wünschenswerter und zugleich chancenreicher als die skizzierten Entwicklungsalternativen ist die Erneuerung der österreichischen *Volkskirche*[48] als einer die überwiegende Mehrheit der Bürger umfassenden Glaubensgemeinschaft. Wenn auch die volkskirchlichen Traditionen in Österreich wie fast überall in Europa faktisch weiterbestehen, so verloren sie doch im theoretischen Diskurs viel an Selbstverständlichkeit, im evangelischen Bereich früher und stärker als im katholischen. Jürgen *Moltmann* und Johann B. *Metz* sind die wohl bekanntesten Kritiker der Volkskirche. Im ganzen kulminieren die *Einwände* gegen die Volkskirche im Vorwurf, sie sei zu sehr angepaßte, verwässerte „Bürger-, Betreuungs- und Dienstleistungskirche“[49]. Das alte Reden von der „Kirche im Dorf“, vom „in die Kirche Hineingeborenwerden wie in sein Volk“[50] verlor an Plausibilität. *Gegenmodelle* zur Volkskirche wurden entworfen und heftig diskutiert, freilich nur marginal verwirklicht: Entscheidungs-, Freiwilligkeits-, Gemeinde- und neuerdings Basiskirche. Angesichts dieser Einwände und Gegenmodelle, jedoch mehr noch angesichts unleugbarer Schwierigkeiten ergibt sich die Notwendigkeit, Gründe für die Existenzberechtigung der Volkskirche vorzubringen und ihre Ausgestaltung zu reformieren, zu verbessern, zu erneuern.

b) Gründe

Es gibt zwei *Argumentationsbündel,* die für die Volkskirche sprechen:

aa) *Theologische Gründe:* Die christliche Sendung, allen Menschen, allem Volk die Heilsbotschaft Jesu zu verkündigen, erfordert Öffentlichkeit, Öffnung, Allgemeinheit, eben *„Katholizität“* der Kirche. Das christliche Liebesgebot verbietet einen Heilsindividualismus im Gehäuse bloß privater Frömmigkeit. Die Christen und ihre Kirche müssen sich allen Menschen zuwenden, dürfen nicht die Müden, Lauen, Schwachen, weniger Aktiven, „Abstandigen“ nach rigorosen Kriterien abstoßen, ausschließen, um dann stolz sagen zu können: Wir haben uns zum heiligen Kern gereinigt! Christen dürfen sich nicht in frommen Reservaten einkapseln, sich nicht in ein religiöses Virtuosentum hineinsehnen, sich nicht in einer elitären, „gesundgeschrumpften“ Kernkirche verbergen.

bb) *Sozialwissenschaftliche Gründe:* Die im juste milieu eines behaglichen Pluralismus aufkeimende Erwartung, eine desozialisierte, entkirchlichte Gläubigkeit religiös „aparter" Individuen könne überleben, erfüllt sich in Wirklichkeit nicht; Gerhard *Schmidtchen* nennt sie ungeschminkt „Privatisierungsillusion": „Es spricht dagegen das lerntheoretische Axiom, daß Bewußtseinsinhalte, die nicht verstärkt werden, zwangsläufig Löschbedingungen unterliegen."[51] „In gesellschaftlicher Abstraktheit ist Verkündigung nicht möglich."[52] Religion braucht *soziale* „Radizierung" und *institutionelle* Verfaßtheit, nur so bleibt sie tradierbar. Nur ein lebenspraktischer Glaube in Gemeinschaft kann in einer legitimerweise teilsäkularisierten Welt bestehen.

c) Ausgestaltung

Volkskirche als Verwurzelung der Religion in der Bevölkerung, als *inkarnations*theologische Weltbejahung muß jedoch — und hierin ist den Kritikern recht zu geben — ständig davor bewahrt werden, in voller Anpassung an den Zeitgeist und in kritikloser Symbiose mit der Umwelt schales Salz zu werden. Die historischen Gefährdungen[53] in Gestalt des Staats- und/oder Nationalkirchentums sind in Europa freilich keine aktuellen Bedrohungen der Volkskirche mehr. Jedenfalls bedarf Volkskirche stets des *kreuzes*theologischen Widerlagers, der eschatologischen Reserve gegen die Welt. In dieser Sicht stellen sich daher Entscheidungs-, Freiwilligkeits-, Gemeinde- und Basiskirche nicht als unversöhnliche Gegenmodelle, sondern als willkommene Varianten, Modi und Elemente der Volkskirche dar. *Erneuerung* der Volkskirche heißt dann vor allem Adaptierung der genannten Strukturen für die volkskirchlichen Traditionen. Das II. Vatikanum und die postkonziliare Periode zeigen, daß diese Erneuerung eine schwere, friktionsreiche Aufgabe ist.

Volkskirche ist keine — mit welchem ideologischen Schlüssel auch immer — zugesperrte Kirche. Sie muß dem Rigorismus entsagen und eine Kirche der *Großzügigkeit* und *Gelassenheit*[54] sein, woraus freilich kein Gebot des Minimalismus abzuleiten ist. Volkskirche bedeutet *Akzeptanz* der Tatsache, daß Christsein sich in verschiedenen Intensitäts- und Aktivitätsstufen verwirklicht. Die Großzügigkeit zeigt sich vor allem bei der *Sakramentenspendung,* als Problem der praktischen Pastoral virulent an den „Lebenswenden" bei Taufe, Erstkommunion, Firmung, Trauung und Begräbnis. Die Gelassenheit muß sich in der schwierigen Begegnung mit den Trägern der modernen Welt, zumal mit *Wissenschaft* und *Kunst,* bewähren.

Wenn Härte und Enge auch keinen Weg in die Zukunft weisen, so stellt sich dennoch immer von neuem und manchmal schmerzlich das Problem der Grenze und der Abgrenzung, der *Identität* und der *Konsistenz* der Volkskirche, die nicht sorglos zerfließen soll, sondern *Kontur* haben muß, um überhaupt auch *dialogfähig* zu sein. In dem berühmten Kapitel von „Mater et Magistra" (1961) über das Zusammentreffen und die Zusammenarbeit mit Andersdenkenden gibt es eine wenig beachtete Stelle, die keineswegs überlesen werden darf: „Da sollen die Katholiken sorgfältig darauf achten, sich selber treu zu bleiben" (Art. 239, Satz 2).

Volkskirche ist durch Mitgliedschaftsbegründung in der Regelform der *Kindertaufe*[55] gekennzeichnet. Religiöse *Sozialisation* und *Enkulturation* der Kirchenglieder kann sich auch bei Fortbestand einer erneuerten Volkskirche weniger als in den

Jahrhunderten Alteuropas auf gleichsam selbstverständliche soziale Einbindung und Stützung verlassen, bei der Aufrechterhaltung des sozialen Geflechts und des institutionellen Gerüsts muß die personale Glaubensentscheidung eine größere Rolle als früher spielen. Freilich wird — noch einmal sei es betont — ein naiver *Spiritualismus* genausowenig Allheilmittel sein wie ein dürrer *Juridismus*. Gewiß bedarf die Volkskirche einer stärkeren rechtlich-institutionellen Abstützung als eine Kernkirche — Argument für die Beibehaltung des österreichischen Konkordanz- und Kooperationsmodells zwischen Kirche und Staat. Eine großkirchliche Rahmenstruktur behält ihre Berechtigung.

Als Kirche des Volkes muß Volkskirche Symbole, Riten und Feste bewahren, aber auch mit künstlerischer Hand neu gestalten, in sinnlich wahrnehmbarer Erscheinung lebendiges Zeugnis sein. Noch immer fehlt im Grunde eine originäre *Frömmigkeit* der urbanisierten Industriegesellschaft als durchgehaltene Verhaltensform, als (er)lebbare Alltags- und Festtagspraxis. Vieles ist noch Derivat aus der agrarischen Welt von gestern. „In Fest und Feier, in Kult und Liturgie finden Glaube und Kultur zusammen, wird die reine Diesseitigkeit eines verschlossenen Welthorizonts gesprengt.“[56]

Sicherlich wird gerade ein volkskirchliches Leben durch den zunehmenden *Priestermangel* erschwert. Um in dieser Mangelsituation dennoch der „prinzipiellen sozialen Verstärkungsbedürftigkeit eines jeden Anschauungssystems“[57] gerecht zu werden, wachsen den *Familien* und dem *intermediären Bereich*[58], der zwischen Individuen, Familien und Pfarren einerseits sowie den Diözesen mit ihren Verwaltungsapparaten andererseits liegt, neue Aufgaben zu.

Volkskirche darf keine „bloße Innerlichkeit“[59] und keine Nabelschau — etwa in der „Kultivierung von binnengemeindlichen Problemen“[60] — pflegen, sie muß „hin(aus)gehen“ zu den Menschen. Dieses „Hin(aus)gehen“ bedeutet Abstandnehmen vom Gruppenegoismus, es will vielmehr durch christliche Glaubenspraxis *allgemein* Freiheit und Würde der menschlichen *Person* vertreten. Darin lag ja in der Vergangenheit ein kirchliches Defizit, daß etwa angesichts des Faschismus und des Nationalsozialismus primär kirchliche Positionen im verbandsengeren Sinn verteidigt und die „anderen“ zu wenig einbezogen wurden, wie es heute die Kirche in Polen gegenüber dem kommunistischen Totalitätsanspruch versucht. Die in Art. 76 (2) von „Gaudium et spes“ (1965) sich findende Formulierung, die Kirche sei „zugleich Zeichen und Schutz der Transzendenz der menschlichen Person“, ist gerade auch für eine erneuerte Volkskirche in Österreich erst Versprechen wie Auftrag und darf durchaus nicht selbstgefällig als kirchengeschichtliche Erfolgsmeldung „abgeheftet“ werden.

Anmerkungen

[1] Allgemeine neuere (Selbst-)Darstellungen zur Lage von Kirche und Katholizismus, zumal im deutschsprachigen Raum, in Auswahl: Reinhold *Bärenz* (Hrsg.): Die Kirche und die Zukunft des Christentums. München 1982. — Thomas A. *Bauer:* Streitpunkt Dogma. Materialien zur Systemtheorie und Systemkritik kommunikativen Handelns in der Kirche. Wien—Köln—Graz 1982. — Wolfgang *Beilner:* Der Christ in Staat und Gesellschaft oder Die Fleischtöpfe Israels. Graz—Wien—Köln 1982. — Franz *Böckle*/Franz J. *Stegmann* (Hrsg.): Kirche und Gesellschaft heute. Franz *Groner* z. 65. Geb. Paderborn u. a. 1979. — Karl *Forster* (Hrsg.):

Religiös ohne Kirche? Eine Herausforderung für Glaube und Kirche. 2. A. Mainz 1978. — Karl *Gabriel*/Franz-X. *Kaufmann* (Hrsg.): Zur Soziologie des Katholizismus. Mainz 1980. — Ulrich *Hommes* (Hrsg.): Gesellschaft ohne Christentum? Zum Beitrag der Christen für die Erhaltung der Freiheit. Düsseldorf 1974. — Walter *Kern* (Hrsg.): Aufklärung und Gottesglaube. Düsseldorf 1981. — Karl *Lehmann:* Neuer Mut zum Kirchesein. Freiburg/Br. 1982. — Norbert *Lohfink:* Kirchenträume. Freiburg/Br. 1982. — Hans *Maier:* Kirche und Gesellschaft. München 1972. — Johann B. *Metz:* Jenseits bürgerlicher Religion. Reden über die Zukunft des Christentums. München—Mainz 1980. — Günther *Pöltner* (Hrsg.): Personale Freiheit und pluralistische Gesellschaft. Wien—Freiburg/Br.—Basel 1981. — Karl *Rahner* (Hrsg.): Ist Gott noch gefragt? Zur Funktionslosigkeit des Gottesglaubens. Düsseldorf 1973. — Joseph *Ratzinger:* Zeitfragen und christlicher Glaube. Würzburg 1982. — Ferdinand *Reisinger* (Hrsg.): Menschsein in der Gesellschaft. Christliche Fundamente und Perspektiven. Linz 1983. — Paul M. *Zulehner:* Kirche — Anwalt des Menschen. Wien—Freiburg/Br.—Basel 1980. — Ders.: Leibhaftig glauben. Lebenskultur nach dem Evangelium. Freiburg/Br.—Basel—Wien 1983.

Zur enzyklopädischen Information wichtig: Christlicher Glaube in moderner Gesellschaft. 30 Themenbände und 7 Quellenbände (hrsg. v. Franz *Böckle* u. a.). — Beiträge zur Katholizismusforschung (hrsg. v. Anton *Rauscher).* — Katholisches Soziallexikon, 2. A. (hrsg. v. Alfred *Klose*/Wolfgang *Mantl*/Valentin *Zsifkovits).* — Vorlesungen der Salzburger Hochschulwochen (hrsg. v. Paulus *Gordan* bzw. v. Ansgar *Paus).*

[2] Joseph O. Kardinal *Rauscher:* Oesterreich ein katholischer Staat. Wien 1866, 12: „Wer von Oesterreich verlangen würde, aus der Reihe der katholischen Staaten auszuscheiden, verstünde entweder die großen Fragen des Staatslebens nicht zu beurtheilen oder er wäre ein Feind des Kaiserthumes: denn einen willkommeneren Triumph könnte man den Feinden des Kaiserthumes nicht bereiten; namentlich würde man in Preußen aus innerster Seele frohlocken."

[3] *Rauscher,* Oesterreich, 9 f. (Anm. 2).

[4] Karl *Marx*/Friedrich *Engels:* Manifest der Kommunistischen Partei. Stuttgart 1969 (Reclam-Ausgabe), 45.

[5] Eugen *Biser:* Säkularisierung. *In:* Kath. Soziallexikon. 2. A. Innsbruck—Graz 1980, Sp. 2477—2481. — Karl *Forster* (Hrsg.): Befragte Katholiken. Zur Zukunft von Glaube und Kirche. Auswertungen und Kommentare zu den Umfragen für die Gemeinsame Synode der Bistümer in der Bundesrepublik Deutschland. Freiburg/Br.—Basel—Wien 1973. — Wilhelm F. *Kasch* (Hrsg.): Entchristlichung und religiöse Desozialisation. Paderborn u. a. 1978. — Franz-X. *Kaufmann:* Kirche begreifen. Analysen und Thesen zur gesellschaftlichen Verfassung des Christentums. Freiburg/Br.—Basel—Wien 1979, zumal 54—81. — Hermann *Lübbe:* Säkularisierung. Geschichte eines ideenpolitischen Begriffs. 2. A. Freiburg/Br. 1975. — Franz W. *Niehl* (Hrsg.): Warum geht es nicht mehr wie früher? Zum Strukturwandel der Kirche. München 1982. — Ulrich *Ruh:* Säkularisierung als Interpretationskategorie. Zur Bedeutung des christlichen Erbes in der modernen Geistesgeschichte. Freiburg/Br. 1980 — Gerhard *Schmidtchen:* Zwischen Kirche und Gesellschaft. Forschungsbericht über die Umfragen zur Gemeinsamen Synode der Bistümer in der Bundesrepublik Deutschland. Freiburg/Br.—Basel—Wien 1972. — David A. *Seeber:* Nachchristlich ist nicht nichtchristlich. *In:* Herder-Korrespondenz 36 (1982), 365—367. — Erika *Weinzierl:* Säkularisation und Säkularisierung. *In:* Wilhelm *Baum* (Hrsg.): Kirche und Staat in Idee und Geschichte des Abendlandes. FS z. 70. Geb. v. Ferdinand *Maass.* Wien—München 1973, 328—345. — Eugen *Wiesnet:* Säkularisierung pro und contra. Ihre Diagnose, Interpretation und Wertungsimplikation in der heutigen Religionssoziologie. Innsbruck 1973. — Paul M. *Zulehner:* Säkularisierung von Gesellschaft, Person und Religion. Religion und Kirche in Österreich. Wien—Freiburg/Br.—Basel 1973. — Ders.: Wie kommen wir aus der Krise? Kirchliche Statistik Österreichs 1945—1975 und ihre pastoralen Konsequenzen. Wien—Freiburg/Br.—Basel 1978. — Ders.: Religion im Leben der Österreicher. Dokumentation einer Umfrage. Wien—Freiburg/Br.—Basel 1981. — Ders.: „Leutereligion." Eine neue Gestalt des Christentums auf dem Weg durch die achtziger Jahre. Wien—Freiburg/Br.—Basel 1982.

[6] *Kaufmann,* Kirche, 54 (Anm. 5).

[7] Ders., Kirche, 57 (Anm. 5).

[8] *Seeber,* Nachchristlich, 366 (Anm. 5).

[9] Quelle: Erich *Bodzenta:* Die Katholiken in Österreich. Ein religionssoziologischer Überblick. Wien 1962, 18, und Mitteilung des Instituts für Kirchliche Sozialforschung in Wien.

[10] Karl *Rahner:* Vom Mut zum kirchlichen Christentum. *In:* Walter *Jens* (Hrsg.): Warum ich Christ bin. München 1982, 301. — Dieser Topos prägt auch die Schlußpassage des Buches von Oskar *Köhler:* Kleine Glaubensgeschichte. Christsein im Wandel der Weltzeit. Freiburg/Br.—Basel—Wien 1982, 427.

[11] *Biser,* Säkularisierung, Sp. 2480 f. (Anm. 5).

[12] Oskar *Köhler:* Bewußtseinsstörungen im Katholizismus. Frankfurt/Main 1972. — Otto *König:* Integralismus. *In:* Kath. Soziallexikon, Sp. 1185—1190. — Ders.: Modernismus. *In:* a. a. O., Sp. 1833—1838. — Erika *Weinzierl* (Hrsg.): Der Modernismus. Beiträge zu seiner Erforschung. Graz—Wien—Köln 1974.

[13] *Köhler,* Glaubensgeschichte, 419 (Anm. 10).

[14] Ders., Glaubensgeschichte, 420 (Anm. 10). — Willy *Lorenz:* „Renouveau Catholique" in Österreich. Wege vor und nach dem II. Vaticanum. *In:* Kristian *Sotriffer* (Hrsg.): Das größere Österreich. Geistiges und soziales Leben von 1880 bis zur Gegenwart. Wien 1982, 300—304. — Im Prisma einer biographischen Skizze: Ignaz *Zangerle:* Verwurzelt im Vorgestern, gegenwärtig im Heute. *In:* Jochen *Jung* (Hrsg.): Vom Reich zu Österreich. Kriegsende und Nachkriegszeit in Österreich erinnert von Augen- und Ohrenzeugen. Salzburg 1983, 48—64.

[15] Abgedruckt *in:* Albrecht *Beckel* u. a. (Hrsg.): Zweites Vatikanisches Konzil. Dokumente, Texte, Kommentare. Osnabrück 1963, 12.

[16] A. a. O., 15.

[17] A. a. O., 16.

[18] Inge *Gampl:* Österr. Staatskirchenrecht. Wien—New York 1971. — Werner *Hinterauer:* Kirche und Rechtspraxis. *In:* Österr. Archiv für Kirchenrecht 28 (1977), 235—241. — Hans R. *Klecatsky:* Das Verhältnis von Kirche und Staat in der Republik Österreich. *In:* Joseph *Listl*/Hubert *Müller*/Heribert *Schmitz* (Hrsg.): Handbuch des kath. Kirchenrechts. Regensburg 1983, 1081—1096. — Ders.: Das Wirken der Kirche im freiheitlichen Staat. *In:* Theodor *Veiter* (Hrsg.): Volk und Volkstum im Donauraum. Festgabe f. Franz H. *Riedl* z. 75. Geb. Wien 1981, 39—53. — Ders.: Die Glaubens- und Gewissensfreiheit und die Rechtsstellung der gesetzlich anerkannten Kirchen und Religionsgesellschaften in Österreich. *In:* Eur. Grundrechtszeitung 9 (1982), 441—446. — Ders.: Die Religionsfreiheit in der österr. Reform der Grund- und Freiheitsrechte. *In:* Menschenrechte, Volksgruppen, Regionalismus. Festgabe f. Theodor *Veiter* z. 75. Geb. Wien 1982, 1—15. — Ders./Rudolf *Weiler:* Österr. Staatskirchenrecht. Wien 1958. — Friedrich *Koja:* Konkordat und Wissenschaftsfreiheit. Salzburg 1980. — Wolfgang *Mantl:* Kirche und Staat. *In:* Kath. Soziallexikon, Sp. 1346—1383. — Willibald M. *Plöchl:* Vom Grundrecht der Kirchenfreiheit. St. Pölten 1977. — Richard *Potz:* Die inneren Angelegenheiten der anerkannten Kirchen und Religionsgesellschaften als Problem der Grundrechtsinterpretation. *In:* Peter *Leisching* u. a. (Hrsg.): Ex aequo et bono. Willibald M. *Plöchl* z. 70. Geb. Innsbruck 1977, 409—422. — Bruno *Primetshofer:* Kirche und Staat in Österreich. In: *Reisinger,* Menschsein, 139—161 (Anm. 1). — Helmut *Schnizer:* Äußere Angelegenheiten der Kirche. *In:* Kath. Soziallexikon, Sp. 175—185. — Ders.: Innere Angelegenheiten der Kirche. *In:* Kath. Soziallexikon, Sp. 1168—1173. — Walter *Schuppich:* Kirche und Rechtspraxis. *In:* Österr. Archiv für Kirchenrecht 28 (1977), 225—235. — Hugo *Schwendenwein:* Religion in der Schule. Rechtsgrundlagen. Das österr. Religionsunterrichtsrecht. Graz—Wien—Köln 1980. — Ders.: Das neue Kirchenrecht. Gesamtdarstellung. Graz—Wien—Köln 1983, 56—58.

[19] *Gampl,* Staatskirchenrecht, 56 (Anm. 18).

[20] *Klecatsky,* Religionsfreiheit, 8 (Anm. 16).

[21] Ders., Religionsfreiheit, 9 (Anm. 16).

[22] *Seeber,* Nachchristlich, 366 (Anm. 5).

23 Fritz *Csoklich:* Unsere Gesellschaft als Herausforderung an den Christen. *In:* Josef *Wiener*/Helmut *Erharter* (Hrsg.): Vom Geist christlichen Lebens. Bergpredigt und Weltverantwortung. Wien—Freiburg/Br.—Basel 1983, 9—24. — Freude an der Kirche? Was. Hefte für Kultur und Politik, Nr. 32/Juni 1981. — Ist Glaube noch eine Kraft? Polit. Perspektiven, 12. Heft 1980. — Kirche, Staat, Gesellschaft: Das magische Dreieck. Academia 29 (1978), Mai/Juni. — Ferdinand *Klostermann* u. a. (Hrsg.): Kirche in Österreich 1918—1965. 2 Bde. Wien—München 1966/67. — Lebenssinn aus der Religion. Steir. Berichte, 1. Heft 1980. — Norbert *Leser:* Immer noch k. u. k. Katholiken? *In:* FORVM 12 (1965), 433—435 und 501—504. — Ders.: Gottes Spuren in Österreich. Mein Verhältnis zum (politischen) Katholizismus. Wien—München 1978. — Ders.: Grenzgänger. Österr. Geistesgeschichte in Totenbeschwörungen. Bd. I. Wien—Köln—Graz 1981. — Willy *Lorenz:* Der Katholizismus. Geschichte, Gestalt, Krise. *In:* Otto *Schulmeister* (Hrsg.): Spectrum Austriae. Österreich in Geschichte und Gegenwart. Neuauflage. Wien u. a. 1980, 38—68. — Österr. Pastoralinstitut (Hrsg.): Fünfjahresbericht über den Stand der gesellschaftl. Wirksamkeit der Kirche in Österreich (1977—1981). Offsetvervielfältigt. Wien o. J. (1981). — Theodor *Piffl-Perčević* (Hrsg.): Kirche in Österreich. Berichte, Überlegungen, Entwürfe. Graz—Wien—Köln 1979. — Heinrich *Schneider:* Kath. Kirche und österr. Politik. *In:* Österr. Jahrbuch für Politik 1977, 153—224. — Erika *Weinzierl:* Die kath. Kirche. *In:* Dies./Kurt *Skalnik* (Hrsg.): Österreich. Die II. Republik. Bd. 2. Graz—Wien—Köln 1972, 285—319 und 625—628. — Dies.: Geschichte der kath. Sozialbewegung in Österreich. *In:* Kath. Soziallexikon, Sp. 2023—2040. — Dies.: Religions and their Relations to State and Parties. *In:* Kurt *Steiner* (Hrsg.): Modern Austria. Palo Alto/Cal. 1981, 99—120. — 1469/1969. 500 Jahre Diözese Wien. Offizielle Festschrift. Wien 1969. — Wilhelm *Zauner:* Chancen und Gefahren österr. Religiosität. *In:* Walter *Strolz* (Hrsg.): Dauer im Wandel. Aspekte österr. Kulturentwicklung. Wien—Freiburg/Br.—Basel 1975, 181—199.

24 Diese Tatsache und der Umstand, daß viele der heute tonangebenden Katholiken 1952 ihr prägendes Jugenderlebnis hatten, bewirkt häufig, daß ihnen der damalige Katholikentag als das schier unüberholbare Ereignis der neuesten österreichischen Kirchengeschichte erscheint — Hypothek nicht zuletzt für den Katholikentag 1983.

25 *Schneider,* Kirche, 210 (Anm. 23).

26 Rudolf *Kirchschläger:* Willkommen in Österreich. *In:* L'Osservatore Romano. Wochenausgabe in deutscher Sprache 13 (1983), Nr. 32/33, 12. August, 1.

27 Alfred *Stirnemann:* Vom Geist der Parteiprogramme. Die Forderungen des Kardinals und die österr. Gegebenheiten. *In:* Andreas *Khol*/Robert *Prantner*/Alfred *Stirnemann* (Hrsg.): Um Parlament und Partei. Alfred *Maleta* z. 70. Geb. Graz—Wien—Köln 1976, 45—57. — Erika *Weinzierl:* Die gesellschaftspolit. Grundlinien des Kardinals König. *In:* Österr. Jahrbuch für Politik 1979, 153—176.

28 Edeltraud *Buchberger* u. a.: Kirche, Gesellschaft, Politik. Thesen, Texte. Linz 1977. — Herwig *Büchele:* Politik wider die Lüge. Zur Ethik der Öffentlichkeit. Wien 1982. — Franz *Eichinger* (Hrsg.): Konkreter Glaube. Glaubensbewährung im heutigen Welthorizont. Wien—Freiburg/Br.—Basel 1980. — Gustav E. *Kafka:* Katholische Soziallehre und politische Praxis heute. *In:* Bernd *Schilcher* (Hrsg.): Zwischen Pragmatismus und Ideologie. Steir. Beiträge zur Grundlagendiskussion der ÖVP. Graz 1972, 57—71. — *Schneider,* Kirche (Anm. 23). — Paul M. *Zulehner:* Leute, Religion, Kirche und Politik. *In:* Österr. Jahrbuch für Politik 1981, 191—208.

29 Franz *Horner:* Konservative und christdemokratische Parteien in Europa. Geschichte, Programmatik, Strukturen. Wien—München 1981. — Katholizismus und polit. Parteien. Gesellschaft und Politik 13 (1977), Heft 4 (mit Beiträgen von Ferdinand *Klostermann* und Gerhard *Schultes*). — Kirche und demokratischer Sozialismus. Wien 1978 (mit Beiträgen von Herwig *Büchele,* Harry *Hoefnagels* und Bruno *Kreisky*). — Kirche und ÖVP. Wien 1979 (mit Beiträgen von Herwig *Büchele,* Helmut *Krätzl* und Hans *Zwiefelhofer*). — Hans *Magenschab:* Die 2. Republik zwischen Kirche und Parteien. Wien—München 1968. — Alois *Mock:* ÖVP und christliche Soziallehre. *In:* Gesellschaft und Politik 14 (1978), Heft 4, 19—22. — Anton *Pelinka:*

Sozialdemokratie in Europa. Macht ohne Grundsätze oder Grundsätze ohne Macht? Wien—München 1980. — Polit. Katholizismus. Gesellschaft und Politik 11 (1975), Heft 3 (mit Beiträgen von Anton *Burghardt,* Oskar *Köhler* und Wolfgang *Mantl).* — Gerhard *Steger:* Der Brückenschlag. Kath. Kirche und Sozialdemokratie in Österreich. Wien 1982. — Josef *Taus:* Kath. Soziallehre und das Grundsatzprogramm der ÖVP. *In:* Alois *Mock*/Herbert *Schambeck* (Hrsg.): Verantwortung in Staat und Gesellschaft. Wien 1977, 545—556. — Rudolf *Weiler:* Das Problem der Distanz der polit. Parteien von der Kirche in Österreich seit 1945. *In:* Raphael *Schulte* (Hrsg.): Leiturgia, Koinonia, Diakonia. FS f. Kardinal Franz *König* z. 75. Geb. Wien—Freiburg/Br.—Basel 1980, 289—307. — Ders.: Kath. Kirche und Parteipolitik. *In:* Gesellschaft und Politik 18 (1982), Heft 4, 20—32. — Paul M. *Zulehner:* Kirche und Austromarxismus. Eine Studie zur Problematik Kirche — Staat — Gesellschaft. Wien—Freiburg/Br.—Basel 1967.

30 Realiter bedeutete dieser Rückzug der Priester in der historischen Situation des Jahres 1933 eine weitere Schwächung der demokratischen Kräfte in der Christlichsozialen Partei und eine Stärkung des autoritären Kurses. Dazu jetzt Harry *Slapnicka:* Vor 50 Jahren: Abzug des Klerus aus der Politik. *In:* Theologisch-praktische Quartalschrift 131 (1983), 242—250.

31 In kirchentreuen ÖVP-Kreisen, zumal bei älteren Personen, bildete sich bisweilen ein „*Irritationsstau*". Es ist ungerecht, diesen Katholiken vorzuwerfen, sie hätten eben das II. Vatikanum, seine Ekklesiologie und den neuen Welt- wie Politikbezug der Kirche nicht begriffen, angenommen und verarbeitet. Handelt es sich bei diesen meist über Fünfzigjährigen doch um Christen, die ihre religiöse Prägung zu einer Zeit (bis in die fünfziger Jahre) erhielten, als die Kirche und ihr Klerus durchaus eine pastorale Praxis der detaillierten Normierung der gesamten Lebensgestaltung vertraten, auf deren Schwinden mit Orientierungsschwierigkeiten und Enttäuschung, ja Verbitterung zu reagieren begreiflich ist. Hier stellen sich drängende Fragen an eine differenzierte, kluge Pastoral.

32 *Schneider,* Kirche, 210 (Anm. 23).

33 *Zulehner,* Leute, 203 (Anm. 28).

34 Ders.: Leute, Anm. 204 (Anm. 28).

35 Abgedruckt *in:* Karl *Rahner*/Herbert *Vorgrimler:* Kleines Konzilskompendium. 2. A. Freiburg/Br.—Basel—Wien 1966.

36 Otto *Mauer:* Situation 1965. Die österr. Kirche im Zeitalter des ökumenischen Konzils. *In:* *Klostermann,* Kirche, Bd 1, 399 (Anm. 23).

37 Gustav E. *Kafka:* Polit. Bildung als Aufgabe der Kath. Hochschuljugend. *In:* 20 Jahre Kath. Hochschuljugend in Graz. Graz o. J. (1966), 55: „Aber der mythische apostolische Einzelgänger gerät in Wirklichkeit immer in die Gefahr, sich in einem der Kirche fernen, wenn nicht feindlichen Milieu nur als heftiger Kritiker der konkreten Kirchlichkeit behaupten zu können und aus einem christlichen Laienapostel zu einem Apostel fremder Ideologien in der Kirche zu werden, mit anderen Worten: zu einer bloßen Schachfigur oder zu einem Lockvogel."

38 Österr. Synodaler Vorgang. Dokumente. Wien 1974, 41.

39 Vorsitz: Hans *Tuppy,* Geschäftsführung: Helmut *Erharter,* weitere Mitglieder: Hugo *Bogensberger,* Elisabeth *Dieterle,* Hubert *Feichtlbauer,* Alois *Kraxner,* Hildegard *Lorenz,* Wolfgang *Mantl,* Eduard *Ploier,* Walter *Schaffelhofer* und Fritz *Schweiger.*

40 Perspektiven unserer Hoffnung. *In:* Festprogramm Österr. Katholikentag 1983. Wien 1983, 36.

41 Abgedruckt *in:* Erik *Peterson:* Theologische Traktate. München 1950, 305.

42 *Seeber,* Nachchristlich, 366 (Anm. 5). — „Die größte Gefährdung, die eine nachchristliche Gesellschaft für das Christentum bereithält, ist die, daß es in der Auseinandersetzung um profane Zielkonflikte verheizt und damit *religiös* bedeutungslos werden könnte" (ders., Nachchristlich, 367/Anm. 5).

43 Anton *Vorbichler:* Sekten. *In:* Kath. Soziallexikon, Sp. 2509—2514.

44 Franz-X. *Kaufmann:* Soziologische Überlegungen zur Zukunft des Christentums. *In:* *Bärenz,* Kirche, 86 (Anm. 1).

45 Friedrich *Nietzsche:* Also sprach Zarathustra. Werke. Hrsg. v. Karl *Schlechta.* München 6/1969, Bd. 2, 350.

46 Wilfried *Joest:* Fundamentalismus. *In:* Theologische Realenzyklopädie. Bd. 11. Berlin—New York 1983, 732—738.

47 Johann B. *Metz:* Zu Lasten der Nichtgefragten. Ein Brief mit Rückfragen. *In: Jens,* Christ, 258 (Anm. 10).

48 Überblick und weitere Literatur bei: Christoph *Link:* Volkskirche. *In:* Evangel. Staatslexikon. 2. A. Stuttgart—Berlin 1975, Sp. 2832—2836. — Wolfgang *Lück:* Die Volkskirche, Kirchenverständnis als Norm kirchlichen Handelns. Stuttgart u. a. 1980. — Kurt *Meier:* Volkskirche 1918—1945. Ekklesiologie und Zeitgeschichte. München 1982. — Lutz *Mohaupt:* Volkskirche. *In:* Evangel. Soziallexikon. 7. A. Stuttgart—Berlin 1980, Sp. 1393—1395. — Karl *Rahner*/Christian *Modehn*/Michael *Göpfert* (Hrsg.): Volksreligion — Religion des Volkes. Stuttgart u. a. 1979. — Ferdinand *Reisinger:* „Christliche Gemeinde" — Möglichkeiten und Grenzen. *In:* Ders., Menschsein, 93—138 (Anm. 1). — Ulrich *Ruh:* Abschied von der Volkskirche? *In:* Herder-Korrespondenz 36 (1982), 417—419. — Wilhelm *Zauner:* Volkskirche überholt? Aus Volkskirche soll Volk Gottes werden. *In:* Die Furche 39 (1983), Nr. 45, 9. November, 8. — Zur lateinamerikanischen Situation Leonardo *Boff:* Die Neuentdeckung der Kirche. Basisgemeinden in Lateinamerika. Mainz 1980.

49 *Ruh,* Abschied, 418 (Anm. 48).

50 *Zauner,* Volkskirche, 8 (Anm. 48).

51 Gerhard *Schmidtchen:* Die gesellschaftlichen Folgen der Entchristlichung, *in: Kasch,* Entchristlichung, 19 (Anm. 5).

52 Ders., Folgen, 20 (Anm. 51). Dazu auch *Kaufmann,* Überlegungen, zumal 79 und 84 (Anm. 44).

53 Die österreichischen Katholiken haben wohl von den Institutionen und Normen ihrer Kirche *und* ihres Staates zu viel erwartet, sie beide auch gegenreformatorisch, dann josephinisch zu nahe aneinandergerückt, eine gleichsam antike Konvergenz erhoffend.

54 „Das Heilsangebot Gottes durch das Wort und die Sakramente müßte im Rahmen der Gesamtkirche für alle Glaubenswilligen prinzipiell offengehalten sein, unabhängig davon, wie vollkommen einer den Glauben zu leben vermag oder seinen Glaubenswillen im Moment tatsächlich dokumentiert" (*Reisinger,* „Christliche Gemeinde", 129/Anm. 48).

55 Gerade dies ist nicht unumstritten: Pastorale Anweisung der deutschen Bischöfe an die Priester und Mitarbeiter im pastoralen Dienst zur rechtzeitigen Taufe der Kinder vom 12. Juli 1979. — Walter *Kasper* (Hrsg.): Christsein ohne Entscheidung oder Soll die Kirche Kinder taufen? Mainz 1970. — Karl *Lehmann:* Das Verhältnis von Glaube und Sakrament in der kath. Tauftheologie. Erwachsenen- und Kindertaufe. *In:* Ders.: Gegenwart des Glaubens. Mainz 1974, 201—228. — François *Reckinger:* Kinder taufen — mit Bedacht. Eine Darstellung der Diskussion um die Kindertaufe im kath. Raum seit 1945 mit kritischer Stellungnahme und pastoralen Ausblicken. Steinfeld 1979. — Karl-H. *Weger:* Der Sinn der Kindertaufe. *In:* Stimmen der Zeit 198 (1980), 721 f. — Wilhelm *Zauner:* Soll es bei der Kindertaufe bleiben? *In:* Theologisch-praktische Quartalschrift 130 (1982), 145—150.

56 Perspektiven, 40 (Anm. 40).

57 *Schmidtchen,* Folgen, 20 (Anm. 51).

58 Johannes *Schasching:* Christ und Weltgestaltung. Eisenstadt 1983, 14 f., spricht in ähnlichem Zusammenhang von „gesellschaftlichem Mittelbau", Heinrich *Schneider,* Kirche, 200 (Anm. 23), von „mittleren ‚Eliten' ". Dagegen stellt Franz-X. *Kaufmann,* Überlegungen, 95 (Anm. 44), stärker auf *Klein*gruppen als den „Mikro-Umwelten" des Glaubens ab.

59 *Kaufmann,* Überlegungen, 95 (Anm. 44).

60 *Reisinger,* „Christliche Gemeinde", 127 (Anm. 48).

Alois Brandstetter

Christliche und antichristliche Tendenzen in der österreichischen Gegenwartsliteratur

In Franz Buchriesers Hörspiel bzw. Theaterstück „Das Produkt“ sagt der Held der Geschichte, Rudi Ingar, ein entlassener Strafhäftling, in einem Anfall von Wut und Aggression heftige Sätze der Anklage gegen Gott. „Sau“ heißt es dort — und das ist noch lange nicht das Ärgste, was er über den „lieben Gott“ vorbringt. Eine Bezeichnung wie diese entspricht natürlich ganz und gar nicht dem Gottesbild der christlichen Theologie, wenn es etwa von Gott im alten Katechismus heißt, daß er unendlich gut, unendlich weise und ewig sei. In Erinnerung ist uns Älteren auch der Satz: „Gott ist ein gerechter Richter, der das Gute belohnt und das Böse bestraft.“ Man könnte also von einem einfachen christlichen Standpunkt aus die Buchrieser-sche Invektive als eine Schmähung, Gotteslästerung oder Blasphemie bezeichnen. Es fallen einem sicher auch noch andere Normen und Gebote ein: „Du sollst den Namen Gottes nicht verunehren“, altertümlich gesprochen auch „eitel nennen“. Und es wird nicht an Menschen fehlen, die es nicht bei der Kennzeichnung von Widersprüchen zwischen dem Gottes- oder auch Menschenbild dieser Kunst und der orthodoxen Theologie sein Bewenden haben lassen wollen, sondern die vielmehr auf die Einhaltung von Ordnungen, auch ihre strafrechtliche Seite hinweisen, also disziplinieren und pönalisieren wollen. Vom Zensieren zum Zensurieren.

Doch dann werden die Warner kommen. Es könnte etwa ein Theologe darauf hinweisen, daß es sich bei derartigen Sätzen, wie sie in diesem Stück gesprochen werden, um eine, möglicherweise sogar subjektiv überzeugende Aussage zur Theodizee, zur Rechtfertigungslehre Gottes handle. Ein von Gott und der Welt Verlassener, ein im Namen Gottes oder im Namen des Souveräns der Republik immer wieder Verurteilter kommt auf die prekärste aller Fragen: Warum läßt Gott uns leiden?, um den Titel eines Vortrags von Karl Rahner zu zitieren, wie verträgt sich das Leiden und das Böse in der Welt mit der Vorstellung eines allguten Gottes, eines „lieben“ Gottes? Aber es handle sich dabei um eine wirklich *„persönliche“* Antwort, eine Klage und Anklage. Ins Du gewendet, könne man einen solchen Satz ohneweiters auch als etwas Gebetsartiges ansehen.

„Wer Gott sagt“, sagt der Unglaube, „spricht mit sich selbst.“ Spricht aber nun der Fluchende oder der Betende mit sich selbst oder „in das eisige, unendliche Schweigen Gottes hinein“, so spricht er wie der Buchrieser-Held auf jeden Fall doch vor allem *für uns*. Was er zu *seinem* Gott sagt, hat *uns* etwas zu sagen, vor allem hat es jenen etwas zu sagen, die sich für das Reden über Gott, die Theologen und Männer der Kirchen, verantwortlich oder zuständig fühlen, die Religionslehrer, die dem Rudi Ingar einmal in der Schule von Gott erzählt haben. Zwar gibt es Gott sei Dank keine Theokratie oder Priesterherrschaft, auch keinen Politklerikalismus mehr, aber die Ordnung, in der wir uns befinden, die gesellschaftlichen Instanzen, die belohnen und bestrafen, aber nicht wie der ideale Gott immer das Gute belohnen und das Böse bestrafen, sondern hin und wieder auch anders verfahren (wenn nicht überhaupt das Böse belohnen und das Gute bestrafen), verdanken sich auch in ihrer säkularisierten

Form christlichen Prinzipien. „Du hättest keine Macht über mich, wenn sie dir nicht von Gott gegeben wäre", sagt der Gerechteste unter den Verurteilten und unschuldig Leidenden zu seinem ungerechten Richter — und bestätigt ihn damit in gewisser Weise. Die Macht ist fundiert. Aber auch vor einem pragmatischen, positivistischen, möglicherweise sogar atheistischen Richter steht das Kreuz auf dem Richtertisch, und es ist die Frage, wie man den *Stellenwert* dieses Kreuzes bestimmt. Versteht man es als das Herrschaftszeichen und als die christliche Legitimation der Obrigkeit? Als Trost für den Schuldigen? André Gide hat von Paul Claudel gesagt, er handhabe das Kreuz wie einen Hammer! Oder ist das Kreuz das Mahnzeichen für alle Beteiligten?

Freilich müßte vor dem Theologen, der selbst einer solchen Stelle etwas Positives im Sinne einer existentiellen Theodizee abgewinnen möchte, der Literaturwissenschaftler das Wort haben und auf einige, auch technisch-äußerliche Umstände hinweisen. So sagt Rudi Ingar, „ein am 30. Dezember entlassener Strafgefangener, 56", bevor er mit seinen schrecklichen Freveln beginnt: „A, zehn Johr vielleicht no, dann geht e nix mehr, dann sollns mi hamdrahn. Zan Herrn. Oba waßt, was i zu dem Herrn sagn tät, wenns an gebn tät — i waß e, daßn net gibt, oba wenns an gebn tät: Du Scheißhäusl ..." Später sagt er wieder: „Oba es gibt e kan Gott. Alls was den Menschn ausmacht, is das Gehirn." Und schließlich noch einmal: „Wenn i an Wunsch frei hätt von so ana Fee — i tät ma wünschn, daß an Gott gibt. Nur daß i zu dem Häusl sagn könnt" (alle Zitate Manuskripte 50, S. 185). So könnte also der Literaturwissenschaftler mit diesen Zitaten deutlich machen, daß die sprechende Person des Stückes nicht mit dem Autor identisch ist, daß es sich somit bei dem Geäußerten nicht unbedingt um die „Meinung der Redaktion" handeln muß. Freilich wirkt die Frage nach dieser Differenz oder der Übereinstimmung und Sympathie des Autors mit seinem Helden reichlich akademisch und sophistisch. Aussagekräftiger ist aber schon der im Text erscheinende Modus der *Subjunktion,* der konjunktiven Annahme und Unterstellung. Im Irrealis wird deutlich, daß die Situation und das Milieu so völlig *a*religiös (nicht einmal mehr *anti*religiös) ist, so total entchristlicht, daß sozusagen nicht einmal mehr Flüche und Blasphemien „funktionieren". Wenn jemandem nichts mehr heilig ist, wenn er keinen Gott hat oder kennt, dann erübrigt sich nicht nur das Gebet, sondern auch das Sakrileg und die Gottesbeleidigung. Gott ist für Ingar nur ein Pappkamerad, eine Art Watschenmann in einem Aggressionssimulator. Der Rudi Ingar kann auch nicht wie Hiob verzweifeln, weil er sich nie mit Gott oder irgendeiner Bemühung um eine Gotteserkenntnis eingelassen hat, jedenfalls ist nichts Derartiges angedeutet. Und es ist in diesem Zusammenhang merkwürdig genug, daß die Gottesvorstellung im allgemeinen in einem trivialen Unverstand als Solipsismus skeptisch und im Sinne eines vulgären Materialismus und Kritizismus total relativiert — und verworfen wird („Alls was den Menschen ausmacht, is das Gehirn").

Und so ist der erste Adressat dieser und aller übrigen „Gotteslästerungen" der modernen Literatur, der österreichischen Literatur im besonderen, die wir vor Augen haben, für den Ungläubigen natürlich nicht Gott. Nur der Gläubige nimmt an, daß solches Reden eine Störung einer göttlichen Ordnung und eine Sünde ist, mit der sich der Unbeherrschte selbst schadet, weil er persönlich Schuld auf sich lädt, und daß jede Rede in einer geheimnisvollen Weise den Himmel erreicht, etwas bedeutet und besagt, und daß wir einmal „zur Rechenschaft dargestellet werden". Der

Glaubende hält Gott durch ein solches Wort für beleidigt — und leidet selbst. Oft fehlt es aber am Mitleid für den Verblendeten leider Gottes. Donnersöhne ärgern sich auch über Gottes unverständliche Langmut, prognostizieren Seine Rache. Trotz alledem ist vorerst natürlich nicht so sehr die Heiligkeit des „im unzugänglichen Lichte wohnenden" Gottes, „der Himmel und Erde erschaffen hat", tangiert, sondern der Mitmensch. Die Blasphemien sind vor allem einmal ein Ärgernis und ein Skandal. Vielleicht auch ein heilsamer Schock, wie der aufgeklärte Theologe, den ich eingangs „imitiert" habe, sagen könnte. Möglicherweise können die Autoren solcher Anwürfe zu einer Klärung und Korrektur allzu einfacher und routinierter Vorstellungen von Gott und der Welt beitragen. Freilich hieße, so zu denken, angesichts der philosophischen Dürftigkeit und Primitivität, auch Brutalität vieler Schmähungen, etwas zu hoch von den Schmähenden denken. Bei der weitgehenden Bürgerlichkeit und „Zivilisiertheit" der Gläubigen wird anderseits manchmal auch bereits Peripheres und Harmloses, eine gewisse Schnoddrigkeit und bohemienhafte Unkultiviertheit im Ausdruck zum Skandalon, zu einer Frage der Schamgrenzen. Wir müssen auch von Animositäten, einem großen Bereich religiöser Allergik und idiosynkratischer Symptomatik ausgehen und die Psychopathologie der Berührungsängste in Rechnung stellen. Ohne gleich wieder in den Fehler der haltlosen psychologischen oder psychoanalytischen Relativierung zu verfallen. Man muß mit Luther gesprochen das Wort doch stehen lassen! „Gottesbeleidigung" hat so oder so gesellschaftlichen Stellenwert, ist sozio*gen* — und *auf die Gesellschaft gerichtet*.

Im Kontext des Buchrieser-Stückes ist der Adressat alles dessen, was „Rudi" sagt, die Familie des Journalisten und Bewährungshelfers Hans Schrittwieser, seine Frau Hilla und seine Töchter, Michaela, 16, Beatrix, 14, Ursula, 10, Candida, 5. Das ist nun keine christliche Familie, aber doch eine, deren Mitglieder den guten Willen haben, dem Strafgefangenen und Haftentlassenen zu helfen, wobei aber schließlich die schonungslose Offenheit und die gewissermaßen brutale Wahrhaftigkeit des Rudi Ingar zu Konflikten mit den Familienmitgliedern führt und zu seiner Resignation. Er will am Schluß wieder in die Haftanstalt zurück: „I wüll wieda eini" (S. 191). Diese Familie scheint bereit zu sein, dem Rudi Ingar ein gutes Stück Weges entgegenzukommen oder ein gutes Stück Weges mit ihm zu gehen, doch geht der Held selbst diesen relativ toleranten und verständigen Menschen sozusagen zu weit, wobei sich zeigt, daß er die verschiedenen Familienmitglieder in unterschiedlicher Weise überfordert, entsprechend ihren eigenen Personengrenzen. Wie weit ihm dabei der Autor selbst folgt, wie er ihn als wahren oder „negativen" Helden gelten lassen möchte, wird nicht ganz deutlich, doch scheint mir, daß der als Kantinenwirt „knasterfahrene" Buchrieser hierin dem Hans Schrittwieser nicht nachsteht, wenn er ihn nicht deutlich übertrifft.

Ein denkwürdiges Schulbeispiel von einer Distanzierung eines Autors von einem „unbeherrschten" Helden ist für mich immer eine Fußnote Friedrich Hölderlins in „Hyperion oder Der Eremit in Griechenland" (Erstes Buch) gewesen. Dort schreibt Hyperion an Bellarmin über das Glück der Kindheit und Jugend und die Dunkelheiten des Älterwerdens: „Ja, ein göttliches Wesen ist das Kind, solange es nicht in die Chamäleonsfarbe der Menschen getaucht wird." Und als ein Teil der kindlichen Unschuld und sein Ausdruck wird das Fehlen der Gottesfrage bezeichnet. „Warum ist die Welt nicht dürftig genug, um außer ihr noch Einen zu suchen?" Und zu dieser nun nach unserem heutigen Empfinden wirklich nicht gerade gotteslästerlichen Stelle — man denkt etwa auch voraus an Rainer Maria Rilke, der die Dinge preist, weil sie ganz bei sich sind und nicht über sich hinaus fragen — bringt Hölderlin die folgende Notiz an: „Es ist wohl nicht nötig, zu erinnern, daß derlei Äußerungen als bloße Phänomene des menschlichen Gemütes von Rechts wegen niemand skandalisieren sollten." Freilich straft sich diese Fußnote selbst Lügen. Es *war* wohl nötig, daran zu erinnern ... Wobei man bei dieser Not nicht unbedingt an die Zensur oder etwas Ähnliches denken muß, aber vielleicht an die „Schere im Kopf", im Falle Hölderlins vielleicht auch an die Erwartungen und enttäuschten Hoffnungen seiner frommen Mutter oder andere internalisierte Gebote. Vielleicht auch an die krankhaften Gewissensskrupel eines mit Schuldgefühlen an sich Beladenen und dem Verfolgungswahnsinn Anheimfallenden. Doch möchte ich diese Äußerung der Hölderlinschen Behutsamkeit nicht durch diese Hinweise, Vergrößerungen und Vergröberungen, „entmündigen". Auf ihre Weise verifiziert und exemplifiziert die zitierte Notiz das Motto, das Hölderlin dem ganzen Roman voranstellt: „Non coerceri maximo, contineri minimo, divinum est." Dem Programm dieses „sanften Gesetzes" leistet Hölderlin Genüge. Wenn einem freilich zu denken geben muß, daß mit dem Hinweis auf das „menschliche Gemüt" die Poesie gewissermaßen entschuldigt werden soll. Mich erinnert diese Stelle auch an Passagen in Immanuel Kants „Die Religion innerhalb der Grenzen der bloßen Vernunft", wo die „Priesterreligion" in der Nähe der Poesie und beide als uneinsichtig und unlogisch dem Kognitiven und dem analytischen Denken entgegengesetzt bezeichnet werden, weil eben dem „Gemüt" und dem „Emotionalen" verpflichtet. Die unabweislichen Fragen sind stringent wissenschaftlich und philosophisch nicht zu beantworten und notwendigerweise offen, das Dogmatische des Glaubens und die Angriffe des Unglaubens kommen demnach aus der nämlichen emotionalen Wurzel. Wobei aber Kant selbst rational und rationalistisch die Metaphysik kritisiert und auch mit Spott wegen „unlogischer" Grenzüberschreitungen, etwa im Bereich der sogenannten „Gottesbeweise" nicht gerade spart.

Zwischen den sanften Hölderlin und den wilden Buchrieser möchte ich Joseph Roth stellen und mit einigen Zitaten aus seinem Roman „Die Rebellion" eine dritte Möglichkeit anzeigen: „Aus meiner frommen Demut bin ich erwacht zu rotem, rebellischem Trotz. Ich möchte Dich leugnen, Gott, wenn ich lebendig wäre und nicht vor Dir stünde. Da ich Dich aber mit meinen Augen sehe und mit meinen Ohren höre, muß ich Böseres tun als Dich leugnen: ich muß Dich schmähen", sagt der in seiner Toilette, wo er Klomann war, verstorbene Andreas Pum, als er sich plötzlich seinem Gott gegenübersieht. Dabei dreht er die Rollen um und wirft sich zum Richter auf, indem er Gott für all die Greuel, die Menschen Menschen antun — er selbst ist beinamputierter Invalide gewesen —, Ausbeutung, Hunger und Krieg, verantwortlich macht. „Was bist Du für ein Gott! Ist Deine Grausamkeit Weisheit, die wir nicht verstehen — wie mangelhaft hast Du uns geschaffen! Müssen wir leiden, weshalb leiden wir nicht alle gleich? Hast Du nicht genug Segen für alle, so verteile ihn gerecht! Bin ich ein Sünder — ich wollte Gutes tun! Weshalb ließest Du mich die kleinen Vögel nicht füttern? Nährst Du sie selbst, dann nährst Du sie schlecht. Ach, ich wollte ich könnte Dich noch leugnen. Du aber bist da. Einzig, allmächtig, unerbittlich, die höchste Instanz, ewig — und es ist keine Hoffnung, daß Dich Strafe trifft, daß Dich der Tod zu einer Wolke zerbläst, daß Dein Herz erwacht. Ich will Deine Gnade nicht! Schick mich in die Hölle!"

Das sagt Andreas Pum, von dem es am Beginn des Romans geheißen hat: „Er glaubte an einen gerechten Gott. Dieser verteilte Rückenmarkschüsse, Amputationen, aber auch Auszeichnungen nach Verdienst!" Sicher werden sich Christen oder allgemeine Gottgläubige eine solche „Auseinandersetzung" mit der Gottesfrage eher wünschen und „billigen" als jene im Stück „Das Produkt". Ob man sie rein literarisch und künstlerisch höher bewerten kann, sei dahingestellt. Es erscheint nicht nur merkwürdig, daß der Leierkastenmann Pum auf diese couragierte Weise eine Lippe riskiert, sondern noch mehr, *wie* er spricht — eine Mischung aus Not und Akademismus („höchste Instanz"). Der Krüppel Pum argumentiert und akkusiert sehr deutlich wie Joseph Roth: „Roter rebellischer Trotz" klingt nun wie säkularisierte Theodizee im Sinne von „Rechtfertigungslehre des Sozialismus". Wenn man gewisse ästhetische Bedenken zurückstellt, dann ist Roths „Rebellion" ein starkes Stück Literatur über die Verzweiflung an Gott, den man theologisch synonym für die „Liebe" setzt, und dessen Art und Weise, die Kreatur zu lieben, dieser Kreatur ganz unverständlich und unfaßbar bleibt. Die Menschen machen die Rechnung mit Gott auf, aber sie kommen nicht auf ihre Rechnung, es versagt jede menschliche und natürliche Liebeslogik.

Wer systematisch nach „Gottes Spuren" in der österreichischen Literatur der Gegenwart suchen würde, was ich nicht getan und nicht vorhabe, der fände jedenfalls ein reiches Material an Religions- und vor allem Kirchenkritik. Programmiert auf entsprechende Stellen, könnte er leicht zur Ansicht kommen, daß diese Aversion überhaupt eines ihrer Hauptthemen ist — und dabei übersehen, daß das Bestimmende dieser Literatur doch eher ein weltanschaulicher Indifferentismus und Gleichgültigkeit, im übrigen aber ein tiefer Unernst ist. Freilich ist eine solche radikal und borniert konfessionelle Perspektive etwas desintegrierend Verkürzendes, vor allem auch jede naive, spontane Freude an den Literaturwerken Verhinderndes. Wer mit einem solchen Eifer die Literatur musterte, gliche jenem verständnislosen Leser, der sich an einen großen Liebesroman der Weltliteratur mit einem ausschließlich „sachorientierten", in diesem Fall pornographischen Interesse heranmachte und etwa nur „die Stellen" suchte, das übrige aber überläse und überblätterte. Solche Mißverständnisse aus verengter Perspektive, etwa auch aus politischem, ideologiekritischem Übereifer sind heute nicht selten. Mancher läßt sich, politisch oder weltanschaulich in Rage, auch durch Schönheit oder Humor nicht trösten und versöhnen. Ich spreche hier aus eigener Erfahrung, weil ich kürzlich selbst das Opfer eines solchen politischen Eifers geworden bin. Norbert Weber, der an der Wiener Universität mit seinem Buch „Das gesellschaftlich Vermittelte der Romane österreichischer Schriftsteller seit 1970" dissertierte, hat meinen Roman „Die Abtei" analysiert und dort viel Reaktionäres und Faschistoides ausfindig gemacht. Übertroffen wird hierin „Die Abtei" nur noch von „Start", einem Band mit Geschichten und Erzählungen. Dieses Buch „Start" aber, in dem sich laut Weber meine falsche Ideologie schon ankündigt und zu erkennen gibt, hat zwar auch einen Alois Brandstetter zum Verfasser, einen mit mir jedoch nicht verwandten alten Herren aus Niederösterreich. Weber hat nun in seinem Drang nach Entlarvung das Kunststück zustandegebracht, wie ein literaturwissenschaftlicher Amokläufer ein halbes Dutzend publizistischer Signale zu übersehen und zu überrennen, um auf „Die Abtei" loszugehen und loszustürmen ... Von Inhalt und Form ganz zu schweigen. Aber das ist nun mein Problem oder das Problem Webers. Doch hat dieses „Problem" sehr mit den Schwierigkeiten zu tun, die einem ein Thema wie das gestellte, jedenfalls mir, einem praktizierenden Schriftsteller und praktizierenden Katholiken, macht. Es wäre sicher unchristlich, irgend einen oder ein Buch leichtfertig als amoralisch zu denunzieren, nach der Verabschiedung des Index librorum prohibitorum nun doch wieder Bücher gewissermaßen privat zu indizieren und zu dämonisieren. Man muß Bücher ja nicht unbedingt verbrennen, man kann sie auch auf andere Weise „schlecht machen". Es gibt auch unter den Autoren Pfarrerfresser, so wie es gerade auch im christlichen Lager notorische Autorenverächter gibt. Es bleibt jedoch die Aufgabe und Notwendigkeit des „discrimen", der „discretio", der orientierenden Unterscheidung der Geister. Diese aber sollte erfolgen, ob gelegen oder ungelegen. Im gegenwärtigen Zeitpunkt scheint sie eher „ungelegen", die Kirche ist eine große Schweigerin geworden. Sie scheint das Wort des Herrn sehr ernst zu nehmen, daß man dem, der einem auf die rechte Wange schlägt, auch die linke noch hinreichen soll. Sie vergilt nicht Gleiches mit Gleichem, ist sehr selbstquälerisch, sucht die Fehler bei sich, hat Schuldgefühle. Man will keinen Kulturkampf. Es ist freilich die Frage, ob man die Reaktionslosigkeit so deuten kann, oder ob sie nicht ein Zeichen von schier tödlicher Schwäche und Müdigkeit ist. Es könnte sich auch um ein agonisches Symptom handeln. Ist es Ratlosigkeit, Unkenntnis, Desinteresse? Denn natürlich könnte man sich auch am Herrn im Zorn ein Beispiel nehmen, der den Tempel von den Geschäftemachern freimacht. „Prüft alles, das beste behaltet ... Seid klug wie die Schlangen ..." Kann jemand, der sich ein Leben lang mit dem Auslegen der Schrift befaßt, angesichts dieser anderen Schriften so ratlos sein? Wo bleibt das priesterliche Charisma des Propheten, die Fähigkeit der Exegese? Manchmal würde man sich auch ein Wort von einem Bischof wünschen, obwohl Fragen der literarischen Moral sicher nicht „hierarchisch" zu beantworten sind — und zu „lösen" schon überhaupt nicht, auch nicht vom Papst, und wenn er auch wie der gegenwärtige selbst ein Schriftsteller ist. Dort, wo explizit Kirchen- und Religionskritik geäußert wird, müßte m. E. ein „Gespräch der Feinde" beginnen. Und als ausgesprochenen „Feind" empfindet etwa Thomas Bernhard die Kirche. Er schreibt im Literaturalmanach des Residenz-Verlages zum Jahr 1982: „Ich und meine Arbeit haben so viele Feinde, wie Österreich Einwohner hat, die Kirche, die Regierung auf dem Ballhausplatz und das Parlament auf dem Ring eingeschlossen. Abgesehen von ein paar Ausnahmen, von diesen Ausnahmen zehre und existiere ich. Damit habe ich Ihre rohe, gleichzeitig delikate Frage genauso ehrlich wie erschöpfend beantwortet." Die Kirche nennt er also an prominenter, ja an erster Stelle. Über sie, die katholische Kirche insbesondere, sagt der geliebte Großvater Bernhards im fünften Band der Biographie („Ein Kind") das folgende: „Die katholische Kirche war ihm eine ganz gemeine Massenbewegung, nicht mehr als ein völkerverdummender und völkerausnützender Verein zur unaufhörlichen Eintreibung des größten aller denkbaren Vermögen, die Kirche verkaufte in seinen Augen skrupellos etwas, das es nicht gibt, nämlich den lieben, gleichzeitig auch noch den bösen Gott, und beutet weltweit selbst die Ärmsten der Armen millionfach aus nur zu dem Zwecke der unaufhörlichen Vergrößerung ihres Besitzes, den sie in gigantischen Industrien und in unendlichen Bergen von Gold und in ebenso unendlichen Stößen von Aktien in beinahe allen Bankhäusern der Welt fundiert hat. Jeder Mensch, der etwas verkauft, das es nicht gibt, wird angeklagt und verurteilt, sagte mein Großvater, die Kirche verkauft Gott und den Heiligen Geist seit Jahrtausenden in aller Öffentlichkeit völlig ungestraft. Und ihre Ausbeuter, mein Kind, und also Drahtzieher, wohnen außerdem in fürstlichen Palästen. Die Kardinäle und Erzbischöfe sind nichts anderes als skrupellose Geldeintreiber für nichts" (S. 50 f.).

Bei diesem „Gespräch der Feinde" ginge es auch darum, daß der, der sich den Standpunkt der Kirche zu eigen macht, nicht bloß sich selbst verteidigt, er spricht auch für und im Namen jener Menschen, die ihm „im Glauben vorausgegangen sind". Selbstgerechtigkeit steht niemandem an, aber die Kirche ist nicht nur diese anfällige und auffällig schwerfällige Großorganisation, in der man Sünder am Werk sieht, sie ist auch die Geist-Kirche der Heiligen. Ich ärgere mich zum Beispiel immer, wenn in Romanen wie „Der Sonntagsvogel" von Alfred Paul Schmidt, „Schöne Tage" von Franz Innerhofer, „Im Namen des Vaters" von R. P. Gruber, oder neuerdings und zunehmend massiver in den Büchern Bernhards ein ganz einseitiges, negatives Bild von der Kirche, vor allem der Kirche am Land entworfen und alle Frömmigkeit als Pharisäismus oder Bigotterie dargestellt wird. Vom Land kommend, die Verhältnisse kennend, widerspreche ich. Auch ich habe Heuchler und andere seltsame Heilige erlebt, aber auch viele Menschen, die mit dem ganzen Ernst der Christusnachfolge gelebt, schwere Prüfungen aus dem Glauben heraus ertragen haben und im wahrsten Sinne des Wortes gottselig gestorben sind. So geschieht mir oder wem sonst kein Unrecht, wenn er verspottet oder beschimpft wird, aber wir können nicht zulassen, daß alle und vor allem jene, die Märtyrer und Heiligen, mit mir und uns in einen Topf geworfen werden.

Wer in Österreich die „Keuschheit", Enthaltsamkeit (oder das Desinteresse?) der Kirche in Fragen der Kunst beklagt, der wird neben dem Tod des unvergessenen Monsignore Otto Mauer nun vor allem den Tod des im vorigen Jahr in den Osttiroler Bergen ums Leben gekommenen Alfred Focke bedauern müssen. Ich bin Focke kurze Zeit vorher bei einer Tagung des Verbandes der katholischen Journalisten und Publizisten Österreichs in Millstatt in Kärnten das erste und einzige Mal begegnet, und es war eine durch meine Schuld eher unbefriedigende Begegnung. Ich hatte in einem Referat über ähnliche Fragen wie in diesem Vortrag gesprochen und es mir dabei insofern leicht gemacht, als ich ausführlich — aber durchaus nicht wegen meines völligen Einverständnisses — den Aufsatz „Über den Buchautor" von Karl Rahner (Werke und Jahre, Festschrift des Otto-Müller-Verlages, 1937—1962, 1962, S. 66—86) zitierte. Es heißt dort: „Kein Mensch kann verhindern, daß er in diesem entscheidenden Sinne (im Sinne der Totalität der Erlösungstat Christi) ein Christ ist. Ein anonymer Christ, ein sich selbst verleugnender, ein ahnungsloser Christ vielleicht, ein sich selbst dauernd entlaufender, ein sich nur wider Willen als solcher verratender Christ, aber eben ein Christ!" (S. 69). Vom Autor aber heißt es in diesem integrierenden Artikel (der vielleicht einem katholischen Verlag das Verlegen erleichtern wollte?): „Ein Autor kann berechtigterweise in verschiedener Art Christ sein!" Diese christlichen Seinsweisen schließlich exemplifiziert und diversifiziert Rahner dann wie folgt:

a) „Ein Autor kann christlich sein, indem er der redlich Regionale ist und bleibt;
b) der betroffen überfragte Mensch, der als offene Frage sagt, was er erfährt;
c) der anonyme Vollchrist;
d) der sich mißverstehende katholische Nichtkatholik;
e) der explizit katholische Autor."

Ich hatte mir also damals zu bemerken erlaubt, daß diese Typologie denn doch eine Position verheimliche und vernachlässige. Denn natürlich ginge in diesem umfassenden Sinne Gott nichts und niemand verloren, so wie keiner dem Tod entrinnt. An Christus kommt niemand vorbei, hieß einmal das Thema einer deutschen Zeltmission. Es gebe aber meines Erachtens auch in der Literatur so etwas wie eine Sünde wider den Geist und mir scheine Rahner mit seinem kalmierenden und harmonisierenden Programm nicht nur der Religion, sondern auch der Kunst und ihrer möglichen Dämonie, etwa der gottlosen Grausamkeit von Haßpredigten, nicht gerecht zu werden. Und ich erlaubte mir anzufragen, wie Rahner, der seinen Aufsatz sehr allgemein und theoretisch, theologisch-philosophisch hält, Bücher wie etwa „Querelle" von Jean Genet, wo das Böse verherrlicht und der Teufel angebetet wird, in sein Schema einbringen würde. (Inzwischen hat sich, um auch auf die Folgen hinzuweisen, der junge dreifache Mörder Lorenz ausdrücklich auf die Lektüre Genets berufen ...) Sollten denn die Schriftsteller an jenem tobenden Kampf des Guten und des Bösen gar nicht mehr beteiligt sein, als Artisten und Künstler von Theologen von vorneherein seliggepriesen? Ist das Kunstschöne (oder Häßliche) naturnotwendig wahr und gut? Oder sogar heilig? Schließlich fiel in der anschließenden Diskussion der Name Thomas Bernhard.

Über Thomas Bernhard nun hatte Alfred Focke einige Zeit vorher in der oberösterreichischen Literaturzeitschrift „Die Rampe" (1979, S. 23—37) den Aufsatz geschrieben: „Überlebensgroß liegen wir beieinander, Erwägungen zu Thomas Bernhard." Das, was er dort ausführt, hat Focke dann auch in seiner Wortmeldung in Millstatt angesprochen. Er versteht in seinem Aufsatz Bernhard, in der Terminologie Karl Rahners, ausdrücklich als einen „betroffen Überfragten": „Betroffen überfragt steht er vor dem Phänomen des Todes und der damit provozierten Sinnlosigkeit" (S. 26). Focke zeigt die Entwicklung Bernhards auf, angefangen von seinen frühen Gedichtbänden „In hora mortis" und „Auf der Erde und in der Hölle". „‚In hora mortis' könnten Gebete Hiobs genannt werden." Zwar konstatiert auch Focke einen fundamentalen Unterschied zwischen dem frühen und dem späteren Bernhard („die nahezu gänzlich der Todes- und Sinnlosigkeitspathologie verfallenen späteren Prosawerke" S. 24), doch ist ihm auch die nun erscheinende Negativität nicht eigentlich ein Ausdruck von Nihilismus: „Die Negativität oder was bei B. so benannt wird, besteht nicht für sich allein, meine ich wenigstens. Ein Mensch, dem die Todeserfahrung so markzerfressend in den Knochen sitzt, hat die Vorstellung, auch wenn sie nicht ausdrücklich ausgesprochen wird, eines Lebens als Hintergrund. Das heißt, wieder weiter konkretisiert: der betroffen überfragte Mensch, auch und eben dort, wo er keine Antworten weiß, wo er antwortlos in der Welt zurückgelassen sich befindet, wo er nur noch Fragen zu stellen vermag, ist noch kein Nihilist. Diese Fragen müssen nicht unbedingt als Fragen auftauchen, sie können hinter Bestürzung, Erschütterung, Zorn, Zynismus, Protest, ja auch Blasphemie verborgen sein." Focke versteht seinen Rampe-Beitrag, wie er abschließend sagt, als „ein Plädoyer gegen die Negativität im Sinne des Nihilismus" bei B. Und weiter spricht er davon, wie negative Erfahrungen schon des Kindes den Menschen, sprich B., „wertfühlig" gemacht haben. Haben diese Erfahrungen, frage ich dagegen, nicht aber auch ein Wertgefühl vernichtet und zerstört? Wenn nun offenbar aus diesen Verletzungen die Legitimation für die Handlungs-(Schreib)maxime abgeleitet wird: Pardon wird nicht gegeben.

Bezüglich dieser „Wertfühligkeit" habe ich noch immer meine Bedenken. Mir scheinen unglückliche Umstände, eine schwere Kindheit, die Unmöglichkeit und Unfähigkeit, ein „Urvertrauen" zu erwerben, vieles zu erklären und auch zu entschuldigen. Wer geschlagen wurde, schlägt später selbst, wer beleidigt wurde, wird seinerseits beleidigen. Wozu aber hat der Mensch einen Verstand, der ihn dazu befähigt, diesen Teufelskreis als Erwachsener irgendwann einmal zu durchbrechen? Und gibt es nicht Beispiele dafür, daß Menschen, die wenig Liebe empfangen haben, reich und freigebig an Freundschaft, Zutrauen und Treue geworden sind, auch an Vergebung und Verzeihen? Die Menschenverachtung und der Haß, so raffiniert sie auch literarisch „gearbeitet" sein mögen, können nicht die ultima ratio auch nicht der Kunst sein. „Der Schriftsteller muß es mit den Menschen gut meinen", sagt Elias Canetti. Alfred Focke hat es so verstanden, daß es Bernhard letztlich „gut" meint. Der Mensch aber ist vielleicht nichts, und wirklich ein „Kotfaß", wie es schon im Ackermann aus Böhmen heißt, wenn man ihn ohne jede Nachsicht ansieht.

Günter Rombold

Phänomenologie und Problematik christlicher Kunst in Österreich Vom Standpunkt des Kunstkritikers und Theologen

Hier soll versucht werden, was natürlich auf so engem Raum nur schwer möglich ist, im Ansatz so etwas wie eine Theologie der Kunst, speziell der modernen Kunst zu liefern. Wir gehen von vier Thesen aus.

I.

Die erste These: Glaube und Kunst stehen seit jeher in einem Spannungsverhältnis.

Es scheint so, daß das Ästhetische der geschworene Feind des *Ethischen* ist. Das Ethische hat existentiellen Charakter, das Ästhetische dagegen flüchtet sich in die Unverbindlichkeit und Verantwortungslosigkeit. Am schärfsten hat das Sören Kierkegaard formuliert: „Wer ethisch lebt, hat sich selbst als Aufgabe, wer ästhetisch lebt, läßt sich vom Gaukelwerk lockender Möglichkeiten zerstreuen. Solange Du ästhetisch lebst, ist Dein ganzes Leben unwesentlich." Was hier von der Verführungsgewalt des Ästhetischen auf den einzelnen gesagt wurde, läßt sich auch auf die Gesellschaft als ganze ausdehnen. Man kann die schrecklichsten Dinge noch ästhetisch rechtfertigen, kann dem grausamsten Tyrannen ästhetische Huldigungen darbringen, kann Krieg und Elend mit einer ästhetischen Gloriole versehen, wie es in Tausenden von Schlachtenbildern geschehen ist. Kunst flüchtet sich angesichts der Schrecken dieser Erde in Verantwortungslosigkeit.

Ich habe diese Auffassung von Kunst deshalb so scharf formuliert, weil sie in abgeschwächter Form weithin das Denken der Menschen bestimmt. Kunst wird als überflüssiger Luxus betrachtet, als Behübschung des Daseins, gut genug, um Wohnungen auszuschmücken. Soviel zum Verhältnis des Ästhetischen zum Ethischen.

Es scheint aber darüber hinaus so zu sein, daß das Ästhetische der Feind des *Religiösen* ist. Warum kennen das Judentum, das Christentum und der Islam ein Bilderverbot? Spricht daraus nicht die Erfahrung von der abgründigen Gefährlichkeit des Bildes? Steckt nicht im Bild, aber auch im Wort und im Klang eine geradezu dämonische Macht? Haben Menschen nicht zu allen Zeiten mit Kunstwerken Dämonen beschworen, aber auch Macht über andere ausgeübt? Haben nicht alle Machthaber die Kunst vor ihren Wagen gespannt, sie für ihre Propaganda mißbraucht und damit die Massen manipuliert? Hat das nicht ein Joseph Goebbels unverblümt und schamlos ausgedrückt, als er sagte, Aufgabe der Kunst sei die „Produktion von Optimismus"? Ist Kunst nicht ein Herrschaftsinstrument, das subtiler und deswegen auch gefährlicher ist, als brutale Macht es sein kann?

2.

Ich habe nach gut scholastischer Manier mit dem „videtur quod non“ begonnen, mit den Einwänden, die sehr ernst zu nehmen sind, daß es ein gutes Verhältnis von Glaube und Kunst nicht geben könne. Doch nun setze ich diesem „videtur quod non“ eine *zweite These* entgegen. Trotz der Berechtigung dieser Einwände behaupten wir: *Der Mensch braucht die Kunst — gerade der gläubige Mensch.*

Zunächst einmal: Kunst läßt sich nicht auf das Ästhetische reduzieren. Kunst bezieht sich auf Wirklichkeit, sie hat einen Wahrheitsgehalt. Der erste, der meines Wissens eine Revision der Ästhetik in diesem Sinne vorgeschlagen hat, war Friedrich Schiller in einem Brief an Goethe vom 7. Juli 1797. Darin sagt er, die Schönheit, der zentrale Begriff der Ästhetik, erweise sich als ungeeignet, auch das Häßliche und das Charakteristische einzubegreifen. Außerdem sei er mehr auf den Inhalt als auf die Form zugeschnitten. Daher schlägt Schiller vor, „das Wort Schönheit, an welches einmal alle jene falschen Begriffe unzertrennlich geknüpft sind, aus dem Umlauf zu bringen und, wie billig, die Wahrheit in ihrem vollständigen Sein an seine Stelle zu setzen“. Hegel reflektiert diesen Ansatz durch. Nach ihm ist die Kunst dazu berufen, „die Wahrheit in der sinnlichen Kunstgestaltung zu enthüllen.“ Im Kunstwerk zeigt sich die Wirklichkeit. Martin Heidegger hat das Kunstwerk in der Erfahrung des Seins verwurzelt. Ich möchte noch zwei Künstler zitieren, die in dieselbe Richtung gegangen sind: Günther Eich, der sagt: „Ich schreibe Gedichte, um mich in der Wirklichkeit zu orientieren“, und Cézanne, der die Aufgabe seiner Kunst mit den Worten umreißt: „Das Leben fühlen und wiedergeben in seiner Wirklichkeit.“

Die Wahrheit der Kunst besteht allerdings nicht in einer Abbildung der Wirklichkeit. Es ist eher so, daß sie der Wirklichkeit einen Spiegel vorhält. Sie protestiert gegen die Grausamkeit der Welt, indem sie sie darstellt, greift aber auch aus in die Zukunft. Sie appelliert an das Mögliche gegen das Faktische. Franz Kafka kann geradezu sagen: „Der Dichter hat eine prophetische Aufgabe.“ Sie werden es mir hier ersparen, eine theologische Abhandlung über das Wesen des Propheten vorzulegen. Stattdessen stelle ich Ihnen ein Bild vor Augen, das Sie wohl alle kennen: die Kreuzigung des Isenheimer Altars und den Propheten Johannes den Täufer, der auf das Kreuz Jesu verweist. Der Prophet *zeigt*. Er *verweist* auf die wahre Wirklichkeit. Der Prophet und mit ihm der Künstler, der in unserer Zeit oft am deutlichsten diese Aufgabe des Propheten übernommen hat, durchstößt die Oberfläche; er erinnert an das Paradies, verweist auf die eschatologische Vollendung und preist das eigentliche Sein der Dinge. Kunst transzendiert in dreifacher Weise das oberflächlich sinnlich Wahrnehmbare in Richtung auf Vergangenheit, zurück zum Paradies, in Richtung auf Zukunft hin und in die Tiefe, in Richtung auf das wahre Sein, das sich im Augenblick, in der Gegenwart, im „großen Mittag“ — um mit Nietzsche zu sprechen — offenbart. Insofern steht die Kunst auf der Seite des Ethischen gegen das Ästhetische. Es gibt ein künstlerisches Ethos, das sich gerade auf das Wort Kierkegaards berufen kann: „Die Hauptsache, das eine, was not tut, ist und bleibt, daß ein Mensch zu seinem eigenen Leben nicht sein Onkel ist, sondern sein Vater.“ Das ist die Aufgabe des Künstlers, zu seiner eigenen Kunst, zu seinen eigenen Werken, nicht sein Onkel zu sein, sondern sein Vater.

Wir müssen noch tiefer ansetzen. Es gibt zwar Werke, die überflüssiger Luxus sind, aber der Mensch ist nur Mensch, wenn er gestaltet. Die Anthropologie sagt uns, die biologische Ausstattung des Menschen sei kümmerlich. Man hat den Menschen ein Mängelwesen genannt. Doch gerade das ist seine Chance, sein Vorzug. Der Mensch hat den Auftrag, sich selbst zu gestalten, aus dem „nicht festgestellten Tier" (Nietzsche) eine sich in Freiheit bestimmende Person zu machen. Indem der Mensch sich selbst und die Welt gestaltet, schafft er Kultur und bringt Kunst hervor. Sie ist daher nicht Luxus, sondern eine *Lebensnotwendigkeit*.

Ich möchte noch weiter gehen: Kunst ist nicht nur eine Lebensnotwendigkeit, sondern auch eine *Glaubensnotwendigkeit*.

Glaube gründet in Erfahrungen. Die Bibel ist voll davon: die Erfahrung der Rettung des Volkes Israel aus der Hand der Ägypter; die Erfahrung des Gehaltenseins des Menschen von Gott selbst in der Tiefe der Leidenserfahrung, wie Hiob sie macht; die Erfahrung der Nichtigkeit des Irdischen, aber zugleich der Köstlichkeit des gottgeschenkten Augenblicks, wie Kohelet sie ausspricht; die Durchsichtigkeit der erotischen Erfahrung auf Gott hin, wie das im Hohen Lied zur Sprache kommt; die Erfahrungen der Jünger mit Jesus, der sie herausruft aus dem Alltag und ihrer Existenz einen neuen Sinn gibt. Alle diese Erfahrungen finden ihren Niederschlag in Kunst und werden vermittelt durch Kunst, durch Wort und Bild, Tanz und Musik. Überall, wo Menschen sich zum Kult, zum heiligen Spiel des Menschen vor Gott versammeln, wächst aus ihrer Gemeinschaft die kultische Gestalt. Wenn die Glaubenserfahrung nicht ihren Niederschlag in Gestaltungen findet, verflüchtigt sie sich.

Die tiefste Begründung der Glaubensnotwendigkeit der Kunst hat schon zur Zeit des großen Bilderstreits im achten Jahrhundert Johannes Damaszenus gegeben. Nach ihm geht es beim Bilderstreit nicht um eine Randfrage des Glaubens, wie manche Leute meinen, für die Kunst nur Luxus ist, vielmehr um *die* zentrale Glaubens- und Heilswahrheit. Leugnet nämlich jemand das Recht des Christusbildes, so leugnet er die Fleischwerdung Gottes in Jesus Christus und mit ihr die Liebe Gottes, die sich darin zeigt, und damit die Erlösung des Menschen. Außerdem leugnet er die leibseelische Einheit des Menschen, denn „es ist uns nicht vergönnt, außerhalb des Körperlichen zum Geistigen vorzudringen". Kurz: weil Glaube nur als inkarnierter Glaube möglich ist, ist Kunst für den Glauben notwendig. „Wir dringen durch körperliches Schauen vor zu pneumatischer Erkenntnis", sagt Johannes Damaszenus.

3.

Dritte These: Es darf nicht verschwiegen werden, daß sich seit der Aufklärung sowohl die Situation des gläubigen Menschen als auch die der Kunst verändert hat und zwischen beiden eine Entfremdung entstanden ist.

Der Glaube des Christen war immer ein angefochtener. Der Vater des epileptischen Buben schreit auf und wendet sich an Jesus: „Herr, ich glaube, hilf meinem Unglauben."

Das war schon immer so. Seit jeher steckt in jedem Gläubigen der Ungläubige und in jedem Ungläubigen der Gläubige. Doch seit der Aufklärung hat sich diese Situation ins Extrem hinein verschärft. Da ist nicht nur der Verdacht von Feuerbach, Marx und Freud, Religion sei eine Projektion, Entfremdung und Illusion, nicht nur

Nietzsches Hinweis auf das Ressentiment auf dem Grund aller jüdisch-christlichen Moral. Viel tiefer sitzt nach meiner Überzeugung der Haken der Unerträglichkeit des Leidens, wie er bei Büchner, Dostojewski und Albert Camus seinen Ausdruck findet, der gesagt hat, solange unschuldige Kinder sterben müssen, sei es besser für Gott, wenn er nicht existiert. Auch der Unglaube beruht auf Erfahrungen. Freilich kann es auch geschehen, daß im Ungläubigen elementar die Erinnerung durchbricht an die Gebete der Kindheit wie bei Manès Sperber, der in der Nacht des Gefängnisses alle Psalmen sagt und singt, die er einmal als Kind gelernt hat.

Doch nicht nur die Situation des Gläubigen wird eine extrem angefochtene. Auch die des Künstlers wird eine ausgesetzte. Durch die Säkularisierung tritt die Kunst aus dem Dienst der Kirche, sie wird autonome Kunst. Auftraggeber ist nun das künstlerische Subjekt. Kunst wird freie Kunst, ist nicht mehr auftragsgebunden, oder nur in den seltensten Fällen. Damit aber gerät der Künstler in eine Außenseiterrolle am Rand der Gesellschaft. Ein Wort von Paul Klee, heute einem der beliebtesten unter den Klassikern der Moderne, trifft die Situation: „Uns trägt kein Volk." Der Künstler wird entweder belächelt als Bohemien, verachtet als Narr, oder angebetet als Genie. Eines ist so gefährlich wie das andere.

Nun könnte man sich vorstellen, daß der Gläubige in seinem Angefochtensein und der Künstler in seinem Ausgesetztsein sich verstünden und gemeinsame Sache machten. Doch das Gegenteil ist der Fall. Die meisten Gläubigen halten ihr Angefochtensein nicht aus, sie flüchten sich in ein kirchliches Ghetto, in dem sie Geborgenheit suchen. In diesem Ghetto, das vor etwa 200 Jahren entstanden ist, bildet sich etwas völlig Neues: die sogenannte kirchliche Kunst. Man hält starr an der überlieferten, aber kraftlos gewordenen Ikonographie fest und weicht aus ins Harmlose. Die wichtigsten künstlerischen Entscheidungen fallen fast ausnahmslos in der freien Kunst und werden von der kirchlichen Auftragskunst nicht oder nur verspätet akzeptiert.

Ich beziehe mich auf die Malerei: Der Expressionismus wird in unseren Kirchen in den fünfziger Jahren Mode, die abstrakte Kunst in einer Zeit, wo sie schon längst von neuen Realismen verdrängt ist. Die Provokationen der modernen Kunst werden im kirchlichen Ghetto empört oder ängstlich abgewehrt, man erträgt ihre Wahrheit nicht, zieht häufig sogar den billigsten Kitsch vor, der ja immer ein Stück Unwahrheit enthält. Es fragt sich, ob das nur eine Frage des schlechten Geschmacks ist, ober ob dahinter nicht ein gutes Stück Kleinglauben und spießbürgerlicher Behaglichkeit steckt.

4.

Damit komme ich zur *vierten These: Es gibt in der zeitgenössischen Kunst, und zwar gerade in der großen Kunst unseres Jahrhunderts, unerhört starke Bezüge zum Religiösen. Doch die Christen haben es nicht erkannt.*

In der modernen Kunst gibt es gerade dort, wo sie wesentlich wird, den Niederschlag von Erfahrungen, die einer gläubigen Interpretation offenstehen, weil es letztlich Transzendenzerfahrungen sind. Es sind das vor allem zwei exemplarische Erfahrungen. Die erste ist so geartet, daß sie sich dem Wort eher entzieht. Man begegnet ihr zum Beispiel beim langen und eingehenden Betrachten von Bildern

Cézannes. Rainer Maria Rilke hat Bilder von Cézanne so betrachtet. Er sagt — und dies ist ein erhellendes Wort: „Man malte bisher: ‚Ich liebe dieses hier', statt zu malen: ‚hier ist es' ", wie Cézanne es tut. „Die bis ins Unzerstörbare hinein gesteigerte Wirklichkeit, das war es, was ihm die innerste Absicht seiner Arbeit erschien." Ähnliche Erfahrungen hat Peter Handke vor Bildern Cézannes gemacht. Sie haben ihren Niederschlag in dem Buch „Die Lehre der Sainte-Victoire" gefunden. Darin heißt es: „Cézanne hat ja anfangs Schreckensbilder, wie die Versuchung des Heiligen Antonius, gemalt. Aber mit der Zeit wurde sein einziges Problem die Verwirklichung (‚réalisation') des reinen, schuldlosen Irdischen: des Apfels, des Felsens, eines menschlichen Gesichts. Das Wirkliche war dann die erreichte Form; die nicht das Vergehen in den Wechselfällen der Geschichte beklagt, sondern ein Sein im Frieden weitergibt. — Es geht in der Kunst um nichts anderes."

Worum geht es Handke also in seiner Kunst, worin fühlt er sich Cézanne verwandt? Es geht ihm darum, das Wirkliche in Form zu verwandeln und sich solange darum zu bemühen, bis das erreicht ist. Wann aber ist das erreicht? Wenn das Kunstwerk ein Sein im Frieden wiedergibt. Man wird an Heidegger erinnert, der gezeigt hat, wie im Bild eines Stuhls von van Gogh, in einem Gedicht Hölderlins, sich plötzlich etwas ereignet, eine *Anwesenheit* spürbar wird, die Anwesenheit des Seins im Seienden als Geschenk, als „Huld", wie Heidegger sagt. Diese Seinserfahrung, wie wir sie auch auf überzeugende Weise in Hauptwerken der abstrakten Kunst ins Bild gebracht sehen, bei Kandinsky, Mondrian, Malewitsch, Mark Rothko und Barnett Newman, soll hier nicht vorschnell als religiöse Erfahrung interpretiert werden (was in jedem Fall nachzuweisen ist). Aber es ist ganz gewiß eine metaphysische Erfahrung.

Lassen Sie mich das am Werk zweier österreichischer Künstler der letzten Jahrzehnte verdeutlichen. Fritz Wotruba hat sich von Anfang an mit der menschlichen Figur auseinandergesetzt. Diese gerät ihm sehr bald ins Strenge, Gebaute, Architektonische. Es geht ihm um die plastischen Formprobleme des menschlichen Körpers, um das Zusammenwirken und den Aufbau seiner Glieder. Wotruba selbst sagt: „Ich kann mich auch erinnern, daß meine frühesten Eindrücke durch Figuren aus Stein und Bronze und nicht durch Menschen aus Fleisch und Blut hervorgerufen wurden. Bewegungen waren mir gleichgültig, Grimassen sogar widerlich. Das Feste, Starre, das dem Druck der Hand nicht nachgibt, hat mich angezogen; heute würde ich sagen, es war schon früh eine Passion für das Statuarische; das Harte, Unbewegliche einer Materie verschaffte mir mehr Befriedigung als täuschend das Leben nachäffende Darstellungen." Einem solchen Formwillen, der das Bleibende, Gültige, die „ewige Form" anstrebte, kam der Auftrag für eine Kirche, zuerst für den Karmel Steinbach, später für Wien-Mauer, entgegen; es ist ein „Denkmal" geworden mit sehr tiefen, archaischen Wurzeln.

Ein anderer Ort, dessen „genius loci" ungeheuer eindrucksvoll ist, der Steinbruch in Sankt Margarethen und die Hügelkette dahinter, inspirierte Karl Prantl und seine Freunde, Plastiken wie Menhire in die Landschaft zu setzen. Prantls Stein zu Ehren des Komponisten Josef Matthias Hauer wächst wie ein Altar aus dem Boden; auf allen vier Seiten sind Mulden wie Perlenschnüre herausgearbeitet, die dem Stein Leben verleihen — die Assoziation zur Musik, zu ihrer Spannung und Dynamik stellt sich leicht ein. — Viele andere Plastiken von Prantl haben eine ähnlich starke Ausstrahlung. Es sind Werke, in denen ein „Sein im Frieden" zum Ausdruck kommt, das aus der Meditation erwachsen ist und zur Meditation hinführt. Seine abstrakten Plastiken sind Huldigungen an die Schöpfung und zugleich Zeichen einer geheimnisvollen Anwesenheit.

Wir sind lange bei der ersten Erfahrung verweilt, die in und durch Kunst zum Ausdruck gebracht werden kann, gerade weil sie sich der Verbalisierung entzieht. Die zweite Erfahrung, auf die ich hier eingehen möchte, und der gerade Maler unseres Jahrhunderts Ausdruck gegeben haben, ist die Erfahrung der Tragik menschlicher Existenz. Da gerät ein Maler wie Max Beckmann in den Ersten Weltkrieg, er, der Erfolgsmaler, der sich in bürgerlicher Pose mit seiner Frau, der Pfarrerstochter, dargestellt hat. Er dient als Soldat in einem Feldlazarett. Zuerst ist er fasziniert von den „fabelhaften Sachen", die er da sieht: blutüberströmte männliche Akte, die er am liebsten gleich in Bilder verwandeln würde. Dann aber macht er eine schreckliche Erfahrung, die Urerfahrung, die seine ganze spätere Kunst bewegt. Am 24. Mai 1915 schreibt er in sein Tagebuch: „Huh, dieser unendliche Raum, dessen Vordergrund man immer mit etwas Gerümpel anfüllen muß, damit man seine schaurige Tiefe nicht so sieht. Was würden wir armen Menschen machen, wenn wir uns nicht immer wieder eine Idee schaffen würden von Vaterland, Liebe, Kunst und Religion, mit der wir das finstre schwarze Loch immer wieder so ein bißchen verdecken können. Dieses grenzenlose Verlassensein in der Ewigkeit. Dieses Alleinsein." Das finstre, schwarze Loch und dahinter der unendliche Raum, das wird sein künstlerisches Problem. Es ist ein Ringen um den Sinn der eigenen Existenz im Medium der Gestaltung. Bald entstehen diese ungeheuren Bilder wie „Die Nacht" oder „Der Traum". Ähnlich ist es bei Alfred Kubin, Otto Dix, Francis Bacon, bei Kafka, Beckett, Thomas Bernhard: das „finstre, schwarze Loch". Es ist die Erfahrung der Dunkelheit menschlicher Existenz, ihrer Absurdität.

Diese Erfahrung von der Abgründigkeit menschlichen Leidens und der Absurdität der menschlichen Existenz kann bei der Dunkelheit verharren und auch so dargestellt werden. Sie kann aber auch offen sein für eine religiöse, ja sogar spezifisch-christliche Interpretation, denn es gibt auch das christliche Paradox: Jesus Christus. Ein Schlüsselbild ist der rote Christus von Lovis Corinth. Ein blutüberströmter Christus hängt da am Kreuz, mehr ein geschlachtetes Tier als ein Mensch. Dahinter steht auch bei Corinth die Erfahrung des Ersten Weltkriegs. Der rote Christus wird zum Exempel für die Menschen, die bis zum Verlust ihrer Menschlichkeit erniedrigt werden.

Sie erlauben, daß ich an dieser Stelle wieder zwei Österreicher exemplarisch herausgreife, weil ich sie in solchen Bezügen sehe, zwei Künstler, die sicher gegensätzliche Temperamente sind: Alfred Hrdlicka und Arnulf Rainer. Alfred Hrdlickas Schlüsselwerk, das für ihn den Durchbruch bedeutet hat, ist der Torso eines Gekreuzigten (1959) — heute im Museum des 20. Jahrhunderts im Palais Liechtenstein. Hrdlicka hatte an der Wiener Akademie bei Wotruba Bildhauerei studiert. Es war die Zeit der Hochblüte abstrakter Kunst. Doch Hrdlicka konnte nicht. Er mußte — nach vergeblichen Versuchen in der Abstraktion — eine „naturalistische" Plastik aus dem Marmor schlagen: Da ist der schlanke, ungemein sensibel gestaltete Rumpf eines Menschen, ohne Arme, ohne Beine, mit zertrümmertem Kopf, doch mit unübersehbarem Geschlechtsteil. Leiblichkeit ist Geschlechtlichkeit. Oder mit Hrdlickas Worten: „Alle Kunst geht vom Fleische aus."

Hrdlicka stellt sich immer wieder der grausamen Realität unserer Tage. Er zeigt häufig sadistische Szenen, aus den KZs, von Straßenschlachten, aus dem tristen Milieu der Unterwelt. Und merkwürdig — immer wieder konfrontiert er diese Schrecken mit dem gekreuzigten Christus. Ob das nun in seinen Graphiken geschieht, etwa in der Radierung „Das allerneueste Testament", oder in den großen Zeichnungen der Evangelischen Kirche in Berlin-Plötzensee, an jener Stelle, wo die Nazischergen politische Verfolgte an Fleischerhaken aufgehängt haben — immer wieder taucht plötzlich Christus auf, der Gekreuzigte und Auferstandene. Hrdlicka hat gewiß die Frommen oft genug mit seinen Werken schockiert, doch ist unübersehbar, daß er von der Gestalt Christi betroffen ist.

Man kann Arnulf Rainer als Künstler kaum mit Alfred Hrdlicka vergleichen — außer in dem einen, daß auch er betroffen ist von der Bedrohtheit menschlicher Existenz. Immer wieder hat er sich mit dem Tod auseinandergesetzt — von der frühen Zeichnung des Neunzehnjährigen, wo er sich selbst als Sterbenden dargestellt hat, bis zu seinen Überzeichnungen der Totenmasken von Künstlern, Politikern und Heiligen. Die Vielfalt seines Schaffens ist erstaunlich — doch eine Werkgruppe stellt so etwas wie eine Kontinuität in seinem Werk her: die im Laufe von dreißig Jahren, seit 1954, entstandenen Arbeiten zum Thema „Kreuz". Sie sind nur auf dem Hintergrund des gesamten Lebenswerkes verständlich und werfen ihrerseits wieder ein bezeichnendes Licht auf dieses. Es handelt sich um Graphiken, Ölbilder und Objekte in den verschiedensten Techniken, in denen sich die wichtigsten Tendenzen im Schaffen Rainers spiegeln. In den meisten Arbeiten ist das Kreuz selbst, die „Figur" Kreuz, Ausgangspunkt und Thema der Auseinandersetzung. Es kann sich um ein einfaches Friedhofskreuz handeln oder um eine übermalte Hartfaserplatte, um ein Linnentuch oder eine Leinwand, die da übermalt werden. Dabei gibt es für Rainer grundsätzlich zwei Möglichkeiten: Auslöschung oder Ausdruckssteigerung. Die erste Möglichkeit greift er in der Reihe der Übermalungen oder Zumalungen auf. Schwärze legt sich über die Bilder und frißt sie auf: Es ist die Schwärze des Todes und der Sinnlosigkeit. Die andere Möglichkeit ist die Ausdruckssteigerung: Rainer läßt rote Farbe rinnen wie Blut oder hebt bei Überzeichnungen den Ausdruck des Leidens in romanischen oder gotischen Kreuzen hervor.

Rainer mißt dieser ganzen Werkgruppe besondere Bedeutung zu. In einem Interview äußerte er sich folgendermaßen: „Die Arbeiten sind keine Auftragsarbeiten, sie sind auch nicht gedacht für spezifische Kirchenräume, sie sind, was bei einem Künstler sehr oft geschieht, aus einer persönlichen Betroffenheit entstanden. Betroffenheit über Idee, Person und Theologie des Kreuzes." Es ist bekannt, daß sich Rainer schon in den frühen fünfziger Jahren intensiv mit Texten der Mystik, vor allem des Johannes von Kreuz beschäftigt hat. Weiterführend waren wohl auch Gespräche mit Monsignore Otto Mauer, der früh die Bedeutung Rainers erkannt und ihn — nach einem Wort von Léon Bloy — als „Pilger des Absoluten" bezeichnet hat.

Die Gestalt Jesu hat in der Kunst unseres Jahrhunderts — nicht zuletzt in der österreichischen Kunst — eine wichtige Rolle gespielt, wofür das 1983 bei Herder erschienene Werk von Günter Rombold und Horst Schwebel „Christus in der Kunst des 20. Jahrhunderts" den Nachweis erbringt. Merkwürdig war die Reaktion der Christen. Während sie auf die Werke, in denen Seinserfahrungen zum Ausdruck gebracht wurden, auf viele Werke der abstrakten Kunst etwa, mit Unverständnis reagiert haben, ist die Sicht Christi, der uns gleichgeworden ist im Leiden und Tod, auf Empörung gestoßen. Dabei ist dieses Bild Christi biblisch. Bei Jesaja, im 53. Kapitel, heißt es: „Er wuchs empor vor uns, wie ein Reis, wie eine Pflanze aus dürrem Erdreich. Keine Gestalt besaß er, noch Schönheit, es war kein Anblick, daß wir sein begehrten. Verachtet war er und von den Menschen gemieden, ein Mann der Schmerzen, leiderfahren, wie einer, vor dem man sein Angesicht verhüllt, verabscheut, von niemand beachtet."

Und im Philipperbrief des heiligen Paulus heißt es: „Er, der in Gottesgestalt war, erachtete sein gottgleiches Sein nicht für ein Gut, das man mit Gewalt festhalten sollte. Vielmehr entäußerte er sich, nahm Knechtsgestalt an und wurde den Menschen gleich. Er erschien im Äußeren als Mensch, erniedrigte sich und ward gehorsam bis zum Tode, ja bis zum Tod am Kreuze. Darum hat ihn Gott auch so hoch erhoben und ihm einen Namen gegeben, der über alle Namen ist. Im Namen Jesu sollen sich alle Knie beugen, im Himmel, auf Erden und unter der Erde. Alle Zungen sollen zur Ehre Gottes des Vaters bekennen: Jesus Christus ist der Herr." Sie können natürlich einwenden, bei den oben genannten Künstlern gehe es nur um den ersten Teil des Hymnus aus dem Philipperbrief. Darüber mag man streiten. Keiner Zeit ist alles gegeben. Wundert es Sie, daß in unserem Jahrhundert die Erfahrung der Passion so abgründig ist? Zweifellos gibt es auch Werke, in denen Erlösung aufleuchtet; ich nenne nur Nolde, Rouault und Jawlensky. Aber auch sie zeigen eine Hoffnung „de profundis". Nirgends wird die Düsternis dieser Tage einfach überspielt.

Es gibt auch bei Menschen, die die Absurdität tief verspürt haben, so etwas wie einen Umschlag. Da ist Beckmanns Triptychon „Abfahrt". Folterszenen zu beiden Seiten, doch im Mittelbild breitet sich Stille. Ein Boot mit einem König, einem Helden, der Mutter und dem Kind mit dem goldgelben Haar, sie alle sind unterwegs auf den Horizont zu, in dem sich Meer und Himmel treffen. Der Horizont — ein Zentralbegriff der modernen Philosophie von Nietzsche über Heidegger bis zu Ernst Bloch — ist ein Symbol des „Woraufhin" der menschlichen Existenz. Die Kabbala, die Beckmann gut kannte, hat den Begriff „En Soph", was die letzte, die göttliche Wirklichkeit als das Umgreifende unseres Lebens meint. Auch bei Beckmann ist der Horizont Zeichen der göttlichen Wirklichkeit, ebenso wie der Raum überhaupt.

Das Bild wurde 1933 gemalt, zur Zeit, als Beckmann vom Regime seines Postens am Frankfurter Städel enthoben wurde. Beckmann sieht die kommenden Schrecken voraus, und doch ist Hoffnung da, ein Ausgriff auf die Zukunft. In seiner berühmten Londoner Rede (1938) hat Beckmann es so ausgedrückt: „Und immer spielt das Meer von nah und weit durch Sturm und Sonne in meine Gedanken. Dann verdichten sich die Formen zu Dingen, die mir verständlich erscheinen, in der großen Leere und Ungewißheit des Raumes, den ich Gott nenne. Der konstruktive Rhythmus der Kabbala hilft mir dabei."

Die Christen haben es nicht erkannt. Ihre Augen waren gehalten, so daß sie die Zeichen von Transzendenz in der modernen Kunst nicht gesehen haben. Wie sagt Paul Klee: „Diesseitig bin ich gar nicht faßbar. Denn ich wohne so gut bei den Toten wie bei den Ungeborenen. Etwas näher dem Herzen der Schöpfung als üblich und noch lange nicht nahe genug. Geht Wärme von mir aus? Kühle? Das ist jenseits aller Glut gar nicht zu erörtern. Am fernsten bin ich am frömmsten. Diesseits manchmal etwas schadenfroh. Das sind Nuancen für die eine Sache. Die Pfaffen sind nur nicht fromm genug, um es zu sehen. Und sie nehmen ein klein wenig Ärgernis, die Schriftgelehrten."

Stoßen Sie sich nicht an dem Wort „Pfaffen", darum geht es hier nicht. Es geht um uns Christen, daß wir endlich zu sehen beginnen. Es geht um das Wunder, das die Evangelien Jesus zuschreiben: daß er zum Tauben „Ephata" gesagt und dem Blinden die Hand auf die Augen gelegt hat, so daß es ihm wie Schuppen von den Augen fiel. Es geht darum, daß wir, wir Christen unserer Tage, von unserer Blindheit und Taubheit geheilt werden.

Oswald Oberhuber

Zur Problematik und Phänomenologie der christlichen Kunst

„Die Anwesenheit der christlichen Kunst stellt sich in Frage“

Vor kurzem war im Zürcher Kunsthaus die Ausstellung „Der Hang zum Gesamtkunstwerk“. Diese Ausstellungsüberschrift fußt auf einem Zitat von Richard Wagner. Wenn in der Kunst Vorgänge selbstverständlich und logisch vor sich gehen, müssen sie nicht unbedingt erklärt werden, passiert es dann doch, so ist dies ein Zeichen, daß Dinge, die uns logisch erscheinen, im Verschwinden sind und in Vergessenheit geraten können. Richard Wagner hat nicht das Gesamtkunstwerk erfunden, sondern nur den Wunsch danach ausgedrückt. Denn bis dahin hatten alle Künstler, die Kunst äußerten, diesen Wunsch in sich getragen und auch danach gehandelt. Es war selbstverständlich, daß alle beteiligten Künstler sich einem großen künstlerischen Gedanken unterwarfen und auch in diesem Sinne vorgingen. Eine gewisse Art von Zusammengehörigkeit wäre Voraussetzung, um eine Einheit im Künstlerischen zu schaffen. Die größte Individualität setzt das größte Maß an Unterordnung voraus. Das Gesamtkunstwerk verlangt, so es entstehen kann, einheitliches Denken voraus. Im 19. Jahrhundert konnte man noch solche Gedanken fassen. Karl Marx ist vielleicht einer der Höhepunkte im sozialökonomischen Bereich, wir sind immer noch damit beschäftigt. Ich sage dies alles bewußt, denn ich kann christliche Kunst unter keinem anderen Aspekt sehen als in einer Vision von Einheit.

Hier liegt auch die Problematik dieses Themas. Denn ich könnte gleich wieder aufhören, wird doch die Aufgabe, die hier auf mich zukommt, kaum zu lösen sein. Lassen Sie mich noch einige kunsthistorische Überlegungen einbringen: Der Historizismus des 19. Jahrhunderts bleibt als Möglichkeit und Ausweg immer erhalten, auch wenn wir heute anders denken. Die Neuorientierung ins 20. Jahrhundert hinein entwickelte sich eben aus diesen vorhandenen eklektizistischen Vorgängen. Jede Persönlichkeit wird in der Einordnung unbrauchbar, und trotzdem kommen die Neuschöpfungen aus den allgemeinen Bedürfnissen. Der Jugendstil, als eine in Einheit denkende Kunstvorstellung, ist keine zwanghafte Maßnahme einiger exaltierter Architekten und Maler, sondern der Höhepunkt und gleichzeitig die Befreiung aus der eklektizistischen Normvorstellung der Zeit. Diese Richtung übersteigert die Unvollkommenheit der Gefühle und jeden unklaren Vorgang ins Dinghafte. Der Verlust der Identität wird dadurch begriffen und die Zeit verstanden, in die man hineingeboren ist. Wir haben uns gesehen und können uns beschreiben. Hier ist der eigentliche Ansatz zum 20. Jahrhundert und der Utopie der Massengesellschaft. Diese Künstler haben noch gehofft und in Visionen gedacht. Sie waren viel weniger sich selbst überlassen, haben sie doch zumindest historische Vorbilder gehabt, an denen sie sich aufrichten konnten und daran glaubten. Der Schein trügt, denn es besteht ein Mißverhältnis zwischen Fortschritt und Industrialisierung und wo hinein der Fortschritt gestellt werden soll. Die Wahrheit kann sich nicht zurechtfinden, wird sie doch in eine andere Zeit gebettet. Als Gegenbewegung war der Impressionismus vor allem das Verlangen nach dem Verstehen von Material, Farbe als Farbe und als Farbkörper. Die offene Malweise wird erfunden, die Befreiung aus einem kunsthistorischen Korsett ist erzwungen. Dieser Vorgang läuft für sich allein und durchbricht die Einheit der Künste. Ich sehe im Impressionismus keine Architektur. Dieser Hinweis ist wichtig als Beweis, daß das Verlassensein hereinbricht und jeder in seine Individualität versinkt. Es entfällt der Bezug zu dem, was wir sind, das Mißverhältnis wird Gesetz. Auch der, der sich in der Ausnahme glaubt, glaubt es vor allem und kann sich nicht zurechtfinden im Aufstellen von Maßnahmen, die ihn aus dem Zwang stellen sollen. Diese Maßnahmen sind im 20. Jahrhundert Kunsterfindungen. Jene Vorgänge, die begrenzt in bestimmten Zeitabständen sich formieren und in der Zeit mitbestimmen, was zu tun sei. Zwangsvorstellungen werden durch die Erfinder erzwungen. Einheit aufgestellt, die keine Einheit ist, denn es sind nur Willensäußerungen, die von begrenztem Willen getragen sind. Kubismus, Konstruktivismus, Orphismus usw., Kunstäußerungen einzelner, die sich in eine Gruppenbewegung entleeren. Diese Situation ist ein Nebeneinander von unbegrenzt wirkenden Möglichkeiten, aber keine Einheit. Ich kann mich natürlich verrennen in einer Zwangsvorstellung, die behauptet, nur was sich gleicht, eben Einheit, ist ein Höhepunkt. Alles andere hat begrenzte Bedeutung. Ich setze fort im Kunstpessimismus, denn das ist eine Eigenschaft der Kritik, die in Kunstfragen dieses Jahrhunderts sich in dieser Weise auszeichnet. Immer wieder wird gefragt, erfragt, und keine Antwort ergibt sich. Die Bereitschaft zur Antwort ist unmöglich aus dem Vorgang der Geschwindigkeit des allgemeinen Wechselns. Die Massen sind weniger Masse und Träger individueller Vorgänge aus der Vereinsamung in der Masse. Das Individuum entsteht im Zwang der Masse. Jeder muß daraus ein Einzelgängertum entwickeln. Darum geht die Einheit in der Masse verloren. In der Architektur vollzieht sich dies alles am stärksten. Hier geht es um sichere personenbezogene Darstellungen, ohne die Bedürfnisse zu berücksichtigen. Die Individualisierung zerstört das Individuum in seinem Selbsterhalt der intimsten Vorgänge und der Darstellung der eigensten Bedürfnisse. Die eigenen Vorgänge spielen sich ein und beherrschen alles. Wie weit dies immer war, ist die Frage. Sicher ist, daß der einzelne bestimmt wurde durch die äußeren Umstände, und diese sind sicher zwanghaft. Die christliche Kunst unterlag in der Vergangenheit diesem Diktat der vorbestimmten Auffassungen und Meinungen. Es wird nun zu untersuchen sein, ob die Schuld einer begrenzten Religiosität die Darstellungsbedürfnisse einschränkt. Ich glaube nicht, denn die Freiheit gegenüber den Glaubenslehren regt das Verlangen nach einer Aussage an. Wenn Kirchen ihren allgemeinen, privaten Charakter verlieren und sich einmengen in politische, karitative und andere Sachbereiche, um so mehr erhebt sich die Frage nach den wahren Aufgaben. Jedes Verhalten und Nach-außen-Denken behindert die Wahrheiten des Glaubens, denn diese sind grenzenlos in der Ursubstanz. Wie dies zu meinen sei, ergeben die Erfahrungen, denn die Glaubenslehren haben sich selbst degradiert, indem sie sich um die weltliche Macht bekümmerten. Die Freiheit der Lehre soll sich selbst überlassen sein. Der Einfluß entsteht aus der Not nach der Notwendigkeit des Geistigen, das Anonymität hat, denn Verwalten und Ordnen schaffen zwar Ordnung und Gesetze, aber keinen Glauben. Das ist der Vorwurf, und aus dem heraus kann keine Kunst entstehen. Vielleicht hat es noch gar keine christliche Kunst gegeben? Das ist die provokante Frage und die Wahrheit in der Sache, denn es geht ja um eine spezifische Sprache im und um den kultischen Raum. Vielleicht ist das Christentum von sich aus schon Kunst! Von diesem Standpunkt aus würde sich wohl Kunst im allgemeinen erübrigen, denn wenn Religion Kunst ist, kommt ja die Beschreibung automatisch aus sich selbst. — Das wäre der radikale Standpunkt. Er könnte sich genügen, nur fragt es sich, ob die Armut der kultischen Handlung, die ja ganz Bestimmtes will, von der Allgemeinheit begriffen wird. Hier entsteht auch die Problematik, Bildhandlungen einzubringen. Denn es geht ja nicht allein darum, zu Ehren Gottes etwas zu errichten — oder geht es nur darum? Hierin steckt sicher ein Streitmoment. Braucht die Handlung noch eine Geste, ein Unterstreichen der Aussage? Das wäre doch nur Verzierung durch die Kunst. Der Zwang einer Formulierung von schon konkret Ausgesagtem, so es die Wahrheit im Glauben gibt.

Ich möchte jetzt noch kurz, vielleicht ein bißchen praxisbezogener, etwas sagen, was ja vom Programm her mit ein Teil meiner Aufgabe ist, da ich von Theologie nichts verstehe, sondern nur als Laie hier einsteige und sehr zweifle, wenn ich zur Frage „Kunst im kirchlichen Bereich" komme. In der Frage christliche Kunst im Zusammenhang mit Wien ist mir eigentlich als erstes die Steinhofer Kirche von Otto Wagner eingefallen, weil ich dort das finde, was ich im Sinne einer Notwendigkeit im Bereich der Kunst sehe, eben eine Einheit aller Bereiche von Kunst, ob Architektur, Bildhauerei, Malerei und all die anderen Fragen, die ich z. B. in diesem Kirchenraum und in dem äußeren Bild erfasse. Hier sehe ich eines der Hauptbeispiele überhaupt im Bereich moderner Kunst, denn ich sehe auch diese Kirche am Beginn der neueren Kunst, auch wenn sie, was das Expressive ist, sich total einbremst und das auch gar nicht verwendet, sondern — im Gegenteil — von der alten Vorstellung kommt, was ich vorhin sogar kritisiert haben mag, „zur Ehre Gottes" ein Werk zu schaffen. Für mich erscheint diese Kirche zumindest genauso wertvoll wie jede Barock- oder Renaissancekirche, auch von ihrer Qualität her in der gleichen Weise vollendet. Und das finde ich, wenn ich christliche Kunst betrachte und sehen will, schon als eine der bemerkenswertesten Leistungen. Auch in einem so begrenzten Raum wie Wien — weil man uns selten was zutraut — ist es in diesem Fall sogar gelungen, mit oft als Mittelmaß bezeichneten Künstlern auch etwas zu erreichen. Ob das jetzt Andri war oder Kolo Moser oder andere Bildhauer, die man zum Teil nicht einmal mehr nennen will, weil sie in die Kategorie der allgemeinen Bildhauer der Zeit gehören. Daß hier mit gewissen mittelmäßigen Momenten, vielleicht weil die Oberleitung ein großer Architekt innehatte, die Sache sich verwirklichen konnte, auch im einzelnen und im kleinsten Detail, auch mit schwächeren Persönlichkeiten, das möchte ich einbringen, weil ich finde, daß das — natürlich bekannt als ein großes Meisterwerk — mir eigentlich weiterhin als das Bemerkenswerteste erscheint, was im Kirchenbereich geschehen ist; weil inzwischen doch auch eines geschehen ist, daß der Moment des Mittelmaßes der beherrschende Moment in der Frage christlicher Kunst bei uns ist. Wir haben nicht den Versuch unternommen, Leute, die sich außerhalb der Gemeinschaft des Religiösen befinden, stärker einzubeziehen. Man hat es nur bei Wotruba getan, und das war zum Teil ein Alleingang von ihm selbst, weil er eben so eigensinnig war und eigentlich sehr viele politische Kräfte hinter sich hatte. Sonst wäre es niemals gelungen, ein so komplexes Werk zu schaffen, das in sich alle problematischen Momente hat, die sich aus einer bildhauerischen Architektur ergeben, und eben darin vielleicht ein gewisses Interesse liegt, daß man zumindest einmal versucht hat, ein bildhauerisches Werk zu schaffen — als große Architektur oder als eine Plastik im großen (was in gewissen Zeiten möglich war) —, aber einer der wenigen einmaligen Versuche in unserem Jahrhundert ist. Es gibt daneben kaum, zumindest nicht in dieser Dimension, ein solches bildhauerisches Werk, und hier sieht man, daß eigentlich der Ausschluß der kirchlichen Öffentlichkeit gut war, damit dieses Werk entstehen konnte. Trotzdem ich, obwohl ich mit Wotruba befreundet und sein Mitarbeiter war, doch ein sehr gespaltenes Verhältnis zu dieser Kirche habe, weil sie mir alles das aufzeigt, was ich eigentlich nicht möchte, wenn ich einen Raum möchte. Es ist für mich hochinteressant, aber ich würde es nicht machen und mich vielleicht ähnlich verhalten wie die, die es nicht wollten. Ich kann mich noch gut erinnern, wie sich die Architekten dagegengestellt haben; und ich habe mich gewundert, als ich vor kurzem eine Publikation gefunden habe, worin alle Architekten in höchster Begeisterung von diesem Werk sprechen. Diese Schizophrenie verstehe ich nicht ganz, weil damals alle in einer Feindschaft gegenüber der Kirche waren, so daß sich eigentlich die Kirche nicht mehr getraut hat, weil die, die sonst bauten, diejenigen waren, die sich eben in dieser gewissen Feindschaft gegen einen Bildhauer als Architekten gestellt haben. Nicht die Freiheit der Künste, sondern die Einordnung war entscheidend. Weil wir inzwischen davon weggekommen sind, wie jeder Kirchen bauen und auch Bilder malen darf und daß jetzt auch jeder Theaterspielen, ein jeder Filme machen, dichten und auch sonst alles darf, haben wir es heute vielleicht leichter. Ich bin neugierig, ob das vielleicht wieder kommen wird, wenn eventuell erneut so ein Moment eintritt, wo eben ein anderer Künstler es versucht, Architektur zu schaffen. Da ich nur ganz begrenzte Bezüge zur christlichen Kunst habe, bin ich eigentlich fast der Falsche, der da steht. Ich habe zwar schon einige Sachen gemacht, aber aus einem unterhaltenden Bedürfnis heraus, nicht daß es sich direkt mit der christlichen Kunst auseinandergesetzt hätte.

Für mich war z. B. interessant, diese „Apokalypse" zu illustrieren, weil ich letztlich gezwungen war, mich zu beherrschen. Ich mußte eigentlich vergessen, was ich immer so mache, ohne daß ich gezwungen war, etwas zu machen. Das war für mich eigentlich das Entscheidende und Interessante daran, auch auf Zeit gesehen muß ich sagen, je länger ich da zurückdenke. Es ist jetzt schon länger her, daß ich diesen Auftrag bekommen habe, den ich sofort übernahm, weil ich eigentlich immer auf einen solchen gewartet habe; nicht weil ich Geld will, sondern weil es mich interessierte, einmal etwas zu tun, was unter Zwang steht, daß man sich einordnen muß in eine Frage. Bei Illustrationen ist es eigentlich am stärksten, daß ich mich einzwingen muß in eine literarische Frage. Ich bin zumindest daraufgekommen, daß Johannes mit seinen apokalyptischen Texten einer der Konservativsten war in der Zeit. Er hat eigentlich sehr rückschrittlich gedacht, d. h. mit den Ängsten dieser Zeit — er hat fast gedacht wie die Heiden; nämlich die Zustände, die auf ihn zukamen, Heuschrecken, Hungersnot und alles mögliche haben ihn wahnsinnig aufgeregt. Es hat ihn eigentlich gar nicht so sehr die Frage der Befreiung, wie Christus sie schon gebracht hat, beschäftigt; er hat plötzlich zurückgeschaut aus seiner Angstsituation heraus. Das war z. B. für mich ein Phänomen, das mich interessiert hat. Deswegen habe ich eigentlich nie verstanden, daß das nie interpretiert wurde als etwas, was gar nicht so toll ist. Das erscheint mir wirklich sehr negativ. Johannes hat mich in der Apokalypse enttäuscht. Nicht von den Bildern her, da ist er ja hochinteressant für einen Künstler, da kann man ja sehr viel machen und, Sie wissen ja, soundsoviele Künstler haben so etwas gemacht, bis zum chaotischen Boeckl in Seckau — aber eines habe ich nie begriffen, daß dieser literarische Text so ungeheuer emporgejubelt wurde. Das erinnert mich an die Rufer in der Wüste, die Vorläufer, die da herumgeschwirrt sind, die Propheten, die da Ungeheures losgelassen haben, das war für mich eigentlich der gravierende Augenblick. Es gibt dann in der Schlußgeschichte schon enorme Demonstrationen der Einheit, der Stärke und auch des Religiösen. Er überwindet dies dann in einem ungeheuren Aufbruch, der bildhaft ja kaum darzustellen ist. Das ist für mich die persönliche Erfahrung, die ich aus diesem Text erlebt habe, der mich natürlich vom Bildmäßigen her sehr aufgeregt hat, trotzdem ich mich persönlich — wie auch in diesem Falle — sehr zurückgehalten habe und eigentlich in der Illusion sehr gemäßigt war, mich sehr dezent und sehr genau gehalten habe an das Wort, das da auf uns niederfällt und das sicher schön ist. Das war meine persönliche Erfahrung im Bereich christlicher Kunst. Andere Erfahrungen hatte ich nicht, da ja die Kirche scheinbar doch Angst hat vor den Künstlern. Dabei könnte ich ohne weiteres sagen, daß es ungeheuer viele Künstler gibt, die es sogar machen würden, weil sie Lust dazu hätten. Sie würden es machen um des Materials willen, bei Boeckl war es ja auch so. Prof. Rombold hat ja die zwei Söhne Boeckls erwähnt, die dort in Seckau studieren durften. Dafür hat Boeckl jahrelang gemalt, immer wieder abgekratzt, immer wieder neu, immer wieder mit neuem Ansatz; sicher seine wichtigste Arbeit nach 1945 hat er dort geleistet. Und zwar wirklich in dem Sinne, daß er abgeleistet hat, daß die beiden Söhne dort arbeiten können. Also eher ein Vorgang, der mir wunderbar erscheint, weil er hat ja nichts dafür verlangt, sondern er hat es auch aus einem Bedürfnis heraus, etwas in diesem Bereich zu sagen, gemacht. Ich weiß keinen bedeutenden Künstler, auch unter solchen Leuten wie etwa Picasso, die in einem relativ schlechten Verhältnis zu kirchlichen Gedanken oder zur Religiosität stehen, der nicht gerne auch in diesem Bereich gearbeitet hätte. Wir wissen auch, daß es hier eine der wunderbarsten Leistungen gibt, die Kapelle der Maeght-Foundation an der französischen Riviera, die Georges Bracque, um auch noch einen extremen Kirchengegner zu nennen, gemalt hat, die in ihrer Farbigkeit und auch Plastizität — es eines der schönsten Werke auf diesem Gebiet hervorgebracht hat. Sie ist viel weniger bekannt als viele andere Dinge, und trotzdem, muß ich sagen, war für mich einer der größten Eindrücke die Kapelle dieser Galerie. Dinge, die in sich so eine totale Harmonie haben und so großartig sind — auch von der Vorstellung „zur Ehre Gottes" —, daß ich eigentlich nichts Besseres gefunden habe, und zwar vor allem nicht von einem Künstler, der sich als Künstler christlicher Kunst bezeichnet.

Ich bin der Meinung, daß es heute möglich ist, in diesem Sinne Einheit zu schaffen. Wir stehen in einer Situation, wo man ja — und da ist jetzt ein Widerspruch — dafür nicht in der Zeit ist, so komplexe Kirchen oder Vorgänge wie eben z. B. die Otto-Wagner-Kirche wieder leisten zu können. Und zwar aus dem einen Grund, was ich ja auch eingefügt habe in diese Vorrede, wo ich eben vom Gesamtkunstwerk spreche. Denn wir haben bis zu einer bestimmten Zeit eine wirkliche Einheit im künstlerischen Bereich, auch wenn sie eklektizistisch ist. Und wir haben eigentlich, seit wir eben auf uns gestellt sind, auf unsere eigene Entscheidung im Künstlerischen von dem Moment an plötzlich die Einheit verloren. Wir haben nicht mehr Dinge vor oder können Dinge nicht mehr durchführen, die in sich zu einer harmonischen Vorstellung kommen. Das ist meine persönliche Meinung, ich kann natürlich unrecht haben. Vielleicht müßte man, wenn es die Harmonie nicht gibt, die totale

Disharmonie auch pflegen. Wir müßten uns vielleicht sogar dafür entscheiden, und bei gewissen Künstlern wie Beuys usw. erleben wir es auch, weil er z. B. etwas bringt, was wir heute wirklich verstehen; das heißt, wir haben ein Verhältnis zu den Fragen des Materials. Wir können Dinge in gewisser Weise verstehen, die Stofflichkeit verstehen, und hier finde ich auch einen Moment der Einheit, in ebendiesem Verstehen des Stofflichen. Da ist Beuys vielleicht der extremste Mann, der das durchgepaukt hat. Bei uns in Österreich ist dies ja etwas, was wir kaum kennen, z. B. der Ziegelbau ist bei uns etwas fast ganz Fremdes. Wenn man bedenkt, daß das im 19. Jahrhundert einer der ersten Bauten war, wo man wieder die Stofflichkeit zu begreifen lernte, so finde ich eben darin die große Leistung dieses Baues — nicht so sehr von seiner architektonischen Motivation her, sondern eben von der Frage der Stofflichkeit aus. Ich glaube, daß in diesem Bereich gewisse Ansatzmomente drinnen sind, die uns begreifbar machen könnten, wie wir stehen und wo wir stehen, wir könnten uns vielleicht darin wiederfinden. Ich würde das auch nur als Utopie sehen, aber es ist eine mögliche Utopie. Ansonsten müßten wir in die totale Disharmonie treten, man könnte das totale Chaos nebeneinander verständlich machen, indem man es macht. Da sehe ich auch eine Möglichkeit. Ich habe hier nur gewisse Dinge angepeilt und wollte nicht näher auf die Frage eingehen, aus dem einen Grund, weil mir eigentlich im Endeffekt die rein künstlerischen Fragen, die mich natürlich intensiv beschäftigen und mit denen ich mich auch unterhalte, ja viel wichtiger sind als Grenzfragen. Im Endeffekt ist sie zwar ein elementares Ereignis für uns, die religiöse Frage, wir sind ohne das Christentum unverständlich in all unserem Denken und Handeln, und trotzdem, wenn ich jetzt von der Kunst her komme und von der Kunst her überlege, habe ich hier vielleicht gewisse Probleme, was die Wertigkeit betrifft, weil ich mich eben leider, so wie alle heute, in diesem begrenzten Weg bewegen muß, eben diesem begrenzten Weg einer Sachbezogenheit, die Kunst heißt.

Richard Barta

Katholikentage
Wege und Irrwege des österreichischen Katholizismus

Es war bei einer der ersten Sitzungen des sogenannten Katholikentagskomitees, eines Forums von ungefähr 200 Leuten, Delegierte der verschiedenen Gliederungen der Katholischen Aktion und aus den katholischen Vereinen und Verbänden. Auch einige von den Bischöfen direkt eingeladene Personen gehörten dazu. Da diesem Katholikentag 1983 kein Thema vorgegeben war und sich auch keines zwingend aufdrängte, befaßte sich das Katholikentagskomitee mit allen möglichen Dingen, mit verschiedenenVorschlägen und Anregungen, darunter auch mit Fragen der religiösen Erneuerung, der Spiritualität, des geistigen oder seelischen Lebens. Da stand nun ein Mann auf, ein Priester, ein Prälat höheren Alters, der in der österreichischen Kirche eine große Rolle gespielt und bereits eine Reihe von Katholikentagen miterlebt und mitgemacht, d. h. auch mitgestaltet hat. Er sagte, er habe hier bei dieser Versammlung des Katholikentagskomitees sehr viel Gutes, Schönes, auch Notwendiges gehört. Ein verstärktes religiöses Leben, eine höhere Spiritualität sei nicht nur wünschenswert, sondern auch notwendig. Aber dann kam der Einwand: Wenn ihr beten wollt, wenn ihr fromm sein wollt, dann sei das sehr schön und sehr notwendig, aber dazu brauchte es keinen Katholikentag. Katholikentage hätten immer Antwort auf gesellschaftspolitische Fragen gegeben, hätten immer eine politische und gesellschaftliche Implikation gehabt. Wo diese gesellschaftliche, politische Implikation heute zu suchen sei, das sei ihm hier noch nicht deutlich geworden.

Ich habe dieses Erlebnis an den Beginn meiner Ausführungen gestellt, weil es das aussagt, was der Grundtenor meiner Darlegungen über die österreichischen Katholikentage sein wird. Katholikentage, wie es sie seit über 100 Jahren in Österreich gibt, sind keine rein religiösen Veranstaltungen, keine Wallfahrten, keine Exerzitien, keine Volksmission. Katholikentage haben immer Antwort gesucht und Antwort gegeben auf Fragen nach der gesellschaftlichen und politischen Stellung der Katholiken im Staate. Sie hatten immer auch eine politische Blickrichtung und immer auch politische Auswirkungen. Sie waren Ausdruck eines „politischen Katholizismus" im besten Sinne des Wortes. Sie sind fragwürdig geworden, seitdem dieser politische Katholizismus fragwürdig geworden ist.

Heute suchen wir nach einem neuen Selbstverständnis, nach einem neuen Standort, wobei es noch nicht feststeht, ob eine neue Form der Selbstdarstellung des österreichischen Katholizismus auch in Zukunft Katholikentag heißen muß oder nicht. Der Katholikentag im Herbst dieses Jahres hat meiner Meinung nach diesen neuen Standort noch nicht gefunden. Er kann aber auch mit einem politischen Katholizismus der Vergangenheit nichts anfangen. Er ist auf dem Weg, ohne noch genau zu wissen, wohin dieser Weg geht. Dieses Noch-nicht-Wissen, wohin der Weg geht, muß kein Mangel sein, sondern kann auch ein Gewinn sein, wenn er klar erkannt wird. Schließlich versteht sich ja die ganze Kirche heute als „auf dem Weg" befindlich. Sie ist das Volk Gottes auf der Wanderschaft. Der Glaube, daß Gott die Kirche auf dieser Wanderschaft führt, enthebt die Gläubigen nicht der Verantwortung, ständig nach diesem Weg Ausschau zu halten, täglich nach diesem Weg zu suchen.

Herr Professor Leser hat mich eingeladen, über die Geschichte der österreichischen Katholikentage zu sprechen. Ich weiß nicht, ob ich die geeignete Person dafür bin. Ich habe einen dieser Katholikentage, nämlich den von 1952, miterlebt und zum Teil auch mitgestaltet. Aber ich bin kein Wissenschaftler, kein Historiker, kein Zeitgeschichtler, kein Kirchengeschichtler; ich befinde mich daher in dem Kreis der Vortragenden in einer Art Außenseiterposition. Ich bin Journalist, vielleicht mit den wenigen Vorzügen, gewiß aber auch mit den vielen Nachteilen, die dieser Beruf mit sich bringt. Meine Betrachtungsweise ist nicht die wissenschaftliche. Ich habe keine Akten studiert und bin nicht in Bibliotheken gesessen. Ich versuche, das, was ich in einem schon etwas längeren Leben erfahren habe, Ihnen darzustellen, und zwar auch mit den Mitteln des Journalismus. Da meine Betrachtungsweise eine sehr subjektive ist und nicht Anspruch erhebt auf absolute Objektivität, ist sie daher auch sehr anfechtbar. Jeder von Ihnen mag zu anderen Schlußfolgerungen kommen. Und noch eines, ich spreche hier als Katholik, als katholischer Journalist, aber weder im Namen noch im Auftrag irgendeiner Institution. Was ich sage, sind meine persönlichen Ansichten.

Die österreichischen Katholikentage des 19. Jahrhunderts standen in ihren Anfängen noch in der Nachfolge deutscher Katholikentage, ja waren noch als allgemeine deutsche Katholikentage organisiert, an denen sich auch die deutschsprachigen Katholiken Österreichs beteiligten. Der deutsche Katholizismus war durch die Auflösung, die Zerstörung, durch die Zertrümmerung der deutschen Reichskirche zu Beginn des 19. Jahrhunderts zutiefst getroffen. Es wurden ja nicht nur die geistlichen Fürstentümer aufgelöst, das ganze seit einem Jahrtausend bestehende Gefüge eines Gewaltenausgleichs im Heiligen Reich, in dem die Kirche und kirchliche Institutionen von den Hochstiften und Erzbistümern bis zu den reichsfreien Abteien einen bedeutenden Anteil hatten, wurde mit einem Schlag beseitigt. Fürsten und Könige von Napoleons Gnaden bemächtigten sich des Kirchengutes. Auch Österreich, durch Jahrhunderte die Vormacht des Reiches, kassierte das Erzbistum Salzburg, ohne dem Erzbischof irgendeine Entschädigung zu geben. Dies hat erst die Zweite Republik Österreich vor wenigen Jahren getan. Keine Restauration, kein Wiener Kongreß konnten an der Zertrümmerung der Reichskirche etwas ändern. Dazu kamen die Folgen einer inneren Erschlaffung der deutschen Kirche durch eine katholische Aufklärung, durch staatskirchliche Vorstellungen in Parallele zum Gallikanismus.

Aber noch war, wenn schon nicht mehr der Großteil des Adels und das höhere Bürgertum, so doch das einfache Volk gläubig, das Volk, das sich langsam seiner politischen Bedeutung bewußt wurde. Aus diesem katholischen Volk kam die religiöse Erneuerung in Deutschland, während Regierungen und Beamte und manch höherer Prälat Josephiner waren und blieben.

Es ist nicht meine Aufgabe, hier Urteile über den Josephinismus abzugeben. Er hat gewiß manche Verheerung angerichtet und sich in gelegentlichen Auswüchsen auch lächerlich gemacht. Aber wenn heute, in diesem Jahr 1983, zahlreiche Wiener Vorstadtpfarren ihrer Gründung vor 200 Jahren gedenken, so waren diese Pfarrerrichtungen auch eine Frucht des Josephinismus, der sich über alte kirchliche

Strukturen hinwegsetzte und durch Pfarrneugründungen erst eine durchgreifende Seelsorge ermöglichte. Dies gilt auch für den sicherlich gewaltsamen Schnitt, mit dem Ober- und Niederösterreich durch die Gründung neuer Bistümer aus der Oberhoheit des Passauer Bischofs gelöst wurden.

Geistlich hinterließ der Josephinismus auf weiten Strecken ein dürres Land. Es waren wie so oft „Zugereiste", die in Wien eine religiöse Erneuerung brachten. Der mährische Bäcker und spätere Priester Clemens Maria Hofbauer, dessen Vater sich noch tschechisch Dworschak schrieb, hatte in Wien einen zähen, mühseligen, letztlich aber doch erfolgreichen Kampf gegen Indifferenz, Lauheit, offene und versteckte Ungläubigkeit geführt. Er hat einen Kampf geführt gegen eine Bürokratie, die in ihm in erster Linie einen Unruhestifter sah, eine Ansicht, die auch von manchen Kirchenmännern geteilt wurde.

Die Katholikentage sind Frucht einer Entwicklung, die aus zwei entgegengesetzten Quellen gespeist wurde. Auf der einen Seite waren es die Ideen der Französischen Revolution, die politischen Ideen von Freiheit und Gleichheit, die Ideen von der Volkssouveränität, der Mitwirkung des Volkes am politischen Geschehen. Auch nach dem Ende der Revolution, nach Napoleon, nach dem Wiener Kongreß und nach der Restauration waren diese Ideen nicht verschwunden, Ideen wuchern weiter, auch in anderen Böden, auch im katholischen Boden. Das katholische Volk begann, die Sache der Kirche nicht mehr nur als Sache des Papstes, der Bischöfe und der Priester zu betrachten, es begann die katholische Sache als seine eigene Sache anzusehen. Diese Bewußtwerdung vollzog sich weniger im Angriff, weniger in Forderungen, sondern mehr in der Verteidigung, in der Verteidigung von Religion und Kirche gegen die Angriffe von Liberalismus, Absolutismus und Restauration. Die Verteidigung der Kirche war nicht mehr den alten Gewalten zu überlassen, die hatten zum Großteil ausgespielt, waren verschwunden oder zum Teil selbst innerlich angekränkelt.

Diese eine Bewegung verband sich oder wurde aufgenommen und übernommen von anderen Überlegungen. Die Bischöfe hielten in ihrer Mehrheit gewiß nicht viel von der Volkssouveränität, aber die Zeiten hatten eben gewechselt. Die Kirche lebt immer in den gesellschaftlichen Formen ihres Zeitalters. Die Kirche hat sehr lange in den Formen des Feudalismus gelebt; mit der Zerstörung der alten Reichskirche waren die letzten dieser feudalistischen Formen verschwunden. Sie hat sich dem Absolutismus angepaßt im Zeitalter des Absolutismus und war nun langsam im Begriffe, sich demokratischer Formen zu bedienen, obwohl sie der Demokratie selbst noch sehr skeptisch gegenüberstand.

Dieses Nachhinken hinter den gesellschaftlichen Entwicklungen hat der Kirche den Vorwurf eingetragen, konservativ zu sein, sofern man das Wort konservativ als Vorwurf betrachtet. Das mag nicht nur in der Beharrungstendenz großer Institutionen liegen, die eine sichere Gegenwart nicht gegen eine unsichere Zukunft vertauschen wollen. Das liegt gewiß auch darin, daß für die Kirche gesellschaftliche und politische Formen eher zweitrangig sind. Sie muß ihre Botschaft in jeder gesellschaftlichen und politischen Umwelt verkünden. Sie wird daher immer wieder den Konsens, die Anpassung, den Vergleich suchen. Das trägt ihr aber wieder von seiten der politischen Kräfte, die die Kirche gerne als Verbündete sehen möchten, den Vorwurf ein, ein unzuverlässiger Bundesgenosse zu sein. Dieser Vorwurf besteht nicht zu Unrecht. Die Kirche ist ihrem Wesen nach niemals reaktionär, wenngleich viele Reaktionäre dies vermuten und sich in ihrer reaktionären Haltung gerne auf die Kirche berufen möchten. Bekannt ist der Ausspruch eines Papstes französischen Royalisten gegenüber, die den Papst bewegen wollten, für die Restauration der Monarchie in Frankreich einzutreten. Dieser Papst hat auf den gekreuzigten Heiland gezeigt; das sei der einzige Leichnam, an dem die Kirche hänge.

Die deutschen Katholikentage waren eine Frucht der Revolution von 1848. Diese Katholikentage, zuerst Generalversammlung der Katholiken Deutschlands genannt, waren zugleich auch österreichische Katholikentage, da ja Österreich bis 1866 dem Deutschen Bund angehörte. Fünf dieser jährlichen Generalversammlungen tagten in Österreich. Auch nach dem Ausschluß Österreichs wurde im Jahre 1867 die 18. Generalversammlung der Katholiken Deutschlands in Innsbruck abgehalten.

Dann war es lange still in Österreich. Es war der österreichische Adel, der hier initiativ wurde, und schließlich für die Zeit vom 20. April bis zum 3. Mai 1877 einen allgemeinen österreichischen Katholikentag für die gesamte Monarchie nach Wien einberief. Friedrich Funder beschreibt in einer Untersuchung die Schwierigkeiten, mit denen dieser österreichische Katholikentag zu kämpfen hatte. Die Ungarn wollten von einem übergeordneten „Österreich" nichts wissen und blieben zum Teil fern. 2245 Teilnehmer zählte dieser Katholikentag. Ein Drittel davon waren Geistliche, daneben gab es einige wenige Gewerbetreibende, Landwirte, Fabrikanten, aber kaum Akademiker. Sehr stark war jedoch der katholische Adel vertreten. Schließlich kamen doch alle Nationen, wenn auch in unterschiedlicher Stärke, die Ungarn, die Kroaten, die Tschechen, die Slowaken, die Slowenen, die Polen und die Italiener. Die Deutschen hatten den größten Anteil.

Dieser und auch viele kommende Katholikentage sahen sich in einer oft ohnmächtigen Abwehr gegen einen Staat und eine Gesellschaft, die vom Liberalismus beherrscht war und für katholische Grundsätze wenig Verständnis und für kirchliche Ansprüche kaum ein Entgegenkommen zeigte. Die Kündigung des österreichischen Konkordates von 1855 durch die österreichische Regierung — Vorwand war die Erklärung der päpstlichen Unfehlbarkeit durch das Erste Vaticanum — und die Einführung des Reichsvolksschulgesetzes ließen die Frage von Schule und Jugenderziehung in den Mittelpunkt rücken. Das geistige Defizit der österreichischen Katholiken in der zweiten Hälfte des 19. Jahrhunderts war sehr groß. Katholische Akademiker waren eine absolute Rarität. Auf den Universitäten billigte man lediglich den Professoren der Theologischen Fakultät religiöse Überzeugungen zu.

Die Katholiken meinten, diesem Zustand ihrer geistigen Inferiorität nur durch Organisierung einer katholischen Schule von der Volksschule bis zur Universität abhelfen zu können. Diese Forderung nach der öffentlichen katholischen Schule zog sich weit ins 20. Jahrhundert, auch wenn sie kaum mehr einen Rückhalt in den Auffassungen der katholischen Bevölkerung hatte, die sich an das staatliche Schulwesen gewöhnt hatte. Heute spricht niemand mehr von der allgemeinen öffentlichen katholischen Schule. Die katholischen Privatschulen wurden und werden vom Staat bekanntlich in steigendem Ausmaß subventioniert. Vom Gedanken einer eigenen katholischen Universität in Salzburg nahm die österreichische Kirche erst vor wenigen Jahren Abschied. An den Universitäten und

Hochschulen Österreichs sind überzeugte Christen inzwischen nicht mehr eine Ausnahme.

Das zweite große Problem dieses und auch der nachfolgenden Katholikentage war das, was man die „Soziale Frage“ nannte. Hier wurden die österreichischen Katholiken sehr aktiv und waren ihrer Zeit weit voraus. Schon vorher hatte der Katholische Volksverein für Niederösterreich einige für die damalige Zeit revolutionäre Forderungen erhoben: Anerkennung der Klassen der Arbeiter, Gewerbetreibenden und Bauern, Ausstattung dieser Klassen mit autonomen Organen ähnlich den Handels- und Gewerbekammern usw.

Die Männer der christlichen Sozialreform der ersten Stunde waren Angehörige des Hochadels. Der Name des Prinzen Liechtenstein und des Freiherrn von Vogelsang sind auch heute noch bekannt. Daß es gerade Männer des Adels waren, die in Österreich die Aktualität der Sozialen Frage erkannten und praktische und konkrete Vorschläge machten, deren Fortschrittlichkeit, ja Radikalität wir auch heute erkennen und anerkennen müssen, ist kein Zufall. Wie es auch kein Zufall ist, daß die offizielle Kirche mit Ausnahme einiger aufopfernder, heroischer Priester dem Kampf des Proletariats um Recht und Freiheit nicht immer verständnisvoll gegenüberstand.

Zu den Schlagworten, die durch öftere Wiederholung zwar bekannt klingen, aber dadurch nicht an Wahrheitsgehalt gewinnen, gehört auch das Schlagwort, die Kirche habe im 19. Jahrhundert die Arbeiterschaft verloren. Das stimmt nicht. Die Kirche hat diese Arbeiterschaft nie gehabt. Die in den Städten, vor allem in Wien zusammengeströmten Massen aus dem Landproletariat aller österreichischen Kronländer hatten von zu Hause ja nicht viel mehr als einen Schimmer von Religion mitgebracht. In den Städten sahen sie von der Kirche nicht sehr viel, außer wenn sie ihre Kinder, die zahlreich geboren wurden und nicht minder zahlreich sehr früh starben, zur Taufe oder zum Begräbnis in die Kirche brachten. Ein Priester verirrte sich wahrscheinlich nur sehr selten in ihre Behausungen. Wohnungen konnte man sie ja kaum nennen. Und da war dieser Priester oft entsetzt über die „Unmoral“. Er sah nur die Folgen, er sah nicht die Ursachen. Wenn, was ja oft vorkam, eine Familie mit sechs Kindern und noch dazu mit zwei „Bettgehern“ in einem Raum hauste, da konnte man vielleicht das Fehlen einer sauberen Moral bemerken, Moral immer als Sexualmoral verstanden.

Aber die Ursachen lagen nicht in einer mangelnden moralischen Veranlagung, sondern in den wirtschaftlichen und sozialen Zuständen, die die Arbeiter zwangen, so zu wohnen, wie sie wohnten. Aber nicht nur die Tschechen, die Slowaken, die Kroaten, die Ostjuden hausten so, es gab auch zahlreiche Wiener aus Kleingewerbe und Kleinbürgertum, die ins Proletariat absanken. Aus dem Kleinbürgertum stammte aber der Großteil des damaligen Klerus. Für das Kleinbürgertum war das Proletariat die große Gefahr, das Versinken im Proletariat die große Angst. Daher stemmte man sich gegen das Proletariat, daher stempelte man es als Feind ab. Nur nicht so werden wie diese! Auch sie sahen nur die Folgen und nicht die Ursachen der Proletarisierung.

Zwei große Gestalten des österreichischen Katholizismus stammten aus diesem Kleinbürgertum: Lueger und Seipel. Luegers Vater war Portier an der Technischen Hochschule, Seipels Vater Lohnkutscher in der Vorstadt. Luegers politische Leistung war es, das Kleinbürgertum politisch zu organisieren, in Frontstellung gegen das Großkapital und gegen das Proletariat, in der Sprache der Zeit gegen das „jüdische Großkapital" und gegen das „gottlose Proletariat". Es waren die Söhne „jüdischer Großkapitalisten", die zu den Proletariern gingen. Sie hatten den Glauben ihrer Väter abgestreift und meinten dadurch frei geworden zu sein; sie konnten in der Religion keine Motivation für den Freiheitskampf des Proletariates sehen. Auch sie waren blind, wie die anderen blind waren. Der Arzt und Sohn jüdischer Großbürger Viktor Adler ist zu den Ziegelproleten am Wienerberg gegangen und hat ihnen klargemacht, daß nur sie selbst ihr Los ändern können und daß der erste Schritt zur Freiheit darin bestünde, sich von der Herrschaft der Schnapsflasche freizumachen. Dies war für die Arbeiterschaft von größerer Bedeutung als so manche Predigten, manche gelehrten Untersuchungen und manche sozialen Manifeste.

Die „Soziale Frage" ist nicht mit einem Schlag zu lösen. Sie stellt sich jeder Generation unter einem neuen Aspekt. Die Soziale Frage hat daher nicht nur den ersten Katholikentag beschäftigt, sondern auch eine Reihe folgender. Unmittelbar nach dem dritten Katholikentag von 1892 gründete Leopold Kunschak den „Christlich-sozialen Arbeiterverein". Jede Bewegung, die sich anschickt, in das politische und gesellschaftliche System einzugreifen, braucht auch eine geistige Führungsschicht. Das Defizit der Katholiken in Wissenschaft und Bildung war erschreckend. Der zweite Katholikentag von 1889 beschloß daher die Gründung einer „Vereinigung katholischer Gelehrter und Freunde der Wissenschaft", aus denen später die „Leo-Gesellschaft" und die „Katholische Akademie" werden sollten. Schon vorher, Anfang der achtziger Jahre, war es zur Gründung katholischer Studentenorganisationen gekommen, die katholischen farbentragenden Verbindungen bestanden ihre ersten Kämpfe auf akademischem Boden. Die katholisch-akademische Verbindung „Norica", führend in der Geschichte des österreichischen Katholizismus, hat ja erst vor wenigen Wochen ihr 100jähriges Bestandsjubiläum gefeiert.

Die Soziale Frage — der Zugang zur Bildung — dazu kam bald die Pressefrage. Die Kirche in Österreich war auch hier weitgehend stumm. 1848, in der kurzen Zeit der Pressefreiheit, gab es auch einige katholische Blätter und Blättchen. Die „Wiener Kirchenzeitung" ist damals entstanden und andere auch, aber sie alle führten ein jämmerliches Dasein. Den Markt und damit die Öffentlichkeit beherrschte eindeutig die große liberale Presse. Schon der erste Katholikentag von 1877 sah sich vor die Pressefrage gestellt. Der Gegensatz aber zwischen Zentralismus und Föderalismus verhinderte jede Lösung. „Vaterland", die Zeitung der Föderalisten, getragen von böhmischem Adel, und der „Volksfreund", gegründet vom Wiener Kardinal Rauscher, konnten im Chor der Presse nicht mitreden. Auch der zweite Katholikentag von 1889 äußerte zwar den Wunsch nach einem großen katholischen Organ, fand aber auch nichts anderes als das feudalistisch-konservative „Vaterland", das trotz aller bestehenden Einwände als katholisches Organ empfohlen wurde.

Mit dem dritten Katholikentag von 1892 wurde zwar in einer Kampfsituation zwischen den konservativen Alpenländern und der aufstrebenden christlich-sozialen Bewegung in Wien die Gründung der „Reichspost" beschlossen, aber die Mittel, die dieser neuen Zeitung zur Verfügung standen, waren so kärglich, daß diese praktisch unter Ausschluß der Öffentlichkeit erschien. Auch beim vierten österreichischen Katholikentag 1896 in Salzburg blieb die Presse das ungelöste Hauptthema. Der

Durchbruch gelang erst beim fünften Katholikentag 1905 in Wien mit der Gründung des „Pius-Vereins", benannt nach dem Papst Pius V., der eine Einigung der christlichen Staaten gegen die Türkengefahr herbeigeführt hatte. Dieser Pius-Verein sollte als „Reichspresseverein" die Mittel zur Schaffung einer schlagkräftigen katholischen Presse aufbringen. Zwei Jahre später, beim sechsten österreichischen Katholikentag, wurde berichtet, daß 320 Ortsgruppen dieses Vereins gegründet wurden, bis zum Jahr 1913 waren es bereits 948 Ortsgruppen. Ein Betrag von über einer Million Goldkronen wurde für die Presse gesammelt.

Die Gründung des Pius-Vereins war die Folge des Zusammenwirkens der konservativen und der fortschrittlichen politischen Kräfte im österreichischen Katholizismus. Die österreichischen Katholikentage waren das Forum, auf dem sich die Auseinandersetzungen vollzogen. Langsam trat an die Stelle des Adels die junge, damals revolutionäre christlich-soziale Bewegung mit Dr. Karl Lueger, den schon die Delegierten des zweiten Katholikentages von 1889 begeistert begrüßt hatten. Trotz mancher Denunziation in Rom blieb die christlich-soziale Bewegung Sieger. Das „Vaterland" stellte sein Erscheinen ein, die „Reichspost" wurde das führende Organ. Diese „Reichspost" hatte auch in ihrer Blütezeit keine große Auflage. Das Massenblatt für das katholische Volk wurde erst 1928 mit dem „Kleinen Volksblatt" geschaffen. Die „Reichspost" war zwar das Zentralorgan der christlich-sozialen Partei, war aber selbst nie in Parteibesitz, ihr langjähriger Chefredakteur Friedrich Funder war nie ein Parteiangestellter. Die christlich-soziale Partei selbst hatte überhaupt keine Zeitungen. Die Zeitungen der katholischen Preßvereine in den Bundesländern vertraten ihre Politik, so wie die Pfarrämter die Organisation der Partei ersetzten. Auf dem Pressesektor gehörte der Partei lediglich die „Christlichsoziale Pressezentrale" als politisches Korrespondenzbüro für die Zeitungen in den Bundesländern. Die christlich-soziale Pressezentrale bestand auch nach der Auflösung der Partei als „Christliche Pressezentrale" weiter, wie auch die Zeitungen in den Bundesländern weiterbestanden. Die 1945 gegründete „Katholische Pressezentrale", später Katholische Presseagentur — Kathpress, hat eine gewisse Ähnlichkeit im Namen, aber keine Ähnlichkeit in Struktur und Aufgabe mit der „Christlichen Pressezentrale".

Katholikentage, so sagte ich am Anfang, hatten in Österreich immer eine politische und gesellschaftliche Implikation. Auch die Organisationsform des österreichischen Katholizismus entstand im Gefolge der Katholikentage. So wurden diözesane Katholikentagskomitees gegründet, aus denen später der „Volksbund für die Katholiken Österreichs" erwuchs, die politische Organisation der österreichischen Katholiken in der Zwischenkriegszeit.

Vor dem Ersten Weltkrieg folgten die österreichischen Katholikentage, zuerst für die gesamte Monarchie gedacht, später dann nur noch Katholikentage der Deutschen in Österreich, verhältnismäßig rasch aufeinander: 1877, 1889, 1892, 1896, 1905, 1907, 1910, 1913, dann folgt eine lange Pause. 1923 war der neunte Katholikentag. In einer Zusammenfassung der Katholikentage wird er so beschrieben: „Neben den politischen Fragen der Zeit traten langsam pastorale, also seelsorgliche Ideen in den Vordergrund. 400.000 Menschen hatten sich bei der Schlußkundgebung auf dem Wiener Heldenplatz versammelt."

Wieder folgte eine lange Pause. In dieser Pause sammelten sich die Kräfte des Unheils, wurden die Zündschnüre des Untergangs gelegt, flammten immer wieder kleinere und größere Brände auf. In dieser Pause lagen die ersten Toten bei den Zusammenstößen der bewaffneten Verbände. Es lagen die Toten von Schattendorf, die Toten beim Brand des Justizpalastes. In dieser Pause lagen auch die letzten und letztlich gescheiterten Versuche einer innerösterreichischen Verständigung, lag die Verfassungsreform von 1929, ein letztes gemeinsames Werk, lag dazu das Übergreifen ausländischer Ideologien und Mächteblöcke auf Österreich, lag die Weltwirtschaftskrise von 1929. In der Zeit von 1923 bis 1933 lag auch — man sollte sich davor nicht drücken — das Versagen der österreichischen Katholiken, die selbst viel zu sehr in Wirrnis und Unheil verstrickt waren, um noch eine integrale Kraft in diesem Land sein zu können. Just in dieser Zeit sollte für das Jahr 1933 ein Allgemeiner deutscher Katholikentag nach Wien ausgeschrieben werden. Wieso ein deutscher Katholikentag, wird man sich heute fragen? Deutscher Katholikentag auch dann, nachdem im Jänner 1933 die Nationalsozialisten in Deutschland die Macht ergriffen haben. Allgemeiner deutscher Katholikentag, auch nachdem die deutsche Regierung gegenüber Österreich die 1000-Mark-Sperre verhängte und damit die Katholiken aus Deutschland von diesem Katholikentag ausschlossen.

Der jungen und auch der mittleren Generation in Österreich ist heute so etwas schwer zu erklären. Das Ende der Monarchie 1918 hatte in Österreich — „der Rest ist Österreich", hatte Clemenceau gesagt — eine Existenzangst hinterlassen und für viele Österreicher ein Überleben nur in den Armen des großen „deutschen Bruders" erhoffen lassen. Führend in der Anschlußbewegung waren sicherlich die Sozialdemokraten, die schon von ihren Anfängen großdeutsch waren. Von der deutschen Revolution träumte Otto Bauer auch nach 1938 im Pariser Exil und nicht von der Wiedererrichtung Österreichs. Die Katholiken, immer in Angst, den Zug zu verpassen und zu spät zu kommen, machten die deutsche Welle mit.

Darf ich Ihnen kurz aus meinem Leben erzählen. Ich ging als Bub in den christlich-*deutschen* Turnverein. Die Schule, die ich besuchte, hieß offiziell *Deutsche* Mittelschule, die Studentenverbindung war eine katholisch-*deutsche,* auf der Universität war ich automatisch Angehöriger des Kreises 17 der *Deutschen* Studentenschaft, und ich wählte bei den Hochschulwahlen die Liste der Katholisch-*Deutschen* Hochschülerschaft. Von Österreich war weit und breit nicht die Rede. Als Anfang der dreißiger Jahre die Regierung die alte Haydn-Hymne mit einem neuen Text von Ottokar Kernstock als Bundeshymne einführte, sangen alle österreichischen Kinder, auch die kroatischen Kinder des Burgenlandes, die slowenischen Kinder in Kärnten, von *„deutscher* Arbeit ernst und ehrlich, *deutscher* Liebe zart und weich". Die Einführung der Haydn-Hymne veranlaßte den damals „roten" Wiener Stadtschulrat, die Schulen hinzuweisen, wenn schon Haydn-Hymne, dann auch mit dem Text des „Liedes aller Deutschen" „Deutschland, Deutschland über alles" zu singen.

Der nach 1933 entstehende Abwehrkampf Österreichs gegen Deutschland war zuerst eine Auseinandersetzung innerhalb des deutschen Volkes. Es ging darum, wer der bessere Deutsche sei. Der vor über zehn Jahren verstorbene Dr. Karl Maria Stepan, zuletzt Generaldirektor der Styria, als letzter steirischer Landeshauptmann vor 1938 jahrelang in Dachau, erzählte mir einmal, als Dollfuß ihn aufforderte, die Leitung der Vaterländischen Front zu übernehmen, habe er diesem geantwortet: „Ja, wenn du, Dollfuß, bereit bist, dich an die Spitze der deutschen Nation im Kampf gegen Hitler zu stellen."

Ja, deutsch war damals alles. In dem Bewußtsein, eine „deutsche Aufgabe" gegenüber dem Nationalsozialismus zu haben, wurde der Allgemeine deutsche Katholikentag 1933 nach Österreich einberufen. Die Organisation lag zu einem großen Teil in den Händen sogenannter „betont nationaler" Katholiken. Kardinal Innitzer, selbst aus dem nordböhmischen Erzgebirge stammend, verstand sich als Deutscher, er selbst sprach von einem „Heiligen Jahr der Deutschen", dessen Höhepunkt der Katholikentag sein sollte. Generalsekretär dieses Katholikentages war Taras Borodajkiewicz, der nach 1945 in Österreich im Mittelpunkt einer heftigen Auseinandersetzung stand. Ein Hauptredner war Anton Böhm, der nach dem 13. März 1938 kurze Zeit die „Reichspost" als kommissarischer Leiter führte, während Funder in Dachau war. Anton Böhm sprach bei dem Katholikentag über „Österreichs *deutsche* Aufgabe" und Schuschnigg, der 1938 nach dem Einmarsch deutscher Truppen nicht „*deutsches* Bruderblut" vergießen wollte, über „die Sendung des *deutschen* Volkes im Abendland".

All das soll nicht zur Annahme verleiten, die Katholiken wären in ihrer Mehrheit glühende deutsche Nationalisten gewesen. Aber eine bestimmte Führungsschichte, zum Teil geprägt vom elitären Denken des Bundes Neuland, stand ganz im Banne der „Reichsideologie", der Ideologie vom Heiligen Reich der Deutschen. Auch das ist der Jugend von heute nur sehr schwer begreiflich zu machen. In dem Wort „Reich" klang all die Sehnsucht, der Glaube, aber auch die Verworrenheit nicht nur einer, sondern vieler Generationen mit. Beim Wort „das Reich" bekamen die Augen einen leuchtenden Ausdruck, die Seele faltete sich zum Gebet, jede Argumentation hörte auf, jede Diskussion war beendet. Anton Böhm, dem Friedrich Funder nach 1945 die Hand zur Versöhnung gereicht hatte, hat später geschildert, wie es zum Umschlag vom „Heiligen Reich" zum „Dritten Reich" kam. Wir alle haben vom Reich geträumt und geschwärmt, sagte er, und dann ist einer gekommen, der gesagt hat: Ihr träumt vom Reich, ich aber baue dieses Reich. Kommt und baut mit! Und viele sind gekommen, manche mit der Überzeugung, viele mit der Hoffnung, auch dieses Reich „taufen" zu können, in ihm das Heilige Reich wiedererstehen zu lassen.

In der ersten kurzlebigen nationalsozialistischen Regierung Österreichs saßen einige Katholisch-Nationale, neben Seyß-Inquart selbst der Außenminister Wolf, der sehr bald unter nicht geklärten Umständen den Tod fand, und der Unterrichtsminister Menghin, der nach dem Krieg in Südamerika lebte.

1933 war noch in einer anderen Hinsicht wichtig. Mit dem Katholikentag sollte ein neuer Weg in die Zukunft beschritten werden. Es war ein kurzer Weg, und es war letztlich ein ungangbarer Weg. Der Katholikentag war ja gleichzeitig das Gedenken für den Entsatz Wiens von der Türkenbelagerung vor 250 Jahren. Dollfuß verkündete auf einer Großkundgebung am Trabrennplatz die kommende berufsständische Ordnung nach dem Leitbild der päpstlichen Enzyklika „Quadragesimo anno", und die „Heimwehr" hielt in Schönbrunn eine Heerschau zur Türkenbefreiung ab.

Auf diesen Katholikentag von 1933 fielen bereits die Abendschatten der untergehenden Demokratie in Österreich. Am Untergang der Demokratie trugen alle Schuld, durch ihr Handeln, aber noch mehr durch ihr Unterlassen, am meisten aber dadurch, daß sie an die Demokratie nicht glaubten, wie sie an diesen Staat nicht glaubten. Auch der österreichische Katholizismus trug an dieser Entwicklung Schuld. Demokratische Kräfte hat es in diesem Katholizismus gewiß auch gegeben, vor allem bei den Bauern. Sie konnten sich aber gegen jene nicht durchsetzen, die in der Demokratie den Weg in den Untergang sahen. In den Augen vieler Katholiken hatte das Parlament weitgehend abgewirtschaftet, seine Selbstausschaltung war für die Regierung ein vielleicht schon lang gesuchter Anlaß, ein „autoritäres" Regime zu installieren, für das das Kriegswirtschaftliche Ermächtigungsgesetz die juristische Handhabe und die Enzyklika „Quadragesimo anno" mit ihren Gedanken der berufsständischen Gliederung des Volkes den ideologischen Rahmen bot. Parteien hatten in diesem neuen Staat keinen Platz. Im Dezember 1933, wenige Wochen nach dem Katholikentag, zogen die österreichischen Bischöfe die Priester aus der aktiven Politik zurück, sie mußten ihre politischen Mandate niederlegen.

Man hat später in diesem Schritt der Bischöfe ein erstes Anzeichen einer Neubesinnung gesehen, eine Distanzierung der Kirche von der Parteipolitik, eine Reserve gegenüber dem sich abzeichnenden totalitären System in Österreich. Diese Meinung wird dadurch bestärkt, daß die österreichischen Bischöfe 1945 ihren Beschluß von 1933 erneuerten und damit tatsächlich jede Verquickung von Kirche und Parteipolitik verhinderten.

Es gibt aber auch eine andere Erklärungsmöglichkeit für den Beschluß der Bischöfe im Jahre 1933. Der letzte Obmann der Christlichsozialen Partei, Unterrichtsminister Dr. Emmerich Czermak, hatte seine Funktion angetreten mit dem Willen, diese Partei zu reformieren. Dollfuß aber hatte schon längst etwas anderes vor. Er brauche keinen Reformator, er brauche einen Liquidator der Partei, ließ er Czermak wissen. Aber mit der „Liquidation" waren nicht alle einverstanden. Vor allem nicht die geistlichen Mandatare, die politischen Prälaten. Um ihren Widerstand zu brechen, verlangte Dollfuß von den Bischöfen, sie mögen die Priester aus der Politik zurückziehen. Die Bischöfe taten es. Der Selbstauflösung der Partei, der Alleinvertretung der „Vaterländischen Front", stand nichts mehr im Wege.

Daß der Rückzug der Priester aus der Politik nicht im Sinne einer Distanzierung von der Politik Dollfuß' verstanden werden muß, geht auch aus dem späteren Verhalten der Bischöfe hervor. Nach den blutigen Februarkämpfen 1934 und der Auflösung der Sozialdemokratischen Partei besuchte Bundespräsident Miklas die Bischofskonferenz, um den Bischöfen seine schweren Bedenken gegen den autoritären Kurs der Regierung mitzuteilen. Einige Bischöfe aber, Erika Weinzierl berichtet darüber, versuchten dem Bundespräsidenten seine Bedenken zu zerstreuen. Von einer Distanz gegenüber dem autoritären Regime war im Anfang zumindest bei der Mehrheit der Bischöfe keine Rede.

Der Katholikentag von 1933 war weder in seiner Reichsideologie noch in seinem Ständestaatstraum ein Weg nach vorne. In einem hat er aber tatsächlich etwas Zukunftsweisendes initiiert. Die religiösen Kundgebungen des Katholikentages waren zum ersten Mal von einer Volksliturgie geprägt. Die volksliturgische Bewegung von Pius Parsch aus Klosterneuburg trat damals in die Öffentlichkeit.

Die neue Sicht der Liturgie, das Lied und das Gebet, das Wiederentdecken der Bibel, das waren auch einige der wenigen Lichtblicke in der Nacht, die über Österreich sank. Als die Kirche 1938 alles verloren hatte, was bisher für ihre Existenz unerläßlich schien, die praktische Schutzmacht des Staates, sein Geld, das Protektorat einer Partei, die Zeitungen und Vereine, da entdeckte die Kirche die Kraft, die sie bisher kaum gekannt hatte: die Treue, die Standfestigkeit des Volkes, den Glauben einer neuen Jugend. Sie hatte auch Zeit, über ihre Fehler nachzudenken. Die Kirche, die 1945 wieder in die Öffentlichkeit trat, war in vielem eine neue Kirche.

Nachdem die Jahre der bittersten Not vorüber waren, beschäftigten sich zu Ende der vierziger Jahre die in der Katholischen Aktion führenden Katholiken mit dem Gedanken eines Katholikentages. Doch wollte man noch zuwarten, bis Österreich den Staatsvertrag erhalten und die Besatzungstruppen abziehen würden. Doch dieser Tag der endgültigen Freiheit schien in weite Ferne zu rücken. So wurde dann doch für das Jahr 1952 ein Österreichischer Katholikentag einberufen. Zur geistigen Vorbereitung diente eine Studientagung in Mariazell im Frühjahr des Jahres. Diese Studientagung war beschickt von Delegierten der Katholischen Aktion und aus den noch verbliebenen katholischen Verbänden und Vereinen, vor allem dem CV.

Bekanntlich war nach 1945 eine Vielzahl der katholischen Organisationen nicht wieder reaktiviert worden, sondern wurden in die Katholische Aktion eingegliedert. Auch der vor 1938 früher so mächtige „Reichsbund" erstand nicht wieder. Nur die Studentenverbände entzogen sich der Integration und blieben selbständig.

Geistig wurde der Katholikentag 1952 geprägt von einer Persönlichkeit, die dem ganzen Nachkriegskatholizismus in Österreich einen Stempel aufgedrückt hat, von Otto Mauer, Geistlicher Assistent der Katholischen Aktion, Geistlicher Assistent des Katholischen Akademikerverbandes, ein scharfer Denker, ein blendender Formulierer. Sein Todestag wird sich heuer im Herbst zum zehnten Mal jähren.

Der Katholikentag 1952 diente in erster Linie der Standortbestimmung der österreichischen Katholiken, nach den Wirrnissen einer 20jährigen Vergangenheit, nach dem Zerfall der Demokratie, nach Bürgerkrieg und Ständestaat, nach NS-Zeit, Verfolgung und Wiedererstehen in einem neuen Österreich. Klassischen Ausdruck hat diese Abrechnung mit der Vergangenheit und die Bestimmung eines neuen Standortes im sogenannten „Mariazeller Manifest" gefunden. Dieses „Mariazeller Manifest" war ursprünglich gar nicht als Manifest, als feierliche Deklaration gedacht, sondern war ein zusammenfassender Bericht über die Mariazeller Studientagung. Dieser Bericht wurde aber begeistert aufgenommen, weil man anscheinend fühlte, daß damit ausgedrückt worden war, was die Delegierten dachten und wollten.

Dieses Mariazeller Manifest enthält zunächst einmal nach dem Bekenntnis zu einer „freien Kirche in einer freien Gesellschaft" eine vierfache Absage, Absage an die Staatskirche des Josephinismus, Absage an das Bündnis von Thron und Altar, Absage an die Parteikirche der Zwischenkriegszeit und schließlich zum erstenmal auch eine Absage an die Idee des christlichen Ständestaates.

Ich zitiere wörtlich:

> „Eine freie Kirche bedeutet daher:
>
> Keine Rückkehr zum Staatskirchentum vergangener Jahrhunderte, das die Religion zu einer Art ideologischen Überbaues der staatsbürgerlichen Gesinnung degradierte, das Generationen von Priestern zu inaktiven Staatsbeamten erzog.
>
> Keine Rückkehr zu einem Bündnis von Thron und Altar, das das Gewissen der Gläubigen einschläferte und sie blind machte für die Gefahren der inneren Aushöhlung.
>
> Keine Rückkehr zum Protektorat einer Partei über die Kirche, das vielleicht zeitbedingt notwendig war, aber Zehntausende der Kirche entfremdete.

Keine Rückkehr zu jenen gewaltsamen Versuchen, auf rein organisatorischer und staatsrechtlicher Basis christliche Grundsätze verwirklichen zu wollen."

Die österreichische Kirche war und ist niemals nur eine Kirche der Verneinung, der Verweigerung, des Protestes und der Absage. Sie ist immer und in erster Linie auch eine Kirche der Zusammenarbeit, des Konsenses, der Anpassung. Daher folgt in diesem Mariazeller Manifest der Absage das Angebot der Zusammenarbeit.

„Eine freie Kirche bedeutet aber nicht eine Kirche der Sakristei oder des katholischen Ghettos, eine frei auf sich selbst gestellte Kirche heißt eine Kirche der weltoffenen Türen und ausgebreiteten Arme zur Zusammenarbeit mit allen, zur Zusammenarbeit mit dem Staat in allen Fragen, die gemeinsame Interessen berühren, also in Ehe, Familie und Erziehung; Zusammenarbeit mit allen Ständen, Klassen und Richtungen zur Durchsetzung des gemeinsamen Wohles; Zusammenarbeit mit allen Konfessionen auf der Grundlage des gemeinsamen Glaubens an den lebendigen Gott, Zusammenarbeit auch mit allen geistigen Strömungen, mit allen Menschen, wer immer sie seien und wo immer sie stehen, die gewillt sind, mit der Kirche für den wahren Humanismus, für Freiheit und Würde des Menschen zu kämpfen."

Dieser Katholikentag von 1952 war das, was man sich von jedem Katholikentag erhoffte und was doch verhältnismäßig selten eintrat. Er war ein Ereignis, das mit den Mitteln der damaligen Zeit — es gab ja noch kein Fernsehen — tatsächlich einen Großteil des Volkes erfaßte und die Katholiken mit neuem Selbstbewußtsein erfüllte. Noch leuchtete auf der Hofburg ein übergroßer roter Sowjetstern, die Hunderttausenden aber, die gekommen waren, mit dem greisen Bundespräsidenten Körner an der Spitze, richteten ihre Blicke auf das Kreuz am Altar, der auf dem Heldendenkmal errichtet worden war. In einem überfüllten Stadion gedachten in einer nächtlichen Weihestunde die Menschen des Schicksals ihrer Brüder und Schwestern im Osten. Joseph Ernst Mayer hielt die Predigt. Und wieder an einem Abend zogen viele Zehntausende Burschen und Mädchen der katholischen Jugend über den Ring. Ein schier endloser Zug. Heute können wir rückblickend nur sagen, das gab's nur einmal, das kam nie wieder.

Was kam, waren die Zeiten eines zähen Ringens, eines harten Verhandelns. Kardinal Innitzer war als päpstlicher Legat von Rom nach Österreich gereist und mit allen Ehren als Vertreter des Papstes empfangen worden. Am Abend seiner Ankunft in Wien sagte er in einem kleinen Kreis: „Kinder, die Römer reden vom Konkordat..." Gerade darüber zu reden hatte man in Österreich nach 1945 peinlich vermieden. Vergangenheitsbewältigung wird in Österreich dadurch betrieben, daß man die Vergangenheit ganz einfach nicht zur Kenntnis nimmt.

Noch zwei Katholikentage folgten in Zehnjahresabstand. 1962 ein Delegiertentag in Salzburg. Karl Rahner sprach zum Thema: „Löscht den Geist nicht aus!" 1974 ein Katholikentag in Wien mit einer Kundgebung in der Stadthalle. „Versöhnung" ist sein Thema.

„Löscht den Geist nicht aus" war eine ernste Warnung am Beginn einer

Wohlstandsphase, eine Warnung vor Konsumwut, vor der Illusion, alles machen zu können, eine Warnung, in Leistung und Effizienz alles zu sehen, eine Warnung nicht nur an die Gesellschaft, auch an sich selbst, an die Katholiken. Der Katholikentag mit der Mahnung zur „Versöhnung“ kam mitten in die Auseinandersetzung um die Fristenlösung. Beide Lösungen wurden nicht aufgegriffen, nicht im notwendigen Maße aufgegriffen, nicht von der Gesellschaft, auch nicht von den Katholiken.

Im Herbst dieses Jahres werden sich in Wien wieder viele Tausende, ja Hunderttausende Österreicher zu einem Katholikentag zusammenfinden. Viele werden kaum das Empfinden haben, viele auch gar nicht die Absicht, an einem Katholikentag teilzunehmen, sie werden kommen, um den Papst zu sehen. Einen Papst sieht man nicht alle Tage. Wahrscheinlich wird es das einzige Mal sein, daß die Österreicher dieser Generation einen Papst in ihrer Heimat von Angesicht zu Angesicht sehen können.

Der Papstbesuch ist das eigentliche Motiv dieses Katholikentages. Kardinal König hat vor kurzem in einer Pressekonferenz darauf hingewiesen. In Österreich hatte man gemeint, Papst Johannes Paul II. sollte schon viel früher nach Österreich kommen, und zwar schon anläßlich seiner ersten Polenreise. Als daraus nichts wurde und der Papst nach Polen eine Reihe anderer Länder besuchte, die Reise nach Wien zwar immer in Aussicht stellte, ohne sie zu terminisieren, meinte man in Österreich, eine Einladung für den Herbst 1983 zur 300-Jahr-Feier der Türkenbefreiung, an der ja die Polen einen sehr wesentlichen Anteil hatten, könnte ein polnischer Papst nicht ablehnen. Als Vorbereitung und als Rahmen eines solchen Papstbesuches würde sich ein Katholikentag bestens eignen. Es waren ohnedies schon bald zehn Jahre seit dem letzten Katholikentag vergangen.

Als Leitwort dieses Katholikentages wurde genommen: „Hoffnung leben — Hoffnung geben.“ Das ist ein Leitwort, aber kein konkretes Thema. Man hat daher versucht, es mit Inhalten anzufüllen. Neun Studientagungen wurden abgehalten, alle dort geäußerten Meinungen, Wünsche und Vorstellungen wurden verzeichnet und zuletzt bei den sogenannten „Perspektiven“ gesammelt — ein zentrales Thema ist dabei nicht herausgekommen. Man muß deswegen nicht gleich von einer mangelnden Motivation für diesen Katholikentag sprechen und alle Pannen und Schwierigkeiten darauf zurückführen. Wenn der Papst kommt, wird kaum jemand nach einer Motivation des Katholikentages fragen, und wenn er nicht kommt, dann wird auch eine noch so gute Motivation die Enttäuschung nicht überwinden können.

Dabei hätte es fast eine Motivation, eine gesellschaftspolitische, ja eine ausgesprochen politische Motivation gegeben. Die Fragestellung selbst ist nicht neu: Wer vertritt eigentlich die Katholiken in diesem Lande? Die Zuständigkeit der Bischöfe ist selbstverständlich gegeben, aber gerade die Bischöfe haben immer wieder gefordert, daß in gesellschaftlichen und politischen Fragen die Laien aktiv werden müßten. Wo sind diese gesellschaftlich aktiven Laien in der Kirche? Da gibt es einmal die Katholische Aktion mit ihren Gliederungen, mit ihren Sekretariaten und Arbeitsgemeinschaften, ein noch immer imponierender Rahmen für einen dünner werdenden Inhalt. Die Katholische Aktion ist aber selbst nur in beschränktem Maße handlungsfähig, da sie nach ihrer Grundverfassung ein Instrument in der Hand der Hierarchie darstellt und ohne Billigung durch die Hierarchie kaum etwas tun kann. Und dann gibt es die katholischen Verbände und Vereine, zusammengeschlossen in der AKV, der Arbeitsgemeinschaft katholischer Verbände. Diese Verbände sind in ihrer Mehrheit politisch sehr ausgerichtet, so daß sie von manchen mit Recht oder Unrecht als Vorfeldorganisation der ÖVP betrachtet werden. Ja, und dann ist da noch der Laienrat, in dem Vertreter aller katholischen Organisationen einschließlich der Katholischen Aktion sitzen, ein sehr umständliches, schwerfälliges Instrument. Die in irgendeiner Form organisierten Katholiken machen selbst nur einen Bruchteil der österreichischen Katholiken aus. Wer spricht nun im Namen dieser Katholiken, wenn es gilt, rasch zu einer neuen Entwicklung Stellung zu nehmen? Bei Überlegung dieser Frage ist der Gedanke aufgetaucht, in Österreich eine Institution zu schaffen, ähnlich dem Zentralkomitee der deutschen Katholiken, nämlich ein „Nationalkomitee der österreichischen Katholiken".

Dieser Gedanke fand aber wenig Gegenliebe, nicht bei der Katholischen Aktion, die um ihr faktisches Monopol bangt, nicht bei den Bischöfen, die begreiflicherweise nicht eine Institution schaffen wollten, deren Weg sie nicht kontrollieren konnten und die auch keine einseitige politische Schlagseite wünschten. Der Gedanke wurde zurückgestellt, begraben ist er sicherlich nicht. Das Problem selbst bleibt nach wie vor aktuell: In welcher Form sind die österreichischen Katholiken politisch handlungsfähig?

Der Katholikentag 1983 wird in seiner Dimension, seiner Vorbereitung, seiner Publizität nach einer der größten, wenn nicht der größte Katholikentag sein, der je in Wien veranstaltet wurde. Der Katholikentag wird hier immer in Verbindung mit dem Papstbesuch gesehen. Dieser Katholikentag wird aber auch mit großer Wahrscheinlichkeit der letzte seiner Art sein. Katholikentage sind immer Ausdruck einer bestimmten Situation im Katholizismus, Antwort auf bestimmte Fragen der Zeit und der Umwelt, sie sind daher im letzten auch politische Veranstaltungen. Ich habe versucht zu zeigen, wie die Katholikentage in den letzten 100 Jahren ihre Aufgaben sahen und wie sie sie zu erfüllen trachteten. Ich habe meinen Bedenken Ausdruck gegeben, in sehr vorsichtiger Form, ob auch der kommende Katholikentag sich eine solche Aufgabe gestellt habe. Nur Kulisse für einen Papstbesuch zu sein, ist zu wenig. Aber vielleicht ist gerade das, wenn schon nicht das Motiv, sondern Ergebnis dieses Katholikentages; nämlich die Erkenntnis, daß die Zeit dieser Manifestationen des Glaubens vorüber ist. Wie kommende Manifestationen sein werden, wissen wir nicht, auch nicht wie sie heißen. Es geht nicht um den Namen, es geht um den Inhalt.

Die Vortragsreihe, die Professor Leser geschaffen hat und die nun bald zu Ende geht, trägt den Titel: „Gottes Spuren in Österreich." Ein schönes Wort, ein sehr anspruchsvolles Vorhaben. Gott hinterläßt überall seine Spuren, auch wenn er nur noch in Spuren zu finden ist. Was Gott mit uns vorhat, wissen wir meist erst im nachhinein. Wir wissen aber eines: der Geist weht, wo er will, Gott schreibt, wo er will, gerade auch auf krummen Zeilen.

Katholikentage sind solche Zeilen, manchmal vielleicht auch krumme Zeilen. Vielleicht wird er in Zukunft auf anderen Zeilen schreiben. Auf den Katholikentagen der Vergangenheit ist seine Spur zu finden. Vielleicht wird mit dem Katholikentag im Herbst eine Zeile abgeschlossen, vielleicht auch eine neue angefangen.

Erwin Ringel

Religion und Psychotherapie im Ringen um die Frage nach dem Sinn des Lebens

Wenn zwei Leute dasselbe sagen, ist es nicht dasselbe und wird es ganz different aufgenommen. Als Sigmund Freud äußerte, daß es schon ein Symptom psychischer Erkrankung sei, wenn ein Mensch nach dem Sinn des Lebens frage, weil der Gesunde eigentlich wisse, warum und wofür er lebt, da hat man ihm das als Beweis seiner Religionsfeindlichkeit, ja noch mehr: als eine Verkennung der transzendentalen Dimension der menschlichen Persönlichkeit angekreidet. Nicht so, als seinerzeit Kant sagte, es hätte keinen Zweck, nach dem Sinn des Lebens zu fragen, weil der Sinn des Lebens erfülle sich schon im Sein, im Dasein, in der Existenz sei der Lebenssinn schon automatisch inkludiert, dieser Satz erregte kein Ärgernis. Ich möchte in diesem Zusammenhang ein Gedicht von Franz Werfel zitieren:

Ich staune, daß die rote Farbe rot ist,
ich staune, daß die gelbe gelb erklingt,
ich staune, daß was ringsum lebt, nicht tot ist
und das was tot ist, nicht ins Leben stimmt.

Ich staune, daß der Tag alltäglich nachtet,
wenn ihm das Licht verwest zur Dämmerung.
Ich staune, daß frühmorgens überfrachtet
von Sonnenglück ein neuer kommt in Schwung.

Ich staune, daß durch alle Lebenssprossen
das Männ- und Weibliche geschieden bleibt
und diese Zweiheit niemals ausgenossen,
als Wonne unsere Herzensfluten treibt.

Mein Staunen ist kein Forschen nach dem Sinne,
mein Staunen ist des Sinnes selbst der Sinn.
Nur durch Erstaunung werd' ich meiner inne,
ich staune, daß ich staune, daß ich bin.

Ingeborg Bachmann hat das herrliche Wortspiel gefunden: „Nichts Schöneres unter der Sonne, als unter der Sonne zu sein.“ Dieselbe Dame hat, unabhängig von diesem bewußten Hymnus an das Leben, unbewußt ihren eigenen Tod lange vorbereitet und gesucht und ihn dann in einer ganz tragischen Weise realisiert. Die Verse von Werfel sind wunderbar, aber sie spiegeln die Welt der Glücklichen wider, die Zwieheit von Mann und Frau wird nicht nur ausgenossen, sondern sie wird auch erlitten, sogar niemals ausgelitten. Mit anderen Worten: wir müssen nur einen Schritt weggehen von der Welt der Glücklichen in die Welt der Unglücklichen, wir müssen nur bereit sein, hinter der Fassade des Bewußten das Unbewußte wahrzunehmen, um zu sehen, wie sehr die Sinnerfüllung des menschlichen Daseins oft gefährdet ist. Und somit bin ich schon eigentlich bei der Tiefenpsychologie und bei der zentralen Frage, was sie leisten kann, um die Sinnfindung des menschlichen Lebens zu ermöglichen, wahrscheinlicher zu machen, um einen Lebenslauf zu sichern, der den Vorstellungen des Menschen entspricht. Denn darüber müssen wir uns doch im klaren sein, das Leben ist eine einmalige Gabe für uns alle, es ist, wie Freud gesagt hat, „sehr wenig, aber doch alles, was wir unser eigen nennen, und am Ende schulden wir der Natur alle einen Tod". Was wir zwischen Geburt und Ende gestalten, wie unser Lebensentwurf aussieht, das ist doch eine ganz entscheidende Frage für jeden einzelnen von uns. Es hat keinen Zweck, eine Dislokation zwischen uns und unserem Leben durchzuführen, das Leben anzuklagen, es bleibe uns alles schuldig, das Leben kann doch nur jenen Sinn bekommen, den wir selber ihm geben. Ob wir nun bewußt oder unbewußt eine Vorstellung von dem haben, „was wir werden sollen", so oder so folgen wir einer Leitlinie, einem bekannten oder „geheimen" Lebensziele. Hier greift die Tiefenpsychologie ein erstes Mal entscheidend ein, weil sie ist ja heute viel mehr als bloße Anwendung als Psychotherapie, auf die ich gleich zu sprechen kommen werde, sie sagt auch etwas aus über die Prophylaxe, über die Psychohygiene, über jene Bedingungen, unter denen sich ein gesundes, glückliches psychisches Leben entwickeln kann. Ich will hier keinen Determinismus vertreten, denn wir wissen nur zur Genüge, daß aus den „glücklichsten" Bedingungen eine sehr unglückliche Lebensentwicklung, aus den unglücklichsten eine sehr glückliche resultieren kann. Und dennoch können wir nicht übersehen, daß Chancengleichheit nicht gegeben ist, daß der Satz: „Ein jeder steht dort, wo er verdient" nicht richtig ist, sondern daß von Haus aus es bestimmte Menschen besser, andere schlechter haben, wobei ich sowohl an die sozialen als auch an die psychologischen Bedingungen denke. Was braucht ein Mensch vor allem in den entscheidenden ersten sechs Lebensjahren, die wir noch bis zum heutigen Tage in einer sträflichsten Weise unterschätzen, was braucht er, um sich in die Richtung einer lustvollen Durchdringung des Lebensraumes, einer Erweiterung und nicht Einengung („Und dann meine Seele, sei weit, sei weit, daß dir das Leben gelinge", sagt Rilke) zu entwickeln? Mit Recht meint das englische Sprichwort: „Die Hand, die die Wiege schaukelt, regiert die Welt." Wichtig ist also zuerst die menschliche, besonders die mütterliche Wärme, die Liebe, die dem Kind zuteil wird, der Respekt vor dem kleinen Lebewesen, das vom ersten Tage an als eine neue, selbständige, gleichberechtigte Existenz angesehen werden muß. Da ich mich mit Norbert Leser so einig weiß in der Liebe zu Anton Wildgans, möchte ich hier diesen großen österreichischen Dichter zitieren: „Wer bist Du, daß Du nicht das Knie zu beugen brauchtest vor dem neuen Menschen?" Frage: Wie oft tun wir das? Sind wir nicht viel eher Menschen, die das Kind selber *beugen,* brechen (= Verbrechen), biegen, verbiegen, anstatt uns vor ihm zu *verbeugen?* Sind wir es nicht, die das Kind — angeblich oder tatsächlich in bester Absicht — gewaltsam in eine Entwicklung hineintreiben, die *uns* paßt (aber nicht ihm), die ihm aufgezwungen wird wie eine harte Schale einem guten Kern (Janov) und diesen Kern in seinem Wachstum wesentlich behindert? Das Kind braucht später die Ermutigung zur Selbständigkeit, also das Schritt-für-Schritt-loslassen-Können der Eltern, die Durchtrennung der Nabelschnur. Kinder laufen fort — das ist der Sinn, ein Kind zu haben, es nicht als einen Bestandteil des eigenen Ichs aufzufassen, zu akzeptieren, daß es mehr ist als die Projektionsfläche eigener Wünsche, eigenen Versagens (Sündenbock), mehr als die Verlängerung der eigenen Existenz. Das alles muß gelernt, geübt werden, hat zur Voraussetzung, daß man sich selbst erkannt hat, mit sich und seinen Gefühlen halbwegs zurechtgekommen ist, so daß man das Kind nicht benötigt als ein Objekt, um die eigenen Mißerfolge, Unzufriedenheiten, Frustrierungen auszugleichen. Es ist im allgemeinen nicht Tücke und böse Absicht der Eltern, die die Kinder in eine negative Entwicklung hineintreibt, sondern die eigene unbewältigte Problematik. Die Frau z. B., die mit ihrem Mann nicht glücklich ist, die in der Ehe emotional und vielleicht auch sonst nicht auf „ihre Rechnung" kommt, wird in Versuchung sein, den Sohn vom ersten Moment an als einen „Mann-Ersatz" zu benutzen (das ist der Eigennutz der Eltern im Sinne Kafkas), sie wird ihn zart, aber doch unendlich fest an sich binden, ihm alles „aus dem Wege räumen", ihn verwöhnen und sich sogar einreden, daß das „eine besondere Liebe" ist. In Wirklichkeit wird das Kind damit zerstört, es sehnt sich nach Freiheit, Selbständigkeit, hat aber zugleich auch immer größere Angst davor, weil es ja nie gelernt hat, die eigenen Kräfte zu trainieren, nicht an sich selbst glauben kann, weil es nur ein Teil eines anderen ist. Was das Kind ferner braucht für eine gesunde Entwicklung, ist Wertvermittlung. Wir Erwachsene sollten begeistert für etwas sein und diese Begeisterung weitergeben an andere, die uns nahestehen. Wir sollten die Werte, für die wir leben, nicht anderen aufzwingen, aber wir sollten sie ihnen vermitteln, die Wertphilosophie nennt das die „Präsentation der Werte". Sie findet heute nur mehr in einem tief reduzierten Ausmaß statt: Die Eltern haben ihre Werte verloren, sie sind oft selber in ihren Wertvorstellungen verunsichert, haben mehrmals den Zusammenbruch ihrer Welt erleben müssen. Sie sind daher diesbezüglich vorsichtig, außerdem kostet Wertvermittlung Zeit, und Zeit ist gerade das, was Eltern heute am wenigsten haben (weil sie Tag und Nacht arbeiten, und für wen — so beruhigen sie ihr Gewissen — arbeiten sie denn: natürlich für die Kinder!). Aus all dem resultiert ein relativ bequemer Fluchtweg: Man vermittelt an Stelle der seelischen Werte materielle. Es ist fast so, als wollten sie sich mit diesen materiellen Zuwendungen an die Kinder trösten und sich damit von der Liebesverpflichtung, die sie den Kindern gegenüber als Aufgabe übernommen haben, loskaufen durch Ersatzhandlungen, durch Überfütterung mit Nahrungsmitteln, mit Geschenken und Geld. Dieses Verhalten erzeugt z. B. Fettsucht und Überdruß, auch Lebensüberdruß durch Übersättigung, zugleich aber auch seelische Verkümmerung: Es ist eben so, daß der Mensch nicht vom Brote allein lebt, und unter den beschriebenen vielfältigen Bedingungen ist daher gleichermaßen die erste Gefahr gegeben, *daß das Leben mißlingt*. Die Zahl der Kinder, denen dies in der einen oder anderen Form geschieht, wird immer größer. Man wirft mir vor, daß ich maßlos übertreibe, daß ich die Dinge einseitig betrachte, weil ich ja nur mit gestörten, in der Kindheit zerstörten Menschen durch den Beruf des Psychotherapeuten zusammenkomme. Ich möchte mit größtem Nachdruck betonen: Diese Vernichtung der Person in der Kindheit ist das ganz große, wahrscheinlich das größte Problem unseres Jahrhunderts, und wenn nicht Abhilfe geschaffen wird beizeiten, wird eine Lawine neurotisierter Menschen auf uns zukommen, die uns zu erdrücken droht. Vor kurzem hat Gustav Hofmann in Linz darüber berichtet, daß die abnormen psychischen Reaktionen in den vergangenen Jahren auf das Doppelte angestiegen und junge Menschen unter 30 Jahren besonders davon betroffen sind.

Ähnliche Beobachtungen werden in der ganzen Welt gemacht, und allmählich ist es eine Gnade, einem Menschen zu begegnen, der in der Kindheit *nicht* geschädigt wurde. Dabei ist noch eines zu bedenken: Ein Großteil der Eltern, die neurotisieren, tun dies deshalb, weil sie selbst in ihrer Kindheit neurotisiert worden sind, dabei solche emotionale Schäden erlitten haben, daß sie sie einfach weitergeben müssen. Es müßte alles, aber wirklich alles, getan werden, um diese Stafette des Unheils zu unterbrechen. Denn was geht in den so betroffenen Kindern vor? Natürlich sind sie entmutigt, verängstigt, fühlen sie sich frustriert. Das Entscheidende aber ist, daß ein immer größeres Haßgefühl gegen jene Eltern, die sie zu lieben verpflichtet sind, in ihnen entsteht, ein Haßgefühl, das zwar ins Bewußtsein des Kindes nicht eingelassen wird, weil es ja mit der Existenz des Kindes unvereinbar ist, aber im Unbewußten, im Vorbewußten weiterlebt und dort fürchterliche Folgen zeitigt. Denn wer beginnt, seine Eltern zu hassen, der wird damit zugleich in ein unglaubliches Schuldgefühl getrieben, obwohl er doch für dieses „Hassen" nichts kann, in Wirklichkeit also völlig unschuldig ist. In einem Vortrag, der der Begegnung zwischen Tiefenpsychologie und Religion gewidmet ist, darf an dieser Stelle eine Bemerkung nicht fehlen: Wie schon gezeigt, neurotisieren viele Eltern ohne persönliche Schuld ihre Kinder, weil sie selbst früher Opfer der Neurotisierung wurden. Nun sehen wir Kinder, die sich infolge ihrer Neurotisierung schuldig fühlen, ohne persönliche Schuld auch nur im mindesten auf sich geladen zu haben (ist ja in diesem Alter noch gar nicht möglich). Könnte dies nicht die wissenschaftliche Erklärung für die Erbsünde sein?

Wie dem auch sei, jedenfalls erzeugt das unbewußte kindliche Schuldgefühl ein unersättliches unbewußtes Bestrafungsbedürfnis, es entwickelt sich ein Mensch, der seine Lebensgestaltung in den Dienst einer Selbstschädigung, einer Selbstzerstörung und im äußersten Fall einer Selbstvernichtung stellt. Ich habe mich ab dem Jahre 1946 mit dieser neurotischen Lebensverunstaltung sehr beschäftigt und muß auf Grund dieser intensiven Beobachtung sagen, durch die zwiespältigen Gefühle, die solche Menschen haben, Liebe und Haß zugleich einer Person gegenüber, durch die Wiederholungstendenz, die sie zeigen, weil sie nämlich Verhaltensweisen in der Begegnung mit den Eltern lernen, die sie dann immer wieder anderen wichtigen Personen gegenüber fast reflexartig zur Anwendung bringen, und vor allem durch die bereits geschilderte Selbstbestrafungstendenz, die sie haben, wird ihr Lebensweg eine einzige Anhäufung von Unglück und Mißerfolgen. Einige Aussprüche von Patienten mögen eine solche Situation illustrieren: „Glück ist für mich ein Fremdwort", „ich bin ein totaler Versager", „das Schicksal hat mich in den Abfallkorb des Lebens geworfen", „mein Leben ist auf Sparflamme gestellt", „ich inszeniere alles vortrefflich, aber ich inszeniere es so, daß es nicht gelingen kann", „alle meine Enttäuschungen sind in Erfüllung gegangen". Ein Patient hat dasselbe tragische Geschehen in Verse gefaßt:

Mein Tagwerk ist:

mich zu begraben.
Geduldig erlernen meine Hände
das Handwerk,
Stein um Stein auf meine Wünsche zu häufen,
bis die Seele erstickt ist.
Ich verwende Granit,
um mein Herz zu erdrücken,

und den feinen Sand,
um meine Adern zu stopfen.
So wächst von Stunde zu Stunde
der Hügel über mir,
bis alles nur mehr ein Denkmal ist
für ein Leben,
das nie stattgefunden hat.

Die Folgen einer solchen Entwicklung sind katastrophal: zunehmende Einengung, Rückzug von Lebenszielen, Ausweichen, Ersticken der Lebensfreude, Depression, Resignation, Passivität und schließlich Verlust jeglichen Lebenssinnes und Verzweiflung. Neulich habe ich im Fernsehen das Gedicht eines Unbekannten vorgetragen, der im vorigen Jahrhundert, offensichtlich als Opfer eines solchen Geschehens, Selbstmord begangen hat, er hinterließ es als eine Art von Abschiedsbrief. Ich erhielt so viele Anfragen nach dem Text, daß auch daraus zu erkennen war, wie aktuell das Thema gerade heute ist — hier der genaue Wortlaut:

Immer enger wird mein Denken,
immer blinder wird mein Blick,
mehr und mehr erfüllt sich täglich
mein entsetzliches Geschick.

Kraftlos schlepp ich mich durchs Leben,
jeder Lebenslust beraubt,
habe keinen, der die Größe
meines Elends kennt und glaubt.

Doch mein Tod wird euch beweisen,
daß ich jahre-, jahrelang
an des Grabes Rand gewandelt,
bis es jählings mich verschlang.

Was kann die Tiefenpsychologie nun tun, um solchen Menschen doch noch zur Sinnfindung zu verhelfen? Erstens einmal ginge es darum, sie rechtzeitig zu entdecken. Mit der Hilfe der Opfer ist dabei nur begrenzt zu rechnen. Vielen bleibt ihr Versagen ein Rätsel, sie fühlen sich dunklen, unbekannten Schicksalsmächten ausgeliefert, erkennen nicht, daß der Steuermann ihrer Lebensgestaltung in ihrem eigenen Inneren (= das unbewußte Bestrafungsbedürfnis) verborgen ist. Andere scheuen sich einzubekennen, daß sie hilfsbedürftig sind, und werden darin durch das Verhalten der Gesellschaft, die solche Menschen verachtet, noch bestärkt. In unserer Welt der grausamen Verherrlichung des Erfolges werden „Mißerfolgler" tatsächlich sich selber überlassen, wird das Ausscheiden eines Konkurrenten mit Genugtuung begrüßt. Um eine diesbezügliche Verantwortung mit „gutem Gewissen" abschütteln zu können, wird die These geboren, die Betreffenden seien an ihrem Unglück ganz alleine selber schuld, die Sprache, die so deutlich aussagt, daß der „Versager" dadurch entsteht, daß man ihm etwas „versagt" hat, wird ignoriert.

Wir sehen also: die Entdeckung der Gefährdeten ist gar nicht so einfach. Aber wenn wir imstande wären, durch glückhafte Umstände sie zu entdecken, was kann dann geschehen? Hier wäre in der Theorie das große, das wichtigste Aufgabengebiet der praktisch angewandten Tiefenpsychologie, der Psychotherapie. Denn es ist gar kein Zweifel, daß eine mißglückte Kindheit durch eine geglückte Begegnung mit dem Psychotherapeuten korrigiert werden kann, oft auch noch in relativ fortgeschrittenem Alter. Durch Liebe und Geduld, durch konsequente Analyse des Unbewußten ist es möglich, den Patienten dazu zu bringen, daß er sich aus dem Gefängnis seiner Neurose (das immer von innen verschlossen ist) befreit und lernt, durch neue Verhaltensweisen sein Leben besser zu meistern als bisher. Was Freud und Adler da geschaffen haben, ist eine grandiose neue Möglichkeit (um mit Jacques Prévert zu sprechen): auf die Tafel des Mißgeschicks das Angesicht des Glücks zu zeichnen, aber, weiß Gott, kein Allheilmittel, keine neue „Erlösungslehre“, sie ist verbunden mit tausend Wenn und Aber, die entstehen vor allem bei der Verwandlung der Theorie in die Praxis.

Da ist die erste Feststellung, daß es viel zu wenige Psychotherapeuten gibt: Dieses Problem kann auch nicht dadurch gelöst werden, daß man immer mehr davon gleichsam am Fließband erzeugt. Denn was den *guten* Psychotherapeuten ausmacht, ist nicht allein seine Technik (die freilich unbedingt erlernt sein muß), sondern seine Persönlichkeit, und die ist nicht künstlich zu erzeugen (aber selbstverständlich in der Entwicklung durch die Lehranalyse zu fördern). Da ist es keineswegs sicher, ob sich ein bestimmter (guter) Psychotherapeut mit einem bestimmten Patienten versteht und umgekehrt, man „kann“ eben nicht mit „jedem“. Da gibt es viele Psychotherapeuten, die gar nicht auf das Unbewußte eingehen, und gerade solche Behandlungsformen sind heute leichter und eher erhältlich. Da gibt es weite Landstriche (auch in Österreich), in denen beim besten Willen und auch mit viel Geld ein Psychotherapeut nicht erhältlich ist. Apropos Geld: Die Psychotherapie ist gerade in Österreich ein noch unbewältigtes soziales Problem. Wir haben noch keine Ärzte, die durch den Zusatztitel als Psychotherapeuten gekennzeichnet sind (wie eben in Deutschland und der Schweiz), wir haben daher auch keine Verträge zwischen Krankenkassen und Psychotherapeuten, die eine intensive Behandlung kostenlos garantieren würden (die Ambulatorien für Psychotherapie, welche bestimmte Kassen geschaffen haben, sind in ihrer Intention sehr anzuerkennen, aber in der Praxis *kein* vollwertiger Ersatz), kurzum, dem Menschen, besonders dem unterprivilegierten, wird diesbezüglich ein elementares menschliches Recht (von dem er freilich viel zu wenig weiß) bis zum heutigen Tage und wohl auch in der Zukunft vorenthalten.

Die Bedeutung der Tiefenpsychologie geht aber, wie bereits einleitend gezeigt, über die Therapie der Neurose weit hinaus bis zur Verhütung dieser Krankheit: Es wird für unser aller Zukunft schicksalhaft sein, ob es gelingt, künftige Generationen gesünder aufwachsen zu lassen. Die Bedingungen dafür kennen wir, aber ob sie in der Praxis realisierbar sind, erscheint fraglich. Denn es geht dabei nicht nur um bessere Information der Eltern, sondern auch um deren Einsicht, die auf vertiefter Selbsterkenntnis beruht. Kein Buch, kein Vortrag wird mich veranlassen können, das Kind nicht für die eigenen Zwecke zu mißbrauchen; nur wenn ich mir zugebe, daß ich das tue und warum ich es tue, wird Abhilfe möglich sein. So ist dafür gesorgt, daß die irdischen Bäume nicht in den Himmel wachsen, auch hier ein enormer Abstand zwischen schöner Theorie und praktischer Verwirklichung.

Nun aber zu der so wichtigen Gegenfrage: Was kann die Religion für die Sinnfindung des neurotisierten Menschen tun? Da sie keine Therapie darstellt, nicht auf Heilung, sondern auf Heiligung ausgerichtet ist, wird sie zur Beseitigung der einmal aufgetretenen Erkrankung nichts tun können, das muß gesagt werden, so weh es manchen Vertretern der Kirche anscheinend tut. Ganz anders verhält es sich mit der Prophylaxe, da gibt es entscheidende Möglichkeiten, die ich in die drei folgenden Hauptpunkte zusammenfassen möchte.

1. Man kann der Kirche nicht genug dankbar sein dafür, daß sie sich für die Erhaltung des menschlichen Lebens, „an der Quelle", so entschieden einsetzt. So sehr ich immer dagegen war, Menschen, die sich gegen dieses Gebot in großer persönlicher Not vergehen, zu bestrafen, so sehr muß bedacht werden, daß erst durch die Betonung der Rechte der Ungeborenen das Abenteuer der persönlichen Entwicklung in vielen Fällen ermöglicht wird, freilich, sollte man hinzufügen, aus dieser Einstellung müßten Folgen resultieren in die Richtung, sich auch um das Kind weiterhin liebevoll zu kümmern, *nachdem* es das Licht der Welt erblickt hat.

2. Die Kirche leistet einen Beitrag zur Neurosenprophylaxe durch ihre ständigen Bemühungen um die Aufwertung des Begriffes Familie. Die zunehmende Neurotisierung hat ja — wie man irrigerweise versuchte, daraus abzuleiten — nichts zu tun mit einem Versagen der Familie als solcher. Alle Versuche, andere Formen für das Aufziehen von Kindern zu finden (z. B. Kommunen) sind gescheitert, unter solchen Bedingungen wird sogar noch intensiver neurotisiert, und daher wird sich auch in Zukunft das Wort der auf weltweite Erfahrungen zurückblickenden Margaret Mead bewahrheiten, daß man die Familie noch so oft hinausweisen könne, sie aber doch bei der Hintertüre wieder eintreten werde. Alles spricht dafür, daß die Familie an und für sich der ideale Nährboden für das gesunde Heranwachsen des Kindes wäre, wenn sie diese Funktion nicht erfüllen kann, so ist es wahrlich nicht ihre Schuld, sondern die der Menschen, die in ihren familiären Aufgaben versagen.

3. Die Religion könnte (man beachte den Konjunktiv) einen weiteren ganz entscheidenden Beitrag zum neuroselosen Aufwachsen des Kindes leisten, wenn, ja wenn sie mit größter Intensität ihren eigenen Spruch berücksichtigte: Gratia supponit naturam, die Gnade baut auf der Natur auf, womit wohl eindeutig die *entfaltete* Natur gemeint ist. Wie soll sich aber die Natur des Kindes entfalten, wenn z. B. die Kirche von Anfang an fast immer auf der Seite der (weitgehend) repressiven Eltern steht? Wie soll sie sich entfalten, wenn wir Christen so eine feindselige Beziehung zur Natur haben? Wenn wir nicht an das Leben und die Freude und — ich bringe jetzt absichtlich ein Wort, das in christlichen Kreisen verpönt ist — wenn wir nicht an die Lust des Lebens glauben, wenn wir vielen freudebringenden, lustbetonten Dingen (z. B. auch der Sexualität) befangen gegenüberstehen. Johannes XXIII. hat einmal zu Pilgern gesagt: „Geht heim, betet, daß ich noch lange lebe, denn ich möchte euch sagen, daß ich sehr gerne lebe und das Leben wunderbar schön finde." Die Christen schauen nicht sehr erlöst aus, hat schon Nietzsche gefunden, in ihren Gesichtern ist wenig Freude zu bemerken. Wir müßten uns zum Leben bekennen. Ja, ein Leben *nach* dem Tode, sicher, wir alle glauben daran. Aber daß es ein Leben *vor* dem Tode gibt, das steht auf jeden Fall fest. Daß es auch wirklich ein lebenswertes Leben ist, dazu müssen wir einen Beitrag leisten und nicht die Menschen auf das Jenseits vertrösten. Offenbar glauben noch immer genug Vertreter der Kirche in maßgeblicher Position, daß die Gnade auf der *geopferten*

Natur aufbaut, wie es Soukop seinerzeit formulierte: Daraus resultieren verhängnisvollerweise Versuche, die Natur zu hemmen, ja zu verkrüppeln (überstrenges, starres, zwanghaftes Gewissen), um der Gnade die Wege zu ebnen. So mußte es geschehen, daß man von ekklesiogenen Neurosen sprechen konnte, und noch immer kann, obwohl die Religion ihrem Wesen und Inhalte nach sicher eine menschenentfaltende und damit neuroseverhindernde Kraft sein könnte.

Habe ich somit die großen prophylaktischen Möglichkeiten der Religion bezüglich der Neurosenentwicklung angedeutet, kann ich nicht umhin, von einem seelsorglichen Fehlverhalten gegenüber dem Menschen, der bereits eine Neurose hat, zu warnen, das sehr oft anzutreffen ist. Wenn ein Mensch sich unglücklich entwickelt hat und wenn vielleicht gerade die Religion durch den Aufbau künstlicher Hemmungen und Verkrampfungen, durch mangelndes Verständnis für seine Nöte verschiedenster Art einen wesentlichen Beitrag dazu geleistet hat, dann hat es wahrlich keinen Sinn, ihm zu sagen: Du mußt nur ganz fest glauben, dann wird alles wieder gut! Erstens wird von einer neurotischen Entwicklung, was man nicht genug oft betonen kann, auch der religiöse Bereich erfaßt, d. h. es besteht häufig hochgradige Ambivalenz gegenüber Gott und Kirche — das erschwert natürlich den seelsorglichen Zugang. Zweitens kann man auf eine ungesunde natürliche Entwicklung nicht wie einen Geßlerhut einen aufgedrängten Glauben setzen: So gewinnt man keinen Menschen, die Dinge entwickeln sich nicht von oben nach unten, sondern der organische Aufbau eines Menschen, auch der seiner Weltanschauung, seiner Religion erfolgt von unten nach oben. Kann man einem Menschen, der in Verzweiflung nicht ein und aus weiß, einfach sagen: Du mußt ein gläubiger Christ werden, dann wirst du allem gewachsen sein? Nein, das kann man nicht. Aus der jahrzehntelangen Erfahrung in der Selbstmordverhütung weiß ich, daß man sich ihm gegenüber zuerst als Christ *erweisen* muß, nämlich als Mitmensch, der sich für den anderen verantwortlich fühlt, ihn nicht im Stich läßt und versucht, ihm hilfreich beizustehen. Oder kann man ihm einfach sagen: Mit Gottes Hilfe wirst du es in Zukunft besser machen? Der unbewußt an seine Verhaltensmuster fixierte Neurotiker ist außerstande, aus seinen Fehlern zu lernen, er kann nicht durch Schaden klug werden, er ist zur Wiederholung gezwungen — da können solche Ratschläge und „Ermutigungen" nicht helfen, sie stürzen nur in noch größere Verzweiflung! Soll man ihm sagen: Dein Leid ist groß, du mußt es um Gottes willen, deiner göttlichen Bestimmung willen auf dich nehmen? Es gibt eine bestimmte christliche Leidensverliebtheit, die ist besonders schlimm. Mit Recht hat Christian Ötinger 1782 gesagt: „Gott, gib mir den Mut, jenes Leid, das vermeidbar ist, mit all meinen Kräften aus der Welt zu schaffen. Gib mir die Kraft, das unvermeidbare Leid zu ertragen. Und gib mir die Weisheit, zwischen diesen beiden Formen des Leides zu unterscheiden." Die christliche Leidensverliebtheit führt nun dazu, allzurasch ein Leid als unvermeidlich, ja sogar als Gnade anzusehen, mit der uns Gott besonders auszeichnen und zu sich führen will. So ist gar manche soziale und sonstige von Menschen erzeugte Not in ein „Werk Gottes" umfunktioniert und damit nichts anderes erreicht worden, als daß heftige Aggressionen gegen Gott erzeugt wurden oder es „gottergeben" perpetuiert wurde. Das neurotische Leid gehört nun unter gar keinen Umständen zu den gottgewollten! Wer die neurotische Selbstbestrafung in eine lustvolle, religiös gewinnbringende umzufunktionieren versucht, der erzeugt nichts anderes als die Fixierung eines krankhaften Masochismus!

Wir haben bisher von der kindlichen Neurose als Problem der Tiefenpsychologie und der Religion gesprochen; es gibt aber auch eine später im Leben erworbene Neurose, man sollte sie wegen der großen Unterschiede zur kindlichen eher als „neurotische Reaktion“ bezeichnen, und ihr wollen wir uns nun zuwenden.

Mit der Aufklärung begann eine Tendenz, die bis heute nicht zum Stillstand gekommen ist: Der „vernünftige Mensch“ wollte sich an die Stelle Gottes setzen. „Eritis sicut Deus“ lautete die Devise, die den Menschen als stark, mächtig, unabhängig, als den Herrn der Welt darstellte: „Will kein Gott auf Erden sein, sind wir selber Götter.“ Der Mensch wurde dabei als Maß aller Dinge ausgerufen, alles wurde „machbar“, keine Grenze schien mehr für ihn zu existieren, Fortschritte der Wissenschaft sollten ewiges Glücklichsein bedeuten; ungehört blieben die Warnungen Galileis (der Mensch ist nicht Mittelpunkt der Welt), Darwins (die Nähe des Menschen zum Tierreich) und Freuds (der Mensch ist nicht Herr seines Unbewußten). Diese Weltanschauung war nur aufrechtzuerhalten durch die gewaltsame Verdrängung der eigenen Schwäche, auch durch Verdrängung Gottes ins Unbewußte. Nun wird aber der Mensch gerade in unserer Zeit in dramatischer Form an die Unhaltbarkeit dieser Verdrängung gemahnt: Die Technik kann aus einem Hilfsmittel menschlichen Fortschritts zum Zerstörer der gesamten Menschheit werden. Die Zivilisation mündet in ihrer Übertreibung in eine Unlust an der Kultur. Die Medizin hat Krankheit und Tod nicht besiegt, sondern nur gemildert und hinausgeschoben. Das Omnipotenzgefühl ist nicht aufrechtzuerhalten, die Menschen erahnen, daß sie mit der Verdrängung ihrer Schwäche sich um eine wesentliche Dimension ihres Seins und Ringens gebracht haben und daß sie dabei sind, um es mit Friedrich Heer zu sagen, „lineare Existenzen“ zu werden. Das Wiederauftauchen dieser verdrängten Schwäche muß mit all ihrer Peinlichkeit zu schrecklicher Angst führen: Das ist genau die Angst, unter der heute viele, besonders ältere Menschen leiden, und *diese* Neurose könnte man mit Frankl auch als „noogene Neurose“ bezeichnen. Schon auf den ersten Blick ergeben sich gegenüber der kindlichen Neurose die folgenden Unterschiede:

1. Die Verdrängung findet hier im Erwachsenenalter, vor allem in der zweiten Lebenshälfte statt.

2. Verdrängt werden hier „existentielle Probleme“, wie z. B. Krankheit, Altern und Tod, die keinem Menschen erspart bleiben. Nach unserer früheren Einteilung des Leides im Sinne Ötingers handelt es sich dabei um unvermeidbares Leiden, das letztlich keinem Menschen erspart bleibt.

3. Während das Kind in ihm gegen die Eltern entstehende Aggressionen verdrängen *muß* (wie wir gesehen haben), liegt ein solcher Zwang bei der noogenen Neurose des Erwachsenen keineswegs vor, somit ist er für diese Verdrängung in gewissem Sinne *verantwortlich*.

4. Zur Behebung solcher Zustände bedarf es meiner Meinung nach einer Zusammenarbeit zwischen Psychotherapeuten und Seelsorger. Den ersteren kommt es zu, die Zusammenhänge dieser neurotischen Reaktion zu analysieren, dann aber gelangt er bald an seine Grenzen, denn welche Bewältigungsstrategien dieses

Problems hätte er anzubieten? Es handelt sich nach der Analyse im Sinne Freuds nicht mehr um neurotisches, sondern um gewöhnliches Elend. Der Seelsorger ist da in einer besseren Position: Mit der Einführung der transzendentalen Dimension erscheinen Krankheit, Sterben und Tod in einem neuen Lichte (was nichts mit der bereits erwähnten schlimmen christlichen Leidensverliebtheit zu tun hat), so etwa, wie es Klopstock in der Auferstehungsode gesagt hat (die zur Grundlage der unsterblichen Auferstehungssymphonie Gustav Mahlers wurde):

Auferstehn, ja auferstehn wirst du, mein Staub,
nach kurzer Ruh!
Unsterblich Leben, unsterblich
Leben wird, der dich rief, dir geben.
Wieder aufzublühn wirst du gesät!
Der Herr der Ernte geht
Und sammelt Garben
uns ein, die starben!
O glaube, mein Herz, o glaube:
es geht dir nichts verloren!
Dein ist, dein, ja dein, was du gesehnt!
Dein, was du geliebt, was du gestritten,
O, glaube: du wardst nicht umsonst geboren!
Hast nicht umsonst gelebt, gelitten!
Was entstanden ist, das muß vergehn!
Was vergangen, auferstehn!
Hör auf zu beben!
Bereite dich zu leben!
O Schmerz, du Alldurchdringer!
Dir bin ich entrungen!
O Tod, du Allbezwinger!
Nun bist du bezwungen!
Mit Flügeln, die ich mir errungen.
In Liebe streben werd' ich entschweben
zum Licht, zu dem kein Aug' gedrungen.
Sterben werd' ich, um zu leben!
Auferstehn, ja auferstehn wirst du
mein Herz in einem Nu!
Was du geschlagen,
zu Gott wird es dich tragen!

Unter keinen Umständen möchte ich den Eindruck erwecken, als wäre der Sinn des Lebens ohne Gott nicht zu finden, als wäre „Todesbewältigung" ohne Religion nicht möglich. Das wäre eine Degradierung vieler Agnostiker, die diese Probleme in überzeugender Weise dennoch „gelöst" haben. Ich möchte in diesem Zusammenhang Joachim Meyer, Ordinarius für Psychiatrie in Göttingen, zitieren: „Das Dilemma, dem sich der Mensch der Gegenwart in der Auseinandersetzung mit seiner Vergänglichkeit ausgesetzt fühlt, läßt sich in den folgenden drei Sätzen zusammenfassen: Der Tod ist das ganze, Leib und Seele umfassende Ende. Das Sterben ist nichts Besonderes, das es zu fürchten gilt. Alle Menschen sind sterblich. In der Vergangenheit hätte man dazu etwa die folgenden Aussagen machen können: Der Tod ist eine andere Form der Existenz. Das Sterben ist die schreckliche Durchgangsphase zum Tode. Alle Menschen sind sterblich.“ Niemand wird leugnen, daß in diesen beiden Aussagen, trotz gewisser Gleichklänge, entscheidende Unterschiede enthalten sind, die Leben und Lebensauffassung wesentlich beeinflussen können.

Ich habe zwei Gebiete berührt, wo Tiefenpsychologie und Seelsorge direkt zur Zusammenarbeit aufgefordert sind. Außer Zweifel aber gibt es darüber hinaus ungezählte, selbst in der lebhaftesten Phantasie nicht auslotbare Berührungspunkte zwischen beiden. Jede Heilung ist ja ein Beitrag auch zur Heiligung: Viele erfolgreiche Psychotherapien werden auch zu einer Wegbereitung für ein neues Glaubensleben, und zwar um so eher, als diese *nicht* bewußt und aufdringlich angestrebt wird, man braucht nur die Dinge „durch sich selbst“ wirken lassen! Umgekehrt wird eine „Heiligung“ durch damit verbundene Konfliktlösung und innere Beruhigung auch durchaus einen Beitrag zu mancher Heilung leisten können. Tiefenpsychologie und Religion sind keine Konkurrenten, sie sind beide um Wahrheitsfindung bemüht, die einen im Bereich der Natur, die anderen im Bereich der Übernatur, sie sind dabei Einander-Ergänzer. Ich möchte es in diesem Zusammenhang laut herausschreien, daß wir viel zu selten und viel zu wenig organisiert zusammenarbeiten, auch daß wir viel zu wenig voneinander wissen! Ist es den Theologen wirklich schon klar, daß die Tiefenpsychologen längst die Periode überwunden haben, wo sie die Religion als „neurotische Illusion“ bewertet haben, wo ein Psychoanalytiker sagen konnte: Alle Symptome hat mein Patient durch die Behandlung schon verloren, nur religiös ist er noch immer. Ist ihnen klar, daß von dieser Seite sehr sorgfältig zwischen neurotischem Schuldgefühl und tatsächlicher Schuld unterschieden wird, die Psychotherapeuten genau wissen, für letztere *nicht* zuständig zu sein (gemäß dem Wort Shakespeares über die Lady Macbeth: Sie bedarf des Beichtigers mehr als des Arztes), weil ihnen niemand die unbegreiflich hohe Macht verliehen hat, Sünden zu vergeben? Ist ihnen klar, daß heute die Mehrzahl aller Psychotherapeuten dem metaphysischen Bereich gegenüber offen sind, bereit, ihn wahr- und ernstzunehmen? Ist ihnen bekannt, daß heute die religiösen Inhalte längst nicht mehr Gegenstand der Analyse sind, sondern nur die religiösen Verhaltensweisen des Patienten, insbesondere das Versagen gegenüber bestimmten Geboten? Ist ihnen klar, welcher Segen es für die Seelsorge wäre, wenn die Theologen eine gute tiefenpsychologische Information im Rahmen ihrer Ausbildung erhielten, daß daraus wahrscheinlich eine ganz neue Art der Seelsorge resultieren würde? (Aber vielleicht wird gerade deswegen eine solche Information weiterhin ängstlich vermieden!) Ich jedenfalls bin überzeugt davon, daß bis zum heutigen Tage der Titel eines meiner ersten Bücher volle Berechtigung hat: Die Tiefenpsychologie hilft dem Seelsorger! Anderseits ist es mir vollständig bewußt, daß auch wir Tiefenpsychologen nur eine bescheidene Ahnung von dem haben, was Seelsorge in unseren Tagen wirklich bedeutet, vor welchen vielfältigen und völlig neuen Problemen die Pastoral heute weltweit steht. Meine Ausführungen münden somit in ein Plädoyer für eine vertiefte Zusammenarbeit, eine bessere Einsicht wird gerade hier wesentlich verbesserte Aussichten für viele davon betroffene Menschen eröffnen.

Ich möchte schließen mit einem Zitat von Herbert Pietschmann, dem Autor des Buches „Das Ende des naturwissenschaftlichen Zeitalters". „Die zentrale Glaubensaussage, daß Gotteserkenntnis nur durch Liebe zum Nächsten möglich ist, daß aber Liebe zum Nächsten schon Gotteserkenntnis ist und darüber hinaus keine abstrakte Bestätigung notwendig wäre, wie auch im ersten Brief des Johannes deutlich ausgeführt wird, ist die zentrale Botschaft. Im Grunde genommen hat die Naturwissenschaft dafür den historischen Beweis geliefert, indem sie gerade gezeigt hat, daß durch ihre Tätigkeit, in der Liebe notwendigerweise als nicht meßbare Wirklichkeit ausgeklammert bleiben muß, Gott nicht erreicht werden kann. Wenn aber Liebe schon Gotteserkenntnis ist, dann sind liebende Menschen gewissermaßen Werkzeuge zur Selbstverwirklichung Gottes in der Welt. Wer aber erfühlt hat, daß die Ebenbildigkeit Gottes in jedem Menschen als Liebesfähigkeit angelegt ist, der wird in seiner Endlichkeit eine notwendige Voraussetzung dafür erkennen, daß sein Leben überhaupt Sinn haben kann. Denn in einem unendlich langen Leben kann nichts versäumt, nichts unwiederbringlich verloren werden, in einem solchen Leben verlöre auch Liebe, die aus der Unwiederholbarkeit des Augenblickes erblüht, ihre Kraft. Das Leben nach dem Tode ist daher niemals ein Weiterführen der irdischen Existenz in anderer Form, weil mit dem Tod auch die eigene Zeit verschwindet. Leben kann aber durch die Liebe Ankergrund außerhalb des materiellen Raums Zeit finden und ist dann unvergänglich. Paradox formuliert würde das heißen, daß das Leben nach dem Tode immer schon vor dem Tode starb." Ich möchte hinzufügen: Es gibt viele Anzeichen und Ansätze dafür, daß die Medizin Liebe wieder zuläßt, ich meinte einmal, daß sie damit auf dem Wege ist, aus Naturwissenschaft eine Geisteswissenschaft zu werden. Pietschmann aber sagte: Nein, sie ist auf dem Wege zur Kunst: Diesen Ausdruck will ich gerne akzeptieren, ist doch Kunst für mich der Inbegriff menschlicher Ergriffenheit und Erschütterung. Wenn aber die Medizin (nicht zuletzt durch die Psychotherapie) in dieser Entwicklung begriffen ist, dann wird sie dadurch weiterbauen an jenem Brückenschlag zur Religion, um den gerade die Tiefenpsychologie seit langem bemüht ist: Mit dieser Hoffnung möchte ich meinen Vortrag beenden.

Die Autoren

Zygmunt ABRAHAMOWICZ
Geboren 1923 in Zalukiew bei Halicz (ehem. Ost-Galizien), studierte Orientalistik und promovierte zum Dr. phil. an der Jagellonischen Universität Krakau. Mitarbeiter der Polnischen Akademie der Wissenschaften sowie des Institutes für Geschichte in Warschau. Veröffentlichung zahlreicher wissenschaftlicher Publikationen, darunter „Der politische und ökonomische Hintergrund des Wiener Feldzuges von Kara Mustafa“, in Studia Austro-Polonica, Bd. III (1983).

Jacob ALLERHAND
Geboren 1927 in der Ukraine, besuchte eine hebräische Volksschule und ein russisches Gymnasium. In der Folge Studium der Orientalistik in Berlin, der Judaistik in Wien. Seit 1971 Lehrtätigkeit an der Universität Wien — Judaistik. Veröffentlichung zahlreicher Publikationen, darunter „Das Judentum in der Aufklärung“ sowie „Jiddisch — Metamorphose einer Sprache“.

Wolfgang J. BANDION
Geboren 1950 in Wien, studierte Geschichte, Philosophie und Kunstgeschichte. Seit 1971 in der Volksbildung tätig. Pressereferent des Österreichischen Auslandsstudentendienstes an der Universität Wien, Lehrbeauftragter an der Pädagogischen Akademie der Erzdiözese Wien.

Richard BARTA
Geboren 1911 in Wien, studierte Germanistik, Geschichte und Geographie und promovierte 1937 zum Dr. phil. In der Folge journalistische Tätigkeit in der Christlichen Pressezentrale, 1955 bis 1980 Chefredakteur und Geschäftsführer, ab 1980 Herausgeber der Katholischen Presse-Agentur Kathpress.

Alois BRANDSTETTER
Geboren 1938 in Pichl bei Wels in Oberösterreich, studierte Geschichte und Germanistik an der Universität Wien und promovierte 1962. In der Folge Assistent und Professor in Saarbrücken, nach dreizehnjährigem Auslandsaufenthalt Rückkehr nach Österreich und Professor für Deutsche Philologie an der Universität für Bildungswissenschaften in Klagenfurt. Verfasser zahlreicher Publikationen, seit 1970 auch Romane, Erzählungen und Kurzprosa, darunter „Die Abtei“, „Vom Schnee der vergangenen Jahre“, „Über den grünen Klee der Kindheit“.

Moritz CSÁKY
Geboren 1936 in Leutschau (Levoča) in der Slowakei (ČSSR), seit 1945 in Österreich; studierte Philosophie, Geschichte und Musikwissenschaft in Rom, Paris und Wien, promovierte 1966 zum Dr. phil. in Wien. In der Folge Assistent am Institut für Geschichte der Universität Wien, 1979 Habilitation, gegenwärtig Universitätsdozent am gleichnamigen Institut.

Michael FISCHER
Geboren 1945 in Prag, studierte Rechtswissenschaften in Wien und Salzburg und promovierte 1969 zum Dr. jur.; studierte Politikwissenschaft, Philosophie und Soziologie in Salzburg und promovierte 1972 zum Dr. phil. In der Folge Assistent und Lehrbeauftragter am Philosophischen Seminar der Universität Zürich sowie am Institut für Rechtsphilosophie; 1979

Habilitation, 1982 a.o. Universitätsprofessor für Rechts- und Sozialphilosophie sowie Politikwissenschaft. Verfasser zahlreicher wissenschaftlicher Publikationen, darunter „Verheißungen des Glücks. Studien zur politischen Theorie des Fortschritts“ (1982).

Alexander GIESE

Geboren 1921 in Wien, studierte an der Universität Wien und promovierte zum Dr. phil. Lehrbeauftragter an der Universität Wien, Autor und Publizist, Hauptabteilungsleiter des ORF, Vorstandsmitglied des PEN/Wien, Großmeister der Großloge von Österreich.

Peter KAMPITS

Geboren 1942 in Wien, studierte Philosophie an der Universität in Paris und Wien; 1974 Habilitation an der Universität Wien, seit 1977 Professor für Philosophie an der Universität Wien. Prof. Kampits verfaßte zahlreiche wissenschaftliche Arbeiten und Publikationen, darunter Bücher zu Camus, Sartre und Gabriel Marcel.

Rudolf KIRCHSCHLÄGER

Geboren 1915 in Niederkappel (Oberösterreich), 1935 Ablegung der Matura an der Aufbauschule in Horn, danach vorübergehend Gemeindesekretär und Bankbeamter sowie Jus-Studium und Promotion zum Dr. jur. an der Universität Wien 1940. Von 1940 bis 1954 in verschiedenen Funktionen der öffentlichen Gerichtsbarkeit tätig, im Anschluß daran dem damaligen Bundeskanzleramt — Auswärtige Angelegenheiten zugeteilt. In dieser Tätigkeit Erwerb großer Verdienste im Bereich des Völker- und Verfassungsrechtes unter kontinuierlicher Zunahme der persönlichen Verantwortung für verschiedene Bereiche des Amtes für Auswärtige Angelegenheiten. Leiter zahlreicher österreichischer Delegationen zu internationalen diplomatischen Konferenzen in Angelegenheiten des internationalen Rechtes. 1967 bis 1970 Gesandter der Republik Österreich in der ČSSR. Von 1970 bis 1974 Bundesminister für Auswärtige Angelegenheiten im Kabinett Kreisky I und II. Am 23. Juni 1974 zum Bundespräsidenten der Republik Österreich gewählt, am 18. Mai 1980 für eine Amtsperiode von sechs Jahren wiedergewählt. Dr. Kirchschläger verfaßte Beiträge für verschiedene wissenschaftliche und politische Publikationen und veröffentlichte 1980 das Buch „Der Friede beginnt im eigenen Haus!“.

Franz KÖNIG

Geboren 1905 in Rabenstein an der Pielach (Niederösterreich), studierte an der Päpstlichen Universität Gregoriana in Rom, betrieb auch das Studium altpersischer Religionen und Sprachen und promovierte zum Doktor der Theologie. Am 27. Oktober 1933 in Rom zum Priester geweiht, im Anschluß daran als Kaplan in seiner Heimatdiözese St. Pölten tätig. Nach Kriegsende 1945 Religionsprofessor in Krems an der Donau, 1946 Habilitation als Privatdozent für Religionswissenschaften an der Katholisch-theologischen Fakultät der Universität Wien, 1948 als Professor für Moraltheologie nach Salzburg berufen. Am 31. Mai 1952 von Pius XII. zum Titularbischof und Koadjutor des St. Pöltner Bischofs ernannt, am 10. Mai 1956 Nachfolger Kardinal Innitzers als Erzbischof von Wien, 1958 von Johannes XXIII. zum Kardinal erhoben. Im Sommer 1965 Errichtung des dritten vatikanischen Sekretariats, des Sekretariats für die Nichtglaubenden, von Paul VI., Leitung des Sekretariats Kardinal König anvertraut. Kardinal König verfaßte zahlreiche wissenschaftliche Publikationen, wobei zu seinen wichtigsten Werken das dreibändige Standardwerk „Christus und die Religionen der Erde“ sowie ein „Religionswissenschaftliches Wörterbuch“ zählen.

Elisabeth KOVÁCS

Geboren 1930 in Wien, studierte Geschichte und Germanistik an der Universität Wien und promovierte 1952 zum Dr. phil.; seit 1970 am Institut für Kirchengeschichte an der Katholisch-theologischen Fakultät der Universität Wien, 1976 Habilitation für Geschichte Österreichs an der Geisteswissenschaftlichen Fakultät der Universität Wien. Verfasserin und Herausgeberin zahlreicher wissenschaftlicher Publikationen, vor allem zu Themen der Katholischen Aufklärung und des Josephinismus.

Walter LEITSCH

Geboren 1926 in Wien, Studium der Slavistik und der osteuropäischen Geschichte an der Universität Wien, seit 1965 Professor für Osteuropäische Geschichte daselbst. Publikationen, insbesondere zur Geschichte Rußlands und zu den österreichisch-russischen Beziehungen.

Norbert LESER

Geboren 1933 in Oberwart im Burgenland, Ordinarius für Gesellschaftsphilosophie an der Grund- und Integrativwissenschaftlichen Fakultät der Universität Wien. Forschungsschwerpunkte: Geschichte der politischen Ideen, besonders die Marxismus- und Sozialismusforschung, sowie die österreichische Zeitgeschichte (Gesellschaftsphilosophie). Ab Jänner 1984 Leiter des Ludwig-Boltzmann-Institutes für neuere österreichische Geistesgeschichte, Träger des Komturkreuzes des Silvesterordens, Träger des Karl-Renner-Preises der Stadt Wien für Wirken im Sinne des Ausgleichs von Gegensätzen im öffentlichen Leben.

Maximilian LIEBMANN

Geboren 1934 in Dillach bei Graz, studierte Theologie an der Universität Graz. 1977 Habilitation, 1979 a. o. Universitätsprofessor für Kirchengeschichte, 1982 Leiter der Abteilung für Theologiegeschichte und kirchliche Zeitgeschichte am Institut für Kirchengeschichte der Karl-Franzens-Universität Graz. Verfasser zahlreicher wissenschaftlicher Publikationen, darunter „Kardinal Innitzer und der Anschluß. Kirche und Nationalsozialismus in Österreich 1938“ (1982).

Willy LORENZ

Geboren 1914 in Wien, studierte an den Universitäten Wien, Prag, Berlin die Fächer Jus, Geschichte, Kunstgeschichte und promovierte 1938 zum Dr. jur., 1942 zum Dr. phil., 1946 Redakteur der „Furche“, 1954 Geschäftsführer der „Herold“ Ges.m.b.H., 1976 Presse- und Kulturrat in Prag, 1978 Habilitation an der Universität Graz. Verfasser von zahlreichen Publikationen, darunter „Allen Ernstes ist Österreich unersetzlich“.

Heinrich LUTZ

Geboren 1922 in Wolfratshausen bei München, studierte klassische Philologie und Geschichte an der Universität München und promovierte 1952. In der Folge Professor für Geschichte der Neuzeit an der Universität des Saarlandes, seit 1966 an der Universität Wien tätig. Mitglied zahlreicher Kommissionen, unter anderem auch Mitglied der Österreichischen und der Bayerischen Akademie der Wissenschaften.

Wolfgang MANTL

Geboren 1939 in Wien, studierte Jus und promovierte 1961. In der Folge Auslandsstudien in Cambridge, Den Haag, Dijon und Grenoble. 1974 Habilitation, seit 1979 Ordinarius für Politikwissenschaft und Verfassungsrecht an der Universität Graz.

Oswald OBERHUBER

Geboren 1931 in Meran, absolvierte die Gewerbeschule in Innsbruck: Abteilung Bildhauerei; Begründer der informellen Plastik. 1958—1961 Begründer der permanenten Veränderung in der Kunst und in diesem Zusammenhang Ablehnung jeglicher Stilbildung. 1973 künstlerischer Leiter der Galerie nächst St. Stephan; Professor und seit 1979 Rektor an der Hochschule für angewandte Kunst in Wien. Zahlreiche Ausstellungen im In- und Ausland.

Walter OBERMAIER

Geboren 1942 in Wien, studierte Geschichte und Germanistik an der Universität Wien und promovierte 1967 zum Dr. phil. In der Folge wissenschaftlicher Fachreferent an der Wiener Stadt- und Landesbibliothek, seit 1974 Leiter der Handschriftensammlung. Referate auf wissenschaftlichen Tagungen und Mitarbeit an Ausstellungskatalogen, vornehmlich zur Geschichte, Kultur- und Literaturgeschichte Wiens, unter anderem zu Abraham a Sancta Clara und zur Geschichte der Pest in Wien.

Alfred RADDATZ

Geboren 1928 in Berlin, studierte Theologie, Kunstgeschichte und Archäologie an der Humboldt-Universität Berlin und promovierte 1959 zum Dr. theol. 1963 Habilitation für Kirchengeschichte, Christliche Archäologie und Kirchliche Kunst an der Humboldt-Universität Berlin. Ab 1971 Ordinarius für Kirchengeschichte, Christliche Archäologie und Kirchliche Kunst an der Evangelisch-theologischen Fakultät der Universität Wien und Vorstand des gleichnamigen Institutes. Prof. Raddatz verfaßte zahlreiche wissenschaftliche Publikationen, darunter „Die Kircheneinheit in apostolischer Zeit“ (1979) sowie „Emigration — Toleranz — Ökumene“ (1982).

Viktor REIMANN

Geboren 1915 in Wien. Dr. phil., Professor, Publizist und politischer Journalist in Wien (Neue Kronen Zeitung). Während der Zeit der deutschen Besetzung Mitglied einer österreichischen Widerstandsgruppe. Nach dem Zweiten Weltkrieg Mitbegründer des „Wahlverbandes der Unabhängigen“. Buchveröffentlichungen u. a. „Theodor Innitzer — Kardinal zwischen Hitler und Rom“, „Zu groß für Österreich“, „Seipel und Bauer im Kampf um die Erste Republik“.

Erwin RINGEL

Geboren 1921 in Temesvar, seit dem ersten Lebensjahr in Österreich. Studierte Medizin, promovierte 1946 zum Dr. med. und seither an der Psychiatrischen Klinik in Wien tätig. 1954 Aufbau der ersten psychosomatischen Station in Österreich, 1962 Habilitation, zur Zeit Universitätsprofessor für Medizinische Psychologie und Vorstand des gleichnamigen Institutes in Wien. Hält laufend Vorträge über die Themenkreise: Psychosomatik, Selbstmordverhütung, Neurosenlehre, Sozialpsychologie. Zahlreiche Buchpublikationen.

Günter ROMBOLD

Geboren 1925 in Stuttgart, studierte Theologie, Philosophie und Kunstgeschichte an den Universitäten Linz, Graz, München und promovierte 1954 zum Dr. theol. in Graz, 1958 zum Dr. phil. in München. Von 1969 — 1971 Lehrauftrag für Christliche Kunst an der Universität Graz, seit 1971 o. Prof. für Philosophie an der Katholisch-theologischen Hochschule in Linz. Umfangreiche schriftstellerische und publizistische Tätigkeit, seit 1971 Chefredakteur von „Kunst und Kirche“.

Ernst Christoph SUTTNER

Geboren 1933 in Regensburg, studierte in Regensburg, Rom, Würzburg und Bukarest und promovierte 1967 in Würzburg. 1974 Erteilung der Venia legendi für Theologie und Geschichte des Christlichen Ostens, ab 1975 Ordinarius für Patrologie und Ostkirchenkunde an der Katholisch-theologischen Fakultät der Universität Wien, seit 1983 Dekan. Prof. Suttner verfaßte zahlreiche wissenschaftliche Publikationen, darunter „Beiträge zur Kirchengeschichte der Rumänen“ (Herold 1978) und „Fragen der Sakramentenpastoral in orthodox-katholisch gemischten Gemeinden. Eine Handreichung für die Seelsorger“ (1979).

Karl VOCELKA

Geboren 1947 in Wien, studierte Geschichte und Germanistik an der Universität Wien und promovierte 1971 zum Dr. phil. In der Folge Assistent am Institut für Geschichte der Universität Wien, 1978 Habilitation, seit 1981 „visiting professor" des Wiener Departments der Stanford University (California).

Erika WEINZIERL

Geboren 1925 in Wien, studierte Geschichte und Kunstgeschichte an der Universität Wien, absolvierte das Institut für Österreichische Geschichtsforschung und promovierte 1948 zum Dr. phil. In der Folge am Haus-, Hof- und Staatsarchiv tätig. 1961 Habilitation an der Universität Wien, 1967 Universitätsprofessor für Österreichische Geschichte mit besonderer Berücksichtigung der Zeitgeschichte an der Universität Salzburg, seit 1979 Professor für neuere und neueste Geschichte an der Universität Wien.

Ignaz ZANGERLE

Geboren 1905 in Tirol, studierte an der Universität Innsbruck und promovierte 1934. Nach dem Krieg im Katholischen Bildungswerk tätig, große Verdienste um die Erwachsenenbildung. „Menschenerweckende Erwachsenenbildung — Festschrift für Ignaz Zangerle" (Herold 1983).

Personen- und Ortsregister